BAEDEKER

E

ENGLAND

»

Reisen ist in der Tat in England äußerst ergötzlich.

«

Hermann Fürst von Pückler-Muskau

baedeker.com

DAS IST ENGLAND

8 Einmal König(in) sein
12 Gartenkunst für alle
16 Revolutionäres Erbe
20 Liebenswert schräg
24 Alles Käse!

TOUREN

30 Unterwegs in England
32 Cornwall und Devon: pure Natur
36 Im Herzen Englands
38 Durch Ostengland
42 Durch die Nationalparks

ZIELE VON A BIS Z

48 ★★ Bath
56 Birmingham
65 ★ Brighton · East Sussex
74 ★ Bristol
81 ★★ Cambridge
88 ★★ Canterbury

LEGENDE

Baedeker Wissen

● Textspecial, Infografik & 3D

Baedeker-Sterneziele

★★ Top-Reiseziele

★ Herausragende Ziele

90 ● Canterbury Cathedral
98 ★★ Chester
103 Chichester
108 Chiltern Hills · St Albans
112 Colchester
113 ★★ Cornwall
118 ● Smuggling an Englands Küsten
126 ● Auf den Spuren von König Artus
128 Cotswolds
134 ★★ Dartmoor
140 ★ Devon
146 ★ Dorset · Jurassic Coast
155 ★ Durham
158 ★ Exeter
163 Fenland · ★ Ely
169 Gloucester · Cheltenham
172 Guildford
174 Hadrian's Wall
179 Hereford
183 Hull · Kingston-upon-Hull
187 Isle of Man
190 ★ Isle of Wight
195 Isles of Scilly · Scilly-Inseln
196 ★ Kent
202 ● Eurotunnel
205 ★★ Lake District
212 Lancaster
216 ★ Leeds
222 Leicester
225 ★★ Lincoln
230 ★ Liverpool
238 ★★ London
252 ● Tower Bridge
266 ● Changing of the Guard
281 ★ Manchester
290 Newcastle-upon-Tyne
294 New Forest
298 Norfolk · North Coast
304 ★ Northumberland
309 North York Moors National Park
313 Norwich · Norfolk Broads
319 ★ Nottingham
324 ★★ Oxford
334 ● Oxbridge Connection

337 ★ Peak District
342 Plymouth
347 ★ Portsmouth
348 ● Ein stolzes Schiff
352 ★★ Salisbury
357 ★ Shropshire
362 ★★ Stonehenge · Avebury
368 ★ Stratford-upon-Avon
374 ★ Suffolk
381 ★★ Wells
386 ★ Winchester
391 Worcester
394 ★★ York
401 Yorkshire Coast
405 ★ Yorkshire Dales

HINTERGRUND

414 Das Land und seine Menschen
418 ● England auf einen Blick
424 Geschichte
432 ● Parlament mit Tradition
436 Kunstgeschichte
450 Interessante Menschen

ERLEBEN & GENIESSEN

464 Bewegen und Entspannen
470 Essen und Trinken
472 ● Typische Gerichte
477 Feiern
482 ● Schnelle Hunde, schnelle Pferde
487 Shoppen
490 Übernachten

PRAKTISCHE INFOS

496 Kurz & bündig
497 Anreise · Reiseplanung
501 Auskunft
502 Etikette
503 Gesundheit
504 Lesetipps
505 Maße · Gewichte
506 Preise · Vergünstigungen
507 Reisezeit
507 Sprache
512 Telekommunikation · Post
512 Verkehr
514 ● Links vor Rechts

ANHANG

517 Register
527 Verzeichnis der Karten und Grafiken
528 Bildnachweis
529 Impressum

MAGISCHE MOMENTE

52 Zeitreise mit Tee
79 Spaziergang in luftiger Höhe
85 Himmlische Stimmen
124 Die Wucht des Ozeans
132 Die erste Runde
153 Buchten und Klippen
165 Oben mit den Engeln
199 Weiße Schönheit
404 Steinernes Krähennest

ÜBERRASCHENDES

137 **6 x Durchatmen**: Entspannen, wohlfühlen, runterkommen
264 **6 x Einfach unbezahlbar**: Erlebnisse, die für Geld nicht zu bekommen sind
306 **6 x Kamera läuft**: Das kenn ich doch
311 **6 x Gute Laune**: Das hebt die Stimmung
476 **6 x Unterschätzt**: Genau hinsehen, nicht daran vorbeigehen, einfach probieren!

Die berühmten »White Cliffs«, die weißen Klippen von Dover

PREISKATEGORIEN

Restaurants
Preiskategorien für ein Hauptgericht

€€€€	über 50 £
€€€	25 – 50 £
€€	15 – 25 £
€	bis 15 £

Hotels
Preiskategorien für ein Doppelzimmer

€€€€	über 250 £
€€€	180 – 250 £
€€	100 – 180 £
€	bis 100 £

D
DAS IST ...

England

Die großen Themen
rund um das eigenwillige Inselreich.
Lassen Sie sich inspirieren!

Zur feierlichen Parlamentseröffnung wird die Imperial State Crown in die Houses of Parliament in London gebracht. ►

GOD SAVE THE KING!

Als Queen Elizabeth II. am 8. September 2022 im Alter von 96 Jahren starb, ging eine Ära zu Ende. 70 Jahre und 214 Tage ihres Lebens saß sie als Königin auf dem Thron Britanniens. Nun müssen sich die Briten und der Rest der Welt daran gewöhnen, dass es »God Save the King!« heißt. Charles III. übernimmt das Amt in einer Zeit, in der die Fundamente der britischen Monarchie bröckeln.

◄ Frisch gekrönt: Charles III. und Camilla

DIE Frage sei erlaubt, warum sich die Briten diesen vermeintlichen Anachronismus leisten, anders formuliert: Was tun die Royals eigentlich, und weshalb bekommen sie so viel Geld? **Die britische Monarchie ist die älteste der Welt**. Faktisch ist die Macht des Monarchen beschnitten. Es gibt zwar keinen offiziellen Akt, der nicht in seinem Namen geschähe, er eröffnet das Parlament, ist nominell Chef der Armee und Oberhaupt der Kirche. Doch könnte er heute niemals entscheidend in die Politik eingreifen. Gegenüber den Politikern hat er einen unschätzbaren Vorteil – er ist nicht dem wankelmütigen Wahlvolk ausgesetzt. Elizabeth II. regierte 70 Jahre, hatte damit in der Dienstalter-Rangliste ihre Ur-Ur-Großmutter Victoria überholt. Ihr Sohn Charles wird sicher nicht so lange regieren, aber auch er legt Wert darf, Kontinuität und Verlässlichkeit zu verkörpern.

Royales Repräsentieren

Wer wissen will, was die Royals täglich so tun, kann dies im **Royal Bulletin** in den Zeitungen oder auf www.royal.gov.uk nachlesen. Man wird feststellen, dass die Familienmitglieder eine Unzahl kleinerer Zeremonien beehren: Princess Anne eröffnet eine Ausstellung, Queen Camilla besucht einen Kindergarten, der Prince of Wales William inspiziert ein Kriegsschiff. Dabei fällt immer wieder auf, dass die Royals gerade bei den »kleinen Leuten« sehr beliebt sind.
Laut Statistik muss jeder Brite ca. 1,25 £ pro Jahr für die Royals berappen. Damit finanziert er den gesamten Repräsentationsaufwand. Charles möchte die Monarchie verschlanken, die Zahl der Bediensteten reduzieren und z. B. seinen Bruder Andrew in eine bescheidenere Residenz umziehen lassen. Aber derzeit treiben überfällige Renovierungsarbeiten am Buckingham Palace seine Ausgaben in die Höhe. Kommt die Sprache auf Geld, fällt die Meinung der Untertanen über ihre erste Familie unterschiedlich aus: Manche wollen ihr jegliche Zuschüsse streichen. Doch den meisten sind sie immer noch ihr Geld wert.

Das Ritual der Entrückung

Lange hat das Ehe- und Liebesleben der Windsors den Unmut und die Auflagen der Zeitungen befeuert, man denke nur an den herzlosen Charles und die zarte Di oder an »Randy Andy«. In letzter Zeit beschäftigte sich die Yellow Press eher mit dem Zwist zwischen Prinz Harry und seinem Vater und Bruder William sowie mit den Vorwürfen des Rassismus, die Meghan gegen die königliche Familie erhob. Doch sind die Royals bis heute für die meisten Briten immer noch mehr als nur Stoff für die Klatschspalten oder eine bunt uniformierte Touristenattraktion (und dies ist als Wirtschaftsfaktor speziell für London nicht zu unterschätzen). Den Rückzug von Harry und Meghan 2020 nach Kalifornien sehen manche als verpasste Chance, die Monarchie moderner zu gestalten, näher an ihr multikulturelles Volk zu rücken. Möglicherweise wird hier das institutionelle Wesen der Royals verkannt, wie es schon 1867 der Verfassungstheoretiker Walter Bagehot enthüllt hat: »**Das Geheimnis unserer Monarchie kommt aus ihrer lebendigen Existenz**. Wir sollten etwas Geheimnisvolles nicht ans Tageslicht zerren.« Oder mit den Worten des deutschen Journalisten Bernhard Heimrich: Das Faszinierende an den Royals ist das »Ritual der Entrückung«.

TRAUER UND KRÖNUNG

Nach dem Tod von Queen Elizabeth II. standen 250 000 Menschen stundenlang und meilenweit Schlange, um ihr an ihrem Sarg die letzte Ehre zu erweisen. Die Krönung ihres Sohnes als King Charles III. wurde im Mai 2023 durch jahrhundertealte Riten vollzogen. Diese Großereignisse zeigten die unvergleichliche Fähigkeit britischer Institutionen, Feierlichkeiten und Prozessionen mit präziser Choreografie prunkvoll und perfekt zu inszenieren – vor der eindrucksvollen Kulisse von Westminster Abbey (▶ S. 261).

GARTEN-KUNST FÜR ALLE

Die englische Gartenkunst gehört zu den großen Errungenschaften des Landes. Eine beliebte Wochenendbeschäftigung der Engländer ist der Besuch eines Gartens, ein sinnliches Vergnügen, das mit Tee und Kuchen im angeschlossenen Café den obligatorischen Abschluss erhält. Tun Sie es ihnen gleich – die Vielfalt und Schönheit der Gärten und Landschaftsparks wird Sie beeindrucken.

Blütenzauber im Riverhill Himalayan Garden bei Sevenoaks ►

ENGLANDS Freiheitsdrang und Eigenständigkeit fand bereits vor 300 Jahren in einer besonderen Form der Gartenkunst Ausdruck. **Alexander Pope** mahnte 1711 in Versform, sich in ästhetischen wie in moralischen Fragen an der Natur zu orientieren – eine Absage an streng symmetrische Anlagen wie in Versailles, die als Abbilder des kontinentalen Absolutismus galten. Die englischen Parks spiegelten ein anderes Weltbild wider. Hatte man zuvor die noch als bedrohlich empfundene Natur aus den Gärten gesperrt, so wurde nun eine unverfälschte Landschaft Ziel der Bemühungen. Künstliche Seen, wirkungsvoll platzierte Baumgruppen und ein ruhiger Gesamteindruck charakterisieren den **»Landscape Garden«**. Zum Star wurde **Lancelot Brown**, der für die Gestaltung von mehr als 140 Parks mit dem Beinamen »Capability« (»Fähigkeit«) geadelt wurde. Er schuf in Sussex den Landschaftspark von Petsworth und Sheffield Park Garden, eine blumenlose Idylle um fünf Seen.

Reiche Blütenpracht

Im 19. Jh. erlebte der Blumenpark sein Comeback. Forscher, Kaufleute und Kolonialbeamte brachten Pflanzen aus den entlegensten Winkeln des Weltreiches

Der Kräutergarten von Sissinghurst Castle

mit – das milde englische Klima lässt auch Exoten gedeihen. In den geschützten Lagen von Cornwall kann man sich davon überzeugen, etwa in den **Lost Gardens of Heligan** (▶ S. 120) und in den **Abbotsbury Subtropical Gardens** (▶ S. 151) nahe Weymouth. Zu den bekanntesten Gärten des 20. Jh.s gehören **Sissinghurst Castle** (▶ S. 204) in Kent, wo die Schriftstellerin Vita Sackville-West und ihr Ehemann Harold Nicolson mit erlesenem Geschmack üppig bepflanzte Gartenräume schufen, und Hidcote Manor Garden (▶ S. 133) in den Cotswolds-Hügeln.

Ein Volk der Gärtner

Die Gartenkunst ist aber keinesfalls nur die Domäne der Reichen. Viele Engländer beschränken sich nicht auf ihren berühmten Rasen. So zieht es sie etwa in die Gärten der 1804 gegründeten »Royal Horticultural Society«, zu denen der **Harlow Carr Garden** (▶ S. 221) bei Harrogate in Yorkshire gehört. Hier geben Wald-, Wasser- und Wildblumengärten Anregungen für das heimische Grün. Die Leidenschaft fürs Gärtnern wird ernst genommen, vom Kleingärtner wie vom Großgrundbesitzer. Wohl auch deshalb wird nirgendwo so viel wie in England dafür getan, die Gärten vergangener Epochen zu erhalten.

GRÜNE JUWELEN

Seen und Brücken, Pantheon-Tempel und Obelisk, alter Baumbestand und blühende Sträucher auf mehr als 1000 ha – wer **Stourhead** besucht, den prächtigsten Landschaftsgarten des 18. Jh.s, sollte sich Zeit für einen ausgedehnten Spaziergang nehmen (▶ S. 56). Als Kontrastprogramm lohnt dann auch noch das überschaubare Anwesen **Great Dixter** in East Sussex (www.greatdixter.co.uk). Das Blumenparadies um ein hinreißend schönes Fachwerkhaus schuf der 2006 verstorbene Gartenautor Christopher Lloyd.

REVOLUTIONÄRES ERBE

Die ersten mit Dampfkraft betriebenen Fabriken der Welt entstanden in England. Vor allem im englischen Norden hinterließ die industrielle Revolution beeindruckende technische Denkmäler und imposante Architektur, teils in schöner ländlicher Umgebung. Anschaulich präsentieren Museen in ehemaligen Fabriken dieses Erbe.

Was es hieß, in viktorianischen Zeiten Arbeiter zu sein, erfährt man im Ironbridge Gorge Museum in Shropshire. ▶

DER Überseehandel und bahnbrechende Erfindungen wie die Dampfmaschine und die »Spinning Jenny« zum mechanisierten Spinnen von Baumwolle machten Großbritannien bereits Ende des 18. Jahrhunderts zur ersten Industrienation der Welt. Kanäle und Eisenbahntrassen veränderten die Landschaft, Lagerhäuser und Fabriken prägten die Häfen und die entstehenden Industriezentren. Jede Region hatte eigene Schwerpunkte: westlich der Pennine-Berge die Baumwollindustrie um **Manchester** mit **Liverpool** als Import- und Exporthafen, östlich dieser Gebirgskette die Wollmanufaktur um **Leeds**, im Nordosten bei **Newcastle** Schiffbau und Steinkohle, um **Birmingham** eine Vielzahl von Metall verarbeitenden Gewerben, in **Sheffield** die Stahlindustrie.

Lebendige Vergangenheit

Nicht nur Technikfans fasziniert das Erbe der Industrierevolution. In ehemaligen Zechen und Textilfabriken, in Arbeitersiedlungen und Museen werden Hintergründe verständlich erklärt und die Auswirkungen auf das Alltagsleben gezeigt, denn die Briten haben eine Gabe für besucherfreundliche, auch kindgerechte Museumspädagogik. Ein hervorragendes Beispiel ist die **Quarry Bank Mill** im Dorf Styal nahe Manches-

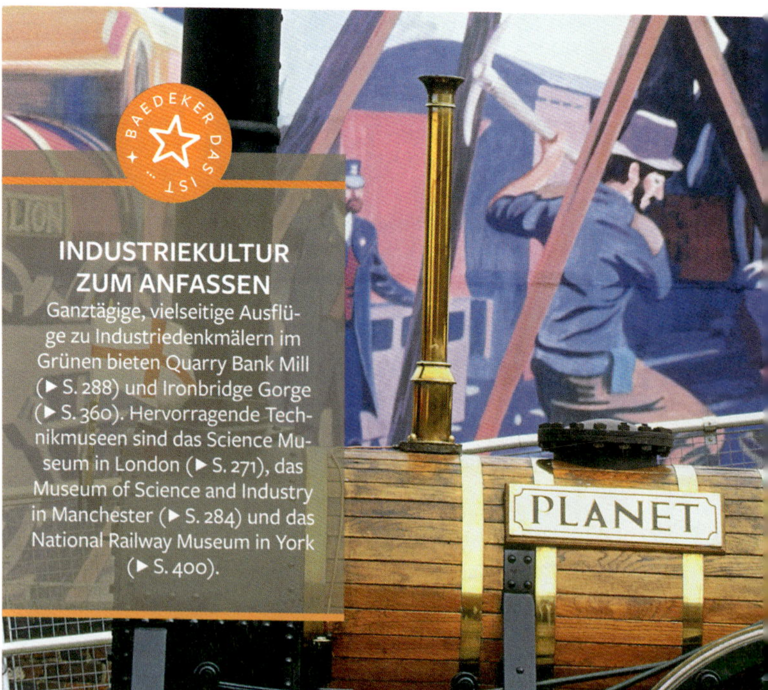

INDUSTRIEKULTUR ZUM ANFASSEN

Ganztägige, vielseitige Ausflüge zu Industriedenkmälern im Grünen bieten Quarry Bank Mill (▶ S. 288) und Ironbridge Gorge (▶ S. 360). Hervorragende Technikmuseen sind das Science Museum in London (▶ S. 271), das Museum of Science and Industry in Manchester (▶ S. 284) und das National Railway Museum in York (▶ S. 400).

ter, wo ab 1784 eine Baumwollspinnerei mit Wasserkraft betrieben wurde. Das restaurierte Wasserrad liefert heute wieder die Kraft für ratternde Spinnmaschinen. Auch der Wohnsitz der Besitzerfamilie, hübsch im grünen Tal gelegen, die Arbeiterhäuschen im Dorf und das Wohnheim der Lehrlinge kann man besichtigen. Im mittelenglischen **Ironbridge Gorge** beeindruckt die erste eiserne Bogenbrücke der Welt (1779) mit 30 Metern Spannweite. Auf dem Gelände informieren nicht weniger als zehn Industriemuseen zu Themen wie Eisen, Fliesenherstellung, Leben in einer viktorianischen Stadt, Porzellan und Tonpfeifenherstellung. Die Bandbreite der Attraktionen reicht von riesigen Anlagen mit Unesco-Welterbe-Status wie dem **Albert Dock in Liverpool** und der **Arbeitersiedlung Saltaire bei Leeds** über komplett erhaltene Kleinbetriebe im **Jewellery Quarter von Birmingham** bis zu lokalen Manufakturen wie der Bleistiftherstellung in **Keswick** im Lake District. Sehenswerte Industriekultur ist aber nicht auf Städte beschränkt, sie verteilt sich über das ganze Land: In spektakulärer Küstenlage bietet die **Zinnmine von Geevor** in Cornwall Besichtigungen unter Tage.

Diese Herren im Museum of Science and Industry in Manchester sind stolz auf die »Planet« von 1830 der Gebrüder Robert und George Stephenson. Auch wenn es nur ein Nachbau ist.

LIEBENSWERT SCHRÄG

Sie ist das jährliche Großereignis in jeder englischen Grafschaft: die County Show, ein schrulliger Mix aus Agrarmesse und Volksfest, bei der die Engländer ihre Verherrlichung des ländlichen Lebens leidenschaftlich zum Ausdruck bringen. Und als Außenstehender gewinnt man so ganz nebenbei authentische Einblicke in englische Lebensgewohnheiten, zeigt sich das Volk doch von seiner sympathisch-skurrilen Seite.

Nicht Karneval, sondern die Cornwall Show bei Wadebridge ►

Engländer lieben den sportlichen Wettkampf. Kein Wunder also, dass sich auch die Viehzüchter mit der Konkurrenz messen und mit tierischem Ernst bei der Sache sind.

ABER für die Bauern ist es eine ernste Angelegenheit, gilt es doch einen der vielen **Wettbewerbe** zu gewinnen, etwa für das schönste Schaf der Suffolk-Rasse oder das fetteste Gloucester-Old-Spot-Schwein. Der prächtigste Zuchtbulle, die feinste Wolle und die besten Gänseeier werden prämiert. Die Imker führen ihre Arbeit vor und verkaufen Honig, und auch Handwerk ist immer gut vertreten: Sattler, Schmiede und Holzdrechsler werkeln vor einem neugierigen Publikum. Kleine Lebensmittelhersteller verkaufen Säfte, Apfelwein und Craft Beer, Käse und Wurst, Kuchen und Brot. Überhaupt alles, was auf dem Land hergestellt wird oder für das ländliche Leben nützlich ist, wird feilgeboten, von Sonnen- und Regenhüten über Barbour-Jacken, Schirmen und Spazierstöcken bis hin zu Rasenmähern und ganzen Gewächshäusern.
So reihen sich Hunderte von Ständen, Zelten und Hütten aneinander, meist um eine breite Wiese, die für das **Unterhaltungsprogramm** reserviert ist. Pferdefreunden wird immer ein Reit- und Springturnier geboten, der örtliche Jagdverein führt seine Hundemeute vor, Blaskapellen treten auf, werden aber an Lautstärke von Motorradakrobaten oder einer Monster-Truck-Show überboten. Oft sieht man auch Oldtimer-Trecker und Dampfmaschinen, die anno dazumal zum Sägen und Dreschen eingesetzt wurden.

Bio ist auch auf der New Forest & Hampshire County Show in Brockenhurst angekommen.

Auch klein ein großer Spaß

Nicht immer hat man das Glück, passend zu einem dieser Großereignisse vor Ort zu sein. Ein kleiner Trost können die bescheideneren **Flower Shows** oder **Village Fairs** sein. Dort wetteifern die Leute in charmanten Wettbewerben, beispielsweise um die größten Möhren und Radieschen, um fünf formschöne, auf einem Teller arrangierte Tomaten, um makellose Dahlien und Rosen oder um Kuchen und hausgemachte Erdbeermarmelade. Die Damen der Pfarrei präsentieren Strick- und Häkelarbeiten sowie ihre Ikebana-Kunst. Auch der Kaninchenzüchterverein darf nicht fehlen. Und beim Geschicklichkeitsparcours für Familienhunde sind Geschrei und Gelächter garantiert.

BAEDEKER DAS IST ...

SHOW TIME!

Planen Sie für eine große County Show einen vollen Tag ein – und achten Sie auf die Wettervorhersage: Sonnencreme oder Regenschirm, sogar Gummistiefel können angesagt sein. Manche Shows finden im Park eines großen Herrensitzes statt, wie die Cotswold Show am ersten Juliwochenende (www.cotswoldshow.co.uk) in Cirencester und die Chatsworth Country Fair am letzten Wochenende im August (www.chatsworth.org/events/chatsworth-country-fair) in der Grafschaft Derbyshire. Ähnlich groß sind die Devon County Show Mitte Mai bei Exeter (devoncountyshow.co.uk), die Royal Norfolk Show Ende Juni bei Norwich (www.royalnorfolkshow.co.uk) und die Great Yorkshire Show Mitte Juli in Harrogate (greatyorkshireshow.co.uk). Weitere Termine findet man auf www.farminguk.com/country-shows-and-events.

ALLES KÄSE!

Englands sattgrüne Wiesen sind die Grundlage für hervorragende Käsesorten, die über die Landesgrenzen hinaus allerdings eher unbekannt sind. Wie schade! Denn jede Region hat eigene Erzeugnisse. In handwerklich arbeitenden Käsereien können Sie einen vielfältigen kulinarischen Schatz entdecken.

◄ Ein Käse mit besonderer Note: Der Cornish Yarg wird mit Brennnesselblättern ummantelt.

Im Untergrund von Somerset reift der Cheddar heran, um dann auf einem Farmer Market angeschnitten zu werden.

SEINEN Ursprung hat der berühmte Cheddar in den Tiefen der Grafschaft Somerset. Seit mindestens 800 Jahren bieten hier die Höhlen einer Schlucht mit dem Namen **Cheddar Gorge** beste Bedingungen für den Reifeprozess. Doch bereits im 19. Jahrhundert wurde Cheddarkäse mit industriellen Methoden und dazu noch in weit entfernten Ländern des britischen Weltreichs hergestellt. Der Trend zu Massenware verstärkte sich während des Zweiten Weltkriegs und danach, als sich die Regierung bemühte, durch effiziente Herstellung einer einzigen Käsesorte das Volk zu ernähren – **»Government Cheddar«** nannte man das Ergebnis. Überall im Lande stellten kleine Sennereien den Betrieb ein, die Weitergabe des Wissens über unzählige lokale Käsesorten war gefährdet.

Zurück zum Ursprung

Seit 30 Jahren aber gelingt die umgekehrte Entwicklung. Der schlichte Begriff »Cheddar« hat zwar die Chance auf eine geschützte Herkunftsbezeichnung längst verwirkt, doch **West Country Farmhouse Cheddar** bezeichnet handwerklich hergestellten, mindestens neun Monate gereiften Käse ohne Zusatzstoffe aus Milch der Grafschaften Somerset, Dorset, Devon und Cornwall. Eine Reifezeit von bis zu 20 Monaten gibt ihm seinen typischen würzigen Geschmack.

Auf den Geschmack gekommen?

Dazu kommt eine enorme Vielfalt an anderen Sorten. Typisch britisch ist ein mittelharter oder krümeliger Käse, etwa der milde **Cheshire** aus der gleichnamigen nordenglischen Grafschaft oder der blauschimmelige **Stilton** aus dem östlichen Mittelengland. Und innovative Hersteller haben in den letzten Jahren die Palette enorm ausgeweitet. Aus Cornwall kommt der **Yarg,** der in Brennnesselblätter gewickelt wird und eine Rinde mit erdigem Geschmack erhält.

Wer die Animationsfilme mit Wallace & Gromit kennt, weiß, dass der erfinderische Protagonist Wallace eine ausgeprägte Liebe zum leicht säuerlichen **Wensleydale-Käse** (mit Crackern!) aus dem gleichnamigen Tal in der Grafschaft Yorkshire pflegt.

Mittlerweile verteilen sich um die 800 Käsebetriebe über das ganze Land. Von ihrer hohen Qualität kann man sich vor Ort denn auch leicht überzeugen, zum Beispiel in den gut sortierten **Cheese Shops** in allen größeren Städten oder auf Farmers' Markets, die Käse aus der jeweiligen Region verkaufen. Und natürlich haben auch die Restaurants des Landes längst den käsigen Trend für sich entdeckt.

BAEDEKER DAS IST …

DARF'S EIN BISSCHEN MEHR SEIN?

Die würzige Note des Cheddar-Käses liegt in der Luft, während man gespannte Blicke über die Schultern von Käsern werfen darf: Käse-Liebhaber sollten unbedingt einen Abstecher zur Cheddar Gorge Cheese Company machen, die im gleichnamigen Ort noch nach überlieferten handwerklichen Methoden arbeitet und einen Teil der Erzeugnisse in den Höhlen der Cheddar-Schlucht reifen lässt (▶ S. 384). Wer in den Yorkshire Dales unterwegs ist, kann im Ort Hawes eine Schaukäserei für Wensleydale Cheese besichtigen (▶ S. 410).

T

TOUREN

Durchdacht, inspirierend, entspannt

Mit unseren Tourenvorschlägen
lernen Sie Englands beste Seiten kennen.

Standesgemäß unterwegs, und immer schön links halten! ▶

YY 995F

UNTERWEGS IN ENGLAND

Stadt und Land

Zum Geburtsort von Agatha Christie oder vielleicht in die Beatles-Stadt Liverpool? Zu den Kathedralen in mittelalterlichen Städten, zu romantischen Ruinen und nebelumwogten Hochmooren – oder doch lieber an die verträumte Küste?
England bietet sehr unterschiedliche Regionen mit völlig verschiedenen Schwerpunkten, die man ganz nach Lust und Laune miteinander kombinieren kann. Eine Städtereise in die britische Hauptstadt bietet natürlich **Kultur pur,** aber auch **Metropolen** wie Leeds, Manchester oder Birmingham haben interessante Galerien, Museen und Architektur. **Hafenstädte** wie Liverpool haben ihre Häfen umfunktioniert, überall entstehen spannende Areale – interessant sowohl in städtebaulicher und kultureller als auch in gastronomischer Hinsicht. Eher traditionell zeigen sich Oxford oder Cambridge mit ihren **herrlichen alten Colleges.**
Und dazwischen dann hinaus in die Natur: Man stellt das Auto ab und macht **Spaziergänge** oder kleine Wanderungen. An der Südküste etwa gibt es fast überall einen von Blumen und Gräsern gesäumten Pfad, der direkt an der steil abfallenden Küste entlangführt. Wer hingegen die rauere Seite der Natur bevorzugt, ist in den Nationalparks von Nordengland genau richtig – in den Bergen des Lake District oder in den Kalkstein- und Moorgebieten der Grafschaft Yorkshire.

»
Dies majestätische Land ...
dieser in die Silbersee eingefasste Edelstein.
«
William Shakespeare

Auf den Spuren von ...

Wollen Sie sich England lieber thematisch nähern, dann unternehmen Sie einfach eine »Spuren-Reise«. Auf **William Shakespeares** Spuren wandelt man in Stratford-upon-Avon. Die **Brontë-Schwestern** versteht man vermutlich am besten, wenn man direkt nach Haworth in Yorkshire fährt, wo sie lebten und schrieben. **Jane Austens** Spuren findet man in Südengland, und die **Beatles** sind bis heute in Liverpool anwesend.

Auto, Bus oder Bahn?

Es gibt also reichlich zu entdecken – aber wie kommt man am besten von Ort zu Ort? Wer Touren durchs Land unternehmen will, braucht ein Auto oder fährt mit Bus und Bahn. Autofahrer müssen

sich ans Linksfahren gewöhnen, was normalerweise aber schnell geht. Vorsicht gilt jedoch bei Autotouren abseits der ausgetretenen Pfade: Kleine romantische Nebenstraßen, die mitunter Hecken oder bewachsene Mauern säumen, sind manchmal derart schmal, dass man bei Gegenverkehr Ausweichstellen benutzen muss.
Wer dagegen öffentliche Verkehrsmittel bevorzugt, kommt zwar etwas langsamer voran, lernt aber Land und Leute auf eine ganz andere Art kennen. Es steht ein ausreichend dichtes Verkehrsnetz zur Verfügung und man kann mit Discountpässen gelegentlich Geld sparen (► S. 506, 512 ff.).

CORNWALL UND DEVON: PURE NATUR

Start: Dunster | **Ziel:** Exmouth | **Strecke:** ca. 625 km | **Dauer:** 10 Tage

Tour 1

Grüne hügelige Landschaften, bizarre Felsenszenerien und grandiose Klippenküsten: Viele reisen nach England, um sich nur im abwechslungsreichen Süden umzusehen. Besonders schön ist die Halbinsel ganz im Südwesten des Landes, Cornwall und Devon. Hier lässt das milde Golfstromklima eine mitunter fast südliche Atmosphäre entstehen. Kleine Urlaubs- und Fischerdörfer locken mit Sandstränden und üppiger Vegetation, und im Landesinnern gibt es zwei landschaftlich eindrucksvolle Nationalparks.

Ausgangspunkt für die Reise ist das Städtchen **1 Dunster** am Rande des Exmoor National Park, das von einer mächtigen Burg beherrscht wird. Von hier aus hat man einen spektakulären Blick hinüber zum Bristol Channel, den Quantock Hills und den Ausläufern des Exmoors. In den subtropischen Gärten von Dunster kann man sich schon einmal auf die Gartenanlagen einstimmen. Die Schönheit des Exmoors erschließt sich auf der Weiterfahrt zum Dunkery Beacon, der höchsten Erhebung im Nationalpark. Auf der B3223, die quer durch das Exmoor führt, erreicht man nach rund 50 km den Badeort **2 Ilfracombe** an der Küste von Devon. Hier führen Tunnel, die 1820 von Hand gegraben wurden, zu Meeresschwimmbecken, weiter westlich liegen die Surferstrände von Woolacombe. Von dem Badeort fahren auch Schiffe zur Vogelschutzinsel Lundy Island, auf der auch Papageitaucher beheimatet sind. Über die alte Hafenstadt Barnstaple geht es auf der A39 weiter in das 55 km entfernte Küstendorf **3 ★Clovelly,** bekannt für seine einzigartige Hanglage und sein harmonisches Häuserensemble. Die kleinen gemütlichen Tea Rooms laden dazu ein, sich einen Devon Cream Tea servieren zu lassen, eine köstliche Versuchung aus Tea, Scones, Marmelade und Clotted Cream. Da der Ort tagsüber ein wenig überlaufen sein kann, empfiehlt es sich, dort zu übernachten und die Schönheit der Hanglage abends und morgens früh zu erleben. Das Red Lion Hotel in einem Haus aus dem 18. Jh. direkt am Hafen ist die richtig Adresse.
www.redlion-clovelly.co.uk

Naturschönheiten im Exmoor National Park

Die A39 führt nun nach Cornwall hinein, wo die B3263 zum natürlichen Hafen von Boscastle abzweigt, der geschützt in einer engen Schlucht liegt. Von hier sind es nur noch wenige Kilometer nach **4 ★Tintagel** und zu den Ruinen der legendären Burg von König Artus. Von der Burg hat man grandiose Ausblicke auf die stürmische Küste von Nord-Cornwall. Zurück auf der A39 geht die Fahrt weiter zum malerisch am Flüsschen Camel gelegenen **5 ★Padstow** mit seinem lebhaften Hafen. Wer bisher noch nicht die Gelegenheit hatte, »very british« zu speisen, dem sei auf jeden Fall Stein's Fish & Chips empfohlen. Surfer können auf dem Weg von Padstow nach St Ives einen Abstecher ins 13 km entfernte Newquay machen, das britische Mekka für Wassersportarten wie Surfen, Kitesurfen oder Wakeboarding. Weniger anstrengend, aber anregend ist dann der Besuch des Künstlerrefugiums und Fischerstädtchens **6 ★St Ives.** In der Tate St Ives ist britische und internationale moderne Kunst zu sehen. Wer am Meer etwas ausspannen möchte, sollte sich im Boskerris Hotel einquartieren. Auf der Terrasse kann man den Abend bei einem Drink und dem zauberhaften Blick über die Bucht von St Ives ausklingen lassen. Mit viel Touristenrummel markiert **7 Land's End** den westlichsten Punkt des englischen Festlands.
www.boskerrishotel.co.uk

Entlang der Küste von Cornwall

Gärten in Cornwall

Die Tour führt nun mit kurzen Abstechern zu Aussichtspunkten an der umtosten Atlantikküste Richtung Osten nach ❽ ★**Penzance,** wo die Marrab Gardens mit ihrer mediterranen Pflanzenpracht zum Verweilen einladen. Bei einem Gang durch die Hafenstadt fällt die ungewöhnliche Fassade des Egyptian House auf. Das Gebäude, das um 1835 erbaut wurde und der Landmark Trust gehört, bietet drei komfortabel eingerichtete Wohnungen, in denen man übernachten kann. Bevor die Fahrt weiter gen Norden geht, bietet sich ein Abstecher von rund 19 km auf die Halbinsel The Lizard an. Hier findet man wunderschöne Buchten mit Sandstränden wie Kynance Cove. Auf der Weiterfahrt Richtung Norden erreicht man ❾ ★**Glendurgan Garden** mit seinem subtropischen Bewuchs. Die Gartenanlage ist auch wegen ihres herrlich geschwungenen Heckenlabyrinths beliebt. Weiter nach Norden geht es über Truro zu den ❿ ★**Lost Gardens of Heligan,** einem riesigen Garten, der über 70 Jahre in Vergessenheit geraten war und ab den 1990er-Jahren restauriert wurde. Danach ist ein Besuch des ökologischen **Eden Project** 6,5 km nordöstlich von ⓫ **St Austell** ebenfalls ein Muss. In einer stillgelegten Kaolin-Abraumhalde wurde hier das weltweit größte Gewächshaus angelegt. In riesigen Kunststoffwaben mit tropischem Klima wachsen Pflanzen aus dem Regenwald, Ozeanien und dem mediterranen Raum. Das Fowey Hall Hotel bietet ein angenehmes Ambiente zum Übernachten.
luxuryfamilyhotels.co.uk

Literatur und Wandern

Auch Literaturfans kommen bei der Tour durch den Südwesten auf ihre Kosten – z. B. in ⓬ ★**Fowey,** einem malerischen Jacht- und Fischerhafen und Wahlheimat von Daphne du Maurier. Die Schriftstellerin (»Rebecca«, »Die Vögel«) ließ sich in ihren Büchern von der Schönheit und Dramatik der Cornischen Landschaft inspirieren. Von dem Städtchen aus erschließen sich unzählige Wanderwege, so führt etwa der über 1000 km lange Southwest Coast Path von Minehead in Somerset bis Poole in Dorset hier vorbei. Eine Autofähre verkehrt zwischen Fowey und Bodinnick über den Fluss Fowey, dann sind es nur noch 12 km bis ins Fischerdorf ⓭ ★**Polperro** mit seinen engen Gassen. Im Polperro Heritage Museum kann man sich über die einstmals in Cornwall blühende Fischereiwirtschaft und über das ebenso erfolgreiche Schmugglerwesen informieren. Familien schätzen den umtriebigen Fischer- und Ferienort Looe mit seinem schönen Sandstrand, der über die A387 schnell zu erreichen ist. Eine landschaftlich sehr schöne Strecke führt über 28 km von Looe nach Torpoint. Dort überquert man mit der Autofähre den Fluss Tamar, der Cornwall von Devon trennt, und erreicht nach wenigen Kilometern ⓮ **Plymouth,** die Hafenstadt, von der aus Sir Francis Drake seine Weltumsegelungen begann. Einen tollen Blick auf die Stadt und die Hafenbucht hat man von »The Hoe«, einem

Aussichtspark. Nach dem Besuch der Seefahrerstadt verläuft die weitere Route durch die grünen Hügel und saftigen Wiesen von Devon. Über Kingsbridge führt die A379 ans Meer und von dort auf einer wunderschönen Küstenstraße ins 57 km entfernte ⓯ ★**Dartmouth.** Die verwinkelten Gassen der Kleinstadt am Mündungstrichter des Dart bewacht eine Wehranlage aus dem 15. Jahrhundert. Krimifreunde sollten die Mühe nicht scheuen, das Ferienhaus Greenway von Agatha Christie im rund 4 km entfernten Galmpton zu besuchen. Die Krimiautorin begegnet Ihnen auch auf der nächsten Station der Strecke in ⓰ ★**Torquay**. Das wegen seines günstigen Klimas beliebte Seebad ist die Geburtsstadt der Schriftstellerin und verwandelt sich alle zwei Jahre im September in die Hauptstadt der Kriminalromane, wenn während des Agatha Christie Festivals mit Touren, Mörderjagden, Ausstellungen und Theaterstücken der Autorin gedacht wird. Eine ruhige Nacht ohne gruselige Ereignisse kann man im Orestone Manor verbringen, einem eleganten Hotel, dessen elf Zimmer sehr individuell gestaltet sind.
www.orestonemanor.com

Spukgeschichten im Dartmoor

Von Torquay aus geht es Richtung Norden über Newton Abbot hinein in den Dartmoor National Park bis ins 20 km entfernte ⓱ **Bovey Tracey.** Im Information Center erhält man Auskunft und Kartenmaterial zum Nationalpark, um dessen einsame Moor- und Heidelandschaft sich allerlei Spukgeschichten und uralte Legenden ranken. Man sollte sich mindestens einen Tag Zeit nehmen, um Orte wie Widecombe mit seinen hübschen, strohgedeckten Cottages zu besuchen oder über die Clapper Bridge zu gehen, eine Steinbrücke über den East Dart, die auf das 13. Jh. datiert wird. Eher pompös präsentiert sich Castle Drogo, eine zwischen 1910 und 1930 errichtete Schlossanlage, in der verschiedene Stilrichtungen harmonisch miteinander kombiniert wurden.

Zurück zu städtischer Kultur

Die Tour endet in der Grafschaftshauptstadt ⓲ ★**Exeter,** die von der mächtigen gotischen Kathedrale St Peter beherrscht wird, deren Ursprünge auf das Jahr 1112 zurückgehen. Aus dem 14. Jh. stammen die Underground Passages, unter dem Stadtzentrum verlaufende Gänge, durch die früher frisches Wasser in die Stadt transportiert wurde und die heute eine Besucherattraktion sind. Aber noch ist nicht Schluss: Nicht entgehen lassen sollte man sich den Besuch des 15 km entfernten Gebäudes **A la Ronde** bei ⓳ ★**Exmouth.** Das 16-eckige Haus war der skurrile Landsitz zweier englischer Ladys, die ihn um 1796 erbauen ließen. Sie waren zuvor fast zehn Jahre durch Europa getourt und hatten allerlei Souvenirs von ihren Reisen mitgebracht. Von ihrem Haus, in dem die mitgebrachten Schätze bewundert werden können, hatten die Damen einen zauberhaften Blick auf den im Osten dahinfließenden River Exe.

IM HERZEN ENGLANDS

Start: Windsor | **Ziel:** Warwick | **Strecke:** ca. 200 km | **Dauer:** 5 Tage

Tour 2

Eine Königsresidenz, eine Traditionsuniversität und die Shakespearestadt, dazu ein uraltes Castle und ein Oldtimermuseum, in dem feinste britische Automobilgeschichte präsentiert wird – das ist genau die richtige Tour für Kulturreisende! Sie erleben mehrere Highlights westlich und nordwestlich von London. Und damit auch das englische Landschaftserlebnis nicht zu kurz kommt, sollte man ruhig einige Umwege nehmen, die durch besonders schöne Gegenden führen.

Residenzstadt der Royals

Ausgangspunkt für diesen Kulturtrip ist 1 ★★ **London.** Fast vor den Toren der Hauptstadt liegt 2 ★★**Windsor Castle**. Der Ort an der Themse ist seit nahezu einem Jahrtausend Sitz der Königsfamilie, und Windsor Castle zählt zu den schönsten Residenzen der Welt. Wenn der König gerade in Windsor Castle ist, kann man das Schloss nicht besichtigen, dann weht die königliche Flagge (Royal Standard) und nicht der Union Jack auf dem Round Tower im Wind. Ansonsten kommt man in die Residenz hinein. Auch der Ort Windsor selbst lohnt sich, für den Besuch des Schlosses und des Ortes sollte man sich mindestens einen Tag Zeit nehmen. Und schließlich gibt es noch **Eton** am anderen Themseufer mit dem traditionsreichen Eton College, zu dessen Schülern nicht weniger als 20 englische Premierminister gehörten. Gartenfans sei auch noch ein Ausflug zum Savill Garden ans Herz gelegt, einer von Großbritanniens größten Ziergärten, den man in nur 15 Minuten von Windsor aus erreicht. Im 2010 von Queen Elizabeth II. eröffneten Rose Garden verströmen über 2000 sorgfältig ausgesuchte Rosen ihren Duft.

Unistadt mit langer Tradition

Das nächste Ziel auf der Route ist 3 ★★**Oxford.** Von Windsor aus erreicht man die Universitätsstadt auf einer schönen Strecke, die ab Reading direkt an der Themse entlangführt. Auch für diese weltberühmte Stadt mit ihren 38 malerischen Colleges sollte man einen ganzen Tag einplanen. Christ Church College, Magdalen College, Merton College und New College sind die sehenswertesten Stationen. Die teils aus dem 15. Jh. stammende Bodleian Library ist ein Muss für alle Büchernarren, und das Ashmolean Museum beherbergt eine unermessliche Kunst- und Altertumssammlung. Zeit zur Entspannung findet man in den University Botanic Gardens, einer der ältesten Gartenanlagen in England. Abends hat man sich dann ein kühles Bier in einem der vielen Pubs wie der Turf Tavern mit ihrem hübschen Innenhof verdient. Dann bettet man sein Haupt z. B. im Old Parsonage Hotel und macht sich für den nächsten Kulturtag fit (▶ S. 327).

Shakespeare empfängt Besucher

Auf dem nächsten Streckenabschnitt wartet mit 4 ★**Blenheim Palace** schon das nächste Highlight. Der Geburtsort von Winston Churchill und UNESCO-Weltkulturerbe liegt rund 12 km nördlich von Oxford. Umgeben wird das prächtige Schloss mit seinen rund 200 Räumen von einem englischen Landschaftspark mit herrlichen alten Bäumen. Nach viel Pomp und Blütenzauber führt die Fahrt weiter über das Cotswolds-Städtchen 5 **Chipping Norton,** in dem man die Almhouses besichtigen kann, schmucke Reihenhäuschen, die Anfang des 17. Jh.s von einem reichen Gönner für acht verwitwete Frauen errichtet wurden. Einen kleinen Abstecher sollte man zu den Rollright Stones machen, prähistorische Steinkreise, eingebettet in eine wunderschöne Landschaft. Auf der A44 geht es weiter über Moreton-in-Marsh bis nach 6 ★**Stratford-upon-Avon,** der Shakespeare-Stadt, die ihren Sohn an jeder Straßenecke feiert. Der Shakespeare Birthplace Trust verwaltet Gebäude, die in Zusammenhang mit dem großen Dichter stehen. In Shakespeare's Birthplace, einem zweistöckigen Fachwerkkomplex, lebte seine Familie. Ausgestattet mit zeitgenössischen Möbeln vermittelt das Gebäude eine Vorstellung von den Lebensverhältnissen Mitte des 16. Jahrhunderts. Westlich der Innenstadt liegt Anne Hathaway's Cottage, wo der junge Shakespeare um die Hand seiner zukünftigen Frau Anne anhielt. Umgeben ist das zauberhafte, reetgedeckte Haus von einem blühenden Garten. Für den Abend sollte man sich ein Ticket für eine Vorstellung im Royal Shakespeare Theatre sichern. Und zum Abschluss eines Tages ganz im Zeichen des Dramatikers gibt es ein Pint im Dirty Duck, einem Pub, in dem Fotos diverser Shakespeare-Inszenierungen ausgestellt sind.

Burg und Luxuskarossen

Nach nur 14 km erreicht man Warwick am River Avon, das von der Trutzburg 7 ★ **Warwick Castle** beherrscht wird. Ihre Ursprünge reichen über 1000 Jahre zurück. Die Burg, die zu den Top-Attraktionen in Großbritannien gehört, liegt inmitten einer Gartenanlage mit Rosengarten, Pfauengehege und Picknickplätzen. Neben der prunkvollen Einrichtung aus dem 17. und 18. Jh. kann man bei der Wachsfigurenausstellung The Royal Weekend Party hinter die Kulissen des Hochadels zu viktorianischer Zeit blicken. Im Städtchen Warwick, das mit seinen hübschen alten Gebäuden fasziniert, lohnt auch der Besuch der Hill Close Gardens, einer Ansammlung von Gärten, die genauso restauriert wurden, wie sie zu viktorianischer Zeit von ihren damaligen Besitzern gestaltet wurden. Automobilfreunde machen noch einen Abstecher ins **British Motor Museum** in Gaydon. Hier ist die weltweit größte Sammlung britischer Autos zu finden.

DURCH OSTENGLAND

Start: Cambridge | **Ziel:** Norwich | **Strecke:** ca. 210 km | **Dauer:** 7 Tage

Tour 3

Unsere Tour durch Ostengland führt Sie dorthin, wo die königliche Familie Weihnachten und die Londoner den Sommer verbringen. Sie bietet Strände, gute Restaurants und prächtige Herrensitze, eine Fahrt mit dem Stakkahn in Cambridge und zwei herrliche Kathedralen. Auf der Route durch die Fenlands zu den Sandstränden und Naturschutzgebieten an der Nordküste der Grafschaft Norfolk kommen Naturliebhaber wie Kulturhungrige auf ihre Kosten.

Los geht's!

Die Tour beginnt in der Universitätsstadt ❶ ★★**Cambridge.** Wer aus London oder von den Häfen am Ärmelkanal kommt oder ein Auto am Flughafen Stansted mietet, nimmt die Autobahn M11 nach Norden. Alternativ fährt man mit dem Zug von London Liverpool Street oder Stansted nach Cambridge und kann die weiteren Ziele auf der Route mit Bahn und Bus gut erreichen. Stellt das Hotel in Cambridge keine Parkplätze zur Verfügung, wird Park and Ride empfohlen.

Zu der seit dem 13. Jh. bestehenden, heute noch weltführenden Universität gehören 38 Colleges, deren Kapellen, Aulen und Bibliotheken sich um Höfe (Courts) und Gärten gruppieren. Höhepunkt eines Rundgangs sind Trinity College mit dem um 1600 erbauten Great Court und King's College mit seiner wunderschönen Kapelle aus dem späten 15. Jahrhundert. Ein Spaziergang oder eine Fahrt im Stakkahn (mit Chauffeur oder, für Wagemutige, selbst gestakt) am River Cam ist ebenfalls ein Muss. The Varsity Hotel & Spa am Fluss bietet stilvolle Zimmer in einem umgebauten historischen Lagerhaus.
www.thevarsityhotel.co.uk

Englands drittgrößte Kathedrale

Mit der Bahn oder über die Straße A10 erreicht man 25 km nördlich ❷ ★**Ely,** eine charmante Kleinstadt, die eine der schönsten Kathedralen des Landes überragt. Großartig ist in der Ely Cathedral der Blick in den achteckigen Mittelturm hinauf, der nach dem Einsturz des Vorgängers 1322 aus Holz errichtet wurde. Eine hervorragende Adresse für den Nachmittagstee ist Peacock's Tea Room mit komfortablen Bed-&-Breakfast-Zimmern am Fluss Great Ouse (▶ S. 164). Ely befindet sich im ehemaligen Sumpfgebiet **The Fens**. Intensive Landwirtschaft hat die ausgedehnten Feuchtbiotope von einst stark schrumpfen lassen, aber an zwei Stellen nahe Ely wurden sie erhalten bzw. wiederhergestellt. Biegt man südlich von Ely von der A10 nach Osten auf die A1123, kommt nach ca. 5 km das Naturschutzgebiet Wicken Fen. Auf der Weiterfahrt von Ely nach Norden führt von der A10 die A1101 nach links zum 3 **Welney Wildfowl und Wetlands Centre**, einem international bedeutenden Reservat für Wasservögel.

Besuch bei den Royals

Die Hafenstadt 4 **King's Lynn** am Ostufer des Great Ouse bewahrt Zeugnisse historischer Handelsbeziehungen wie das Hanse House, die um 1475 erbaute Niederlassung der Hanse. Sehenswert sind die Ausstellung Stories of Lynn im Rathaus aus dem 15. Jh., die Rekonstruktion eines 4000 Jahre alten Kreises aus Eichenstämmen (Seahenge) im Lynn Museum, der an der Küste nördlich von Lynn gefunden wurde, und die im sumpfigen Boden schief eingesackte St Margaret's Church. Ein angenehmes Hotel mit Restaurant in der Stadtmitte ist The Bank House (▶ S. 299).
King's Lynn eignet sich als Ausgangspunkt für Ausflüge nach **Castle Rising**, wo eine beeindruckende Burgruine, eine normannische Kirche und Armenhäuser aus dem Jahr 1614 zu sehen sind (7 km nördlich an der A149), oder zum Sandringham House (15 km nordöstlich über die A149), wo die königliche Familie die Weihnachtszeit verbringt. **Sandringham**, privater Besitz der Royals, ist kein Palast mit Imponiergehabe, sondern ein bequemer Landsitz des 19. Jh.s in wunderschöner Parklandschaft. Besucher dürfen u. a. die gepflegten Blumengärten, eine Sammlung royaler Automobile und verschiedene Innenräume besichtigen.

Naturerlebnisse an der Küste

Vom Badeort 5 **Hunstanton** mit einem schönen Sandstrand und rot-weiß gestreiften Steinklippen führt die Küstenstraße A149 nach Osten. Die sehenswerten Orte und Landschaften unterwegs erschließen auch Buslinien (von King's Lynn nach Wells der Lynx Coastliner, www.lynxbus.co.uk, von Wells nach Cromer der Coasthopper CH4, www.sanderscoaches.com) und ein Fernwanderweg, der 135 km lange **North Norfolk Coast Path**. Diese ist keine spektakuläre Steilküste wie in Cornwall, doch mit vielfältigen Naturschutzgebieten und kleinen Urlaubsorten sehr reizvoll, nicht zuletzt weil gute Restaurants, Unterkünfte und Geschäfte in großer Zahl vertreten sind – Nord-Norfolk ist unter wohlhabenden Londonern beliebt. Bequeme Tageswanderungen auf dem Coast Path, Busverbindungen und die Hauptstraße A149 erschließen Naturerlebnisse wie **Holme**

Dunes National Nature Reserve mit Dünen und Salzwiesen oder Titchwell Marsh, wo 300 Vogelarten ein Biotop in reetbestandenen Tümpeln finden.

Tagesausflug mit Kultur und Natur

6 **Burnham Market** ist für Shopping und Gastronomie bekannt, Holkham für lange Strandspaziergänge unter einem weiten Himmel, 7 **Wells-next-the-Sea** für frische Fish & Chips am Hafen. Von Wells tuckert eine charmante Kleinbahn durch liebliche Landschaft nach Walsingham, einem im Mittelalter bedeutenden Wallfahrtsort, der heute noch Pilgerziel ist. Eine herausragende kulturelle Sehenswürdigkeit ist Holkham Hall, der im palladianischen Stil des 18. Jh.s erbaute Familiensitz der Grafen von Leicester. Der Gang durch die prächtigen Innenräume voller kostbarer Möbel und Kunstschätze lässt sich mit einer Tour durch den riesigen Landschaftspark per Mietfahrrad, mit Rudern auf dem See und einer Gartenbesichtigung zu einem vergnüglichen ganztägigen Besuch kombinieren.

Köstliches im Seebad

Weiter östlich bei 8 **Morston** fahren Boote zur Robbenkolonie an der Kiesnehrung Blakeney Point. Die A149 führt weiter zum traditionellen Seebad 9 **Cromer** mit einer schönen Seebrücke. Cromer ist berühmt für Taschenkrebse (Cromer Crab), die man im No.1 Fish-&-Chips-Lokal in der New Street Nr. 1 bekommt.

Architektur und Kunst

Nun geht es nach Süden in Richtung Norwich auf der A140 (auch mit dem Bus). Auf dem Weg dorthin empfehlen sich kurze Abstecher zu zwei Herrensitzen aus der Zeit um 1620, beide mit Park, Blumenpracht und reicher Ausstattung: Felbrigg Hall liegt 5 km südwestlich von Cromer, 10 **Blickling Hall** abseits der A140 kurz vor der Stadt Aylsham. 11 **Norwich** ist seit über 1000 Jahren die bedeutendste Stadt der Region. Unter den vielen Attraktionen und Bauwerken aus allen Epochen seit dem Mittelalter sind die romanische Kathedrale mit Änderungen im gotischen Stil, der größte Straßenmarkt Englands, die restaurierte normannische Burg mit Castle Museum und das Sainsbury Centre for Visual Arts, eine erlesene Sammlung mit Schwerpunkt auf dem 20. Jh. zu erwähnen. Historische Kneipen, angenehme Einkaufsstraßen und Bootsfahrten auf dem River Wensum runden das Erlebnis ab.

Auf dem Boot durch die Natur

Wer noch Zeit hat, findet im 12 ★**Nationalpark Norfolk Broads** direkt östlich von Norwich entspannte Freizeitaktivitäten am Wasser. Hier darf jeder – auch ohne Bootsführerschein – in wochen- oder tageweise gemieteten Kabinenkreuzern über Seen und entlang träge fließender Flüsschen tuckern. Für die Weiterfahrt hat Norwich gute Bahn- und Straßenverbindungen nach London und in andere Landesteile. Eine ungewöhnliche Unterkunft ist das historische Gothic House, exzellente moderne britische Küche bietet das Benedicts.
www.gothic-house-norwich.com, www.restaurantbenedicts.com

DURCH DIE NATIONALPARKS

Start: Whitby | **Ziel:** Keswick/Ravenglass | **Strecke:** ca. 300 km | **Dauer:** 3–4 Tage

Tour 4

Eine Fahrt von der Ost- an die Westküste führt durch außergewöhnliche Landschaften mit herrlicher Natur und eindrucksvollen Klosterruinen. Gleich drei Nationalparks erstrecken sich hier über weit ausgedehnte Areale, und da sie in unmittelbarer Nähe zueinander liegen, führt Sie diese Reise größtenteils durch Nationalparkgebiet. Neben Naturschönheiten warten auch ein paar kulturelle Höhepunkte am Wegesrand, darunter das UNESCO-Weltkulturerbe Fountains Abbey.

Romantische Ruinen

Die Tour startet in der historischen Hafenstadt ❶ ★**Whitby,** das am Rand des **North York Moors National Park** liegt. Sehenswert neben Altstadt und Hafen sind die St Mary's Church und die Ruinen der 657 gegründeten Whitby Abbey, die auf einer Klippe über der Stadt liegen und die man über 199 Stufen erreicht. Von Whitby aus nimmt man zunächst die A171 nach Guisborough, fährt in Richtung Stokesley und biegt dort auf eine schmalere Straße ab, die durch eine herrliche Landschaft quer durch die North York Moors bis Helmsley führt. Kurz vor Helmsley ein kultureller Höhepunkt: die ❷ ★**Rievaulx Abbey,** eine der eindrucksvollsten Klosterruinen Englands. Etwa 500 Mönche lebten hier einst in der Einsamkeit von North Yorkshire.

Bilderbuchstädtchen

Der Ort ❸ **Helmsley** ist eine malerische kleine Marktstadt, deren Ortskern unter Denkmalschutz steht und deren Straßen und Gassen zum Bummeln einladen. Der Marktplatz mit seinem alten Marktkreuz scheint direkt einer Jane-Austen-Verfilmung entsprungen. Dort befindet sich auch das Feathers Hotel, ein Coaching Inn aus dem 16. Jh. mit luxuriösen Zimmern. Beherrscht wird der Ort von Helmsley Castle, der Ruine einer mittelalterlichen Burg. Nicht weit entfernt liegt Duncombe Park, Familiensitz von Lord und Lady Faversham. Die Gärten des Herrenhauses sind im Juli und August zu besichtigen. Von April bis Oktober hat der zwischen Burg und Herrenhaus gelegene Helmsley Walled Garden geöffnet, dessen Entstehung auf das Jahr 1759 zurückgeht.
www.feathershotelhelmsley.co.uk

Klöster und Kathedralen

Bei Thirsk durchquert man das Vale of York und erreicht bei ❹ **Ripon** einen guten Ausgangspunkt für Touren durch den **Yorkshire Dales National Park,** wobei der Ort selbst ein Stück außerhalb des Nationalparks liegt. Nicht verpassen sollte man den Besuch der Ka-

thedrale von Ripon, einer der ältesten Englands. Sehr entspannend ist auch ein Spaziergang entlang des Ripon Canal, der über knapp vier Kilometer durch das Städtchen führt. Wer auf ein gut gezapftes Pint Bier einkehren möchte, kann das im One Eyed Rat tun, einem altmodischen kleinen Pub im ältesten Teil der Stadt. Nur 6,5 km südwestlich von Ripon wartet dann ein UNESCO-Weltkulturerbe: Die **5 ★ Fountains Abbey,** der seinerzeit die Klostergründer wegen der vielen nahegelegenen Quellen ihren Namen gaben und die eine der am besten erhaltenen Ruinen Großbritanniens ist.
www.facebook.com/oneeyedrat

Englands kürzester Fluss

Bei Leyburn zweigt die A684 ab, die von Osten nach Westen einmal durch das **6 Wensleydale** mit seinen wunderbaren Wiesen- und Heidelandschaften führt. Im Wensleydale liegen eine Reihe kleiner Dörfer und Marktstädtchen, die zumindest einen kurzen Halt wert sind, beispielsweise **Bainbridge** mit einem großen Dorfanger. Dort kann man auch einen Spaziergang an dem mit 4 km kürzesten Fluss Englands unternehmen, dem River Bain. Nur 6,5 km weiter auf der A 684 erreicht man das kleine Marktstädtchen Hawes, die Heimat des berühmten Wensleydale, des Lieblingskäses von Wallace aus den oscargekrönten Animationsfilmen der Reihe »Wallace & Gromit«. Wer sich die Füße vertreten will, unternimmt eine kurze Wanderung zum Hardraw Force, dem mit 30 m höchsten, ununterbrochenen Wasserfall Englands. The Blue Lion in East Witton ist eine komfortable Herberge mit exzellentem Restaurant.
www.thebluelion.co.uk

Geburtsort der englischen Romantik

Bei **7 Kendal** hat man die Yorkshire Dales gerade verlassen und steht schon vor den Toren des **Lake District National Park.** In Kendal lohnt die Abbot Hall mit einer Gemäldesammlung sowie das Museum of Lakeland Life, das dem Alltagsleben der Bewohner gewidmet

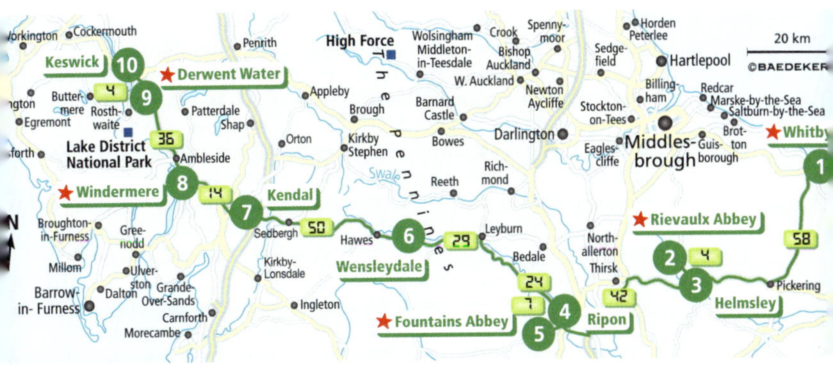

ist. Gartenliebhaber machen einen kurzen Abstecher zum 8 km südlich von Kendal gelegenen elisabethanischen Herrenhaus Levens Hall. Der dortige Garten gilt für viele als der schönste britische »Topiary Garden«, in dem Eiben und Buchsbäume in dekorative und figürliche Formen geschnitten werden.

In den Lake District

Naturliebhaber wird es aber schnell weiterziehen in den Lake District mit seinen 16 großen und unzähligen kleinen Seen und Teichen. Kein Wunder, dass englische Dichter, die Lake Poets, sich von der wasserreichen Gegend inspirieren ließen und sie in literarischen Werken verherrlicht haben. Englands größter See mit waldreichen Ufern und mehreren kleinen Inseln ist der 8 ★**Windermere**. Ein hübsches Dorf ist Hawkshead, wo William Wordsworth, der bedeutendste der Lake Poets, die Grammar School besuchte. Wer bei einer Bergwanderung Durst bekommen hat, kann ihn im Sun Inn stillen und, wenn es spät geworden ist, dort auch im historischen Gemäuer übernachten. Wer zur Westküste weiterfahren möchte, kann über Skelwith Bridge und Little Langdale eine abenteuerliche Fahrt auf Achterbahnstraßen zum Wrynose Pass und dem noch steileren Hardknott Pass erleben. Durch das schöne Eskdale fährt man dann, wahlweise mit einer charmanten Schmalspurbahn, am einsam gelegenen römi-

Morgenröte über dem Derwent Water

schen Fort Hardknott vorbei nach Ravenglass an der Küste. Als Alternative kann man ⑨ ★**Derwent Water** anfahren, einen See vor grandioser Bergkulisse. In unmittelbarer Nähe liegt ⑩ **Keswick,** das viel besuchte Zentrum des Lake District. Die Rundfahrt südlich von Keswick auf der B5289 durch das Borrowdale zum See Buttermere und zurück auf der B292 über den Whinlatter Pass zeigt die Berge und Seen von ihrer schönsten Seite. Als Abschluss der Tour empfiehlt sich ein Abendessen oder eine Nacht im herrlich gelegenen Cottage in the Wood westlich im Ort Braithwaite.

www.suninn.co.uk, www.thecottageinthewood.co.uk

Z
ZIELE

Magisch, aufregend, einfach schön

Alle Reiseziele sind alphabetisch geordnet. Sie haben die Freiheit der Reiseplanung

Der Tag verabschiedet sich im Buttermere Valley im Lake District. ▶

★★ BATH

Landesteil: Südengland | **Höhe:** 30 m ü.d.M. | **Grafschaft:** Somerset | **Einwohnerzahl:** 101 000

»Von wunderbar einziger Schönheit ist der Anblick der Stadt ...«, schrieb Johanna Schopenhauer 1803, und ihr Urteil über Englands einziges Mineralbad mit heißen Quellen ist bis heute gültig. Sie erlebte die Stadt zur Blütezeit des Kurbetriebs. Wer Rang und Namen hatte, kam zum Flirten und Tanzen oder für seine Gesundheit nach Bath. Bis heute ist die Vergangenheit hier lebendig.

Zeitreise ins 18. Jahrhundert

»The Beau« nannte man den Mann, der den Geschmack der feinen Gesellschaft prägte: Der Dandy **Richard Nash** (1674 –1761) legte im 18. Jh. Etikette und Umgangsformen für Adel und Bürgertum gleichermaßen fest. Das Gesicht der Stadt prägte **John Wood der Ältere.** Seine Bauten machten Bath, das heute UNESCO-Weltkulturerbe ist, im 18. Jh. zu einem architektonischen Juwel. Mit The Crescent, Parades und Queen Square errichtete er ganze Anlagen im georgianischen Stil.
Haben Sie Lust auf eine kleine Zeitreise? Die einheitlichen Fassaden aus leuchtend goldgelbem Bath-Stone, die bezaubernden Parkanlagen und geschmackvollen Geschäfte versetzen Sie in die großen Tage der Stadt, als sie Modebad der englischen Oberschicht war. Speisen Sie im Pump Room (Kursaal) und lassen Sie sich im modernen Wellnessbetrieb verwöhnen wie früher die Römer im historischen Bad.

BATH ERLEBEN

BATH VISITOR INFORMATION

Es gibt kein Büro mit Publikumsverkehr, Broschüren liegen an verschiedenen Stellen in der Stadt aus. Auskünfte und Buchungen online unter: www.visitbath.co.uk

Beim **Flohmarkt** in der Walcot Street verkaufen Händler jeden Samstag Schräges und Exquisites aus früheren Zeiten. Zu den ersten Adressen für Kunsthandwerk gehört die Glasbläserei **Bath Aqua Glass**. Die **Fine Cheese Company** begeistert Käsefans mit über 100 handgemachten Rohmilch-Köstlichkeiten. Dazu passen hausgemachte Chili-Crackers und Frucht-Pickles.

Bath Aqua Glass: 15 Abbey Churchyard, tgl. 9.30–17, So. ab 10 Uhr
www.bathaquaglass.com
Fine Cheese Company: 29 & 31 Walcot Street
www.finecheese.co.uk

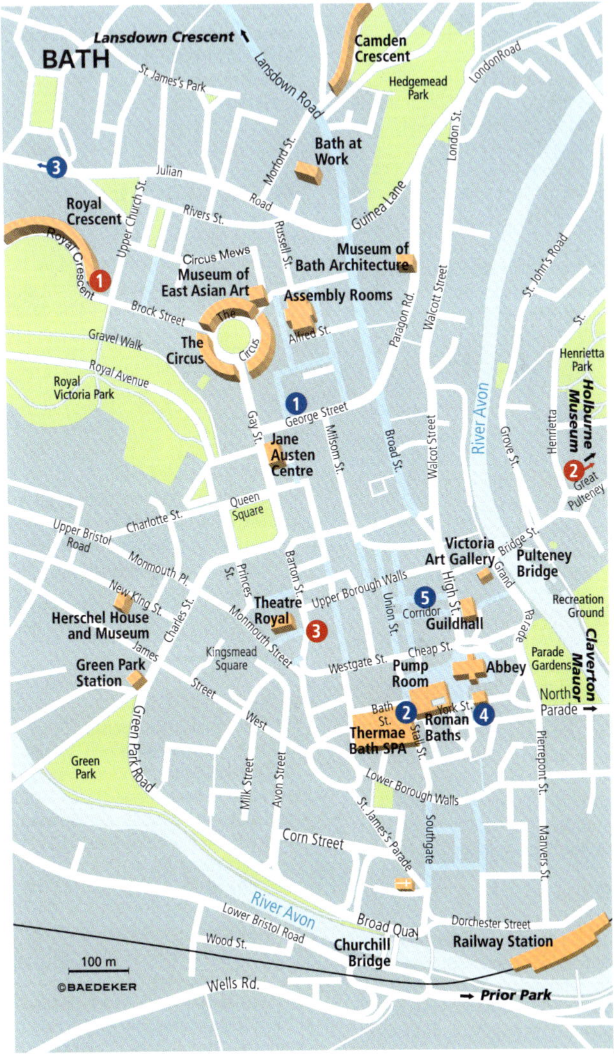

Restaurants

1. Clayton's Kitchen
2. The Pump Room
3. The Marlborough Tavern
4. Sally Lunn's
5. Cœur de Lion

Unterkunft

1. The Royal Crescent
2. Dukes
3. Z Hotel

Fußgängerzone

THEATRE ROYAL
Das Programm im 1805 erbauten Theater umfasst Schauspiel, Oper, Tanz und Konzerte.
Sawclose, Tel. 01225 44 88 44
www.theatreroyal.org.uk

Konzerte aller Stilrichtungen und Literaturevents im Mai
bathfestivals.org.uk

❶ CLAYTON'S KITCHEN €€€
Robert Claytons legeres Restaurant kombiniert Einflüsse aus Frankreich und dem Mittelmeer mit besten britischen Zutaten.
15 A George St.
Tel. 01225 72 43 86
www.claytonskitchen.com

❷ THE PUMP ROOM €€
Klassische Live-Musik vom Trio oder Klavier erfüllt den diskret beleuchteten Raum aus dem 18. Jh. direkt neben den Römischen Bädern. Breakfast, Morning Coffee, Lunch und Afternoon Tea, Dinner nur im Sommer. »Traditional Afternoon Tea« nach allen Regeln der Kunst.
Stall St., Tel. 01225 44 44 77
thepumproombath.co.uk

❸ THE MARLBOROUGH TAVERN €–€€
Der Gastropub mit Biergarten nahe dem Royal Crescent ist eine Institution – und die Küche ein Spiegelbild der Region und ihrer Produzenten.
35 Marlborough Buildings
Tel. 01225 42 37 31
www.marlborough-tavern.com

❹ SALLY LUNN'S €–€€
Im ältesten Haus der Stadt erfand 1680 eine junge Französin ein lockerleichtes Brötchen – die Geschichte der »Sally Lunn's Buns« erzählt ein Museum, die berühmten Rosinenbrötchen serviert der Tearoom.
4 North Parade Passage
Tel. 01225 46 16 34
www.sallylunns.co.uk

❺ CŒUR DE LION €
Im kleinsten Pub der Stadt mit einigen Plätzen draußen in der engen Gasse werden die süffigen Abbey Ales von einer Brauerei aus Bath gezapft – das deftige Essen passt dazu!
17 Northumberland Place
Tel. 01225 46 35 68

❶ THE ROYAL CRESCENT €€€€
In der herrschaftlichen Architektur verteilen sich die 45 äußerst luxuriösen Zimmer auf mehrere Gebäude um einen bezaubernden Garten.
16 Royal Crescent
Bath BA2 6FJ
Tel. 01225 82 33 33
www.royalcrescent.co.uk

❷ DUKES €€–€€€
Das prachtvolle palladianische Stadthaus mit 18 im altenglischen Stil eingerichteten Zimmern – Bucchleuch und Athol haben Himmelbetten! – steht an einer der schönsten Straßen von Bath: ein B & B der Extraklasse.
Great Pulteney St.
Bath BA2 4DN
Tel. 01225 78 79 60
www.dukesbath.co.uk

❸ Z HOTEL €–€€
Z Hotels ist eine kleine Kette, nichts Individuelles, bietet aber modernen Komfort in bester Lage zu günstigen Preisen in dieser teuren Stadt.
7 Saw Close
Bath BA1 1EY
Tel. 01225 61 31 60
www.thezhotels.com/hotels/bath

Wohin in Bath?

Die göttlichen Quellen

★★ Roman Baths

In den römischen Bädern um die Ruinen des Tempels der Sulis Minerva fließt das Quellwasser heute noch. Der Name verbindet Sulis, die keltische Gottheit der Quelle, mit der römischen Göttin Minerva. Das Wasser enthält 43 verschiedene Mineralien und kommt 46,5 °C heiß aus etwa 3000 m Tiefe. Mittelpunkt der Anlage, die erst ab 1755 wiederentdeckt wurde, ist das dampfend grüne Große Bad (Great Bath) mit freiem Blick zum Himmel. Über dessen antiken Grundmauern entstanden die Bauten des 18. Jh.s mit Statuen und Balustraden. Eine gut konzipierte Ausstellung mit Rundgang nutzt audiovisuelle Technik, um ausgestellte Funde wie Mosaike und Votivgaben mit Rekonstruktionen der römischen Anlage und der Geschichte des Badebetriebs zu ergänzen.

Juni–Aug. tgl. 9–18, teilweise später, Nov.–Febr. ab 10 Uhr
Eintritt 23,50 £, Wochenende 26 £ | www.romanbaths.co.uk

Im Großen Bad ließen es sich die Römer gut gehen. Nur den Blick auf die Abteikirche hatten sie noch nicht.

BAEDEKER MAGISCHE MOMENTE

ZEITREISE MIT TEE

Tee, da sind sich die Engländer sicher, hilft bei allen Zipperlein, seien sie körperlichen oder geistigen Ursprungs. Besonders stilecht genießt man das Allheilmittel im Kursaal von Bath. Hier schlürfen Sie Ihren Nachmittagstee in einem eleganten, mit Säulen, weißem Stuck und Kristallleuchtern geschmückten Saal aus der großen Zeit des Kurbetriebs bei klassischer Klaviermusik und den Klängen des Pump Room Trio. Träumen Sie sich doch ein bisschen weg ... Reservierung wärmstens empfohlen unter Tel. 01225 44 44 77, thepumproombath.co.uk

Stilecht zum Nachmittagstee

Pump Room

Nach der Besichtigung empfehlen sich Erfrischungen im Pump Room, in dem bis heute das Heilwasser gekostet werden kann, das **Charles Dickens** in seinen »Pick-wick Papers« 1836 mit einem heißen Bügeleisen verglich. In der mit Stuck verzierten Brunnenhalle musiziert Englands ältestes Ensemble zum Afternoon Tea.

thepumproombath.co.uk (▶ S. 50 und oben, Magischer Moment)

Luxuriöse Wellnessoase

Thermae Bath Spa

Im historischen Roman Bath wird nicht mehr gebadet. Herz des Kurbetriebs ist heute das Thermae Bath Spa mit Schwimm- und Dampfbädern. Fantastisch: der Dachpool mit Blick auf die Abteikirche.

Hot Bath St. | New Royal Bath: tgl. 9–21.30, letzter Einlass 19 Uhr; Cross Bath mit Wellness-Angeboten: Zeiten online buchen oder unter Tel. 01225 33 12 34 | www.thermaebathspa.com

Ein wahr gewordener Traum

Abbey

Ein Traum, festgehalten an der Westfassade, veranlasste **Oliver King,** Bischof von Bath und Wells, zum Bau einer Abteikirche an der Stelle einer baufälligen normannischen Kathedrale. Als er 1495 die Bischofswürde erhielt, sah er Engel eine Leiter auf- und absteigen, während eine Stimme verkündete: »Lass einen Olivenbaum die Krone errichten und einen König die Kirche erneuern.« Im Innern beeindrucken das reich geschmückte **Fächergewölbe** aus dem 19. Jh. und mehr als 400 Denkmäler.

Mo.–Fr. 10–17.30, Sa. 10–18, So. 13.15–14.30 u. 16.30–18.30 Uhr Eintritt 6,50 £ | www.bathabbey.org

Prominente Bewohner

Circus und Queen Square

Nach römischem Vorbild baute John Wood d. Ä. (1704–1754) den kreisrunden Circus, ebenso den nahe gelegenen Queen Square, ein rechtwinkliger Promenadenplatz mit einheitlichen Fassaden. Hier wurde der Obelisk 1738 von »Beau« Nash gestiftet. John Wood d. Ä. selbst wohnte in Haus Nr. 24, Jane Austen lebte 1799 in Nr. 13.

Ein Haus als Museum

Royal Crescent

Das Meisterstück von John Wood dem Jüngeren (1728–1782) ist der weitläufige Royal Crescent, eine 184 m lange, halbmondförmige Wohnanlage, deren über 30 Bürgerhäuser eine fast palastartige Fassade tragen. Das Museum in **No. 1 Royal Crescent** zeigt von Keller und Küche bis zu originalgetreu eingerichteten Wohnräumen das Leben in der königlich anmutenden Reihenhaussiedlung, die im 18. Jh. in Bath mehrfach kopiert wurde: John Palmer schuf mit Lansdown Crescent eine mehrere hundert Meter lange Wohnzeile, Camden Crescent wurde wegen Statikproblemen nie vollendet.

Royal Crescent Nr. 1 | Febr.–Dez. Di.–So. 10–17.30 Uhr | Eintritt 15 £
no1royalcrescent.org.uk

Modetrends des 18. Jahrhunderts

Fashion Museum

Interessante Museen erwecken das Bath des 18. Jh.s zum Leben. Modefans werden sich die Sammlung historischer Kostüme und Sonderausstellungen zeitgenössischer Mode künftig im historischen Old Post Office ansehen können.

Wg. Umzug von den Assembly Rooms ins Old Post Office z.Zt. geschlossen | www.fashionmuseum.co.uk

Für die feine Gesellschaft

Assembly Rooms

Die eleganten Assembly Rooms aus der Mitte des 18. Jh.s, das Werk des jüngeren John Wood, dienten der Abendunterhaltung der Badegäste.

Neueröffnung ist für 2026 geplant, in der Zwischenzeit finden Führungen statt (Termine siehe Website) | www.nationaltrust.org.uk

Blick hinter die Fassaden

Museum of Bath Architecture

In der gotischen Countess of Huntingdon's Chapel erklärt ein Stadtmodell die historische Entwicklung und Architektur von Bath. Werkzeug, Videos und Skizzen zeigen die Arbeit der verschiedenen Gewerke und die hinter den Fassaden versteckten Unregelmäßigkeiten.

wg. Renovierung geschl., Neueröffnung ist für 2024 geplant
museumofbatharchitecture.org.uk

Auf Spurensuche

Jane Austen Centre

Jane Austen, die ab 1801 einige schriftstellerisch unproduktive Jahre unfreiwillig hier verbrachte – sie lebte lieber auf dem Land, doch ihr

Vater zog den Kurort vor –, hielt in den posthum veröffentlichten Romanen »Northanger Abbey« und »Persuasion« der mondänen Gesellschaft von Bath einen Spiegel vor. Das Jane Austen Centre dokumentiert Stätten in Bath, die mit der Schriftstellerin und ihren Romanen in Zusammenhang stehen.
40 Gay St. | tgl. 9.45–18, Nov.–März So.–Fr. 10–16.30, Sa. 10–17.30 Uhr | Eintritt 14,75 £ | www.janeausten.co.uk

Shopping auf der Brücke

Pulteney Bridge

Die Pulteney Bridge über den River Avon baute Robert Adam um 1770 im Auftrag von Sir William Pulteney zur Entwicklung eines neuen Stadtteils. Die Brücke mit Läden zu beiden Seiten führt auf die klassizistischen Gebäudefluchten der Great Pulteney Street zu.

Internationale Kunst

Holburne Museum

Das Museum in einer 1797 erbauten palladianischen Villa besitzt eine hervorragende Gemäldesammlung. Neben flämischen, holländischen und italienischen Künstlern sind Werke von Gainsborough, Stubbs und Raeburn zu sehen. Ausgestellt sind außerdem Silberwaren, Keramik, italienische Majolika und Porzellan.
Great Pulteney St. | Mo.–Sa. 10–17, So. ab 11 Uhr | Eintritt 11 £
www.holburne.org

Rund um Bath

Historische Architektur

Bradford-on-Avon

Steile Gässchen und malerische Häuser prägen das Bild der alten Tuchhändlerstadt 13 km östlich von Bath. Eine Steinbrücke aus dem 13. Jh. überspannt den Avon, ein Spaziergang am Flussufer führt zur **Tithe Barn,** einem Meisterstück der Zimmermannskunst aus dem 14. Jh., in der sich heute ein Bauernmuseum befindet. Ein Kleinod angelsächsischer Architektur ist die um 700 gebaute Kirche **St Lawrence**, die später als Stall und Wohnung genutzt wurde. Im 19. Jh. wurden die Anbauten beseitigt, und heute besticht die Kirche durch ihre kraftvolle Schlichtheit (► Abb. S. 439).

Aus der Zeit gefallen

Lacock

Das kleine Lacock 20 km östlich von Bath ist ein hübscher, denkmalgeschützter Ort mit spätmittelalterlichen Bürger- und Wirtshäusern. **Lacock Abbey,** 1229 als Augustinerinnenabtei gegründet, wurde 1539 in ein Herrenhaus umgewandelt und von der Familie Talbot bewohnt. Dem Fotografie-Pionier und Erfinder des Negativs **William Henry Fox-Talbot** (1800–1877) ist ein Museum gewidmet.
tgl. 10–17, Nov.–Febr. 10–16 Uhr | Eintritt 14,50 £
www.nationaltrust.org.uk

In Stourhead kann man die Zeit vergessen.

Ein Bilderbuchdorf

Das denkmalgeschützte Castle Combe liegt 12 km nordwestlich von Lacock. Die Hauptstraße diente immer wieder als Filmkulisse, beispielsweise im ersten Teil der Harry-Potter-Reihe.

Castle Combe

Gesammelte Kostbarkeiten

Mitte des 18. Jh.s kaufte Paul Methuen den elisabethanischen Landsitz Corsham Court 13 km nordöstlich von Bath und stattete ihn großzügig aus. Namhafte Architekten – John Nash, Capability Brown – verfeinerten Haus und Garten. Kostbare Möbel, Statuen und Bronzen sind zu bewundern, außerdem eine hochrangige Gemäldesammlung, darunter Werke von Caravaggio, Rubens, van Dyck, Reynolds.

Corsham Court

Mitte März–Sept. Di.–Do., Sa., So. 14–17.30, Okt.–März, außer Dez. Sa., So. bis 16.30 Uhr | Eintritt 10 £ (Haus & Garten), 5 £ (nur Garten) | www.corsham-court.co.uk

Safari auf englischem Rasen

Das elisabethanische Landschloss Longleat House 40 km südlich ist ein Schmuckstück der englischen Frührenaissance und seit über 400 Jahren in Familienbesitz. Als der sechste Marquis 1946 das Anwesen erbte, waren Erbschaftssteuern und Reparaturkosten so hoch, dass er 1948 als erster adliger Hausbesitzer Englands einen Teil der 118 Räume der Öffentlichkeit zugänglich machte. Die Schätze des Herrenhauses, ein im 18. Jh. von Capability Brown angelegter Land-

★ Longleat House

schaftsgarten mit einem großen Heckenlabyrinth, ein 1966 eröffneter Safaripark und ein riesiger Abenteuerpark für Kinder sind Publikumsmagneten. Derzeit verwaltet der siebte Marquis das ertragreiche Erbe. Im Untergeschoss befindet sich die größte Privatbibliothek Großbritanniens mit mehr als 40 000 Büchern.

Juli–Aug. 10–19 Uhr, andere Öffnungszeiten variabel, s. Website
Eintritt Erw. Tagesticket für Haus, Garten und Safari-Park 39,95 £, 3–15 J. 29,95 £ | www.longleat.co.uk

★★ Stourhead House and Garden

Urbild des englischen Landschaftsgartens
Südlich von Longleat liegt Stourhead, wo man einen der schönsten englischen Landschaftsgärten des 18. Jh.s besichtigen kann – eine harmonische Verbindung aus gestalteter Landschaft und freier Natur. Mit Ausnahme der im 19. Jh. angepflanzten Rhododendren und Magnolien ist hier alles unverändert geblieben. Baumbestandene Hügel mit kleinen klassizistischen Tempeln ziehen sich um einen künstlichen See. Den Park und das noble palladianische Landhaus entwarf 1721/1722 der klassizistische Designer Colen Campbell für die Londoner Bankiersfamilie Hoare. Für die Bibliothek des Hauses lieferte Thomas Chippendale kostbare Stilmöbel, die Gemälde stammen von Canaletto, Raphael, Nicolas Poussin und Angelika Kauffmann.

Haus: März–Okt. tgl. 11–16, Nov., Dez. bis 15, Garten tgl. 9–16, Nov.–Mitte März bis 15 Uhr | Eintritt 19 £
www.nationaltrust.org.uk/stourhead

BIRMINGHAM

Landesteil: Mittelengland | **Höhe:** 76 m | **Grafschaft:** West Midlands | **Einwohnerzahl:** 1,14 Mio.

Von der industriellen Revolution bis in die zweite Hälfte des 20. Jh.s waren viele englische Großstädte klar eingeordnet: Sheffield stand für die Stahlindustrie, Manchester für Baumwolle, Leeds für Wolltuch. Und Birmingham, Großbritanniens zweitgrößte Stadt? Sie war »City of a Thousand Trades«, die Stadt der 1000 Gewerbe, wo seit dem 16. Jh. Messer, Werkzeuge, Waffen, Nägel und zahllose andere Erzeugnisse gefertigt wurden.

Die Entwicklung der Dampfmaschine sowie die benachbarten Kohle- und Eisenerzvorkommen machten die Stadt zu Englands größtem Industriezentrum: Im Zeitalter des Empire nannte sich Birmingham – Heimat von Austin Mini Cooper, Jaguar-Limousinen, aber auch

»Werkstatt der Welt«

Cadbury-Schokolade – stolz die »Werkstatt der Welt«. Die jüngere Vergangenheit der Stadt war recht durchwachsen. Gründlicher als in anderen Metropolen riss man die mittlerweile mit Ruß überzogenen Prachtbauten des 19. Jh.s ab, schuf eine autogerechte Stadt, zog Betonarchitektur im Stil des Brutalismus hoch. Seit den 1990er-Jahren wurde einiges repariert. Neues Wahrzeichen der Stadt ist das Selfridges-Kaufhaus, das »Zyklopenauge«, wie die »Brummies« dazu sagen – so heißen die Bewohner von Birmingham, die Stadt selbst nennt man »Brum«. Restaurants und Geschäfte säumen Birminghams zahlreiche **Kanäle,** die einst für den Gütertransport angelegt wurden – mehr als in Venedig sollen es sein! Für asiatische Küche, sogar für Sterneküche, für Shopping und ein niveauvolles kulturelles Leben hat die Stadt einen ausgezeichneten Ruf. Und im **Jewellery Quarter** lebt die »Werkstatt der Welt« weiter. Doch eines wird Birmingham nie werden, denn es würde nicht passen: hübsch.

BIRMINGHAM ERLEBEN

LIBRARY OF BIRMINGHAM

Die Stadt unterhält keine Touristenbüros mit Beratung mehr. Hier findet man einen Infostand:
Centenary Square/Broad St, Birmingham B1 2ND
Tel. 0121 2 02 51 15
www.visitbirmingham.com

Birmingham ist ein Einkaufsparadies für eine ganze Region mit einem breit gefächerten Angebot. Die neuen Einkaufskomplexe sind die schicke **Mailbox** (Commercial St.) mit einem Ableger des edlen Kaufhauses Harvey Nichols und der riesige **Bullring,** zu dem **Selfridges** gehört, ein architektonischer Kaufhaus-Blob ohne rechte Winkel. Bodenständiger und urig sind die **City Markets** in der Edgbaston St., individuell und alternativ die Läden in den Szenevierteln Custard Factory (Digbeth St.) und das Jewellery Quarter.
www.bullring.org

CITY OF BIRMINGHAM SYMPHONY ORCHESTRA

Das erstklassige Orchester, mit dem Sir Simon Rattle zu Weltruhm gelangte, spielt in der Symphony Hall in der Berkley St.
www.cbso.co.uk

HIPPODROME

Das renommierte Ensemble Birmingham Royal Ballet tritt hier auf.
Hurst St.
Tel. 0844 3 38 50 00
www.birminghamhippodrome.com

1 PURNELL'S €€€

Bereits 2005 holte Glynn Purnell Birminghams ersten Michelin-Stern und leitete den Aufstieg der Stadt zu Britanniens Gastrohauptstadt Nr. 2 nach London ein. Seine kreativ-spielerische britische Küche lockt Gourmets in die Innenstadt. Menüs kosten ca. 130 £.

Preiswerter sind das Mittagsmenü und sein Tapas-Laden (121 Edmund St., platesbypurnells.com).
55 Cornwall St.
Tel. 0121 2 12 97 99
purnellsrestaurant.com

❷ 1000 TRADES €€

Die Musikbar mit Küche bietet Craft-Bier, Bioweine und internationale Tapas-Gerichte im Streetfood-Stil im trendigen Jewellery Quarter.
16 Frederick St.
Tel. 0121 2 33 26 93
1000trades.org.uk

❸ THE OLD JOINT STOCK €–€€

Deftige Küche und gutes Bier der Londoner Brauerei Fullers im denkmalgeschützten Umbau einer Bank.
4 Temple Row West
Tel. 0121 2 00 18 92
www.oldjointstock.co.uk

❶ MACDONALD BURLINGTON HOTEL €€€

Das 1873 erbaute Haus aus der großen Zeit der Bahnhofshotels wurde im Original-Stil renoviert – komfortable Übernachtung im Herzen der Stadt.
Burlington Arcade
126 New St.
Tel. 0121 6 43 91 91
www.macdonaldhotels.co.uk

❶ Purnell's
❷ 1000 Trades
❸ The Old Joint Stock

❶ Macdonald Burlington Hotel

Wohin in Birmingham?

Ein Bummel zu »Big Brum«

Victoria Square

Die älteren öffentlichen Gebäude stehen am Victoria Square. Die Town Hall (1832–1850), ein Meisterwerk viktorianischer Architektur, hat die Form eines römischen Tempels mit 40 korinthischen Säulen. Hier wurde 1847 **Mendelssohns »Elias« uraufgeführt**, und die Town Hall hat eine der besten Orgeln des Landes. Davor stehen Denkmäler für Queen Victoria und James Watt. Das gegenüberliegende Council House wurde 1874 bis 1879 im Renaissance-Stil errichtet. Der dazugehörige **Glockenturm** mit dem Stadtwappen wird landläufig »Big Brum« genannt. Am Chamberlain Square nördlich der Town Hall erinnert ein Brunnen an den Politiker **Joseph Chamberlain,** 1873 bis 1875 Bürgermeister der Stadt.

Historische und moderne Schätze

★ Birmingham Museum and Art Gallery

Das Birmingham Museum and Art Gallery ist eines der bedeutendsten Museen außerhalb von London. Zu seinen Kunstschätzen gehören hervorragende Gemälde der **Präraffaeliten** und der Moderne, kostbare Silberarbeiten (17.–19. Jh.) und Ausstellungsstücke zur Stadtgeschichte vom Mittelalter über die Industrialisierung bis zur heutigen Zeit. Cadbury-Schokoladenprodukte kommen ebenso zur Geltung wie historische Verkehrsmittel und Zeugnisse der metallverarbeitenden Gewerbe. Unter den archäologischen Exponaten ist der **Staffordshire Hoard,** ein 2009 gefundener Gold- und Silberschatz mit 3500 Gegenständen aus dem 7. und 8. Jahrhundert. Auch schön: die stilvoll renovierten, mehr als 100 Jahre alten Edwardian Tea Rooms.

Chamberlain Square (wegen Renovierung geschlossen, Neueröffnung ist für 2024 geplant, Infos unter www.birminghammuseums.org.uk)

Bibliothek im glänzenden Kleid

Centenary Square

Am Centenary Square westlich jenseits der Straße Queensway befindet sich die **Library of Birmingham** mit ihrer glänzenden »Paillettenkleid«-Fassade. Auf einer Terrasse der Ebene 7 befindet sich der grüne Secret Garden, auf Ebene 9 der holzgetäfelte **Shakespeare Memorial Room** von 1882, der aus einem Vorgängerbau gerettet wurde. Auf der Westseite des Platzes steht die Konzerthalle des 1991 eröffneten International Convention Centre (ICC). Hier finden die Konzerte des renommierten Birmingham Symphony Orchestra statt. Das vergoldete Denkmal an der Südseite des Centenary Square ehrt die Erfinder der Dampfmaschine Watt, Boulton und Murdoch.

Library of Birmingham: Mo., Di. 11–19, Mi.–Sa. 11–17 Uhr
www.birmingham.gov.uk

Die »Brummies« nennen ihr Selfridges-Kaufhaus »Zyklopenauge«.
Es hat St Martin's im Visier.

Lebendiges Viertel am Wasser

Brindleyplace

Die historischen Kanäle von Brindleyplace sind heute ein moderner Freizeitkomplex. Spaziergänge am Treidelpfad ermöglichen interessante Blicke auf die Stadt. Ausflüge auf den Kanälen starten am Gas Street Basin, wo traditionelle »Narrowboats« (»Schmalboote« – aufgrund der Enge der Schleusen) zu sehen sind.

www.brindleyplace.com | **Kanalfahrten:** sherbornewharf.co.uk

Authentisch

Jewellery Quarter

Im Norden der Newhall Street liegt das traditionsreiche Juwelierviertel, dessen Werkstätten und Geschäfte sich um den Clock Tower an der Ecke Vyse Street und Frederick Street und um die georgianische Kirche St Paul's konzentrieren. Hier gibt es mehr als 100 Ateliers und Juwelierläden sowie trendige Restaurants und Kneipen. Im **Museum of the Jewellery Quarter** wurde die Werkstatt der 1899 gegründeten und bis 1981 familiengeführten Firma Smith und Pepper so bewahrt, wie die Goldschmiede sie bei der Schließung hinterließen – samt Werkzeug und Geschäftsunterlagen.

jewelleryquarter.net | **Museum:** 75–80 Vyse St. (derzeit geschlossen, Infos zur Neueröffnung siehe Website)
www.birminghammuseums.org.uk/jewellery

Kirchengeschichte

Kathedralen

Die **anglikanische Kathedrale** im palladianischen Stil (1711–1715) war bis 1905 die St-Philip's-Pfarrkirche. Die von Edward Burne-Jones entworfenen Buntglasfenster wurden 1884/1885 hergestellt. Nördlich steht St Chad's, die erste **römisch-katholische Kirche,** die nach der Reformation in Großbritannien errichtet wurde (1839–1841). Die Architektur und weitgehend auch die Innenausstattung sind das Werk von Augustus Welby Pugin, eine Leitfigur der Neugotik in England, der auch für die Interieurs des Parlaments in London verantwortlich war. Chorgestühl und Lesepult (15. Jh.) stammen aus Köln.

St Philip's: Colmore Row; Mo.–Fr. 7.30–18.30, Sa., So. 8.30–17 Uhr
www.birminghamcathedral.com
St Chad's: Mo.–Fr. 9.30–17.30, Sa. 11–16.30, So. 9–11.30 Uhr
www.stchadscathedral.org.uk

Denkbar größter Kontrast

St Martin's

Die im 13. Jh. geweihte, im 19.Jh. erneuerte Kirche St Martin's liegt neben dem Einkaufszentrum Bullring mit dem architektonisch auffälligen Kaufhaus Selfridges (▶ S. 57). Bunte Glasfenster von Burne-Jones sind auch hier zu sehen, zudem Grabmäler der Familie der Bermingham.

Rücken an Rücken

Birmingham Back to Backs

Ab Anfang des 19. Jh.s wurden für die wachsende Zahl der Arbeiter einfachste Wohnungen errichtet, bei denen sich zwei Häuser jeweils eine Rückwand teilten, die also »back to back« standen. Heute sind nur noch wenige dieser sehr spartanischen Unterkünfte erhalten.

55–63 Hurst St. / 50–54 Inge St. | nur gebuchte Touren nach Voranmeldung | Preis 10 £ | www.nationaltrust.org.uk

Technikgeschichte

Thinktank Birmingham Science Museum

Wissenschaft und Technik, vor allem mit Bezug auf die Geschichte der Region um Birmingham, werden hier anschaulich präsentiert. Zu den Highlights gehören die **älteste noch funktionierende Dampfmaschine der Welt** aus dem Jahr 1779, die »Move It«-Galerie mit historischen Transportmitteln und das Planetarium.

Millennium Point, Curzon St. | Mi.–So. 10–17 Uhr | Eintritt 15,50 £
www.birminghammuseums.org.uk/thinktank

Die großen Namen unter einem Dach

Barber Institute of Fine Arts

Das Barber Institute of Fine Arts besitzt die umfangreiche Kunstsammlung der Universität mit Werken von der Renaissance bis zum frühen 20. Jh., darunter Arbeiten von Botticelli, Bellini, Tintoretto, Rubens, Rembrandt, Watteau, Degas, Manet, Monet, Picasso, Matisse, Magritte, Schiele, Gainsborough, Constable und Degas.

University of Birmingham | Bus 61, 63 ab Stadtmitte
Di.–So. 10–17 Uhr | Eintritt frei | www.barber.org.uk

Birminghams köstlichste Erfindung

Cadbury World

Bourneville ist Sitz der 1831 gegründeten Cadbury-Schokoladenfabrik. Bereits 1895 wurde hier eine musterhafte Werkssiedlung, eine Gartenstadt für die Fabrikangestellten, geschaffen. »The Cadbury World« zeigt die Geschichte von Schokolade und berücksichtigt auch die Historie der Quäker-Familie Cadbury.

Tgl. meist 11–16 Uhr | Eintritt ab 19 £ | www.cadburyworld.co.uk

Rund um Birmingham

So lebte man vor 100 Jahren

Dudley Black Country Living Museum

In Dudley ca. 14 km westlich können im Black Country Museum ein alter Kohleschacht und eine Werkssiedlung der Zeit um 1900 besichtigt werden; interessant ist auch eine Fahrt mit den typischen Kohletransportbooten auf den weit verzweigten Kanälen. Das Freilichtmuseum ist über 10 ha groß, kostümierte Schauspieler sorgen für ein authentisches Feeling.

Tipton Rd. | Ostern/April–Okt. tgl. 10–17, Nov.–Dez. Mi.–So. 10–16 Uhr | Eintritt 22,95 £ | www.bclm.co.uk

Viel nachdenken musste der in Lichfield geborne Samuel Johnson, bis sein englisches Wörterbuch fertig war. Sein Denkmal steht am Marktplatz.

Das erste englische Wörterbuch

Lichfield

Die gemütliche Kleinstadt Lichfield, 30 km nördlich von Birmingham, ist bekannt für ihre rote Sandsteinkathedrale und als Geburtsort von **Samuel Johnson** (1709–1784), der mit dem »Dictionary of the English Language« das erste bedeutende Wörterbuch der englischen Sprache schuf, das als Standardwerk erst 1884 vom »Oxford English Dictionary« abgelöst wurde. Gegenüber dem Marktplatz steht das Haus, in dem der berühmte Lexikograf geboren wurde. Es beherbergt persönliche Erinnerungsstücke und Bücher.

Die **Kathedrale** wurde zwischen 1198 und 1325 gebaut und hat als einzige in England drei elegante Kirchturmspitzen aus Stein, »Ladies of the Vale« genannt. Beeindruckend ist die Westfassade mit über 100 Heiligenstatuen, aufgrund der Verwitterung fast alles Nachbildungen. Im südlichen Seitenschiff befindet sich die berühmte Skulptur der »Sleeping Children« (1817) von Francis L. Chantrey. Das Dreifaltigkeitsfenster darüber ist in der original flämischen Verglasung erhalten. Die **Lady Chapel** (Marienkapelle) wurde 1324 im Decorated Style gebaut. Ihre neun wunderschönen Fenster (1532 bis 1539) stellen die Passion dar. Sieben davon wurden 1802 aus der Zisterzienserabtei von Herkenrode bei Lüttich nach Lichfield gebracht. Das schöne zehneckige **Kapitelhaus** (1240) birgt die irische Evangelienhandschrift »St Chad's Gospel« von 721, ein herrliches Beispiel keltischer Ornamentik, und einige Stücke aus dem Staffordshire Hoard (▶ Birmingham Museum and Art Gallery, S. 59).

Samuel Johnson's Birthplace: Breadmarket St. | Nov.–Febr. tgl. 11 bis 15.30, März–Okt. 10.30–16.30 Uhr | Eintritt frei
www.samueljohnsonbirthplace.org.uk

Lichfield Cathedral: Mo.–Sa. 10–7, So. 12–17 Uhr | Eintritt frei, Spenden erbeten | www.lichfield-cathedral.org

Coventry

Schwere Zerstörungen

Coventry

Coventry (360 000 Einw.) liegt 35 km von Birmingham und war im 14. Jh. ein Zentrum der Wolltuchproduktion. 1940 wurde fast die gesamte Altstadt **bei einem deutschen Luftangriff** zerstört.

St Mary's Guildhall, seit 1342 Sitz der Kaufmannsgilde, überstand die Bombenangriffe. In der großen Halle beeindrucken das Eichengewölbe und Wandteppiche. Die **Holy Trinity Church** mit schlankem Spitzturm und schönen Glasfenstern wurde im Perpendicular Style errichtet. Reizvolle erhaltene Fachwerkhäuser sind das Armenhaus **Ford's Hospital** in Grey Friar's Lane (1509) und das Bond's Hospital in der Hill Street (1506). Ein kleiner Teil der Stadtmauer von 1356 ist erhalten geblieben; Cook Street Gate und Swanswell Gate sind die letzten von einst zwölf Toren.

Das Zentrum der Stadt ist Broadgate. In der Platzmitte steht eine **Statue der Lady Godiva** – die Frau des Grafen Leofric soll die Bürger im 11. Jh. vor hohen Abgaben bewahrt haben, indem sie eine Bedingung des Grafen erfüllte und nackt durch die Straßen ritt. Niemand soll es gesehen haben außer dem heimlich lugenden Peeping Tom. Am Südwestende des Platzes steht eine Uhr – zur vollen Stunde erscheint dort Lady Godiva, im Fenster darüber Peeping Tom.

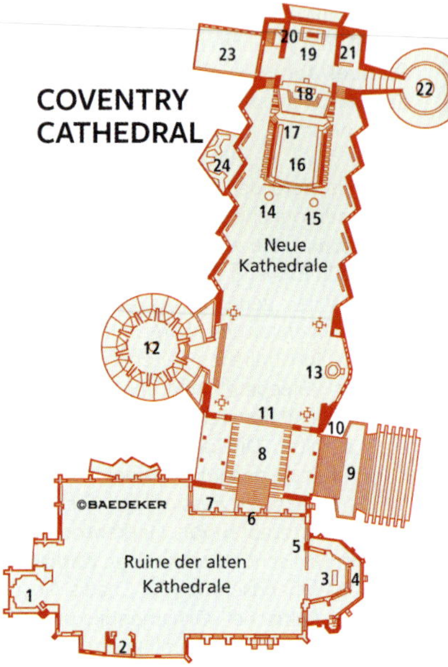

1 Turm
2 Haigh Chapel
3 Kreuz aus verbrannten Balken
4 Internationales Zentrum
5 Christusfigur
6 Treppe der Königin
7 Eingänge zur Krypta
8 Vorhalle
9 Treppe des hl. Michael
10 St. Michael and Lucifer
11 Gravierte Glaswand
12 Chapel of Unity
13 Taufbecken
14 Kanzel
15 Chorpult
16 Chor
17 Bischofsthron
18 Hochaltar
19 Lady Chapel
20 Wandteppich
21 Chapel of Christ in Gethsemane
22 Chapel of Christ the Servant (Chapel of Industry)
23 Refektorium
24 Ruinen des Benediktinerklosters

Für Versöhnung und Frieden

★ Coventry Cathedral

Die alte Kathedrale (1373–1433) war ursprünglich eine der größten Pfarrkirchen Englands. Nach den Bombenangriffen blieben nur noch Teile der Außenmauern und der spätgotische Turm stehen. Eine hohe überdachte Vorhalle verbindet die Ruine und die alte Kathedrale St Michael (1956–1962). Die außen angefügte Bronzegruppe des Erzengels, der den Teufel besiegt, ist ein Werk von Jacob Epstein. Die gläserne Hauptfassade mit Gravuren von Patriarchen, Heiligen und Engeln stellt die Sichtverbindung zur Kathedralruine und den Menschen in der Stadt her. In der **Taufkapelle** gibt es ein herrliches Buntglasfenster, das Sunburst Window. Die zehn farbigen Glaswände im Langhaus sind schräg eingesetzt, so dass sie nur vom Chor der Kirche zu sehen sind. In ihren abgestuften Farben symbolisieren sie das Leben von der Geburt über den Tod bis zur Auferstehung. Im Altarraum steht das **Cross of Nails** mit Nägeln des zerstörten Kathedralbaus als Symbol der Versöhnung. Ein riesiger Wandteppich an der Nordwand zeigt Christus in der Glorie, umgeben von den Symbolen der vier Evangelisten.

Mo.–Sa. 10–16, So. 12–15.30 Uhr | Eintritt frei, Turm 5 £
www.coventrycathedral.org.uk

Regionale Kunst und flotte Flitzer

Herbert Art Gallery and Museum

Die Herbert Art Gallery and Museum zeigt Volkskundliches, Bilder einheimischer Maler sowie frühe Zeugnisse der Industrialisierung aus Coventry und Dokumente zur Stadtgeschichte. Das **Transport Museum** besitzt die größte verkehrsgeschichtliche Sammlung im Land. Hauptattraktion sind einige hundert Fahrzeuge, darunter ein Ariel-Hochrad von 1871, Montgomerys Kommandowagen vom D-Day, der Daimler Baujahr 1935 von Queen Mary und der Thrust SSC, der 1997 als erstes Landfahrzeug die Schallmauer durchbrach.

Herbert Art Gallery: Mo.–Sa. 10–16, So. ab 12 Uhr | Eintritt frei
www.theherbert.org
Transport Museum: tgl. 10–17, Uhr | Eintritt 14 £
www.transport-museum.com

★ BRIGHTON · EAST SUSSEX

Landesteil: Südengland | **Grafschaft:** East Sussex

Als »Lustschloss, stolz und kuppelschwer …« beschrieb Coleridge den Royal Pavilion, der sich wie ein indischer Maharadscha-Palast auf grünem Rasen mitten im Stadtzentrum von Brighton erhebt. Der Prince of Wales, der spätere Georg IV., ließ ihn erbauen – er gehörte damit zu zahllosen Menschen, für die bis heute das Seebad exotische Vergnügen und Flucht vor dem Alltag bedeutet.

»London by the Sea«

Ab Mitte des 18. Jh.s. mauserte sich das Fischernest an der Kanalküste von East Sussex zum mondänen »London by the Sea«. Seit sich Prinzregent Georg mit seiner Geliebten hier traf, war in der Stadt mehr erlaubt als anderswo. Heute ist Brighton Schwulenhochburg, Biotop für Künstler und Alternative, der einzige Wahlkreis des Lan-

Gingerman
Terre à Terre
English's of Brighton

Drakes
27 Brighton

Fußgängerzone

des, der sich im Parlament durch die Grüne Partei vertreten lässt. Zwischen Coffeeshops, Restaurants, Straßenmärkten und Nachtlokalen könnte man sich fast in einem Stadtteil Londons wähnen – wären da nicht die Strandpromenade, der Palace Pier und die allgegenwärtige Architektur der Prinzregentenzeit. Brighton zeichnen aber nicht nur Eleganz und friedliches Vergnügen aus. In den 1960ern lieferten sich Teds, Mods und Rocker Schlachten – The Who widmete diesen Ereignissen die Musik für den Film **»Quadrophenia«** (1979).

Wohin in Brighton?

Vergnügen am Wasser

Palace Pier, West Pier

Von den einstigen Piers an der Seepromenade ragt nur noch der 521 m lange **Brighton Palace Pier** (1891–1899) ins Meer hinaus. Er bietet Bars, Jahrmarktattraktionen und Imbisse. Den Pier verbindet

BRIGHTON ERLEBEN

VISITOR INFORMATION POINTS

Es gibt kein Touristenbüro für Besucher, lediglich Visitor Information Points, z. B. am Palace Pier und im Einkaufszentrum Churchill Square
www.visitbrighton.com

Topevents sind das alljährliche **Brighton Kulturfestival** im Mai und die Opernabende im nahen Glyndebourne. Unbedingt rechtzeitig buchen! Seit 1896 wird jeden Nov. die **Oldtimer-Rallye** zwischen London und Brighton ausgetragen – angeblich die älteste Motorsportveranstaltung der Welt. Wegen seiner jahrhundertelangen Toleranz für unkonventionelle Lebensweisen ist Brighton ein Hotspot der LGBT+-Community, die hier einen CSD (Juli/Aug.) in großem Stil feiert. Höhepunkt ist die große Parade mit schrill kostümierten Teilnehmern.
brightonfestival.org
www.glyndebourne.com

Die Clubszene ist berühmt und hat zwei Weltstars hervorgebracht: The Kooks und Fatboy Slim. Manche Clubs beschallen den Strand, The Verdict ist ein weithin bekanntes Jazz/Blues-Lokal, Club Revenge ist für die LGBT+-Szene. Brightons Gay Village ist der Stadtteil Kemp Town mit Clubs und Lokalen an der St James Street und der Durchgangsstraße Old Steine.

In den Gassen von North Laine mit ihren bunten Fassaden drängen sich 300 Shops, die Krimskrams, Retro und Avantgarde anbieten. An der Gardner Street liegt der **Vitas**-Schuh-Shop, schräg gegenüber die Mods-Hochburg **Jump the Gun**. Die ehemaligen Fischerhäuser der Lanes sind fest in der Hand von Schmuckhändlern und Antiquitätenläden. Gute Antiquariate hat Kemp Town.

1 GINGERMAN €€€

Seit vielen Jahren verkörpert dieses Restaurant in Meeresnähe die Stimmung des modernen Brighton: kreativ und modisch. Lamm-Falafel mit Baba Ganoush, schottischer Kabeljau mit Spaghetti, Bouillabaisse-Soße und gefüllter Zucchiniblüte, Seebrasse-Ceviche. Zum Unternehmen gehört der Gastropub Ginger Pig im Stadtteil Hove mit 11 Gästezimmern.
21A Norfolk Square
Tel. 01273 32 66 88
gingermanrestaurant.com
thegingerpigpub.com

2 TERRE À TERRE €€

»Die beste vegetarische Küche Englands« – vor 30 Jahren ein Pionier der fleischlosen Küche, heute immer noch eine angesehene Adresse für Vegetarier und Veganer.
71 East Street
Tel. 01273 72 90 51
www.terreaterre.co.uk

3 ENGLISH'S OF BRIGHTON €€

Seit über 150 Jahren wird in den drei mittelalterlichen Fischerhütten gespeist, heute serviert hier die Leigh-Jones-Familie in dritter Generation Austern und fangfrischen Fisch.
29–31 East Street
Tel. 01273 32 79 80
www.englishs.co.uk

❶ DRAKES €€€
Das Designhotel mit 20 spektakulären Zimmern steht in bester Lage mit Meerblick. Das mit einem Michelin-Stern gekrönte Dilsk Restaurant passt bestens zur Qualität des Hauses.
44 Marine Parade
Brighton BN2 1PE
Tel. 01273 696934
drakesofbrighton.com

❷ 27 BRIGHTON €€
Das 27 Brighton hat fünf geschmackvoll und kreativ eingerichtete, nicht besonders große Zimmer in einem Haus aus der Regency-Zeit in Meeresnähe. Alles wird vom herzlichen Gastgeber liebevoll gepflegt.
27 Upper Rock Gardens
Brighton BN2 1QE
Tel. 07717 128313
www.27brighton.com

Volk's Electric Railway, die 1883 in Betrieb genommen wurde, mit dem Jachthafen. Die Stelle des durch Brand und Sturm zerstörten **West Pier** (1866) markiert der 183 m hohe Aussichtsturm **i360**. Hinauf geht es in einer verglasten runden Gondel.
Palace Pier: www.brightonpier.co.uk
Volk's Electric Railway: Betrieb April–Sept. | Fahrt 4,80 £
volksrailway.org.uk
i360: www.brightoni360.co.uk

★ Royal Pavilion

Exotisch, exzentrisch, einzigartig
Den Royal Pavilion errichtete der Architekt John Nash zwischen 1815 und 1823 für den Prince of Wales im **indischen Mogulstil** als Sommerresidenz. Man betritt den Palast durch die Oktogon-Halle und kommt durch die Vorhalle in einen langen Korridor mit chinesischen Dekorationen. Rechts vom Korridor liegt der Bankettsaal mit fantastischem fernöstlichen Innendekor, darunter ein silberner Drache, der einen Lüster trägt, dessen Blütenlampen aus den Mäulern von sechs Fabelwesen wachsen. Den zeltartigen Musiksaal schmücken riesige Schlangen und fliegende Drachen; die Raumbeleuchtung mit Gaslampen war damals eine viel bestaunte technische Neuheit. Die übrigen Räume sind, bis auf die Privatgemächer des Prinzregenten, ebenfalls exzentrisch-exotisch gestaltet. Gegen so viel Prunksucht gab es seinerzeit heftige Proteste, und die Karikaturisten verspotteten »Prinny« wegen seines aufwendigen Lebensstils und seiner »Geschmacklosigkeit«. Queen Victoria verkaufte den Palast für 50 000 £ an die Stadt Brighton, die ihn seitdem unterhält.
April–Sept. tgl. 9.30–17.45, Okt.–März tgl. 10–17.15 Uhr | Eintritt 18 £
brightonmuseums.org.uk

Brighton Museum and Art Gallery

Kunst und Mode
Die Stallungen und die Reitschule im indischen Stil beherbergen heute die Konzerthalle »The Dome« und das Brighton Museum and Art

Gallery mit einer Sammlung von Art-déco-Objekten, Mode ab dem 18. Jh., der Willet-Sammlung von Porzellan und Steingut sowie Ausstellungen über das alternative Leben im heutigen Brighton.

Di.-So. 10-17 Uhr | Eintritt 9 £

brightonmuseums.org.uk, brightondome.org

Mainstream oder alternative Szene?

The Lanes, North Laine

Im alten Kern des Fischerdorfs Brighthelmstone gibt es noch die schmalen Lanes, Gässchen mit hübschen Häusern aus dem 17. Jh., in denen sich heute Antiquitätenläden und Boutiquen angesiedelt haben. Diese Gegend ist mittlerweile touristisch geworden, bekannte Einzelhandelsketten machen sich breit. Die bunte, kreative Szene der alternativen Läden und Cafés ist dagegen im North-Laine-Viertel zwischen North Road und Trafalgar Street zu finden.

Ein Anblick wie aus Tausendundeiner Nacht: Brightons Royal Pavilion hat das Attribut »extravagant« durchaus verdient.

Hier lohnt sich ein Spaziergang

Regency-Wohnanlagen

Sehenswert in den Wohnvierteln mit Häuserreihen und Platzanlagen im Regency Style sind z. B. der Regency Square mit runden Erkern und gusseisernen Balustraden in Richtung des westlichen Ortsteils Hove, die **Brunswick Terrace** und der sich zum Meer hin öffnende **Brunswick Square** (1825) sowie der hufeisenförmige **Adelaide Crescent** und weiter östlich der **Sussex Square,** der geschwungene Lewes Crescent (1824) und **Arundel Terrace.**

Grandiose Landschaften: die South Downs

Nationalpark mit aufregender Vergangenheit

Kreide

Das Hinterland von Brighton bilden die South Downs, eine Kette aus Kreidehügeln, die sich von Eastbourne bis nach Winchester fast parallel zur South Coast zieht. Die Region wurde zum Nationalpark erklärt. Auf den Kreidetriften der Downs grasen seit jeher unzählige Schafe, inzwischen wird hier aber auch Getreide angebaut. Berüchtigt waren die Kreidefelsen mit ihren Höhlen im 18. Jh. zur Blütezeit des Schmuggels, als die Hälfte des Gins und fast ein Drittel des Tees vermutlich von Banden in Kent und Sussex umgeschlagen wurde.

160 Kilometer durch herrliche Natur

South Downs Way

Der Wanderweg South Downs Way von Winchester nach Eastbourne berührt die Hügelforts Cissbury Ring und Chanctonbury Ring, herrliche Aussichtspunkte wie **Devil's Dyke** (Bus Nr. 77 ab Bahnhof Brighton mit offenem Oberdeck im Sommer) und das denkmalgeschützte Dorf **Steyning** 11 mi/18 km nordwestlich von Brighton, dessen High Street mit Tudor-Fachwerk zu Sussex' schönsten Straßen zählt.

www.southdowns.gov.uk, www.nationaltrail.co.uk/south-downs-way

Eine Burg, hübsche Häuschen und ein Museum

Lewes

Lewes (16 000 Einw., 9 mi / 15 km nordöstlich von Brighton) liegt an der Stelle, an der sich der River Ouse sein Bett durch die Hügel gebahnt hat. Zur Verteidigung des Durchgangs baute man 1088 ein Castle. Um die Burg zieht sich die Altstadt mit steilen Straßen, Fachwerkbauten und georgianischen Häusern. Das im Tudorstil gebaute **Anne of Cleves House** – heute ein Museum – erhielt Anna von Cleve, die vierte Frau von Heinrich VIII., 1541 als Scheidungsabfindung.

Burg: tgl. 10–17 Uhr | Eintritt: 10 £ | sussexpast.co.uk

Anne of Cleves House: 52, Southover High St. | Juli–Okt. Do.–So. 13 bis 15 Uhr | Eintritt 6,60 £ ·

Der künstlerische Geist weht noch durch die Räume

Charleston Farmhouse

Die A27 in Richtung Eastbourne führt an Charleston Farmhouse vorbei, das ab 1916 der Malerin **Vanessa Bell**, dem Maler Duncan Grant und deren Künstlerfreunden als Refugium diente. Regelmäßig traf sich hier die Bloomsbury Group, bis heute vermittelt die Inneneinrichtung mit bemalten Wänden, Türen und Möbeln sowie der Garten deren Kreativität und Experimentierfreude.

März–Okt. Mi.–So. 10–17 Uhr | Eintritt 18,50 £ | www.charleston.org.uk

So lebte Virginia Woolf

Monk's House

Virginia Woolf, die Schwester von Vanessa Bell, ließ sich 1939 weiter westlich in Rodmell nieder und lebte dort bis zu ihrem Freitod 1941. Das schlichte Cottage gibt einen intimen Einblick in das Alltagsleben der Schriftstellerin.

April–Sept. Do.–Sa., Okt. Fr., Sa. 12.30–17 Uhr, Reservierung erforderlich | Eintritt 9 £ | www.nationaltrust.org.uk/monks-house

Ein ungelöstes Rätsel

Long Man of Wilmington

Eine imposante Erscheinung ist der »Long Man of Wilmington«, ein in die Kreidefelsen gemeißeltes Abbild einer menschlichen Gestalt bei Wilmington an der A27. Die Kreidezeichnung ähnelt der von Cerne Abbas bei Dorchester (▶ S. 154), ist aber gut 10 m größer. Möglicherweise stammt sie aus dem 7. Jh. und stellt den Gott Wotan dar. Dagegen spräche, dass die Mönche der Abtei von Wilmington den Kreidemann so lange tolerierten – vielleicht haben sie die Figur auch selbst in den Hang gekerbt. Schriftlich erwähnt wird sie jedenfalls

Einfach toll, Beachy Head. Aber nicht zu nah an den Rand wagen!

erst 1764. Vom Long Man bietet sich ein Abstecher ins Bilderbuchdorf **Alfriston** an: mit Fachwerkbauten, einem Pfarrhaus aus dem 14. Jh. (heute Museum) und dem um 1520 erbauten Pub Star Inn.
Alfriston Clergy House: April–Okt. Fr.–Sa. 10.30–16.30 Uhr
Eintritt 8 £ | www.nationaltrust.org.uk

★ Beachy Head, Seven Sisters

Fantastische Aussichten
An ihrem südöstlichen Ende stürzen sich die South Downs ins Meer – buchstäblich, denn die Küstenerosion setzt sich Jahr für Jahr fort. Eine eindrucksvolle Klippenformation sind die »Seven Sisters« bei Seaford östlich von Brighton. Den besten Blick auf die sieben Kreidehügel hat man von Seaford Head. Über den Küstenpfad, den Mäandern des Cuckmere River und einen Klippenweg kommt man weiter zum Steinstrand Birling Gap und zum fantastisch gelegenen Aussichtspunkt **Beachy Head**. Zu Füßen der Kreideklippe steht ein 44 m hoher, rot-weiß-gestreifter Leuchtturm.

Von Eastbourne nach Rye

Eastbourne

Eines der renommiertesten Seebäder
Aus einem Fischerdorf ließ der 7. Herzog von Devonshire ab 1835 ein großzügiges Seebad mit einer eleganten **Seepromenade** anlegen. Mitte des 19. Jh.s entstand die Grand Parade mit stattlichen Häusern und Luxushotels. Zwischen Grand und Marine Parade ragt der **Pier** aus den 1870er-Jahren ins Meer hinein. Nachmittagstee in den Victorian Tea Rooms auf der Seebrücke oder im herrschaftlichen Grand Hotel passt zum Stil der Stadt. Herrlich ist auch der Bandstand, eine viktorianische Konzertanlage unter freiem Himmel. Am Devonshire Park zeigt das **Towner Contemporary Art Museum** Wechselausstellungen moderner und zeitgenössischer Kunst.
Towner Contemporary Art Museum: Di.–So. 10–17 Uhr | Eintritt frei | www.townereastbourne.org.uk

Hastings

Berühmt durch die Schlacht von Hastings
Hastings bildet mit St Leonards-on-Sea eine städtische Zone mit ca. 90 000 Einwohnern. In Alt-Hastings sind mehrere **Net Lofts** erhalten, hohe Speicherschuppen, die die Fischer zum Trocknen der Netze benutzten; der Teeranstrich machte sie wetterbeständig.
In der engen High Street und in der All Saints Street stehen Fachwerkhäuser. Auf dem West Hill über der Stadt, der mit einer Seilbahn von der George Street aus zu erreichen ist, sind die etwas spärlichen **Reste der normannischen Burg** erhalten; die Ereignisse von 1066 präsentiert eine audiovisuelle Show.
Hastings Castle: März–Okt. tgl. ab 10, letzter Einlass 16 Uhr
Eintritt 6 £

Wer hat an der Uhr gedreht? In der schönsten Fachwerkgasse von Rye, der Mermaid Street, meint man, in der Vergangenheit gelandet zu sein.

Hier fand die Schlacht von Hastings wirklich statt

Battle

Nicht in Hastings, sondern im 10 km weiter nördlich gelegenen Battle fand die Schlacht statt, in der Wilhelm der Eroberer am 14. Oktober 1066 den Sieg über den angelsächsischen King Harold davontrug. Zur Erinnerung an den Kampf und zur Buße für das Blutvergießen ließ Wilhelm auf dem Schlachtfeld eine Benediktinerabtei bauen, die **Battle Abbey.** Vom Pförtnerhaus führt ein Rundgang mit Schautafeln über das Schlachtfeld. Der Hochaltar der Klosterkirche markiert die Stelle, an der Harold getötet wurde. Während der Reformation wurde die Kirche abgerissen und der Westflügel des Klosters zu einem Wohnhaus umgestaltet, das heute als Privatschule dient.

Battle Abbey: April–Okt. tgl. 10–17, Nov.–März Sa., So. 10–16 Uhr
Eintritt 14 £ | www.english-heritage.org.uk

Auf einen Drink in die Schmugglerkneipe?

Rye

Rye bedeutet »Insel«, und wie eine Insel liegt die Stadt über dem flachen Marschland. In der teilweise noch von mittelalterlichen Mauern umzogenen Altstadt ziehen sich verwinkelte Gassen den Hang hinauf, in schmucken Häuschen findet man kleine Kunsthandwerkerläden und urgemütliche Pubs. Wunderschön ist die **Mermaid Street** mit dem dreigiebeligen Fachwerkbau des Old Hospital

(15./16. Jh.) und dem Mermaid Inn, einer früher berüchtigten Schmugglerkneipe. Am oberen Ende der Straße steht das elegante georgianische **Lamb House** aus dem 18. Jh., in dem der amerikanische Schriftsteller Henry James (1843–1916) die letzten Jahre seines Lebens verbrachte. In der High Street sind die Old Grammar School (1635) und das Anfang des 18. Jh.s errichtete George Hotel sehenswert. Am Ende der Straße steht die Pfarrkirche **St Mary.** Ihre Turmuhr von 1561 gilt als eine der ältesten im Land, vom Kirchturm genießt man einen weiten Rundblick. Über den Church Square kommt man zum Ypres Tower und zu den angrenzenden Canon Gardens, von denen man eine herrliche Aussicht über die Romney Marsh aufs Meer hat.

★ BRISTOL

Landesteil: Südengland | **Grafschaft:** Somerset | **Einwohnerzahl:** 470 000

Der berühmteste lebende Sohn von Bristol ist paradoxerweise unbekannt: Der Graffitikünstler Banksy hält bis heute seine Identität geheim, es ist aber sicher, dass er aus der Stadt am River Avon stammt. Das ist keineswegs Zufall, denn Bristol ist nicht nur eine Hafenstadt mit einer großen Geschichte, sondern auch eine der lebhaftesten Metropolen des Landes mit einer starken Pop- und Kunstszene.

Geschichte, Pop und Kunst

Namentlich bekannt sind dagegen zwei Männer, die einen großen Anteil am Aufblühen von Bristol hatten. Von hier aus segelte 1497 der Venezianer Giovanni Caboto (John Cabot) nach Neufundland und begründete Bristols transatlantischen Handel. Der Aussichtsturm Cabot Tower im Brandon Hill Park ehrt ihn. Im 19. Jh. schuf der Ingenieur Isambard Kingdom Brunel drei wegweisende Werke, an denen Sie sich noch heute erfreuen können: **Bristol Old Station** (1835) neben dem heutigen Bahnhof Temple Meads, die immer noch atemberaubende **Clifton Suspension Bridge** (1864) über der Avon-Schlucht und die 1843 vom Stapel gelaufene »**SS Great Britain**«, einst das größte Schiff der Welt und heute ein wunderschönes Museumsschiff.
Für das moderne Bristol stehen kreative Medienfirmen wie Aardman Animations, die unter anderem verantwortlich zeichnen für die bekannten Zeichentrickfilme »Wallace und Gromit« und »Shaun das Schaf«.

BRISTOL ERLEBEN

BRISTOL VISITOR GUIDE

Ein Büro gibt es nicht. Der Bristol Visitor Guide liegt an vielen Stellen aus und kann heruntergeladen werden (visit bristol.co.uk/information/visitor-guide).

Fähren zwischen Stadtmitte und Hotwells bzw. Temple Meads über Hafen und Avon. Ab der »SS Great Britain« fahren Boote zur Avon-Schlucht.
www.bristolferry.com

Betagte Dreimaster und schnittige Jachten kann man im Juli beim **Bristol Harbour Festival** bestaunen. Zur **Bristol Balloon Fiesta** Mitte Aug. steigen über 100 Heißluftballons in den Himmel auf (▶ Abb. S. 463).
www.bristolharbourfestival.co.uk
www.bristolballoonfiesta.co.uk

Wer Designermode, Antiquitäten, Schmuck oder Kunsthandwerk sucht, wird in der Whiteladies Road und im

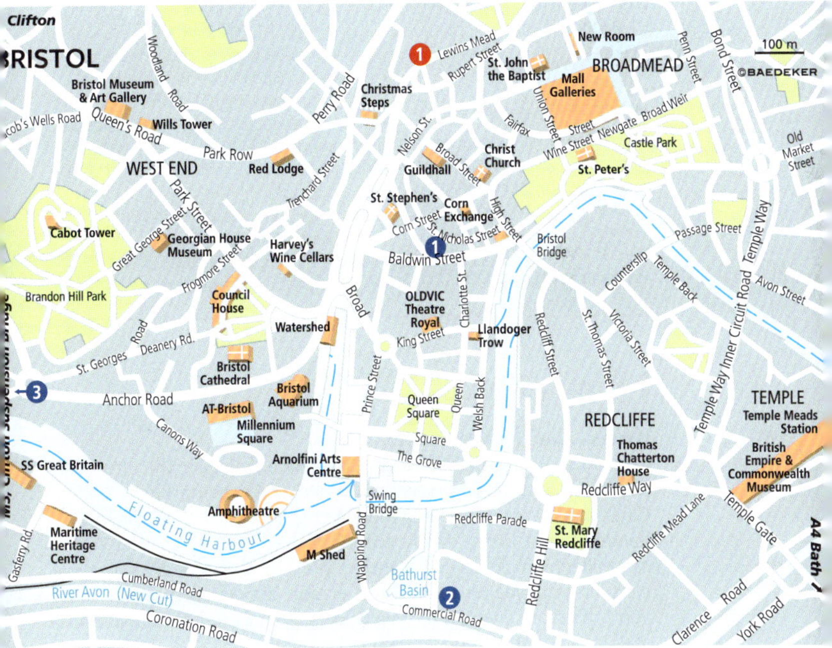

1 Marmo Restaurant
2 Paco
3 The Grain Barge

1 Hotel du Vin and Bistro

Fähre
Fußgängerzone

Clifton Village fündig. St Nicholas Market bietet Stände mit Tand, Traditionellem und täglichem Bedarf. Kunst, Kunsthandwerk und Design von Bristols kreativer Szene wird in der Galerie auf Spike Island verkauft.
133 Cumberland Road
www.spikeisland.org.uk

❶ MARMO RESTAURANT €€–€€€

Kein Standarditaliener sondern ein familiengeführtes Restaurant mit kreativer Küche. Auf der kleinen Karte stehen gut durchdachte, wechselnde Gerichte. Das Mittagsangebot mit zwei oder drei Gängen ist sehr empfehlenswert.
31 Baldwin St.
Tel. 0117 3 16 49 87
www.marmo.restaurant

❷ PACO €€–€€€

Andalusien im renovierten Hafen: Hier werden die besten Zutaten der Region zu Tortilla española und Patatas bravas verarbeitet. Und natürlich zu Tapas.
Lower Guinea St.
Tel. 0117 9 25 70 21
www.pacotapas.co.uk

❸ THE GRAIN BARGE €€

Auf dem wunderschön umgebauten Kahn von 1936 schräg gegenüber der *SS Great Britain* gibt es zum Panoramablick über den Hafen deftige Küche mit Schwerpunkt auf Nachhaltigkeit. Fisch, Meeresfrüchte und vegetarische Gerichte kommen auf den Tisch. Dazu Bier von der Bristol Beer Factory. Regelmäßig Live-Musik und Kunstausstellungen.
Mardyke Wharf,
Hotwell Rd.
Tel. 0117 9 29 93 47
www.grainbarge.com

❶ HOTEL DU VIN AND BISTRO €€€–€€€€

Die Hotel du Vin-Gruppe hat einige historische Häuser in GB zu Nobelherbergen umgebaut und pflegt dort eine gehobene Wein- und Esskultur. In Bristol fiel die Wahl auf eine ehemalige Zuckerraffinerie des 18. Jahrhunderts.
The Sugar House, Narrow Lewins Mead, Bristol, BS1 2NU
Tel. 0121 4 03 29 79
www.hotelduvin.com

Floating Harbour

Neues Leben im alten Hafen

Floating Harbour

Neues Leben in Bristols historischen Hafenanlagen: Die alten Stapelhäuser von **The Watershed** beherbergen heute kleine Läden, Cafés und Restaurants, gegenüber zeigt in einem ehemaligen Teehandelshaus (1832) das **Arnolfini Centre** zeitgenössische Kunst. Am Millennium Square präsentiert **We The Curious** die Naturwissenschaften. Das Museum **Shed** erzählt die Geschichte der Stadt von prähistorischen Zeiten bis heute anhand von interaktiven Ausstellungstücken, alten Filmen und Fotografien.

Arnolfini Centre: Di.–So. 11–18 20 Uhr | Eintritt frei | www.arnolfini.org.uk | **We The Curious:** Neueröffnung nach Brandschaden (s. Website) | www.wethecurious.org | **M Shed**: Di.–So. 10–17 Uhr Eintritt frei | www.bristolmuseums.org.uk/m-shed

»Das Schiff, das die Welt veränderte«

»SS Great Britain«

Nach ihrem Stapellauf 1843 überquerte die »SS Great Britain« fast zehn Jahre lang den Atlantik als Luxusdampfer. Danach beförderte sie Emigranten nach Australien, wurde 1882 zum Frachtschiff umgebaut, erlitt 1886 schwere Schäden am Kap Hoorn und blieb bis 1970 als schwimmendes Lager in einer Bucht der Falkland-Inseln. Für die Bergung hob eine deutsche Spezialfirma das Wrack auf einen Ponton und schleppte es 13 000 Kilometer zur Mündung des Avon. Dort wurde der löcherige Rumpf notdürftig geflickt und die letzten Meilen flussaufwärts gezogen. 35 Jahre dauerte die Restaurierung im noch erhaltenen Trockendock, in dem das Schiff gebaut wurde. Besucher sehen den Salon für reiche Passagiere auf Atlantikfahrt und die engen Kojen für arme Emigranten. Eine Ausstellung in den Hafenbauten widmet sich der Seefahrt, dem Leben der Besatzungsmitglieder und Passagiere und der Schiffstechnik im 19. Jh., und das Museum »Being Brunel« zeigt das Leben und Werk des großen Ingenieurs Brunel (1806–1859).

März–Okt. Di.–So. 10–17, Nov.–Febr. bis 16 Uhr | Eintritt 22 £
www.ssgreatbritain.org

Fast 130 Jahre lang war die »SS Great Britain« auf den Weltmeeren unterwegs.

Llandoger Trow

Der Name des legendären Wirtshauses von 1669 geht auf die Lastkähne zurück, die mit walisischer Kohle am benachbarten Welsh Back vor Anker gingen. In dem dreigiebeligen Fachwerkhaus in der King Street soll **Daniel Defoe** (1660–1731) vom Inselexil des Matrosen Selkirk gehört und danach »Robinson Crusoe« geschrieben haben. 1883 nahm **Robert Louis Stevenson** (1850–1894) den Pub als Vorbild für seine Kneipe »The Admiral Benbow« in der »Schatzinsel«.

Für Elizabeth I. die schönste Pfarrkirche Englands

St Mary Redcliffe

Auf dem Südufer des Floating Harbour steht St Mary Redcliffe, benannt nach den roten Klippen, auf denen sie im 13. Jh. von reichen Kaufleuten errichtet wurde. Im Innenraum, der vorwiegend im Perpendicular Style des 15. Jh.s gehalten ist, sind hohe Arkaden, schlanke Pfeilerbündel und elegante Netzgewölbe zu sehen. Pracht und Reichtum dieser Kirche verdankt die Stadt einem der wohlhabendsten Handelsherren der damaligen Zeit, William Canynge. Sein Grabmal befindet sich im südlichen Querschiff.

Durch die Unterstadt

Aus alten Zeiten

Kornbörse

Die Markthallen an der High Street stammen aus dem 18. Jahrhundert. Von den Markthallen bis zur Corn Street zieht sich die 1740 bis 1743 von John Wood d. Ä. im palladianischen Stil errichtete Kornbörse (The Exchange). Vor dem Gebäude sieht man vier Messingtische, die »Brass Nails«, auf denen früher die Geschäfte in klingender Münze »on the nail« abgewickelt wurden. Die Uhr am Gebäude hat zwei Minutenzeiger für die alte London Time und Bristol Time. Vor der zentralisierten Zeitmessung war es in Bristol stets elf Minuten früher als in London.

Steile Stufen

Christmas Steps

Durch einen Bogen, der die Figuren von Bristols legendären Gründern Brennus und Belinus zeigt, geht es weiter durch die Christmas Street zu den Christmas Steps mit Antiquitätengeschäften und Souvenirläden. Am oberen Ende der Treppen zeigen die 1861 fertiggestellten **Foster's Almshouses** eine gelungene Mischung aus Tudorelementen und französischer Spätgotik.

Durch die Oberstadt

Ursprünglich die Kirche eines Augustinerklosters

Bristol Cathedral

Die Bristol Cathedral erhielt 1542 durch die Gründung des Bistums Kathedralenrang. Vom normannischen Kirchenbau hat sich bis auf das Kapitelhaus (12. Jh.) mit Zacken-Dekor, Kreuzbogenverzierungen und

Fischschuppenmustern nichts erhalten. Gebaut wurde lange: Der östliche Chor und Lady Chapel wurden von 1298 bis 1330 umgebaut, Vierungsturm und Querhäuser 1500 vollendet, das Schiff und die Westturmfassade erst im 19. Jh. fertiggestellt. Der **Chor** ist das Glanzstück der Kirche und eine Konstruktion von genialer Leichtigkeit. Das Chorgestühl ist modern, hat aber Miserikordien von etwa 1520. Älter als die Lady Chapel ist die zweite Marienkapelle im Early English Style (1210 bis 1220), die an das nördliche Querschiff anschließt.

Tgl. 8–17, Sa., So. bis 13.15 Uhr | Führungen nachmittags, s. Website
Eintritt frei, Führungen 5 £ | www.bristol-cathedral.co.uk

Ein wenig Orient

Bristol Museum & Art Gallery

Viktorianische Bauten beherbergen das Stadtmuseum und die Kunstsammlung. Interessant sind die orientalische Kollektion, die Galerie alter Meister und die Glas-, Silber und Keramiksammlungen.

Di.–So. 10–17 Uhr | Eintritt frei | www.bristolmuseums.org.uk

SPAZIERGANG IN LUFTIGER HÖHE

In Clifton, einem nördlichen Stadtteil von Bristol, gehen Sie durch den Park zur Clifton Suspension Bridge. Von der 150 Jahre alten Hängebrücke bietet sich ein atemberaubender Blick in die Schlucht des River Avon. Über die Ingenieurskunst von Isambard Kingdom Brunel kann man nur staunen.

Elegantes Stadtleben

Georgian House

In der Great George Street ist die stilvolle Einrichtung des Georgian House sehenswert, das im 18. Jh. für den Zuckerhändler John Pinney gebaut wurde.

Sa.–Di. 11–16 Uhr | Eintritt frei | www.bristolmuseums.org.uk

Spektakulärer Anblick

Clifton Suspension Bridge

Clifton ist eine bevorzugte Wohngegend mit sehenswerten georgianischen Häusern und schönen Grünanlagen. Die Kalkstein-Plateaus Clifton Down und Durdham Down sollte man wegen der Hängebrücke besuchen, die in 80 m Höhe die Schlucht des Avon überspannt. Sie ist zwischen den beiden Pylonen 243 m lang und wurde 1864 nach Plänen von Isambard Kingdom Brunel fertiggestellt.

Rund um Bristol

Gefragtes Schmuckstück

Tyntesfield

Als William Gibbs 1843 einen Landsitz 8 mi / 13 km westlich von Bristol kaufte, war er der reichste Nicht-Adelige Englands. Die Familienfirma hatte das Quasi-Monopol für den Handel mit Guano zwischen Peru und Europa. In den 1860er-Jahren ließ er das Haus im neugotischen Stil umbauen, die größte Privatkapelle des Landes kam hinzu. In der vierten Generationen war das Geld ausgegangen, der letzte Hausherr bewohnte nur noch drei Zimmer. Als 2001 das Haus mit Park und Ländereien verkauft wurde, mobilisierte der Denkmalschutzverein National Trust alle finanziellen Kräfte, denn die einmalig gut erhaltene Inneneinrichtung des späten 19. Jh.s. machen Tyntesfield zu einem Juwel. Die besten Handwerker gestalteten mit Holzschnitzarbeiten das ganze Haus – bis hin zum schönen Billardzimmer und den neugotischen Hundehütten im Hof.

Tgl. 10.30–15 Uhr, Nov.–März bis 14.30 Uhr | Eintritt 17 £
www.nationaltrust.org.uk/Tyntesfield

Drehort für einen Klassiker

Dyrham Park

12 mi / 20 km östlich von Bristol entstand im weitläufigen **Wildgehege** Dyrham Park 1710 das Anwesen für William Blathwayt, der unter Wilhelm III. als Diplomat viele Jahre in Den Haag lebte und eine beträchtliche Kollektion an Porzellan und niederländischen Gemälden nach England mitbrachte.

Der Landsitz diente als Kulisse für den Oscar-nominierten Kinoklassiker »Remains of the Day« (»Was vom Tage übrig blieb«) mit Emma Thompson und Anthony Hopkins, nach einem Roman von Kazuo Ishiguro.

Haus 12–16, Garten/Park 10–16 Uhr | Gesamtanlage Eintritt 17 £
www.nationaltrust.org.uk/dyrham-park

★★ CAMBRIDGE

Landesteil: Ostengland | **Höhe:** 6 m ü. d. M. |
Grafschaft: Cambridgeshire | **Einwohnerzahl:** 145 000

In Cambridge könnte man sich leicht ganz klein fühlen. Hinter imposanten Fassaden und hohen Tortürmen bildet die Universität seit 800 Jahren die Elite des Landes aus, hat überragende Wissenschaftler wie Isaac Newton, Charles Darwin und Stephen Hawking hervorgebracht. Wer aber am River Cam im Stakkahn an den Collegegärten vorbeigleitet – am besten überlässt man das Staken Studenten und räkelt sich bequem im Boot –, kann sich selbst privilegiert fühlen und sich von der Schönheit des Anblicks zu eigenen Taten inspirieren lassen.

31 altehrwürdige Colleges mit wunderschönen Gärten, Höfen und historischen Bauwerken, dafür steht Cambridge. Besonders sehenswert sind das mit adligen Verbindungen gesegnete Trinity College und die königliche Gründung King's College, dessen Kapelle zu den schönsten Bauwerken in ganz England gehört.

Zukunfts-forscher

Entspannt gleitet man per »punt« am King's College vorbei.

CAMBRIDGE ERLEBEN

VISITOR CENTRE
Es gibt kein Tourist Information Office mehr, aber ein Visitor Centre zeigt Filme über Cambridge in der Round Church (▶ S. 87)
www.visitcambridge.org

Zur Stadbesichtigung kann man sich von Studenten durch Cambridge rudern lassen oder selbst einen flachen Kahn, einen **»punt«**, mieten. Anbieter ist z. B. Scudamores an der Magdalene Bridge und an der Mill Lane.
www.scudamores.com

Zur Sommersonnenwende gibt es eine Woche lang die Midsummer Fair im Park Midsummer Common.

❶ RESTAURANT 22 €€€
In dem stimmungsvollen Restaurant mit gehobener internationaler Küche wird ganz romantisch bei Kerzenlicht getafelt. So., Mo., Di. geschl.
22 Chesterton Rd.
Tel. 01223 35 18 80
www.restaurant22.co.uk

❷ PINT SHOP €€
Für eine deftige Mahlzeit, z. B. Steak, Fisch und Burger, oder für hochwertige Bier- und Ginsorten ist dieses Brauhaus in historischen Räumen eine gute und preiswerte Adresse.
10 Peas Hill, Tel. 01223 98 10 70
pintshop.co.uk

❸ THE EAGLE €
In diesem Haus wird zwar schon seit 1667 Bier ausgeschenkt, berühmt ist die Kneipe aber für Ereignisse des 20. Jahrhunderts. Im hinteren Raum haben amerikanische Flieger im Zweiten Weltkrieg ihre Initialen und Staffelnummern mit Kerzen und Feuerzeugen an der Decke eingebrannt. Ein Schild an der Fassade hält fest, dass hier **»das Geheimnis des Lebens«** preisgegeben wurde: Am 28. Februar 1953 unterbrach Francis Crick das Mittagessen seines Forscherkollegen James Watson mit der Mitteilung, den beiden sei es gelungen, im nahen Cavendish Laboratory die Struktur der DNA zu entschlüsseln.
8 Bene't St., Tel. 01223 50 50 20

❶ WORTH HOUSE €€
15 Minuten zu Fuß von der Stadtmitte entfernt führen Guido und Maria ein B & B der Extraklasse mit acht Zimmern und exzellentem Frühstück.
152 Chesterton Rd.
Tel. 01223 31 60 74
www.worth-house.co.uk

Um ihre Spitzenposition weiter auszubauen, hat Cambridge westlich des Stadtzentrums einen Wissenschafts- und Technologiecampus gegründet. **»Silicon Fen«** – The Fens ist ein ehemaliges Sumpfgebiet nördlich der Stadt – ist der Spitzname für eine in ganz Europa unübertroffene Konzentration von High-Tech-Firmen. Pharma, Bio- und Nanotechnologie, künstliche Intelligenz: In Cambridge forscht und tüftelt man an der Zukunft.

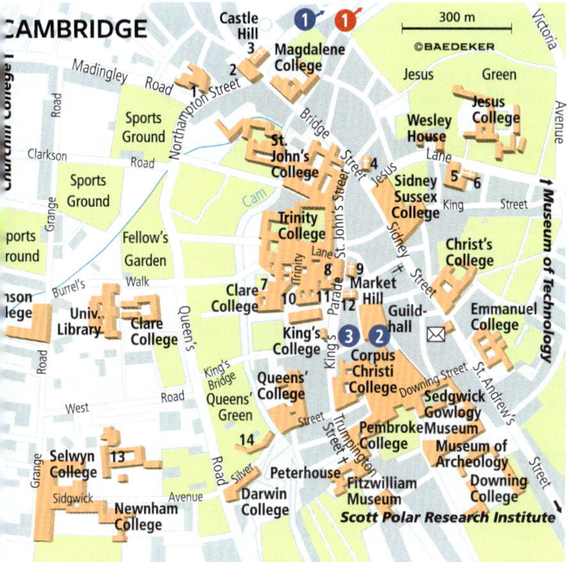

1 Westminster College
2 Museum of Cambridge
3 St. Giles
4 Round Church
5 Westscott House
6 All Saints
7 Trinity Hall
8 Gonville and Caius College
9 St. Michael
10 Old Schools
11 Senate House
12 St. Mary the Great
13 University Arts Buildings, Museum of Classical Archaeology
14 Fisher Court

1 Restaurant 22
2 Pint Shop
3 The Eagle

1 Worth House

Die Colleges

Die bekanntesten englischen Universitäten sind ▸ Oxford und Cambridge. Um 1220 ließen sich Gelehrte aus Oxford am Ufer des kleinen Flusses Cam nieder. Etwa ein halbes Jahrhundert später wurden die ersten Colleges gegründet, in denen Studenten wie Lehrer wohnten und arbeiteten. Ihre Anlage geht auf die Klosterarchitektur zurück: kreuzgangähnliche Höfe (Courts), großer Speisesaal (Hall), Bibliothek (Library) und Kapelle (Chapel). Der Eingang zum College ist meist ein Torhaus. Während der Examenszeiten und bei sonstigen wichtigen Anlässen können die Colleges nicht besucht werden. Da die Öffnungszeiten recht unterschiedlich sind, sollte man einen geführten Spaziergang buchen oder sich online informieren. Die folgende Beschreibung zeigt die wichtigsten historischen Colleges von Süden bis Norden entlang der Trumpington Street–King's Parade–St John's Street, aber nehmen Sie auch den Spazierweg am Westufer des Flusses entlang »The Backs« – oder lassen Sie sich im Stakboot rudern.
www.cambridgetouristinformation.co.uk/visiting_cambridge_colleges_2022

Das erste College

Peterhouse College

Peterhouse, 1284 gegründet, gehört zu den kleinsten Colleges. Saal und Vorratsraum an der Südseite des Old Court sind die ältesten

Gebäude aus dem 13. Jahrhundert. Der Chemiker Henry Cavendish und der Physiker Lord Kelvin waren hier Studenten. Die benachbarte Kirche Little St Mary (13./14.Jh.) diente über 300 Jahre dem College als Kapelle. Eine Gedenktafel für Godfrey Washington, Priester der Kirche und Mitglied von Peterhouse, trägt das Familienwappen, das die Vorlage für das Sternenbanner der USA liefert.

Ganz anders als damals

Pembroke College

Pembroke College wurde 1347 von der Gräfin Pembroke gegründet, aber mehrfach umgebaut, so dass vom Ursprungsbau heute eigentlich nichts mehr erhalten ist. Die Kapelle (1663–1665) ist das erste Werk von **Christopher Wren;** 1881 wurde sie verlängert. Pembroke College hat Bischöfe wie den in Oxford auf dem Scheiterhaufen verbrannten Reformator Nicholas Ridley hervorgebracht, in neuerer Zeit den Hofdichter Ted Hughes (1930–1998) und den Komiker Eric Idle von der Monty-Python-Truppe.

Mit Mathematischer Brücke

Queens' College

Die mittelalterlichen Gebäude des im 15. Jh. gegründeten Queens' College sind noch fast vollständig erhalten. Ein schöner Torweg mit Zinnenbekrönung führt zum **Old Court** aus rotem Backstein, von dort sind die Halle mit Dekorationen von William Morris und die Bücherei zugänglich. Beim **Cloister Court** (um 1460) befindet sich die **President's Lodge** (1490–1495), eine schöne Fachwerk-Bogenhalle. Südlich liegt der **Pump Court** (Brunnenhof) mit dem Erasmus Tower. Der kleine Turm grenzt an die Zimmer, die Erasmus von Rotterdam als Professor für Griechisch 1511 bis 1514 in Cambridge bewohnte. Nördlich liegen der **Walnut Tree Court** von 1618 und die Kapelle aus viktorianischer Zeit. Vom Klosterhof führt die 1902 rekonstruierte Mathematische Holzbrücke – sie wurde 1749 ohne Nägel zusammengesetzt – über den Cam zu den Collegegärten.

Von Bürgern für Bürger gegründet

Corpus Christi College

Vom Corpus Christi College in der Trumpington Street (1352) ist noch der Old Court von 1377 erhalten. Die **Bibliothek** besitzt wertvolle Manuskripte und Inkunabeln, die Mathew Parker, Rektor des College und später Erzbischof von Canterbury, um 1550 sammelte.

Architektonische Berühmtheit

★★ King's College

King's College wurde als erste der königlichen Gründungen 1441 von Heinrich VI. initiiert. Die 1446 bis 1515 in weißem Kalkstein erbaute Kapelle ist der prächtigste Bau in Cambridge. Die übrigen Collegegebäude stammen aus dem 18. bis 20. Jahrhundert. Von King's Bridge hat man einen guten Blick auf die Backs. Zu den Absolventen gehören u. a. die Schriftsteller E. M. Forster, Salman Rushdie und Zadie Smith und der Volkswirtschaftler John Maynard Keynes.

BAEDEKER MAGISCHE MOMENTE

HIMMLISCHE STIMMEN

Wenn die glockenreinen Klänge des Knabenchors im Gewölbe widerhallen, erlebt man die Kapelle von King's College Chapel im Geiste der Gründer – nicht als Touristenmagnet, sondern beim gesungenen Gottesdienst »Evensong« mit einem der besten Chöre des Landes. Während des Trimesters Di.–Sa. 17.30 Uhr, So. 15.30 Uhr, aktuelle Termine: www.kings.cam.ac.uk

Eine architektonische Berühmtheit ist der Innenraum von **King's College Chapel,** einer 88 m langen, 13,6 m breiten und 24,4 m hohen Saalkirche im Perpendicular Style. Atemberaubende Fächergewölbe von John Wastell (1512–1515) und Stabwerk in den Fenstern und an den Wänden sind ausgesprochene Meisterleistungen. Bemerkenswert sind die Königswappen der Tudorzeit und die Glasfenster (1515–1531; Westfenster 19. Jh.). Das Altargemälde stammt von Rubens: »Die Anbetung der Weisen«. Der **King's College Choir** ist einer der besten Männerchöre in England.

Für feierliche Anlässe

Senate House

Das palladianische Senate House von James Gibbs (1722–1730) wird für Feiern wie die Verleihung akademischer Grade benutzt. Verschiedene andere Gebäude am selben Platz, so die Old Schools (14./15. und 18./19. Jh.), sind Verwaltungsgebäude.

Mit Aussichtsturm

Great St Mary's

Great St Mary's aus dem 15. Jh. ist Pfarr- und Universitätskirche mit prächtiger Innenausstattung. Die Galerien wurden 1739 für die Zuhörermengen der Universitätspredigten berühmter Gelehrter eingebaut. Vom 1608 errichteten Turm hat man einen guten Blick.

Hier studierte Stephen Hawking

Trinity Hall

Trinity Hall an der Trinity Lane, 1350 gegründet, birgt eine im Originalzustand erhaltene Bibliothek aus elisabethanischer Zeit. Auch die Ankettung der Bücher ist original.

Hübsch angelegte Gärten

Clare College

Das benachbarte Clare College wurde 1326 als University Hall und nach Misswirtschaft 1338 erneut von Lady Elizabeth de Clare gegründet. Nach einem Feuer baute man es ab 1638 im **Renaissancestil** wieder auf – besonders gut zu sehen im First Court. Die schöne Clare Bridge (1640) führt über den Cam zu Fellow's Garden.

Demut, Tugend, Ehre

Gonville and Caius College

Gonville and Caius College in der Trinity Street wurde 1348 gegründet und nach 1558 von Dr. John Caius, dem Leibarzt von Edward VI. und Queen Mary, vergrößert. Drei Tore symbolisieren die Laufbahn des Collegestudenten. Das **Gate of Humility** (Tor der Demut) führt von Trinity Street in den Tree Court. Von dort stellt das **Gate of Virtue** (Tor der Tugend, 1567) die Verbindung zum Caius Court her. Das **Gate of Honour** (Tor der Ehre, 1575) führt zum Senatsgebäude, wo die Diplome verliehen werden.

Wo der König studierte

★ Trinity College

Trinity College ist aus zwei im 14. Jh. erbauten Colleges hervorgegangen. Der Great Court (102 x 70 m) ist der größte Hof in Cambridge (um 1600). **Die Bibliothek** wurde 1676 bis 1690 nach Plänen von Christopher Wren erbaut. Die alten eichenen Bücherborde ziert Lindenholz-Schnitzerei.
Zahlreiche ehemalige Studenten des Trinity College erlangten später Berühmtheit, etwa die Staatsmänner Stanley Baldwin und Nehru, der Dichter Lord Byron, der Philosoph Bertrand Russell, die Naturwis-

Die Bibliothek des Trinity College. Welche Berühmtheiten mögen hier schon in die Welt der Bücher eingetaucht sein?

senschaftler Clerk-Maxwell, Rutherford und Isaac Newton. Auch Charles III. studierte hier. Vom New oder King's Court (1823–1825) führt eine Brücke über den Cam mit schöner Aussicht auf die Backs.

Mit besonderem Blickfang

St John's College

Das St John's College, ein ehemaliges Klosterspital, wurde 1511 von Lady Margaret Beaufort, der Mutter von Heinrich VII., gegründet. Ein schönes Beispiel der Tudor-Baukunst ist der First Court. Die Kapelle wurde 1836 bis 1839 neu errichtet, Kirchengestühl und Denkmäler stammen von einem Vorgängerbau. Der Second Court wurde 1598 bis 1602 erbaut, der Third Court 1669 bis 1671. Nördlich schließt sich die Bibliothek (1623–1624) an. Von dort führt die **Bridge of Sighs** (Seufzerbrücke; 1831) über den Cam zu den Collegegärten. Berühmte Mitglieder des St John's College waren der Dramatiker Ben Jonson (1573 bis 1637), der Dichter William Wordsworth (1770–1850) und der Schriftsteller Douglas Adams (»Per Anhalter durch die Galaxis«).

Eine ungewöhnliche Kombination

Holy Sepulchre Church

Die Heiliggrabkirche in der Bridge Street, **Round Church** genannt, setzt sich aus einem sehr seltenen **normannischen Rundschiff** und einem aus dem 15. Jh. stammenden viereckigen Chor zusammen.

Am Fluss gelegen

Magdalene College

Magdalene College ist das einzige alte College auf der Westseite des Flusses. Es existierte ab 1428 als Klosterschule und wurde 1542 nach der Reformation neu gegründet. Der First Court stellt noch eine schöne Anlage aus dem 15. Jh. dar. Das **Pepys-Gebäude** im zweiten Court beherbergt die Bibliothek, die der hohe Beamte und Schriftsteller Samuel Pepys (1633–1703) seinem College vermacht hat.

Die Kapelle gab den Namen

Jesus College

Der Grundstein zum Jesus College an der Jesus Lane wurde 1496 gelegt. Teile, u. a. die Kapelle im **Early English Style,** stammen von einem im 12. Jh. für Benediktinerinnen gegründeten Nonnenkloster.

Fortschrittlich

Christ's College

Gründerin des Christ's College in der St Andrew Street war Lady Margaret Beaufort (1505). Mit der Bestimmung, dass auch externe Studenten zu den Vorlesungen kommen konnten, machte sie einen Schritt auf dem Weg zur modernen Universität. Berühmte Mitglieder waren Charles Darwin und der Dichter John Milton.

Ausstellungsstücke aus aller Welt

Museen

Im **Fitzwilliam Museum** sind ägyptische, griechische und römische Sammlungen zu sehen, außerdem illustrierte Handschriften, englisches Steingut und Porzellan sowie eine **Gemäldegalerie** mit Werken von Hogarth, Gainsborough, Turner, vielen Impressionisten und niederländischen Barockmeistern (Rembrandt, van Dyck, Rubens, Hals). Das **Polar Museum** bewahrt viele Andenken von Expeditionen, Briefe, Tagebücher und Fotos von Kapitän Scotts Fahrt zum Südpol auf.

Fitzwilliam Museum: Di.–Sa. 10–17, So. ab 12 Uhr | Eintritt frei
www.fitzmuseum.cam.ac.uk
Polar Museum: Di.–Sa. 10–16 Uhr | Eintritt frei
www.spri.cam.ac.uk/museum

Rund um Cambridge

Heimat von Oliver Cromwell

Huntingdon

In Huntingdon, einer gemütlichen Stadt an der Ouse ca. 30 km nordwestlich, wurde 1599 Oliver Cromwell geboren. Im Geburtenregister in der Kirche All Saints sind seine Geburt und Taufe vermerkt. Er wurde im alten Schulhaus erzogen, dessen normannische Front noch erhalten ist. Heute ist es als **Cromwell Museum** mit Porträts und Erinnerungsstücken der Familie Cromwell eingerichtet.

Cromwell Museum: Di.–So. 11–15.30 Uhr | Eintritt frei
www.cromwellmuseum.org

Militärluftfahrt

★ Duxford Imperial War Museum

Eines der weltgrößten Luftfahrtmuseen liegt 16 km südlich von Cambridge. Der Flugplatz von Duxford spielte während der beiden Weltkriege eine wichtige Rolle für die Einsätze der britischen und der US-amerikanischen Flieger. Drei Ausstellungen – »AirSpace«, »Battle of Britain« und »American Air Museum« – versammeln eine imposante Anzahl von Flugzeugen, hauptsächlich Militärmaschinen.

Tgl. 10–18, Nov.–März bis 16 Uhr | Eintritt 29 £ | www.iwm.org.uk

★★ CANTERBURY

Landesteil: Südengland | **Höhe:** 18 m ü. d. M. | **Grafschaft:** Kent | **Einwohnerzahl:** 158 000

»Wer befreit mich von diesem lästigen Priester?«, soll Heinrich II. nach einem Streit mit Thomas Becket gesagt haben. Daraufhin erschlugen königliche Ritter den Erzbischof von Canterbury am 29. Dezember 1170 im Nordwest-Querhaus der Kathedrale. Dem Märtyrerblut wurden bald Wunderkräfte zugesprochen, der Schrein zur wichtigsten Pilgerstätte auf englischem Boden.

Mit seiner Kathedrale, St Martin’s Church und St Augustine Abbey besitzt Canterbury, das geistliche Zentrum Englands, gleich drei UNESCO-Weltkulturerbestätten. Die Kathedrale ist Sitz des Primas der anglikanischen Kirche mit weltweit 70 Mio. Gläubigen. Canterbury wird auch »Wiege des Christentums« genannt, weil von hier ab dem 6. Jh. die römische Missionierung Südenglands ausging. Der **Erzbischof Thomas Becket** wurde 1173 heiliggesprochen.

Englands Rom

★★ Canterbury Cathedral

Mo.–Sa. 9–17, So. 12.30–17 Uhr | Eintritt 17 £
www.canterbury-cathedral.org

Vier Jahrhunderte Arbeit

Baugeschichte

Die Kathedrale entstand unter dem ersten normannischen Erzbischof Lanfranc (1070–1077) auf den Ruinen der 1067 abgebrannten angelsächsischen Kirche. Der 1130 geweihte Chor wurde nach dem Brand von 1174 unter Baumeister William of Sens wieder aufgebaut, der den frühgotischen Baustil aus Frankreich in England einführte. Ende des 14. Jh.s wurde das normannische Langhaus im hochgotischen Stil neu errichtet. 1434 erhielt die Westfassade ihren Südturm, 1502 folgte der Vierungsturm, 1832 wurde der Lanfrancsche Nordturm durch eine Kopie des Südturms ersetzt.

CANTERBURY CATHEDRAL

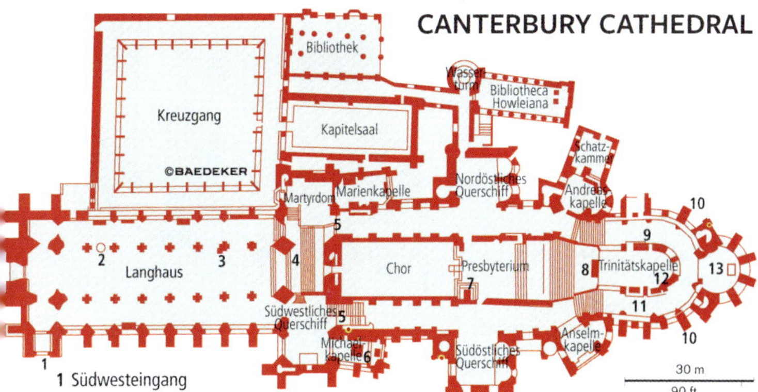

1 Südwesteingang
2 Taufbecken
3 Kanzel
4 Lettner
5 Zugang zur Krypta
6 Grabmal von Lady Margaret Holland, Earl of Somerset, Duke of Clarence
7 Erzbischofsthron
8 Thron des hl. Augustinus aus Purbeck-Marmor
9 Inthronisierungsstuhl Grabmal von Heinrich IV.
10 Wunderfenster
11 Standort des Becket-Schreins von 1220 bis 1538
12 Grabmal des Schwarzen Prinzen
13 Corona (Thomas Beckets Krone)

CANTERBURY CATHEDRAL

Im Mittelalter wurde die Schutzhaube mittels Flaschenzug hochgehievt, um die edelsteinfunkelnde Hülle mit den sterblichen Überresten Beckets den Blicken der Pilger preiszugeben. Seit der Zerstörung des Schreins 1538 auf Befehl von Heinrich VIII. ist diese Kostbarkeit für immer verloren, aber der Blick zum Vierungsturm und die Glasfenster der Kathedrale verschlagen auch heute Besuchern den Atem.

❶ Lettner
Am Lettner sind die englischen Bischöfe, die zwölf Apostel und die Könige Englands in Stein verewigt. Von links nach rechts: Heinrich V., Richard II., Ethelbert von Kent, Eduard der Bekenner, Heinrich IV. und Heinrich VI.

❷ Bell Harry Tower
Lohnend ist ein Blick hinauf zum Vierungsturm: Das Fächergewölbe ist in reinstem Perpendicular Style gebaut.

❸ Martyrdom
An dieser Stelle wurde Thomas Becket ermordet. Ein Altar erinnert an das blutige Geschehen.

❹ Früherer Standort des Becket-Schreins
Die Trinity Chapel wurde eigens für das Grab des Märtyrers gebaut. Der Schrein, der von 1220 bis 1538 hier stand, war Ziel unzähliger Pilger, die ihn ein- oder zweimal am Tag in Augenschein nehmen konnten.

❺ Grabmal des Schwarzen Prinzen
Prinz Eduard Plantagenet (1330 bis 1376), der älteste Sohn von Eduard III., war ein zäher Kämpfer im Hundertjährigen Krieg. Sein Grab zeigt ihn in voller Ritterrüstung.

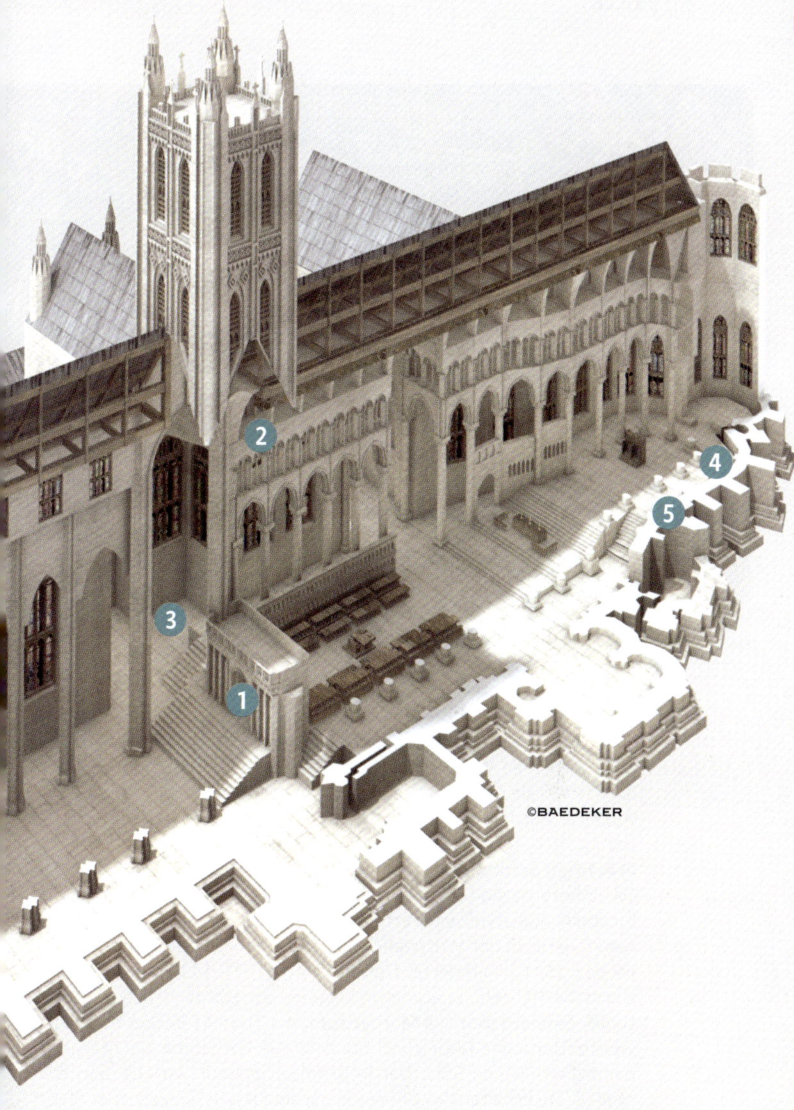
1
2
3
4
5
©BAEDEKER

Wunderbare Glasfenster in der Trinitätskapelle

Imposant schon zu Beginn

Christ Church Gate

Man betritt den Kathedralbezirk durch das ornamentierte Torhaus mit königlichen Wappen und barockem Eichenportal. Schreiten Sie die Kathedrale einmal außen der Länge nach ab, um eine Vorstellung von ihrer Ausdehnung zu erhalten.

Prächtige Schätze

Innenraum

Das Innere ist ein hohes, lichtes Langhaus mit gotischen Maßwerkfenstern, kunstvoll verzierten Rippengewölben und einem Maßwerkfenster in der Westwand mit zusammengefügten Glasmalereien des 15. Jahrhunderts. Den Lettner (1411–1430) zieren sechs Herrscherfiguren. Links vom Lettner, im nordwestlichen Querschiff, befindet sich das **Martyrdom,** wo Thomas Becket ermordet wurde. Der lange Chor von 1184 zeigt die vornehme Nüchternheit des frühgotischen Stils. Der Inthronisierungstuhl ist aus dem frühen 13. Jh. erhalten. Im Chorumgang sind aus verschiedenen Teilen zusammengesetzte mittelalterliche Glasfenster erhalten sowie ein verblichenes Fresko mit der Legende des hl. Eustachius (15. Jh.). Gegenüber dem nordöstlichen Querschiff zeigt das prächtige Grabmal (1425) den Erzbischof Henry Chichele in Amtstracht; darunter symbolisiert ein nackter Leichnam die Vergänglichkeit alles Irdischen.

Die **Trinitätskapelle** wurde für das Grab von Thomas Becket gebaut und war mehr als 300 Jahre das Ziel zahlloser Wallfahrer. Von 1220 bis zu seiner Zerstörung 1538 barg der Goldschrein die sterblichen Überreste Beckets, die ein- bis zweimal am Tag den Blicken der Pilger preisgegeben wurden. Im nördlichen Kapellenumgang befindet sich das Alabaster-Grabmal Heinrichs IV. In der **Corona,** dem krönenden Abschluss der Kathedrale, wurde ursprünglich ein Schädelreliquiar von Becket aufbewahrt. Die Chorfenster rechts und links schmücken herrliche Glasmalereien des 12. und 13. Jh.s, die als »Wunderfenster« vom Leben und Werk des Heiligen erzählen. Im südlichen Umgang der Trinitätskapelle befindet sich das **Grab von Edward, dem Schwarzen Prinzen.** Der älteste Sohn Edwards III. starb 1376 nach einem ritterlichen Leben, das in seinem Messingabbild und in seinen Insignien (Schild und Panzerhandschuhe) überliefert ist.

Die normannische **Krypta** ist der älteste Teil der Kathedrale, mit vielfältigen Darstellungen von Tieren, Pflanzenornamenten und Dämonen an den Kapitellen. Durch den 1397 bis 1411 gebauten Kreuzgang mit bemalten Schlusssteinen im Gewölbe erreicht man den Kapitelsaal, wo 1986 Margaret Thatcher und François Mitterrand den Vertrag zum Bau des Eurotunnels unterzeichneten.

Näher kann man der Vergangenheit nicht kommen

St Augustine's Abbey and College

In der Abtei, die der heilige Augustinus 604 gründete, wurden die Grundmauern freigelegt sowie sein Grab und die von König Ethelbert und seiner Gemahlin Bertha. Augustinus war vom Papst Gregorius nach England geschickt worden, um das Land zum Christentum zu bekehren. Torhaus und College stammen aus dem 12. Jahrhundert.

Ostern–Okt. tgl. 10–17, Nov.–März Sa./So. 10–16 Uhr | Eintritt 7,70 £
www.english-heritage.org.uk

Altstadt

Ein Ausflug ins Mittelalter

Rundgang

Die Altstadt wird im Osten von der zum Teil noch begehbaren normannischen Stadtmauer, im Westen von den beiden Flussarmen des Stour begrenzt. Beiderseits der High Street, die schnurgerade durchs Zentrum führt, erstreckt sich das mittelalterliche Gassengewirr mit Fachwerkbauten. Den Nordosten der Altstadt nimmt die ausgedehnte Domfreiheit ein. Von der Kathedrale aus kommt man durch das Christ Church Gate in die enge **Mercery Lane** mit einigen Fachwerkbauten. In der Parallelgasse Butchery Lane zeigt das kleine **Roman Museum** die römische Vergangenheit der Stadt. Von der Mercery Lane zweigt rechts die High Street ab. Dort steht

Queen Elizabeth's Guest Chamber mit hübschen Stuckarbeiten, gegenüber das ehemalige Gasthaus Chequers of Hope, das Chaucer in den »Canterbury Tales« erwähnt. High Street Nr. 18 ist das **Beaney House of Art & Knowledge** mit einer renommierten Sammlung – römisches Glas, feinstes Porzellan –, Alten Meistern, Werken lokaler Künstler und naturgeschichtlichen Exponaten. In Richtung West Gate passiert man das Eastbridge Hospital (12. Jh.) und dann die Brücke über den Stour. Von der Brücke aus hat man einen schönen Blick auf die malerischen Weberhäuser, **The Weavers,** die eingewanderte Hugenotten in der zweiten Hälfte des 16. Jh.s bewohnten. Schließlich kommt man zum West Gate mit seinen Ecktürmen, Fallgatter und Zugbrücke. Eine entspannte Ergänzung zum Rundgang zu Fuß ist eine geführte Flussfahrt auf dem trägen River Stour.

Roman Museum: Butchery Lane | tgl. 10–17.00 Uhr | Eintritt 10,50 £
www.canterbury-museums.co.uk
Beaney House of Art & Knowledge: Di.–Sa. 10–17, So. 11–16 Uhr
Eintritt frei | canterburymuseums.co.uk/the-beaney
Stakkahn-Tour: ab Westgate | canterburypunts.uk
Rundfahrt im Ruderboot: ab King's Bridge, High St
www.canterburyrivertours.co.uk

★ St Martin's Church

Die wohl älteste Pfarrkirche Englands

St Martin's Church vor der östlichen Stadtmauer geht auf ein römisches Bauwerk zurück, möglicherweise ein Mausoleum oder eine Kirche, die König Ethelbert von Kent um 580 renovieren ließ, damit seine fränkische Braut Bertha ihre christliche Religion ausüben konnte. Hier wurde Ethelbert selbst vom heiligen Augustinus im Jahr 597 getauft. Im Mittelalter kam der Turm hinzu, wurde die Apsis entfernt, aber ein Großteil des Mauerwerks im Kirchenschiff stammt aus dem 7./8. Jahrhundert.

Mi.–So. 11–15 Uhr | Eintritt frei, Spende erbeten
www.martinpaul.org

Rund um Canterbury

Halbinsel Thanet

Große Kunst und eine rätselhafte Höhle

William Turner kam oft nach **Margate** auf der Halbinsel Thanet nordöstlich von Canterbury, um Meer und Wolken zu malen. Dabei verliebte er sich in Mrs. Booth, die Betreiberin seines Gästehauses am Cold Harbour. Turner war so angetan von ihr, dass er sich selbst »Mr. Booth« nannte.

An der Stelle dieser Unterkunft steht heute **Turner Contemporary.** Im Bau von Sir David Chipperfield zeigen Wechselausstellungen zeitgenössische Kunst neben Werken berühmter Meister. Der Kunstbetrieb hilft Margate, das Image eines heruntergekommenen Badeorts abzuschütteln. Hippe Cafés und Boutiquen schießen wie Pilze aus dem Bo-

CANTERBURY ERLEBEN

THE BEANY HOUSE
18 High Street, Canterbury CT1 2RA
Tel. 01227 86 21 62
www.canterbury.co.uk

WHEELER'S OYSTER BAR €€–€€€
Seit 1856 eine Institution in der Nachbarstadt Whitstable. Wer Austern nicht mag, wählt Chowder (Suppe mit geräuchertem Kabeljau), Fisch oder fangfrische Meeresfrüchte. Mittwoch ist Ruhetag.
8 High St., Whitstable
Tel. 01227 27 33 11
www.wheelersoysterbar.com

THE GOODS SHED €€
Restaurant und täglicher Bauernmarkt mit regionalen Produkten und Imbissständen und Getränken in einem ehemaligen Eisenbahnschuppen.
Station Rd. West
Tel. 01227 45 75 38
thegoodsshed.co.uk

YE OLDE YEW TREE €€
Die angeblich älteste Herberge von Kent (gebaut 1348) bietet im Winter Kamingemütlichkeit, im Sommer einen luftigen Biergarten und rund ums Jahr englische Hausmannskost wie Beef Pie, Steak und Würstchen.
Mo. geschl.
32 Westbere Lane, Westbere
6 km nordöstl. von Canterbury
über A 28
Tel. 01227 71 05 01
www.yewtreewestbere.co.uk

CATHEDRAL GATE HOTEL €€
Die Lage am Tor zum Dombezirk ist unschlagbar. Das Haus stammt aus dem 15. Jahrhundert und präsentiert sich ziemlich labyrinthartig mit Treppen und unebenen Böden. Dank historischem Charme und Blick auf die Kathedrale von den hinteren Zimmern stimmt das Preis-Leistungs-Verhältnis.
36 Burgate
Tel. 01227 46 43 81
www.cathgate.co.uk

den, aber am schönen Stadtstrand Bay Beach und dem renovierten Themenpark Dreamland bleibt das traditionelle Seaside-Vergnügen erhalten. Im Grotto Hill versteckt sich die mysteriöse **Shell Grotto,** die 1835 entdeckt wurde. Wer die Höhle mit Tausenden von Muscheln in Rosetten- und Blumenmustern ausschmückte, ist bis heute ungeklärt.

Turner Contemporary: Di.–So. 10–17 Uhr | Eintritt frei
www.turnercontemporary.org
Shell Grotto: April–Okt. tgl. 10–17, Nov.–März Sa., So. 11–16 Uhr
Eintritt 4,50 £ | www.shellgrotto.co.uk

»
Der Himmel über Thanet
ist der schönste in ganz Europa.
«
William Turner

Für einen abwechslungsreichen Tagesausflug

Whitstable

Whitstable, 11 km nördlich von Canterbury, hat bei Feinschmeckern einen guten Ruf, weil von dort hervorragende Austern kommen. Die Austernbänke gibt es schon seit 2000 Jahren. Im Harbour Market mit seinen Kunsthandwerkerständen und Street-Food-Buden, in den kleinen Geschäften der Harbour Street und am Tankerton Beach östlich der Stadtmitte kann man vergnügliche Stunden verbringen.

Ein Besuch bei Familie Robbe?

Sandwich

Charmant ist das östlich gelegene verschlafene Städtchen mit Fachwerkbauten an engen Gassen und kleinen Booten am Kai des River Stour. Bootsfahrten auf dem Fluss führen zum römischen Fort in Richborough und zur Robbenkolonie an der Flussmündung.

Bootsfahrt: Tel. 0795 8 37 61 83

»Die schönste Burg der Welt«

★★ Leeds Castle

So bezeichnete Lord Conway einst Leeds Castle (50 km westlich von Canterbury). Die Burg, deren warm leuchtender Sandstein sich im weiten Wassergraben spiegelt, bietet wirklich einen spektakulären Anblick. Bereits im 9. Jh. soll hier ein sächsisches Herrenhaus gestan-

So hat man sich eine englische Burg vorzustellen: Leeds Castle, auf zwei Inseln im Len gelegen.

den haben. Danach gehörte Leeds den Normannen, war eine **Residenz für sechs englische Monarchinnen** und bis 1974 privates Wohnhaus. Die Schlossanlage ist auf zwei separaten Inseln errichtet. Eine Zugbrücke führt an einem Torhaus aus dem 13. Jh. vorbei zum Maiden's Tower, dessen quadratische Anlage aus der Tudorzeit im 19. Jh. mit Zinnen bekrönt wurde. Das heutige Hauptgebäude ersetzte ab 1824 den Tudorbau. Die Innenausstattung stammt von der Amerikanerin Lady Baillie, die Leeds Castle 1926 kaufte und instand setzte. Im Landschaftsgarten tummeln sich Schwäne auf den Seen, dazu können Irrgarten, Grotte, Greifvogelgehege, Abenteuerspielplätze und sogar ein **Hundehalsbandmuseum** erkundet werden.
April–Sept. tgl. 10–18, Einlass bis 16.30, Okt.–März 10–15.30 Uhr, Einlass bis 14.30 Uhr | Eintritt 35 £, online 30 £ | www.leeds-castle.com

Wohin in Rochester und Umgebung?

Das Highlight ist der Garten

Rochester Cathedral

Die kleine Stadt Rochester, die nachweislich bereits im 5. Jh. bewohnt war, liegt etwa 34 mi/55 km westlich von Canterbury. Die Kathedrale von Rochester ist **Englands zweitälteste Kathedrale**, sie geht auf das Jahr 604 zurück. Um 1080 begann Bischof Gundulf mit dem Bau; aus dieser Zeit haben sich der Gundulfturm und die Krypta erhalten. Türme und Portal der Westfassade waren um 1160 fertiggestellt, der Vierungsturm entstand 1343. Im Innern führen Stufen zum Grab des Bischofs Walter de Merton. Ein Kleinod ist der Garten mit einer restaurierten Sektion der antiken Stadtmauer, die um 200 n. Chr. die römische Stadt Durobrivae schützte.
Mo.–Sa. 10–16, So. 13–15 Uhr | Eintritt frei, Spende erbeten
www.rochestercathedral.org

Kaum bezwingbar

Rochester Castle

Die Burg gehört zu den besterhaltenen normannischen Festungen in England und ist die höchste Europas aus dieser Zeit. Dass sie recht wehrhaft ist, musste König Johann 1215 feststellen, als sie einer der erbittertsten Belagerungen des englischen Mittelalters zwei Monate lang standhielt. Erst ein mit dem Fett von 40 Schweinen gespeistes Feuer brachte einen Eckturm zum Einsturz. Bis auf diesen Turm, der als Rundturm wiedererrichtet wurde, stammt der ganze Bergfried aus dem Jahr 1127. In 37 m Höhe bietet er eine grandiose Aussicht.
April–Sept. Di.–So. 10–18, Okt.–März bis 16 Uhr | Eintritt 7,70 £
www.english-heritage.org.uk/rochester-castle

In Dickens' Welt

Altstadt

Die Hauptstraße von Rochester säumen einige sehenswerte Gebäude, von denen sich viele in den Romanen Charles Dickens' wiederfinden. Der Autor lebte als Kind in Chatham, im Alter in Rochester. Aus Richtung Castle kommend, sieht man links das über 400 Jahre alte **Royal Victoria and Bull Hotel.** Bei Dickens ist es in den »Pickwick Papers« das Bull Hotel und in den »Great Expectations« The Blue Boar. Gegenüber steht die **Guildhall** von 1687 mit schönen Stuckdecken, in der sich heute das Stadtmuseum mit einem Nachbau eines Schiffsgefängnisses befindet. Ein weiteres »Dickens-Haus« ist das elisabethanische Watt's Charity oder **Six Poor Travellers House,** das bis zum Zweiten Weltkrieg ein Armenhaus beherbergte. Dickens erwähnt es in seinen Weihnachtsgeschichten.

Ein Traum für Marinefans

Chatham

Schon Heinrich VIII. ließ in Chatham (4mi / 6,5 km östlich von Rochester) an der Medway-Mündung erstmals Kriegsschiffe bauen. Mehr als 400 Jahre lang wurden in der berühmten Werft der Königlichen Marine Schiffe für die Kriegsflotte gebaut, darunter auch 1795 das Flaggschiff von Lord Nelson, die »HMS Victory« (▶ Portsmouth). Mit viel interaktiver Technik wird in den History Dockyards die Entstehung von Kriegsschiffen inszeniert. Die Abteilung »Command of the Oceans« stellt die zum Bau eines Großseglers gebrauchten Berufe vor. Zu besichtigen sind eine Kriegsschaluppe aus viktorianischer Zeit, der 1944 vom Stapel gelaufene Zerstörer »HMS Cavalier« und das 1962 gebaute U-Boot »Ocelot«. Ferner sind eine Seilerei, historische Rettungsboote und ehemalige Werkstätten mit Exponaten aus der Werftgeschichte zu sehen.

Historic Dockyard Chatham: April–Okt. tgl. 10–17, Febr., März und Nov. bis 16 Uhr | Eintritt 28,50 £, online 25 £ | thedockyard.co.uk

★★ CHESTER

Landesteil: Nordwestengland | **Höhe:** 21 m ü. d. M. |
Grafschaft: Cheshire | **Einwohnerzahl:** 120 000

»Oyez, oyez, oyez!« Im Sommer schreit der »Town Crier« mittags um Aufmerksamkeit, klingelt seine Glocke am Hochkreuz und gibt die Neuigkeiten des Tages bekannt. Zu Mittsommer zieht ein skurriler Zug aus Riesen, Fabelwesen und Piraten unter lautem Trommeln durch die Straßen, alle fünf Jahre führen Laiendarsteller in der Kathedrale die mittelalterlichen Mysterienspiele auf, und die Pferderennbahn unterhalb der römischen Stadtmauer gilt als älteste Sportanlage Englands. In Chester wird Tradition großgeschrieben.

Nicht mehr, um den Bürgern Wichtiges mitzuteilen, steht der »Town Crier« (Gemeindediener oder Ausrufer) in Perücke, Dreispitz und rotem Rock an der Ecke Bridge Street/Watergate Street. Heute unterhält er Besucher aus aller Welt. Wer an diesem Schauspiel oder auch an handfesten Zeugnissen der Geschichte Freude hat, ist in Chester richtig. Die Stadt am River Dee an der Grenze zu Wales hat die am besten erhaltene Stadtmauer Englands und das größte römische Amphitheater und bietet ein ungewöhnliches Einkaufserlebnis in überdachten Passagen, die auf das 14. Jahrhundert zurückgehen. Wer Tiere liebt, findet außerhalb der Stadt den führenden Zoo des Landes und ein ausgezeichnetes Aquarium. Auch Feinschmeckerherzen schlagen hier höher: Aus der Grafschaft Cheshire kommt eine berühmte Käsesorte.

Tradition neu belebt

CHESTER ERLEBEN

CHESTER VISITOR INFORMATION CENTRE

Town Hall, Northgate St.
Tel. 01244 40 53 40
www.visitchester.com

Chester hat viele originelle Läden. **The Arc** in der Commonhall Street führt hochwertiges Kunsthandwerk, **Chester Model Centre** in der Bridge Street Eisenbahn- und Automodelle. Natürlich gibt es einen **Cheese Shop** (Northgate Street 116), der neben 200 Käsesorten auch Chutney und andere Lebensmittel verkauft.

Die **Midsummer Watch Parade** (urspr. 16./17. Jh.), der Umzug mit Figuren aus Pappe, findet jährlich an einem Wochenende Ende Juni statt. Alle fünf Jahre werden die **Chester Mystery Plays** aufgeführt, Teile eines Zyklus aus 24 Spielen zu Bibelgeschichten mit Ursprüngen im 14. Jahrhundert. Nächster Termin: Sommer 2028. **The Roodee** heißt das ehemalige, längst verlandete Hafenareal, auf dem seit 1539 Pferderennen ausgetragen werden. Verschiedene Termine Mai–Sept.
www.midsummerwatch.co.uk
chestermysteryplays.com
www.chester-races.co.uk

1 THE CHEF'S TABLE €€€

Chefkoch Liam McKay verfeinert britische Gerichte mit Geschmacksnoten der Weltküche. Die Desserts sind raffinierte englische Klassiker.
7 Pepper Street
Tel. 01244 40 30 40
www.chefstablechester.co.uk

2 THE BREWERY TAP €€

Der Saal des Gamul House aus dem 17. Jh. beherbergt ein Brauhaus. Zu den Pub-Gerichten passen die guten Ales der hauseigenen Brauerei.
52–54 Lower Bridge
Tel. 01244 34 09 99
www.the-tap.co.uk

3 CHESTER MARKET €

Die Markthalle hinter dem Rathaus ist jetzt ein Food Market mit Küche aus aller Welt, auch Kuchen und Desserts.
Exchange Square, Northgate St.
newchester.market

❶ CHESTER GROSVENOR HOTEL €€€€
Das Chester Grosvenor gehört dem Herzog von Westminster und ist eine Top-Adresse des Landes – Doppelzimmer gibt's nie unter 200 Pfund. Entsprechend edel sind Afternoon Tea und Abendessen im Restaurant Arkle.
Eastgate St., Tel. 01244 32 40 24
www.chestergrosvenor.com

❷ MILL HOTEL €€
Die modernen Zimmer befinden sich in einem umgebauten Getreidelager am Kanal, wo man auch mit Blick aufs Wasser speisen kann. Zentral, mit Hallenbad und Wellnessbereich.
Milton St., Tel. 01244 35 00 35
www.millhotel.com

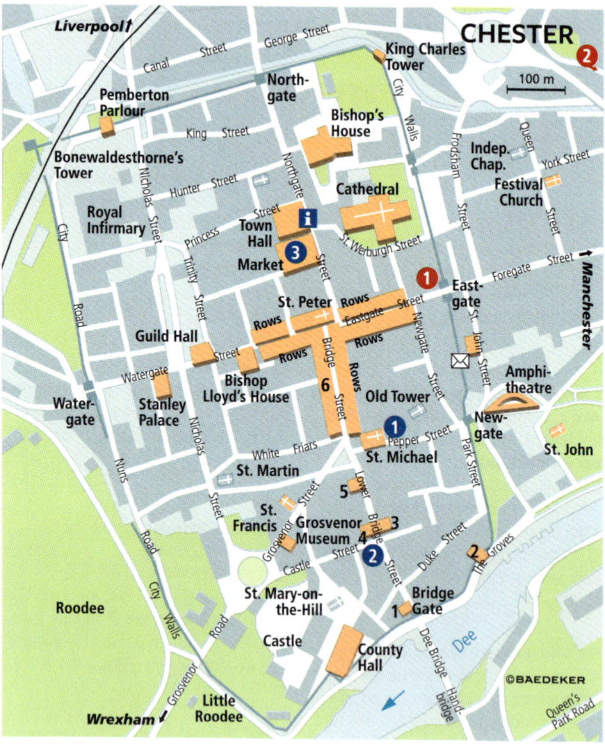

1 Bear and Billet Inn
2 Wishing Steps
3 Tudor House
4 The Old King's Head
5 Falcon House
6 Dewa Roman Experience

❶ The Chef's Table
❷ The Brewery Tap
❸ Chester Market

❶ Chester Grosvenor
❷ Mill Hotel

Mittelalterliche Stadtmauer

★★ Wohin in der Altstadt?

Panoramablick auf die Stadt

Rundgang auf den Walls

Einen ersten Eindruck von der Altstadt mit Aussichten auf Fluss, Kanal, Vororte und Pferderennbahn bietet ein Spaziergang auf den **Stadtmauern,** die entsprechend den römischen Ringmauern verlaufen. Im Süden und Westen wurden sie davon abweichend bis zum Flussufer gezogen. Den Rundweg von gut 3 km startet man am besten am East Gate, dem Eingang zur Altstadt, dann geht es in nördlicher Richtung an der Kathedrale vorbei. Am King Charles Tower, von dem aus Karl I. 1645 eine Niederlage seiner Armee verfolgte, biegt die Mauer nach Westen ab und verläuft parallel zu dem Kanal, der den alten Burggraben ersetzte. Man passiert das North Gate, den halbrunden Pemberton's Parlour, von dem aus der Seiler Pemberton seine Arbeiter beaufsichtigte, und den Bonewaldesthorne's Tower. Hier geht es in südlicher Richtung weiter, am ehemaligen Zolltor Water Gate vorbei und an der Rennbahn Roodee entlang. An der Südwestecke steht **Chester Castle.** Das Bridge Gate führt zur Dee Bridge (13. Jh.). An der Stelle, an der die Mauer nach Norden biegt, liegen die Wishing Steps: Wer hier zweimal hinauf- und hinunterläuft, ohne Luft zu holen, kann mit der Erfüllung eines Wunsches rechnen. Am New Gate kann man hinabsteigen und das wohl größte **römische Amphitheater** Englands besichtigen. Die Hälfte der Anlage wurde freigelegt und kann jederzeit gratis besichtigt werden.

Einkaufen mal anders

Rows

Die Rows, **Ladenpassagen** in Stein- und Fachwerkbauweise, stammen aus der Zeit nach einem verheerenden Stadtbrand 1278. Manche Häuser und Läden wurden über römischen Bauruinen errichtet und auf zwei Ebenen durch Laubengänge miteinander verbunden. Man findet die Rows in den vier Hauptstraßen, die sich nach römischer Tradition am Marktkreuz im rechten Winkel treffen. In der Eastgate Street, Bridge Street und Watergate Street verlaufen die Rows als Galerien oder Arkaden in Höhe des 1. Stockwerks, so dass man Läden, Lokale, Werkstätten und Wohnhäuser immer trockenen Fußes erreicht und auf beiden Ebenen bummeln und einkaufen kann.

Hübsche Häuschen

Watergate Street, Lower Bridge Street

In der Watergate Street gibt es Fachwerkhäuser aus dem 16. und 17. Jh., etwa das **God's Providence House,** dessen Bewohner von der Pest verschont blieben, oder das **Bishop Lloyd's House** mit herrlichen Schnitzereien. Kunstvolles Fachwerk hat auch **Leche House** in der Nähe, oder der reich dekorierte **Stanley Palace.** Ebenso hübsch sind die Häuser in der Lower Bridge Street: **Falcon House, Tudor House** – angeblich das älteste Wohnhaus der Stadt –, das Hotel **The Old King's Head** und das **Bear and Billet Inn** neben dem Bridge Gate.

Viel Fachwerk an Chesters High Street

Eine Kirche als Buße

Cathedral

Das Abbey Gate in der Nähe des Rathauses führt zum Abbey Square, einer Platzanlage mit Häusern aus der Zeit um 1760, und zum Dombezirk. Die Kathedrale geht auf eine Benediktinerabtei zurück, die der rauflustige normannische Hugh Lupus, Earl of Chester, für sein Seelenheil auf den Resten einer älteren Kirche errichten ließ. Normannische Reste findet man noch im nördlichen Querhaus. Die Marienkapelle und das Kapitelhaus sind frühgotisch, alles andere ist im hoch- bzw. spätgotischen Stil errichtet. Im Innern interessant sind die normannische Taufkapelle mit einem venezianischen Taufstein aus dem 6. Jh und die schönen Holzschnitzarbeiten am Chorgestühl. Die **Klostergebäude** an der Nordseite der Kirche laden nicht mehr zum asketischen Leben ein, sondern zur Pause im Refectory Café im ehemaligen Speisesaal der Mönche.

Mo.–Sa. 9.30–18, So. 13–17 Uhr | Eintritt frei, Spende erwünscht
www.chestercathedral.com

Eintauchen in die Geschichte

Grosvenor Museum

Das Grosvenor Museum ist im Besitz einer Sammlung von römischen Altertümern und zeigt Ausstellungen zur Geschichte der Stadt und ihrer Bewohner.

Di.–Sa. 10.30–17, So. 13–16 Uhr | Eintritt frei
grosvenormuseum.westcheshiremuseums.co.uk

Für alle Sinne

Dewa Roman Experience

An der Pierport Lane gibt es eine ausgefallene Geschichtsstunde: Hier erfährt man auf dem Grund des einstigen römischen Legionslagers visuell, akustisch und sogar mittels Gerüchen, wie sich das Leben vor etwa 2000 Jahren abspielte.

Tgl. 10.30–16.30 Uhr mit Führung | Eintritt 8 £
www.devaromancentre.co.uk

Englands größter Zoo

Zoo und Aquarium

Chester Zoo in Upton 2,5 km nördlich der Altstadt (Shuttlebus alle 20–30 Min. ab Busbahnhof) setzt erfolgreich auf Artenschutzprogramme und neue Attraktionen wie den Nachbau einer südostasiatischen Inselwelt. Auf 50 ha leben rund 21 000 Tiere.

Die Ergänzung dazu, 18 km nördlich der Stadt über die Autobahn M53: eines der besten Aquarien des Landes, **Blue Planet,** mit einem 70 m langen Glastunnel durch das Haifischbecken, einer Korallenhöhle und südamerikanischen Süßwasserfischen im »Flooded Forest«.

Chester Zoo: Sommer tgl. 10–17/18, Winter bis 16 Uhr | Eintritt 30 £
www.chesterzoo.org
Blue Planet: tgl. 10–17 Uhr | Eintritt 24 £
www.blueplanetaquarium.com

CHICHESTER

Landesteil: Südengland | **Höhe:** 13 m ü. d. M. |
Grafschaft: West Sussex | **Einwohnerzahl:** 27 000

Das hatte es in den nordwestlichen Provinzen des römischen Reiches noch nicht gegeben: Vier um einen Garten arrangierte Flügel hatte der neue, um 90 n. Chr. errichtete Palast – mit ähnlichen Ausmaßen wie das Goldene Haus Neros in Rom. Die erhaltenen Mosaiken des Fishbourne Palace zeugen heute noch davon, dass die Bucht, die nun Chichester Harbour heißt, einst Roms Brückenkopf nach England war.

Antikes Erbe

Verschlungene Gassen mit mittelalterlichen Fachwerkhäusern und dazwischen georgianische Fassaden, unter den Füßen die Überreste einer römischen Stadt und rundherum die restaurierte Stadtmauer, die seit 1800 Jahren die Kleinstadt schützend umgibt: Beim Bummel durch Chichesters Altstadt spazieren Sie durch die Jahrhunderte.

CHICHESTER ERLEBEN

THE NOVIUM
Tower Street
Chichester, PO19 1 QH
Tel. 01243 77 58 88
www.thegreatsussexway.org

Ein rennsportbegeisterter Earl, eine historische Strecke und viel Prominenz: Das **Festival of Speed** Ende Juni soll die weltgrößte Gartenparty des Motorsports sein – automobile Veteranen rasen vor den Gärten von Goodwood. Beim **Goodwood Revival** lebt für drei Tage im September die große Zeit des britischen Rennsports (1948–1966) wieder auf. Die Fahrer tragen Lederhauben, die Zuschauer Petticoats, Fish & Chips gibt's in Zeitungspapier aus den 1950ern.
www.goodwood.co.uk

PURCHASES €€–€€€
Restaurant und Boutique-Hotel in einem Bau aus georgianischer Zeit. Moderne britische Küche mit einem preiswerten Pre-Theatre-Angebot, sehr komfortable Gästezimmer.
31 North Street
Tel. 01243 77 14 44
www.purchasesrestaurant.co.uk

THE HUNGRY GUEST €
Das Café in der Newlands House Gallery serviert exzellente Küche. Alternativ kauft man Picknickzutaten im Feinkostgeschäft in der Middle Street mit eigener Bäckerei und Käseraum und verspeist sie im Park von Petworth House. »Foodies« und Selbstversorger schätzen die Salate und Suppen.
Mi.–Sa. 9–17, So. 10–16 Uhr
Pound Street, Petworth
Tel. 01798 34 45 64
thehungryguest.com

CROUCHERS €€–€€€
Zwischen Del Quay und der Chichester Marina beherbergt das ehemalige Farmhaus (19. Jh.) 26 Zimmer und Ferienwohnungen. Das Haupthaus bietet exzellente Küche, die Bar einfachere Gerichte. Wenige Minuten entfernt liegen Goodwood und der Sandstrand in West Wittering.
Birdham Road
Chichester PO20 7EH
Tel. 01243 78 49 95
www.crouchersorchards.co.uk

Wohin in Chichester?

Chagalls leuchtende Farben

★ Chichester Cathedral

Unter den Normannen wurde Chichester 1075 Bischofssitz und bekam eine Kathedrale. Aufgrund der Bauzeit vom 12. bis 15. Jh. sind verschiedene Stile in den Bau eingegangen. Auch im Innern sind Kunstwerke aus unterschiedlichen Epochen zu sehen. Die ältesten Arbeiten sind zwei kostbare romanische Steinreliefs mit Darstellungen der Ankunft Christi in Bethanien und der Erweckung des Lazarus und der spätgotische Lettner. Unter den modernen Werken fällt im nördlichen Chorumgang das leuchtend rote **Fenster von Marc Chagall** auf; inspiriert wurde Chagall durch den 150. Psalm, die Lobpreisung Gottes. Vom unregelmäßig gebauten **Kreuzgang** hat man einen guten Blick auf den Vierungsturm und das Langhaus. Beachtenswert ist auch das Arundel-Grabmal im nördlichen Seitenschiff: Der 1375 verstorbene Graf Richard Fitzalan, 10. Earl of Arundel, hält die Hand seiner zweiten Frau Eleanor of Lancaster. Der frei stehende **Bell Tower** aus dem 15. Jh. ist der einzige erhaltene Campanile in England.

Mo.–Sa. 9–17, So. 12.30–14.30 Uhr | Eintritt frei, Spende erwünscht
www.chichestercathedral.org.uk

Historische Architektur und moderne Kunst

Stadtzentrum

Wo sich die Hauptstraßen South, West, North und East Street nach römischem Stadtplan kreuzen, steht ein spätgotisches **Marktkreuz** in Form einer offenen Markthalle. Eine Reihe sehenswerter Bürgerhäuser gibt es im North und South Pallant. Im **Pallant House** (North Pallant) ist eine ausgezeichnete Sammlung moderner Kunst untergebracht, u. a. mit Werken von Moore, Leger und Klee.

Pallant House: Di.–Sa. 10–17, Do. bis 20, So. ab 11 Uhr | Eintritt 14 £
www.pallant.org.uk

Geschichte(n) aus 500 000 Jahren

The Novium Museum

In der Tower Street sind die Reste eines römischen Badehauses, die durch einen Neubau des Museums für Stadtgeschichte zugänglich gemacht wurden. Mit dem Jupiterstein und dem Chilgrave-Mosaik birgt das Museum zwei weitere wertvolle Exponate der Antike. An die römischen Wurzeln erinnert auch der Name des Neubaus: Novium – abgeleitet vom antiken Stadtnamen Noviomagus Reginorum.

Di.–Sa. 10–17, So. 10–16 Uhr | Eintritt frei
www.thenovium.org

Rund um Chichester

Der besterhaltene römische Villa in Südengland

Fishbourne Roman Palace

Der römische Palast Fishbourne in der Salthill Road liegt 2 mi/3 km westlich des Zentrums. Er war möglicherweise Landsitz des keltischen Stammesfürsten Togidubnus und hatte mehr als 100 Räume und eine Ausdehnung von 150 m x 150 m – etwas mehr als der Buckingham Palace. An dieser Stelle in der Nähe eines natürlichen Hafens standen zur Zeit der römischen Eroberung 43 n. Chr. hölzerne Militärbauten, später eine aus Stein gebaute Residenz, schließlich bis zu einem Brand um 270 der prächtige Palast, von dem bislang nur der Nordflügel vollständig ausgegraben wurde. Er zeigt unter einem Schutzdach 20 Mosaike. Von der Entstehung erzählt ein kleines Museum mit Videoshow.

März–Okt. tgl. 10–17, Nov., Febr. 10–16 Uhr | Eintritt 13 £
sussexpast.co.uk

OBEN: St Richard, von 1244 an Bischof der Stadt, ist katholischer und anglikanischer Heiliger zugleich. Sein Denkmal steht an der Kathedrale von Chichester, zu der auch dieser Wasserspeier gehört.

Marschland und Sandstrand

Chichester Harbour

Das Gebiet von Chichester Harbour prägen Wasserwege und Marschland – eine idyllische Landschaft bevölkert von Wasservögeln, mit reetgedeckten Häusern, kleinen Sandbuchten und schilfbestandenen Ufern. Hier liegt auch der alte Weiler Bosham, dessen Kirche aus sächsischer Zeit stammt; sie ist auf dem berühmten Teppich von Bayeux (▶ Abb. S. 428) abgebildet. In West Wittering an der östlichen Hafeneinfahrt ist man stolz auf einen der schönsten Sandstrände der Region.

Teure Kunst und schnelle Pferde

Goodwood House

Das um 1800 erbaute Goodwood House 8 km nordöstlich ist Sitz der Herzöge von Richmond. Die Räume sind mit wertvollen Regency-Möbeln und Gemälden von Canaletto, van Dyck, Reynolds u. a. ausgestattet. Seit mehr als 150 Jahren werden von Mai bis September die Glorious-Goodwood-Pferderennen veranstaltet.

März–Mitte Okt. So., Mo. 12.15–17 Uhr, Besichtigung nur im Rahmen einer Führung mit Online-Buchung | Eintritt 12,50 £
www.goodwood.co.uk

Auch heute noch beeindruckend

★ Arundel Castle

Arundel am River Arun und am Fuße der South Downs gehört zu den südenglischen Bilderbuchstädtchen. Arundel Castle, eine zinnengekrönte Burg, die das Stadtpanorama beherrscht, war Sitz der Herzöge von Norfolk, die nach der Reformation ein Bollwerk des Katholizismus im protestantischen England war. Verwinkelte Gassen mit alten Häuserzeilen führen den Hang hinauf zu der gewaltigen Festung. Von der ursprünglichen Anlage stehen seit der Zerstörung im Bürgerkrieg 1644 heute nur noch das Torhaus und der Bergfried. Sehenswerte Kirchen im Städtchen sind die neogotische Kathedrale und St Nicholas aus dem 14. Jahrhundert.

April–Okt. Di.–So. 10–17 Uhr | Eintritt 25 £ | www.arundelcastle.org

Ein bezauberndes Marktstädtchen mit hübschen Cottages

Petworth

Petworth am Nordrand der Downs ist durch **Petworth House,** Sitz der Earls of Egremont, bekannt. Der Landsitz mit seiner 100 m langen Gartenfront erhielt zwischen 1688 und 1696 sein heutiges Aussehen. Der Landschaftsgarten, von Capability Brown angelegt, zeigt englische Gartenkunst in höchster Vollendung. Zu den Kunstschätzen des Hauses gehört eine der bedeutendsten Gemäldesammlungen Englands. William Turner hatte hier 1830 bis 1837 ein Atelier. Viele seiner Ölbilder und Aquarelle kann man im Turner-Raum bewundern, während großartige Schnitzereien aus Lindenholz (1692) von Grinling Gibbons den Carved Room zieren. Eindrucksvoll ist auch die Kollektion antiker Skulpturen in der North Gallery.

Haus: tgl. 10.30–16.30 | Park: tgl. 8 Uhr bis Sonnenuntergang
Eintritt 17 £ | www.nationaltrust.org.uk/petworth

CHILTERN HILLS · ST ALBANS

Landesteil: Südengland | **Grafschaft:** Oxfordshire, Bedfordshire, Buckinghamshire und Hertfordshire

Mord mit Augenzwinkern – in den Fernsehkrimis um »Inspector Barnaby« liefert eine hübsche, von Exzentrikern reich bevölkerte Landschaft mit allerlei Fachwerkhäuschen, urigen Dorfkneipen und altmodischen Läden die Kulisse für gruselige Geschehnisse. Die fiktive Region wird als Inbegriff, ja beinahe schon als Parodie eines idyllischen »Old England« dargestellt. Die Chiltern Hills wurden immer wieder als passende Umgebung für die Dreharbeiten ausgewählt.

Idyllisches »Old England«

Die Hügelkette nordwestlich der Hauptstadt zieht nicht nur Fernsehteams, sondern auch erholungssuchende Großstädter an – viele wohlhabende Londoner haben sich hier niedergelassen. Teile der Chiltern Hills sind noch relativ unberührt, einige Siedlungen haben ihr typisches Ortsbild bewahrt. Die Region bietet für jeden etwas: Wanderer schätzen die ausgedehnten Buchenwälder, Feinschmecker das Angebot der »Gastropubs«, Kulturfreunde die Kunstschätze und Gärten der Herrensitze. Und am Rande der Hügel befindet sich mit St Albans eine Domstadt mit einer Geschichte, die bis in die römischen Ursprünge des englischen Christentums zurückreicht.

CHILTERN HILLS UND ST ALBANS ERLEBEN

Town Hall, St Peter's St.
St Albans AL3 5DJ
Tel. 01727 86 45 11
www.enjoystalbans.com
www.chilternsaonb.org

Der 10 km lange Alban Way folgt einer alten Eisenbahnlinie und führt von St Albans zum Herrensitz Hatfield House – die Strecke eignet sich zum Wandern und zum Radfahren.

1 ST MICHAEL'S MANOR €€€
Das Haus, ein Schmuckstück mit 30 stilvollen Zimmern und feiner Küche, liegt in wunderbaren Gärten; dort steht unter anderen Pflanzenschönheiten eine 700 Jahre alte libanesische Zeder.
Fishpool St.
St Albans
Tel. 01727 86 44 44
www.stmichaelsmanor.com

Vorbild für viele Gärten: Stowe Gardens von William Kent und Capability Brown

Wohin in den Chiltern Hills und St Albans?

Wie verwirklicht ein schwerreicher Rothschild seine Träume?

Waddesdon Manor

Aufschluss darüber gibt Waddesdon Manor 8 km nordwestlich von Aylesbury, der hübschen Grafschaftshauptstadt von Buckinghamshire. Ende des 19. Jh.s ließ sich der Baron Ferdinand de Rothschild hier ein Landschloss im französischen Stil errichten. Über 35 Jahre hinweg trug er Möbel und Gobelins, Sèvres-Porzellan und Gemälde zusammen, darunter Werke von Rubens, Reynolds und Gainsborough. Der formal angelegte viktorianische Garten mit Panoramablicken ist ebenfalls ein Meisterwerk. In den Kellern lagern 15 000 Flaschen der weltbesten **Rothschild-Weine.** Regelmäßig finden Veranstaltungen rund um den Wein statt, eine Auswahl ist verkäuflich.

Haus: Ostern–Okt. Mi.–So. 11–16.30 | Garten: 10–17 Uhr
Eintritt Haus und Garten 25 £, Garten 13,20 £
www.waddesdon.org.uk

Grandiose Aussicht

Coombe Hill

Coombe Hill 5 km nordöstlich von Princes Risborough ist mit 260 m die höchste Erhebung der Chiltern Hills. Von dort hat man einen hervorragenden Blick auf die Themse, auf Aylesbury und die weiten Wälder. **Chequers Court**, ein Herrenhaus in einem großen Landschaftspark, ist der Landsitz des jeweils amtierenden Premierministers.

Einer der herausragenden Landschaftsgärten Englands

Stowe Gardens

Stowe Gardens liegt 5 km nordwestlich des Dorfes Buckingham. 1733 verlieh William Kent der zuvor streng formalen Anlage einen von der Natur inspirierten Charakter, der in den darauffolgenden Jahrhunderten die gesamte englische Gartenarchitektur nachhaltig prägte. Ab 1741 übernahm Capability Brown die künstlerische Anlage des Landschaftsgartens. Ein Rundgang dauert mindestens zwei Stunden. Das Herrenhaus kann man nur zu bestimmten Terminen besichtigen, da es seit 1923 eine renommierte Privatschule beherbergt.

Garten: Febr.–Okt. tgl. 10–17, Nov.–Jan. bis 16 Uhr | Eintritt 13 £
www.nationaltrust.org.uk/stowe

Jahrhundertealte Bäume und eine wilde Vergangenheit

West Wycombe Village and Hill

West Wycombe Village, 3 km westlich der Stadt High Wycombe, gehört dem National Trust, der dafür garantiert, dass der reiche Baumbestand aus dem 16. bis 18. Jh. erhalten bleibt. Auf dem schon in der Eisenzeit bewohnten Hügel über dem Dorf erhebt sich das sechseckige Dashwood Mausoleum (1763), das an den Exzentriker Sir Francis Dashwood erinnert. Er gründete den Hellfire Club, eine Vereinigung aristokratischer Wüstlinge, die Höhlen oberhalb des Dorfs für ihre Ausschweifungen benutzten. Zum weitläufigen **West Wycombe Park,** den Humphrey Repton für Dashwood entwarf, gehören wunderschöne Gartenanlagen mit einem See, einem Pavillon und kleinen Tempeln sowie ein Herrenhaus im palladianischen Stil.

Haus: Juni–Aug. So.–Do. 14–17 Uhr | Garten: April–Aug. So.–Do. 14 bis 17 Uhr | Eintritt 10 £ | www.nationaltrust.org.uk

Von Legenden umrankt

★ St Albans

Ihren Namen verdankt die Stadt (82 000 Einw.) dem laut Überlieferung ersten christlichen Märtyrer Englands. Der **hl. Alban**, ein römischer Soldat, wurde 304 hier in der Römersiedlung Verulamium geköpft, weil er einem Priester, der ihn zum Christentum bekehrte, Schutz geboten hatte. Seine Gebeine wurden gefunden, als Offa, der König von Mercien, 793 hier eine Benediktinerabtei gründete.
Die **Kathedrale** ist mit 168 m eine der längsten in England. Sie geht auf die 1077 bis 1088 gebaute Klosterkirche zurück und wurde mehrfach umgebaut und erweitert, erst 1879 bis 1884 wurden die Fassaden gestaltet. Vom normannischen Gotteshaus zeugt heute noch der Vierungsturm. An den normannischen Pfeilern der Nordseite im Innern sind Freskenreste aus dem 13./14. Jh. zu sehen. Das **Abbey Gate** an der Südwand ist das einzige Relikt der früheren Klostergebäude. Über den **Mönchschor** wurde 1461 ein hölzernes Rippenge-

wölbe gezogen und mit gemaltem Ornamentenschmuck ausgestattet. Hinter der Altarwand schließt sich die **Saint's Chapel** an (um 1315), in der sich das rekonstruierte Grabmal des hl. Alban befindet.
Tgl. 8.30–17 Uhr | www.stalbanscathedral.org

Antike Schätze aus dem römischen Britannien

Verulamium

Auf der anderen Seite des Flusses Ver liegt das einstige Römerlager Verulamium. Eine erste Siedlung entstand um 45 n. Chr. Sie entwickelte sich schnell zur drittgrößten Stadt in Britannien. Ihre Reste wurden als Baumaterial für das Albanskloster verwendet. Ausgrabungen legten Befestigungen, ein Theater und einen Mosaikfußboden mit Warmluftheizung frei. Weitere Funde präsentiert das **Verulamium Museum.**
Verulamium Museum: St Michael's St. | Mo.–Fr. 10–16.30, Sa. 11 bis 15.30 Uhr | Eintritt 8 £ | www.stalbansmuseums.org.uk

Eine Kirche aus Bäumen

Whipsnade

Der dem Londoner Zoo angegliederte **Whipsnade Park Zoo** liegt ca. 10 km nordwestlich von St Albans. In die Hügelflanke am nördlichen Rand wurde als Signal für Flugzeuge die Silhouette eines Löwen eingraviert. Bekannt ist Whipsnade auch für die **Tree Cathedral**: Ab 1930 pflanzte Edmund K. Blyth zusammen mit seinem Helfer Albert Bransom zum Andenken an zwei im Ersten Weltkrieg gefallene Kameraden Bäume und Hecken, die den Grundriss einer Kathedrale nachzeichnen.
Zoo: tgl. ab 10 Uhr | Eintritt 28,50 £ | www.whipsnadezoo.org
Tree Cathedral: frei zugänglich | www.nationaltrust.org.uk/whipsnade-tree-cathedral

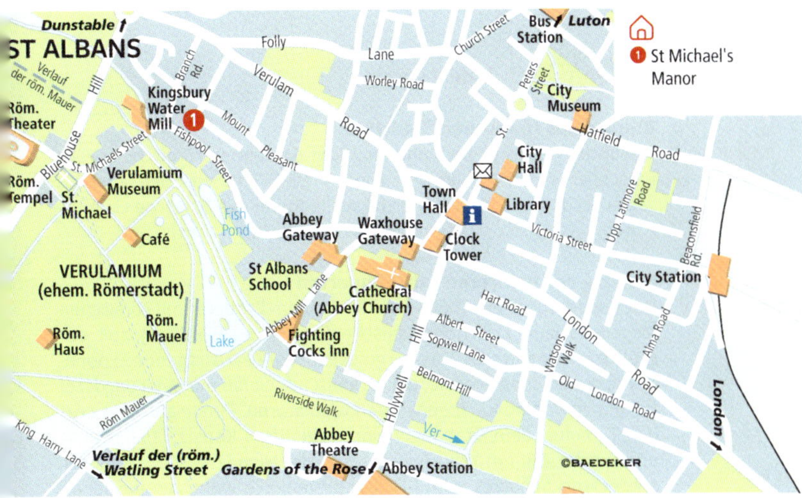

COLCHESTER

Landesteil: Ostengland | **Höhe:** 33 m ü.d.M. | **Grafschaft:** Essex | **Einwohnerzahl:** 190 000

Im Jahr 60/61 spielten sich dramatische Ereignisse in der Hauptstadt der Provinz Britannia ab. Die aufständischen einheimischen Briten fanden den verhassten Tempel des Kaisers Claudius, der fast 20 Jahre zuvor die britischen Könige unterworfen hatte, fast unverteidigt. 200 Leibwächter des Gouverneurs suchten im Riesenbau eine letzte Zuflucht, doch nach zwei Tagen wurden sie überwältigt und das römische Camulodunum wurde vollständig in Schutt und Asche gelegt.

Großbritanniens älteste Stadt

Heute prägen hübsche Straßen und alte Gebäude aus verschiedenen Epochen das Bild von Colchester 80 km nordöstlich von London – Großbritanniens älteste Stadt. Noch bevor die Römer kamen, war hier eine Hauptstadt der Kelten, da Cunobelin – Shakespeares Dramenheld Cymbeline – sie um 40 n. Chr. aus dem heutigen St Albans (▶ S. 111) hierher verlegte. Nach dem großen Aufstand, dem auch Londinium zum Opfer fiel, bauten die Römer Camuodunum prächtiger denn je wieder auf, verlegten die Hauptstadt aber an die Themse zum heutigen London. Durch Ausgrabungen wurden die britische Stadt, das römische Lager und die römische »Colonia« freigelegt. Römisches Baumaterial ist noch in den Kirchen Holy Trinity und in den Ruinen von St Martin und St Botolph's Priory erhalten.

Wohin in Colchester?

Ruine eines römischen Stadttors

Stadtmauer

Die unter Vespasian begonnenen, über 6 m hohen römischen Wälle umschließen ein Gebiet von rund 915 x 457 m. Von den ehemals sechs Stadttoren ist die eindrucksvolle Ruine des Balkerne Gate erhalten, das Westtor der einstigen Römerstadt.

Schätze aus mehreren Jahrhunderten

Castle

Das Castle wurde um 1080 von Wilhelm dem Eroberer mit römischen Ziegeln erbaut. Der normannische Bergfried (35 x 50 m) soll der größte in England sein. Das Burgmuseum hat herausragende Exponate wie die Colchester-Vase, ein keramisches Gefäß mit einer Jagdszene und vier namentlich genannten Gladiatoren, Funde aus dem Lexden Tumulus, dem Grabhügel eines regionalen Königs (15 v. Chr.), und aus der Zeit um 1290 Teile eines an der High Street in Colchester entdeckten Schatzes von 14 000 Münzen, die wohl von jüdischen

COLCHESTER ERLEBEN

TIMBERS €
Das kleine familiengeführte Restaurant bietet deftige Traditionsgerichte. Das Schwesterlokal Cafe 21 mit Garten liegt direkt nebenan.
22 Trinity Street
Tel. 01206 36 76 76
timbers-restaurant.co.uk

Geldhändlern versteckt wurden, als König Edward I. alle Juden des Landes verwies. Durch den Castle Park fließt der River Colne.
Burgmuseum: Mo.–Sa. 10–17, So. ab 11 Uhr | Eintritt 12,50 £
www.cimuseums.org.uk

Fast wie in Holland
Nördlich der High Street liegt das »Holländerviertel« mit hübschen spitzgiebligen Häuschen. Hier siedelten sich die Ende des 16. Jh.s eingewanderten flämischen Glaubensflüchtlinge an.

Dutch Quarter

Das gibt's nur hier
Südlich der High Street kam 2004 das einzige bekannte Stadion für Wagenrennen der römischen Britannia zutage. Man kann das Gelände des Roman Circus besichtigen, Modelle und Tafeln erläutern die Anlage, die für ca. 3000 Zuschauer ausgelegt war. Zu erreichen über die Butt Road, dann links in die Le Cateau Road.

Roman Circus Centre

★★ CORNWALL

Landesteil: Südwestengland | **Grafschaft:** Cornwall

Wie die Kralle eines Tieres weist die südwestliche Spitze Englands in den Ozean hinaus. Die Nordküste von Cornwall und die Halbinsel Penwith im äußersten Westen sind harte, schroffe Landschaften, wo Atlantikbrecher an die Granitsteine der wilden Küste krachen, wo die Menschen ihr Brot einst mit gefährlicher Arbeit in der Fischerei und in den Minen verdienten – der alte Trinkspruch »Fish, tin and copper« erinnert daran. Cornwall ist aber auch eine mystische Landschaft mit Zeugen einer vorchristlichen, keltischen Glaubenswelt, und viele Einwohner Cornwalls sind stolz auf ihre keltische Abstammung.

Einfach unwiderstehlich

Liebliche Seiten hat die Region natürlich auch: Fischerdörfer, die sich an steile Hänge schmiegen, subtropisch anmutende Gärten in geschützten, vom Golfstrom verwöhnten Lagen, bewaldete Flusstäler, urige Kneipen am Wasser. Auf die grausamen Zeiten der Schmuggler und Riffpiraten schaut man mit einem eher verklärten Blick zurück. Die erfolgreiche britische Fernsehserie »Poldark«, die sich um eine Kupfermine, Verbrechen und den Krieg gegen Frankreich um 1800 dreht, kurbelt den englischen Binnentourismus an, die Rosamunde-Pilcher-Verfilmungen ziehen Besucher aus dem deutschen Sprachraum an. Wie soll man auch widerstehen, wenn man die Bilder dieser Buchten, Strände und Klippen sieht?

CORNWALL ERLEBEN

ST IVES VISITOR & INFORMATION CENTRE

The Guildhall, Street An Pol
St Ives, Cornwall TR26 2DS
Tel. 01736 79 62 97
www.visitcornwall.com

Jedes Jahr am 8. Mai tanzen die Einwohner Helstons (Halbinsel Lizard) durch die verwinkelten Straßen der Stadt. Schon morgens um 7 Uhr beginnt das Riesenspektakel des **Furry Dance oder Flora Day,** zu dem Kinder wie Erwachsene in historischen Kostümen antreten. Ende Juli steigt auf dem Landsitz Dinham House an der Camel-Mündung das vielseitige **Rock Oyster Festival** mit Musik und Tanz, Angeboten für Familien und Gastronomie. Im Seebad Bude findet in der letzten Augustwoche alljährlich ein **Jazzfestival** statt. An den Klippen im Westen von Cornwall nahe Land's End gibt es im Freilichttheater **Minack Theatre** Veranstaltungen von April bis September: Shakespeare, Musicals, moderne Dramen, auch Konzerte.
www.rockoysterfestival.co.uk
www.minack.com

THE TOLCARNE INN €€-€€€

In unmittelbarer Nähe zum Hafen und Fischmarkt von Newlyn hat Sternekoch Ben Tunnicliffe eine alte Herberge übernommen und zu einer führenden Adresse für Fisch und Meeresfrüchte gemacht.
Newlyn, Penzance
Tel. 01736 36 30 74
tolcarneinn.co.uk

PORTHMINSTER BEACH CAFÉ €€-€€€

Unbedingt vorbuchen: Die Küche ist genauso herrlich wie die Aussicht auf die Bucht. Gäste schwärmen vor allem von den Fischgerichten wie Seeteufelcurry. Die Weinkarte bietet u. a. cornische Weine.
Porthminster Beach, St Ives
Tel. 01736 79 53 52
www.porthminstercafe.co.uk

RESTAURANT NATHAN OUTLAW €€-€€€

Mit dem Fisch dieser Küste erkochte sich Nathan Outlaw zwei Sterne. Sein Restaurant im oberen Teil des Bilderbuchdorfs serviert ein 8-gängiges Tasting Menu für stolze 175 £. Etwas erschwinglicher ist es in seiner Fish

Kitchen unten am Hafen. Outlaw legt Wert auf nachhaltige Fischerei durch Lieferanten aus der Gegend.
6 New Road, Port Isaac
Tel. 01208 88 08 96
outlaws.co.uk

THE MILL HOUSE INN €€
Die idyllische Mühle aus dem 18. Jh. in einem bewaldeten Tal an der Nordküste Cornwalls lädt zu regionalen Spezialitäten und frischen Fischgerichten ein.
Tintagel, Trebarwith
Tel. 01840 77 02 00
www.themillhouseinn.co.uk

SAMS ON THE BEACH €€
Im ehemaligen Bootshaus für das Rettungsboot in Polkerris genießt man knusprige Pizza aus dem Holzofen mit Blick auf den Sandstrand und die Bucht. Zu Muscheln, Sardinen und saftigen Steaks gibt's Ales von kleinen cornischen Brauereien und gute Weine. Das Schwesterlokal in der Stadt (Sams Fowey, 20 Fore Street, Tel. 01726 83 22 73) serviert Fisch, Burger und deftige Fleischgerichte.
4 Town Quay, Polkerris bei Fowey
Tel. 01726 81 22 55
samscornwall.co.uk

PANDORA INN €-€€
Die alte Herberge direkt am Meeresarm Restronguet Creek erreicht man über eine enge Stichstraße – oder mit dem eigenen Boot. Serviert wird deftige Pub-Küche ohne Gourmetallüren in unschlagbarer Lage. Vormittags auch Kaffee und Kuchen nachmittags.
Restronguet Creek, Mylor Bridge, Falmouth
Tel. 01326 37 26 78
www.pandorainn.com

Idyll mit finsterer Vergangenheit: Polperro war ein Schmugglernest.

HARBOUR LIGHTS €
Das traditionelle Fish-&-Chips-Restaurant am Hafen frittiert ausschließlich nachhaltig gefangenen Fisch. Der Klassiker ist Kabeljau (»Cod and Chips«), es gibt aber auch Schellfisch, Scampis und Scholle.
Arwenack Street, Falmouth
Tel. 01326 31 69 34
www.harbourlights.co.uk

STEIN'S FISH & CHIPS €
Rick Steins Fish-&-Chips-Spezialitäten für den etwas kleineren Geldbeutel, zum Mitnehmen oder im Restaurant.
Padstow, South Quay
Tel. 01841 53 27 00
www.rickstein.com/Steins-Fish-and-Chips.html

FOWEY HALL €€€€
In dem familienfreundlichen Hotel mit schöner Aussicht auf Stadt und Meer unterhalten geschulte Nannys den Nachwuchs. 36 Zi.
Fowey, Hanson Drive
Tel. 01726 83 38 66
www.foweyhallhotel.co.uk

THE BEACH €€€
Ein schickes Hotel mit Zimmern, Apartments und Ferienwohnungen oberhalb des schönen Summerleaze Beach. Der Stil des Hauses ist »New England« im bewussten Gegensatz zum »Old England«. Dazu passt die moderne Küche im Elements Restaurant mit Blick auf die Bucht.
Summerleaze Crescent, Bude
Tel. 01288 38 98 00
www.thebeachatbude.co.uk

BOSKERRIS HOTEL €€–€€€
Der Panoramablick aufs Meer von der Terrasse ist Gold wert, die Zimmer hell und modern, Bedienung im Hotel und Restaurant ausgezeichnet.
Boskerris Rd., Carbis Bay, St Ives
Tel. 01736 79 52 96
www.boskerris.co.uk

ARTIST RESIDENCE PENZANCE €€–€€€
Künstler haben die 14 Zi. mit Bildern, Wandmalereien und Objekten gestaltet. Im »Cornish Barn« kommen Fisch und Fleisch aus der eigenen Räucherei.
20 Chapel Street,
Penzance TR18 4AW
Tel. 01736 36 56 64
www.artistresidence.co.uk

MOUNT PLEASANT FARM €–€€
Die neu renovierten Ferienwohnungen in einem alten Bauernhaus am Rand des Bodmin Moor mit Pool und Tieren bietet einen preiswerteren Aufenthalt als Hotels an der Küste.
Mount Pleasant Farm, Bodmin
PL30 4EX
Tel. 01208 21 20 69
www.mountpleasantholidays.co.uk

★★ Rundfahrt auf der Halbinsel

Sandstrand und Fischmarkt

Looe

Westlich von ▶ Plymouth bildet der River Tamar die Grenze zu Cornwall. Der erste größere Küstenort, Looe, ist ein Mekka der Hochseeangler, die Jagd auf Haifische und Makrele machen. Besuchen Sie in East Looe den quirligen Fischmarkt! Bereits in der fünften Generation wird am Quay Pengelly's Fischgeschäft geführt, wo ausschließlich der Fang des Tages verkauft wird.

Ein Schmuckstück mit aufregender Vergangenheit

Polperro

Hinreißend schön liegen in Polperro die Häuser in Weiß und Pastell am Hang, überall schmücken Blumen Vorgärten und Fassaden. Der Maler Oskar Kokoschka, der hier im Exil lebte, hat die Szenerie auf seinen Bildern festgehalten – heute hängen sie in der Londoner Tate Modern. Die Geschichte des Schmugglernests, das wiederholt als Kulisse für Rosamunde-Pilcher-Filme diente, erzählt das **Schmugglermuseum.** Im Sommer ist das Idyll an der Mündung des Pol-Flusses leider stark überlaufen.

Polperro Heritage Museum of Smuggling: März–Okt. tgl. 10.30–16.30 Uhr | Eintritt 3 £
www.polperro.org

Wandern mit Meerblick

Fowey

Das malerische Fowey 16 km westlich war früher ein bedeutender Seehafen. Um die Kirche St Finnbar (15. Jh.) breiten sich Gassen mit kleinen Geschäften und interessanten Kneipen aus. Die Firma Fowey River and Sea Cruises (www.foweycruise.co.uk) bietet Rundfahrten im Hafen und flussaufwärts an.

Der 3 mi / 5 km lange **Hall Walk** gehört zu den schönsten Kurzwanderungen im Königreich. Nach der Überfahrt nach Bodinnick geht es vorbei am Old Ferry Inn den Hang hinauf, dann hoch über der Bucht und entlang bewaldeter Klippen nach Polruan. Aussichten aufs Meer bietet auch eine Wanderung südlich von Fowey zu den Ruinen des um 1540 erbauten **St Catherine's Castle.** Vorbei am Polridmouth Cove erreicht man nach insgesamt 5 mi / 8 km die Landzunge, deren Spitze **Gribbin Head** heißt. Der Rückweg führt am Haus Menabilly, das Daphne du Maurier die Inspiration für den Roman »Rebecca« lieferte (in Privatbesitz, durch Bäume von der Straße abgeschirmt), und dann an der hübschen Bucht von Polkerris mit Sandstrand vorbei.

In den »kornischen Alpen«

St Austell

In der Umgebung der alten Marktstadt St Austell 15 km westlich mit dem markanten Turm der Holy Trinity Church (15. Jh.) wurde Mitte des 18. Jh.s Porzellanerde entdeckt. Große Manufakturen lassen sie bis heute als Rohstoff für ihr feines Porzellan abbauen. Die weißen Abraumhalden, die »kornischen Alpen«, prägen das Umland: Bei der Gewinnung von 1 t Kaolin bleiben 9 t Abfall zurück. Nördlich der Stadt erläutert das **Wheal Martyn Clay Works** in einer stillgelegten Kaolingrube die Porzellanerdegewinnung. Schön ist ein Ausflug an die klippenreiche St Austell Bay. In **St Dennis** 10 km nordwestlich hat man vom Hügel der Pfarrkirche aus einen guten Blick auf die bizarren »kornischen Alpen«.

Wheal Martyn Museum: tgl. 10–17 Uhr | Eintritt 14 £
www.wheal-martyn.com

SMUGGLING AN ENGLANDS KÜSTEN

Wenn es Nacht wurde, begann früher für viele Bewohner der englischen Küsten erst der Arbeitsalltag. Sie fuhren mit dem Boot hinaus, um Stunden später mit Salz, Schnaps, Stoff und Wolle zurückzukehren. Ganze Dörfer lebten vom Geschäft mit der illegalen Ware.

Vor allem an der Küste von Cornwall gehörte Smuggling zum täglichen Leben, denn die unverzollte Ware warf satte Gewinne ab. Zwar drohten harte Strafen vom Gefängnis bis zum Galgen, doch das Geschäft war so lukrativ, dass selbst manch schlecht entlohnter Zollbeamte ein Auge zudrückte – vorausgesetzt, er erhielt eine »Provision«.

Ein ehrenwerter Beruf?

Besonders die mit Wracks gespickte Küste zwischen der Lizard-Halbinsel und Land's End im Westen Cornwalls war jahrhundertelang das Revier von Seeräubern und Schmugglern. Dort lag auch die »Preußenbucht« **Prussia Cove**, die ihren Namen der **Schmugglerlegende Jack Carter** verdankt. Fast sein ganzes Leben lang übte Jack, der offiziell sein Geld mit dem Gasthof »King of Prussia« in Fowey verdiente, den »Beruf« des Schmugglers aus – und damit eine ehrenwerte Profession, profitierten doch die meisten Bürger von den Beutezügen in Form günstiger flämischer Spitze für einen neuen Kragen oder einer Flasche zollfreien Apfelschnapses aus der Normandie. Einzig die Zollbeamten waren den Schmugglern ständig auf den Fersen. Auch »Jack's Cottage«, das über Prussia Cove aufs Meer schaut, wurde durchsucht, als sich gerade die Beute bis unter die Decke stapelte. Alles wurde beschlagnahmt und nach Penzance, der nächsten Stadt an der Südküste, gebracht. Wütend zog Jack darauf nächtens los, brach den Schuppen des Gesetzes auf und holte »seine« Ware zurück. Was ihm nicht gehörte, ließ er liegen – er war ja kein Gauner.

Küstenpfade

Das alte Gewerbe hat an Südenglands Küste zahlreiche Spuren hinterlassen. Mit den **Küstenpfaden,** die heute vom National Trust gepflegt werden, schlugen Zöllner und Gesetzeshüter im 17. Jh. erste Breschen in die damals völlig unzugängliche Küste. So konnten sie den Schmugglern, die beim Auftauchen der Fahnder rasch in die nächste Bucht ruderten, an Land den Weg abschneiden.

Im Schutz der Nacht

Nicht alle Schmuggler waren Gentlemen vom Schlage eines Jack Carter. In **Polperro,** im 18. Jh. ein winziges Fischerdorf an der Kanalküste, widmete sich zeitweise die gesamte Bevölkerung dem Schmuggel mit kontinentalen Gütern, die im Schutz der Dunkelheit von den großen Handelsschiffen auf kleine Boote umgeladen, in kleinen Häfen oder unzugänglichen Buchten an Land gebracht und über Felsen oder unterirdische Gänge in die Verstecke gebracht wurden. Machten sich die Ordnungshüter an die Durch-

suchung ihrer Keller, verteidigten die streitbaren Bewohner ihre mühsam herbeigeschaffte Beute auch mit der Waffe. Besonders die cornische Küstenbevölkerung besaß eine große Zahl an waghalsigen Freibeutern.
Während des 100-jährigen Krieges stachen von Cornwall aus unentwegt Piratenschiffe in See, deren Besatzung den Ärmelkanal unsicher machte, Schiffe kaperte und versenkte, stahl und sich mit der Fracht in die heimischen Häfen zurückzog. Auch während der Napoleonischen Kriege wurden zahlreiche Schiffe überfallen. Mancher Freibeuter verwendete seine in der Piraterie gesammelten Erfahrungen eben in der Schmuggelei.

Das Ende einer Ära

Mit dem Schmuggelgeschäft im großen Stil war es Mitte des 19. Jh.s vorbei. Durch bessere Straßennetze, strengere Strafverfolgung und nicht zuletzt durch das Küstenschutzgesetz, das 1856 die Bewachung der Küsten an die Admiralität übergab, war der Mythos schließlich am Ende. Hinzu kam, dass die Zölle auf alkoholische Getränke reduziert wurden. Im 20. Jh. brachten noch Wochenendausflügler und Amateure ein paar unverzollte Flaschen Calvados aus Frankreich für den eigenen Bedarf mit. Schriftstellerinnen wie **Daphne du Maurier** blieb es überlassen, das wagemutige Geschäft wenigstens in der Literatur am Leben zu erhalten. Die junge Londonerin, die sich 1930 in Cornwall zum Schreiben niedergelassen hatte, entdeckte bei einem Reitausflug im Bodmin Moor eine kleine Kneipe in Bolventor. Die Schänke, in der sich über Jahrhunderte Schmuggler und Reisende aufgewärmt hatten, inspirierte sie zu ihrem Roman **»Jamaica Inn«**, der die Blütezeit der Schmuggelei im 18. Jh. heraufbeschwört – Alfred Hitchcock verfilmte den Roman 1939.

Die Zeiten, als sich nachts finstere Gesellen im Jamaica Inn tummelten, sind vorbei.

Willkommen im Dschungel!

★ Lost Gardens of Heligan

Heligan, 7 km südlich von St Austell, erlebte Ende des 19. Jh.s seine Blütezeit, bevor Brombeergestrüpp und Efeu das Anwesen in einen Dornröschenschlaf versetzten. Erst 1991 wurde der verwunschene Garten von Gartenhistorikern und Botanikern wieder zum Leben erweckt. Zur subtropischen Anlage mit Blick auf Mevagissey gehören Palmenhaine und Bambuswälder, Nutzgärten mit heimischem Gemüse, ein dichter »Dschungel«, ein »verlorenes Tal« und ein schöner Shop mit eigenen Produkten.

April–Sept. tgl. 10–18, Okt.–März bis 17 Uhr | Eintritt 22,50 £
www.heligan.com

Futuristische Gewächshäuser in üppigem Grün

The Eden Project

Tim Smit, der den verlorenen Garten von Heligan restaurierte, verwandelte 2001 gemeinsam mit dem Architekten Nicholas Grimshaw eine aufgelassene Kaolingrube in einen Garten Eden mit Außengelände und drei Biotopen – tropische, mediterrane und heimische Flora – unter acht Kunststoffkuppeln. Diese dienten auch als Filmset: Im James-Bond-Streifen »Stirb an einem anderen Tag« schwebte Halle Berry wie eine Spinne ins Gewächshaus hinab.

Ostern–Nov. tgl. 10–18 Uhr | Eintritt ab 33 £ | www.edenproject.com

Exzentrik gilt als nationale Eigenart der Engländer – in den Lost Gardens of Heligan schlägt sie sich auch in der Gartenkunst nieder.

Bewacht von zwei steinernen Schwestern

Falmouth

Falmouth hat einen der größten **Naturhäfen** der Welt. Sieben Flüsse treffen hier aufeinander, die Gezeitenmündung ist ein Mekka für Wassersportfreunde. Am Discovery Quay präsentiert das **National Maritime Museum** die Seefahrtgeschichte Cornwalls. Die Einfahrt zur Falmouth Bay bewachen zwei Festungen, die Heinrich VIII. errichten ließ und die heute per Fähre verbunden sind: **Pendennis Castle** und das etwas kleinere Pendant **St Mawes.**

Maritime Museum: tgl. 10–17 Uhr | Eintritt 16,90 £ | www.nmmc.co.uk

Heckenlabyrinth

★ Glendurgan Garden

In dem herrlichen Glendurgan Garden 8 km südlich von Falmouth wachsen zahlreiche Baumarten, seltene Koniferen, Rhododendren und Wiesenblumen; außerdem gibt es einen Irrgarten.

Febr.–Okt. Di.–Sa. 10.30 bis 17.30 Uhr | Eintritt 7,20 £

Steilküsten und sandige Buchten

The Lizard

Der südlichste Teil Großbritanniens, die Halbinsel Lizard, bietet ein herrliches Farbenspiel: Grüner Serpentin mischt sich mit Gneis und rotem Granit, teilweise überzogen von Heidekraut und Stechginster. Zahlreiche verwunschene Buchten laden zu einem entspannten Tag am Strand ein. Zu den landschaftlich schönsten gehört **Kynance Cove** auf der Westseite der Halbinsel mit hellem Sand zwischen steilen Felsen und mitunter starker Brandung. An der geschützten Ostküste ist **Kennack Sands** ein traumhafter Strand für Familien. Naturschönheiten sind der 5 km lange Strand Porthleven Sands und der Klippenpfad von Lizard Point mit dem 1752 errichten Leuchtturm über Kynance Cove nach Mullion Point. In Mullion lohnt die Pfarrkirche (15./16. Jh.) mit einem Taufbecken aus dem 13. Jh. und einer »Hundetür« im Südportal – die Schäfer brachten ihre Hunde zum Gottesdienst mit, und die liefen zwischendurch aus der Kirche, um nach der Herde zu sehen.

www.lizard-peninsula.co.uk

Ein besonderer Blickfang

St Michael's Mount

In der Mount's Bay vor Marazion steht auf einem 70 m hohen Granitfelsen eine **Klosterfestung,** die man bei Ebbe zu Fuß, bei Flut mit kleinen Booten erreicht. Eduard der Bekenner schenkte den Benediktinermönchen von Mont St Michel in der Normandie im Jahr 1050 St Michael's Mount als Tochterkloster. 1425 ging es an die Krone über und wurde als Seefestung ausgebaut. Seit 1647 ist die Familie St Aubyn Eigentümer der Anlage, die sie noch bewohnt und mit dem National Trust verwaltet. Die Lage der Klosterfestung ist attraktiver als die Gebäude selbst.

Festung: April–Okt. So.–Fr. 9.30–17, Garten Mai–Aug. Mo.–Fr. 10.30 bis 17 Uhr | Eintritt 15 £ | www.stmichaelsmount.co.uk

Schroffe Klippen, kleine Buchten und manch feiner Sandstrand zeichnen die Lizard-Halbinsel aus. Kynance Cove ist eine der schönsten Buchten Cornwalls.

★ Penzance

Hauptort der »kornischen Riviera«
Die westlichste Stadt Südenglands liegt geschützt in der weiten Bucht von Mount's Bay. Die Strandpromenade und der lebendige Stadtkern sind bei Einheimischen und Touristen gleichermaßen beliebt. Schwimmer können das größte Freibad Englands, den **Jubilee Pool** direkt am Hafen, nutzen. Das 1935 eröffnete, 2017 restaurierte Bad im Art-déco-Stil wird zweimal täglich mit Meereswasser aufgefrischt. In der Chapel Street steht das Ägyptische Haus (um 1835), mit dem sich ein exotikverliebter Brite ein Denkmal setzte, außerdem das Gasthaus »Admiral Benbow«, ein alter Schmugglertreff. Das viktorianische **Penlee House** im Penlee Park zeigt Werke von Künstlern der **Newlyn School** aus dem späten 19. Jahrhundert.
Knapp 10 km nordwestlich von Penzance liegen zahlreiche prähistorische Monumente wie **Lanyon Quoit** (4000 v. Chr.), Teil einer Grabanlage, und das Steinmomument **Men-an-Tol**. Die Bauernhäuser bei **Chysauster** entstanden zwischen 100 v. Chr. und 250 n. Chr. und sind das besterhaltene Beispiel einer romano-britischen Dorfanlage. Die prähistorischen Steine **The Merry Maidens** und **The Piper** in der Nähe von Lamorna südlich von Penzance bestehen aus 15 etwa 4 m hohen Megalithen und neun etwa 1 m hohen, kreisförmig angeordneten Steinen. Der Legende nach handelt es sich um versteinerte Musikanten und tanzende Mädchen – versteinert, da sie verbotenerweise am Sonntag ihrem Vergnügen nachgingen.

Im **Trengwainton Garden** 3 km nördlich von Penzance, der Anfang des 19. Jh.s im Sinne der Naturromantik angelegt wurde, wachsen Pflanzen, die in England nur an diesem Ort gedeihen, darunter eine besondere Magnolienart.

Penlee House: April–Okt. Mo.–Sa. 10–17, Nov.–März Mo.–Sa. 10 bis 16.30 Uhr | Eintritt 6 £ | www.penleehouse.org.uk

Chysauster: April–Sept. tgl. 10–17, Okt. bis 16 Uhr | Eintritt 4,80 £ www.english-heritage.org.uk

Trengwainton Garden: Febr.–Okt. So.–Do. 10–17 Uhr Eintritt 11 £ | www.nationaltrust.org.uk

Im Sommer ein wahrer Rummelplatz

Land's End

Land's End 7 km nordwestlich ist der westlichste Punkt Englands, westlicher liegen nur die Isles of Scilly, die man von dort bei klarem Wetter sehen kann. Die Granitfelsen der 60 m hohen Steilküste lassen sich bei einer Klippenwanderung erkunden.

Kunst!

★ St Ives

St Ives und seine Pfarrkirche sind nach dem irischen Missionar St Ia benannt (5. Jh.). 1883 kam der Maler James Whistler hierher, andere Künstler folgten. Ben Nicholson, Architekt und Stilllebenmaler, seine Frau, die Bildhauerin Barbara Hepworth (1903–1975), und der Töpfer Bernard Leach (1887–1979) gehören zu den berühmten Künstlern des 20. Jh.s, die in St Ives lebten. Das Barbara Hepworth Museum zeigt eine gute Sammlung ihrer abstrakten Skulpturen. Die Pfarrkirche St Ia aus dem 15. Jh. birgt einen modernen Taufstein und eine Madonna mit Kind (1953) von Barbara Hepworth. Die **Tate St Ives,** zu der auch das Barbara Hepworth Museum gehört, steht am Porthmeor Beach. Das Gebäude mit einer zur See hin offenen Glasrotunde zeigt Werke von Künstlern aus der Region sowie Ausstellungen aus den Beständen der Londoner Zentrale. Die Alternative zur Kunst: Eine Landzunge trennt die Stadtstrände **Porthmeor Beach** und **Porthminster Beach**. Südlich der Stadtmitte erstreckt sich der Sandstrand Carbis Bay bis zur Landzunge Godrevy Point mit dem gleichnamigen Leuchtturm auf einer vorgelagerten Insel.

Tate St Ives: März–Okt. tgl. 10–17.20, Nov.–Febr. Di.–So. bis 16.20 Uhr | Eintritt 10,50 £ | www.tate.org.uk

Zu Fuß, mit dem Rad oder per Boot?

★ Padstow

Padstow im Mündungsdelta des Camel ist heute – dank der Fischrestaurants von Rick Stein – ein Schlemmerparadies. Steinhäuser des 16. Jh.s säumen den South und North Quay am Hafen. Monumente in der Kirche St Petroc Major (13. Jh.) verweisen auf die Prideaux-Familie, deren hervorragend ausgestattetes Landhaus **Prideaux Place** aus dem 16. Jh. man besichtigen kann. Wer lieber in der Natur unterwegs ist, unternimmt eine Klippenwanderung auf dem **Corn-**

BAEDEKER MAGISCHE MOMENTE

DIE WUCHT DES OZEANS

Suchen Sie sich einen schönen Sitzplatz an der Atlantikküste von Cornwall oder Devon und nehmen Sie sich Zeit, die Kraft der Wellen zu betrachten. Eindrucksvoll ist das Meer an den Bedruthan Steps nördlich von Newquay – aber Vorsicht! Wer sich hier zu nahe ans Wasser wagt, riskiert, von einem Brecher erfasst zu werden. Genießen Sie aus respektvoller Distanz!

wall Coast Path nach Trevone mit hübscher Sandbucht, macht eine Bootsfahrt entlang der Steilküste oder begibt sich per Rad oder zu Fuß auf den **Camel Trail**, der entlang einer stillgelegten Eisenbahnlinie zur mittelalterlichen Brücke von Wadebridge (9 km) führt und weiter nach Bodmin und Wenfordbridge (Gesamtlänge: 28 km).

Prideaux Place: Ostern–Sept. Mo.–Fr. 11–15, Park bis 16.30 Uhr Hausführung 15 £, nur Park 5 £ | prideauxplace.co.uk
Camel Trail: www.cornwall.gov.uk/cameltrail

Cornwalls größtes Seebad …

Newquay

An Newquays acht goldenen Sandstränden tummeln sich Familien und Surfer. Der 3 km lange Watergate Beach und Fistral Beach sind die Hotspots für Wasser- und Abenteuersport. Viele halten die Bucht **Lusty Glaze**, die man bei Ebbe über den Sandstrand von Newquay und sonst über 133 Stufen vom Parkplatz auf den Klippen erreicht, für den schönsten Strand. Weiter südlich liegt die Holywell Bay.

… und seine größte Pfarrkirche

Bodmin

Die Gründung der Stadt Bodmin 16 km südöstlich geht auf ein Kloster des hl. Petroc zurück, der hier um 530 missionierte und 564 starb. Die heutige Pfarrkirche St Petroc wurde 1469 bis 1472 errichtet. Im Innern zeigt sie einen der schönsten normannischen Taufsteine in Cornwall (12. Jh.) mit Engelsköpfen, Lebensbaum und Allegorien von Gut (im Osten) und Böse (im Westen).

www.bodminchurch.com

Herrenhaus und großes Anwesen

Lanhydrock House

5 km südlich von Bodmin steht das Herrenhaus Lanhydrock House, das nach einem Brand 1881 wiedererrichtet wurde. Der Nordflügel blieb unversehrt und zeigt an einer Stuckdecke von etwa 1640 Sze-

nen aus dem Alten Testament. Im Drawing Room sind Innenausstattungen des 18. Jh.s zu sehen, im Morning Room Wandteppiche der Mortlake-Manufaktur (17. Jh.). Interessant ist die alte Kücheneinrichtung. In dem schönen Park gibt es eine prächtige Eibenallee.

März–Okt. tgl. 11–17.30 Uhr | Eintritt 18 £
www.nationaltrust.org.uk

Liegt hier das magische Schwert im See?

Bodmin Moor

Nordöstlich von Bodmin liegt die karge Moorlandschaft Bodmin Moor mit einer Reihe von Stein-Monumenten verschiedener frühgeschichtlicher Epochen. Brown Willy ist mit 460 m der höchste Punkt. Daphne du Maurier (1907–1989) machte die 1750 gebaute Postkutschenstation Jamaica Inn im Dörfchen **Bolventor** in ihrem gleichnamigen Roman berühmt. Die Herberge ist mit niedrigen Deckenbalken und Granitkamin noch immer stimmungsvoll, als Restaurant mit Besucherattraktionen, einem Du-Maurier-Zimmer voller Memorabilien und einem kleinen Schmugglermuseum aber häufig überlaufen. Gegenüber führt ein Pfad zum angeblich bodenlosen **Dozmary Pool,** in den der Ritter Bedivere das sagenhafte Schwert Excalibur von König Artus geworfen haben soll.

Jamaica Inn: Tel. 01566 8 62 50
Smugglers Museum: tgl. 8–21 Uhr | Eintritt 3,95 £
www.jamaicainn.co.uk

Schauplatz von Mythen und Sagen

★ Tintagel, King Arthur's Castle

Tintagel, bekannt durch die Sagen um König Artus und den Gral (▶ Baedeker Wissen, S. 126/127), ist das wohl berühmteste Dorf in Cornwall. 1136 erklärte der Chronist Geoffrey of Monmouth in seiner Historia Regum Britanniae die Burg von Tintagel zur Residenz von König Artus; seinem Beispiel folgten zahlreiche Schriftsteller, darunter auch die Amerikanerin Marion Zimmer Bradley in ihrem Roman »Die Nebel von Avalon«. Bretonische und cornische Barden verlegten auch die Geschichte von Tristan und Isolde nach Tintagel. Erhalten sind Mauerreste einer Anlage des Grafen Reginald von Cornwall, die um 1145 auf den sturmumtosten Klippen errichtet wurde. Eine Ausstellung und Infotafeln auf dem Gelände informieren über Mythen und Ergebnisse neuerer Ausgrabungen. Im Ort selbst ist das **Tintagel Old Post Office** interessant, eine viktorianische Poststube in einem wettergegerbten, schiefergedeckten Steinhaus aus dem 14. Jahrhundert. Empfehlenswert ist der **Klippenwanderweg** nach Boscastle. Das Fischerdorf, in dem es ein Hexenmuseum gibt, liegt in einer engen, ständig von Wellen umbrandeten Schlucht.

Castle: April–Sept. tgl. 10–18, Okt. bis 17, Nov., Febr., März Mi.–So. 10–16 Uhr | Eintritt 16,30 £ | www.english-heritage.org.uk
Post Office: Ostern–Sept. tgl. 10.30–17.30, März, Okt. 11–16 Uhr Eintritt 7,20 £ | www.nationaltrust.org.uk

AUF DEN SPUREN VON KÖNIG ARTUS

Der sagenhafte König, dessen Existenz bis heute nicht bewiesen ist, soll seine Ritter der Tafelrunde im Süden Englands um sich geschart haben. Der Literatur ist zu verdanken, dass Artus nicht nur unsterblich, sondern zugleich zum Inbegriff ritterlicher Tugenden wurde. Im Lauf der Bearbeitungen drängten die Abenteuer der den Gral suchenden Ritter die ursprüngliche Geschichte jedoch mehr und mehr in den Hintergrund.

▶ Im Artusland

Wer in Südengland auf die Suche nach Artus geht, findet geheimnisvolle und sagenumwobene Orte:

- Artus' Geburtsort?
- Schloss Camelot?
- Artus Jugendzeit?
- Sieg gegen die Angelsachsen?
- Wurde hier Excalibur versenk
- Versteck des Heiligen Grals?
- Artus' letzte Schlacht?
- Grab von Artus und Guinever

▶ Artus in Literatur, Musik und Film

Geoffrey of Monmouth: Historia regum Britanniae, um 1100

Normanne Wace: Roman de Brut, 1155

Chrétien de Troyes: Conte de Graal, um 1180

Wolfram von Eschenbach: Parsifal, 1200

Hartmann von Aue: Iwein, um 1200

Thomas Malory: Le Morte Darthur, um 1470

:offe, Motive, Figuren

seiner Tafelrunde versammelte Artus die edelsten Ritter seiner Zeit, wobei ihre ıhl je nach literarischer Verarbeitung schwankt. Die höfischen Epen des Mittelalters schöpfen aus esem Kreis ihre Stoffe und Figuren, um das Ideal der ritterlichen Tugenden zu transportieren.

ichard Wagner: Tristan und Isolde, 1865; Parsifal, 1882

lark Twain: A Connecticut Yankee in King Arthur's Court, 1889

oewe/Lerner: Camelot (Musical), 1960

lonthy Python: Die Ritter der Kokosnuss, 1975

larion Zimmer Bradley: Die Nebel von Avalon, 1983

erry Zucker (Regie): Der erste Ritter, 1995 (Sean Connery als Arthur)

Glaubt man der Sage, wurde König Artus auf Tintagel Castle gezeugt.

Britisch skurril

Morwenstow

Im nördlichsten Ort Cornwalls thront einsam auf den Klippen die Kirche **St John the Baptist** mit einem normannischen Säulenportal. Das **Pfarrhaus** ließ der Pfarrer Robert Stephen Hawker (1803–1875) mit originellen Schornsteinen in Form bekannter Kirchtürme aus jenen Orten erbauen, in denen er einen Teil seines Lebens verbrachte hatte. Hawker machte sich auch als Retter von Schiffbrüchigen verdient.

COTSWOLDS

Landesteil: Südengland |
Grafschaft: Oxfordshire und Gloucestershire

Das Bild der Cotswolds prägen schmucke Dörfer und Marktstädte mit Häusern aus dem honigfarbenen Naturstein der Gegend. Kleine Trockenmauern säumen viele Felder. Dass längst wohlhabende Londoner die Gegend für Wochenendausflüge und Zweitwohnsitze entdeckten, bedeutet zwar relativ hohe Preise, aber auch luxuriöse historische Gasthöfe, verlockende Geschäfte und gute Küche im alten Gemäuer der Dorfkneipen.

»Area of Outstanding Natural Beauty« – die Cotswold Hills haben sich diese Auszeichnung verdient. Sie sind beliebtes Wandergebiet, teils mit herrlichen Buchenwäldern, teils mit sattem Weideland. Die bis zu 327 m hohe Hügelkette, die sich von Chipping Campden im Norden bis nach ▶ Bath im Süden zieht, bildet die Wasserscheide zwischen Themse und Severn. Schafzucht hat eine lange Tradition, und Wolle machte das Gebiet wohlhabend – man sieht es heute noch an den Kirchen, deren Mäzene reich gewordene Wollhändler waren. Über diese liebliche Landschaft verteilen sich zahlreiche Herrensitze mit wunderbaren Gärten. Mit Wanderungen, Besichtigungen und Ausflügen zu nahe gelegenen Städten wie ▶ Oxford, ▶ Gloucester und Cheltenham kann man sich gut eine Woche oder länger in den Cotswolds aufhalten.

Im Herzen Englands

Rundfahrt durch die Cotswolds

Ein guter Standort für Erkundungen

Cirencester

Die Kleinstadt Cirencester entwickelte sich an einer Kreuzung von fünf römischen Straßen. Ausgrabungsfunde und feine Mosaike aus der Römerzeit zeigt das **Corinium Museum,** das Amphitheater am Rande des Stadtkerns. In späteren Zeiten war Cirencester größter Wollmarkt des Landes, daher hat die Stadt eine der reichsten und schönsten Pfarrkirchen, St John the Baptist. Das Fächergewölbe in der St Catherine's Chapel und einige herrliche alte Fenster lohnen einen Blick. Die Grafen von Bathurst schirmen ihr Cirencester House aus dem 18. Jh. durch eine riesige alte Eibenhecke von der Stadt ab, aber der Park, in dem der Hochadel und gelegentlich Mitglieder der königlichen Familie Polo spielen, ist für Spaziergänger offen.

Corinium Museum: Mo.–Sa. 10–16, So. 14–16 Uhr | Eintritt 7,40 £
coriniummuseum.org

Kunst und Kirche

Kelmscott Manor

Der Maler, Designer, Dichter und Sozialist William Morris, einflussreicher Mitbegründer der Arts-&-Crafts-Bewegung, verbrachte von 1871 bis zu seinem Tod 1896 den Sommer in Kelmscott 20 km östlich von Cirencester: In dem **Tudor-Landhaus** sind Möbel- und Tapetenkreationen des Künstlers und seiner präraffaelitischen Freunde zu sehen. Davor lohnt sich ein Zwischenstopp in **Fairford,** wo die spätmittelalterlichen Glasmalereien in der St Mary's Church in englischen Pfarrkirchen ihresgleichen suchen. Einige Kilometer nördlich (über die A361) hält die Firma **Cotswolds Woollen Weavers** mit Textilmuseum in alten Wirtschaftsgebäuden des Weilers Filkins die Tradition der Weberei hoch und verkauft Qualitätsprodukte aus Wolle.

Kelmscott House: April–Sept. Do.–Sa. 12–17 Uhr | Eintritt 14,50 £
www.kelmscottmanor.org.uk
Cotswolds Woollen Weavers: www.cotswoldwoollenweavers.co.uk

COTSWOLDS ERLEBEN

Corinium Museum
Park St.
Cirencester GL7 2BX
Tel. 01285 65 41 80
www.cotswolds.com

Am ersten Wochenende im Juli öffnet Lord Bathurst seinen Cirencester Park für Zehntausende Besucher des Jahrmarkts **Cotswold Show** mit Unterhaltungsprogramm, Verkaufsständen, rustikalem Handwerk, Reitspringer-Wettbewerben – eine Beschäftigung für die ganze Familie für einen ganzen Tag.
www.cotswoldshow.co.uk

Die Fernwanderung Cotswold Way durchquert reizvolle Landschaft und hübsche Orte von Chipping Campden nach Bath. Das Angebot an Unterkunft und Verpflegung ist ausgezeichnet
www.nationaltrail.co.uk/cotswold-way

THE NEW INN €€
Eine Herberge aus dem 16. Jh. mit Restaurant- und Pubräumen in einem reizvollen Dorf. Hier übernachtet man auch komfortabel.
Coln St Aldwyns 4 km südöstl. von Bibury
Tel. 01285 75 06 51
www.thenewinncoln.co.uk

THE HOWARD ARMS €€
Hier hat man das englische Landleben von seiner schönsten Seite. Die alte Kneipe am Dorfanger mit Biergarten serviert deftige englische Gerichte und tolle Nachtische wie Eton Mess (Baiser mit Sahne und Erdbeeren) oder den Käseteller mit Rollright-Cheese aus den Cotswolds. Für Übernachtungsgäste stehen acht Zimmer bereit.
Lower Green, Ilmington
Tel. 01608 68 22 26
howardarms.com

THE EBRINGTON ARMS €€
Luxuriöse Gästezimmer und moderne englische Küche, dazu die Lage im idyllischen Ebrington nahe Chipping Campden – und als wäre das noch nicht genug, sorgen hauseigene Biersorten, Kaminfeuer im Winter und Steinplatten auf dem Boden für den Charakter einer richtigen Dorfkneipe.
Lower Green, Ebrington
Tel. 01386 59 32 23
www.theebringtonarms.co.uk

THE WHITE HART ROYAL HOTEL €€€
Während des Englischen Bürgerkriegs 1644 hielt sich König Charles I. hier auf. Heute bietet das Hotel modernen Komfort und ein für Steak und Burger empfehlenswertes Restaurant.
High St., Moreton in Marsh
Tel. 01608 65 07 31
www.whitehartroyal.co.uk

CORINIUM HOTEL €€
Der Wohnsitz eines Wollhändlers aus dem 16. Jh. ist der passende Rahmen für ein kleines Drei-Sterne-Hotel mit 15 Zimmern in ruhiger Lage.
Gloucester St., Cirencester
Tel. 01285 65 97 11
www.coriniumhotel.co.uk

Das schönste Dorf Englands? Jedenfalls ist Bibury locker in der Endausscheidung.

Man kann sich kaum sattsehen

Bibury 11 km nordöstlich von Cirencester war für William Morris das schönste Dorf Englands. Bis heute haben die steinernen, im 14. Jh. ursprünglich als Schafställe erbauten Weberhäuschen der Arlington Row und die als Museum eingerichtete **Arlington Mill** aus dem 17. Jh. am träge fließenden River Coln einen unwiderstehlichen Charme. Auch das Swan Hotel stammt aus dem 17. Jahrhundert. Die Gräber der Wollhändler auf dem Kirchhof zeugen vom Reichtum der Cotswolds im späten Mittelalter und in der frühen Neuzeit. Bibury

Ruinen, Wolle und Verbrechen

Auf der A40 geht es nach ca. 12 km links ab zur **Chedworth Roman Villa** mit eindrucksvollen Resten einer romano-britischen Anlage, die zwischen 180 und 350 n. Chr. gebaut wurde. Weiter auf der A40 in Northleach erinnern in der Kirche St Peter and Paul Messingplatten reicher Wollhändler an den einstigen Wohlstand. Northleach

Chedworth Roman Villa: Ostern–Okt. tgl. 10–17, März, Nov. 10–16 Uhr
Eintritt 12 £ | www.nationaltrust.org.uk/chedworth-roman-villa

Ein Hauch von Indien

Auf der A429 geht es durch das ausgesprochen touristische Dorf Bourton-on-the-Water zur Kleinstadt Stow-on-the-Wold mit netten Antiquitätenläden, historischen Herbergen und im Umland zu einigen Sehenswürdigkeiten. Zu Beginn des 17. Jh.s ließ sich der Woll- Stow-on-the-Wold und Umgebung händler Walter Jones 10 km nordöstlich von Stow-on-the-Wold das **Chastleton House** bauen; die originale Inneneinrichtung aus dem 17./18. Jh. ist erhalten. Das Kontrastprogramm inklusive wunderschöner Gärten bietet die extravagante, indisch inspirierte Architektur von **Sezincote** 11 km westlich, dem um 1810 erbauten Haus eines reichen Indienrückkehrers.

Die 4000 bis 6000 Jahre alten **Rollright Stones** 6,5 km östlich von Chastleton House beeindrucken zwar nicht ganz so wie die größeren bei ▶ Stonehenge, liegen landschaftlich aber sehr schön. Allein 70 Steine formen den King's Men Circle.

Chastleton House: Mitte März–Okt. Mi.–So. 13–17 Uhr
Eintritt 12 £ | www.nationaltrust.org.uk

Sezincote: Mai–Sept. Mi.–Fr. 11–17 Uhr | Eintritt 12,50 £
www.sezincote.co.uk

Rollright Stones: 24 St. geöffnet | Eintritt 1 £
www.rollrightstones.co.uk

Das einstige Zentrum des Wollhandels

Chipping Campden

Viele reiche Wollhändler, die hier im 14. und 15. Jh. wohnten, ließen sich prächtige Häuser bauen. Das wohl schönste gehörte William Grevel, der im 14. Jh. lebte; eine Gedenktafel in der Kirche feiert ihn als »Flower of the Wool Merchants of all England«. Sehenswert sind die **Town Hall** von Chipping Campden, die **Woolhall,** die **Market Hall** (1625) und die **Hospitalshäuser** aus dem 14. Jahrhundert. Das **Court Barn Museum** ist den Designern und Kunsthandwerkern der Arts-&-Crafts-Bewegung gewidmet, deren Arbeit im späten 19. Jh. den europäischen Jugendstil und später das Bauhaus beeinflussten. 1902 kamen 50 Holzschnitzer, Möbelschreiner und andere Handwerker von London in die Cotswolds,

BAEDEKER MAGISCHE MOMENTE

DIE ERSTE RUNDE

Nach einer Wanderung in den Cotswold-Hügeln kommt für die gesunde Anstrengung nur eine Belohnung in Frage: ein Abend in einem schnuckeligen alten Pub mit guter Küche, wovon es in der Region zahllose gibt. Der langersehnte Augenblick kommt endlich, wenn man vom Tresen mit vollen Pint-Gläsern an den Tisch zurückkehrt.

darunter der Silberschmied George Hart, dessen Nachkommen bis heute in der **Old Silk Mill** den Betrieb weiterführen. Besucher dürfen ihnen bei der Arbeit in der kaum veränderten Werkstatt zuschauen und ein Tee-Service im alten Stil kaufen.

Court Barn Museum: Di.–So. 10–17, Okt.–März bis 16 Uhr
Eintritt 7 £ | www.courtbarn.org.uk
www.chippingcampden.co.uk | www.hartsilversmiths.co.uk

Prächtiger Garten

Hidcote Manor Garden

Hidcote Manor Garden liegt 7 km nordöstlich von Chipping Campden. Der reiche Anglo-Amerikaner Laurence Johnston schuf ihn in der ersten Hälfte des 20. Jh.s., sammelte in der ganzen Welt seltene Bäume und Sträucher und bepflanzte Blumenbeete in einer Abfolge von durch Hecken abgetrennte Gartenräume.

April–Sept. tgl. 10–18, März, Okt. bis 17 Uhr | Eintritt 16 £
www.nationaltrust.org.uk/hidcote

»Juwel der Cotswolds«

★ Broadway

Elisabethanische Häuser, edle Antiquitätengeschäfte und anheimelnde Inns: Broadway ist eine der reizvollsten Ortschaften in den Cotswolds. Auch hier wird Kunsthandwerk gefeiert: Im **Broadway Museum**, das neben einer Ausstellung über die Stadtgeschichte und den Wollhandel auch Exponate aus der Sammlung des Ashmolean Museum Oxford zeigt, sowie im **Gordon Russell Design Museum** im ehemaligen Atelier des gleichnamigen modernistischen Möbeldesigners. Der Ort ist ein guter Ausgangspunkt für Wanderungen, z. B. zum Broadway Tower aus dem Jahr 1797 mit einem verlockenden Café auf dem benachbarten Broadway Hill.

Broadway Museum: tgl. 10–16 Uhr | Eintritt 5 £
www.broadwaymuseum.org.uk
Gordon Russell Museum: März–Sept. Di.–So. 10–16 Uhr | Eintritt 7 £
www.gordonrussellmuseum.org

Ein Schloss mit hübschen Details

Winchcombe

Auf der landschaftlich schönen B4632 geht es nach Winchcombe, einer hübschen alten Cotswold-Stadt mit typischen Sandsteingebäuden. Etwas abseits der Straße liegen die Ruinen von **Hailes Abbey,** einer einst großen Zisterzienserabtei.

Sudeley Castle außerhalb von Winchcombe war Sitz der Königin Catherine Parr, die nach dem Tod Heinrichs VIII. Lord Seymour of Sudeley zum Ehemann nahm. Zu der Gemäldesammlung des Anwesens gehören Werke von Constable und Turner. Vom Castle führt ein Wanderweg hinauf zur neolithischen Grabkammer **Belas Knap**, die ca. 3000 v. Chr. entstand und zu den besterhaltenen des Landes gehört.

Sudeley Castle: März–Okt. tgl. 10–17, Innenräume 11–16 Uhr
Eintritt 19,50 £ | www.sudeleycastle.co.uk

Der letzte öffentlich zugängliche Rokoko-Garten

Painswick

Painswick 10 km von ▶ Gloucester ist eine Kleinstadt mit Steinhäusern aus der Blütezeit des Wollhandels. Im Norden liegt **Painswick Rococo Garden**, eine im Stil des 18. Jh.s restaurierte Gartenanlage.

Painswick Rococo Garden: Jan.–Okt. tgl. 10.30–17 Uhr
Eintritt 8,95 £ | www.rococogarden.org.uk

Grüne Pracht

Tetbury

Südwestlich von Cirencester liegt Tetbury mit einem mehr als 400 Jahre alten Landsitz. Das **Westonbirt Arboretum** 5 km südwestlich von Tetbury ist eine wunderbare Baum- und Buschwelt.

Westonbirt Arboretum: tgl. 9–16 Uhr | Eintritt 12 £, im Winter 9 £
www.forestryengland.uk/westonbirt

Originales Fachwerk

Chippenham

In Chippenham 16 km südlich wird einer der größten Viehmärkte des Landes abgehalten. Unter den vielen hübschen Fachwerkhäusern ist die Old Yelde Hall am Marktplatz besonders eindrucksvoll. Ebenfalls am Marktplatz informiert das Chippenham Museum zur Ortsgeschichte.

Yelde Hall Sa. 10–16 Uhr, Museum Mo.–Sa. 10–16 Uhr | Eintritt frei

Romantische mittelalterliche Häuschen

Castle Combe

Castle Combe 6 km westlich von Chippenham ist ein ausgesprochen hübsches Dorf. Besonders sehenswert sind die Pfarrkirche St Andrew, das elegante Manor House aus dem 14./18. Jh. (heute ein Hotel) mit seinem schönen Park und die Water Lane mit alten Weberhütten.

www.castle-combe.com

★★ DARTMOOR

Landesteil: Südwestengland | **Grafschaft:** Devon

»Fogs, bogs, dogs« – Nebel, Sümpfe und riesige Hunde sind die vermeintlichen Gefahren, die seit Jahrhunderten die Fantasie beflügeln. Die Moor- und Heideflächen, die nur die nackten Granithügel überragen, sind eine karge, einsame Landschaft. Sir Arthur Conan Doyle ließ hier seinen »Hund der Baskervilles« Feuer speien und den Bösewicht im Moor versinken.

Die Vorlage dafür fand er im sündigen Grundbesitzer Richard Cabell († 1677), um dessen Grab schwarze Höllenhunde in der Nacht heulten. Auch Hitchcock und Edgar Wallace wurden von Dartmoor, vor allem vom düsteren Gefängnis in Princeton, zu ihren Krimis inspiriert. Und Steven Spielberg? Der drehte hier seinen Hollywood-Blockbuster »Gefährten«. Die Quellen der Legenden sind stumme Zeugen aus frühgeschichtlicher Zeit, verlassene Bergwerksruinen des Industriezeitalters und das unergründliche, neblige Hochmoor, das auch für englische Verhältnisse recht feucht ist. Typisch für die Landschaft sind die **»tors«,** wuchtige Granitbrocken, die in bizarren Formen aus dem Heideland ragen. Ihre flachen Gegenstücke legte man als »Clapper Bridges« zum Überqueren in die Flüsse.

Düster, einsam, fesselnd

★★ Durch den Nationalpark

Sicher unterwegs

Hinweise

Bei Wanderungen – insbesondere im Hochmoor – sollte man auf jeden Fall die Hinweise der Nationalpark-Verwaltung beachten, etwa die Mitnahme von detaillierter Karte und Kompass, genaue Beachtung der Wegweiser und adäquate Kleidung. Das Wetter kann sich hier sehr schnell ändern. Autofahrer müssen mit Schafen und Ponys auf der Fahrbahn rechnen (www.dartmoor.gov.uk). Die kleinen **Dartmoor-Ponys** gehören verschiedenen Farmern und laufen das ganze Jahr über frei herum. Füttern ist nicht erlaubt!

Siedlungen und Steinkreise

Prähistorische Stätten

Eine der am besten erhaltenen Siedlungen der Bronzezeit ist **Grimspound** bei Manaton. Bei Great Tor wurden Reste eines frühen Dorfes entdeckt. Westlich von Chagford liegt **Scorhill Circle,** ein bronzezeitlicher Steinkreis. In **Merrivale** gibt es Steinkreise und Steinalleen.

Gute Ausgangspunkte für Rundfahrten und Wanderungen

Moretonhampstead, Chagford

In Moretonhampstead gibt es eine alte Markthalle und die Alms Houses von 1637. Hohe »tors« überragen das hübsche Chagford 6,5 km westlich am Teign, wo sich Läden, Pubs und Teestuben um den Marktplatz und die schöne Pfarrkirche gruppieren.

www.visitchagford.com

Ein überzeugender Stilmix

Castle Drogo

Etwa 4 km östlich von Chagford liegt Castle Drogo, eine der jüngsten Schlossanlagen in Großbritannien, die sich der Teehändler Julius Drewe zwischen 1910 und 1930 errichten ließ. Das 60 m lange Granitschloss wirkt wie ein mittelalterlicher Bau, in dem moderne Formen harmonisch mit Tudor-, römischen und normannischen Stilelementen kombiniert worden sind. Vom Schloss führen Wanderwege hinunter in eine tiefe Schlucht und zum Tal des Teign.

März–Okt. tgl. 10.30–16.30 Uhr | Eintritt Schloss und Garten 14 £
www.nationaltrust.org.uk/castle-drogo

DARTMOOR ERLEBEN

THE HIGH MOORLAND VISITOR CENTRE

Princetown, Dartmoor
PL20 6QF
Tel. 01822 89 04 14
visitdartmoor.co.uk
www.dartmoor.gov.uk

Geführte Ausritte von einer Stunde bis zu einem Tag und länger bieten Shilstone Stables an, Ausritte und Viehtreiben auf dem Hof Meldon Farm. Die wilde Einsamkeit des Dartmoor lässt sich erst beim **Wandern und Radfahren** richtig erleben. Ein einfacher Pfad führt zum kahlen, 454 m hohen Kletterfelsen Haytor Rock 3 mi / 5 km westlich von Bovey Tracey. Zu Fuß oder per Rad umrundet der Dartmoor Way (90 mi / 140 km) das Moor. Der Two Moors Way (102 mi / 163 km) verbindet Ivybridge im Süden des Dartmoors mit Lynmouth an der Nordküste des Exmoors.
Shilstone Stables: Widecombe in the Moor, Tel. 01364 62 12 81
www.dartmoorstables.com
Moor Meldon Farm: Okehampton, Tel. 01837 5 24 09
dartmoorridingholidays.co.uk
www.dartmoorway.co.uk
www.twomoorsway.org

CHAGFORD INN €€

Die Grafschaft Devon liefert beste Zutaten – hier täglich frisch gelandeten Fisch vom Hafen Brixham, Wild und Rindfleisch, Gemüse von Bauern der Umgebung, alles gekonnt zubereitet, dazu kommen noch verlockende Desserts, Craft Beer und neue Gin-Sorten, nach deren Genuss man eines der drei Zimmer für eine Übernachtung mieten kann.
7 Mill Street, Chagford
Tel. 01647 43 31 09
www.thechagfordinn.co.uk

THE DARTMOOR INN €€

Die ausgezeichnete Küche umfasst Hüftsteak vom Dartmoor-Rind, Lammfleisch aus der Region und für Vegetarier Risotto und einen Käseteller mit Köstlichkeiten aus Südwestengland. An der Bar gibt es Getränke aus Devon wie Otter Ale und Cider. Übernachtungsgästen stehen drei Zimmer zur Verfügung.
Moorside, Lydford
Tel. 01822 82 02 21
www.dartmoorinn.com

LYDFORD HOUSE €€

Jedes der elf Zimmer ist nach einem der »tors« der Umgebung benannt. Die Lage im schönen Dorf Lydford bei Okehampton mit der Schlucht und dem Wasserfall in der Nähe bietet sich für einen Aktivurlaub an.
Lydford House
Lydford EX20 4AU
Tel. 01822 82 03 47
www.lydfordhouse.com

MOORCOTE COUNTRY GUEST HOUSE €€

Hier erwarten die Gäste neben einem wunderschönen Garten auch noch zwei geschmackvoll eingerichtete Zimmer, beide mit schönem Ausblick. In der gemütlichen Lounge kann man in Büchern und Karten der Region stöbern.
Moretonhampstead, TQ13 8LS
Tel. 01647 44 09 66
www.moorcote.com

BAEDEKER ÜBERRASCHENDES

6X DURCHATMEN

Entspannen, wohlfühlen, runterkommen

1. FERNSICHT

Die Belohnung für den kurzen Aufstieg auf Englands eisenzeitliche Hügelfestungen ist ein weiter Blick auf grüne Landschaft und vorbeiziehende Wolken, z. B. auf **Maiden Castle** bei Dorchester. (▶ **S. 154**)

2. LANGSAM TUCKERN

Auf 200 Jahre alten Kanälen bewegen sich lange **»Narrowboats«** mit kaum 10 km/h durch die Landschaft, etwa auf den Seen und trägen Flüssen im Norfolk Broads National Park. (▶ **S. 317**)

3. SPAZIERGANG

Jedes englische Seebad, das etwas auf sich hält, hat einen Pier aus viktorianischer Zeit. Am Ende der **Seebrücke** schaut man aufs endlose Wasser, so in **Eastbourne** (▶ **S. 72**) und **Southwold**. (▶ **S. 378**)

4. BIERRUHE

Für Stunden der Muße in herrlicher Umgebung geht nichts über einen schönen **Pub-Garten,** ob auf dem Land wie im Chase Inn bei Malvern (▶ **S. 392**) und The Howard Arms in Ilmington (▶ **S. 130**) oder in Küstenlage wie am Ferry Inn in Salcombe, Süddevon. (▶ **S. 144**)

5. DACHBAD

Das **Thermae Bath Spa** ist eine moderne **Wellnessoase** im historischen Kurort. Im Dachpool lässt man sich mit Blick auf den Turm der Abteikirche im warmen Quellwasser treiben. (▶ **S. 52**)

6. WILD UND EINSAM

Auf den **Hochmooren** kann man in guter Luft stundenlang wandern: im Exmoor (▶ **S. 142**) und Dartmoor (▶ **S. 136**) im Südwesten, im Peak District (▶ **S. 338**) und den North York Moors (▶ **S. 310**) im Norden.

Karg, einsam und geheimnisvoll: Beim Wandern in der Heidelandschaft im Dartmoor National Park erwachen Imagination und Fantasie.

Ein hübsches Fotomotiv

Clapper Bridge

Von Moretonhampstead aus folgt man der B3212 nach Postbridge 13 km südwestlich mit der berühmtesten »Clapper Bridge« über den East Dart, die auf das 13. Jh. datiert wird. Das Granitkreuz Bennett's Cross kurz vor Postbridge soll über 500 Jahre alt sein.

Schon mal einen Heuballen geworfen?

Widecombe in-the-Moor

Um die Pfarrkirche St Pancras, auch **»Cathedral of the Moor«** genannt, stehen hübsche strohgedeckte Cottages. Den uralten Pub Rugglestone Inn am südöstlichen Dorfrand erreicht man über eine enge, von hohen Hecken gesäumte Straße. Am zweiten Dienstag im September ist **Widecombe Fair**, ein großer Agrarjahrmarkt mit allem, was dazugehört: prämierte Schafe und Zuchtbullen, Dog Show, Oldtimer-Trecker, Kunsthandwerk, Heuballenweitwurfwettbewerb.
www.widecombe-in-the-moor.com

Spektakuläre Natur

★★ Lydford

Eine schöne Wanderung führt ins liebliche Cowsic-Tal und nach Lydford, das im Mittelalter durch seine Zinnbergwerke große Bedeutung erlangte. Die im 12. Jh. angelegte Burg war ein berüchtigtes Gefängnis, das vor dem heutigen in Princetown benutzt wurde. Ein fantastisches Naturschauspiel bietet die 2,5 km lange **Lydford Gorge.** Der

Lyd stürzt im White-Lady-Wasserfall 30 m tief und hüllt die Umgebung in eine Gischtwolke.

Lydford Gorge: Mitte März–Okt. tgl. 10–16.30 Uhr | Eintritt 10 £
www.nationaltrust.org.uk/lydford-gorge

Einblick in das Leben hinter Gittern

In Princetown steht Englands einst berüchtigtstes Gefängnis. Heute sind hier nur noch Gefangene der Kategorie C (geringe Fluchtgefahr) inhaftiert. Einige arbeiten im **Dartmoor Prison Museum**, das auch von Insassen hergestellte Souvenirs verkauft. Unter den Exponaten befinden sich grausame Bestrafungsgeräte, aber auch wunderschöne, von Kriegsgefangenen aus Knochen geschnitzte Modelle. Princetown

Dartmoor Prison Museum: Mo.–Do., Sa. 9.30–16.30, Fr., So. bis 16 Uhr | Eintritt 4 £ | www.dartmoor-prison.co.uk

Heimat einer Legende

Das Städtchen Tavistock war eine wohlhabende Woll- und Zinnstadt; St Eustace (14./15. Jh.) und die Guildhall (1848) ließen reiche Zinnbarone und Tuchmacher bauen. 1540 wurde **Sir Francis Drake** auf der Crowndale Farm im Südwesten geboren. Der 34 km lange Fuß- und Radweg Drake's Trail verbindet Tavistock mit ▶ Plymouth. Tavistock

www.drakestrail.co.uk

★ DEVON

Einwohner: 1 100 000 | **Grafschaft:** Devon

An seiner Nord- und seiner Südseite hat Devon mehr als 500 km Küste – mit ausgesprochen unterschiedlichem Charakter. Das milde Klima bescherte der Südküste den Beinamen »Englische Riviera«, die Atlantikküste von North-Devon dagegen entlockt Besuchern mit wilden Klippen, Heide, Hochmoor und grünen Flusstälern, aber auch mit goldenen Sandstränden begeisterte Ausrufe. Dort ist Westward Ho! passenderweise der einzige Ort in Großbritannien mit einem Ausrufezeichen im Namen.

Sanfter Süden, wilder Norden

»Westward Ho!« war ein patriotischer Seefahrerroman des Autors Charles Kingsley, der teilweise an dieser Küste spielt. Nach dem Bestseller von 1855 nannte sich später ein Hotel, bald entstand dort der gleichnamige Badeort. Kingsleys Geschichte wird kaum noch gelesen, aber ein weiterer Klassiker über die Gegend ist bis heute beliebt: »Tarka the Otter« von Henry Williamson (1927) beschreibt liebevoll die Täler der Flüsse Taw und Torridge. Der Wander- und Radweg Tarka Trail erschließt diese Landschaft – ein UNESCO-Biosphärenreservat – und verbindet die Kleinstädte des nördlichen Devon.
Im Süden bildet Agatha Christie's Geburtsort Torquay zusammen mit den Nachbarorten Paignton und Brixham ein Urlaubsgebiet an der Bucht Torbay. Südlich der Mündung des Dart erstreckt sich eine Küste mit wunderschönen Stränden entlang der Start Bay bis zur Südspitze der Grafschaft, wo die Gegend South Hams wegen ihrer Küste und ihres lieblich-grünen Hinterlands beliebt ist.

Wohin in Nord-Devon?

★ Clovelly

Überwältigend schöne Landschaft
Der im Sommer überlaufene »Beauty Spot« liegt auf einem schmalen Kamm, der fast senkrecht ins Meer abfällt. Keine Zeichen der Moderne stören das autofreie Idyll aus dem 16. Jahrhundert. Nach Ticketkauf im Visitor Centre flaniert man über die steile High Street mit den weißen Cottages hinab zum Hafen. Von dem kleinen Pier oder – noch besser – von der See aus hat man einen herrlichen Blick auf Clovelly und die reizvolle Umgebung. Machen Sie dort unbedingt einen Spaziergang – schön sind der Rundweg (etwa 8 km) und der Hobby Drive (5 km).
Visitor Centre: tgl. 9–17, Nov.–Febr. 10–16 Uhr | Eintritt 8,75 £
www.clovelly.co.uk

NORD-DEVON ERLEBEN

Lynton Post Office
Lee Rd., Lynton EX35 6BS
Tel. 01598 75 22 25
www.visitdevon.co.uk/north devon

Eine 290 km lange Doppelschleife in Form einer 8 durch Nord-Devon bildet der Tarka Trail, eine Serie von Rad- und Wanderwegen.
www.tarkatrail.org.uk

BROOMHILL ART HOTEL €€

In dem Hotel mit Skulpturengarten kommt gehobene mediterrane Küche aus regionalen Zutaten auf den Tisch, auch für Vegetarier. 5 km nördl. von Barnstaple über die A39 und B3230.
Muddiford EX31 4EX
Tel. 01271 85 02 62
www.broomhillart.co.uk

NEW INN €€

Wer in Clovelly übernachtet, erlebt das Dorf abends als wunderschönen, ruhigen Ort. Das New Inn hat 11 Zimmer im Oberdorf. Etwas teurer ist The Red Lion unten am Hafen (www.redlion-clovelly.co.uk). Im Pub-Teil des New Inn gibt es deftige Küche und nachmittags duftende, selbstgebackene Scones.
High Street, Clovelly EX39 5TQ
Tel. 01237 43 13 03
thenewinnclovelly.co.uk

HUXTABLE FARM €€

North Devon ist ideal für Urlaub auf dem Bauernhof. Zur Huxtable Farm gehört ein Bauernhaus aus dem Jahr 1520. Die gastfreundlichen Besitzer bieten B&B mit einem tollen Frühstück, außerdem Camping.
West Buckland
Barnstaple EX32 0SR
Tel. 01598 76 02 54
www.huxtablefarm.co.uk

Autofreie Wildnis für Natur- und Tierliebhaber Lundy Island

Von Ilfracombe und Bideford setzt die ehemalige Wangerooge-Fähre »MS Oldenburg« in 2 Stunden zur Granitinsel Lundy über, einem **Vogelschutzgebiet** für Papageientaucher und 400 andere Vogelarten. Das Biosphärenreservat North Devon erstreckt sich vom Festland bis zur Insel und schließt die artenreiche Unterwasserwelt ein. An die Vergangenheit als Piraten- und Schmugglernest erinnern die Ruinen des markanten Marisco Castle. Beim Tagesausflug bleibt Zeit für eine Umrundung des 5,6 km langen und 0,8 km breiten Tafellandes, dessen Klippen bis zu 152 m aus dem Meer aufragen.
Überfahrt April–Okt. | Rückfahrkarte Erw. 50 £, Kinder 26 £
www.landmarktrust.org.uk/lundyisland

Gute Ausgangsbasis für North-Devon Barnstaple

Das Wahrzeichen von Barnstaple ist die Long Bridge, die Brücke über das Mündungsdelta des Taw von 1273. Die Markthalle Pannier Market von 1855 erhielt ihren Namen von den Tragekörben der Händler.

Echte Sammelleidenschaft

Arlington Court

Mehr als 500 Jahre residierte die Familie Chichester auf dem 2700 ha großen Anwesen von Arlington Court 9,5 mi/15 km nordöstlich von Barnstaple. Hinter der Regency-Fassade des Herrenhauses von 1822 lebte die exzentrische Miss Rosalie Chichester ihre Leidenschaft fürs Meer aus: Modellschiffe, Muscheln und Meer, wohin man blickt. Im Stall hortete sie 58 Kutschen – nur der König besitzt mehr.

Arlington Court: Febr.–Okt. tgl. 11–15.30 (Haus), Garten ab 10 Uhr
Eintritt Erw. 14 £ | www.nationaltrust.org.uk/arlington-court

Spaziergang mit Cream Tea

Ilfracombe

Das älteste Seebad an Devons Nordküste liegt zwischen Hügeln, die benachbarten Buchten erreicht man durch Felstunnel. Schöner als die steinigen Strände mit natürlichen Meeresschwimmbecken hinter hohen Klippen sind die langen Sandstrände im Surferparadies Woolacombe, Croyde Bay und Saunton Sands. An Saunton Sands grenzt ein Naturschutzgebiet mit 400 Pflanzenarten, die Dünen der **Braunton Burrows** 6 mi / 10 km nordwestlich von Barnstaple, leicht erreichbar mit dem Fahrrad auf dem Tarka Trail. Wer die Wellen nicht reiten will, kann sie beim Spaziergang an den Klippen von oben betrachten: 3 km vom nördlichen Ende der Croyde Bay zur Spitze Baggy Point und zurück oder 7 km **Rundweg** um die Landzunge. Die Aussichten auf das Meer sind grandios, am Ende wartet Devon Cream Tea oder ein herzhafter Devon Pasty im Sandleigh Tea Room & Garden.

Was für eine Landschaft!

Lynton, Lynmouth

Lynmouth liegt direkt an der Küste, das viktorianisch geprägte Lynton thront in 120 m Höhe über dem Punkt, wo sich der East und West Lyn vereinigen, bevor sie ins Meer fließen. Eine Klippenbahn verbindet die beiden Orte miteinander. Die Landschaft ringsum ist außergewöhnlich schön. Höhepunkte: **Valley of Rocks**, **Woody Bay** und **Watersmeet.** Die Bademöglichkeiten sind dagegen wenig attraktiv.

Hinreißend schönes Wandergebiet

★ Exmoor

Exmoor, größtenteils Nationalpark, ist weitgehend kultiviert, einige Bereiche mit Moor- und Heideflächen hat man aber erhalten. Zu der steil abfallenden Küste zwischen Minehead und Combe Martin und der dahinterliegenden Hügellandschaft mit Hochmooren kommen waldreiche Flussniederungen, in denen Rotwild zu Hause ist. Die offenen, weiten Grasflächen gehören den Exmoor-Ponys. Mit 519 m Höhe bietet der höchste Berg **Dunkery Beacon** eine herrliche Aussicht über die menschenleere Landschaft. Am nordöstlichen Rand des Exmoor erhebt sich eine mächtige **Burg** (17.–19. Jh.) über der alten Woll- und Tuchhandelsstadt Dunster.

Dunster Castle: Mitte März.–Okt. tgl. 10–17 Uhr | Eintritt 16 £
www.nationaltrust.org.uk

Wilde Ponys in freier Natur? Nichts Ungewöhnliches im ursprünglichen Exmoor.

Wohin in Süd-Devon?

Auf den Spuren der Krimikönigin

Torquay

Die auf sieben Hügeln erbaute »Königin der Englischen Riviera« entwickelte sich im 19. Jh. zu einem beliebten Kurort und ist ein begehrter Alterswohnsitz. In den Parks und Gärten gedeihen subtropische Pflanzen. Aus den Gründungszeiten der Stadt stammen die Überreste der 1196 gebauten **Torre Abbey,** einer Prämonstratenser-Abtei. In einem Garten mit Krimi-Thema wachsen Pflanzen, deren Gift in Agatha Christies Romanen zum Morden eingesetzt wurde. Eine Ausstellung zur Stadtgeschichte und eine gute städtische Kunstsammlung ergänzen Sonderausstellungen von meist britischen Künstlern.

Die »Queen of Crime Writers« stammt aus der »Königin der Riviera«. 1890 wurde **Agatha Christie** in Torquay geboren, Weihnachten 1914 verbrachte sie im Grand Hotel ihre Hochzeitsnacht. In ihrem Sommerhaus **Greenway** am River Dart kann man den weitläufigen Park und das Haus mit Bibliothek, Arbeitszimmer, Schlafgemach und Speisesaal besichtigen. Direkt am Anwesen befindet sich der Anleger der Greenway Ferry, Abfahrt ab Torquay und Brixham.

Weiter südwestlich in der Bigbury Bay in Richtung Plymouth liegt **Burgh Island** mit dem berühmten Burgh Island Hotel im Art-déco-

DEVONS SÜDKÜSTE ERLEBEN

ENGLISH RIVIERA VISITOR CENTRE
5 Vaughan Parade
Torquay, TQ2 5JG
Tel. 01803 21 12 11
www.englishriviera.co.uk

Wer an einem Dienstag oder Freitag nach Dartmouth kommt, kann den Markt am Old Market Square erleben. An interessanten Ständen und in kleinen Läden kann man hier aber jeden Tag stöbern. Am 4. Samstag im Monat findet der Artisan Market mit Kunsthandwerk und Design aus der Region statt. Die Dartmouth Canvas Factory in der Foss Street verkauft schicke Taschen aus gewachster Leinwand.

THE ELEPHANT €€€
Nur einen Steinwurf vom Hafen entfernt bietet der Sternekoch Simon Hulstone ein für die herausragende Qualität günstiges 2- oder 3-gängiges Mittagsmenü an. Abends isst man à la Carte und etwas teurer. Das Gemüse kommt vom eigenen Bauernhof in Brixham, Fisch und Meeresfrüchte vom dortigen Hafen. So. und Di. Ruhetag.
3–4 Beacon Terrace
Tel. 01803 20 00 44
www.elephantrestaurant.co.uk

THE MALTSTERS ARMS €€
Der bekannte Gastropub liegt am River Dart, bei gutem Wetter isst man Moules Frites oder Pasta mit Meeresfrüchten auf der Terrasse direkt am Wasser. Schöne Gästezimmer.
Tuckenhay, Totnes TQ9 7EQ
Tel. 01803 73 23 50
www.tuckenhay.com

MEMORIES BISTRO €€
Gutes Preis-Leistungs-Verhältnis in einem gemütlichen Bistro
68 Fore St., Torquay
Tel. 01803 32 22 24
www.memoriesbistro.co.uk

THE FERRY INN €–€€
Burger, Pie, Salat, Fish & Chips: Serviert wird anständige Hausmannskost. Das Besondere an der Hafenkneipe ist die Außenterrasse am Wasser mit einem weiten Blick auf Boote, Bucht und die verzweigten Fjorde des Kingsbridge Estuary.
Fore Street, Salcombe
Tel. 01548 84 40 00
www.theferryinnsalcombe.com

THE CRICKET INN €€
Der South West Coast Path und ein schöner Sandstrand liegen direkt vor der Tür. Es gibt 7 Zimmer, die meisten mit Meerblick. Um gute Weine und Fischküche zu genießen – Spezialität: Pfannkuchen mit Meeresfrüchten –, muss man das Haus nicht verlassen.
Beesands, Kingsbridge,
Devon, TQ7 2EN
Tel. 01548 58 02 15
www.thecricketinn.com

NEWTON HOUSE €
Ein schön gelegenes B&B mit 8 liebevoll eingerichteten Zimmern, einem leckeren Frühstück und sehr netten Gastgebern – perfekt!
31 Newton Road
Torquay TQ2 5DB
Tel. 01803 29 75 20
newtonhousetorquay.co.uk

Abend in Torquay, der Königin der Englischen Riviera

Stil der 1930er-Jahre. Agatha Christie zählte zu den Stammgästen und ließ sich hier für »Das Böse unter der Sonne« inspirieren.

Torre Abbey: tgl. 10–17 Uhr | Eintritt 10,50 £ | www.torre-abbey.org.uk
Greenway: Greenway Road, Galmpton | Mitte Febr.–Okt. tgl. 10.30 bis 17 Uhr | Eintritt 14 £ | www.nationaltrust.org.uk
Burgh Island Hotel (€€€€): **Tel.** 01548 81 05 14 | www.burghisland.com, www.greenwayferry.co.uk

Exotische Pflanzen und Tiere

Paignton, Brixham, Kingswear

Am Bahnhof des Familienbades Paignton laufen die Dampfzüge der 11 km langen Torquay and Dartmouth Steam Railway ein. Der **Zoo von Paignton** ist einer der größten in England. Brixham hat sich durch den emsigen Fischereihafen seinen Charme bewahrt.
Noch bevor man nach Kingswear kommt, lohnt sich der Besuch des **Coleton Fishacre Garden.** In herrlicher Küstenlage wachsen hier seltene exotische Pflanzen. Auch das in den 1920er-Jahren im Arts-&-Craft-Stil erbaute Haus mit dem Art-déco-Interieur ist sehenswert.

Paignton Zoo: Totnes Rd. | tgl. ab 10 Uhr, Schließzeiten unterschiedlich | Eintritt 22,50 £ | www.paigntonzoo.org.uk
Coleton Fishacre Garden: Mitte Febr.–Okt. tgl. 10.30–17, Nov., Dez. Sa., So. 11–16 Uhr | Eintritt 14 £ | www.nationaltrust.org.uk

Man weiß gar nicht, wohin man zuerst schauen soll

★ Dartmouth, Dart-Tal

Von Kingswear gibt es eine Fährverbindung in das malerische Dartmouth mit einem Castle von 1481. Um den Innenhafen ziehen sich verwinkelte Gässchen, am **Butterwalk** schmücken Kolonnaden die Fachwerkhäusen aus dem 17. Jahrhundert. Von Dartmouth aus kann man eine etwa zweistündige Bootsfahrt durch das schöne Tal des River Dart bis nach **Totnes** unternehmen, wo man durch die alten Gassen mit historischen Bauten und hinauf zur Burg schlendern kann.

Schön für Familien

Start Bay

Durch reizvolle Landschaft führt die Straße nach Süden an der Start Bay entlang. **Blackpool Sands** 5 km südwestlich von Dartmouth wird regelmäßig zum schönsten Strand Südwestenglands für Familien gekürt. Sandgruben für Kinder – trotz des Namens handelt es sich um einen Strand aus kleinen Kieselsteinen –, Kajak- und Surfbrettvermietung, ein nettes Café und Strandladen, saubere Toiletten und Duschen: Blackpool Sands verdient seinen guten Ruf.

Der idyllische Schein trügt

Klippenwanderung

Über das hübsche Städtchen **Kingsbridge** erreicht man **Salcombe** mit Jachthafen, Sandstrand und subtropischer Vegetation. Der Ort schmiegt sich an einen Hügel, von dem man die fjordähnliche Landschaft überblickt. Eine ca. 10 km lange Klippenwanderung von **Bolt Head** bis **Bolt Tail** südwestlich von Salcombe zeigt die Schroffheit des Küstenstreifens, an dem viele Schiffe zerschellten. Bei ruhiger See kann man in der Starhole-Bucht östlich von Bolt Head das Wrack des 1936 gesunkenen Schiffs »Herzogin Cecilie« auf dem Meeresgrund sehen. Die sandige, ruhige Bucht hinter Bolt Tail wurde »Hope« genannt, weil sie als letzte Hoffnung für in Seenot geratene Schiffe galt.

★ DORSET · JURASSIC COAST

Einwohner: 413 000 | **Grafschaft:** Dorset

Nach einem Sturm im Jahr 1811, der einen Teil der Steilküste bei Lyme Regis ins Meer rutschen ließ, fand die zwölfjährige Mary Anning am Strand das Skelett eines Ichthyosaurus. Diese Küste mit hohen, stets bröckelnden Klippen ist seitdem ein Mekka für Fossiliensammler. Als »Jurassic Coast« wurde sie als erstes Gebiet in England von der UNESCO als Weltnaturerbe geschützt.

Gesteine aus 185 Millionen Jahren Erdgeschichte auf einer Länge von 150 km: Dorset ist eine geologische Schatzkiste, die einen spannenden Überblick über Jura, Trias und Kreidezeit bietet. Neben Fossilien locken spektakuläre geologische Formationen wie die Bucht **Lulworth Cove**, die 20 km lange Kieselbank **Chesil Beach** und das Felsportal **Durdle Door** Urlauber in die Grafschaft Dorset – von den schönen Stränden, dem großen Badeort Bournemouth und dem grünen Hinterland ganz zu schweigen.

Geologische Schätze

DORSET ERLEBEN

TOURIST INFORMATION CENTRE

Pier Approach
Bournemouth BH2 5AA
Tel. 01202 45 17 81

Shore Rd.
Swanage BH19 1LB
Tel. 01929 76 60 18
www.visit-dorset.com
Infos zum **Southwest Coast Path** und weitere Wanderbeschreibungen:
www.jurassiccoast.org/discover

Weymouth: Beim alljährlichen Dorset Seafood Festival im September werden neben Austern und Co. viel Musik und Show geboten. Ende Juli/Anfang August feiert die Stadt Swanage mit Feuerwerk, Musik und einer Parade ihren Carnival. Beim Hat Festival Anfang September in Bridport bevölkern Hutträger die Kleinstadt.
www.dorsetseafood.co.uk
swanagecarnival.com
www.bridporthatfest.org

Hafenrundfahrten im Poole Harbour und Bootsausflüge entlang der Küste:
www.citycruisespoole.com
www.coastlinecruises.com

RICK STEIN €€€

Probieren Sie Brownsea-Austern von der benachbarten Insel, Sardinen aus Cornwall oder das Meeresfrüchte-Curry – dazu passt sehr gut ein perlender englischer Schaumwein vom Weingut English Oak.
10–14 Banks Road, Sandbanks
Tel. 01202 07 64 43
rickstein.com

HIVE BEACH CAFÉ €€–€€€

Am wunderschönen Hive Beach zwischen Abbotsbury und Bridport werden einfache Fish & Chips, Garnelen, Pastagerichte und Fischsuppe serviert. Oder Sie gönnen sich, wenn es etwas Besonderes sein soll, den Shellfish Platter mit einem ganzen Hummer, einem Taschenkrebs, Riesengarnelen und Räucherlachs.
Beach Road, Burton Bradstock
Tel. 01308 89 70 70
www.hivebeachcafe.co.uk

CRAB HOUSE CAFÉ €€–€€€

Das Fischrestaurant liegt direkt an der Fleet-Lagune mit einer eigenen Austernzucht vor der Tür – bestellen Sie ein Dutzend frisch, gegrillt oder in Weißweinsoße.
Ferrybridge, Weymouth
Tel. 01305 78 88 67
www.crabhousecafe.co.uk

THE BELL CLIFF RESTAURANT €–€€

Ein traditionelles britisches Lokal, in dem Sie einen Afternoon Tea oder den herzhaften Cheese Tea genießen können – oder die leckeren Krebsfleischsandwiches und warme Mahlzeiten. In jedem Fall sitzen Sie im Bell Cliff Restaurant in schöner Lage mit Meerblick.
5–6 Broad Street, Lyme Regis
Tel. 01297 44 24 59

ROSSI'S ICES €

Mittlerweile in vierter Generation produziert die Figliolini-Familie am Meeresufer ihr fantastisches Eis täglich frisch für Waffeln, opulente Becher (probieren Sie Knickerbocker Glory!) und Eiskuchen.
92 The Esplanade, Weymouth
www.rossisweymouth.com

DORSET HOUSE €€–€€€

5 perfekt eingerichtete Zimmer für B&B, zwei sind Premium Rooms mit Meerblick. Frühstück mit ausgesucht edlen Zutaten, freundliche Besitzer.
Pound Road
Lyme Regis DT7 3HX
Tel. 01297 44 20 55
www.dorsethouselyme.com

YALBURY COTTAGE €€

Ein 350 Jahre altes Landhotel inmitten grüner Felder und Wiesen mit 8 gemütlichen Zimmern und einem guten Restaurant.
Lower Bockhampton, 2 mi / 3 km östl. von Dorchester, Dorchester DT2 8PZ, Tel. 01305 26 23 82
www.yalburycottage.com

Wohin in Bournemouth und Umgebung?

Die Welt in Grün

Bournemouth

Mildes Klima und 10 km Sandstrand: Bournemouth und Poole sind ein lang gezogenes Seebad. Die noblen Villen, Luxushotels und weiß getünchten Häuserzeilen des renommierten Kurorts sind das Ergebnis viktorianischer Badelust. Treppen und zwei Kabinenlifte führen hinunter zu dem feinen Sandstrand mit Pier und Promenaden. Im Stadtbild fällt das viele Grün auf, an der Südspitze bei den Canford Cliffs liegen die ganzjährig geöffneten **Compton Acres Gardens** mit Schaugärten in italienischem, englischem und japanischem Stil. Das **Russell-Cotes Art Gallery and Museum** am East Cliff zeigt u. a. Gemälde von Malern der viktorianischen Epoche und Kunstgegenstände aus Japan und Burma. Die Klippenlandschaft unterbrechen tiefe Täler, die »chines«, in denen herrliche Rhododendren wachsen. Besonders eindrucksvoll sind der Boscombe Chine und der Durley Chine.

Compton Acres Garden: Karfreitag–Okt. tgl. 10–17, Nov.–Karfreitag bis 16 Uhr | Eintritt 9,95 £ | www.comptonacres.co.uk
Russell-Cotes Art Gallery and Museum: Russell-Cotes Rd. | Di.–So. 10–17 Uhr | Eintritt 8,50 £ | www.russellcotes.com

Misanthropin schützt Natur

Poole

Poole hat einen einzigartigen Naturhafen mit regem Passagier- und Frachtverkehr. Am Poole Quay gibt es traditionsreiche Hafenkneipen neben umfunktionierten alten Speicherhäusern, in denen Geschäfte, Pubs und Werkstätten wie die berühmte Poole Pottery eingezogen sind. Über die Geschichte vom Seeräubernest zum modernen Hafen informiert das **Poole Museum,** zu dessen Highlights ein Boot aus der Steinzeit gehört. Nur für Tagesgäste geöffnet ist **Brownsea Island**, in 30 Minuten per Boot erreichbar. Die 200 ha große Insel bietet im Norden ein Vogelschutzgebiet und im Süden herrliche Wanderwege und Sandstrände. Die Unversehrtheit der Inselnatur ist der Misanthropin **Mary Bonham Christie** zu verdanken. »The Demon of Brownsea« erwarb die Insel 1927, vertrieb die 200 Bewohner und ließ bis zu ihrem Tod 1961 keine Besucher dort landen.

Poole Museum: 4 High St. | April–Okt. tgl. 10–17 Uhr | Eintritt frei
Brownsea Island: tgl. Mitte März–Okt. 10–17 Uhr
Eintritt 9,50 £ | www.nationaltrust.org.uk/brownsea-island

Tizian, Jan Brueghel d. Ä., Rubens ...

Kingston Lacy

Nordwestlich von Bournemouth liegt Kingston Lacy, ein 1663 gebautes Landschloss, das Anfang des 19. Jh.s von William Bankes übernommen und verändert wurde. Banks wurde wegen eines Skandals des Landes verwiesen und sandte von Italien aus verschiedene Kunstwerke nach Kingston Lacy. Die Gemäldesammlung ist hervorragend, Garten und Park sind ebenfalls sehenswert.

Haus: März–Okt. tgl. 11–17, Garten: tgl. 10–18 Uhr | Eintritt Gesamtanlage 18 £ | www.nationaltrust.org.uk/kingston-lacy

★ Jurassic Coast von Ost nach West

London in Dorset

★ Isle of Purbeck

Die Halbinsel Purbeck südlich von Poole Harbour machte der »Purbeck-Marmor« berühmt. Man findet den muschelhaltigen Kalkstein in vielen Bauten. Schon von Weitem sieht man **Corfe Castle,** die riesige Ruine einer normannischen Burg, in der Edward der Märtyrer 987 auf Geheiß seiner Schwiegermutter Elfrieda ermordet wurde. Im Seebad **Swanage** 8 km südöstlich an der Spitze der Halbinsel findet man ein etwas kurioses Kaleidoskop an Londoner Baufragmenten, die ein Steinhändler im 19. Jh. hierhertransportierte. So wurden etwa in den Pier Teile der London Bridge eingebaut. Der Dorset Coast Path führt nördlich der Stadt zu der fantastischen Kalksteinformation **Old Harry Rocks**.

Urzeitliche Seeungeheuer und Raubtiere

Fossilienmuseum

Westlich der Insel Purbeck erstrecken sich zackige Klippen mit kleinen Buchten. Über 30 Jahre lang sammelte und erforschte Steve Etches aus Kimmeridge mehr als 2000 Fossilien aus dem Spät-Jura. Die schönsten erklärt **The Etches Collection** in einer Präsention der

Alles Kalkstein: die Old Harry Rocks aus »Purbeck-Marmor«

tropischen Meere vor 150 Millionen Jahren. Zwischen Kimmeridge und Lulworth Cove ist militärisches Sperrgebiet – Zutritt ist nur am Wochenende möglich. Hohe, steile Kliffformationen umschließen fast völlig die kreisförmige Bucht **Lulworth Cove**. Östlich beginnt der 0,6 mi / 1 km lange Fossil Forest mit versteinerten Waldpflanzen. 3 mi / 5 km weiter erreicht der Küstenpfad das Felsportal **Durdle Door**, das »Bohrloch« (▶ Abb. S. 415).

The Etches Collection: tgl. 11–17 Uhr | Eintritt 9 £
www.theetchescollection.org

Verspielte Fassaden, feiner Sand und ein großartiger Ausblick

Weymouth

Weymouth an einer weiten Bucht mit feinem Sand- und Kieselstrand südlich von Dorchester ist Startpunkt der Fähren auf die Kanalinseln und nach Cherbourg (Frankreich). Elegante georgianische Häuser zieren die Strandpromenade, um den alten Hafen herum stehen umgebaute Speicher mit Geschäften und Restaurants. Die drittgrößte Stadt Dorsets ist idealer Ausgangspunkt für Wanderungen und Tagesausflüge ins Hinterland und entlang der Küste. Im **Weymouth Sea Life Park** kann man Robben, Haifische und allerlei andere Wasserbewohner aus Meeren und Süßwasser ansehen.

Weymouth Sea Life Park: tgl. 10–16 Uhr | Eintritt ab 19 £
www.visitsealife.com

Unter Schwänen

In Abbotsbury nordwestlich von Weymouth werden in der **Swannery** schon seit 1393 Schwäne gezüchtet. In einem geschützten Tal am Rand von Abbotsbury gedeihen in den 1765 angelegten **subtropischen Gärten** Palmen, Bambushaine, exotische Pflanzen und Rhododendren. Abbotsbury

Swannery: New Barn Rd. | Mitte März–Okt. tgl. 10–17 Uhr
Eintritt 12,50 £ | abbotsburyswannery.co.uk
Subtropical Gardens: Bullers Way | tgl. 10–17, Winter bis 16 Uhr
Eintritt 12,50 £ | abbotsburyswannery.co.uk

Material für St Paul's

Eine schmale Landzunge verbindet die Halbinsel Portland, 7 km lang und 3 km breit, mit Weymouth. Seit dem Mittelalter wird hier der grauweiße Portland-Stein abgebaut, mit dem auch St Paul's Cathedral in London und die Fassade des UNO-Gebäudes in New York errichtet wurden. Über den Portland-Hafen wacht das mächtige **Portland Castle,** das 1540 unter Heinrich VIII. erbaut wurde. Über Wakeham geht es zur Südspitze **Portland Bill** mit dem Leuchtturm. Isle of Portland

Portland Castle: April–Okt. tgl. 10–17 Uhr
Eintritt 6,80 £ | www.english-heritage.org.uk
Portland Bill Lighthouse: Mitte März–Okt. tgl. außer Fr., in den Schulferien tgl. 10–17 Uhr | Eintritt 3 £ | www.trinityhouse.co.uk

Von Erbsen und Äpfeln

Chesil Beach

Die 16 km lange Kieselbarriere, die sich vom Nordende der Isle of Portland bis nach Abbotsbury zieht, begrenzt die Lagune **The Fleet**, eines der artenreichsten Wasservogelschutzreservate Europas. Im Nordwesten sind die Kieselsteine klein wie Erbsen, im Südosten eher von der Größe eines Apfels. Es heißt, die Schmuggler konnten früher deshalb einschätzen, wo sie gelandet waren. Auskünfte dazu und Bootsfahrten mit dem »Fleet Observer« bietet das Chesil Beach Centre.

Chesil Beach Centre: Ferrybridge, Beach Road | tgl. 10–17 Uhr, Nov.–Ostern bis 16 Uhr | chesilbeach.org | Bootsfahrt: www.dorsetwildlifetrust.org.uk

Wenn Literatur lebendig wird

Lyme Regis

An der Küste westlich von Chesil Beach findet man gute Badestrände und beeindruckende Klippen, z. B. bei **Burton Bradstock**. Das alte Fischerdorf Lyme Regis, 31 mi/50 km von Weymouth, entwickelte sich im 18. Jh. zum Seebad. Jane Austen schrieb hier 1818 ihren Roman »Persuasion« und lobte die herrliche Lage des Ortes. Die zweite literarische Verbindung ist Fowles' Roman »Die Geliebte des französischen Leutnants«. Eine Schlüsselrolle spielt darin **The Undercliff,** ein dschungelartig überwucherter, durch Erdrutsche entstandener Küstenstreifen westlich der Stadt, an dem man nur mit Vorsicht wandern sollte. Seit Mary Anning das Skelett eines Ichthyosaurus fand, kommen Fossiliensammler hierher. Im **Lyme Regis Museum** und im **Dinosaurland** an der Coombe Street sind die Funde ausgestellt.

Lyme Regis Museum: Ostern–Okt. Mo.–Sa. 10–17, So. bis 16, sonst Di.–So. 10–16 Uhr | Eintritt 7,95 £ | www.lymeregismuseum.co.uk
Dinosaurland: tgl. 10–16 Uhr | 6 £ | www.dinosaurland.co.uk
Charmouth Heritage Coast Centre: www.charmouth.org/chcc

Wohin in Dorchester und Umgebung?

Königliche Vision

Römische Gründung

Dorchester, die Grafschaftshauptstadt im Tal des River Frome, ist Ausgangspunkt für Besichtigungen im Hinterland von Dorset. Dorchester geht auf die prähistorischen Siedlungen von Maiden Castle (s. u.) zurück, gegründet wurde der Ort aber zu römischer Zeit. Die antiken Stadtmauern bilden heute baumbestandene Spazierwege. Seit über 30 Jahren verwirklicht Charles III., einer der schärfsten Kritiker zeitgenössischer Architektur, im Westen der Stadt mit **Poundbury** seine umstrittene städtebauliche Vision (▶ S. 448).

Auf den Spuren von Thomas Hardy

Hardy Trail

Thomas Hardy (1840–1928) hat in seinem Werk Region und Schicksal der Menschen in Dorset beschrieben. Der Hardy Trail führt in drei

BAEDEKER MAGISCHE MOMENTE

BUCHTEN UND KLIPPEN

Wenn Sie die englische Südküste besuchen, gehört eine Bootsfahrt unbedingt dazu. Die Jurassic Coast der Grafschaft Dorset ist eine imposante Steilküste, die man zum Beispiel von der Hafenstadt Weymouth erkunden kann (April–Okt. tgl. 11.30 und 13.30 Uhr, 90 Minuten durch Weymouth Bay zum Kap Whitenothe, 16,50 £, www.coastlinecruises.com) oder auch mit schnellen Schlauchbooten von der Stadt Lyme Regis aus (www.lymeribrides.com). Spektakulär!

Stunden von seinem **Geburtshaus** in Higher Bockhampton zum Grab in Stinsford und seinem Anwesen **Max Gate**. Der Hardy Way ist ein 210 mi/336 km langer Fernwanderweg, der Dorchester, Bere Regis, Wimborne, Weymouth und andere Orte seines Wirkens berührt.

Hardy's Cottage und Max Gate: jeweils März–Okt. mit Führung, Vorbuchung online erforderlich | Eintritt Cottage 9 £, Max Gate 9 £
www.nationaltrust.org.uk | Hardy Way: ldwa.org.uk/ldp

Blutgericht

Um die High Street

Sehenswert sind römische Mauerreste an der Albert Road und ein römisches Stadthaus in Northernhay, außerdem The King's Arms und Borough Arms in der High East Street und das Antelope Inn in der South Street, wo 1685 das Blutgericht über die protestantischen Rebellen gegen König Karl II. stattfand. Das **Dorset Museum** an der High West Street zeigt Frühgeschichtliches sowie eine Nachbildung von Thomas Hardys Schreibzimmer.

Museum: Mo.–Sa. 9–16.30, So. 10–16 Uhr | Eintritt 14 £
www.dorsetmuseum.org

Unerhört!

Old Shire Hall, Old Crown Court

Die Old Shire Hall mit dem Old Crown Court ist für die britische Gewerkschaftsbewegung ein wichtiger Ort; hier fand 1834 der Prozess gegen die Tolpuddle-Märtyrer statt, die Anführer eines Geheimbundes, der höhere Löhne für die Landarbeiter gefordert hatte – damals ein schweres Vergehen, weil Lohnpolitik allein Sache der Arbeitgeber war. Die Männer wurden zu siebenjähriger Zwangsarbeit in Australien verurteilt, vehemente öffentliche Proteste und eine Parlamentsdebatte bewirkten nach zwei Jahren die Begnadigung der Männer.

Dunkle Vergangenheit

Maumbury Rings

An der Weymouth Avenue im Südwesten liegt das aus einer kultischen Steinkreisanlage entwickelte römische Amphitheater, dessen Zuschaueroval mit 63 bzw. 50 m Durchmesser etwa 10 000 Besucher fasste. Während des Bürgerkriegs diente die Anlage als Festung, im 18. Jh. standen dort Galgen für öffentliche Hinrichtungen.

Reise in die Frühgeschichte

★ Maiden Castle

Maiden Castle 2,5 km südwestlich ist eine frühgeschichtliche Siedlung. Auf dem **Rundgang** passiert man die Ausgrabungen aus der Jungsteinzeit, die fast 550 m lange Grabanlage Long Barrow (ca. 2800 v. Chr.) aus der Eisenzeit, Reste einer palisadenbewehrten Erdwallfestung (ca. 500 v. Chr.) und aus der britisch-römischen Epoche die Grundmauern eines Tempels (ca. 370 n. Chr.).

Eintritt frei | www.english-heritage.org.uk

Ein Fruchtbarkeitsbringer?

Cerne Abbas Giant

Ein interessantes frühgeschichtliches Zeugnis befindet sich in Cerne Abbas 13 km nördlich: der Cerne Giant, eine in Kalk geritzte, 55 m hohe Zeichnung eines Mannes – vermutlich britisch-römischen Ursprungs und auf Herkules-Darstellungen zurückgehend.

Nach Rockpooling und Fossiliensuche steht ein Bad am Strand von Lyme Regis an. Die Umkleidekabinen stehen bereit.

Der Earl wünschte Ruhe

Milton Abbas

Milton Abbas 16 km nordöstlich mit hübschen Häuschen ist eine Mustersiedlung des sozialen Wohnungsbaus von 1786. Die Gründe für den Bau waren weniger sozial: Joseph Damer, 1. Earl of Dorchester, fühlte sich in seinem neuen Herrenhaus, einer umgebauten Abtei, von den Bewohnern im nahen Middleton belästigt, so dass er den Ort abreißen ließ und die Bürger zwangsweise nach Milton Abbas umsiedelte.

Mit französischem Garten

Athelhampton Hall

Athelhampton Hall ca. 10 km nordöstlich, ein spätmittelalterlicher Landsitz, war das Wohnhaus des Londoner Bürgermeisters Sir William Martyn. Sehr eindrucksvoll zeigt sich hier die Entfaltung des Perpendicular Style in der Profanarchitektur. Im Innern sind Möbel, Kunsthandwerk, Porzellan und Glas vom 15. bis 19. Jh. zu sehen.
März–Okt. tgl. 10–17, Nov.–Febr. tgl. 10–16, Haus erst ab 11 Uhr
Eintritt 18 £, nur Garten 12 £ | www.athelhampton.com

Meisterhafte elisabethanische Architektur

Montacute House

Montacute House 35 km nordwestlich ist ein um 1600 auf E-förmigem Grundriss gebautes elisabethanisches Schlösschen mit überhohen Zierkaminen und opulent ausgestatteten Innenräumen. Die 60 m lange Long Gallery zeigt Porträts der Tudor- und Stuart-Zeit. Die Gartenanlage ist eines der raren Beispiele der Gartenkunst des frühen 17. Jahrhunderts.
Haus: März–Okt. tgl. 11–16.30, Garten: 10–17 Uhr | Eintritt 11 £
www.nationaltrust.org.uk/montacute-house

★ DURHAM

Landesteil: Nordengland | **Höhe:** 51 m ü.d.M. | **Grafschaft:** Durham | **Einwohnerzahl:** 48 000

Keine andere englische Kathedrale thront in so eindrucksvoller Lage wie Durham Cathedral. Hoch über einer Schleife des River Wear, die hier eine Halbinsel bildet, stehen sich Kathedrale und Burg gegenüber, dazwischen die weite Rasenfläche des Palace Green. Ob man von den Altstadtgassen über den Palace Green oder vom Wear-Ufer über die Prebends Bridge auf die Kathedrale zukommt – der Anblick ist einfach großartig.

Sagenhaft!

Hierhin brachten im Jahre 995 Mönche von der heiligen Insel Lindisfarne die Gebeine des heiligen Abtes Cuthbert. Seit ihrer Vertreibung durch die Wikinger waren sie 120 Jahre lang mit den Reliquien durch

DURHAM ERLEBEN

VISITOR CONTACT CENTRE
Tel. 03000 26 26 26
Kein Besuch möglich
www.thisisdurham.com

RESTAURANT 17 €€
Steak vom Grill und britische Gerichte mit Einfluss aus Fernost und dem Mittelmeer mitten in der Altstadt.
17 Elvet Bridge
Tel. 0191 3 84 90 50
www.restaurant17.co.uk

INDIGO HOTEL €€
In einem gelungenen Umbau eines viktorianischen Gebäude wurde das stilvolle Indigo Hotel eingerichtet. In den eleganten Zimmern übernachtet man sehr komfortabel, Lounge und Bar sind in adäquatem Design gehalten. Ein wahres Schmuckstück ist das Interieur des Restaurants (britische und französische Küche €€). Zum Hotel gehört ein Fitnessbereich.
9 Old Elvet
Tel. 0191 3 29 35 35
www.ihg.com/hotelindigo

Nordengland gewandert, bis sie hier endlich eine sichere Zuflucht fanden. Der Sage nach erschien Cuthbert einem der Mönche und sagte ihm, der Platz für seine Gebeine sei ein Ort namens »Dunholm«. Die Mönche kannten diesen Ort nicht, aber am selben Tag trafen sie auf ein Milchmädchen, das seine »Dun Cow« (eine graubraune Kuh) suchte. Die Kuh hatte sie zuletzt in Dunholm (Insel mit einem Hügel) gesehen. So kam der Heilige zu seiner letzten Ruhestätte, wo ihm eine Kirche errichtet wurde. Draußen an der Nordmauer der Kathedrale, am Nordostquerhaus, von der Dun Cow Lane gut sichtbar, sind das Milchmädchen und seine Kuh in Stein verewigt.

Wohin in Durham?

Kaum verändert

★ Durham Cathedral

In relativ kurzer Bauzeit entstand im 12./13. Jh. eine der bedeutendsten anglonormannischen Kirchen. Man betritt die Kathedrale durch das **Nordportal** (12. Jh.), das mit einem Türklopfer ausgestattet ist. Das romanische Langhaus ist überraschend groß: 61 m lang, 12 m breit, 22 m hoch. Kräftige Pfeiler stützen eine der ältesten Gewölbedecken Englands. Revolutionär war damals die Verwendung von Kreuzrippen und Strebewerk – eine Technik, die erst später in gotischen Kirchen systematisch eingesetzt wurde. Zackenbänder an den Bögen und spiralförmige Dekorationen der Säulen beleben den Innenraum. Vorbilder lieferten die gedrehten heiligen Säulen im Tempel von Jerusalem. Die **Galilee Chapel** im Westen ist ein Meisterwerk normannischer Baukunst, mit ihren Säulen und Bögen erinnert sie an maurische Architektur. Beda Venerabilis, ein gelehrter Mönch (672 bis 735), liegt hier begraben. Seine Gebeine waren 1022 gestohlen und hierher überführt worden, um die Reliquiensammlung der Kathedrale aufzuwerten. Die 1242 bis 1280 errichtete Kapelle der Neun Altäre birgt das Grab des hl. Cuthbert († 687). Die spätnormannische **Prior's Door** führt zum wunderschönen Kreuzgang von 1418 und zur Schatzkammer **Open Treasure** in zwei sehenswerten Räumen: Die achteckige, gewölbte Küche stammt von 1366 bis 1370 und war bis 1940 ununterbrochen in Gebrauch. Den langen Schlafsaal der Mönche überspannt eine eindrucksvolle Eichenholzdecke aus dem frühes 14. Jahrhundert. Zur Ausstellung gehören neben sächsischen Kreuzen und römischen Altären der hölzerne Sarkophag von St Cuthbert aus dem Jahr 698, sein Brustkreuz und Kamm aus Elfenbein sowie Textilfragmente, die zu den ältesten Handarbeiten in England zählen.

DURHAM CATHEDRAL

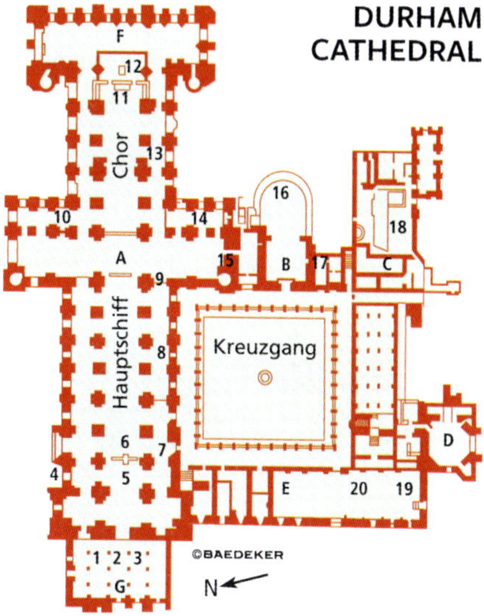

A Vierungsturm
B Kapitelhaus
C Krypta
D Küche
E Dormitorium
F Kapelle der Neun Altäre
G Galilee Chapel
1 Gemälde (12. Jh.) des hl. Cuthbert und des Königs Oswald
2 Kreuzigungsbild
3 Grab des Beda Venerabilis
4 Nordportal mit Türklopfer
5 Taufbecken
6 Schwarzes Marmorkreuz
7 Miner's Memorial
8 Votivkapelle der Nevilles
9 Barrington Statue
10 St. Gregor's Chapel
11 Hauptaltar
12 Grab des hl. Cuthbert
13 Bischofsthron
14 Light Infantry Memorial Chapel
15 Prior Castells Uhr
16 Prior's Chair
17 Gefängnis
18 Dekanat
19 Restaurant, Buchladen
20 Kirchenschatz

Mo.-Sa. 10-16, So. 12-16 Uhr | Turmbesteigung 7,50 £ | Cathedral Museum Mo.-Sa. 10-16 Uhr | Eintritt 7,50 £
www.durhamcathedral.co.uk

Zeugnis der Macht

Durham Castle

Durham Castle, seit 1832 Teil des University College Durham, spiegelt die Macht der Fürstbischöfe wider. Die interessantesten Räume der weitläufigen Burganlage sind die normannische Kapelle (1080), der Speisesaal (um 1300) und die Küche mit Feuerplatz und Speisekammer (1499). Die angrenzende Palace Green Library wird für Wechselausstellungen benutzt und ist Domizil des **Museum of Archaeology** mit Exponaten über die Stadtgeschichte.

Castle: Besichtigung nur mit Führung: wechselnde Zeiten | Eintritt 5 £, Karten beim Palace Green Library | www.dur.ac.uk/things-to-do
Museum of Archaeology: tgl. 10–17 Uhr | Eintritt frei

Viel Atmosphäre

Altstadt, Oriental Museum

Die Häuser der Altstadt mit attraktiven Läden und Cafés schmiegen sich an die Hänge unterhalb von Burg und Kathedrale. Werfen Sie auch einen Blick in die altmodische Markthalle am Market Place, von wo aus man über die Silver Street die Framwellgate Bridge erreicht und den Anfang eines schönen, schattigen Spaziergangs rund um die Halbinsel am Flussufer zur Elvet Bridge. An dieser Brücke legt im Sommer das Boot »Prince Bishop« zu Ausflügen auf dem River Wear ab. Das **Durham University Oriental Museum** zeigt eine ausgezeichnete Sammlung des Nahen und Fernen Ostens.

Flussfahrt: Info unter www.thisisdurham.com
Oriental Museum: Elvet Hill (südwestlich der Altstadt) | Di.–Fr. 10 bis 17, Sa., So. ab 12 Uhr | Eintritt frei | www.dur.ac.uk/things-to-do

Unter Tage

Beamish Open-Air Museum

Das Museum 13 km nordwestlich der Stadt zeigt das Leben der arbeitenden Bevölkerung im 19. und im frühen 20. Jh. und beleuchtet Durhams Bergbauvergangenheit. Kostümierte Schauspieler beleben u. a. ein Dorf von Bergbauern, eine Farm der 1940er-Jahre, es gibt eine Dampfeisenbahn, historische Straßenbahnen und Kirmesattraktionen.

Winter tgl. 10–16, Sommer tgl. bis 17 Uhr | Eintritt 22,50 £
www.beamish.org.uk

★ EXETER

Landesteil: Südengland | **Höhe:** 50 m ü.d.M. | **Grafschaft:** Devon | **Einwohnerzahl:** 130 000

Eine prächtige mittelalterliche Kathedrale und ein historischer Flusskai, römische Stadtmauern und Häuserzeilen der Tudorzeit: In der alten Grafschaftshauptstadt von Devon kann man in einigen Vierteln noch durch die Jahrhunderte spazieren – fast ein Wunder, denn Exeter musste im Laufe seiner 2000-jährigen Geschichte einiges überstehen.

In der Nacht vom 23. auf den 24. April 1942 wurde Exeter das Ziel des ersten sogenannten »Baedeker-Angriffs«. Nach der Zerstörung von Lübeck durch die Royal Air Force kündigte Gustaf Braun von Stumm, stellvertretender Abteilungsleiter in der Pressestelle des Auswärtigen Amtes, Vergeltung an: »Jetzt wird die Luftwaffe jedes Gebäude mit drei Sternen im Baedeker angreifen.« Tatsächlich gab es schon damals höchstens zwei Sterne im Baedeker, und in der Ausgabe von 1937 gehörte Exeter nicht zu den Zweisternezielen. Trotzdem griffen 25 deutsche Flieger die Domstadt an, und zehn Tage später legten 40 Bomber weite Flächen des historischen Zentrums in Schutt und Asche. Es war zwar die weitaus schlimmste, aber nicht die letzte Zerstörung, denn die Planer der Nachkriegszeit nahmen wenig Rücksicht auf die historische Bausubstanz einer Stadt mit einer stolzen Geschichte. An der Stelle, an der der schiffbare Teil der Exe endete, wurde schon im 1. Jh. v. Chr. eine Handelsniederlassung gegründet, die die Römer im 1. Jh. n. Chr. ausbauten.

2000 Jahre Stadtgeschichte

EXETER ERLEBEN

EXETER VISITOR INFORMATION
Custom House, Exeter Quay, Exeter EX2 4AN
Tel. 01392 27 16 11
www.visitexeter.com

RENDEZVOUS WINE BAR €€€
Hier bekommt man über 60 Weine in einem gemütlichen Lokal mit Garten und guter Küche: Der Fisch kommt aus Brixham, das Lammfleisch von Devons saftigen Wiesen, und zum Abschluss gibt's Käse aus Südwest-England oder leckere Süßspeisen.
38–40 Southernhay East
Tel. 01392 27 02 22
www.winebar10.co.uk

THE SALUTATION €€€
In dieser 300 Jahre alten Herberge im Ortsteil Topsham, nur wenige Schritte von der Exe-Mündung entfernt, werden verschiedene mehrgängige Menüs angeboten. Das Frühstück, der obligatorische Afternoon Tea und auch kleinere Mahlzeiten werden im Glasshouse Café serviert. Es gibt außerdem 6 Zimmer zum Übernachten.
68 Fore Street,Topsham
Tel. 01392 87 30 60
www.salutationtopsham.co.uk

HOTEL DU VIN €€€
Elegantes Design und angenehm unaufdringlicher Service wird in dieser zum Luxushotel umgebauten früheren Augenklinik geboten. Als Begleitung zur gehobenen internationalen Küche im Bistro werden ausgezeichnete Weine aus Europa, Südamerika, Südafrika, Australien und Neuseeland kredenzt.
Magdalen Street
Exeter EX2 4HY
Tel. 01392 79 01 20
www.hotelduvin.com

Wohin in Exeter?

Ein König im Siedekessel

St Peter's Cathedral

Nicht weniger als elf Rippen strahlen von jedem Pfeiler im Schiff und Chor des Doms aus und wirken wie Palmwedel. Wo sie sich am Scheitel des Gewölbe treffen, setzt sich eine Reihe von herrlich ausgeschmückten Schlusssteinen vom Rosenfenster im Westen bis zum Abschluss des Chors fort. Es ist das längste ununterbrochene gotische Gewölbes der Welt. Am hochgotischen Kirchenbau (1257 bis 1369) ist neben dieser Innenperspektive die **Westfassade** besonders beeindruckend. Zwischen der Portalzone und dem Maßwerk-Rosenfenster stellen drei Figurenreihen das himmlische Jerusalem dar: unten die Engel, in der Mitte die Könige, darüber die Apostel und Propheten. Weitere Schmuckstücke sind der steinerne Lettner und die **Minstrel Gallery,** eine Spielmannsempore aus dem 14. Jh. mit musizierenden Engeln unter Baldachinen, die in Originalfarben erhalten sind. Humor beweist der Gaukler am Pfeiler jenseits der Kanzel, der Maria am gegenüberliegenden Mittelschiffpfeiler einen Kopfstand darbietet. Im mittelalterlichen Chor wurden in das Chorgestühl des 19. Jh.s 50 Miserikordien aus der Zeit von 1230 bis 1270 integriert, darunter ein Elefant mit Kuhfüßen, ein König im Siedekessel und Sirenen. Im Chor steht ein bemerkenswertes Zeugnis mittelalterlicher Holzschnitzkunst, der 18 m hohe gotische Bischofsthron. Sehenswert sind auch das Ostfenster aus dem 14. Jh. mit Maria und Heiligen, die astronomische Uhr im nördlichen Querschiff und der bemalte Hochdachstuhl (1412) im **Kapitelhaus.**

Mo.–Fr. 10.30–16.30, Sa. 9–16.30, So. 11.30–15 Uhr | Eintritt 7,50 £
www.exeter-cathedral.org.uk

Einkehren wie Sir Frances Drake

Cathedral Close

Im Cathedral Close sind eine Reihe alter Häuser erhalten, mittelalterliche Wohnstätten von Geistlichen, das Fachwerkgebäude Mol's Coffee House (1598), die kleine Kirche St Martin (15. Jh.) und nicht weit davon in der St Martin Lane das **Ship Inn**, ein altes Gasthaus und Treffpunkt von Seefahrern, das Sir Francis Drake lobend erwähnt hat:

> »
> Neben meinem eigenen Schiff
> liebe ich am meisten den Ship Inn in Exeter.
> «

In Exeters Unterwelt

Altstadt

An der High Street steht die Guildhall, am nordöstlichen Ende gibt es Zugänge zum unterirdischen mittelalterlichen Kanalsystem (»underground passages«). Vom Rougemont Castle, einer alten normannischen Burg, zeugen nur noch die Gräben, die Wallanlagen, Athelstans

OBEN: Schon Francis Drake kehrte gern ins Ship Inn ein.
UNTEN: Zwei reiselustige Ladys ließen sich den 16-eckigen Landsitz A La Ronde erbauen.

Turm und der Torturm. Die Ruine der Benediktinerabtei St Nicholas besitzt noch eine Krypta, Küche und Halle aus normannischer Zeit. »The House That Moved« (15. Jh.) in der West Street wurde 1961 hierhin versetzt, weil es einer neuen Schnellstraße weichen musste. Das **Royal Albert Memorial Museum** in der Queen Street zeigt Gemälde, archäologische Funde und Kunsthandwerk aus Devon.

Royal Albert Memorial Museum (RAMM): Di.-So. 10-17 Uhr
Eintritt frei | www.rammuseum.org.uk

Historic Quayside

Beliebter Treffpunkt

Das historische Hafenviertel am Exeter Ship Canal ist heute angesagtes Flanierviertel. Das **Visitor Centre** im Customs House (1680) erzählt in einer Audiovisionsshow 2000 Jahre Stadtgeschichte.

The Custom House: The Quay | April-Okt. tgl. 10-17, Nov.-März Do.-So. 11-16 Uhr | Eintritt frei | www.visitexeter.com

Rund um Exeter

Powderham Castle

Seit über 600 Jahren in Familienbesitz

Powderham, 8 mi / 13 km südlich am Ufer des Exe, gehört dem 19. Grafen von Devon, dessen Familie nun in der 28. Generation das Anwesen besitzt. Das Landschloss, 1390 von Sir Philip Courtenay begonnen und im 18. und 19. Jh. verändert, liegt in einem 1779 von Capability Brown angelegten Garten, der in einen Hirschpark übergeht.

April-Okt. So.-Fr. 11-15, Garten und Park bis 16 Uhr
Eintritt 14,95 £ | www.powderham.co.uk

★ A la Ronde

Eines der exzentrischsten Häuser Englands

Der Landsitz 2 mi / 3 km vor **Exmouth** wurde 1796 von den Cousinen Jane und Mary Parminter nach dem Vorbild der Kirche San Vitale in Ravenna mit 16-seitigem Grundriss gebaut. Die beiden Frauen waren fast zehn Jahre durch Europa gereist und verlangten bei ihrer Rückkehr nach einem extravaganten und zugleich praktischen Zuhause für ihre großen Sammlungen. Die Räume sind sternförmig um eine zentrale Kuppelhalle angelegt und voll mit Kuriositäten: ein Federnfries, Bücher, Aquarelle und vor allem Muscheln, die als aufwändige Verzierung eine achteckige Kuppel, Treppe und Galerie bedecken.

April-Okt. Mi.-So. 10.30-15.30 Uhr | Eintritt 9,50 £
www.nationaltrust.org.uk/a-la-ronde

Sidmouth

Eingebettet in rote Klippen

14 mi / 22 km östlich von Exeter erstreckt sich der Badeort Sidmouth, dessen Esplanade Regency-Bauten säumen. Vom Strand führen die hölzernen Stufen der Jacob's Ladder zu den wunderschönen Connaught Gardens hinauf.

FENLAND · ★ ELY

Landesteil: Ostengland |
Grafschaften: Cambridgeshire, Norfolk, Lincolnshire

Als weithin sichtbares Wahrzeichen ragen die Türme der Ely Cathedral aus dem flachen Fenland. Die beschauliche Kleinstadt am Fluss Great Ouse ist eine gute Ausgangsbasis, wenn Sie »The Fens« erkunden wollen – eine einzigartige, von Wasser geformte Landschaft. Wie sie früher einmal ausgesehen hat, lässt sich noch im Naturschutzgebiet Wicken Fen erahnen.

Marschen und Moore

Das Marsch- und Moorgebiet, das von den Flüssen Ouse, Nene, Welland und Witham gespeist wird, besteht in küstennahen Gegenden aus Schlickablagerungen, im Hinterland aus torfigen Mooren. Zu Hadrians Zeiten gab es in den Fens römische Siedlungen mit Getreideanbau und Salzgewinnung. Schon damals begann man, Moorgebiete trockenzulegen. Die hauptsächliche Entwässerung leitete 1622 bis 1656 der holländische Ingenieur Cornelius Vermuyden, so dass es in den Fens heute fruchtbare Anbauflächen gibt. Um das Wasser aus dem Boden zu pumpen, setzte man früher nach holländischem Vorbild Windmühlen ein, von denen noch einige zu sehen sind. Naturfreunde dürfen sich dennoch auf interessante Besichtigungen freuen: Einige ehemalige Feuchtbiotope wurden wiederhergestellt.

16 Eichenstämme tragen die hölzerne Krone der Kathedrale von Ely.

DAS FENLAND ERLEBEN

Oliver Cromwell's House
29 St Mary's St., Ely
Tel. 01353 66 20 62
www.visitely.org.uk

Der Fernwanderweg Fen Rivers Way führt von Cambridge durch Ely nach King's Lynn an der Küste. Aus erhöhter Lage am Flussdamm blickt man über die weite, flache Landschaft.
www.norfolk.gov.uk, s. Out and about in Norfolk
www.fenedgetrail.org

THE OLD FIRE ENGINE HOUSE €€

Zum charmanten Haus gehört ein großer Garten, der ideale Ort für Afternoon Tea. Mittags und abends wird traditionelle britische Küche serviert.
25 St Mary's Street, Ely
Tel. 01392 66 25 82
www.theoldfireenginehouse.co.uk

CENTRAL TEA ROOMS €

Eine verführerische Auswahl an Kuchensorten und leichten Mittagsgerichten in einem Haus aus dem 15. Jh. mit stimmungsvollen Räumen.
7 Red Lion Square, Stamford
Tel. 01780 76 32 17
www.centraltearoom.com

THE GEORGE HOTEL €€€€

Die berühmte Traditionsherberge ist heute ein höchst komfortables Hotel mit ausgezeichnetem Restaurant. Einige Teile des wunderschönen Gebäudes sind mehrere hundert Jahre alt. Wer sich die Übernachtung oder das britische Menü im vornehmen Speisesaal nicht leisten kann, isst im weniger steifen Garden Room oder schaut wenigstens einmal in der Bar oder zum Afternoon Tea vorbei.
71 St Martin St., Stamford
Tel. 01780 75 07 50
www.georgehotelofstamford.com

PEACOCK'S TEA ROOM €€

Zum überdurchschnittlich guten Tea Room am Fluss kamen zwei altenglisch eingerichtete B&B-Zimmer hinzu.
65 Waterside, Ely
Tel. 01353 66 11 00
www.peacockstearoom.co.uk

Wohin in Ely?

★ Ely Cathedral

Die Gekrönte

Ihr einmaliges Merkmal verdankt die Kathedrale dem Einsturz des Vierungsturms 1322. Der Zusammenbruch von Türmen war im Mittelalter keine Seltenheit, aber hier geschah beim Wiederaufbau etwas Ungewöhnliches: Die Kathedrale erhielt eine **achteckige Krone aus Holz.** Das von 16 Eichenstämmen getragene Oktogon mit 25 m Durchmesser bietet einen erhabenen Anblick. Ihm wurde wiederum eine achteckige Laterne aufgesetzt. Die 400 t schwere Holzkonstruktion ist außen mit Blei verkleidet.

BAEDEKER MAGISCHE MOMENTE

OBEN MIT DEN ENGELN

Der erste spannende Augenblick bei der Turmführung: Der Domführer öffnet die mit Engelsfiguren bemalten Holzklappen und gibt den Blick ins Innere des Oktogons frei. Wenn gleichzeitig noch der Chor probt, werden Sie glauben, im Himmel zu schweben. Danach geht es durch eine Tür zum Bleidach des Turms mit einem Engelsblick auf Ely und das weite, flache Fenland.

Die drittgrößte Kathedrale in England spiegelt den frühen Reichtum wider, den die Stadt durch den Torf erlangte, der als Brennmaterial zur Salzgewinnung genutzt wurde. Vor der Trockenlegung der Fens war Ely eine Insel im sumpfigen Moor. Schon Ende des 7. Jh.s stand hier ein Kloster, gegründet von Northumbrias Königin St Etheldreda. Das heutige Gebäude wurde 1083 begonnen. Als Ely 1109 Bischofssitz wurde, war der östliche Teil der Kirche fertig, der westliche Teil wurde 1190 beendet. Das Innere des 76 m langen Schiffs ist streng normannisch, wirkt durch die mehrfache Gliederung der zwölf normannischen Joche und die im 19. Jh. bemalte Decke aber ungewohnt leicht und beschwingt. Die Marienkapelle (1321) ist ein wunderschönes Beispiel des Decorated Style. Im Triforium der Kathedrale kann man Glasmalereien aus nächster Nähe betrachten. Das **Museum of Stained Glass** erklärt die Herstellungstechniken von Glasfenstern und zeigt schöne Beispiele vom Mittelalter bis ins 20. Jahrhhundert. Die Klostergebäude, die noch teilweise erhalten sind und heute zur King's School gehören, bilden mit dem Bischofspalast und Grünflächen ein schönes Ensemble. Von hier kann man einen Spaziergang zum Great Ouse machen und dann in östlicher Richtung am Fluss entlang an Bootsanlegern (Ausflugsboote im Sommer) und Wiesen vorbei.

Im **Pfarrhaus der St-Mary-Kapelle** lebte Oliver Cromwell mit seiner Familie von 1636 bis 1647. Zwei Jahre später wurde König Charles I. enthauptet, und Cromwell regierte das Land als »Lord Protector« bis 1659. Im Fachwerkbau ist ihm eine Ausstellung gewidmet.

Kathedrale: tgl. 7–18.30, Winter 10–16, So. 12–15, Uhr | Eintritt 9 £, mit Turmführung 19 £ | www.elycathedral.org

Museum of Stained Glass: Di.–Sa. 10.30–17, Nov.–März bis 16 Uhr Eintritt 5 £ | stainedglassmuseum.com

Oliver Cromwell's House: April–Okt. tgl. 10–17, Nov.–März 11–16 Uhr | Eintritt 6,50 £

Wohin im Fenland?

Das »alte« Fenland

Wicken Fen

In dieser flachen, weitgehend dem Ackerbau gewidmeten Region geben einige naturbelassene bzw. renaturierte Flecken einen Eindruck der historischen Landschaft. Das auf 50 Jahre ausgelegte Great-Fen-Projekt (www.greatfen.org.uk) verfolgt das Ziel, 3700 ha Land rund um bestehende Naturschutzgebiete als Feuchtbiotope wiederherzustellen. In den erhaltenen Fens leben seltene Vogelarten, Libellen, Schmetterlinge und Wildblumen. 16 km südlich von Ely liegt das 1899 als erstes britisches Naturschutzgebiet ausgewiesene Moorland des **Wicken Fen,** wo die verschiedenen Entstehungsformen und Nutzungsstadien der Fens sowie das frühere Leben der Fen-Bewohner gezeigt werden. Zu Fuß, mit dem Fahrrad oder auf dem Boot »Mayfly« erkundet man das Gebiet und kann je nach Jahreszeit Vogelarten wie Silberreiher und Rohrdommel erspähen.

Wicken Fen: Gelände immer zugänglich, Besucherzentrum und Ausstellungen tgl. 10–17, Bootsfahrten Ostern–Sept. | Eintritt 8,50 £
www.nationaltrust.org.uk/wicken-fen-nature-reserve

Ein wenig Holland

Wisbech

Die hübsche Stadt Wisbech lag früher nur etwa 6 km vom Meer entfernt, heute liegt sie im Marschland – fast 18 km sind es bis zur Küste. Der Hafen am River Nene ist umgeben von Obstgärten, Tulpenfeldern und grünen Marschen. Die Wohnhäuser entlang der Kanäle erinnern an Holland. Das normannische Castle ist schon lange verschwunden, aus dem Material baute sich Thomas Thurloe, Cromwells Staatssekretär, ein Haus. Daneben findet man das **Wisbech & Fenland Museum.** Sehenswert im **Peckover House** (1722), heute im Besitz des National Trust, sind die Rokokodekoration und der viktorianische Garten. Die Mitbegründerin des National Trust, **Octavia Hill**, kam aus Wisbech. Ein kleines Museum in ihrem Geburtshaus ehrt die Frau, die sich mit großem Erfolg für den Erhalt der englischen Landschaft und des Kulturguts einsetzte.

Wisbech & Fenland Museum: Museum Square | Mi.–Sa. 10–16 Uhr
Eintritt 5 £ | www.wisbechmuseum.org.uk

Peckover House: März–Okt. Sa.–Mi. 13–17 Uhr | Eintritt 8,20 £
www.nationaltrust.org.uk/peckover-house

Octavia Hill's Birthplace: Di., Mi. 10–16, Do. 13–16, Fr. 10–13 Uhr
Eintritt 5 £ | www.octaviahill.org

Wo England am tiefsten liegt

Holme Fen

Das heute weitgehend aus Birkenwald bestehende Holme Fen, der letzte Rest eines größeren Sees, befindet sich ca. 15 km südlich von Peterborough. Ein Rundgang beginnt am **Holme Post**, der Markierung der tiefsten Stelle des englischen Festlands – 2,75 m unter NN.

20 km nördlich von Ely finden sich im Winter zahllose Gänse, Enten, Pfeif- und Singschwäne auf dem mit 400 ha größten Schwemmlandgebiet Großbritanniens ein. Im Sommer sieht man Wildblumen, Libellen, viele Schmetterlinge und Vogelarten wie den Säbelschnäbler.

Holme Fen: frei zugänglich | www.greatfen.org.uk

Eine der schönsten normannischen Kirchen Englands

★ Peterborough Cathedral

Die Industriestadt Peterborough am River Nene ist eher gesichtslos und wird vor allem wegen der **Kathedrale** besucht. Nachdem ein Benediktinerkloster 1116 abgebrannt war, bauten die Mönche bis 1238 ihre Kirche wieder auf. Reliquien des hl. Oswald und von Thomas Becket machten die Abtei zum Pilgerziel. Den schönen elfenbeinfarbenen Stein schlugen die Mönche in den 16 km entfernten Steinbrüchen bei Barnack. Die im 13. Jh. vorgesetzte **Westfront** mit drei riesigen Portalen ist eine der ungewöhnlichsten Fassadenlösungen der Frühgotik; hinter den Ecktürmen taucht die Silhouette des Vierungsturms aus dem 15. Jh. auf. Das **Innere** ist normannisch. Einmalig in England ist die figürlich und ornamental bemalte Flachdecke von 1220. Im südlichen Seitenschiff sind seltene normannische Kreuzgratgewölbe zu sehen; auch das nördliche und südliche Querhaus sind

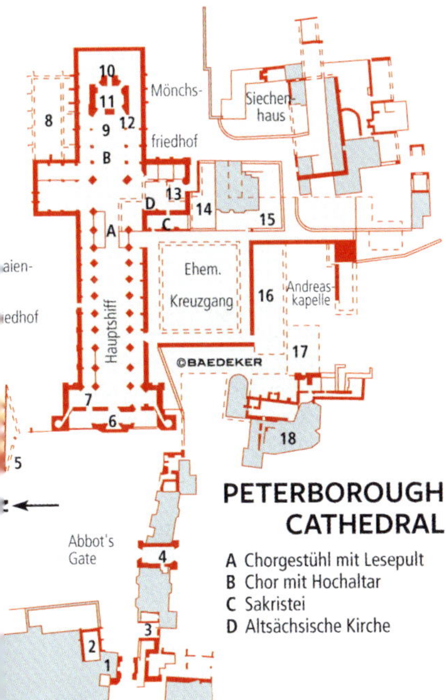

PETERBOROUGH CATHEDRAL

A Chorgestühl mit Lesepult
B Chor mit Hochaltar
C Sakristei
D Altsächsische Kirche

Äußeres Tor (oben St. Nicholas´ Chapel)
Kapelle des hl. Thomas von Canterbury
Gefängnis
Rittersaal
Prior´s Gate
Westfassade und Zugang zur Schatzkammer
Porträt des Robert Scarlett
Ehem. Marienkapelle (1651 zerstört)

9 Grab der Katharina von Aragón
10 Neuer Bau (1508)
11 Stein der Mönche (8. Jh.)
12 Urspr. Grabstätte von Maria Stuart
13 Zugang zu den Fundamenten der altsächsischen Kirche
14 Ehem. Kapitelhaus
15 Ehem. Mönchsdormitorium
16 Ehem. Mönchsrefektorium
17 Ehem. Mönchsküche
18 Bischofspalais

normannisch. In der nördlichen Choreinfriedung befindet sich das Grab der **Katharina von Aragón** (1485–1536), Tochter der »Katholischen Könige« Spaniens und erste Ehefrau von Heinrich VIII. Nach der erzwungenen Scheidung lebte sie von 1533 an als königliche Gefangene nahe Peterborough. In der südlichen Choreinfriedung erinnert eine Gedenkplatte an das Grab von **Maria Stuart**, die nach ihrer Hinrichtung in der nahe gelegenen Burg Fotheringhay hier bestattet wurde. Ihre Gebeine wurden 1612 von ihrem Sohn Jakob I. nach Westminster Abbey (London) überführt. Der Retrochor mit einem herrlichen Fächergewölbe (um 1500) birgt den Hedda Stone, eine um 780 entstandene Bildhauerarbeit. Sie war Teil eines Schreins, der über einem Massengrab von Mönchen aufgestellt war, die mit ihrem Abt Hedda 870 beim Dänenüberfall ermordet wurden.

Mo.–Sa. 10–17, So. 12–15; Highlights-Tour 11 und 14 Uhr | Eintritt frei, Turmbesteigung 15 £ | www.peterborough-cathedral.org.uk

Rund um Ely

»The Finest Stone Town in England«

Stamford

Stamford 19 km nordwestlich von Peterborough bezeichnet sich aufgrund des Vorkommens eines goldbraunen Kalksteins mit gutem Grund als »the finest stone town in England«. Es war früher Knotenpunkt an der Strecke Edinburgh–London. Sir Walter Scott übernachtete hier, und Charles Dickens erwähnt den Ort in seinem Roman »Nicholas Nickleby«. Das alte Stadtbild aus der Zeit vor 1800 blieb so gut erhalten wie in kaum einem anderen Ort des Landes. Sehenswert sind in der Broad Street die Eingangspassage und der Kreuzgang von Browne's Hospital sowie fünf alte Kirchen: St Mary und All-Saints (frühgotisch), St John's (Perpendicular Style), St George's (13–15. Jh.) mit schönen Glasfenstern und St Martin's mit Prunkgräbern der Cecil-Familie.

Sitz des Marquess of Exeter

Burghley House

Burghley House 3 km südlich von Stamford ist ein schönes Beispiel für elisabethanische Schlossbaukunst (1553–1587). Errichtet wurde der Adelspalast für William Cecil, Lord Burghley (1520–1598), einen einflussreichen Politiker während der elisabethanischen Ära. Überaus verschwenderisch ist die Innenausstattung mit Gemälden italienischer und englischer Barockmaler sowie großen Dekorationsmalereien. In den 17 Staatsräumen zeigen die Cecils ihre Schätze: Gobelins, kostbare Möbel, Porzellan, Uhren und Silber. Den Landschaftspark schuf Capability Brown im 18. Jahrhundert.

Mitte März–Okt. Haus Sa.–Do. 10.30–16.30, Garten tgl. 10–17 Uhr
Eintritt 18 £, nur Garten 7,50 £ bei Online-Buchung
www.burghley.co.uk

GLOUCESTER · CHELTENHAM

Landesteil: Mittelengland | **Grafschaft:** Gloucestershire |
Einwohnerzahl: Gloucester 132 000, Cheltenham 120 000

Zwischen den Cotswold-Hügeln und dem Severn-Fluss liegen zwei recht unterschiedliche Nachbarstädte. Gloucester ist eine historische Grafschaftshauptstadt, eine römische Gründung mit einer beeindruckenden Kathedrale und königlichen Verbindungen. Cheltenham dagegen ist erst seit 200 Jahren von Bedeutung – als mondäner Kurort, der deutlich mehr Annehmlichkeiten bietet als das ältere Gloucester und sich gut als Standort für die Erkundung der ▸ Cotswolds eignet.

Historisch oder modern?

Schuljahre im Internat prägten das Leben vieler bekannter Briten, da überrascht es nicht, dass sie auch in Literatur und Filmen über Großbritannien häufig eine Rolle spielen. Das Cheltenham Ladies College genießt einen ausgezeichneten Ruf als Englands führende Mädchenschule für die Oberschicht, zu den ehemaligen Schülerinnen gehört u. a. die Schauspielerin Kristin Scott Thomas. In der populären Vorstellung eines Internats wird das vornehme Cheltenham allerdings von seiner Nachbarstadt in den Schatten gestellt: Im stimmungsvollen gotischen Kreuzgang von Gloucesters Kathedrale wurden Szenen für die Hogwarts-Schule der Harry-Potter-Verfilmungen gedreht.
Gegen ein wenig Zauberkraft hätte man wohl in Gloucester nichts einzuwenden gehabt, als 1085 Wilhelm der Eroberer hier eine Zählung der englischen Besitztümer verfügte – eine statistische Erhebung, die als **Domesday Book** in die Geschichte einging. Nach dem Jüngsten Tag wurde das Werk benannt, weil viele Grundbesitzer angesichts ihres Steuerbescheids ebendiesen Tag gekommen glaubten.

CHELTENHAM ERLEBEN

TOURIST INFORMATION CENTRE

Municipal Offices, The Promenade, Cheltenham
www.visitcheltenham.com
28 Southgate St., Gloucester
Tel. 01452 39 65 72
www.visitgloucester.co.uk

Die attraktive Stadt Cheltenham zieht große Namen an. Weithin bekannt ist das **Cheltenham-Musikfestival** im Juli, noch mehr Besucher kommen zu den **Pferderennen** Mitte März. Im Mai gibt es ein Jazz Festival, im Oktober das Literature Festival.
www.cheltenhamfestivals.com

LUMIERE €€€
Der Sterne-Koch Jon Howe zeigt mit 4-, 6- und 8-Gänge-Menüs, wozu die moderne britische Küche in der Lage ist. Mittagessen Fr., Sa., Abendessen Mi. bis Sa.
Clarence Parade, Cheltenham
Tel. 01242 22 22 00
lumiererestaurant.co.uk

PRITHVI €€
Durch indische Zubereitungsmethoden und Gewürze interpretiert das Prithvi (»Mutter Erde«) britische Gerichte wie Lamm- und Rindfleisch neu – Einheimische wie Restaurantkritiker sind begeistert.
37 Bath Road, Cheltenham
Tel. 01242 22 62 29
prithvirestaurant.com

CROSSWAYS €€
Auch ein B&B kann sich mit vier Sternen schmücken – dieses zurecht.
57 Bath Rd., Cheltenham
Tel. 01242 52 76 83
www.crosswaysguesthouse.com

Wohin in Gloucester?

Kunstvoll gestaltet, reich ausgeschmückt

★ Gloucester Cathedral

Die Kathedrale geht auf ein angelsächsisches Kloster von 681 zurück. Anders als das gotische Äußere erscheint der Innenraum mit großen Rundbögen noch im **anglonormannischen Stil,** nur die Decke von 1242 ist frühgotisch. Ab der Vierung sind **filigranere gotische Formen** auszumachen – der Chor (um 1360) gilt als **Wiege des Perpendicular Style** in England. Im Chor sind bedeutende Grablegen: der Sarkophag des ältesten Sohns von Wilhelm dem Eroberer, **Robert II.** (1054–1134), mit einer Liegefigur des Verstorbenen aus dem frühen 13. Jh.; an der Nordwand das Grab von König Osric (gest. 729), dem Gründer des angelsächsischen Klosters, und das Alabaster-Grabmonument (1330) von Edward II., der 1327 von seiner Frau und deren Liebhaber in Berkeley Castle ermordet und auf Veranlassung seines Sohns Edward III. in der Abteikirche beigesetzt wurde.
Die alten Glasmalereien im Ostfenster stammen zum Teil noch aus dem 14. Jh., u. a. ist eine Marienkrönung dargestellt. Der **Kreuzgang** entstand 1351 bis 1412, seine schönen Fächergewölbe sind die frühesten dieser Art in England. Im normannischen **Kapitelhaus** soll Wilhelm der Eroberer das Domesday Book in Auftrag gegeben haben.
Mo.–Sa. 10–17, So. 12–17 Uhr | Eintritt frei
www.gloucestercathedral.org.uk

» Eines der wichtigsten und rätselhaftesten Baudenkmäler der ganzen Kunstgeschichte. «

Martin Hürlimann

Ein Spukhaus?

Das New Inn in der Northgate Street wurde 1450 als Rasthaus zur Unterbringung von Pilgern gebaut. In dem Haus nächtigte **Lady Jane Grey,** als sie 1554 zur Königin proklamiert wurde – eine Regentschaft, die nur ganze neun Tage dauern sollte. Ihre Nachfolgerin Mary Tudor ließ sie hinrichten. Seither soll der Geist von Lady Jane im New Inn umgehen. Heute ist das Haus ein Hotel und Restaurant.

New Inn

Vergangenheit trifft Gegenwart

Im historischen Hafen dokumentiert das **National Waterways Museum** die 250-jährige Geschichte des englischen Kanalwesens und das Leben der Binnenschiffer. In den einstigen Lagerhäusern ist mit Geschäften, Cafés und Restaurants neues Leben eingezogen.

Historischer Hafen

National Waterways Museum: Di.–Sa. 10–15 Uhr | Eintritt 8,50 £
canalrivertrust.org.uk/gloucester

Wohin in Cheltenham?

Sightseeing, Shopping, Spionage

Cheltenham wurde durch George III. ab 1788 berühmt. Ein weiterer prominenter Kurgast war der Herzog von Wellington. Heute ist der

Schicker Kurort

Letzte Ruhestätte für Robert II., genannt Robert Kurzhose. Ob der Sohn Wilhelms des Eroberers genau an dieser Stelle beerdigt ist, ist nicht sicher.

Kurort schick und modern, bekannt eher als Standort des britischen Spionageabhördienstes als für die pensionierten Kolonialbeamten, die sich einst hier zur Ruhe setzten. Zum Besuchsprogramm gehört ein Bummel über die breite Promenade mit Regency-Häusern. Auch Montpellier Walk und die Grünanlagen Imperial Gardens und Montpellier Gardens zeigen, wie viel der Ort auf sich hält. Nördlich der Stadtmitte am Pittville Park steht das wohl schönste Regency-Gebäude, der Pittville Pump Room. Im Parterre kann man noch immer das Heilwasser probieren. In der Clarence Street zeigt **The Wilson Art Gallery & Museum** Möbel und Kunsthandwerk der Arts-&-Crafts-Bewegung, der man in den nahen Cotswolds begegnet. Zu bewundern sind auch Gemälde alter holländischer Meister und britischer Künstler sowie Porzellan aus Fernost und archäologische Exponate.
Museum and Art Gallery: Di.–Sa. 10–18, So. 10–16 Uhr | Eintritt frei
www.cheltenhammuseum.org.uk

Rund um Gloucester

Alte Fachwerkhäuser und traditionelle Inns

Tewkesbury

Tewkesbury ist ein hübsches Städtchen 5 km nördlich von Deerhurst. Es liegt in der Nähe des Zusammenflusses von Severn und Avon, auf beiden Flüssen kann man Bootsfahrten unternehmen. Die **Abbey Church** gehört zu Englands schönsten normannischen Bauwerken, das Material wurde teilweise aus Frankreich importiert. Eindrucksvoll sind der massige normannische Turm und die Westfront. Den zylindrischen Pfeilern im Schiff wurde im 14. Jh. ein neues Gewölbe aufgesetzt, ein Lierne-Gewölbe, dessen Rippen Sternmuster bilden.

GUILDFORD

Höhe: 73 M. ü. d. M. | **Grafschaft:** Surrey | **Einwohnerzahl:** 77 000

Nur einmal, soweit bekannt ist, hat das Oberhaupt der anglikanischen Kirche einen Menschen getötet. 1621 nahm der aus Guildford stammende Erzbischof George Abbot an einer Jagd teil, zielte mit seiner Armbrust auf ein Reh – und traf den Wildhüter. Der König begnadigte ihn, er durfte im Amt bleiben, doch den Rest seines Lebens bestimmten Reue und Melancholie. Der aus bescheidenen Verhältnissen stammende Erzbischof hinterließ seiner Heimatstadt eine prächtige Stiftung für die Armen.

GUILDFORD ERLEBEN

155 High St., Guildford
Surrey GU1 3AJ
Tel. 01483 44 43 33
www.visitguildford.com

COTE BRASSERIE €€
Die charmante Brasserie gibt sich mit Vichyssoise-Suppe, Moules frites und Steak frites teils französisch, teils belgisch. Crêpes, Risotto, Gemüsegerichte und Salate schmecken Vegetariern.
35 Castle St.
Tel. 01483 57 97 14
www.cote.co.uk

ASPERION €€€
Das moderne, mit vier Sternen ausgezeichnete Haus liegt nur wenige Minuten zu Fuß von der Stadtmitte entfernt und bietet Zimmer in verschiedenen Kategorien, auch Einzelzimmer. Zwar gibt es kein Restaurant, aber in der Lounge werden kleine Gerichte serviert. In der Bar werden Weine und Bier von regionalen Brauereien angeboten.
73 Farnham Rd.
Guildford GU2 7PF
Tel. 01483 57 92 99
www.asperion.co.uk

In Guildford trifft Mittelalter auf Moderne: Neben einer modernen Kathedrale und einer jungen Universität kann man hier eine historisch gewachsene Altstadt mit normannischer Burg besichtigen. Die Hauptstadt der Grafschaft Surrey ist außerdem ein guter Ausgangspunkt für Ausflüge in den westlichen Teil der North Downs, die sich von hier nach Osten bis zu den Kreideklippen bei Dover erstrecken.

Mittelalter trifft Moderne

Wohin in Guildford?

Bummeln, schauen, entdecken

High Street

Guildfords High Street ist eine der schönsten und steilsten Hauptstraßen Englands. Zu den interessanten Gebäuden gehört die 1553 gegründete **Royal Grammar School,** ein sehenswertes Tudorhaus, in dessen »Chained Library« 90 alte Folianten mit Ketten gegen Diebstahl gesichert sind. Am höchsten Punkt der Straße erhebt sich die **Holy Trinity Church** mit ihrem Hauptturm von 1763. Im südlichen Querschiff ruht Erzbischof Abbot, gegenüber steht sein Armenhaus von 1622. Die **Guildhall** erhielt 1683 ihre berühmte Uhr und eine neue Fassade. Spätnormannisch ist die Kirche **St Mary's** weiter unten. Vom einst königlichen Castle ist nur der Bergfried von 1170 gut erhalten. Das **Guildford Museum** am Fuß der

Burg widmet sich dem Leben und Werk von Charles Lutwidge Dodgson alias Lewis Carroll und der Gärtnerin und Schriftstellerin Gertrude Jekyll. Lewis-Carroll-Fans können noch zum Castle Hill weitergehen, dort lebte der Autor von »Alice in Wonderland« zeitweilig im Haus »The Chestnuts«. Er ist auf dem Friedhof The Mount jenseits des River Wye begraben.

Guildford Castle: April–Okt. Mi.–Sa. 12–16.30 Uhr | Eintritt 3,90 £
Guildford Museum: Mi.–Sa. 12–16.30 Uhr | Eintritt frei
www.guildford.gov.uk

Eine der wenigen neuen Kathedralen in England

Cathedral Holy Spirit

Der Grundstein für die Holy Spirit wurde 1936 gelegt. Sie liegt außerhalb der Stadtmitte auf einer Anhöhe westlich des River Wey. Wegen der Kriegswirren wurde sie erst 1961 fertiggestellt und eingeweiht.

Rund um Guildford

Schauplatz legendärer Partys

Polesden Lacey

In der Regency-Villa Polesden Lacey, etwa 5 mi / 8 km östlich, feierten einst die Londoner High Society und die königliche Hofgesellschaft; Georg VI. und die so beliebte Queen Mum, die Eltern von Elizabeth II., verbrachten hier sogar ihre Flitterwochen. Die Greville-Kunstsammlung enthält standesgemäß Gemälde von Reynolds, Lawrence, Raeburn, italienische Meister des 14. bis 16. Jh.s. sowie flämische Gobelins und französisches Mobiliar.

März–Okt. tgl. 11–15.30, Nov.–Febr. Sa., So. 11–15 Uhr | Eintritt Gesamtanlage 15 £ | www.nationaltrust.org.uk/polesden-lacey

HADRIAN'S WALL

Landesteil: Nordengland |
Grafschaften: Cumbria und Northumberland

Entlang von Hadrian's Wall, dem großen Befestigungswall, den die Römer gegen die schottischen »Barbaren« errichteten, läuft ein Fernwanderweg durch schöne Landschaft. Mehrere hervorragend aufbereitete Besucherattraktionen in Forts und Museen veranschaulichen das frühere Leben an der römischen Grenze. Etwas weiter südlich liegen die charmanten kleinen Städte Hexham und Corbridge.

HADRIAN'S WALL ERLEBEN

THE SILL – NATIONAL LANDSCAPE DISCOVERY CENTRE

Bardon Mill, NE47 7AN
Tel. 01434 34 12 00
www.visithadrianswall.co.uk
www.visitnorthumberland.com

BOUCHON BISTROT €€

Die typischen Gerichte des ländlichen Frankreichs sind vielleicht zwischendurch einmal eine gute Alternative zur rustikalen englischen Küche, die sonst in dieser Gegend vorherrscht.
4–6 Gilesgate, Hexham
Tel. 01434 60 99 43
www.bouchonbistrot.co.uk

TWICE BREWED INN €€

Das Lokal in der Nähe des Besucherzentrums The Sill und des landschaftlich eindrucksvollsten Abschnitts von Hadrian's Wall am Fort Housesteads serviert ausgezeichnetes Lamm- und Rindfleisch sowie Käsesorten der Region. Einige Gästezimmer.
Bardon Mill, NE47 7AN
Tel. 01434 34 45 34
www.twicebrewedinn.co.uk

BEAUMONT HOTEL €€

Das viktorianische Haus mit gemütlichen Zimmern blickt auf die Abtei, im vorzüglichen Restaurant gibt's Fischgerichte und Vegetarisches.
Beaumont St., Hexham NE46 3LT
Tel. 01434 60 23 31
thebeaumonthexham.co.uk

Ein Offizier der Kavallerie bittet um eine Lieferung von Bier für seine Truppen; Claudia Severa, Ehefrau eines Fortkommandanten, lädt Sulpicia Lepidina auf ihre Geburtstagsfeier: Die Entdeckung von dünnen hölzernen Schreibtafeln in Postkartengröße im Fort Vindolanda erlaubt Einblicke in den Alltag römischer Soldaten. Was hielten sie von den einheimischen Kelten? Der herablassende Begriff »Brittunculi«, »kleine Briten«, spricht für sich.

Wider die Barbaren

Verirrte Steine

Der Wall damals und heute

Der Hadrian's Wall wurde auf Befehl des Kaisers Hadrian im Jahr 122 n. Chr. begonnen und 132 fertiggestellt. Er diente der Verteidigung, hatte aber auch Tore für den Nord-Süd-Verkehr. Ursprünglich bestand er aus zwei Steinmauern, deren Zwischenräume mit Erde, Steinmörtel und Schotter gefüllt wurden. Ein tiefer Fallgraben lag auf der einen, ein flacherer Graben auf der anderen Seite. Bis zu 3 m dick und 6 m hoch war der Wall damals, heute ist er nirgends mehr höher als 1,8 m. 17 bis 19 Kastelle schützten den Wall, daneben gab es noch kleine Forts und Wachttürme. Eine Heerstraße zog sich an der Mauer entlang, und außerhalb der Forts entstanden Dörfer mit Läden, Gasthäusern und Tempeln. Später wurde die Mauer als Stein-

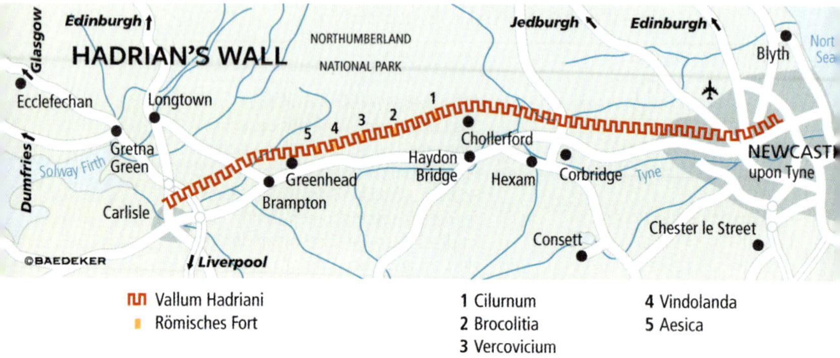

bruch missbraucht: Steine davon finden sich in den Mauern vieler Kirchen und Privathäuser.

Der 118 km lange Hadrian's Wall zieht sich vom Meeresarm Solway Firth im Westen quer durch Nordengland bis zu seinem Endpunkt, dem Fort Segedunum im Ballungsgebiet von Newcastle-upon-Tyne. Der landschaftlich und geschichtlich interessanteste Abschnitt liegt zwischen Corbridge im Osten und dem Fort Birdoswald. Vom Fort Chesters bis zu Greenhead mit dem Roman Army Museum verläuft die B6318 direkt neben den Resten des Walls (▶ Abb. S.426).

Wohin am Hadrian's Wall?

Lebendig präsentierte Grabungsfunde

Corbridge Roman Town

Am Rande der reizvollen Kleinstadt Corbridge lohnt sich ein Besuch der ausgegrabenen römischen Stadt. Die Militärstraße südlich von Hadrian's Wall lief durch die Siedlung und ist stellenweise gut erhalten. Links und rechts davon sieht man u. a. beeindruckende Reste der Getreidelager und des Brunnenhauses. Zu den Höhepunkten im Museum gehört der Corbridge Hoard, der Inhalt der Holzkiste eines Soldaten mit ungewöhnlich gut erhaltener Rüstung.

April–Okt. tgl. 10–17, Nov.–März Sa., So. 10–16 Uhr | Eintritt 10 £
www.english-heritage.org.uk

Das am besten erhaltene römische Kastell

Chesters

Etwa 1 km westlich von Chollerford am Ufer des North Tyne befindet sich das Kastell Chesters (Cilurnum), das 500 Kavalleristen als Besatzung hatte. Erhalten sind Tore, Kasernen, Gebäude des Hauptquartiers, Badehäuser, Ställe und Heizungsanlagen unter dem Fußboden. Das kleine Museum birgt römische Funde, darunter Wertsachen, die einer Wassergöttin geopfert wurden. Am gegenüberliegenden Ufer

FORT VINDOLANDA

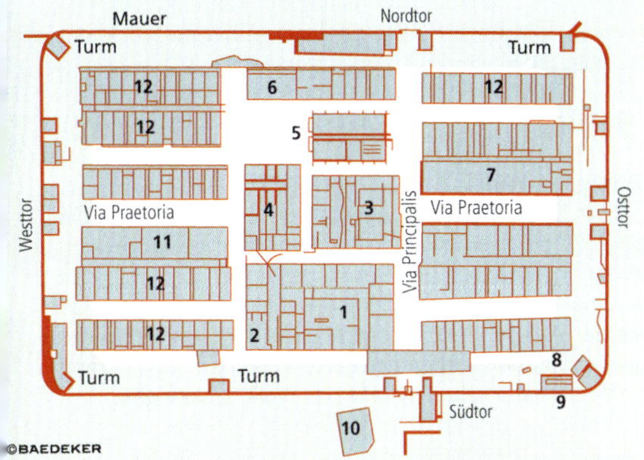

1 Haus des Kommandanten
2 Bad des Kommandanten
3 Hauptquartier
4 Hospital
5 Kornspeicher
6 Ställe (?)
7 Badehaus
8 Zisterne
9 Latrine
10 Zivilistensiedlung
11 Werkstatt
12 Kasernen

des North Tyne sind Reste einer römischen Brücke erhalten. Die Kirche in Chollerton 4 km östlich von Chollerford zeigt einen Bogengang (ca. 1150) mit monolithischen römischen Säulen und einem römischen Altar, der als Taufstein benutzt wird.

April–Okt. tgl. 10–17, Nov.–März Sa., So. 10–16 Uhr | Eintritt 10 £
www.english-heritage.org.uk

Importierter Kult

Carrawburgh

5 km westlich in Carrawburgh lag der Militärstützpunkt **Brocolitia,** wo ein dem Sonnengott Mithras geweihter Schrein aus dem 3./4. Jh. ausgegraben wurde. Der mystische Mithras-Kult hat sich von etwa 70 v. Chr. durch die römischen Soldaten bis nach Germanien und Britannien ausgebreitet. In ▶ Newcastle-upon-Tyne befindet sich im Museum of Antiquities eine Nachbildung.

Gelände frei zugänglich

Ein- und Ausblicke

Vercovicium/ Housesteads

Das Kastell Vercovicium (heute: Housesteads) hat vier Tore, Hauptquartier, Kornkammern, Kasernen, Badehäuser, Krankenhaus, Ställe, Latrine, Werkstätten und Wassertanks; es konnte 800 Soldaten aufnehmen. Das Museum zeigt etliche Funde, erläutert den Bau des Forts und das Leben in der benachbarten Zivilsiedlung. An diesem Abschnitt des Walls eröffnet der Wanderweg weite Aussichten über das Land.

April–Okt. tgl. 10–17, Nov.–März bis 16 Uhr | Eintritt 10 £
www.english-heritage.org.uk

So sah die Mauer aus

Vindolanda

In Chesterholm 3 km südlich liegt das Fort **Vindolanda** mit einem Hauptquartiergebäude und einer Ausstellung der Schreibtafeln, Textilien, Leder- und Holzgegenstände. Ein nachgebautes Stück des Hadrian's Wall zeigt die Mauer im Komplettzustand.

Febr.–Okt. tgl. 9.30–17.30 Uhr | Eintritt 12,50 £; Kombi-Ticket mit Roman Army Museum 16 £ | www.vindolanda.com

Römischer Alltag am Wall

★ Roman Army Museum

Das Roman Army Museum in der ehemaligen Corvoran-Farm bei Greenhead erweckt mit interaktiven Exponaten, einer beeindruckenden 3D-Präsentation, Modellen und Rekonstruktionen des Walls den Alltag im römischen Heer zum Leben. Die Ausstellungen widmen sich auch der Rolle der Armee im römischen Reich, der Geschichte der Provinz Britannien und dem Leben des Kaisers Hadrian. Angrenzend kann man einen der besterhaltenen Teile des Walls besichtigen.

Febr.–Okt. tgl. 9.30–17.30 Uhr | Eintritt 8 £; Kombi-Ticket mit Fort Vindolanda 16 £ | www.vindolanda.com

Schön gelegen

Birdoswald

6 km westlich von Greenhead blickt man vom wunderschön gelegenen Kastell Birdoswald ins tief eingeschnittene Tal des River Irthing. Türme, das Westtor und eine Basilika wurden freigelegt, außerdem Spuren einer großen, hölzernen Halle aus nachrömischer Zeit. Längere und noch gut erhaltene Abschnitte des Walls stehen hier in unmittelbarer Nähe.

April–Okt. tgl. 10–17, Nov.–März Sa., So. 10–16 Uhr | Eintritt 10 £
www.english-heritage.org.uk

Auf Entdeckungstour

Hexham

Die Marktstadt im Tyne-Tal, die bereits im 7. Jh. zum Bischofssitz erhoben worden war, ist ein guter Ausgangspunkt für die Erkundung des Hadrian-Walls. Die **Priory** von Hexham geht auf die Frühzeit des englischen Christentums zurück. Wilfrid of York hatte 674 hier ein Benediktinerkloster gegründet und für den Bau Steine des Walls benutzt. Die Krypta des ersten Kirchenbaus ist erhalten. Zwischen 1180 und 1250 wurde die jetzige Kirche im Early English Style errichtet. Die Schale des Taufsteins im Kircheninnern ist römisch. Im südlichen Querschiff stehen das angelsächsische Acca Cross (um 740) und der Grabstein eines Kavalleristen namens Flavinus. Der aus Stein gehauene sächsische Bischofssessel ist vermutlich Wilfrids Thron aus dem ersten Gotteshaus. Bedeutsamster Teil der Abtei ist die **Krypta** (7. Jh.), hier wurden die Reliquien aufbewahrt. Die dazu verwendeten Steine, ebenfalls vom Hadrian-Wall, lassen teilweise noch Inschriften erkennen. Die Ausstellung »The Big Story« erzählt die Geschichte der ehemaligen Abtei und der Kirche.

Die **Markthalle** (1766) ruht auf einer Seite auf steinernen, auf der anderen auf hölzernen Pfeilern. Die **Moot Hall** (Bücherei), ein Festungsturm von 1400, war einst Sitz der Vögte des Erzbischofs von York. Das **Old Gaol** (1330–1332) diente als Gefängnis, heute zeigt hier das Museum of Border History die Geschichte des Grenzlands.

Kirche: Mo.–Sa. 10–16, So. 11–15 Uhr, Krypta auf Anfrage
Eintritt 3 £
www.hexhamabbey.org.uk

Old Gaol: April–Okt. Mi.–Sa. 10–16, Nov. bis März geschl.
Eintritt 5 £
museumsnorthumberland.org.uk

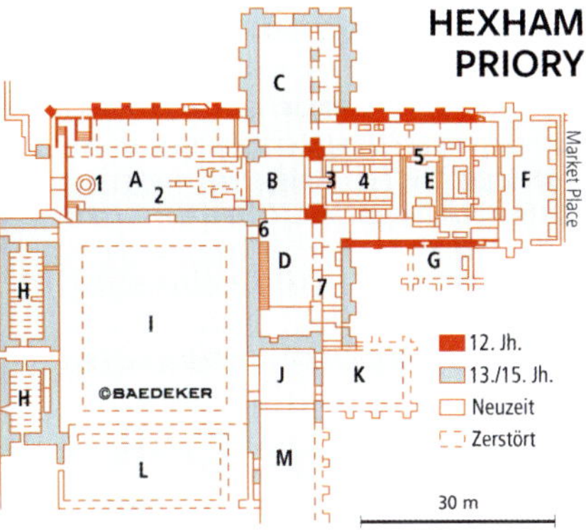

1 Taufstein
2 Zugang zur Krypta
3 St. Wilfrid's Chair
4 Ehem. Apsiden (7. u. 12. Jh.)
5 Kanzel
6 Röm. Monument
7 Röm. Altar

A Hauptschiff
B Vierungsturm
C Nördliches Querschiff
D Südliches Querschiff
E Chor
F Kapelle der fünf Altäre
G Kapelle
H Keller
I Kreuzgang
J Vestibül
K Kapitelhaus
L Refektorium
M Dormitorium

HEREFORD

Landesteil: Mittelengland | **Höhe:** 60 m ü.d.M. |
Grafschaft: Herefordshire | **Einwohnerzahl:** 59 000

Hereford ist Mittelpunkt eines großen Agrargebiets und weltberühmt für die Hereford-Rinder – zu den Auktionen kommen Landwirte aus ganz Europa. Bekannt ist auch der Cider, mehr als die Hälfte des englischen Apfelweins wird in der Region hergestellt. Ausgerechnet hier, am westlichen Rand von England, anscheinend weitab vom Weltgeschehen und von den großen Touristenströmen, findet man eine kostbare Darstellung der Welt, wie man sie sich einmal vorgestellt hat: die Mappa Mundi, eine der ältesten Weltkarten überhaupt.

Die Welt als Scheibe

Die Bildkarte auf Pergament mit 132 cm Durchmesser stellt die Welt als Scheibe dar. Im Mittelpunkt liegt Jerusalem, am oberen Rand (Osten) ist der Garten Eden abgebildet. Großbritannien befindet sich unten links, große Flüsse wie Nil, Ganges und Indus, aber auch Rhein und Donau sind deutlich zu erkennen. Kleine Zeichnungen geben mehr als 400 Städte wieder, darunter Babylon, Rom, Paris und sogar das kleine Hereford. Charmante Abbildungen von Tieren aus Noahs Arche und dem Heereslager Alexanders des Großen, auch von mythologischen Völkern ergänzen die topografischen Details und werden in kurzen Texten erläutert. Vom afrikanischen Volk der »Trogloditen« heißt es: »Sie sind sehr schnell, leben in Höhlen, essen Schlangen und fangen wilde Tiere, indem sie darauf springen.«

Wohin in Hereford?

Bücher an Ketten

★ Hereford Cathedral

Lange glaubte man, die **Mappa Mundi** stamme aus ▶ Lincoln. Untersuchungen zufolge entstand sie jedoch um 1300 in Hereford. 1988 war die Diözese in Geldnot und wollte die Karte verkaufen. Der Aufschrei war groß, Geldspenden ermöglichten einen Neubau der Dombibliothek, und heute ist die Mappa Mundi die Attraktion in der Kathedrale. Eine erste Bischofskirche aus dem 9. Jh. war die Begräbnisstätte von St Ethelbert, König der Ostangeln, der 794 nahe Hereford enthauptet wurde. Nach der Zerstörung durch die Waliser 1056 wurde die heutige Kathedrale im 11. Jh. als Rundkirche neu erbaut – normannisch sind noch die Arkaden, die Pfeiler des Turms, der größte Teil des südlichen Querschiffs und das Triforium des Chors. Die Westfront wurde nach einem Einsturz 1786 von James Wyatt im neugotischen Stil wiederaufgebaut. Im Innern sind die Gräber mehrerer Bischöfe erhalten, im Chor befinden sich Bischofsthron und Chorgestühl aus dem 14. Jahrhundert. Die zweite Kostbarkeit nach der Weltkarte ist die **Ketten-Bibliothek.** Mehr als 1440 Bände sind mit Ketten an den Regalen befestigt, so dass man sie zwar lesen, aber nicht mitnehmen kann. Rund 266 der Bände sind Manuskripte, mehr als 70 der Bücher wurden bereits vor 1500 gedruckt.

Mappa Mundi & Chained Library: April–Okt. Mo.–Sa. 10–17, Nov.–März bis 16 Uhr | Eintritt 6 £ | www.herefordcathedral.org

Shakespeare neu interpretiert

Black and White House

Der Fachwerkbau von 1621 birgt heute ein kleines Museum. Zur Ausstattung gehören Wandmalereien und Möbel des 17. Jh.s, zur Sammlung Erinnerungsstücke an **David Garrick**, der von 1747 bis 1776 das Drury-Lane-Theater in London leitete und im Angel Inn von Hereford zur Welt kam. Er deutete als Charakterdarsteller die Werke von Shakespeare auf eine neue, menschlichere Art.

Di.–Sa. 10–16, So. 12–15 Uhr | Eintritt 3,50 £

HEREFORD ERLEBEN

Concierge (Reiseagentur)
Buttermarket, Hereford
Tel. 01432 38 38 37
www.visitherefordshire.co.uk

Seit 1715 kooperieren die Kathedralen von Hereford, Gloucester und Worcester für das **Three Choirs Festival,** die Festwoche wird abwechselnd in den drei Städten veranstaltet: 2024 Worcester, 2025 Hereford, 2026 Gloucester.
3choirs.org

A RULE OF TUM €
Das Rindfleisch der Region kommt hier hervorragend als Steak und Burger auf den Tisch. Dazu passen bestens der Apfel- oder Birnenwein (Cider bzw. Perry) aus der Gegend.
32 Aubrey St.
Tel. 01432 35 17 64
aruleoftum.com
Mo.–Sa. 12–22, So. bis 20 Uhr

CASTLE HOUSE €€€
Die zehn Suiten und fünf Zimmer sind verschiedenen Epochen und Regenten der englischen Geschichte gewidmet, das Bistro wartet mit gehobener britischer Küche auf.
Castle St.
Tel. 01432 35 63 21
www.castlehse.co.uk

THE FEATHERS €€
Die Herberge aus dem 16. Jh. in einem imposanten Fachwerkhaus bietet bequeme Zimmer und herzhafte Gerichte im Restaurant.
25 High St., Ledbury
Tel. 01531 63 52 66
feathersledbury.co.uk

Alles über die goldene Köstlichkeit
Westlich der Stadtmitte auf der Straße A 438 nach Brecon kann man sich im Cider Museum auf dem Gelände einer Apfelweinfabrik über das Getränk informieren, das in Teilen des englischen Westens einen größeren Stellenwert als Bier besitzt. Cider Museum
Mo.–Sa. 10.30–16.30 Uhr | Eintritt 5,50 £
www.cidermuseum.co.uk

Rund um Hereford

Benannt nach den schwarz-weißen Häuschen
Malerische Fachwerkdörfer sind typisch für die Gegend rund um Hereford. Die örtlichen Tourismusbüros haben sogar eine Route entlang der sogenannten »Black-and-White Villages« beschildert. Zu den schönsten dieser Orte gehören Eardisland und Pembridge. Black & White Village Trail

Einen Besuch lohnen auch das abgelegene Golden Valley am Flüsschen Dore und, an seinem Ende, die schöne Pfarrkirche Abbey Dore (1147).

Noch mehr hübsches Fachwerk

Ledbury Auch das kleine romantische Ledbury blickt stolz auf seine vielen schwarz-weißen Fachwerkhäuser, besonders auf das **Market House** von 1633, das auf 16 Eichenpfeilern ruht. Von dort führt eine hübsche, enge Gasse zur großen Pfarrkirche St Michaels and all Angels (um 1300). In der High Street steht ein beeindruckender Fachwerkbau von 1564, The Feathers Hotel.

Spuren großer Persönlichkeiten

Eastnor Castle Eastnor Castle 2,5 km östlich wurde 1812 bis 1817 von Sir Robert Smirke im neuromanischen Stil erbaut. Ein Teil der Innenausstattung ist die Arbeit von Augustus Pugin, der die Interieurs der Houses of Parliament in London gestaltete. Zu den ausgestellten Erinnerungsstücken gehören auch Briefe und Gegenstände einstiger Freunde des Hauses, etwa die Dichterin Elizabeth Barrett Browning, die in Ledbury einen Teil ihrer Kindheit verlebte, der Hofdichter Lord Alfred Tennyson und Virginia Woolf.

Ostern–Mai an Feiertagen, Juni–Sept. So.–Di., August auch Mi. u. Do. 11.30 bis 16.30 Uhr | Eintritt 14 £, nur Garten 10 £ eastnorcastle.com

Hereford ist berühmt für seine Rinder.

HULL · KINGSTON-UPON-HULL

Landesteil: Nordengland | Grafschaft: East Yorkshire | Einwohnerzahl: 267 000

1299: An der Mündung des kleinen Flusses Hull in den breiten Humber, etwa 35 km von der Nordsee, gründet Edward I. eine neue Siedlung, eine »King's Town«, um für die Logistik seiner Schottlandkriege zu sorgen. Es folgen wechselvolle Jahrhunderte. Heute ist Kingston-upon-Hull, meist kurz Hull genannt, eine Stadt, in der man zweimal hinschauen sollte.

Umschwung

Über Jahrhunderte lebte Hull vom Handel, dem Walfang und der Fischerei. Nach starken Zerstörungen im Zweiten Weltkrieg, gefühlloser Nachkriegssanierung und dem Niedergang der Fischerei wie auch des Hafens sah es gar nicht rosig aus. Heute kehrt nach schwierigen Jahren ein gewisser Wohlstand zurück: Hull ist zu einem Herstellungs- und Versorgungszentrum für Windkraftanlagen in der Nordsee geworden. Ein Besuch der Stadt lohnt sich dank interessanter Museen und Bauwerke aber immer – erst recht seit 2017, als Hull zur britischen Kulturhauptstadt gekürt wurde, sich herausputzte und der Welt ihre stolze Tradition und ihre künstlerischen Leistungen zeigte.

Wohin in Hull?

Maritimes und Malerei

Queen Victoria Square

Das **Maritime Museum** in den ehemaligen Dock Offices am Queen Victoria Square gibt einen Überblick über die Seefahrtgeschichte der Stadt mit Schiffsmodellen, Gemälden und Fischfanggeräten. Zur umfangreichen Sammlung der gegenüberliegenden **Ferens Art Gallery** gehören Arbeiten von Frans Hals, Canaletto und Constable sowie von William Hogarth und Henry Moore.

Maritime Museum und Ferens Art Gallery: Queen Victoria Square
Mo.–Sa. 10–16.30, So. 11–16 Uhr | Eintritt frei
www.hullmuseums.co.uk

Die erste Marineschule der Welt

Trinity House

Die Whitefriargate führt zum ältesten Teil der Stadt, und über die Trinity House Lane kommt man zum Trinity House, 1369 von den Humber-Lotsen gegründet und seit 1456 Zunfthaus der Seeleute. Das weiß getünchte Haus mit nautischen Motiven im Giebel wurde 1759 errichtet, hier wurde 1787 die erste Marineschule der Welt ein-

HULL ERLEBEN

HULL VISITOR INFORMATION POINT

Paragon Interchange (Hauptbahnhof), Ferensway
Hull HU1 3UF
www.visithull.org

1 HUMBER FISH COMPANY €€€

Feine Fischgerichte im aufstrebenden Fruit Market Quarter.
Humber Street
Tel. 01482 32 61 36
www.humberfishco.co.uk

2 YE OLDE WHITE HART €

Die Weigerung des Gouverneurs Sir John Hotham, Karl I. in die Stadt einzulassen, war 1642 ein erster Akt des Widerstands und ein Auslöser des Bürgerkriegs. Die Verschwörer trafen sich in diesem Haus, das im 18. Jh. zu einer Kneipe wurde.
25 Silver Street, Tel. 01482 32 63 63
www.yeoldewhiteharte.com

3 THE PUNCH HOTEL €

Typisch britisches Pubfood – Braten, Pie, Fish & Chips – von guter Qualität.
Queen Victoria Square
Tel. 01482 32 52 45
www.forrestandco.co.uk

1 KINGSTON THEATRE HOTEL €€

Das Mittelklassehotel liegt an einem ruhigen, grünen Platz gegenüber des New Theatre.
1–2 Kingston Square
Tel. 01482 22 58 28
www.kingstontheatrehotel.com

gerichtet. Heute dient Trinity House noch als Ausbildungsstätte und Wohlfahrtsorganisation für Seeleute.
www.trinityhousehull.org.uk

Alte Schönheit mit neuem Namen

Hull Minster

Hull Minster (vormals Holy Trinity) am Market Place, eine der größten und schönsten Pfarrkirchen des Landes, ist im Perpendicular und Decorated Style gehalten. Bemerkenswert sind ihr Vierungsturm, die gotischen Kirchenfenster und das Grab der Familie de la Pole mit Alabasterfiguren im Südchor.

Eine Straße voller Geschichte

High Street

Über den Market Place und Liberty Lane erreicht man die High Street, die nördlich durch enge Altstadtgassen führt. Hier zeigt das **Streetlife Museum of Transport** Transportmittel aller Art. Ebenfalls in der High Street beleuchtet das **Hull and East Riding Museum** u.a. mit Mosaiken aus einer römischen Villa die Geschichte der Region. High St. Nr. 25 ist das **Geburtshaus von William Wilberforce** mit Exponaten zur Geschichte des 18. und 19. Jh.s, vor allem zum Sklavenhandel – Wilberforce war maßgeblich an dessen Ab-

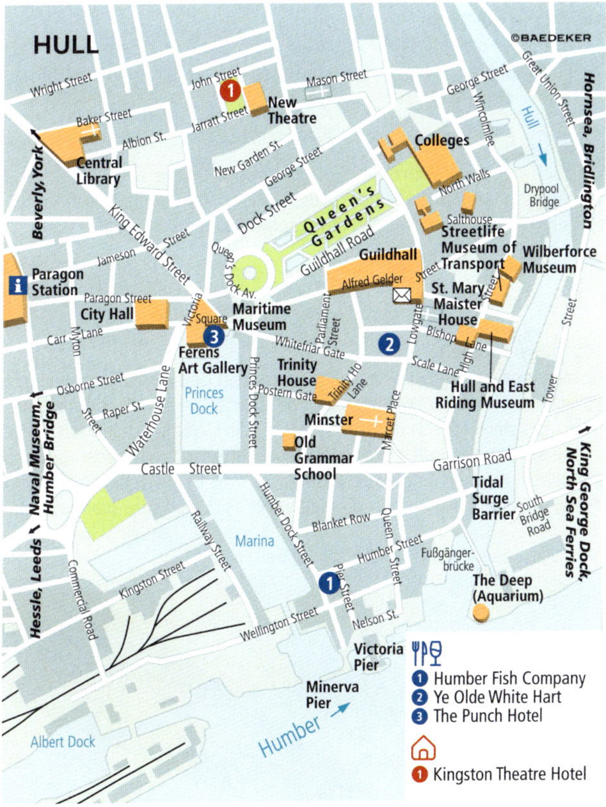

schaffung 1806 beteiligt. Angeschlossen sind zwei georgianische Häuser (Nr. 23/24) aus der Mitte des 18. Jh.s mit schönem Mobiliar.

Museen: Mo.–Sa. 10–16.30, So. 11–16 Uhr | Eintritt frei
www.hullmuseums.co.uk

Schiffe im Ruhestand

Historisches Hafenviertel

Die maritimen Schätze der Stadt, darunter das Maritime Museum, die Hafenbecken im Stadtzentrum und historische Schiffe, werden zur Zeit im Rahmen des Projekts Hull Maritime restauriert. Nach Fertigstellung werden die **Arctic Corsair**, ein 1960 im nahen Beverley Shipyard gebauter Nordsee-Trawler, und das **Spurn Lightship**, das ab 1927 48 Jahre lang Schiffen den Weg in den Humber wies, wieder zu besichtigen sein. Gastronomie und Einkaufszentren befinden sich bereits um die Hull Marina und am Princes Dock.

Ausflug in die Tiefe

The Deep

The Deep ist das »tiefste« Aquarium Europas. Mit einem Unterwasser-Fahrstuhl fährt man quasi in die tiefsten Tiefen der Ozeane hinab.
Tgl. 10–18 Uhr | Eintritt 19,75 £ | www.thedeep.co.uk

Gigantisch

Humber Bridge

Westlich der Stadt wurde 1981 die Humber Bridge eingeweiht, eine Vereinigung von Technik und Ästhetik. Mit 1410 m ohne Zwischenpfeiler gehört sie zu den längsten Einzelspann-Hängebrücken der Welt.

Rund um Hull

200 Jahre Bauzeit!

Beverley

Beverley ist eine hübsche alte Marktstadt an den Ausläufern der East Yorkshire Wolds. Zu Wohlstand kam Beverley, wie auch andere Städte in Yorkshire, durch den prosperierenden Wollhandel. Das für die kleine Stadt erstaunlich große **Minster** zählt zu den herausragenden gotischen Kirchen Englands. Gebaut wurde es zwischen 1220 und 1420, und trotz der langen Bauzeit wirkt es in sich sehr harmonisch.

Die Humber Bridge taucht aus dem Morgendunst auf.

ISLE OF MAN

Lage: in der Irischen See | **Einwohnerzahl:** 84 000

Sanfte Hügel, auf denen Loghtan-Schafe grasen, kleine Gebirge, tiefe Schluchten mit steil abstürzenden Wasserfällen, Moor und Heide, sandige Badebuchten und Klippenküsten: Das ist die Isle of Man. Die Ferieninsel liegt in der Irischen See zwischen England, Nordirland und Schottland. Sie gehört nicht zum Vereinigten Königreich, sondern ist als »Dependency of the Crown« Kronland.

Insel der Manx

Die Eigenständigkeit der Insel beruht auf einer stolzen Tradition. Das Inselparlament, Tynwald, hat seinen Ursprung wohl in den 979 gegründeten, gesetzgebenden Versammlungen der Wikinger und ist somit das älteste der Welt. Mitte des 13. Jh.s ging die Insel an Schottland, 1765 an die britische Krone. Der König ist Souverän und Lord Proprietor of Man, repräsentiert durch einen Lieutenant-Governor. Nach wie vor gibt es eine Reihe überkommener Privilegien und – seit 1866 – eine eigene Verfassung. Eine umstrittene Steuerpolitik mit niedrigen Abgabesätzen und hohen Kapitalverzinsungen lockte Banken, Devisenhändler und Investoren an – nach den »Paradise Papers«-Enthüllungen wurden 2017 die ansässigen Briefkastenfirmen durchleuchtet.
Ihr Eigenständigkeitsgefühl drücken die Insulaner auch dadurch aus, dass sie sich als **Manx** bezeichnen. Die alte Manx-Sprache wird so gut wie nicht mehr gesprochen, sie hat sich nur in Orts- und Familiennamen erhalten. Die schwanzlose Manxkatze aber lebt munter weiter.

Inselrundfahrt

Sandstrand, Ruinen und Geschichte

Douglas

Die Hafenstadt Douglas liegt an einer herrlichen Bucht mit einer lebhaften Promenade und bietet Unterkünfte vom Luxushotel bis zur einfachsten Pension. Das **Manx Museum** zeigt alle Epochen der Inselgeschichte und Werke einheimischer Künstler. Die Sammlung der keltischen und der Wikingerperiode ist von überragender Bedeutung, speziell die Manx-Kreuze. Umrundet man die Insel in südlicher Richtung, fährt man auf einer schönen Panoramastraße rund um Douglas Head nach **Port Soderick**, einem bekannten Badeort, und von dort weiter nach Ballasalla, wo die Ruinen der 1134 gegründeten **Rushen Abbey** stehen. Das Kloster wurde als letztes auf den britischen Inseln 1540 aufgelöst. Die Halbinsel Langness bietet sehr schöne Sandstrände und den kleinen Badeort Derbyhaven.

Manx Museum: Kingswood Grove | Mo.–Sa. 10–17 Uhr | Eintritt frei
manxnationalheritage.im

ISLE OF MAN ERLEBEN

The Welcome Centre, Sea Terminal
Douglas, Isle of Man IM1 2BX
Tel. 01642 68 68 01
www.visitisleofman.com

AN- UND ABREISE

Von den großen englischen, schottischen und irischen Flughäfen gehen Flüge zum Isle of Man Airport im Südosten. Fährverbindungen nach Douglas gibt es von ▶ Liverpool und Heysham (▶ S. 215).
www.iom-airport.com
www.steam-packet.com

Auf der Isle of Man findet jedes Jahr ein berühmtes Motorradrennen, die **Tourist Trophy**, statt, die die Fahrer bis zum Letzten fordert. Die Trophäe stiftete der Marquis de Mouzilly St Mars im Jahr 1907.

BONZAI KITCHEN €–€€

Panasiatische Küche – Gerichte aus Japan, China, Thailand und den Philippinen. Probieren Sie das Teriyaki-Rindfleisch, das Curry des Tages oder Wolfsbarsch nach chinesischer oder thailändischer Art! Auch Vegetarisches.
Im Sefton Hotel, Harris Promenade, Douglas, Tel. 01624 64 55 12
bonzai-kitchen.im

MANNIN HOTEL €€

Das Haus aus den 1880er-Jahren wurde modernisiert und bietet 54 sehr gut ausgestattete Zimmer.
8–16 Broadway
Tel. 01624 60 25 55
www.manninhotel.im

Die Tourist Trophy ist das älteste Motorradrennen der Welt – und eines der gefährlichsten.

Regierungssitz, Gefängnis, Sehenswürdigkeit

Castletown im Süden ist die frühere Hauptstadt der Insel. Das mittelalterliche **Castle Rushen** steht an der Stelle einer früheren Wikingerburg. Die einstige königliche Residenz ist hervorragend erhalten. Die Ausstellungen mit Multimedia-Effekten in Gefängniszellen, Bankethalle und Küche informieren über die Inselgeschichte. Castletown

Castle Rushen: April–Okt. tgl. 9.30–16.30 Uhr, Nov.–März geschl. Eintritt 13 £ | www.manxnationalheritage.im

Spaziergang an den Klippen

Port St Mary ist ein kleiner, ruhiger Badeort mit Bootshafen. Eine wunderschöne Halbinsel erstreckt sich jenseits davon. Den Weg nach Calf Sound sollte man zu Fuß an den Klippen entlang machen, um die wildromantische Schönheit dieser Landschaft richtig zu genießen. Port St Mary

Wo die braunen Schafe wohnen

Das malerische Port Erin ist Endpunkt einer kleinen, altertümlichen Eisenbahn, die von Douglas bis hierher führt. Von Port Erin fahren außerhalb der Brutzeit Boote zu der kleinen Insel **Calf of Man**, wo es über 130 Seevogelarten, Robben und die für die Insel charakteristischen Loghtan-Schafe mit vier Hörnern gibt. Port Erin

Noch eine hübsche Insel

Etwa in der Mitte der Westküste liegt Peel, ein hübscher Fischereihafen, aus dem sehr gute Bücklinge kommen. Im **House of Manannan** werden Besucher multimedial in die Geschichte der Wikinger, Kelten und der Manx eingeführt. Vor dem Hafen liegt die Felseninsel **St Patrick**, die mit Peel durch einen Damm verbunden ist. Dort steht Peel Castle, aus rotem Sandstein erbaut und von einem Wall umschlossen. Die Kathedrale, die kleinste der Church of England, befindet sich ebenfalls auf dieser Insel. Peel

Tynwald Hall in St John's 14 km östlich von Peel war möglicherweise ein Grabhügel der Bronzezeit. Alle neuen Manx-Gesetze werden dort nach einer uralten Tradition in Manx und auf Englisch verkündet, und zwar am 5. Juli.

House of Manannan: tgl. 9.30–16.30 Uhr | Eintritt 13 £ manxnationalheritage.im

Badestopp?

Von Peel aus führt eine Panoramastraße nach Kirk Michael, vorbei am White Strand, einem ausgezeichneten Badeplatz. Kirk Michael, größter Ort an der Nordwestküste der Insel, liegt wunderschön zwischen Küste und fast 500 m hohen Hügeln. Interessanter als die Fahrt an der Küste entlang zum Point of Ayre ganz im Norden ist die Route landeinwärts, über die weite Ebene von Ayre und kleinere Hügel. Kirk Michael

Zwei Rekordhalter

Laxey Eine elektrische Bahn verbindet Ramsey, die zweitgrößte Inselstadt, und Douglas mit dem kleinen Badeort Laxey, der auch für das **Great Wheel** bekannt ist. Das wohl größte funktionsfähige Wasserrad der Welt aus dem Jahr 1854 wurde zur Entwässerung der Blei-, Kupfer- und Silberminen eingesetzt. Von Laxey fährt auch eine Bahn zum Snaefell, dem mit 620 m höchsten Berg der Insel, von dem man an klaren Tagen Irland, Schottland, England und Wales sieht.

Manx Electric Railway: Rückfahrkarte Douglas-Snaefell 16 £
manxelectricrailway.co.uk, www.facebook.com/manxelectricrailway

★ ISLE OF WIGHT

Lage: Südengland | **Grafschaft:** Isle of Wight | **Bewohnerzahl:** 140 000

Ihre Beinamen »Insel der Blumen« oder »Diamant im Meer« hat sich die Isle of Wight direkt vor Englands Südküste verdient. Das äußerst milda Klima zieht das ganze Jahr über Besucher an. Mit hippen Hotels und Bars, dem wiederbelebten Rockfestival und trendigen Wassersportarten hat die Insel die Aura einer altmodischen Sommerfrische längst abgeschüttelt.

Diamant im Meer

Besonders schön ist es hier im Frühling, wenn es üppig blüht, und im Herbst mit angenehmen Temperaturen für ausgedehnte Spaziergänge und Wanderungen in der herrlichen Insellandschaft. Ein 106 km langer, gut ausgeschilderter Küstenpfad führt Wanderer und Radler einmal rund um die nur 37 x 20 km große Insel. Hochbetrieb herrscht im August, wenn in Cowes die berühmte Regattawoche stattfindet. Neben Blumen gedeihen hier auch Weinreben: Inselweine wurden mehrfach als »English Wine of the Year« ausgezeichnet.

★ Inselrundfahrt

Im Segelrevier

Cowes Der **Solent**, ein Seitenarm des Ärmelkanals, der die rautenförmige Insel vom britischen Festland trennt, ist ein anspruchsvolles Segelrevier. Die **Cowes Week**, die seit 1826 jeden August von mehr als 1000 Jachten ausgetragen wird, ist die berühmteste englische Regatta. In der High Street von Cowes findet man alles, was die Crew an Bord trägt, junge Modeboutiquen und nette Cafés. Außer Segeln kann man

Surfen, Kiten, Kanu fahren oder am Strand spazieren. Der Fluss Medina trennt Cowes in Ost und West. In Cowes Castle (1540) hat seit 1815 der **Royal Yacht Squadron** seinen Sitz – dem Jachtclub gehörte schon Kaiser Wilhelm II. an (www.rys.org.uk).

ISLE OF WIGHT ERLEBEN

Bus Station, South Street
Newport, Isle of Wight PO30 1TY
info@visitwight.org
www.visitisleofwight.co.uk

VERKEHR

Auto- und Personenfähren fahren von Portsmouth, Southsea, Lymington und Southampton (Dauer: 10–60 Minuten). Ausflugsschiffe machen im Sommer Fahrten um die Insel. Es gibt ein gut ausgebautes Straßen- und öffentliches Busnetz und eine Bahnlinie zwischen Ryde und Shanklin.

Seit das **Isle of Wight Festival** (legendär als »Europas Woodstock« 1970 u. a. mit Jimi Hendrix vor 600 000 Menschen) 2002 wiederbelebt wurde, kommen jedes Jahr Ende Juni große Stars auf die Insel. Das **Walking Festival** Mitte Mai und Anfang Oktober bietet geführte Wanderungen. Mitte August findet die Segelregatta **Cowes Week** statt.
isleofwightfestival.com
sleofwightwalkingfestival.co.uk
www.cowesweek.co.uk

THE ROYAL €€€

Bei Klavierklängen und unter Kristallleuchtern genießt man in diesem altehrwürdigen Hotel exquisite Küche.
Belgrave Rd., Ventnor
Tel. 01983 85 21 86
www.royalhoteliow.co.uk

THE HUT €€€

Zu eilig darf man es in der »Hütte« direkt am Strand nicht haben, aber die tolle Lage und ein Longdrink überbrücken die Zeit, bis der perfekt zubereitete Hummer, Fruits-de-Mer-Teller oder Fisch des Tages auf den Tisch kommt. Sehr beliebt, unbedingt vorbuchen!
Colwell Chine Road
Freshwater, Isle
Tel. 01983 89 86 37
www.thehutcolwell.co.uk

VERNON COTTAGE €€

Das alteingesessene Restaurant serviert traditionelle englische Gerichte, bei gutem Wetter können Sie sich auch in den wunderschönen Garten setzen. Kuchen und Cream Tea sind sehr zu empfehlen. Keine Reservierung möglich.
1 Eastcliff Rd.
Shanklin Old Village
www.vernoncottage.co.uk

VILLA ROTHSAY HOTEL €€€

Die viktorianische Villa des Segellehrers von König Georg V. ist heute ein Boutiquehotel mit altmodischem Luxus. Den Drink auf der Terrasse und das hervorragende Frühstück in der Conservatory können Sie mit Meerblick genießen.
29 Baring Road, Cowes
Isle of Wight PO31 8DF
Tel. 01983 29 51 78
www.villa-rothsay.co.uk

Spitz und markant: die Needles mit dem 1859 errichteten Leuchtturm am westlichsten Punkt der Isle of Wight

England, Italien, Indien

Osborne House

In East Cowes steht die **ehemalige Sommerresidenz von Queen Victoria,** die 1848 im Stil eines italienischen Landschlosses erbaut wurde. Besuchern stehen der Pavillon-Flügel und der 1890 angefügte Durbar-Flügel mit indischem Dekor offen, in dem Victoria als Kaiserin von Indien die Gesandten empfing. Nach dem Tod ihres Mannes 1861 wurde Osborne House das Refugium Victorias, die 1901 hier verstarb. Die Räume repräsentieren den Stil ihres Zeitalters. Die Staatsgemächer sind gefüllt mit königlichen Familienerinnerungen.

April–Okt. tgl. 10–17, Nov., Dez., März Mi.–So. 10–16, Jan., Febr. Sa., So. 10–16 Uhr | Eintritt 18,50 £ | www.english-heritage.org.uk

» Einen hübscheren Ort kann man sich gar nicht vorstellen. «

Queen Victoria

Ausspannen ...

Ryde

Ryde ist der größte Ort auf der Insel. Hier gibt es eine Strandpromenade und einen Pier, in der Umgebung weitläufige Sandbuchten.

... und Wandern

Bembridge

In Bembridge, einem gepflegten Badeort und Segelzentrum, informiert das Shipwreck Centre über die Schmugglervergangenheit der Insel. Ein schöner Kliffwanderweg führt zum östlichsten Punkt der Insel, Foreland, und um die Whitecliff Bay zum **Culver Cliff**.

Ursprung des Inselweins

Brading

Bei Brading liegen die Überreste einer Römervilla aus dem 3. Jh., mit 13 Räumen um ein Atrium, von denen drei mit Mosaikfußböden ausgestattet sind. Die Römer pflanzten auch die ersten Reben auf der Insel – zur Weinprobe lädt heute der Adgestone Vineyard.

Roman Villa: Di.–Sa. 10–16 Uhr | Eintritt 11 £
www.bradingromanvilla.org.uk
Adgestone Vineyard: Di.–Sa. 10–16.30, So. 11–16.30 Uhr
adgestonevineyard.co.uk

Für jeden etwas

Sandown, Shanklin

Sandown und Shanklin bilden das größte Seebad der Insel. Sandown eignet sich wegen des sanft abfallenden Strands gut für Kinder. Im südlich anschließenden Shanklin leben seit jeher Künstler. Der Ort liegt malerisch in einer Bucht, in der Altstadt stehen reetgedeckte Cottages. Shanklin hat einen guten Strand, Sport- und Freizeitmöglichkeiten und schöne Promenadenwege. Der Dichter John Keats (1795–1821) bewohnte 1819 Eglantine Cottage in der High Street. In der Schlucht **Shanklin Chine** versteckten sich einst Schmuggler.

Tropenparadies

Ventnor

Wegen seines außergewöhnlichen Mikroklimas gedeihen im **Ventnor Botanic Garden** subtropische Pflanzen, die es in Großbritannien sonst nur in Gewächshäusern gibt.

Ventnor Botanic Garden: Undercliff Drive | tgl. 10–17, Winterhalbjahr 9–16 Uhr | Eintritt 10,50 £ | www.botanic.co.uk

Ein Traum in Weiß und Blau

Freshwater Bay

Freshwater an der Westküste ist ein geruhsamer Badeort, in dem der Dichter Alfred Lord Tennyson (1809–1892) mehr als 30 Jahre lebte. Sein Wohnhaus, in dem er so illustre Gäste wie Garibaldi, Lewis Carroll, Charles Darwin und den Prinzgemahl empfing, ist heute Hotel. Einer der schönsten Inselspaziergänge führt am Tennyson-Gedächtniskreuz vorbei zur Freshwater Bay. Von dort hat man einen unvergesslichen Blick auf die Küstenlandschaft und ihr Farbenspiel: schneeweiße Kreidekliffs und das tiefe Blau der See.

Vermächtnis einer Pionierin

Dimbola Lodge

In der Dimbola Lodge lebte von 1860 bis 1875 Julia Margaret Cameron (1815–1879), die hier im Alter von 48 Jahren zu fotografieren begann und Porträts von Insulanern und bekannten Künstlern machte. Ihr Wohnhaus, in dem einst die geistige Elite des viktorianischen Englands verkehrte, ist heute ein **Museum.**

April–Sept. Mo.–Sa. 10–16, So. 11–15, Okt.–März Di.–So. 10–16 Uhr
Eintritt 6 £ | www.dimbola.co.uk

Leuchtende Pracht

★ Alum Bay

Alum Bay ist ein Mekka für Geologen: Die Sandsteinschichten in den Klippen verlaufen hier fast senkrecht und zeigen wunderschöne rote, gelbe, grüne und graue Färbungen, die sich deutlich vom Weiß des Kalksteins abheben. Mit einer Seilbahn kann man zum Fuß der steilen Klippen hinunterfahren, wo Ausflugsboote auf Passagiere warten.

Spitze Schönheiten

The Needles

Ein Klippenwanderweg führt zu den bizarren »Needles« an der Westspitze der Insel, drei bis zu 30 m hohe vorgelagerte Kreidefelsen, die spitz wie Nadeln erscheinen. Einen guten Rundblick hat man von den »Needles Batteries«, Befestigungsanlagen des 19. Jh.s, die während der beiden Weltkriege reaktiviert wurden.

Geköpfte Statue

Yarmouth

An der flachen Mündung des West Yar River liegt Yarmouth, ein hübscher Ort mit Fährhafen für die Schiffe aus Lymington und ein beliebtes Segelzentrum. Sehenswert sind die Überreste einer Festung aus der Zeit Heinrichs VIII. und die St-James-Kirche mit einer Gedächtniskapelle für Sir Robert Holmes (1692). Holmes bemächtigte sich 1664 der holländischen Besitzungen in Nordamerika, nahm New York ein und wurde Gouverneur der Isle of Wight. Den Kopf einer erbeuteten Statue Ludwigs XIV. ließ er abnehmen, ein Bildnis seiner selbst aufsetzen und dieses Denkmal in der Kapelle aufstellen.

Bowling im Gefängnis

Newport

Attraktion der Hauptstadt Newport ist **Carisbrooke Castle** knapp 2 mi / 3 km südwestlich auf einer Anhöhe an der Stelle eines römischen Forts. Der massive normannische Bergfried wurde im 13. Jh. umgestaltet. **Karl I.** wurde hier von Cromwell bis zu seiner Hinrichtung 1649 in London gefangen gehalten; ein Fluchtversuch scheiterte, als der König zwischen den Gittern seines Zellenfensters stecken blieb. Gegen die Langeweile wurde dem König innerhalb der Festungsmauern eine Bowlingbahn angelegt. Seine Tochter Elizabeth Stuart wurde 1650 auf die Insel verbannt; auf der Reise erkältete sie sich, sodass sie am 8. September im Alter von 15 Jahren auf Carrisbrook Castle verstarb. Sie ruht in einem Marmorgrabmal in der St Thomas Church von Newport.

April–Okt. tgl. 10–17, Nov.–Mitte Febr. nur Sa. und So. 10–16 Uhr
Eintritt 11,30 £ | www.english-heritage.org.uk

ISLES OF SCILLY · SCILLY-INSELN

Landesteil: Südwestengland | **Grafschaft:** Cornwall |
Einwohnerzahl: 2100

140 Eilande im Atlantik, aber nur fünf davon sind bewohnt: Der Legende nach lag hier das Reich von Lyonesse, das versank, als König Artus mit seinen Rittern vor dem blutrünstigen Mordred westwärts floh. Ein mildes Klima und ruhige Stimmung machen die Scilly-Inseln zum Paradies für Müßiggänger, Hochseeangler und Wracktaucher.

Nicht jeder, der auf den Isles of Scilly landete, tat dies freiwillig. 1707 liefen vier Schiffe der königlichen Marine bei Nebel auf Riffe, 1450 Matrosen ertranken, und Admiral Sir Cloudesley Shovell, der sich halbtot an Land retten konnte, wurde von einer Strandräuberin erschlagen. Das ist zum Glück Vergangenheit: Heute bereiten die Scillonier ihren Besuchern einen freundlichen Empfang. Auf den fünf Hauptinseln St Mary's, Tresco, St Martin's, St Agnes und Bryher kann man segeln, windsurfen, zu Schiffswracks tauchen und auf einem der abgelegensten Plätze Großbritanniens Golf spielen. Ein wichtiger Wirtschaftsfaktor ist die **Blumenzucht,** Exportschlager ist die weiße Narzissenart Scilly White, die bereits im Dezember blüht.

Außenposten im Atlantik

ISLES OF SCILLY ERLEBEN

Porthcressa Bank
St Mary's
Isles of Scilly, TR21 0LW
Tel. 01720 62 06 00
www.visitislesofscilly.com

Von Penzance in Cornwall fahren Sie in knapp drei Stunden zur größten der Isles of Scilly, der Insel St Mary's. Auf den Inseln bewegt man sich mit Bussen, Taxis und Fahrrädern durch die Gegend, zwischen den Inseln verkehren Boote.

STAR CASTLE €€€
Wollten Sie schon immer in einer Burg am Meer übernachten? Das Hotel hat 38 helle Zimmer, ein beheiztes Hallenbad und beste Regionalküche mit Fisch, Krebsfleisch und dem cornischen Käseteller. Der hauseigene Bootsmann sorgt auf Wunsch für reibungsloses »Inselhüpfen«.
The Garrison
St Mary's TR21 0JA
Tel. 01720 42 23 17
www.star-castle.co.uk

Wohin auf den Isles of Scilly?

Spuren der Jahrhunderte

St Mary's

Die meisten der 1650 Insulaner auf St Mary's leben in **Hugh Town.** Das **Dorfmuseum** gibt Informationen zur Geschichte, zur Tier- und Pflanzenwelt auf den Inseln. Auf einer dem Ort vorgelagerten Halbinsel steht eine Garnisonsfestung aus dem 16. bis 18. Jh., und überall gibt es kleine, durch Hecken abgeteilte Blumenfelder. Westlich von Hugh Town stehen die Ruinen eines Forts Heinrichs VIII., bekannt als **Harry's Walls.** In der Nähe des Telegraf Tower sind eine Grabkammer aus dem 3. Jh. v. Chr., **Bant's Carn,** und die Überreste eines eisenzeitlichen Dorfs, **Ancient Village,** erhalten.

Inselmuseum: Ostern–Sept. Mo.–Fr. 10–15, Sa. 10–13, Okt. bis Karfreitag Mo.–Sa. 10–12 Uhr | Eintritt 3,50 £ | www.iosmuseum.org

Subtropische Blumenpracht

Tresco

Auf der zweitgrößten Insel Tresco steht die für ihren subtropischen Park berühmte **Abbey.** Neben deren Resten kann man einige Galionsfiguren von gesunkenen Schiffen besichtigen. Die Forts King Charles' und Cromwell's Castle stammen aus dem 17. und 18. Jahrhundert.

Abbey Gardens: tgl. 10–16 Uhr | Eintritt 18 £
www.tresco.co.uk/enjoying/abbey-garden

Kontrastreiche Natur

St Martin's, St Agnes, Bryher

Reizvoll ist St Martin's mit zerklüftetem Norden und der lieblichen Bucht im Süden. Von St Martin's Head genießt man einen tollen **Panoramablick.** Auf St Agnes gibt es den zweitältesten Leuchtturm des Landes (1680) und mit Horse Point eine beeindruckende Felsformation. Bryher, die kleinste bewohnte Insel, hat zwei hübsche Buchten, Rushy und Hell Bay, kleine **Blumenfelder** und schroffe Felsen.

★ KENT

Lage: Südostengland | **Einwohnerzahl:** 1,7 Mio.

Man kann mit dem Flieger nach England reisen und seit 30 Jahren ist auch die Anfahrt mit dem Zug oder dem Auto durch den Kanaltunnel möglich. Sucht man aber ein wahres Reiseerlebnis, kommt nur die Überfahrt mit der Fähre von Calais und Dünkirchen in Frage. Dann ist die Grafschaft Kent das Erste, was Englandurlauber von der Insel sehen. Als weithin sichtbares Zeichen nähern sich langsam die »White Cliffs«.

KENT ERLEBEN

DOVER
Dover Museum, Market Square
Dover, CT16 1PH
Tel. 01304 20 10 66
www.whitecliffscountry.org.uk

TUNBRIDGE WELLS
Amelia Scott Building
Mount Pleasant Rd.
Tunbridge Wells TN1 1JN
Tel. 01892 55 41 71
www.visittunbridgewells.com

Anfang Juli findet bei Maidstone die **Kent County Show** statt, ein echtes Großereignis. Zu sehen bekommen Besucher eine Blumenschau, verschiedene Wettbewerbe wie Tontaubenschießen, Antiquitäten, viele Verkaufsstände und sogar Militärparaden.
kcas.org.uk

HOTEL DU VIN AND BISTRO €€–€€€
38 elegante Zimmer in einem edwardianischen Gebäude mit Blick auf den Calverley Park. Im schicken Bistro du Vin werden französische Gerichte serviert, aber auch regionale wie Lammbraten aus Yorkshire.
Crescent Rd., Tunbridge Wells
Tel. 01892 32 07 49
www.hotelduvin.com

SANKEY'S THE OLD FISHMARKET €€€
Wer in Tunbridge Meeresfrüchte mag, kommt zu Sankey's – für Krebse und Hummer aus Newlyn in Cornwall, schottische Jakobsmuscheln, Colchester-Austern aus Ostengland, den großen Fruits-de-Mer-Teller oder einfach nur gute Fish & Chips.
19 The Upper Pentiles
Tunbridge Wells
Tel. 01892 51 14 22
www.sankeys.co.uk

BURLINGTON HOTEL €€
Das viktorianische Haus an den Gartenanlagen der Steilküste bietet 16 gut ausgestattete Gästezimmer in verschiedenen Größen. Für eine Übernachtung nahe der Fähre oder dem Kanaltunnel ist die eher unterschätzte Stadt Folkestone auf jeden Fall dem lauten Durchfahrtsort Dover vorzuziehen.
Earls Avenue, Folkestone
Tel. 01303 25 53 01
www.theburlingtonhotel.com

THE MOUNT EDGCUMBE €€
Die Küche arbeitet mit frischen Zutaten von Kents Wiesen und aus den Fischerhäfen. Man schläft mit Blick auf The Common und die Sandsteinfelsen Mount Edgcumbe. 6 schöne Gästezimmer (€€€–€€).
The Common
Tunbridge Wells
Tel. 01892 61 88 54
www.themountedgcumbe.com

»Englands Garten«

Seit jeher sind die steilen Kreidefelsen stolzer Ausdruck der »splendid isolation« des Inselvolks. Die westlichen White Cliffs tragen den Namen Shakespeares, dessen Tragödie »King Lear« hier endet; aus »Richard II.« stammt der angesichts der Klippen oft zitierte Ausspruch: »This precious stone set in the silver sea.« Dieser in die

Silbersee eingefasste Edelstein – so sehen die Engländer ihr Land, und wer das wunderschöne Hinterland der Kanalküste entdeckt, wird die englische Liebe zur Heimat nachvollziehen können. Hier erstreckt sich die Hügellandschaft des Weald: Im »Garden of England« kontrastieren romantische Flusstäler mit hellen Laubwäldern, grünen Viehweiden, Obstgärten und Hopfenfeldern, dazwischen liegen schmucke Dörfer und Kleinstädte. Zur Grafschaft Kent gehört die Domstadt ▶ Canterbury, Wiege des englischen Christentums. Von dort aus erschließen sich auch die nördlichen Gebiete von Kent zum Beispiel mit den historischen Marinewerften in Chatham (▶ S. 98).

Wohin in Dover?

Nicht einfach nur durchfahren

Fährhafen

Tag und Nacht gibt es einen unermüdlichen Fährverkehr von und nach Dover. Die meisten Ankömmlinge fahren sofort weiter, dabei hat Dover einiges zu bieten. Von der römischen Besiedlung zeugen der Leuchtturm (1. Jh.) auf dem Castle Hill und das Roman Painted House mit Fresken, von der Bronzezeit ein bemerkenswerter Fund: das älteste bisher entdeckte, seegehende Boot der Welt. Jahrhundertelang war Dover Bollwerk gegen Angriffe vom Kontinent. Im Zweiten Weltkrieg wurde der bedeutende Marinestützpunkt schwer zerstört.

Bis unter die Erde

Dover Castle

Das Castle im Osten der White Cliffs ist die älteste konzentrisch angelegte Burg Europas. Im 12. Jh. wurden auf prähistorischen Wällen Mauern hochgezogen. Der normannische Bergfried beherbergt ein umfangreiches Museum zur Landesgeschichte mit einer Sonderausstellung zu den Ereignissen während des Zweiten Weltkriegs. Interessant ist eine Besichtigung der Kasematten und unterirdischen Gänge, die im Zweiten Weltkrieg reaktiviert wurden. Bei klarem Wetter sieht man vom Festungswall bis zur französischen Küste nach Calais – bis dort setzte sich vor Jahrtausenden der südenglische Kreiderücken fort. Die Überreste des römischen Leuchtturms und die aus römischen Ziegeln von den Sachsen erbaute Kirche St-Mary-in-Castro (um 1000) sind in den Komplex integriert.

April–Sept. tgl. 10–18, Okt. 10–17, Nov.–März Sa., So. 10–16 Uhr Eintritt 20,90 £ | www.english-heritage.org.uk

Erstaunlich seetüchtig

Dover Museum

Das Dover Museum besitzt in der Bronze Age Boat Gallery ein 3500 Jahre altes, aus vernähten Eichenplanken gebautes Seeschiff, das in einer Länge von 9,5 m geborgen wurde. Ein Schieferfragment deutet

WEISSE SCHÖNHEIT

Wenn Sie in Dover englischen Boden betreten oder dort ein bisschen Zeit vor der Rückfahrt haben, fahren Sie hinauf zum Visitor Centre an den Klippen oberhalb des Fährhafens. Hier schaut man auf die eintreffenden Fähren hinab und weit hinaus über den Ärmelkanal nach Frankreich. Noch besser: Nehmen Sie den Küstenpfad zum 3 km entfernten Leuchtturm South Foreland Lighthouse. Im Sommer öffnet im Leuchtturm ein Tea Room, und in der Leuchtturmwärterwohnung East Cottage können bis zu 10 Personen übernachten (Tel. 0344 8 00 18 95, www.nationaltrust.org.uk/holidays, mind. 3 Nächte).

darauf hin, dass das Boot mindestens 250 km entlang des Ärmelkanals nach Westen gerudert wurde.

Dover Museum: Mo.–Sa. 9.30–17, April–Sept. auch So. 10–15 Uhr, sonst So. geschl. | Eintritt frei | www.dovermuseum.co.uk

Altrömisches Hotel

Das Roman Painted House in der New Street diente um 200 n. Chr. als Herberge für römische Reisende. Besonders schön sind die farbigen Fresken in den drei Repräsentationsräumen. Roman Painted House

Ostern und Juni–Sept. Di.–Sa. 10–17, April/Mai Di. u. Sa. 10–17 Uhr
Eintritt 3 £

Rund um Dover

Blühendes Leben aus altem Geröll

Folkestone

Folkestone westlich von Dover ist eines der bekannten Seebäder an der Südküste. Seine Entwicklung begann Mitte des 19. Jh.s mit dem Bau der Eisenbahn. In der Altstadt lohnt die Kirche St Mary and St Eanswythe einen Besuch. Ein Fenster zeigt William Harvey, den Entdecker des Blutkreislaufs, der 1578 in Folkestone zur Welt kam. Sehenswert ist das 1843 entstandene Wohnviertel »The Leas« mit schönen Plätzen und Gärten. Seit 1994 erreicht man die Britischen Inseln durch den Eurotunnel (▶ Baedeker Wissen, S. 202/203), der den Ärmelkanal zwischen Calais und Folkestone unterquert. Aus den 5 Mio. m³ Kreidegeröll, die beim Bau des Tunnels anfielen, entstand zwischen Dover und Folkestone der Naturpark **Samphire Hoe** mit Rad- und Wanderwegen, herrlichen Ausblicken und Wildblumen wie dem gelb blühenden Meerfenchel (Samphire). Westlich von Folkestone bietet sich vom **Wildtiergehege** von Port Lympne mit Gorillas, Tiger, Löwen und Elefanten eine hervorragende Aussicht auf die weite Romney Marsh.

Wild Animal Park: Aldington Rd. | April–Okt. tgl. 9.30–18.30, Nov. bis März bis 17.30 Uhr | Eintritt 29 £ | www.aspinallfoundation.org

Mit Minibahn

Hythe

Von Hythe nach Westen ist die Küste ziemlich flach; hier beginnt die Romney Marsh, ein von Entwässerungsgräben durchzogenes eingedeichtes Marschland, das für Blumenanbau und Schafzucht bekannt ist. Hythe ist Endstation der **Romney, Hythe & Dymcurch Railway**, eine Kleinbahn mit der angeblich schmalsten Spurweite der Welt; sie fährt durch die Romney Marsh nach Dungeness am Rande der Halbinsel Lydd.

www.rhdr.org.uk

Weald of Kent

Das englische Landleben

High Weald Country Tour

Benenden, Biddenden, Smarden, Goudhurst, Lamberhurst – folgt man in dem Landschaftsdreieck zwischen Tenterden, Tunbridge Wells und Maidstone der Straßenausschilderung »High Weald Country Tour«, trifft man auf traditionsreiche Dörfer, die Besuchern einen lebendigen Eindruck vom komfortablen Landleben geben, das die Engländer so sehr lieben. Die meisten Ortsnamen enden auf »-den« oder »-hurst«, was so viel wie Lichtung oder Wald bedeutet und damit auf den einstigen Waldreichtum hinweist. Ein regionales Charakteristikum sind die runden »oast houses«, **Hopfendarren** mit weißen Dachspitzen, von denen viele jetzt in schicke Wohnhäuser umgewandelt wurden.

Lustwandeln wie einst die Kurgäste

Royal Tunbridge Wells

An den Nordhängen des Weald liegt Royal Tunbridge Wells. Dank eisenhaltiger Quellen avancierte es im 18. Jh. zum beliebten Heilbad. Illustre Gäste waren »Beau« Nash (▶ Bath) und Johanna Schopenhauer. Man wandelt durch die mit Pfannenziegeln gepflasterten Einkaufsstraßen **Pantiles** und die Säulengänge des Badehauses.

Prachtvoller Adelssitz

★ Knole

Am Rand von Sevenoaks 20 km nordwestlich von Tunbridge Wells steht Knole, das mit 7 Innenhöfen, 52 Treppen und 365 Räumen zu den größten Herrenhäusern Englands zählt. 1456 von Erzbischof Bourchier of Canterbury begonnen, fiel es später an die Krone. Elizabeth I. gab den Palast an ihren Cousin Thomas Sackville, der ihn erheblich vergrößern ließ. Seitdem ist das Anwesen nahezu unverändert geblieben. Die Prunkgemächer, allen voran das königliche Schlafgemach und das Zimmer des venezianischen Botschafters, beherbergen eine beachtliche Kunstsammlung – u. a. Bilder von Reynolds, Hoppner und Gainsborough –, mit Goldbrokat und reinem Silber verziertes Mobiliar, persische Teppiche und kostbares Porzellan. Die in Knole geborene Schriftstellerin Victoria Sackville-West (1892–1962) hat dem Palast u. a. in ihren »Edwardians« (1930) ein Denkmal gesetzt, Virginia Woolf wählte ihn als Schauplatz ihres Romans »Orlando«. Die Besichtigung sollte man mit einem Spaziergang durch die herrliche Parkanlage abschließen.

Mitte Febr.–Dez. tgl. 11–16 Uhr | Eintritt 15 £
www.nationaltrust.org.uk/knole

Hübsch am Wasser

Ightham Mote

Wenige Kilometer östlich von Knole steht das alte Wasserschloss Ightham Mote aus dem 14. Jh., das zu den malerischsten mittelalterlichen Relikten in England gehört.

März–Okt. tgl. 11–17 Uhr | Eintritt 16 £
www.nationaltrust.org.uk/ightham-mote

Schach in Grün

Hever Castle

Ein weiteres Zeugnis alter Ritterlichkeit in Kent ist das südwestlich gelegene Hever Castle, das aus dem 13. bis 15. Jh. stammt, aber nach 1810 im gotischen Stil umgebaut wurde. In dem Schlösschen lebte Anne Boleyn in jungen Jahren. Die zweite Frau Heinrichs VIII. wurde wegen Ehebruchs im Londoner Tower geköpft. 1903 kaufte William Waldorf Astor den heruntergekommen Besitz und ließ ihn vollständig restaurieren, der Park wurde nach italienischem Vorbild gestaltet – sehenswert sind die in Form von Schachfiguren gestutzten Hecken.

Ostern–Okt. tgl. 12–16.30 (letzter Einlass), Nov.–Ostern letzter Einlass 15 Uhr, Park ab 10.30 Uhr | Eintritt Burg und Park 23 £
www.hevercastle.co.uk

EUROTUNNEL

Seit 1994 verbinden täglich rund um die Uhr Hochgeschwindigkeitszüge durch einen Tunnel unter dem Ärmelkanal in nur 35 Minuten Calais/Coquelles mit Folkestone und nehmen dabei Fahrzeuge huckepack. Mehr als 470 Mio. Fahrgäste haben seit der Eröffnung dem längsten Unterwassertunnel der Welt den Vorzug vor den Fähren gegeben.

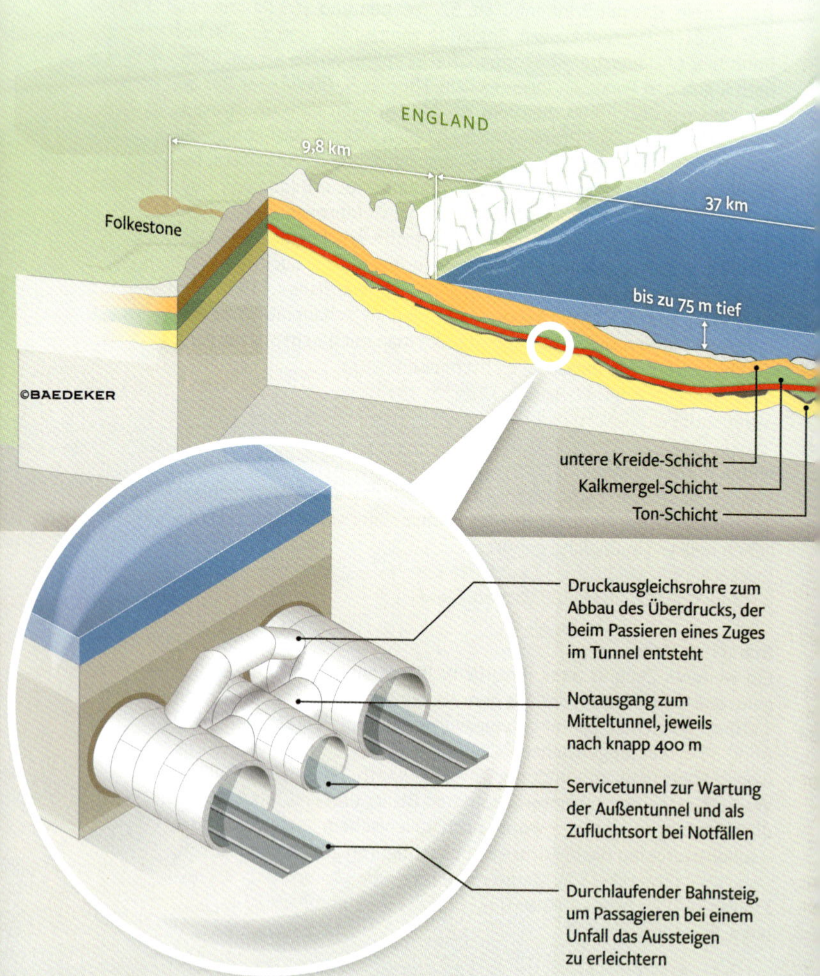

as Eurotunnel-Projekt in Zahlen

esamtlänge der Strecke	50,5 km
uzeit	1987 bis 1993
ojektkosten	rund 15 Mrd. €
nzahl der Röhren	3
isezeit	35 min.
eschwindigkeit der Eurostar-Züge	160 km/h

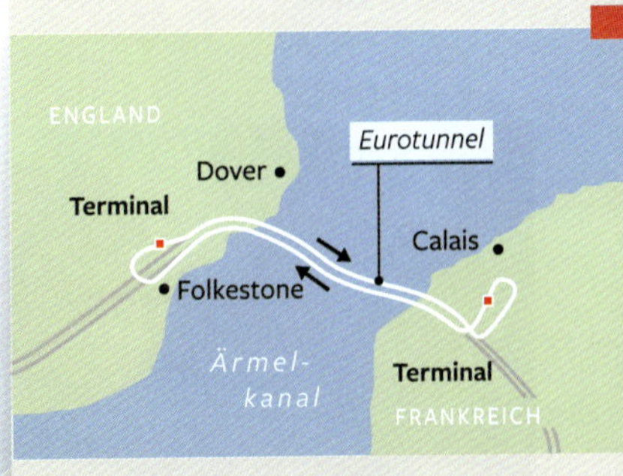

Die längsten Tunnel der Welt

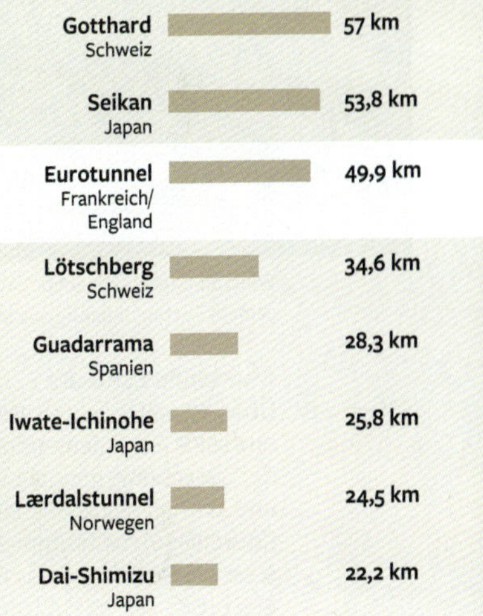

Zur Entstehung des Eurotunnels

302 Der französische Bergwerksingenieur Albert Mathieu legt einen Entwurf für einen Verbindungstunnel vor. Dieser sollte noch mit Pferdekutschen betrieben werden.

356 bis 367 Die Pläne des Franzosen Thomé de Gamond werden von Napoleon III. zwar als realisierbar eingeschätzt, scheitern aber an politischen Differenzen. Vorschläge der Briten John Hawkshaw und William Low werden ebenfalls nicht weiter umgesetzt.

984 Nach zahlreichen gescheiterten Ansätzen wird das Thema 1984 wieder aktuell. 1985 erfolgt die Ausschreibung, im September 1987 beginnen die Bohrungen für den Schienenverkehrstunnel auf englischer Seite. Am 1. Dezember 1990 dann endlich der Durchstich – 15,6 km von Frankreich und 22,3 km von Großbritannien entfernt.

993/ 994 Der erste Testzug erreicht Großbritannien im Juni 1993. Am 6. Mai 1994 eröffnen Königin Elisabeth II. und François Mitterrand den Tunnel feierlich. Der Zugverkehr mit Passagieren startet am 14. November 1994.

014 Das Jahr seines 20. Jubiläums schließt der Eurotunnel mit einem Gewinn von 100 Mio. € ab.

Winston Churchill machte Weltpolitik in Chartwell House. Und betätigte sich in seinem Garten nebenbei als Maurer.

Chartwell House

Churchills Landsitz

Über 40 Jahre lebten Winston Churchill (▶ Interessante Menschen) und seine Frau Clementine in Chartwell, hier malte er Garten und Hügel der Umgebung, genoss mit seiner Familie die Aussicht nach Kent hinein und schrieb seine Bücher. Das Haus ist ein nationaler Wallfahrtsort: Churchills Arbeitszimmer, Uniformen, Auszeichnungen und literarische Werke bringen das Privatleben des Premierministers näher.

März–Okt. tgl. 11–16 Uhr | Eintritt 20 £
www.nationaltrust.org.uk/chartwell

Bodiam Castle

Romantische Wasserburg

Bodiam Castle ist eine der am besten erhaltenen mittelalterlichen Wasserburgen des Landes. Der Burggraben ist so breit angelegt, dass er fast aussieht wie ein See – Teichrosen blühen darauf, und die runden Ecktürme spiegeln sich darin. Da das Castle nie belagert wurde, erkennt man noch heute gut den mittelalterlichen Wohnkomfort.

Mitte Febr.–Okt. tgl. 10–17, Nov.–Dez. 10–15 Uhr | Eintritt 11 £
www.nationaltrust.org.uk/bodiam-castle

★ Sissinghurst Castle, Garden

Ein Traum von Garten

Die A262 führt von Tunbridge Wells zum viel besuchten Garten von Sissinghurst Castle. Nur noch ein vierstöckiger Torturm zeugte von der einstigen Tudorburg aus der Zeit vor 1550, als **Vita Sackville-West** und Sir Harold Nicholson den Besitz 1930 erwarben. Auf 2,5 ha schufen sie zehn individuell gestaltete Gartenräume, in denen sich Rosen, Kräuter, Obstbäume und Eibenhecken abwechseln, während im White Garden nur Pflanzen mit weißen Blüten oder silbrigen Blättern wachsen. Vita Sackville-West verfügte über ein breites Wissen und war sehr geschickt darin, Farben und Formen der Pflanzen zu kombinieren. Davon kann man sich heute noch überzeugen, denn der National Trust pflegt die Gärten liebevoll im Sinne ihrer Gründerin.

März–Okt. tgl. 10.30–17.30, Nov.–Febr. 11–16 Uhr | Eintritt 16 £
www.nationaltrust.org.uk/sissinghurst-castle-garden

★★ LAKE DISTRICT

Landesteil: Nordengland | **Grafschaft:** Cumbria

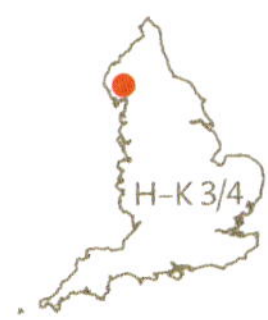

16 größere und etliche kleine Seen, dazwischen herrliche Hügel- und Bergketten – über Millionen von Jahren haben Vulkanausbrüche und eiszeitliche Gletscher dem Lake District seine Grundform gegeben. Die Oberfläche aber gestaltete über Jahrhunderte die Schafzucht: Charakteristisch sind kahle Hänge in oberen Lagen, denn die Schafe halten alles Grüne kurz, und Trockensteinmauern, die sich kilometerweit um und über die Berge ziehen.

Seen- und Wander-paradies

Nicht weniger als 180 Berge ragen über 610 m (2000 Fuß) hoch auf, so auch Englands höchster Gipfel, der 979 m hohe Scafell Pike. Oben in den Hochtälern sammelt sich das Wasser in runden Becken, die durch Wildbäche oder Flüsse die tiefer liegenden Seen speisen. Die wunderschöne Landschaft macht den Nationalpark Lake District zum Paradies für Wanderer, Wasser- und Abenteuersportler, aber auch zu einem hochgeschätzten kulturellen Erbe. »Entdeckt« hat den Lake District der Dichter Thomas Gray, der die Region 1769 besuchte und danach sein Buch »A Tour in the Lakes« verfasste. Später haben viele englische Literaten das Gebiet beschrieben und besungen, darunter William Wordsworth, Dorothy Wordsworth, Robert Southey und Samuel Taylor Coleridge, die als Lake Poets bekannt geworden sind.

Um Windermere und Coniston

Englands größter natürlicher See

★ Windermere

Die Ufer des 17 km langen Windermere sind bewaldet und teils von Häusern gesäumt. Um einige kleine Inseln und nach Belle Isle – die größte Insel – fahren Schiffe. In **Hill Top** nahe Sawrey schrieb **Beatrix**

Potter ihre selbst illustrierten Tierbüchlein. In dem heute als **Museum** eingerichteten Cottage wohnte sie die letzten 30 Jahre ihres Lebens. Der Ort Windermere besteht aus dem älteren Teil Bowness am See und den moderneren Neubauten am Hügel. Nördlich von Bowness zeigt das **Windermere Jetty Museum** alte Dampfschiffe und Segelboote, darunter die 1850 erbaute »Dolly«. Für Beatrix-Potter-Fans und Kinder lohnt sich die **World of Beatrix Potter.** Ein beliebter Aus-

LAKE DISTRICT ERLEBEN

Glebe Rd, Bowness-on-Windermere
Tel. 01539 44 28 95
www.visitlakedistrict.com

L'ENCLUME €€€€

In dem kleinen Ort Cartmel führt der Sternekoch Simon Rogan eines der besten Restaurants des Landes. Sein kreatives Tasting Menu kostet nicht weniger als 250 £. Aber wer sich das einmal geleistet hat, möchte auf jeden Fall wiederkommen.
Cavendish St., Cartmel
Tel. 01539 53 63 62
www.lenclume.co.uk

BLACK BULL €€

Im Black Bull stieg 1797 William Turner ab und er soll hier auch gemalt haben. Hauseigenes »Bluebird Brew«. 15 Zimmer
Coniston, Tel. 01539 42 31 32
www.blackbullconiston.co.uk

FELLPACK €€

Die begeisterten Wanderer und Kletterer, die das Lokal führen, wissen ganz genau, dass ein Tag in den Bergen extrem appetitanregend ist. Entsprechend herzhaft und wärmend sind die Gerichte.
34 Lake Rd., Keswick
Tel. 01768 77 49 99
www.fellpack.co.uk

TOWER BANK ARMS €€

Das Tower Bank Arms ist im Werk von Beatrix Potter verewigt und einer der wenigen Pubs im Besitz des National Trust. Es gibt auch vier Zimmer.
Near Sawrey, Hawkshead
Tel. 01539 43 63 34
www.towerbankarms.co.uk

ROTHAY GARDEN HOTEL €€€

Viktorianisches Haus mit schöner Gartenanlage, Riverside Spa und gehobener britischer Küche.
Broadgate, Grasmere
Tel. 01539 43 53 34
www.rothaygarden.com

RAISE VIEW GUEST HOUSE €€€

Fünf stilvoll eingerichtete Zimmer mit eigenem Bad, ein tolles Frühstück und dazu wunderschöne Ausblicke auf die Berge.
White Bridge, Grasmere
Tel. 07415 10 29 34
www.raiseviewhouse.co.uk

VILLA LEVENS €€

Der stattliche Wohnsitz im eigenen Park bietet 22 Zimmer auf Vier-Sterne-Niveau. Gutes Preis-Leistungs-Verhältnis in dieser eher teuren Urlaubsgegend.
Brettargh Holt, Kendal LA8 8EA
Tel. 01539 98 09 80
www.thevillalevens.co.uk

sichtspunkt ist **Orrest Head**, zu erreichen durch den Wald von Elleray (vom Bahnhof Windermere und Touristeninformation die A591/ Church St. überqueren, links halten, der Weg ist ausgeschildert). Von dort genießt man einen herrlichen Blick auf den südlichen Lake District bis zur Morecambe Bay.

Hill Top: Ostern–Okt. Sa.–Do. 10–17, Juli–Aug. tgl. 10–17 Uhr
Eintritt 15 £ | www.nationaltrust.org.uk/hill-top

Windermere Jetty Museum: lakelandarts.org.uk

World of Beatrix Potter: Crag Brow | April–Okt. tgl. 10–17.30, Nov.–März bis 16 Uhr | Eintritt 9 £ | www.hop-skip-jump.com

Ein berühmtes Pult

Hawkshead

In dem hübschen Dorf Hawkshead (10 km westlich, die schönste Route bietet die Fähre direkt südlich von Bowness) stehen malerische Steinhäuser am Market Square, in der Flag Street und in der Main Street. In der Main Street findet man die für ihre gelungene Restaurierung ausgezeichnete Beatrix Potter Gallery mit Originalzeichnungen der Schriftstellerin. Nördlich vom Marktplatz steht die **Grammar School,** in die **William Wordsworth** ging – das Pult, in das er seinen Namen ritzte, ist hier ausgestellt.

Old Grammar School: April–Okt. Do.–Mo. 11–16 Uhr | Eintritt 4 £
www.hawksheadgrammar.org.uk

Fantastische Farben: Sonnenaufgang über dem Windermere

Mit dem Dampfboot zum Museum

Coniston

In Coniston ist auf dem Kirchhof der Kunstkritiker und Sozialreformer John Ruskin (1819–1900) begraben, dessen Bücher und Zeichnungen im **John Ruskin Museum** zu sehen sind. Das Museum informiert auch über die Entstehung der Landschaft, Bergbau und Schafzucht sowie über die zweite berühmte Persönlichkeit, die mit Coniston verbunden ist. 1967 starb der Rennfahrer Donald Campbell auf Coniston Water beim Versuch, den Hochgeschwindigkeitsrekord auf Wasser zu brechen. Ruskins Wohnhaus **Brantwood**, 3,5 km entfernt am Ostufer des Sees gelegen, birgt ebenfalls Zeichnungen und Aquarelle. Am besten fährt man mit dem Boot ab Coniston dorthin. Wer rechtzeitig bucht, ergattert dafür einen Platz im eleganten, 1859 erbauten **Dampfboot »Gondola«**. Eindrucksvollster Teil des Sees ist das Nordende, aber auch die bewaldeten Ufer sind sehr reizvoll. Den Old Man of Coniston kann man von hier in 1,5 bis 2 Stunden besteigen.

John Ruskin Museum: Mitte März–Mitte Nov. tgl. 10–16.30 Uhr
Eintritt 8 £ | www.ruskinmuseum.com
Brantwood: Mitte März–Nov. tgl. 10.30–17, Dez.–Mitte März
Mi.–So. 10.30–16 Uhr | Eintritt 14 £ | www.brantwood.org.uk
Dampfboot Gondola: Info und Buchung www.nationaltrust.org.uk/steam-yacht-gondola

Hoch hinaus?

Im Süden

Der Ausgangspunkt für den südlichen Teil des Lake District ist das Dorf **Ambleside** am nördlichen Ende des Lake Windermere, ein Touristenort mit einem sehenswerten Bridge House. Wohltuend ist ein Spaziergang durch die **Hayes Garden World** mit ihren prachtvollen Blumenbeeten. Von Ambleside kann man in das Tal des Little Langdale wandern oder fahren oder zur Loughrigg Terrace, außerdem kann man den Wansfell Pike und den Loughrigg Fell besteigen. Für die Langdale Pikes benötigt man etwa zwei Stunden. Dungeon Ghyll ist ein beliebtes Zentrum der Bergsteiger.

Im Westen des Lake District

Einsame Entdeckungstouren

Zur Westküste

Wer die wilde Landschaft in weniger frequentierten Teilen des Nationalparks entdecken will, nimmt die nicht nummerierte Straße von Little Langdale nach Westen über die steilen Pässe Wrynose und Hardknott. Auf der Westseite des **Hardknott Pass** stehen auf halber Höhe mit Blick entlang dem Eskdale zur Irischen See die Ruinen eines römischen Forts. Weiter westlich beim **Dorf Boot** fährt eine einst für den Transport von Eisenerz gebaute Schmalspurbahn der **Ravenglass and Eskdale Railway** durch hübsche Landschaft zur Küste bei Ravenglass. Hier gewähren die Besitzer des 800 Jahre alten Spukschlosses **Muncaster Castle** Einlass in Räume, Garten mit Labyrinth sowie dem Owl und Hawk Centre mit Flugvorführungen.

Ravenglass and Eskdale Railway: ravenglass-railway.co.uk
Muncaster Castle: März–Okt. tgl. 10.30–16, Schlossinnenräume 12 bis 16 Uhr | Eintritt 21 £ | www.muncaster.co.uk

Superlative

Wastwater

Wirklich abgelegen, erreichbar über kleine Straßen nördlich von Eskdale und von steilen Geröllhängen eingerahmt, liegt Wastwater, der **tiefste See Englands** (79 m). An seinem nordöstlichen Ende steht im Dörfchen Wasdale Head mit der St Olaf's Church **die kleinste Kirche Englands**. Das Wasdale Head Inn ist eine Herberge für Wanderer und Kletterer – hier beginnt der Aufstieg zum **Scafell Pike**.

Grasmere und Rydal

Ein Traum in Gelb

Rydal Water

Rydal, ein ruhiges Dorf 1,6 km nordwestlich von Ambleside, liegt am Ostende des Rydal Water. Der hübsche See ist gut geschützt vom 621 m hohen Rydal Fell. **Rydal Mount,** ein schönes Haus aus dem 16. Jh., war zwischen 1813 und 1815 Wordsworths letzter Wohnsitz. Den Garten hat Wordsworth selbst angelegt, das Anwesen gehört immer noch seinen Nachfahren. Im Frühling wird **Dora's Field**, das zum Gedenken an Wordsworths Tochter an der Kirche unterhalb Rydal Mounts angelegt wurde, von Narzissen in helles Gelb getaucht.

Rydal Mount: März–Okt. tgl. 9.30–17, Nov., Dez., Febr. tgl. 11–16 Uhr
Eintritt 7,50 £ | www.rydalmount.co.uk

Eine runde Sache

Grasmere

Der kleine Grasmere mit einer einsamen grünen Insel in der Mitte ist fast rund. Der Ort Grasmere war bei den Lakeland-Dichtern besonders beliebt. Wordsworth, der südlich in **Dove Cottage** lebte (jetzt Museum), liegt hier auf dem Friedhof begraben. Sehr schöne Wanderungen sind von Grasmere aus möglich. Etwa 3 bis 4 Stunden dauert beispielsweise der Aufstieg zum 951 m hohen **Helvellyn**.

Im Norden des Nationalparks

Für Wassersportler

Ullswater

Ullswater, der zweitgrößte See im Lake District, bietet ideale Bedingungen für Wassersport und ist von Bergen umgeben. Nach Überquerung des Kirkstone Pass ab Ambleside erreicht man **Glenridding**, wo Dampfschiffe aus viktorianischer Zeit zu Rundfahrten ablegen.

Ullswater Steamers: www.ullswater-steamers.co.uk

Die Lage!

Keswick

Keswick gehört zu den meistbesuchten Zentren des Lakelands. Der Ort liegt am River Greta dicht am Derwent Water mitten in einer bezaubernden Bergwelt, in der nach der Artus-Legende Sir Gawain auf den grünen Ritter stieß. Greta Hall, in dem sich jetzt Ferienwohnungen befinden, war Wohnsitz der Dichter Coleridge und Southey, über die man sich im **Keswick Museum & Art Gallery** informieren kann. Das **Pencil Museum** dokumentiert die Geschichte der Bleistift- und Buntstiftherstellung seit Entdeckung des Borrowdale-Grafits um 1500. Der wunderschön gelegene **Castlerigg Stone Circle** (3 km östl., Castle Lane) besteht aus 38 kreisförmig aufgestellten Steinen, die geschätzt 4000 bis 5000 Jahre alt sind.

Keswick Museum & Art Gallery: tgl. 10–16 Uhr | Eintritt 5 £
www.keswickmuseum.org.uk

Pencil Museum: Southey Works; tgl. 9.30–17 Uhr, Nov.–März Mo., Di. geschlossen | Eintritt 6,25 £ | www.pencilmuseum.co.uk

Wie gemalt

★ Derwent Water

Der Derwent Water vor der Kulisse einer grandiosen Bergkette, mit bewaldeten Klippen und grünen Hügeln, die von den Ufern aus ansteigen, gilt als der schönste der Seen. Kleine Inseln laden zu einer Bootsrundfahrt ein, die sich mit Wanderungen gut kombinieren lässt (► Abb. S.44/45)

keswick-launch.co.uk/explore/walks

Berg und Tal

Castle Head

Einen herrlichen Aussichtspunkt in der Nähe bietet Castle Head. Ausflüge gehen von hier in eines der wildromantischen Täler des Lake District, ins **Borrowdale** und rund um den See (16 km), dabei kommt man an den **Lodore Falls** vorbei. Hübsche Orte im Borrowdale sind Grange-in-Borrowdale und Rosthwaite.

Der schönste Wasserfall im Lakeland

★ Buttermere

Über Borrowdale und den Honister Pass erreicht man den kleinen Ort Buttermere. Er liegt zwischen Buttermere und Crummock Water, zwei kleinen Seen, die durch einen Fluss verbunden sind. Der ca. 50 m hohe **Scale Force,** der sich in den Crummock Water ergießt, gilt als eindrucksvollster Wasserfall im Lake District.

Im Osten

Kunst, Kultur und Handwerk

Kendal

Am Ostrand des Lake District liegt der Ort Kendal mit den Ruinen eines Castle aus dem 12. Jahrhundert. Die 1759 erbaute **Abbot Hall** zeigt eine sehr gute Sammlung englischer Malerei seit dem 18. Jahr-

MYSTISCHER STEINKREIS

Stonehenge ist großartig, aber nicht gerade einsam. Für eine besondere Stimmung ohne Besuchermassen und ganz umsonst suchen Sie oberhalb von Keswick den Castlerigg Stone Circle auf. Obwohl die Steine im nun unvollständigen Kreis nicht riesig sind, werden Sie sofort verstehen, warum sie hier aufgebaut wurden – unter einem weiten Himmel mit Bergen ringsherum kann man eine Verbindung zu höheren Kräften anstreben .

hundert. In den ehemaligen Stallungen informiert das **Museum of Lakeland Life & Industry** umfassend über die Geschichte des Handwerks und der Industrie in der Region. In der alten Brauerei finden im **Brewery Arts Centre** wechselnde Kunstausstellungen, Theater- und Musikveranstaltungen statt; angeschlossen ist ein gutes Bistro.

Abbot Hall Gallery: Mi.–Sa. 10–16 Uhr | Eintritt 9 £
lakelandarts.org.uk/abbot-hall

Lakeland Museum: bis voraussichtlich 2024 wegen Renovierung geschlossen, für Neueröffnung s. lakelandarts.org.uk/lakeland-museum

Carlisle

An der Schwelle zu den Seen

Die Stadt am River Eden nördlich des Lake District war lange Zeit Grenzfestung. Der ▶ Hadrian's Wall verlief etwa beim heutigen Vorort Stanwix. Durch die Lage war Carlisle immer wieder umkämpft. Kathedrale, Market Place

Die **Kathedrale** war einst die Kirche eines Augustinerklosters, das 1133 zum Bischofssitz erhoben wurde. Aus dieser Zeit stammt noch das südliche Querschiff. Das Ostfenster im Chor aus dem 14. Jh. stellt das Jüngste Gericht dar. Die Pfeiler im Langschiff zieren fein ausgearbeitete Kapitelle, auf denen die alltägliche Arbeit im Jahreslauf dargestellt ist. Den **Marktplatz** schmückt ein Marktkreuz von 1682. An dieser Stelle soll Bonnie Prince Charlie aus dem Haus Stuart während der Rebellion gegen die Könige aus Hannover 1745 seinen Vater zum König ausgerufen haben.

Interaktive Ausstellungsstücke

Tullie House Museum

Das Tullie House wurde 1689 im Jacobean-Renaissancestil von einer deutschstämmigen Familie erbaut. Heute zeigt dort das **Stadtmuseum** römische Funde vom Hadrian's Wall und eine gelungene Präsentation der bewegten Geschichte der Grenzregion.

Tullie House Museum: Mo.–Sa. 10–16 Uhr | Eintritt 15 £
www.tulliehouse.co.uk

Hart umkämpft

Castle

Die normannische Burg wurde von William II. im 11. Jh. gegen die ständig andrängenden Schotten errichtet. Ein **Museum** dokumentiert die lange Geschichte der hiesigen Grenztruppen. 1568 wurde die schottische Königin Maria Stuart zwei Monate lang hier gefangen gehalten. Die Burgverliese, in denen 1745 mehr als 300 schottische Gefangene eingekerkert waren, kann man besichtigen.

April–Okt. tgl. 10–17, Nov.–März Sa., So. 10–16 Uhr | Eintritt 11,30 £
www.english-heritage.org.uk

LANCASTER

Landesteil: Nordengland | **Grafschaft:** Lancashire |
Einwohnerzahl: 48 000

Zu jedem Festessen einer traditionsreichen englischen Institution, sei es ein Regiment der Armee, ein College der alten Universitäten oder ein ehrwürdiger Verein, gehört der Trinkspruch auf den Monarchen. Dann erheben sich alle Anwesenden, halten ihre Gläser hoch und es ertönt unisono der Ruf: »The King!«. Da die Stadt Lancaster einst einer königlichen Dynastie ihren Namen gab und bis heute der Monarch den Titel »Herzog von Lancaster« trägt, ruft man in der Grafschaft Lancashire stolz auch den Zusatz: »The King, Duke of Lancaster!«.

LANCASTER ERLEBEN

Meeting House Lane
Lancaster LA1 1TH
Tel. 01524 58 23 94
www.visitlancashire.com

THE THREE MARINERS €
Preiswerte Küche und viele gute Ale-Sorten in einem Pub aus dem 17. Jahrhundert.
Bridge Lane
Tel. 01524 38 89 57
www.robinsonsbrewery.com/pubs/the-three-mariners-lancaster

Die angenehmsten Herbergen der Region, darunter einige für ihre Küche berühmte Adressen, befinden sich im ländlichen **Forest of Bowland**.

THE INN AT WHITEWELL €€€
Viele der mit Antiquitäten möblierten Gästezimmer haben einen offenen Kamin. Das Restaurant verwöhnt u. a. mit Meeresfrüchten aus Cornwall, Lachs aus Schottland, einer hervorragenden Käseplatte, Fasan und Rebhuhn aus dem Forest of Bowland.
Whitewell, Clitheroe BB7 3AT
Tel. 01200 44 82 22
www.innatwhitewell.com

Stadt mit Charakter

Die Burg im Herzen der Stadt ist noch im Besitz des Herzogtums Lancaster, das im 13. Jh. gegründet wurde und heute Privateinkünfte des Monarchen aus Ländereien verwaltet. Wer aber in die Stadt kommt, glaubt auf den ersten Blick kaum, dass Lancaster auf eine bedeutende Vergangenheit zurückblickt und durch den Handel mit Westindien – Sklaven, Baumwolle, Tabak, Rum – zeitweise bedeutender war als Liverpool. Was aus vergangenen Tagen blieb, ist ein charaktervoller Ort am Ufer des River Lune mit historischen Bauten und Ausflugszielen in einer schönen Umgebung: die Küste um Morecambe Bay, der Forest of Bowland und der ▶ Lake District.

Wohin in Lancaster?

Finstere Vergangenheit

Castle

Der River Lune gab der Stadt zur Römerzeit ihren Namen: Lun-Castrum, Kastell am Lune. Die normannische, später erweiterte Festung dient seit dem 17./18. Jh. als Gerichtsgebäude und Gefängnis. Burgführungen erzählen die Geschichten der Gefangenen, darunter katholische Märtyrer und Frauen, die als Hexen angeklagt wurden. Ein fast 25 m hoher Turm stammt noch aus normannischer Zeit; vom Lungess-Tower mit einem Leuchttürmchen wurde 1588 die nahende spanische Armada gesichtet. In der Shire Hall sind über 600 Wappenschilder aus dem 18. Jh. erhalten.

Tgl. 9.30–17 Uhr | Eintritt 8 £ | www.lancastercastle.com

Altes Portal

St Mary's

St Mary's Church gegenüber des Castle ist größtenteils im **Perpendicular Style** gehalten. Das Westportal stammt noch aus sächsischer Zeit. Bemerkenswert sind das Chorgestühl aus Eichenholz (um 1340) und die kunstvoll verzierte Kanzel im Stil der Spätrenaissance.

www.lancasterpriory.org

Urbanes und Maritimes

Museen

Die Ende des 18. Jh.s errichtete Old Town Hall dient heute als **City Museum** mit römischen Funden und einer Ausstellung zur Geschichte der örtlichen Industrie. Schifffahrt und Handel sind die Themen im **Maritime Museum** am St George's Quay, das im ehemaligen Zollamt (1764) und einem benachbarten Lagerhaus untergebracht ist und auch die Ökologie der Meeresbucht Morecambe Bay erläutert.

City Museum: Market Square | Di.–So. 10–17 Uhr | Eintritt frei
www.visitlancaster.org.uk/museums
Maritime Museum: Ostern–Okt. tgl. 10–16 Uhr | Eintritt 3 £
www.visitlancaster.org.uk/museums

Kunst im Grünen

Weitere Sehenswürdigkeiten

Über etwa 15 km zieht sich der Millennium Park mit Kunstobjekten am Ufer des Lune entlang. Einen weiten Rundblick hat man von der Galerie des Ashton Memorials (1909) im **Williamson Park.** Gegenüber im Butterfly House, einem herrlichen, 100 Jahre alten ehemaligen Gewächshaus aus Glas und Gusseisen, kann man exotische Pflanzen und seltene Schmetterlinge bewundern.

Williamson Park: Quernmore Rd. | Okt.–März tgl. 10–16 Uhr, April–Sept. bis 17 Uhr | Eintritt Park frei, Butterfly House 4 £

Rund um Lancaster

Laut und lustig

Blackpool

Südwestlich von Lancaster liegt Blackpool, das **größte Seebad im Norden Englands**. Die Stadt ist teilweise recht heruntergekommen und setzt auf das laute und lustige Vergnügen. Es gibt ein breites Unterhaltungsangebot, eine lange Promenade und drei Piers. Der 11 km lange Sandstrand erstreckt sich nördlich bis zum Fischereihafen Fleetwood. Relativ ruhig ist der North Beach, wo man bei Ebbe längere Spaziergänge unternehmen kann.

Wahrzeichen ist **The Tower**, ein großer Aussichtsturm, der etwas an den Eiffelturm erinnert. Die monströse Achterbahn The Big One im Vergnügungspark Pleasure Beach bringt es auf Geschwindigkeiten von mehr als 100 km/h.

Zu Fuß durchs Meer

Morecambe Bay

Morecambe, das mit dem benachbarten **Heysham** zusammengewachsen ist, hat einen Sandstrand. Bei Ebbe zieht sich das Meer weit zurück und lässt eine große, von Prielen unterteilte Fläche von Sand, auch Treibsand zurück. Mit ortskundigen Führern kann man auf abgesteckten Wegen über die Bucht wandern – auf eigene Faust sollte man es nicht versuchen. Von Heysham bieten sich Ausflüge zur ▶ Isle of Man an. Auf dem Kirchhof der St Peter's Church ist ein mit Menschen- und Tierfiguren verzierter Wikinger-Grabstein erhalten.

Ein Wandertraum

★ Forest of Bowland

Ein landschaftlich reizvolles Wandergebiet ist der Forest of Bowland 45 km südöstlich, ein Hochmoor, das von teilweise steilen und engen, aber gut begeh- und befahrbaren Wegen durchzogen wird. In dem Gebiet liegen hübsche kleine Orte, darunter **Whitewell** im malerischen Tal des River Hodder, in dem man Forellen angeln kann.

Für Unterhaltung ist gesorgt am Strand von Blackpool unterhalb des Tower.

★ LEEDS

Landesteil: Nordengland | **Höhe:** 46 m ü.d.M. |
Grafschaft: West Yorkshire | **Einwohnerzahl:** 812 000

Leeds wurde durch Wolltuch zu einer bedeutenden Stadt und blüht heute als postindustrielle Metropole. Die größte Stadt der Grafschaft Yorkshire, das Herz von Englands viertgrößtem Ballungsgebiet, steht für Shopping und Kultur in lebendiger urbaner Atmosphäre – lassen Sie sich inspirieren.

Modern, urban, inspirierend

In Leeds zeigt sich beispielhaft die Verwandlung nordenglischer Industriestädte in den letzten Jahrzehnten. In einer Seitenstraße in der Stadtmitte steht die unauffällige White Cloth Hall, die ab 1775 fast ein Jahrhundert lang die bedeutendste Börse weltweit für ungefärbtes (»white«) Tuch war. Mit der Industrialisierung fiel der größte Teil der Tuchhalle einem Eisenbahnviadukt zum Opfer. Aus dem historischen Bau wurde mittlerweile ein Restaurant, aus der prächtigen viktorianischen Getreidebörse dahinter, dem Corn Exchange, eine Halle für Shopping und Gastronomie. Die Armley Mills, einst eine der größten Manufakturen der Welt, ist jetzt ein Museum für Industriegeschichte. Noch immer geben Teile von Leeds Stadtmitte ein gemischtes Bild ab, aber die Stadt bietet mit ihren Galerien aus viktorianischer Zeit und der schönen Markthalle gute Einkaufsmöglichkeiten und die Universität genießt einen ausgezeichneten Ruf. Eine Reihe sehenswerter Museen, hervorragende Oper- und Ballettensembles sowie die lebhafte Musik- und Kunstszene sind weithin bekannt.

LEEDS ERLEBEN

LEEDS VISITOR CENTRE

The Headrow, Leeds, LS1 3AA
Tel. 0113 3 78 69 77
www.visitleeds.co.uk

Die besten Einkaufsmöglichkeiten hat man in den Seitenstraßen der **Headrow.** Besonders schön ist ein Bummel durch die liebevoll restaurierten viktorianischen Arkaden des angrenzenden **Victoria Quarter,** einer Flaniermeile mit Designerläden, noblen Juweliergeschäften und hübschen Cafés. Bodenständiger, aber ebenso charmant sind die Markthallen der **Kirkgate Market.**

BETTYS CAFÉ €€

Betty's ist eine berühmte Adresse für Frühstück und Nachmittagstee. Der Firmengründer war Schweizer: Neben sättigenden Kuchensorten aus Yorkshire kommen auch Rösti und Raclette-Käse auf den Teller.

1 Parliament St., Harrogate
Tel. 01423 81 40 70
www.bettys.co.uk

❶ WHITELOCKS €

Die älteste Kneipe der Stadt ist bereits 300 Jahre alt. Auch die Gerichte und das Bier sind traditionell.

Turks Head Yard, Briggate, Leeds
Tel. 0113 2 45 39 50
www.whitelocksleeds.com

MYLAHORE €

5 Min. von der Stadtmitte an Bradfords gefeierter Curry-Meile gibt es hervorragende Gerichte aus Pakistan – aber keinen Alkohol.

52 Great Horton Rd., Bradford
Tel. 01274 30 85 08

❶ MALMAISON €€€

Das Designer-Hotel mit schicker Brasserie und Bar liegt günstig für Shopping und einen Besuch der Royal Armouries.

1 Swinegate, Leeds
Tel. 0113 4 26 00 47
www.malmaison.com

THE CROWN HOTEL €€€

Imposantes Postkutschen-Gasthaus aus dem 18. Jh. nahe der Stadtmitte mit 114 Zimmern.

Crown Place, Harrogate
Tel. 01423 56 77 55
www.crownhotelharrogate.com

Wohin in Leeds?

Wer hat das schönste Rathaus?

Victoria Square, Town Hall

Die Geschäftsstraße Park Row führt vom Bahnhof zur breiten The Headrow. Geht man The Headrow einige Meter nach Westen, kommt man zum Victoria Square mit der Town Hall, einem palladianischen Gebäude, eingeweiht 1858. Mit ihren repräsentativen Rathäusern lieferten sich Industriestädte zu dieser Zeit einen Wettbewerb um Prestige – die prunkvolle Town Hall in Leeds sollte die wenige Jahre zuvor vollendete St George's Hall der Nachbarstadt Bradford übertreffen.

Ein Muss für Kunstinteressierte

Leeds Art Gallery

Die 1888 eröffnete Leeds Art Gallery zeigt vor allem **Werke britischer Künstler**. Allein 750 Aquarelle von J. S. Cotman (1782–1842), einem der Hauptmeister der Schule von ▶ Norwich, sind ausgestellt, Gemälde von Constable und Gainsborough sowie italienischen und französischen Meistern wie Courbet, Corot, Renoir, Signac. In den Henry Moore Sculpture Galleries sind Arbeiten von Henry Moore und seinen Zeitgenossen, darunter Jacob Epstein und Barbara Hepworth, zu sehen.

Das benachbarte **Henry Moore Institute** zeigt Wechselausstellungen mit modernen Bildhauerarbeiten, ein wichtiger Schwerpunkt in der Kunststadt Leeds, denn Moore und Hepworth studierten an der angesehenen Leeds School of Art.

Leeds Art Gallery: The Headrow | Di.–Sa. 10–17, So. 11–15 Uhr
Eintritt frei | museumsandgalleries.leeds.gov.uk

Henry Moore Institute: 74 The Headrow | Di.–So. 10–17 Uhr
Eintritt frei | henry-moore.org

Bewacht von goldenen Eulen

Millennium Square

Ein recht neuer Veranstaltungsort ist der Millennium Square. Der Platz wird für Konzerte und Veranstaltungen und im Winter als Eislaufbahn genutzt. Die Türme der Civic Hall am Platz tragen Eulenfiguren, die Wappentiere der Stadt. Die Themen im **Leeds City Museum** reichen von Antikensammlungen aus Rom, Griechenland und Ägypten bis Naturwissenschaften und Stadtgeschichte.

City Museum: Di.–Fr. 10–17, Sa./So. 11–17 Uhr | Eintritt frei
museumsandgalleries.leeds.gov.uk

Shopping in der alten Getreidebörse

Corn Exchange

Die ovale Corn Exchange (Getreidebörse), die mit einer Glaskuppel im viktorianischen Stil gebaute ehemalige Getreidebörse in der Kirkgate, wird heute von kleinen Boutiquen, Cafés und Restaurants bevölkert. Dahinter in der Cross Street befindet sich der verbliebene Teil der White Cloth Hall (1775) mit einem bescheidenen, vom Vorgängerbau übernommenen Kuppelbau.

Harnische für Fußsoldaten, Ross und Reiter in den Royal Armouries

Von den Samurai bis zu James Bond

★ Royal Armouries

Das Gebiet südlich des Hauptbahnhofs am Aire und am Leeds-Liverpool-Kanal ist heute ein Freizeitviertel. Cocktailbars, Boutiquen und Esslokale bevölkern die Bahnbögen, in alte Lagerhäuser sind Hotels und Gastronomie eingezogen. Belebend wirkte 1996 die Ansiedlung des Royal Armouries Museum, gebaut, um die spektakuläre **königliche Waffensammlung aus dem Londoner Tower** aufzunehmen. Geschichte zum Anfassen versprechen Vorführungen in authentischen Kampfausrüstungen und Jagdkostümen, Armbrustschießen und Falknerei. Die Abteilungen widmen sich Themen wie Jagd, Turnieren, orientalischen Waffen und Selbstverteidigung anhand unterschiedlichster Exponate: kostbar verzierte Rüstungen aus dem 16. Jh., die Pistolen von James Bond, die Schwerter aus Mittelerde und von Henkern und Samurai. Zentraler Blickfang in der Hall of Steel ist der achteckige, auf allen Seiten mit Brustpanzern und Schwertern bestückte Turm. Von oben hat man einen tollen Ausblick auf Stadt, Fluss und Boote im Kanalbecken.

Armouries Drive | Di.–So. 10–17 Uhr | Eintritt frei
www.royalarmouries.org

Spaziergang in die Industrialisierung

Armley Mills

Das **Leeds Industrial Museum** in der ehemaligen Wollspinnerei Armley Mills liegt gut 3 km westlich des Stadtzentrums – am Treidelpfad des Kanals kann man dorthin spazieren. Mit funktionierenden

Maschinen wird die Geschichte der hiesigen Wollverarbeitung seit dem 18. Jh. dargestellt. Es gibt ein großes, restauriertes Arbeiterhäuschen und Ausstellungen über andere Branchen wie das Schneiderhandwerk und die Druckindustrie.
Canal Rd. | Di.–Fr. 10–17, Sa., So. 12–17 Uhr | Eintritt 5,50 £
museumsandgalleries.leeds.gov.uk

Rund um Leeds

Industrie, Kunst und Technologie

Bradford

Bradford unmittelbar westlich von Leeds war Mitte des 19. Jh.s weltweit als Zentrum für Textilprodukte bekannt, speziell für Kammgarntuch. Sehr interessant ist das **National Science & Media Museum** zur technologischen und künstlerischen Bedeutung von Film, Fernsehen, Fotografie und neuen Medien. Das **Bradford Industrial Museum** zeigt Maschinen in einer ausgedienten Spinnerei. Werke von David Hockney, der 1937 in Bradford geboren wurde, sind in der **1853 Gallery** in Saltaire, einer viktorianischen Mustersiedlung und UNESCO-Weltkulturerbe, zu sehen (▶ Das ist ..., S. 16 ff.).
Von Keighley 15 km nordwestlich startet die Schmalspurbahn **Keighley and Worth Valley Railway**.
National Science & Media Museum: voraussichtl. bis Mitte 2024 wg. Renovierung geschlossen | www.scienceandmediamuseum.org.uk
Bradford Industrial Museum: Moorside Rd. | Di.–Fr. 10–16, Sa., So. ab 11 Uhr | Eintritt frei | www.bradfordmuseums.org
1853 Gallery: Mi.–Fr. 10–16, Sa., So. 9–17 Uhr | Eintritt frei
www.saltsmill.org.uk
Keighley and Worth Valley Railway: kwvr.co.uk

Wunderbare Schätze

Harewood House

Die Residenz des Earl of Harewood (13 km nördlich) ist ein Kleinod mit königlichen Verbindungen. Das dreistöckige Herrenhaus wurde 1759 bis 1771 nach Plänen von John Carr gebaut. In den Prunkgemächern sind Dekorationen von Robert Adam ausgestellt, hervorragende Stuckarbeiten, Decken- und Wandgemälde von beachtlichem Kunstwert und Chippendale-Möbel. Außer einer Porzellansammlung gibt es eine Fülle von Gemälden, u. a. von Reynolds, El Greco und Gainsborough. Princess Mary, die Tochter von Georg V., wohnte 35 Jahre lang hier. Auch der von Capability Brown angelegte Park mit einem großen See und Resten eines Castle (12. Jh.) lädt ein.
Ostern–Okt. tgl. 11–16 Uhr | Eintritt 14,50 £ | www.harewood.org

Eine Freude fürs Auge

Harrogate

Harrogate weiter nördlich ist der bedeutendste Kurort in Nordengland. Seine Heilquellen wurden im 16. Jh. entdeckt. Der **Royal Pump**

Room, das 1842 erbaute, ehemalige Brunnenhaus über einer Schwefelquelle, wurde als Museum eingerichtet. Schöne Parks laden zu Spaziergängen ein, der berühmte Stray gilt als eine der größten Rasenflächen der Welt. Prächtig sind die Valley Gardens im Herzen des Kurorts, einen Blick lohnt auch der Fountain Court mit seinen sprudelnden Quellwassern. Ein Muss für Blumenfreunde ist ein Besuch im wunderschönen **Harlow Carr Botanical Garden.**

Royal Pump Room: Crown Pl. | Di.–Sa. 10–16 Uhr | Eintritt 3,80 £
Harlow Carr: März–Okt. tgl. 9.30–18, Nov.–Febr. 9.30–16 Uhr
Eintritt 13,85 £ | www.rhs.org.uk

Schwesterliches Idyll

★ Haworth

Haworth nordwestlich von Leeds ist ein idyllisches Yorkshiredorf und der Heimatort der Brontë-Schwestern – als literarische Pilgerstätte erreicht Haworth fast die Bedeutung von Stratford-upon-Avon. Das Pfarrhaus, in dem Charlotte, Emily und Anne lebten und bei Kerzenlicht Weltliteratur zu Papier brachten, ist heute **Museum** mit viel Atmosphäre. Der Friedhof vor den Fenstern hallt wider vom Krähengeschrei, der Wind fegt über die Hügel, im Pfarrhaus tickt die alte Standuhr, die Vater Brontë allabendlich vor dem Zubettgehen aufzog … Ein Brontë-Wanderweg beginnt an der Kirche und führt durch die Moorlandschaft, die vor allem Emily inspirierte.

Brontë Parsonage Museum: Church St. | Mi.–So. 10–17 Uhr
Eintritt 12 £ | www.bronte.org.uk

Vor allem Emily Brontë zog es immer wieder zu diesem kleinen Wasserfall bei Haworth, der heute folgerichtig Brontë Waterfall heißt.

Ein tolles Fotomotiv

Kirkstall Abbey

Die Ruine der 1152 gebauten Kirkstall Abbey liegt 5,5 km nordwestlich im Tal des River Aire. Der Kirche fehlt das Dach, auch der Turm ist verfallen. Fast vollständig erhalten ist das Kapitelhaus. Das Torhaus gehört zum **Abbey-House-Museum,** das mit Wohnhäusern, Läden und Werkstätten vom einstigen Leben in Yorkshire erzählt.

Abbey Rd. | April–Sept. Di.–So. 10–16.30 Uhr, Okt.–März Di.–So. bis 16 Uhr | Eintritt frei

Weltklasse in der Provinz

Wakefield

Die Industriestadt Wakefield südlich von Leeds ist Geburtsort der Bildhauerin Barbara Hepworth (1903–1975; ▶ S. 123, St Ives). 2011 öffnete dort die **Hepworth Gallery** mit Werken der namensgebenden Künstlerin und Künstlern ihrer Zeit. Am Stadtrand liegt auf dem Anwesen eines Herrensitzes der **Yorkshire Sculpture Park.** In Galerien und auf dem Freigelände werden in hochkarätigen Dauer- und Wechselausstellungen Werke von führenden internationalen Bildhauern gezeigt.

Hepworth Gallery: tgl. 10–17 Uhr | Eintritt frei
hepworthwakefield.org
Yorkshire Sculpture Park: tgl. 10–18 Uhr | Eintritt 9 £
www.ysp.co.uk

LEICESTER

Landesteil: Mittelengland | **Höhe:** 62 m ü. d. M. |
Grafschaft: Leicestershire | **Einwohnerzahl:** 370 000

2012 machten Archäologen eine sensationelle Entdeckung. Unter einem Parkplatz, ehemals Standort einer Franziskanerkirche, suchten sie nach den Gebeinen des Königs, der in Shakespeares »Richard III.« als dunkle, bucklige Gestalt, als bösester aller Bösewichte auftritt. Er starb 1485 in der Schlacht von Bosworth bei Leicester. Tatsächlich trat bei der Grabung das offensichtlich hastig verscharrte Skelett eines Mannes mit stark gekrümmtem Rückgrat und tödlichen Hiebwunden zu Tage.

Neuauflage alter Schlachten

Der Vergleich mit dem Erbgut einer Nachfahrin bestätigte, dass es sich um **Richard III.** handelte. Dann begann ein Tauziehen um die Knochen, denn der Monarch (reg. 1483–1485) aus dem Hause York hat im Nationalbewusstsein der Engländer einen prominenten Platz – die ersten Zeilen von Shakespeares Drama und Richards verzweifelter Ruf nach dem Tod seines Schlachtrosses auf dem Bosworth-Feld:

LEICESTER ERLEBEN

VISIT LEICESTER CENTRE
4A St Martins
Tel. 0116 2 99 44 44
www.visitleicester.info

Der tägliche Markt ist eine Fundgrube für preiswerte Kleidung, Lederwaren und mehr. Glitzernd sind die Schaufenster im indischen Viertel um die »Golden Mile« an der **Belgrave Road**, der Hauptstraße A607 – ca. 15 Min. zu Fuß ab der Stadtmitte oder mit Bus ab Busbahnhof Haymarket.

Diwali, das herbstliche Lichtfest der Hindus, wird nirgendwo im multikulturellen Britannien größer und bunter gefeiert. Meist Ende Oktober.

KAYAL **€€**
Indisch essen ist in Leicester ein Muss! Spezialität sind hier Meeresfrüchte, gewürzt nach Art der südindischen Provinz Kerala. Auch Vegetarier sind mit Paneer-Käse und Dosa (Reis-Linsen-Pfannkuchen) gut bedient.
153 Granby St.
Tel. 0116 2 55 46 67
www.kayalrestaurant.com

BELMONT HOTEL **€€**
Das Hotel am Rand der Stadtmitte hat 75 gut ausgestattete Zimmer.
20 De Montfort St.
Tel. 0116 2 54 47 73
www.belmonthotel.co.uk

»
Ein Pferd! Ein Pferd! Mein Königreich für ein Pferd!
«,

gehört zu den Shakespeare-Zitaten, die fast jeder Engländer kennt. Die Queen mochte die Gebeine von Richard III. in Westminster Abbey nicht haben. Moderne »Yorkisten«, die ihn heute noch rehabilitiert sehen wollen, kämpften für seine Beerdigung im Münster von York. Schließlich fand er in der Kathedrale von Leicester – sprich »Lester« – seine ewige Ruhe, und eine gelungene Ausstellung am Ort der Grabung erzählt die alte und die neue Geschichte von Richard III.

Wohin in Leicester?

Leicesters Mitte

Mittelpunkt der City ist der 1866 erbaute Glockenturm mit vier Statuen der Stifter und Wohltäter der Stadt. Südlich davon liegt ein traditioneller überdachter Markt. Clock Tower

So macht Geschichte Spaß

Kathedrale und Königsgrab

Silver Street und Guildhall Lane führen zur St Martin's Church, seit 1919 Kathedrale. Die Hauptattraktion ist das 2015 geweihte Grab von Richard III. Gegenüber, auf dem Gelände des ehemaligen Franziskanerklosters, bereitet das **Richard III Visitor Centre** das Zeitgeschehen um den König, dessen Rezeption in folgenden Jahrhunderten sowie die Entdeckung seines Skeletts auf vorbildliche und unterhaltsame Weise auf. Neben der Kathedrale steht die **Guildhall** aus dem 14. Jahrhundert. Im 15./16. Jh. wurde die Zunfthalle im Tudorstil umgebaut, seit dem 17. Jh. diente sie als Rathaus. Hier sieht man die Great Hall und eine Ausstellung über das Leben im mittelalterlichen Leicester.

King Richard III Visitor Centre: So.–Fr. 10–16, Sa. 10–17 Uhr
Eintritt 10 £ | www.kriii.com
Guildhall: Febr.–Okt. tgl. 11–16.30 Uhr | Eintritt frei

Normannisch, sächsisch, römisch

Römische Ausgrabungen

Über den Jubilee Square erreicht man St Nicholas Circle. Hier steht die älteste Kirche von Leicester mit einem frühnormannischen Turm, einem sächsischen Schiff und römischen Ziegeln im Mauerwerk. An der Westseite verläuft die 5 m hohe »Judenmauer«, ein Überbleibsel der römischen Thermen. Daneben kann man die Ausgrabungen des Forums besichtigen. Die Funde, darunter schöne Mosaikfußböden, stellt das benachbarte **Jewry Wall Museum** aus.

Öffnungszeiten ab Sommer 2024 nach Renovierung s. www.leicestermuseums.org

Hier soll Geoffrey Chaucer geheiratet haben

Castle Park

Eine Grünanlage südlich am River Soar ist das Gelände der ehemaligen Burg. Hier steht die Kirche St Mary de Castro. Sie wurde 1107 als Burgkapelle erbaut. Beachtenswert sind der spätnormannische Chor und die Taufkapelle.

Eine Stadt, viele Kulturen

Newarke Houses Museum

Im **Museum für Stadtgeschichte** lohnt unter anderem die Darstellung der modernen Stadt und der Immigration indischer Familien, die in den 1970er-Jahren aus Uganda vertrieben wurden. Am Ende der Newarke Street steht ein Stadttor aus der Zeit um 1400. Biegt man hier rechts in die Oxford Road, erhält man nach wenigen Schritten auf der linken Seite in einem Tempel der Jain-Sekte einen Einblick in das Leben des multikulturellen Leicester.

Newarke Houses Museum: Mo.–Sa. 10–17, So. ab 11 Uhr
Eintritt frei | www.leicestermuseums.org

Von Dix bis Picasso

Leicester Museum & Art Gallery

Am New Walk, einer schönen Baumallee für Fußgänger südlich der Stadtmitte, zeigt das Kunstmuseum unter anderem eine gute Gemäl-

desammlung mit Werken namhafter deutscher Künstler (z. B. Franz Marc, Otto Dix, Max Beckmann, Ernst-Ludwig Kirchner, Käthe Kollwitz, Max Liebermann) und französischer Impressionisten sowie Keramikarbeiten von Picasso.
53 New Walk | Mo.-Fr. 11-16.30, Sa., So. 11-17 Uhr | Eintritt frei
www.leicestermuseums.org

Das All zum Greifen nah?

National Space Centre

Am Fluss nördlich der Stadtmitte markiert der 42 m hohe »Rocket Tower« das neue **National Space Centre.** Sechs Galerien und Großbritanniens größtes Planetarium informieren interaktiv und unterhaltsam über den neusten Stand des Aufbruchs ins Weltall; ausgestellt sind Raketen, Raumkapseln und Satelliten.
Exploration Drive | Mo.-Sa. 10-16, So. bis 17 Uhr | Eintritt 18,95 £
www.spacecentre.co.uk

★★ LINCOLN

Landesteil: Mittelengland | **Höhe:** 20-73 m ü.d.M. |
Grafschaft: Lincolnshire | **Einwohnerzahl:** 104 000

Auf dem Kamm eines Hügels hoch über dem River Witham thronen eine Festung und eine Bischofskirche. Der Blick von den Zinnen der Burg auf die breite Westfassade und die Türme der Kathedrale gehört zu den spektakulärsten, die eine englische Stadt zu bieten hat.

Was für ein Anblick!

Vor dem Sturm, der 1549 die Spitze des Mittelturms in die Tiefe riss, war der Anblick noch beeindruckender, denn bis dahin war Lincolns Kathedrale mit etwa 160 m das höchste Bauwerk der Welt. Überhaupt prägten Katastrophen die Geschichte der Kirche: Den ersten Bau (begonnen 1072) beschädigte 1141 ein Feuer im Holzdachstuhl, die wiederhergestellte romanische Kirche erschütterte 44 Jahre später ein Erdbeben, 1239 stürzte der Vierungsturm ein, aber jedesmal entstand die Kathedrale neu. Als eine der monumentalsten gotischen Kirchen im Land beherrscht sie das Bild einer fast 2000 Jahre alten Stadt. Die Römer richteten im Jahr 48 hier ihren ersten Militärstützpunkt für die 9. Legion ein; 96 wurde er in Lindum Colonia, eine Stadt für römische Veteranen, umgewandelt. Im Mittelalter war Lincoln ein bedeutendes Wollzentrum – u. a. wurde der »Lincoln Green« hier produziert, den angeblich schon Robin Hood trug.

LINCOLN ERLEBEN

9 Castle Hill, Lincoln
Lincolnshire, England
LN1 3AA
Tel. 01522 54 54 58
www.visitlincoln.com

Bei Goodies werden nicht weniger als 300 verschiedene traditionell gefertigte Süßigkeiten verkauft.
5 Strait, Steep Hill
Tel. 01522 52 53 07

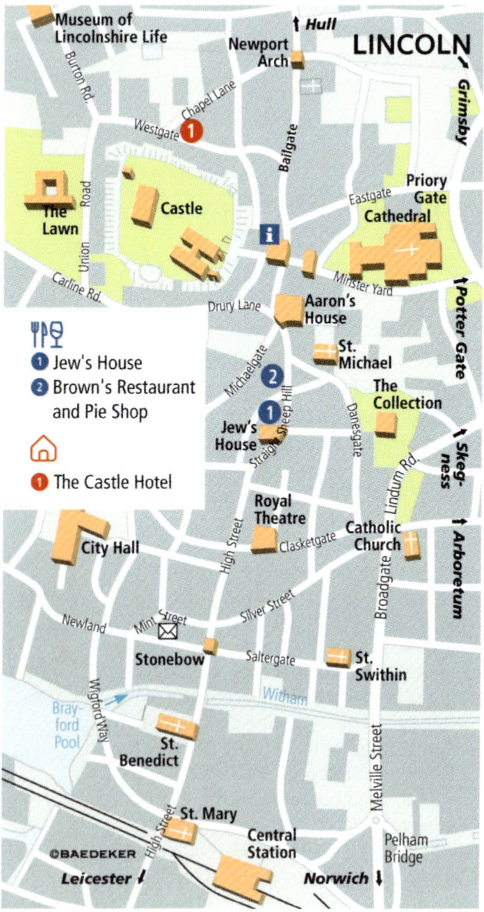

1 RESTAURANT IN THE JEW'S HOUSE €€€

Französisch beeinflusste britische Küche in einem wunderschönen Gebäude aus dem 12. Jahrhundert. Mo. bis Mi. geschl.
15 The Strait
Tel. 01522 52 48 51
www.jewshouse restaurant.co.uk

2 BROWN'S RESTAURANT AND PIE SHOP €

In der Nähe der Kathedrale gelegen und berühmt für seine Fleischpasteten und Lincolnshire-Würstchen. Vegetarisches und süße Pies gibt's auch.
33 Steep Hill
Tel. 01522 52 73 30
www.brownspieshop.co.uk

1 THE CASTLE HOTEL €€€

Das gemütliche Hotel mit gutem Restaurant liegt im historischen Stadtkern mit schönem Blick auf Schloss und Kathedrale.
Westgate
Tel. 01522 55 88 01
www.castlehotel.net

Wohin in Lincoln?

Abwechslungsreiche Architektur

Unterstadt

Die moderne Unterstadt kontrastiert mit der historischen Oberstadt um die Kathedrale. In der High Street steht die Kirche **St-Peter-at-Gowts** mit einem sächsischen Turm; etwas weiter liegt die normannische **St Mary's Guildhall,** erst königliches Lagerhaus, dann Zunftgebäude. Der nahe gelegene, vom Witham River gespeiste Brayford Pool ist Lincolns ehemaliger Binnenhafen. Im 18./19. Jh. war er ein Getreideumschlagplatz, heute beherbergen die umfunktionierten Lagerhäuser der Brayford Waterfront Restaurants und Hotels.

An der Westseite der alten **High Bridge** stehen einige alte Fachwerkhäuser. Von der High Bridge führt die High Street durch den Stonebow (15. Jh.), den südlichen Zugang zur mittelalterlichen Stadt mit der großen Ratshalle im Obergeschoss. Am Ende der High Street geht es zum **Steep Hill,** jener steilen Straße, die zur Oberstadt führt.

Mittelalterliche Baudenkmäler

Oberstadt

In der Oberstadt steht am Fuß des Steep Hill das **Jew's House,** ein normannischer Steinbau, der einem Juden gehörte, und angrenzend der Jew's Court, vermutlich Überrest der Synagoge (spätes 12. Jh.). Jüdische Kaufleute besaßen im 12./13. Jh. in Lincoln gewichtigen Einfluss, bevor sie nach einem Pogrom 1290 wie alle Juden auf königlichen Befehl das Land verlassen mussten. Etwas weiter steht das normannische Aaron's House. Das Wirtshaus **The Wig and Mitre** stammt aus dem 14. Jahrhundert.

Teufel, Engel, Kobolde und ein »verrücktes« Gewölbe

★★ Lincoln Cathedral

Nach dem Erdbeben 1185 ließ Bischof Hugo von Avalon einen Neubau im frühgotischen Stil errichten. Im folgenden Jahrhundert wurde der »Engelschor« angefügt – ein würdevoller Aufbahrungsort für den Schrein des inzwischen heiliggesprochenen Hugo.

Die imposante, doppeltürmige **Westfassade** schmückt romanische und gotische Bauzier. Das mittlere Rundbogenportal trägt normannische Ornamente, aus dem 12. Jh. stammen die friesartigen Darstellungen mit Szenen aus dem Alten Testament (u. a. Noahs Arche), die Königsfiguren über dem Hauptportal entstanden im 13. Jahrhundert. Das dreischiffige **Innere** der Basilika beeindruckt mit zwei Querhäusern aus goldgelbem Kalkstein und dunklem Purbeck-Marmor, im Langhaus steht ein Taufstein aus schwarzem Tournai-Marmor (12. Jh.) mit Tiermotiven. Die Stirnseiten der Querhäuser zeigen herrliche gotische Maßwerkfenster: nördlich ein Rundfenster (um 1200), **Auge des Dekans** genannt, südlich das **Auge des Bischofs** (frühes 14. Jh.). Der Legende nach achtete das Auge des Dekans auf dessen Wohnstatt, aber auch auf den Teufel, während das Bischofsauge den Palast im Blick hatte. Durch den südlichen Chorumgang

Die Kathedrale über den Dächern von Lincoln. Bischof und Dekan hatten von hier auch die Stadt im Blick.

gelangt man zum Grab von Katherine Swynford (gest. 1403), die als dritte Frau des Königssohns John of Gaunt Ahnherrin aller englischen Monarchen seit dem 15. Jh. ist. Der St Hugh's Choir ist eines der besten Beispiele frühgotischer Baukunst. Einmalig ist **das »verrückte« Gewölbe über dem Chorgestühl,** bei dem die Rippen unsymmetrisch auf den Schlussstein geführt werden. Man vermutet als Urheber den Theologen und Wissenschaftler Robert Grosseteste, der sich schon vor seiner Ernennung zum Bischof von Winchester 1235 mit optischen Experimenten beschäftigt hatte. Durch den südlichen Chorumgang erreicht man den Retrochor, bekannt als The Angel Choir (um 1280 vollendet) wegen der 28 Engelskulpturen in der Triforiumzone, ein eleganter, harmonischer gotischer Bauteil, in dem der Schrein des hl. Hugo aufgestellt war. Im Bogenzwickel des vorletzten nördlichen Pfeilers sitzt der **Lincoln Imp,** ein teuflischer Kobold, der der Legende nach die Engel im Chor störte und deshalb versteinert wurde. Vom nördlichen Chorumgang hat man Zugang zum Kreuzgang (um 1300) mit schönen Schnitzarbeiten an den Schlusssteinen. Im zehnseitigen **Kapitelhaus,** dessen Gewölbe ein einziger Mittelpfeiler stützt, tagten unter Edward I. und Edward III. Parlamente. Im Cathedral Close stehen die Reste des Old Bishop Palace und Vicar's Court (14. Jh.).

Mo.–Sa. 10–16, So. 11.30–16.30 Uhr | Eintritt 11 £ inkl. Führung
www.lincolncathedral.com

Tolle Ein- und Ausblicke

Castle

Die Burg auf dem Castle Hill wurde ab 1068 unter Wilhelm dem Eroberer errichtet; seit 1113 ersetzen starke Umfassungsmauern die Holzpalisaden. Die Anlage ist noch so gut erhalten, weil hier bis 1878 das Gefängnis untergebracht war. Machen Sie unbedingt einen Rundgang auf den Mauern mit Blick in den weiten Burghof, zur Kathedrale und auf die Stadt. Eine gut konzipierte Audioführung erzählt die bewegte Geschichte dieser Burg. Hervorragend aufbereitet ist auch die Besichtigung des einstmaligen Gefängnisses mit Einblicken in das Justiz- und Vollzugswesen der viktorianischen Zeit. Mindestens ebenso interessant ist eine Präsentation der Magna Charta von 1215, eine von vier noch existierenden Abschriften, die von den Anfängen der Bürgerrechte in England und der ersten Eindämmung königlicher Macht erzählt.

April–Sept. tgl. 10–17, Okt.–März bis 16 Uhr | Eintritt 16 £, nur Rundgang auf den Mauern 11 £ | www.lincolncastle.com

Römisches Erbe

Bailgate

Bailgate nördlich des Castle war das Zentrum der römischen Stadt. Kreise markieren die Lage der Säulen des Forums. St Paul's ist an der Stelle gebaut worden, wo die Kirche des Paulinus stand, der 627 das Christentum nach Lincoln brachte. Am Nordende des Bailgate steht Newport Arch, eines der am besten erhaltenen römischen Stadttore (1. Jh.) in England.

Kleine Kostbarkeiten

The Lincoln Museum im Park südlich der Kathedrale zeigt eine gute Sammlung von Uhren, Juwelen, Miniaturen und Porzellan, das **Museum of Lincolnshire Life** regionales Brauchtum.

Lincoln Museum: Danes Terrace | Do.–Mo. 10–16 Uhr | Eintritt frei www.lincolnmuseum.com

Museum of Lincolnshire Life: Burton Road | Fr.–Di. 10–16 Uhr, Okt.–März So. geschl. | Eintritt frei

Rund um Lincoln

So lebt der Landadel

Doddington Hall

12 km westlich von Lincoln vermittelt ein noch bewohntes Herrenhaus aus dem Jahr 1600 einen Eindruck von den Lebensumständen des Adels. Die georgianische Innendekoration (ca. 1760) und die Einrichtung sind ungewöhnlich gut erhalten. Die Familie bemüht sich durch verschiedene Angebote – Restaurant, Farm Shop, Gartenbesuch und Fahrradladen – ihren Stammsitz zu erhalten.

April–Sept. Mi., Fr., So. Haus 11–16, Garten 10–16.30 Uhr, Haus und Garten 13 £ | www.doddingtonhall.com

★ LIVERPOOL

Landesteil: Nordengland | **Grafschaft:** Merseyside |
Einwohnerzahl: 486 000, Ballungsraum 1,4 Mio.

Bei Liverpool denkt man an die Beatles, an Fußball und manch einer auch an den typischen Akzent der »Scousers«, wie sich die Leute hier nennen. Frech, witzig, freundlich, unkonventionell – auch bei einem kurzen Besuch in der Stadt merkt man etwas vom Charakter der Scousers.

Frech, witzig, freundlich

Diese Eigenschaften verkörperte niemand besser als die Beatles, die alle aus Liverpool stammten und bis heute hier allgegenwärtig sind. Doch durch den Überseehandel, nicht durch Musik, ist Liverpool erst groß geworden. Der große tidenunabhängige Hafen ist Umschlagplatz für den Überseeverkehr – die Stadt liegt am River Mersey nahe dessen Mündung in die Irische See. Die modernen Dockanlagen für die Abfertigung großer Containerschiffe befinden sich heute nördlich der City im Stadtteil Seaforth. Vom wirtschaftlichen Niedergang in der zweiten Hälfte des 20. Jh.s hat sich die Stadt mittlerweile erholt. Verfallene Hafenbereiche sind umfunktioniert worden, interessante Viertel entstanden. Und neben Fußball hat Liverpool auch Kultur zu bieten: Bekannt sind neben der Musiktradition die lebendige Kunstszene und ausgezeichnete Museen.

★ Beatles

Die Legende lebt weiter

Kultstätten

Fans können auf verschiedenen Besichtigungstouren die Stätten der vier legendären Popmusiker aufsuchen. **The Beatles Story** im Untergeschoss des Britannia Pavilion am Albert Dock zeigt Erinnerungsstücke, Fotos und Filme über die »Pilzköpfe«. Eine weitere Kultstätte ist der rekonstruierte **Cavern Club** in der Mathew Street, in dem die Beatles am 21. Februar 1961 ihr Debüt gaben. Am Mersey-Ufer stehten die **Bronzefiguren** der Musiker, »four lads who shook the world«, vor dem Royal Liver Building – einem Wahrzeichen der Stadt mit riesigen Vogelfiguren. Zu Pilgerstätten wurden das Elternhaus von Paul McCartney in der Forthlin Road, wo die Beatles für ihre ersten Auftritte probten, und »Mendips«, das Haus, in dem John Lennon bis zu seinem 23. Lebensjahr wohnte. Im Hard Days Night Hotel kann man sogar mit Beatles-Themen übernachten. Die **Magical Mystery Tour** startet regelmäßig am Albert Dock; die Wohnstätten von Lennon und McCartney gehören dem National Trust und können bei Vorbuchung einer Tour besichtigt werden.

LIVERPOOL ERLEBEN

Nur online oder telefonisch:
Tel. 0151 3 51 03 00
www.visitliverpool.com

Fähren pendeln zwischen den Ufern, Ausflugsfahrten werden angeboten.
www.merseyferries.co.uk

Der legendäre Platten- und CD-Laden **Probe Records** ist seit Jahrzehnten Bestandteil der Liverpooler Musikszene. Am Gelände der ehemaligen Bluecoat School werden auch gutes Kunsthandwerk und Designartikel verkauft.
School Lane

Jedes Jahr im August werden bei der **International Beatleweek** die vier Musiker mit vielen Konzerten gefeiert. Das **Liverpool Biennial** ist das größte britische Festival für zeitgenössische Kunst, alle zwei Jahre.
www.internationalbeatleweek.com, www.biennial.com

1 THE ART SCHOOL €€€
Feinste britische Küche mit regionalen Zutaten. Die mehrgängigen Tasting Menus (auch vegan) kosten 110 £, Mittagessen und Abendmenü 45 £.
1 Sugnall St., Tel. 0151 2 30 86 00
www.theartschoolrestaurant.co.uk

2 THE PHILHARMONIC DINING ROOMS €
Das viktorianische Interieur ist nicht zu toppen – perfekt für einen Drink vor dem Abendessen.
36 Hope St., Tel. 0151 7 09 23 02

3 LEAF €
Café, Bar, Bistro, Galerie, Live-Musik.
Bold St., Tel. 0151 7 07 77 47
www.thisisleaf.co.uk

1 HOPE STREET HOTEL €€€
Der Umbau einer Kutschenfabrik im Stil eines venezianischen Palazzos beherbergt sehr schicke Zimmer und ein exzellentes Restaurant, The London Carriage Works. Die Lage nahe den beiden Kathedralen ist günstig.
40 Hope St., Tel. 0151 7 09 30 00
www.hopestreethotel.co.uk

2 HARD DAYS NIGHT HOTEL €€
110 Zi. in einem alten viktorianischen Geschäftshaus, mit Beatles-Themen.
North John Street
Tel. 0151 236 19 64
www.harddaysnighthotel.com

The Beatles Story: April–Okt. tgl. 9–19, Nov.–März 10–18 Uhr
Eintritt 19 £ | www.beatlesstory.com
Cavern Club: Mathew St | www.cavernclub.com
The Beatles Childhood Homes: Besichtigung im Rahmen von Führungen, Vorbuchung online oder Tel. 0344 249 18 95 | Tour inkl. Eintritt 32 £ | www.nationaltrust.org.uk/beatles
Magical Mystery Tour: www.cavernclub.com

Bootle
Preston
LIVERPOOL
200 m
656 ft
©BAEDEKER
Princes Dock
Bath Street
King Edward Street
New Quay
Langelots
Old Hall Street
Earl Street
Moorfields Station
Ehem. Cotton Exchange
Tithebarn Street
Vernon Street
Batchelor Street
Moorfields
Cheapside
Dale Street
Municipal Offices
Stock Exchange
Hey
Chapel Street
Derby House
St. Nicholas
Town Hall
Titanic Memorial
Water Street
Fenwick Street
Castle Street
Cook Street
North John Street
Victoria Street
Cavern Club
Royal Liver Building
Cunard Building
The Strand
George's Landing Stage
Lord Street
Victoria Monument
James Street
South John Street
Port of Liverpool Building
Port Sunlight
Queensway Tunnel
Pier Head
Strand Street
Museum of Liverpool
Canning Dock
Canning Place
Sailor's Home
Canning Half Tide Dock
Pump-house
Merseyside Maritime Museum
Salt-house Dock
Tate Gallery
Albert Dock
Mersey
Beatles Story
Dukes Dock
Wapping
Wapping Dock
Queen's Dock
Park
Tabley
Chaloner
Churchill
Halton Garden
Johnson Street
Paradise Street
White Chapel
1 The Art School
2 The Philharmonic Dining Rooms
3 Leaf
1 Hope Street Hotel
2 Hard Days Night Hotel

Walker Art Gallery
National Express Coach Station
St. George's Hall
Lime Street Station
Central Station
Metropolitan Cathedral
St. Luke
Philharmonic Hall
Liverpool Institute
Anglican Cathedral
North
South
Churchill
Way
Islington
Kempston
Street
Lime Street
Brown Street
London
Road
Prescote
Street
Birdport Street
Seymour Street
Villiars Street
Greek Street
Moor Place
Pembroke
Place
Lord Nelson Street
Hart Street
St. John's Lane
Great
Newton
Pembroke Street
Gill
Roe Street
Russell Street
Towbridge
Dansie Street
Skethorne Street
Hill
Tong Street
Warren Street
Elliot Street
Copperas
Parker Street
Brownlow
Bold
Wood
Fleet
Renshaw
Mount
Pleasant
Parr
Leece Street
Hardman Street
Myrtle Street
Ann
Berry Street
Roscoe
Rodney
Pilgrim
Upper Duke Street
Wallis Street
Kent
Upper
Great
George
Rathbone
Hope
Canning Street
Pitt Street
James
Jamaica
Huskisson Street
Jordan
Greenland Street
Parliament
Windsor
Hampton
Upper

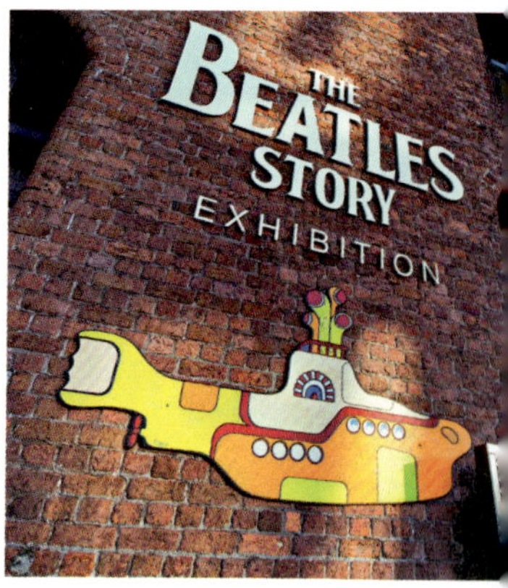

OBEN: Die Fab Four ...
UNTEN: ... und wie sie
es wurden.

★ Albert Dock

Seiner Zeit voraus

Sanierung

Das Albert Dock war bei der Eröffnung 1846 ein wegweisendes Bauwerk: Durch den Verzicht auf Holz wurde die aus Gusseisen, Stein und Ziegelsteinen errichtete Anlage gegen Brände gesichert. Ein fünfstöckiges Blockkarree zieht sich um das Hafenbecken, in dem einst Baumwolle, Tabak und Zucker verladen wurden. Die Sanierung Anfang der 1990er-Jahre gilt als Paradebeispiel für die Wiederbelebung verfallener Stadtbereiche. In die viktorianischen Lagerhäuser sind Designerboutiquen, Büros, Cafés und Museen eingezogen.

Die vielen Seiten der Stadtgeschichte

Museen zur Schifffahrt

Das **Merseyside Maritime Museum** zeigt die Dauerausstellung »Emigrants to a New World« über die ca. 7 Mio. Auswanderer, die zwischen 1830 und 1930 vom Mersey in die Neue Welt aufbrachen. Andere Ausstellungen dokumentieren den Schiffbau, die Handelsschifffahrt, die Titanic-Geschichte und den Krieg im Nordatlantik 1939 bis 1945. Im selben Gebäude befinden sich die Ausstellung »Seized!« (beschlagnahmt), die Geschichten von Zöllnern und Schmugglern erzählt, und das **International Slavery Museum** mit bewegenden Ausstellungen zur Schattenseite von Liverpools Geschichte. Der transatlantische Sklavenhandel wird anhand von Zeugenaussagen, vor allem aus der Perspektive der schwarzen Sklaven, schonungslos beleuchtet.

Di.–So. 10–16 Uhr | Eintritt frei | www.liverpoolmuseums.org.uk

Früher Zucker, heute Kunst

Tate Gallery + RIBA North

Mit der Tate Gallery des Albert Dock hat das gleichnamige Londoner Museum eine anspruchsvolle Dependance – zufällig in eben den Lagerhallen, in denen der Zucker-Magnat Sir Henry Tate Rohzucker aufbewahren ließ. Gezeigt wird moderne und zeitgenössische Kunst. Bis voraussichtlich 2025 wird umstrukturiert; in dieser Zeit sind die Werke im RIBA North (Mann Island) zu sehen.

Tgl. 10–17.50 Uhr | Eintritt frei | www.tate.org.uk

Vielfältige Themen

Museum of Liverpool

Der Hafen und der Überseehandel, die Musik, der Sport, der Mersey – mit diesen und anderen Einflüssen auf die Geschicke der Stadt beschäftigt sich das Museum am Pier Head. Beeindruckend ist das Modell der geplanten, nie vollendeten römisch-katholischen Kathedrale.

Di.–So. 10–16 Uhr | Eintritt frei | www.liverpoolmuseums.org.uk

Wahrzeichen der Stadt

Drei Grazien

Am Pier Head nördlich des Albert Dock steht das Gebäudetrio »Three Graces«: das **Port of Liverpool Building,** das nach dem Kanadier **Samuel Cunard** benannte Nachbargebäude – Cunard eröffnete

1840 die erste Schiffslinie zwischen Liverpool–Halifax–Boston – und das **Royal Liver Building** mit zwei krönenden Vogelfiguren, den »Liver Birds«. Der Vogel mit Seetang im Schnabel ist auch im Stadtwappen zu sehen. Das **Titanic Memorial** daneben erinnert an »Die Helden im Maschinenraum« des 1912 untergegangenen Luxusliners. Im Cunard Building ist die **British Music Experience** beheimatet, eine Ausstellung zur britischen Popmusik.

British Music Experience: April–Okt. tgl., Nov.–März Mi.–So. 10–17 Uhr | Eintritt 19 £ | www.britishmusicexperience.com

Stadtzentrum

Herrliche Klänge

St George's Hall

Die Fassade der klassizistischen St George's Hall in der Lime Street wurde 1838 bis 1854 gebaut. Die sehenswerte Halle dient für Kongresse und Konzerte, insbesondere Orgelkonzerte – die Orgel gehört zu den größten weltweit. Zudem wird eine Dauerausstellung gezeigt.

Ausstellung »The History Whisperer« Di.–Sa. 10–13 Uhr
Eintritt: 6 £ | Führungen: www.stgeorgeshallliverpool.co.uk

Viele Sammlungen – einmal um den Globus

World Museum

Die ägyptologische und die ethnologische Sammlung des World Museum in der William Brown Street gehören zu den größten des Landes. Beliebt ist auch das Planetarium.

Di.–So. 10–16 Uhr | Eintritt frei | www.liverpoolmuseums.org.uk

Anschauen!

Walker Art Gallery

Dem Bierbrauer Sir Andrew Barclay Walker verdankt die Stadt die 1874 bis 1876 erbaute Walker Art Gallery. Die Kunstgalerie enthält eine umfangreiche Gemäldesammlung italienischer, flämischer und französischer Meister vom 14. Jh. bis zur Gegenwart, darunter Arbeiten von Rubens, Rembrandt und Rodin. In Großbritannien – außerhalb Londons – unübertroffen ist der **Überblick über die englische Malerei und Bildhauerei** des 18. bis 20. Jh.s, darunter Werke von Gainsborough, Hogarth und den Präraffaeliten sowie die von John I. Lee gemalte, eindringliche Darstellung einer Abschiedsszene am Pier Head von Liverpool, betitelt als »Sweethearts and Wives« (1860).

Di.–So. 10–16 Uhr | Eintritt frei | www.liverpoolmuseums.org.uk

Kathedralen

Eine nie vollendete Vision

Metropolitan Cathedral

Dass Liverpool zwei Kathedralen besitzt, verdankt die Stadt u. a. den Iren, die im 19./20. Jh. nach Liverpool kamen – daher ist der Anteil der Katholiken recht groß. Über einer gewaltigen Krypta der 1930er-Jahre – dem einzigen vollendeten Teil eines geplanten, letztlich undurchführbaren Vorgängerbaus, dessen Ausmaße den Petersdom in Rom übertroffen hätten –, erhebt sich der 1967 geweihte Rundbau der Metropolitan Cathedral, **der größten römisch-katholischen Kirche im Königreich**. Um den zylindrischen Laternenturm in der Mitte wurde ein riesiges »Zelt« gebaut. Da die Kathedrale auf einem Hügel an der Hope Street steht, erscheint sie wirklich wie eine Art Laterne über der Stadt.

Tgl. 8–18, im Winter bis 17 Uhr | www.liverpoolmetrocathedral.org.uk

Ungleiches Gegenstück

Anglikanische Kathedrale

Die Hope Street führt durch das Georgian Quarter mit seinen stattlichen, 200 Jahre alten Häusern zur anglikanischen Kathedrale. Die neugotische Kirche steht stilistisch im krassen Gegensatz zum katholischen Dom. Der 101 m hohe Turm ist aus rotem Sandstein. Bei der Grundsteinlegung 1904 war der Architekt Giles Gilbert Scott, der auch die berühmte rote Telefonzelle designte, erst 22 Jahre alt, doch die Vollendung erlebte er nicht mehr: 1978 fand die Weihung der damals sechstgrößten Kirche der Welt statt. Allein die Lady Chapel besitzt die Dimensionen einer herkömmlichen Pfarrkirche. Die Willis-Orgel ist **eine der größten Orgeln der Welt**. Ein Gedenkstein erinnert an die 96 Liverpooler Fußballfans, die 1989 während eines Spiels im Hillsborough-Stadion im Gedränge umkamen.

Mo.–Sa. 10–18, So. 12–18 Uhr | Eintritt frei, Turmbesteigung 6,50 £
www.liverpoolcathedral.org.uk

Rund um Liverpool

Eines der schönsten Tudor-Häuser Englands

Speke Hall

Speke Hall steht südöstlich außerhalb der Stadt. Das Fachwerkhaus am nördlichen Ufer des Mersey stammt aus den Jahren 1530 bis 1598. Zur Originaleinrichtung gehören der große Saal, schöne Stuckarbeiten und Stilmöbel.

März–Okt. Mi.–So. 12.30–17 Uhr | Eintritt 15 £
www.nationaltrust.org.uk/speke-hall

Eine saubere Sache

Port Sunlight

Die Gebrüder Lever hatten mit Seife gut verdient und gründeten 1888 für ihre Arbeiter an der Merseymündung eine Mustersiedlung mit weiten Grünflächen und angenehmen Häusern. Ein Kunstkleinod hat Port Sunlight auch zu bieten: In der **Lady Lever Art Gallery** kann man Jugendstilarbeiten, Stilmöbel des 18. Jh.s, Wedgwood-Porzellan und Gemälde, vor allem von britischen Künstlern des 19. Jh.s, sehen.

Di.–So. 10–16 Uhr | Eintritt frei | www.liverpoolmuseums.org.uk

Kunst am Strand

Dünenküste

Nördlich von Liverpool zwischen Crosby und dem Seebad Southport liegen teils wenig frequentierte Sandstrände mit Dünen und Naturschutzgebieten. Am Strand von Crosby schuf der Künstler Antony Gormley das Werk »Another Place«: 100 lebensgroße gusseiserne Figuren, Abbildungen seines eigenen Körpers, schauen aufs Meer hinaus, manche kommen nur bei Ebbe zum Vorschein. Schöne Strände haben der vornehme Wohnort Formby und Ainsdale, ein Ortsteil der **Garten- und Golfstadt** Southport. In der Stadtmitte lohnt sich ein Bummel über die baumbestandene Lord Street, die Promenade mit Parkanlagen und Salzwassersee oder die 1100 m lange Seebrücke.

★★ LONDON

Einwohner: 8,8 Mio. (Greater London)

O/P 9/10

Eine Legende, die jeder Engländer kennt, erzählt von Dick Whittington, einem armen jungen Mann aus der Provinz. Mit seiner Katze reist er nach London und sucht dort sein Glück. Nach kurzer Zeit muss er erfolglos die Heimkehr antreten, bis er die nördlich liegende Anhöhe von Highgate erreicht, auf die Stadt hinabschaut und die Kirchenglocken hört. Sie rufen ihm zu: »Kehre um, Dick Whittington, Lord Mayor von London!«. Er gehorcht, und sein Traum geht in Erfüllung.

Die aufregendste Stadt der Welt

Tatsächlich gab es im 14. Jh. einen Richard Whittington aus der Grafschaft Gloucestershire, der viermal zum Bürgermeister der City of London gewählt wurde. Er war einer von zahllosen Menschen, die seit jeher von dieser riesigen, turbulenten, unendlich kreativen und dynamischen Großstadt angezogen wurden. Von den britischen Inseln kamen und kommen Künstler, Musiker, Schriftsteller, Designer, Politiker, Unternehmer – alle, die auf der großen Bühne Ruhm suchen. Weil darüber hinaus Menschen aus der ganzen Welt – längst nicht mehr nur aus den ehemaligen britischen Kolonien – sich in London ansiedeln, ist die britische Hauptstadt heute die größte und ethnisch vielfältigste Metropole Europas, die sich regelmäßig neu erfindet und für den Rest der Welt neue Trends kreiert.

Für Besucher bedeutet dies ein überwältigendes Angebot an Gastronomie, Shopping und Unterhaltung, an kulturellen Schätzen in Topmuseen und an historischen Sehenswürdigkeiten, die Landes-

und Weltgeschichte aus dem Mittelalter, der Glanzzeit des British Empire und der Gegenwart erzählen. Egal, was man liebt – Royals oder Punk-Mode, Streetfood oder Roastbeef, Paläste oder Parks und Gärten, Alte Meister oder zeitgenössische Kunst, eine Krönungskirche oder aufregende Wolkenkratzer – hier findet man tatsächlich alles.

Eine Stadt, zwei Zentren, etliche Viertel

Orientierung

London ist Sitz von Königshaus, Parlament und Regierung. Die Themse, die London in großen Schleifen durchfließt, teilt das Stadtgebiet in das Nordufer, wo sich die Hauptsehenswürdigkeiten konzentrieren, und eine Südhälfte, die touristisch besonders entlang der Southbank interessant ist. Dabei besitzt London historisch bedingt zwei Zentren: einerseits das Regierungviertel Westminster, andererseits die Handelssiedlung City of London, die mit 2,6 km² nur ungefähr eine Quadratmeile umfasst, und daher auch **»Square Mile«** genannt wird. Die City ist **Weltfinanzzentrum**. Das Herz der Metropole schlägt aber in zahlreichen Vierteln unterschiedlicher Prägung ringsherum.

London von oben: Aus dem London Eye, Europas höchstem Riesenrad, bietet sich ein atemberaubender Blick auf die »aufregendste Stadt der Welt«.

Stadtgeschichte

Wie alles begann

Antike und Mittelalter

Römische Legionen errichteten am Nordufer der Themse **»Londinium«**. Sie bauten eine erste Holzbrücke über den Fluss und sicherten die Stadt 150 Jahre später mit einer 5 km langen Mauer, die für 1000 Jahre die Stadtgrenze bilden sollte. Ab 240 war Londinium Hauptstadt von Britannien. 604 gründete König Ethelbert die Kathedrale St Paul's, 750 folgte St Peter, die spätere Westminster Abbey. Am »Strand« blühten Schifffahrt und Handel, 886 wurde London unter Alfred dem Großen neben Winchester Hauptstadt seines Reiches. Wilhelm der Eroberer ließ sich in Westminster Abbey krönen und gab der Stadt Privilegien, die bis heute gelten. 1176 wurde die alte Holzbrücke durch die steinerne London Bridge ersetzt. 1189 wählten die Zünfte Henry Fitzailwyn zum ersten Lord Mayor der City of London.

Up and down

Frühe Neuzeit

Londons Wurzeln als Finanzmetropole reichen ins Jahr 1565 zurück. Damals gründete Thomas Gresham die Börse, bereits am Ende des 16. Jh.s war die 300 000 Einwohner zählende Stadt der **bedeutendste Handelsplatz der Welt**. Im folgenden Jahrhundert prägten dann Auseinandersetzungen um die Macht im Königreich und zwei große Katastrophen die Geschichte Londons: 1605 versuchte der Katholik Guy Fawkes mit dem »Gunpowder Plot«, das Parlament in die Luft zu sprengen. Während der **Bürgerkriege** wurde Karl I. 1649 in Whitehall enthauptet. Wenig später forderte eine **Pestwelle** zwischen 1664 und 1666 über 100 000 Tote, im September 1666 legte schließlich das **Great Fire of London** in vier Tagen vier Fünftel der City in Schutt und Asche. Beim Wiederaufbau drückte Sir Christopher Wren mit 53 Kirchenbauten, darunter St Paul's Cathedral, der Stadt seinen Stempel auf. Das wachsende Kolonialreich ließ die Wirtschaft prosperieren und führte 1694 zur Gründung der Bank von England.

Hauptstadt eines Weltreichs

18. und 19. Jahrhundert

Unter den hannoverschen Königen stieg England zur Weltmacht auf, London wurde zur Hauptstadt des riesigen Empire. Im Jahr 1801 zählte die Bevölkerung von Greater London erstmals mehr als 1 Mio. Einwohner. Unter Queen Victoria erlebte die Stadt dann ihre größte städtebauliche Entwicklung. Der **Ausbau der Eisenbahn** ließ einen breiten Gürtel von Wohnvorstädten entstehen. 1863 fuhr die erste **U-Bahn**. Aber auch eines der dunkelsten Kapitel der Stadtgeschichte fällt in diese Zeit: 1888 trieb Jack the Ripper im East End sein Unwesen.

Moderne Zeiten

20. und 21. Jahrhundert

In beiden Weltkriegen war London Ziel deutscher Luftangriffe. Erster Höhepunkt der Nachkriegszeit war 1953 die Krönung von **Queen**

Elizabeth II. in Westminster Abbey. In den Sixties spiegelte »Swinging London« das neue Lebensgefühl einer ganzen Generation – in England und darüber hinaus. Die 1960er-Jahre sahen aber zugleich den beginnenden Niedergang der Docklands, denen erst im Rahmen eines groß angelegten Stadtsanierungsprogramms ab 1981 neues Leben eingehaucht wurde. In den folgenden Jahren eroberte sich London eine Spitzenposition in der globalen Finanzindustrie.
Mit London Eye, Millennium Bridge und Millennium Dome begrüßte London das neue Jahrtausend. 2012 stand im Zeichen der **Olympischen Spiele**, die nach 1908 und 1948 zum dritten Mal in Englands Hauptstadt ausgetragen wurden. 2016 stimmten Londoner mehrheitlich gegen den Austritt aus der EU. Und mit Sadiq Khan wurde der Sohn eines Einwanderers aus Pakistan zum Oberbürgermeister.
Allem Wandel zum Trotz – eine Konstante bildet das Königshaus, dessen Geschicke bis heute Stadtthemen sind: 2011 bejubelten die Londoner die Hochzeit von Prinz William und Kate Middleton in Westminster Abbey, 2022 das 70. Thronjubiläum von Elizabeth II. – und standen drei Monate später stundenlang Schlange, um an ihrem in der Westminster Hall aufgebahrten Sarg vorbeizudefilieren. Im Mai 2023 fand in der Abbey nach mittelalterlichem Ritus die Krönung von Charles III. statt.

LONDON ERLEBEN

CITY OF LONDON INFORMATION CENTRE

St Paul's Churchyard
London EC4M 8BX
Tel. 020 7332 14 56
www.visitlondon.com

Weitere Information Centres:
Victoria Station, gegenüber von Gleis 8; U-Bahn-Station Piccadilly Circus; U-Bahn King's Cross, westl. Schalterhalle; Greenwich, 2 Cutty Sark Gardens, Tel. 0870 6 08 20 00
www.visitlondon.com/tag/tourist-information-centre

THE ROYAL FAMILY

Online-Auftritt des Hauses Windsor. Unter News gibt es u. a. Berichte mit vielen Bildern der offiziellen Termine der »Firma«, wie Prinz Philip seine Familie nannte – dort sieht man, wo König Charles und Queen Camilla sich blicken ließen.
www.royal.gov.uk

LONDON PASS

Die Chipkarte bietet freien Eintritt zu mehr als 90 Attraktionen wie dem Tower und gilt auch für verschiedene geführte Touren. Sie ist online zu folgenden Preisen erhältlich: ein Erwachsener/ein Kind: 1 Tag 89/54 £, 2 Tage 124/69 £, 3 Tage 137/79 £, 7 Tage 179/109 £, 10 Tage 199/114 £.
www.londonpass.com

THEATER-/MUSICALKARTEN

Karten zum halben Preis für Vorstellungen am selben Tag gibt es bei **tkts**. Entsprechend groß ist der An-

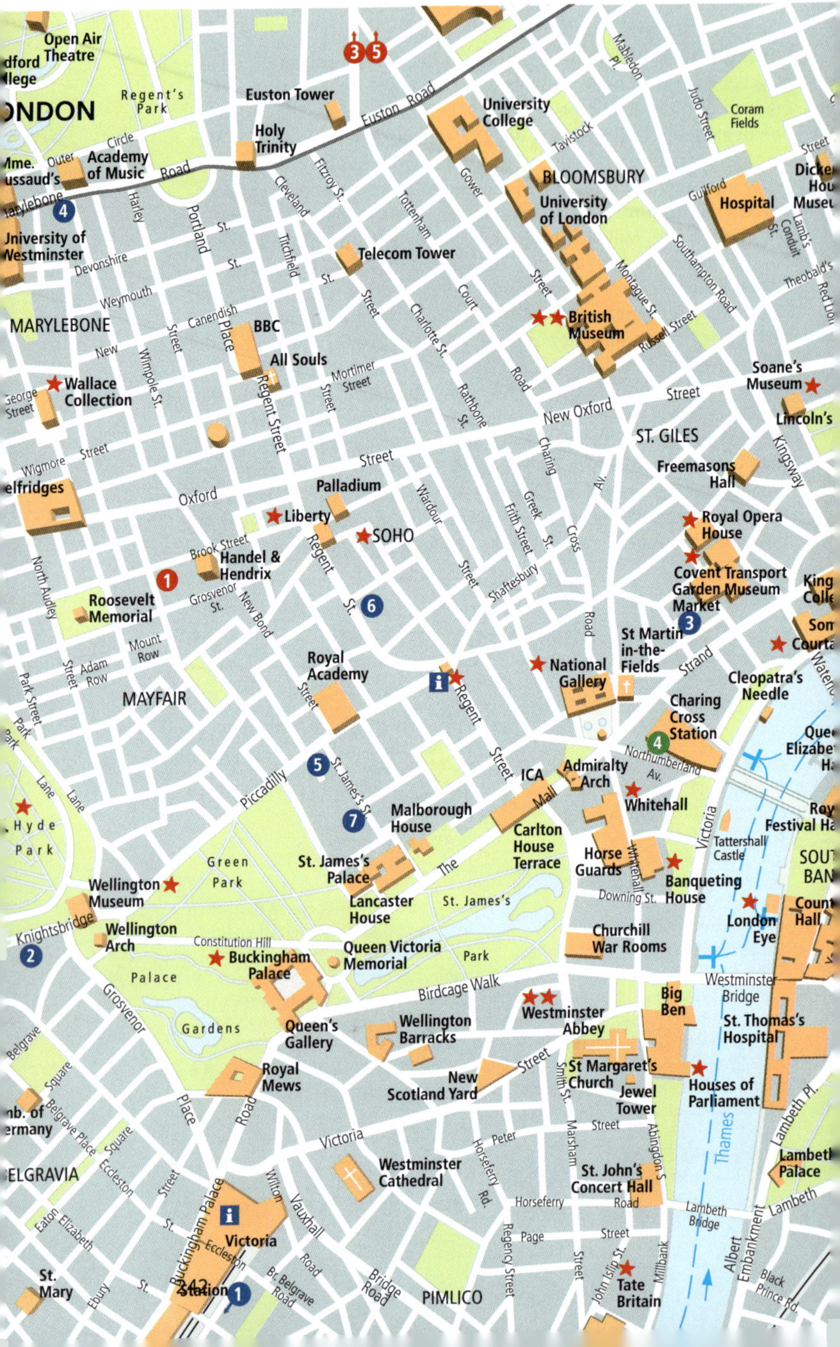
Open Air Theatre
LONDON
Regent's Park
Euston Tower
Euston Road
University College
Coram Fields
Holy Trinity
Outer Circle
Academy of Music
Road
BLOOMSBURY
University of London
Hospital
Guilford
Southampton Road
Telecom Tower
Harley
Portland
Cleveland
Fitzroy St.
Tottenham
Gower
Court
Devonshire
Titchfield
Weymouth
Charlotte St.
Montague St.
British Museum
Russell Street
Theobald's
MARYLEBONE
Canendish Place
BBC
All Souls
Mortimer Street
Rathbone
Road
Street
Soane's Museum
Wallace Collection
Wimpole St.
Regent Street
New Oxford
Lincoln's
ST. GILES
Kingsway
Wigmore Street
Oxford Street
Palladium
Charing Cross
Freemasons Hall
Wardour
Greek St.
Frith Street
Liberty
SOHO
Royal Opera House
Brook Street
Handel & Hendrix
Regent St.
Shaftesbury
Covent Transport Garden Museum Market
North Audley
Grosvenor St.
New Bond
Roosevelt Memorial
Mount Row
Adam Row
Royal Academy
Road
St Martin in-the-Fields
Strand
National Gallery
MAYFAIR
Park Street
Park Lane
Cleopatra's Needle
Charing Cross Station
Northumberland Av.
Piccadilly
St. James's St.
ICA
Admiralty Arch
The Mall
Whitehall
Malborough House
Carlton House Terrace
Hyde Park
Green Park
St. James's Palace
Horse Guards
Victoria
Tattershall Castle
Festival Hall
Wellington Museum
Lancaster House
St. James's Park
Banqueting House
Downing St.
Knightsbridge
Wellington Arch
Constitution Hill
Churchill War Rooms
London Eye
County Hall
Buckingham Palace
Queen Victoria Memorial
Palace Gardens
Birdcage Walk
Westminster Bridge
Grosvenor
Westminster Abbey
Big Ben
St. Thomas's Hospital
Queen's Gallery
Wellington Barracks
Belgrave Square
St Margaret's Church
Royal Mews
New Scotland Yard
Jewel Tower
Houses of Parliament
Smith St.
Belgrave Place
Eccleston Square
Victoria Street
Peter Street
Marsham Street
Abingdon St.
Lambeth Pl.
Thames
Westminster Cathedral
Horseferry Rd.
St. John's Concert Hall
Lambeth Palace
BELGRAVIA
Wilton
Vauxhall Bridge Road
Horseferry Road
Lambeth Bridge
Lambeth
Eaton
Elizabeth St.
Buckingham Palace Road
Eccleston
Victoria Station
Page Street
Regency Street
Millbank
Albert Embankment
St. Mary
Ebury St.
Br. Belgrave Road
PIMLICO
John Islip St.
Tate Britain
Black Prince Rd.

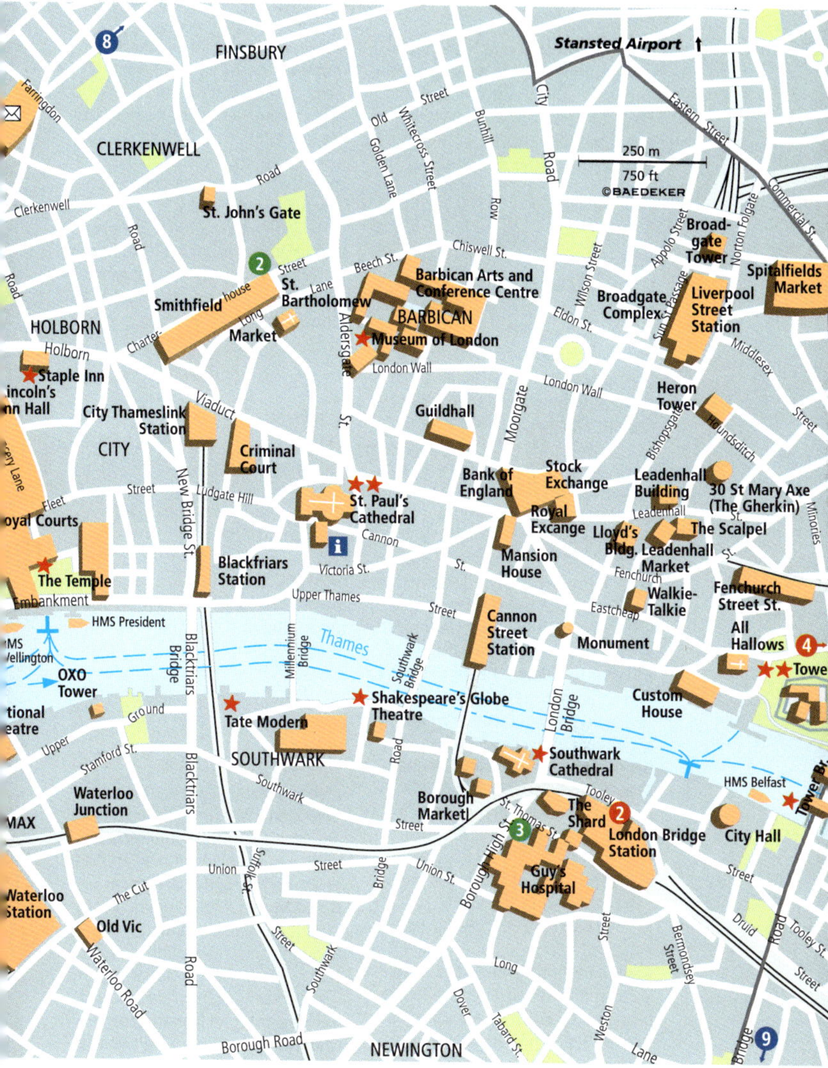

Ye Olde Cheshire Cheese...

Kittie of Yorke
The Fox and Anchor
The George Inn
Sherlock Holmes

1 Gordon Ramsay
2 Marcus
3 Rules
4 Orrery
5 The Wolseley
6 Nopi
7 Chutney Mary
8 Moro
9 Manze

1 Claridge's
2 Shangri-La Hotel At the Shard
3 The Wesley
4 Royal Foundation of St Katharine
5 St Christopher's Inn

drang! Ansonsten sind Tickets online jeweils direkt beim Veranstalter oder über Visit London erhältlich.
tkts, Leicester Square, WC 2, Mo.–Sa. 10.30–18, So. 12–16.30 Uhr
officiallondontheatre.com/tkts/

Wichtigstes Verkehrsmittel ist die **U-Bahn (Underground)**, die in sehr kurzen Intervallen zwischen 5 und 1 Uhr verkehrt, auf einigen Linien am Wochenende rund um die Uhr. Flexibel und preisgünstig wird der Londoner Nahverkehr mit der **Oyster Card,** einer elektronischen Fahrkarte (7 £), die u. a. an Automaten in allen U-Bahn-Stationen und Bahnhöfen gekauft und mit Guthaben von 5 bis 50 £ aufgeladen werden kann. Sie gilt in U-Bahn, Bussen, Docklands Light Railway (DLR), London Overground, dem Busboot-Service Uber Boat by Thames Clippers und vielen Zuglinien der National Rail in London. Im IFS Cloud Cable Car erhält man Rabatt. Die Karte wird an den Schranken beim Einlass und Auslass an den gelben Kartenleser gehalten, bei Bussen und Straßenbahnen nur einmal beim Einstieg.
Travelcard: Tageskarte z. B. für Zone 1–4 in allen Verkehrsmitteln wie bei Oyster Card (außer Busboot): 1 Tag 15,20 £/7 Tage 58,50 £.
Einzelfahrkarten sind sehr teuer (ab 6,70 £ bei Barzahlung).
Mieträder: An 750 Docking Stations in der City-Zone 1 können Drei-Gang-Räder und E-Bikes per Kreditkarte gemietet werden. Die Gebühr beträgt 1,65 £ pro 30 Minuten, für E-Bikes 3,30 £ pro 30 Minuten.
Oyster: oyster.tfl.gov.uk
Gesamter Nahverkehr inkl. Mietfahräder: www.tfl.gov.uk

ROUTEMASTER

Londons Wahrzeichen, die roten Doppeldeckerbusse, verkehren seit 2005 nicht mehr im Linienverkehr. Auf zwei Sightseeingtouren durch das Herz der Hauptstadt blieben die nostalgischen »Heritage«-Routemaster bis 2019 in Betrieb, wurden dann aber endgültig in die Rente geschickt, denn seit 2012 fahren neue Routemaster durch die City, nun emissionsarm, aber wieder rot. Die geliebte Heckplattform zum Auf- und Abspringen wurde nach kurzer Zeit wegen Sicherheitsbedenken abgeschafft. Am besten sitzt man oben, ganz vorn.

CITY CRUISES

Hop-On, Hop-Off auf der Themse zwischen Westminster Pier und Greenwich.
www.cityexperiences.com/london/city-cruises

THAMES CLIPPERS

Hop-On, Hop-Off auf der Themse zwischen Putney und North Greenwich.
www.thamesclippers.com

WOHIN ZUM SHOPPEN?

Mehr als 50 000 Geschäfte, 85 Straßenmärkte, Sonntagsöffnungen: London ist ein Einkaufsparadies. Die größte Auswahl findet man im West End zwischen **Oxford, Regent** und **Bond Street**, Piccadilly und Jermyn Street, um Covent Garden und in Soho mit seinen Secondhand-Läden. Das zweite große Einkaufsviertel verteilt sich auf Knightsbridge, **South Kensington** und **Kensington**. **Chelsea** fällt mit der King's Road etwas ab, doch lohnt sich die Sloane Street mit ihren Designerläden. Schrilles, Trash und Trödel gibt es in **Camden Town**. Für junges, kreatives Design oder Mode bieten sich die Stadtteile Shoreditch und Spitalfields im East End an. Die **Sonntagsmärk-**

te in und um die Brick Lane in Spitalfields und weiter nördlich der sonntägliche **Blumenmarkt** in der Columbia Road sind ein echtes, buntes Einkaufserlebnis. Shopping der Superlative verspricht das legendäre Kaufhaus **Harrods** mit 300 Abteilungen und der grandiosen Food Hall in der Brompton Road. Bei **Harvey Nichols** findet man in- und ausländische Topdesigner. Bei **Fortnum & Mason** (Piccadilly 181) verwöhnt seit 1707 ein sagenhafter Schlemmertempel. Londons größte Kosmetik- und Schuhabteilung besitzt **Selfridges** an der Oxford Street. Unverwechselbare Stoffe und Tücher begründeten den Weltruf des Warenhauses **Liberty's** in der Regent Street. Das benachbarte **Hamley's,** Großbritanniens größtes Spielzeuggeschäft, lässt auf sieben Etagen Kinderträume wahr werden.

In der **Jermyn Street** gibt es tolle Herrenhemden, in der **St James's St.** um die Ecke alles andere, was der feine Gentleman benötigt – es sei denn, er bestellt einen Anzug nach Maß, dann geht er in die **Savile Row.** Der Flagship Store von **Stella McCartney** ist in der Bruton Street 30, von **Vivienne Westwood** in der Conduit Street 44. Alles über die Fab Four hat der **Beatles Store** in der Baker Street 231. Täglich geöffnet ist die **Westfield Shopping Mall** mit 300 Einzelhändlern und 50 Restaurants.

1 CITTIE OF YORKE

An einer der längsten Theken Londons wird das gute Bier der Sam Smith-Brauerei zu (für Londoner Verhältnisse) humanen Preisen gezapft. Seit 1430 steht hier eine Taverne. In der heutigen Form stammt die Kneipe aus den 1920er-Jahren: hineinschauen und entdecken, warum der Pub mit einer hohen Halle im hinteren Bereich denkmalgeschützt ist!
22 High Holborn, WC 1
U-Bahn: Holborn

Allererste und teure Adresse für Herrenausstattung: die Savile Row

❷ THE FOX AND ANCHOR
Einstige Stammkneipe der Metzger vom Smithfield Market, heute ein Gastropub, dem der Spagat zwischen Tradition und Trend perfekt gelingt. Zum Pub gehören auch sechs luxuriöse Zimmer.
115 Charterhouse Street, EC 1
www.foxandanchor.com
U-Bahn: Farringdon

❸ THE GEORGE INN
Der 1676 erbaute Pub ist der einzige original erhaltene Fuhrmannsgasthof Londons. Knarrende Dielen und blank gescheuerte Tische erzählen von der Zeit, als die Fuhrleute hier abstiegen. Bei warmem Wetter im Sommer sitzt man schön im Hof.
75–77 Borough High Street, SE1
www.george-southwark.co.uk
U-Bahn: London Bridge

❹ SHERLOCK HOLMES
Alles ist mit Erinnerungen an den genialen Meisterdetektiv geschmückt. Es gibt die guten Biersorten der Greene King-Brauerei.
10 Northumberland Street, WC 2
www.sherlockholmespub.com
U-Bahn: Charing Cross

Die Gastrotests von **Time Out** sind Pflichtlektüre:
www.timeout.com/london/restaurants

❶ GORDON RAMSAY €€€€
Mit 31 Jahren eröffnete der Starkoch Gordon Ramsay sein erstes Lokal in Chelsea, heute zieren es drei Michelin-Sterne. Küchenchef ist inzwischen Clare Smyth.
68–69 Royal Hospital Road
Chelsea SW3
Tel. 020 73 52 44 41
www.gordonramsay.com
U-Bahn: Sloane Square

❷ MARCUS €€€€
Zwei-Sterne-Koch Marcus Wareing begeistert in seinem Stammhaus Gäste wie Kritiker.
The Berkeley, Wilton Place
Knightsbridge SW1
Tel. 020 72 35 12 00
www.marcus-wareing.com
U-Bahn: Knightsbridge

❸ RULES €€€–€€€€
Roter Plüsch und klassischer Regency-Dekor zieren Londons ältesten Speisesaal (1798), in dem schon Dickens und der Prince of Wales dinierten. Das Wild kommt von der eigenen Farm im nordostenglischen Teesdale.
35 Maiden Lane, Covent Garden
Tel. 020 78 36 53 14
www.rules.co.uk
U-Bahn: Covent Garden

❹ ORRERY €€€
Exzellente britisch-französische Küche bereitet dieses durchgestylte Restaurant zu. Nebenan serviert die Orrery Epicerie Frühstück und ein leichtes Mittagessen.
55 Marylebone High Street, W 1
Tel. 020 76 16 80 00
www.orrery-restaurant.co.uk
U-Bahn: Baker Street

❺ THE WOLSELEY €€€
Wiener Kaffeehausflair der 1920er-Jahre – angesagter Frühstückstreff.
160 Piccadilly, W 1
Tel. 020 74 99 69 96
www.thewolseley.com
U-Bahn: Green Park

❻ NOPI €€€
Starkoch Yotam Ottolenghi zaubert mediterran-nahöstliche Fusionsküche in Soho: formell im Erdgeschoss oder in der Brasserie mit Kantinentischen und Küchenblick im Untergeschoss.
21–22 Warwick St, W 1
Tel. 020 74 94 95 84
www.ottolenghi.co.uk
U-Bahn: Piccadilly Circus

7 CHUTNEY MARY €€–€€€
Preisgekrönte Klassiker gepaart mit modernen indischen Trends. Probieren Sie die sechs Stunden lang geschmorte Hyderabadi-Lammkeule.
73 St James's Street, SW1
Tel. 020 76 29 66 88
www.chutneymary.com
U-Bahn: Green Park

8 MORO €€–€€€
Samuel und Samantha Clark kombinieren spanische mit nordafrikanischen Rezepten.
34-36 Exmouth Market EC1
Tel. 020 78 33 83 36
www.moro.co.uk
U-Bahn: King's Cross, Angel, Barbican

9 MANZE €
Seit 1892 unverfälschte London-Küche: Stammgericht ist »Pies & Mash«, d. h. Fleischpastete mit Kartoffelbrei, sowie Aal in Aspik.
87 Tower Bridge Road, SE 1
Tel. 020 74 07 29 85
www.manze.co.uk
U-Bahn: London Bridge

STREETFOOD

Liebhaber von einfachem, aber kreativem und leckerem Streetfood aus aller Welt wähnen sich in London im siebten Himmel. Auf der **Rupert Street** in Soho hat man die Wahl zwischen Burgern aus Pulled Pork, koreanischer oder malaysischer Küche, gesunden Salaten und Pastrami (Mi.–Sa. 11–15.30 Uhr). Am Wochenende bieten die **Stände am Southbank Centre** (Juli–Sept., Fr.–So. ab 11 Uhr) und im trendigen Maltby Street Market südlich der Themse (Fr. 17.30–21, Sa. 10–17, So. 11–16 Uhr, U-Bahn: Bermondsey, Bahn: Tower Bridge) vielfältige Genüsse. Im neuen Uni- und Kunstviertel **King's Cross** um den Granary Square und Coal Drops Yard (www.kingscross.co.uk/granary-square) und im den Straßen um den Gourmetmarkt Borough Market (s. S. 273, Di.–So. ab 10 Uhr) gibt es zahlreiche Restaurants. Und wenn das Londoner Wetter nicht mitmacht, genießt man Streetfood unterm Dach der Market Halls Victoria (markethalls.co.uk) gegenüber dem gleichnamigen Bahnhof.

1 CLARIDGE'S €€€€
Audrey Hepburn, Jackie und Aristoteles Onassis, Brad Pitt und Whitney Houston – alle waren schon Gäste dieses Art-déco-Juwels. Der stilgerechte Afternoon Tea im Foyer ist eine Londoner Institution.
Brook Street, Mayfair, London W1K 4HR, Tel. 020 76 29 88 60
www.claridges.co.uk
U-Bahn: Bond Street

2 SHANGRI-LA HOTEL AT THE SHARD €€€€
Atemberaubende Aussichten aus Westeuropas höchstem Gebäude bietet die Nobelherberge im 34. bis 52. Stock des Wolkenkratzers The Shard (► S. 272). Hinter raumhohen Glasfronten bietet sich ein einzigartiges Panorama; einen sensationellen Blick haben der Skypool und das Gong, Londons höchstes Schwimmbad bzw. höchste Bar in der 52. Etage.
31 St Thomas Street
London SE1 9QU
Tel. 020 72 34 80 00
www.shangri-la.com/london
U-Bahn: London Bridge

3 THE WESLEY €€–€€€
Eine Kirche wurde umgebaut und es entstand daraus ein Hotel im spannenden, verkehrsgünstig gelegenen Stadtteil Camden. Es bietet eher kleine, aber gut eingerichtete Zimmer zu einem für Londoner Verhältnisse annehmbaren Preis. Unweit davon befindet sich das Schwesterhotel Wesley Euston.

89 Plender St., London
NW1 0JN, Tel. 020 76 91 14 44
www.thewesley.co.uk
U-Bahn: Mornington Crescent

❹ ROYAL FOUNDATION OF ST KATHARINE €€–€€€

Die fast 900 Jahre alte, ursprünglich am Tower of London angesiedelte Stiftung hat helle, moderne Zimmer, teils am Garten und in georgianischen Gebäuden. Die Lage in den Docklands ist auch dank schneller Verkehrsverbindung in die City attraktiv.
2 Butcher Row, London E14 8DS
Tel. 0300 1 11 11 47
www.rfsk.org.uk
DLR: Limehouse

❺ ST CHRISTOPHER'S INN €–€€

Das St Christopher's Inn im hippen Stadtteil Camden hat vor allem Mehrbettzimmer, aber es gibt auch ein paar einfache Privatzimmer mit Stockbetten für zwei Personen. Der Regent's Park und der Camden Market mit Streetfood sind von dem Hostel aus schnell zu Fuß zu erreichen. Die Kette St Christopher's führt mehrere Backpacker-Herbergen in verschiedenen Vierteln Londons.
48–50 Camden High Street
London NW1 0LT
Tel. 020 73 88 10 12
www.st-christophers.co.uk
U-Bahn: Mornington Crescent

Westliche City

Vorher anklopfen

Temple Bar Memorial

Das Temple Bar Memorial markiert die Grenze zwischen City und Westminster. Will der König die City betreten, muss er dort symbolisch den Lord Mayor um Erlaubnis bitten. Normalsterbliche haben es da einfacher – sie gelangen ganz profan über die **U-Bahn-Stationen Temple** und **St Paul's** in Londons Westliche City.

★ St Paul's Cathedral

Kirche der Superlative

Würdevoll ragt die berühmte, 111 m hohe Kirchenkuppel von St Paul's – nach der des römischen Petersdoms die zweitgrößte der Welt – aus der City heraus. Das Werk des großen englischen Architekten **Sir Christopher Wren** ist einer Katastrophe zu verdanken. Das Große Feuer von 1666 hatte das alte Gotteshaus völlig zerstört, das 604 wohl an der Stelle eines Diana-Tempels errichtet worden war. Bis 1711 wurde es nach Plänen von Wren wieder aufgebaut.
Heute ist St Paul's eine Kirche der Superlative: Als »Pfarrkirche des britischen Commonwealth« ist sie das größte und berühmteste Gotteshaus der City. Im linken Turm hängt die größte Glocke Englands, die 17 t schwere **»Great Paul«** von 1882. Mit 158 m Länge ist die Kathedrale einer der großen Kirchenräume der Welt und neben Westminster Abbey ein Schrein der Nation, Schauplatz bedeutender Ereignisse im Königreich. In St Paul's heirateten 1981 Prinz Charles und Prinzessin Diana; 2002 nahm man hier Abschied von Queen Mum, 2013 von Margaret Thatcher. Bei den Pfeilern des Hauptschiffs ehrt das **Wellington-Monument** den Sieger von Waterloo. In der

weitläufigen **Krypta**, in der der Film »Oculus« die 1400-jährige Geschichte als 270°-Grad-Erlebnis präsentiert, ruhen u.a. die Maler Constable, Turner, Landseer und Reynolds, der Penicillin-Entdecker Alexander Fleming, Admiral Nelson und natürlich Christopher Wren. Eine der größten Attraktionen von St Paul's ist aber zweifelsohne die **Kuppel**. Bereits der Blick nach oben ist imposant. Dennoch sollte man es nicht versäumen, den 271 Stufen langen Aufstieg auf sich zu nehmen. Zunächst erreicht man die **Whispering Gallery** (Flüstergalerie): 33 m über dem Boden genießt man nicht nur den besten Blick auf die Kuppelmalereien, sondern man hört auch jedes Wort von der 48 m im Halbkreis entfernten gegenüberliegenden Seite! Ganz oben angekommen, offenbart sich schließlich von der **Kuppellaterne** aus ein weites Stadtpanorama.
Mo.–Sa. 8.30–16.30 Uhr | Eintritt 20 £ | www.stpauls.co.uk

Oase der Stille

★ The Temple

Nahe dem Memorial versteckt sich südlich der Fleet Street ein liebenswürdig-verträumtes georgianisches Häuser- und Gassengewirr – die Anwaltskammer und Juristenschule The Temple. In den **Inner Temple Garden** erinnern weiße und rote Rosen an die Rosenkriege zwischen den Dynastien York (weiß) und Lancaster (rot) im 15. Jahrhundert. Kostbarkeit der runden Temple Church sind **neun Grabfiguren von Tempelrittern** des 12./13. Jh.s aus Marmor.
Inner Temple Garden: Mo.–Fr. 12.30–15 Uhr | www.innertemple.org.uk
Temple Church: Mo.–Fr. 10–16 Uhr | Eintritt 5 £
www.templechurch.com

»Street of Ink«

Fleet Street

Die Fleet Street war bis in die späten 1980er-Jahre das Zentrum der britischen Presse. Ende des 15. Jh.s wurde hier die erste Druckerpresse aufgestellt, 1702 mit dem »Daily Courant« die erste Tageszeitung verlegt. Treffpunkt ist in Nr. 145 der **Pub Ye Old Cheshire Cheese** von 1667, Lieblingskneipe von Charles Dickens und Arthur Conan Doyle.

Älteste Stadtkirche

St Bartholomew-the-Great

In der 1123 geweihten Pfarrkirche, der ältesten der City, wurde der Maler und Kupferstecher William Hogarth getauft. Die denkmalgeschützten viktorianischen Hallen des **Smithfield Market** werden zu Ausstellungsflächen des Museum of London. So geht eine 800-jährige Geschichte des Fleischhandels in diesem Stadtteil zu Ende.

Stadtgeschichte(n)

★ Museum of London

Das größte Stadtmuseum der Welt hat im Dezember 2022 seine Tore geschlossen und wird erst 2026 in die restaurierten Hallen der ehemaligen Großmärkte in Smithfield einziehen. Bis dahin sind Sonderausstellungen und die Dauerausstellungen über Handel, Migration

und Docklands im Museum of London Docklands zu sehen (▶ S. 274). Prunkstück ist die goldene Kutsche des Lord Mayor, spannend die Audioschau »Fire of London« zum Großen Brand 1666.
Tgl. 10–18 Uhr | Eintritt frei | www.museumoflondon.org.uk

Östliche City

Politische und finanzielle Macht

Im Herzen der City

Rund um die U-Bahn-Station Bank stehen drei der wichtigsten Gebäude der City: das **Mansion House**, Amtssitz des Lord Mayor, die 1694 gegründete **Bank of England** mit angeschlossenem Museum und die **Royal Exchange**, die ehemalige Börse.
Das 61,5 m hohe **Monument** am Ende der King William Street wurde 1671 bis 1677 zur Erinnerung an den Großen Brand nach Entwürfen von Wren errichtet. Von der Plattform der Steinsäule hat man einen herrlichen Blick über die City.
Bank of England: Mo.–Fr. 10–17 Uhr | Eintritt frei
www.bankofengland.co.uk/museum
The Monument: tgl. 9.30–13, 14–18 Uhr | Eintritt 6 £
www.themonument.org.uk

Bei weitem nicht so wolkenkratzend wie der 310 m hohe The Shard, aber trotzdem ganz schön hip: Sky Garden im 160 m hohen Walkie Talkie

Höher, höher, höher

Wolkenkratzer der City

Der Blick geht nach oben! Ein Spaziergang in östlicher Richtung über Cornhill und Leadenhall Street führt zu den Hochhäusern, die heute das moderne Bild der City prägen. Zu den aufsehenerregendsten gehören der runde 30 St Mary Axe (**The Gherkin**; 2004, von Sir Norman Foster), das 225 m hohe Leadenhall Building mit abgeschrägter Südfassade (**Cheesegrater**, 2015), **Lloyd's Building** mit nach außen gekehrter Gebäudetechnik (1986, bereits denkmalgeschützt) und der besonders kontroverse, sich nach oben verbreiternde 20 Fenchurch Street (**The Walkie Talkie**, 2015) mit öffentlich zugänglichem Sky Garden. Wer sich mit dieser Architektur nicht anfreunden mag, findet hinter dem Lloyd's Building den **Leadenhall Market**, eine üppig verzierte viktorianische Markthalle aus Eisen und Glas, die manchen aus den Harry Potter-Verfilmungen bekannt sein dürfte.

Sky Garden: Besuch online anmelden unter skygarden.london/restaurants/city-garden | Eintritt frei

Meisterwerk der Ingenieurskunst

★ Tower Bridge

11 481 t Stahl und Eisen, 37 477 t Beton, 20 320 t Zement, 29 696 t Ziegel- und 30 480 t Natursteine – allein diese Zahlen lassen erahnen, welches Wunderwerk den Ingenieuren nach achtjähriger Bauzeit 1894 gelungen war. Nur noch selten werden die beiden Hälften der Zugbrücke in gerade einmal 90 Sekunden nach oben gezogen, um Schiffe hindurchzulassen. Inzwischen geschieht dies elektrisch, doch kann die alte, dampfbetriebene Hydraulikanlage noch besichtigt werden (▶ Baedeker Wissen, S. 252/253). In den beiden 65 m hohen Türmen erläutern Ausstellungen Geschichte und Technik. Für etwas Nervenkitzel sorgt der Glasboden im Verbindungssteg zwischen den Türmen, der aus 42 m Höhe weite Ausblicke auf die Themse eröffnet.

U-Bahn: Tower Hill | tgl. geöffnet, Zeitfenster buchen | Eintritt 12,30 £
www.towerbridge.org.uk

★★ Tower of London

U-Bahn: Tower Hill | März–Okt. Di.–Sa. 9–17.30, So., Mo. 10–17.30, Nov.–Febr. Di.–Sa. 9–16.30, So., Mo. 10–16 Uhr, letzter Einlass 30 Min. vorher | Eintritt 33,60 £, Kinder 16,80 £ | www.hrp.org.uk/tower-of-london

Sechs Raben für ein Empire

Geschichte

Der Tower of London steht im Zeichen von Glitzer und Grausamkeit, seit Wilhelm der Eroberer den Kern der Anlage im 11. Jh. errichten ließ. In seiner 900-jährigen Geschichte diente der Tower als königliche Residenz, Münze, Waffenlager, Menagerie und Safe für die Kronjuwelen – Letztere sind unbestritten eine Sensation für alle Besucher. Andererseits war der Tower auch Gefängnis und Hinrichtungsplatz. Die Lis-

★★ TOWER BRIDGE

Jeder London-Besucher möchte sehen, wie die Brücke innerhalb einer Minute hochgeklappt wird. Unter www.towerbridge.org.uk erfährt man die Zeiten und den Namen des durchfahrenden Schiffs. Wer das Ereignis verpasst, kann es in der Ausstellung immerhin mit einer Smartphone-App erleben.

Tower Bridge Exhibition: tgl. ab 10 Uhr Zeitfenster für Besichtigung online buchen, Eintritt 12,30 £

1 Nordturm
Wie sein Pendant ist der Nordturm 65 m hoch und steht auf einem 71 120 t schweren Pfeiler – zur Bauzeit die schwersten der Welt. Heute ist hier der Eingang zur Brückenausstellung.

2 Verbindungssteg
Er verläuft in 33,5 m Höhe über der Fahrbahn und 42,4 m über dem mittleren Hochwasser. 1912 flog Frank McLean mit einem Doppeldecker zwischen Steg und Brücke hindurch.

③ Südturm
Im Südturm zeigt ein Videofilm, wie die Brücke gebaut wurde. Eine Kunstinstallation widmet sich den Bauwerken des südlichen Themse-Ufers.

④ Stahlskelett
Jeder Turm besteht aus einem mit Mauerwerk verkleideten Stahlskelett. Insgesamt wurden für die Brücke 11 481 t Stahl und Eisen sowie 37 477 t Beton, 20 320 t Zement, 29 696 t Ziegelsteine und 30 480 t Natursteine verbaut.

⑤ Brückenklappe
Jede der beiden Brückenklappen wiegt 1220 t. Sie funktionieren nach dem Prinzip einer Wippe und öffnen sich in einer Minute 86° weit. 1974 ersetzte ein elektrohydraulisches System die ursprüngliche Dampfhydraulik.

⑥ Durchfahrt
Bei geöffneten Klappen können Schiffe bis 10 000 BRT die 61 m breite Durchfahrt passieren.

©BAEDEKER

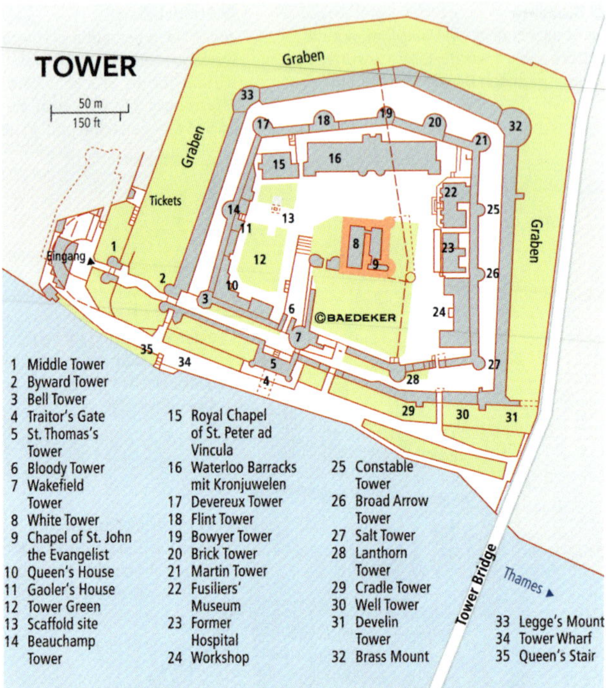

te der Enthaupteten, Eingesperrten und Gefolterten liest sich wie ein **»Who is Who?« der britischen Geschichte**: die schottischen Könige David II. und Jakob I., Heinrich VI., Edward V., Thomas More und auch Heinrichs VIII. Gattinnen Anne Boleyn und Katharine Howard wurden hier aufs Schafott geführt.
Die Bewachung des Towers obliegt den **Yeoman Warders**, die allabendlich um 21.40 Uhr die feierliche Schlüsselübergabe vornehmen, die Ceremony of the Keys. Wer sie beobachten will, muss einen Antrag an The Ceremony of the Keys, Tower of London, EC3N 4AB, stellen. Im Tower werden noch heute sechs Raben gehalten, die ihn der Legende nach nie verlassen dürfen – ansonsten ginge das Empire unter.

Blutige Türme

Outer Ward

Am **Traitor's Gate** (Verrätertor) wurden die in Westminster Verurteilten mit dem Boot angelandet. Im Bell Tower wurde Prinzessin Elizabeth (die spätere Elizabeth I.) festgehalten, im Bloody Tower ließ Richard III. 1483 die Söhne Edwards IV. ermorden und im Wakefield Tower soll Heinrich VI. ermordet worden sein.

Die Keimzelle des Tower

Im Inner Ward stehen das Kommandantengebäude **Queen's House**, in dem Anne Boleyn ihre letzten Tage verbrachte, und das Haus des Kerkermeisters und Scharfrichters, das **Yeoman Gaoler's House**. In der **Royal Chapel of St Peter and Vincula** befinden sich die Gräber von Thomas More, Anne Boleyn, Katharine Howard und Jane Grey, die im Tower starben. Im Zentrum der Festung erhebt sich der **White Tower**, der zwischen 1078 und 1100 aus weißen Steinen aus Caen in der Normandie erbaut wurde. In dem 28 m hohen Turm ist eine Waffen- und Rüstungssammlung ausgestellt, die unter anderem Stücke aus dem persönlichen Besitz von Heinrich VIII. und die vergoldete Rüstung Karls I. enthält.

Inner Ward

Edelsteine am laufenden Band

Größter Besuchermagnet im Inner Ward ist das Jewel House in den Waterloo Barracks, der Aufbewahrungsort der Kronjuwelen – anlässlich des Kronjubiläums 2012 erhielt die Schatzkammer Hightech für Gänsehauteffekte und empfängt nun mit Krönungschorälen und riesigen Projektionen historischer Krönungsprozessionen. Hinter meterdicken Panzertüren funkeln die Kostbarkeiten, an denen man auf einem Laufband vorbeigleitet, allen voran die **St Edward's Crown** aus purem Gold, die eigentliche Krönungskrone, die für die Krönung Karls II. neu geschaffen wurde. Nichtsdestotrotz wurde für die Krönung Victorias 1837 die **Imperial State Crown** angefertigt, die sagenhafte 2800 Diamanten und einer der beiden »Sterne von Afrika« schmücken – der zweite ist im Royal Sceptre eingearbeitet. Noch heute trägt der König sie zur Parlamentseröffnung. In der **Queen Elizabeth's Crown** ist der 108 Karat schwere **»Koh-i-Noor«**-Diamant (»Berg des Lichts«) eingearbeitet. Insgesamt glitzern 23 578 Edelsteine in den Schwertern und Kronen um die Wette!

Jewel House

The Strand und Covent Garden

Haus der schönen Künste

Der »Strand« bildet die Hauptverbindung von der City zum West End. Ihn säumten einmal die Stadtpaläste des Hochadels. Eine letzte Erinnerung daran ist **Somerset House**, 1777 bis 1786 von Sir William Chambers erbaut. Hier zeigt die Courtauld Gallery impressionistische Gemälde, etwa Manets »Bar in den Folies Bergères« und Renoirs »La Loge«, sowie Meisterwerke von Botticelli, Rubens und Goya, angeschlossen sind ein Design-Shop und ein Café. Zu einem lebendigen Kulturzentrum hat sich Somerset House auch durch die vielen Kreativagenturen und Studios gewandelt.

U-Bahn: Temple | tgl. 10–18 Uhr | Eintritt 12 £, am Wochende 14 £
www.somersethouse.org.uk, courtauld.ac.uk/gallery

★ Courtauld Gallery

Londons Straßenzirkus

Covent Garden Market

Akrobaten, Clowns und Musiker, Läden, Restaurants und Pubs – Covent Garden ist einer der lebhaftesten Orte Londons. Im Mittelalter ein »Klostergarten«, beherbergte der Bezirk ab 1670 für rund 300 Jahre Londons Blumen- und Gemüsemarkt. Im 18. Jh. war Covent Garden Vergnügungsviertel mit zweifelhaftem Ruf. Wo einst Spelunken und Bordelle standen, findet sich heute ein schickes Shopping-Viertel mit der Central Hall im Zentrum.

Das **London Transport Museum** zeigt nicht nur Oldtimer des Nahverkehrs und die erste U-Bahn der Welt, sondern auch die neuen Londoner Busse. An der Westseite von Covent Garden steht die Schauspielerkirche **St Paul's Church**, die Inigo Jones 1633 erbaute.

U-Bahn: Covent Garden

London Transport Museum: tgl. 10–18 Uhr | Eintritt 24 £
www.ltmuseum.co.uk

Backstage

Royal Opera House

Das Royal Opera House in der Bow Street genießt Weltruf. Im Glaspalast **Paul Hamlyn Hall** können Opernbesucher stilvoll speisen, in der Piazza Terrace Bar auf der Dachterrasse einen Imbiss oder Getränk mit Blick auf Covent Garden einnehmen.

U-Bahn: Covent Garden | www.roh.org.uk

★ Trafalgar Square

Einfach majestätisch

Nelson Column

Unübersehbar: Am belebten Trafalgar Square steht eine für Lord Nelson errichtete Säule – für den Admiral also, der am 22. Oktober 1805 vor dem spanischen Kap Trafalgar die französisch-spanische Flotte besiegte und dabei ums Leben kam. Bevor der Nationalheld 1843 seinen luftigen Ehrenplatz einnahm, feierten 14 Steinmetze auf der Plattform ein Dinner. Am Sockel verzeichnen Reliefs die vier großen Siege Nelsons. Unterhalb der Brüstung zur National Gallery sind die alten **britischen Längenmaße** »Imperial Standards of Length« – 1 foot, 2 feet, 1 imperial yard – eingelassen.

U-Bahn: Charing Cross

Stimmungsvolle Konzertstätte

St Martin-in-the-Fields

Die 1726 geweihte Kirche der Admiralität und des Königshofs entwarf der Wren-Schüler James Gibb. Sein Meisterstück mit Säulenportal und schlankem, 56 m hohem Turm wurde zum Vorbild vieler Gotteshäuser in den nordamerikanischen Kolonien. Neben kostenlosen Mittagskonzerten ist St Martin's für **Konzerte bei Kerzenlicht** und für Jazz Nights im Crypt Café bekannt.

U-Bahn: Charing Cross | www.stmartin-in-the-fields.org

Kunsttempel von Weltrang

★ National Gallery

Ein Wallfahrtsort für Kunstfreunde dominiert die Nordseite des Trafalgar Square: Die National Gallery besitzt rund 2300 Gemälde europäischer Künstler aus der Zeit von 1260 bis 1920.

Der Sainsbury-Flügel, in dem normalerweise **Gemälde von 1260 bis 1510** gezeigt werden, wird umgebaut und voraussichtlich 2025 wiedereröffnet. Bis dahin sind viele der Werke auf Ebene 0 verteilt, darunter Gemälde von Piero della Francesca (»Christi Taufe«), Raffael (»Madonna mit den Nelken«) und Jan van Eyck (»Hochzeit der Arnolfini«).

Im Westflügel sind **Gemälde von 1510 bis 1600** ausgestellt: Michelangelo (»Grablegung Christi«), Tizian (»Venus und Adonis«), Dürer (»Bildnis des Vaters«), Hans Holbein d. J. und Pieter Bruegel.

Zwischen 1600 und 1700 entstanden die Werke im Nordflügel: Rubens (»Raub der Sabinerinnen«), van Dyck (»Karl I. zu Pferd«), Frans Hals, Rembrandt (»Saskia und Flora«), Vermeer, Velázquez, Murillo und Nicolas Poussin.

Im Ostflügel sind Werke aus der Zeit **von 1700 bis 1920** zu sehen: Hogarth, Reynolds, Gainsborough (»Morgenspaziergang«), Turner (»Margate von See aus«), Constable, Watteau, Delacroix, Monet (»Wasserlilienteich«), Degas (»Tänzerinnen«), Cézanne (»Les Grandes Baigneuses«) und van Gogh (»Sonnenblumen«).

U-Bahn: Charing Cross | tgl. 10–18, Fr. bis 21 Uhr | Eintritt frei
www.nationalgallery.org.uk

VIPs aus vier Jahrhunderten

★ National Portrait Gallery

Die Galerie am St Martin's Place zeigt Porträts berühmter Briten aus 400 Jahren, darunter die lebensgroße Darstellung Heinrichs VIII. von Hans Holbein d. J., Elizabeth I. von einem unbekannten Künstler, Selbstbildnisse von Hogarth und Reynolds und das Dreierbildnis der Schwestern Brontë, gemalt von ihrem Bruder Branwell.

U-Bahn: Charing Cross | tgl. 10–18, Fr. bis 21 Uhr | Eintritt frei
www.npg.org.uk

★★ British Museum

U-Bahn: Russell Square, Goodge Street | tgl. 10–17, Fr. bis 20.30 Uhr
Eintritt frei | www.britishmuseum.org

Einfach umwerfend

Das British Museum ist eines der größten und umwerfendsten Museen der Erde. Erlesene Stücke aus allen Weltkulturen erzählen die Geschichte der Menschheit und machen das 1753 gegründete Haus zu einer der Hauptattraktionen Londons. Wer angesichts der Fülle bedauert, nicht alles an einem Tag würdigen zu können: Der Eintritt ist kostenlos, Wiederkommen wärmstens empfohlen!

Der Great Court, das Herzstück des British Museum

Architektonisches Prunkstück

Great Court

Im kreisrunden Lesesaal (**Reading Room**) arbeiteten schon Karl Marx, George Bernard Shaw und Mahatma Gandhi. Umschlossen wird dieser Saal vom Great Court, den Norman Foster 1999 mit einem Glasdach versah: Unter Europas größtem überdachten Platz sind Kassen, Museumsshop und Cafeteria zu finden.

Einmalige Zeugnisse der Menschheit

Herausragende Exponate

Wer nur wenig Zeit mitbringt, sollte sich auf folgende Exponate konzentrieren: Los geht es in Saal 4 mit den **ägyptischen Kolossalbüsten** von Ramses II. und Amenophis III. aus Theben-West und dem berühmten **Stein von Rosette** (195 v. Chr.), mit dem die Entzifferung der Hieroglyphenschrift gelang. Die Säle 6 bis 10 widmen sich der assyrischen Kunst aus den Königspalästen in Nimrud, Khorsabad und Ninive, darunter **Löwenjagdreliefs** aus der Zeit Assurbanipals aus seinem Palast in Ninive (7. Jh. v. Chr.). Das **Nereidenmonument** in Saal 17 ist ein auf 380 v. Chr. datiertes Grab aus Xanthos, das griechische und persische Elemente vereint. Die **Elgin Marbles** in Saal 18 sind Skulpturen vom Parthenon der Akropolis in Athen. Funde vom **Mausoleum von Halikarnassos** und vom Artemis-Tempel in Ephesos zeigt Saal 21, **nigerianische Messingtafeln** vom königlichen Palastdach aus Benin aus dem 16. Jh. der Saal 25. Beim **Schiffsgrab von Sutton Hoo** in Saal 41 handelt es sich um Stücke aus einem angelsächsischen Hügelgrab des 7. Jh.s

– der König wurde prachtvoll im Rumpf eines Langschiffes bestattet (► S. 375). Um 1200 entstanden die **Lewis Chessmen**, Schachfiguren der Wikinger aus Walross- und Walzähnen von der Hebrideninsel Lewis in Saal 42. In Saal 49 ist der **Mildenhall Treasure** zu bewundern, ein in Suffolk gefundener römischer Silberschatz aus dem 4. Jahrhundert. Saal 50 stellt **The Lindow Man** aus, eine ca. 2000 Jahre alte mumifizierte Leiche aus dem Moor von Cheshire. In den Sälen 61 bis 63 sind **ägyptische Mumien** und Sarkophage und die berühmten Totenbücher zu sehen. In Saal 70 präsentiert die **Portland-Vase** römische Kameo-Glaskunst.

★ Whitehall

Bitte (nicht) lächeln!

★ Horse Guards

Kein Bauwerk, sondern eine Straße ist das Synonym für die britische Regierung und Bürokratie. Vor dem Haupteingang des alten Whitehall Palace halten Reiter der Household Cavalry (Blues and Royals und Life Guards) mit stoischer Ruhe Wache. Ihre Geschichte erzählt das **Household Cavalry Museum**. Die berühmte **Wachablösung** findet bei fast jedem Wetter statt; rechtzeitig vor Ort sein!

U-Bahn: Charing Cross
Household Cavalry Museum: April–Okt. tgl. 10–18, sonst bis 17 Uhr
Eintritt 10 £ | www.householdcavalrymuseum.co.uk
Wachablösung: auf Horse Guards Parade Mo.–Fr. 11, Inspektion Sa. 11 u. So. 10 Uhr | am Tor: tgl. 10–16 Uhr zur vollen Stunde, Inspektion 16 Uhr

König auf dem Schafott

Banqueting House

Gegenüber erhebt sich Banqueting House, letzter Rest des Whitehall Palace, den zwei Brände in den 1690er-Jahre zerstörten. Jakob I. beauftragte Inigo Jones mit dem Bau, der 1622 vollendet wurde. Jakobs Sohn Karl I. ließ das **Deckengemälde von Rubens** malen und wurde selbst im Jahr 1649 vor dem Gebäude geköpft.

U-Bahn: Charing Cross | Besuch im Rahmen einer Führung (Online-Buchung) 12,50 £ | www.hrp.org.uk

Die berühmteste Tür Großbritanniens ...

10 Downing Street

... gehört zur Adresse **10 Downing Street**. Seit 1735 verbirgt sich dahinter die Residenz des britischen Premierministers. Allzu nahe wird man der Dienstwohnung nicht kommen, da ein Eisengitter seit Margret Thatchers Zeiten die kleine Sackgasse abriegelt.
Am **Cenotaph** (»leeres Grab«) in der Straßenmitte von Whitehall wird jedes Jahr am 11. November ein Gedenkgottesdienst zu Ehren der britischen Opfer beider Weltkriege abgehalten.

U-Bahn: Westminster Station

Zurück in die Kaserne: Wachablösung für die Blues and Royals auf Horse Guards Parade

Befehlen im Untergrund

Churchill War Rooms

In den bombensicheren, unterirdischen 19 Räumen der Churchill War Rooms operierten Winston Churchill und sein Kabinett während des Zweiten Weltkriegs. Das 90-jährige Leben des Kriegspremiers dokumentiert das **Churchill Museum**.

U-Bahn: Westminster | tgl. 9.30–18, Juli, Aug. bis 19 Uhr
Eintritt 27 £ | www.iwm.org.uk

Symbolischer Wandel

★ Houses of Parliament

In den Houses of Parliament schlägt das Herz der britischen Demokratie (▶ Baedeker Wissen, S. 432/433). Der offizielle Name »The Palace of Westminster« erinnert indes an den alten Königspalast, der im 11. Jh. unter Edward dem Bekenner erbaut worden war und nach der Verlegung der Residenz in den Whitehall Palace ab 1547 als **Parlamentssitz** diente. Die heutigen Gebäude wurden 1840 bis 1888 nach Entwürfen von Sir Charles Barry errichtet. Schon 1852 fand hier die erste offizielle Parlamentseröffnung statt. Den besten Blick auf die imposante Silhouette von Westminster und dessen Wahrzeichen, den Elizabeth Tower mit **Big Ben**, hat man vom gegen-

überliegenden Themse-Ufer. Die berühmte Glocke musste Ende der 2010er-Jahre vier Jahre lang schweigen, als der Glockenturm renoviert wurde. Er kann mit Führung besichtigt werden.
Bei Vorbestellung kann man eine Führung durch die Parlamentsgebäude mit einem reichhaltigen und hochwertigen Nachmittagstee im Terrace Pavilion des Unterhauses verbinden. Das Ambiente ist elegant, der Blick auf die Themse wunderschön.
U-Bahn: Westminster | www.parliament.uk/visiting

Posthumes Geschenk

St Margaret's Church

St Margaret's Church, eine Gründung des 11. Jh.s und zwischen 1483 und 1520 an der Nordseite von Westminster Abbey neu errichtet, ist die offizielle Kirche des Unterhauses. Die in Flandern angefertigten Ostfenster sind ein Geschenk von Ferdinand und Isabella von Spanien zur Hochzeit von Prinz Arthur, dem älteren Bruder Heinrichs VIII., mit Katharina von Aragón. Daran erfreuen konnte er sich nicht mehr. Als die Fenster eintrafen, war Arthur bereits gestorben.
U-Bahn: Westminster

Made in Great Britain

★ Tate Britain

Jeder namhafte britische Künstler des 16. bis 20. Jh.s ist in dieser Galerie in dem neoklassizistischen Gebäude vertreten. Von der Tate Britain, dem Stammhaus an der Millbank, wird ein Schiffs-Shuttle zur Tate Modern (► S. 273) angeboten. Unter den gezeigten Werken ragen heraus: »Endymion Porter« (1643/1645) von James Dobson, »O' the Roast Beef of England/The Gate of Calais« (1748) von William Hogarth, »Chain Pier, Brighton« (1826/1827) von John Constable, weiterhin Werke von Joshua Reynolds, Thomas Gainsborough, George Stubbs und James Abbot McNeill Whistler. Britische Kunst des 20. Jh.s ist u. a. mit Lucian Freud, Gilbert & George und David Hockney vertreten. In der Clore Gallery werden die besten Werke aus dem **Nachlass von William Turner** ausgestellt.
U-Bahn: Pimlico | tgl. 10–18 Uhr | Eintritt frei | www.tate.org.uk

★★ Westminster Abbey

U-Bahn: Westminster | Mo.–Fr. 9.30–16.30, Sa. 9–16 (Kassenschluss 1 Std. früher), So. geschl. | Eintritt Tickets 27 £, Online-Buchung empfohlen (ermöglicht drei Besuche ohne weitere Kosten)
www.westminster-abbey.org

Monument der Monarchie

Geschichte

Durch Westminster Abbey weht die Geschichte: Seit 1066 wurden hier fast alle englischen Monarchen gekrönt – so auch 1953 Elizabeth II. und 2023 Charles III. – und bis 1760 begraben. Die Kirche war die Kulisse für die Trauerfeiern für Queen Elizabeth II. und Lady Di und für die Hoch-

WESTMINSTER ABBEY

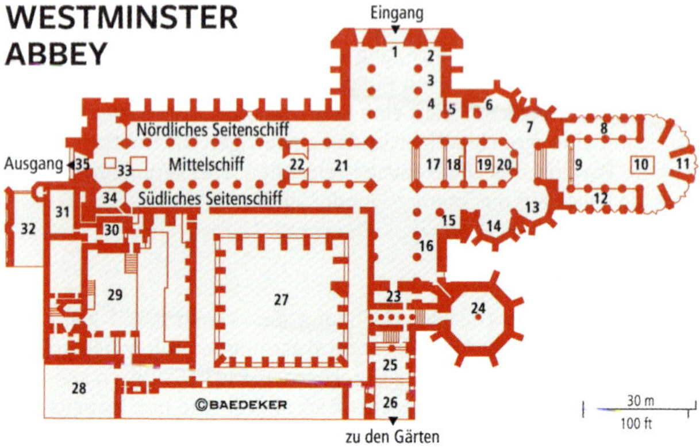

1 Nordportal
2 Chapel of St. Andrew
3 Chapel of St. Michael
4 Chapel of St. John the Evangelist
5 Islip Chapel
6 Chapel of St. John the Baptist
7 Chapel of St. Paul
8 Grab Elisabeths I.
9 Henry VII's Chapel
10 Grab Heinrichs VII.
11 R.A.F. Chapel; The Battle of Britain Memorial Window
12 Grab Maria Stuarts
13 Chapel of St. Nicholas
14 Chapel of St. Edmund
15 Chapel of St. Benedict
16 Poet's Corner
17 Sanctuary
18 Hochaltar
19 St. Edward's Chapel
20 Henry V's Chantry Chapel
21 Chor
22 Orgelempore
23 Chapel of St. Faith
24 Kapitelhaus
25 Chapel of the Pyx
26 Norman Undercroft
27 Kreuzgang
28 Dean's Yard
29 Deanery
30 Jericho Parlour
31 Jerusalem Chamber
32 Buchhandlung
33 Grabmal des Unbekannten Soldaten und Denkmal für Sir Winston Churchill
34 St. George's Chapel
35 Westportal

zeit von Prinz William und Kate 2011. Prächtige Gräber sind in den Königlichen Kapellen zu bewundern. Und Westminster Abbey ist eine Art nationales Pantheon mit Denkmälern, die an berühmte Briten erinnern.

Britanniens Pantheon

Kirchenschiffe

Das 1065 von Edward dem Bekenner als Grabkirche erbaute Gotteshaus ließ Heinrich III. im 13. Jh. durch eine von der französischen Gotik inspirierte Abteikirche ersetzen. Erst 1740 erhielt sie ihre **Westfassade** mit den beiden 68 m hohen Türmen.

Das 34 m hohe Querschiff ist das höchste gotische Kirchenschiff Englands. Die **St George's Chapel** rechts vom Eingang birgt mit dem Porträt Richards II. aus dem 14. Jh. das älteste Bildnis eines englischen Herrschers. Im Mittelschiff befinden sich Gedenkplatten u. a. für Winston Churchill, Neville Chamberlain und David Livingstone, im nördlichen Seitenschiff Gedenktafeln für William Pitt d. J., Charles Darwin und den Komponisten Henry Purcell sowie der schwarze Sarkophag von Isaac Newton; nicht weit von diesem ist Stpehen Hawking begraben und im **Poets' Corner** im südlichen Querschiff Geoffrey Chaucer und Tennyson. Für Sir Walter Scott, William Shakespeare, Lord Byron, Rudyard Kipling und T. S. Eliot wurden Gedenkplatten aufgestellt, an Georg Friedrich Händel erinnert eine Statue.

Königliche Grablege

Royal Chapels

Hinter dem Sanktuarium beginnen die reich verzierten Königlichen Kapellen mit den Grabmälern englischer Herrscher. Zwölf schwarze Marmorstufen führen in die **Chapel of Henry VII**. Die Grabkapelle Heinrichs VII. ist ein **Meisterwerk des Perpendicular Style**. 1503 bis 1519 wurde sie von Robert Ertue erbaut und mit über 100 Figuren und Grabmälern ausgestattet. Im Zentrum befinden sich die von dem Florentiner Torrigiani geschaffenen goldbronzenen Liegefiguren von Heinrich VII. und Elizabeth von York, über ihnen die Banner und zu beiden Seiten das Gestühl des Ordens der Ritter von Bath. Im selben Grabgewölbe sind auch Jakob I., Georg II. und Edward IV. beerdigt. Im »Innocent's Corner« ruhen die im Alter von drei Tagen bzw. zwei Jahren verstorbenen Töchter Jakobs I., daneben liegen die Gräber der im Tower ermordeten Söhne Edwards IV. und schließlich die von Elizabeth I. und Maria Tudor, Elizabeths katholischer Halbschwester (»Bloody Mary«). Im rechten Seitenschiff befindet sich u. a. die Liegefigur von Maria Stuart, im Gewölbe davor die Gräber Karls II., Wilhelms II. und von Queen Anne. Älteste Königskapelle ist die **St Edward's Chapel** mit dem 1269 aufgestellten Schrein Eduards des Bekenners.

St James's

Hochherrschaftliches Viertel

St James's Palace

Ein Spaziergang durch das Viertel St James's, westlich vom Trafalgar Square, gibt Einblicke in die Welt der Mächtigen, Reichen und Adeligen. Entlang der Straße Pall Mall und rund um Waterloo Place und St James's Square haben sich die noblen Clubs niedergelassen. Die Pall Mall endet am **St James's Palace**, dem unter Heinrich VIII. nach Plänen von Hans Holbein d. J. erbauten Königspalast. Er wurde nach dem Brand von Whitehall Palace 1619 Residenz und wird noch von Mitgliedern der Königlichen Familie bewohnt. Ein Schaufensterbummel an edlen Geschäften vorbei führt die St James's Street hoch, dann rechts in die Jermyn Street (Herrenausstatter!) und wieder rechts zum Park in der Mitte von St James's Square.

U-Bahn: St James's Park, Green Park

Auf die Flagge achten

★ Buckingham Palace

Zu ihrem Amtsantritt 1837 verlegte Queen Victoria die Residenz in den Palast, der 1703 nach einem Entwurf des Herzogs von Buckingham begonnen und 1825 durch John Nash sowie 1913 durch Aston Webb vergrößert wurde. Buckingham Palace ist die Londoner **Residenz des britischen Monarchen** – wenn die königliche Standarte weht, ist er zu Hause (und an seinem Arbeitsplatz). Im Spätsommer können 19 State Rooms besichtigt werden, ganzjährig die private Ge-

BAEDEKER ÜBERRASCHENDES

6x EINFACH UNBEZAHLBAR

Erlebnisse, die für Geld nicht zu bekommen sind

1. NÄRRISCH?

Mit Fasching hat Englands Carnival zwar wenig gemeinsam, die sommerlichen Paraden sind aber ein großer Spaß. Familiär und charmant sind Veranstaltungen wie die **Midsummer Watch Parade** in Chester. (▶ **S. 99**)

2. STREET LIFE

Gaukler, Musiker, Skateboardartisten und Entertainer aller Art zeigen ihre Künste in **London** um den alten Markt **Covent Garden** und am **South Bank Centre**. (▶ **S. 255** bzw. **273**)

3. BLUMENPRACHT

Der Cottagegarten im Dorf, der Vorgarten in der Stadt, die Blumenbeete im städtischen Park – überall blüht es im Land der passionierten Hobbygärtner.

4. WANDERLUST

Stets ist die Küste nah, ihr folgt der **Coast Path**. Häfen und hübsche Fischerdörfer unterbrechen die grandiose Landschaft. Ein kurzer, flacher Spaziergang in Norfolk oder die Fernwanderung rund um Cornwall? Beides ein Hochgenuss! (▶ **S. 302** bzw. **123**)

5. WELTSPITZE

Die großartigsten **Kulturschätze** der Welt warten kostenlos auf Sie – in Londons berühmten Nationalmuseen, im Royal Armouries in Leeds, dem Museum of Science and Industry in Manchester und in den National Museums Liverpool.

6. EXKLUSIV

In Londons Edelgeschäften können Sie sich vortrefflich ruinieren, aber Gucken kostet ja nix. Allerbeste Adressen findet man im Stadtteil Mayfair in der **Bond Street** und in St James's. (▶ **S. 244**, **263**)

mäldegalerie und die Kutschensammlung im Royal Mews. Massen von Touristen verfolgen **Changing of the Guard** – vom Denkmalsockel hat man einen guten Überblick (▶ Baedeker Wissen, S. 266/267).

U-Bahn: St James's Park, Victoria, Green Park

Buckingham Palace: State Rooms Mitte Juli–Ende Sept. Do.–Mo. 9.30 bis 19.30 (letzter Einlass 17.15, Sept. bis 18.30, letzter Einlass 16.15), Sept. 9.30–18.30 Uhr (letzter Einlass 16.15 Uhr), Royal Mews März bis Okt. Do.–Mo. 10–17 Uhr, Queen's Gallery Do.–Mo. 10–17.30 Uhr | Eintritt State Rooms 25 £, Royal Mews 15 £, Queen's Gallery 17 £ | www.rct.uk

Changing of the Guard: Mai–Juli tgl. 11, übrige Monate Mo., Mi., Fr., So. 11 Uhr | www.householddivision.org.uk/changing-the-guard-calendar

Ein königlicher Park

St James's Park

St James's Park, ältester und schönster der königlichen Parks, wurde von André Le Nôtre angelegt, der auch Versailles gestaltete. Sein heutiges Aussehen verlieh ihm 1829 John Nash.

U-Bahn: St James's Park

West End

Das West End lockt zwischen Oxford, Regent und Bond Street mit **sensationellen Shoppingmöglichkeiten** von fein bis funky, mit kulinarischen Weltreisen, Theater und Kino.

Shoppingadressen nach Straßen: www.streetsensation.co.uk

Angelpunkt der Welt

★ Piccadilly Circus

Leuchtreklamen erhellen seit 1890 **»The Hub of the World«**, das Herz des West End mit dem »Eros-Brunnen« – die Brunnenfigur, der Engel der Nächstenliebe, ist dem Philanthropen Earl of Shaftesbury gewidmet. Vom Circus gehen aus: Regent Street mit dem Traditionskaufhaus **Liberty's**, Piccadilly mit dem Schlemmertempel **Fortnum & Mason** und dem Hotel **The Ritz**, Haymarket und Shaftesbury Avenue mit Theatern. Der Platz verdankt seinen Namen Robert Baker, der im 17. Jh. die besten »Pickadils«, hohe Kragen mit steifen Ecken, herstellte.

U-Bahn: Piccadilly Circus

Der einzige Michelangelo

Royal Academy of Arts

Burlington House, seit 1869 Sitz der 1768 gegründeten Königlichen Akademie der Schönen Künste, veranstaltet hochkarätige Wechselausstellungen. Ihr größter Schatz, eine Skulptur von Michelangelo, ist das einzige bildhauerische Werk des Italieners in England. Die anschließende **Burlington Arcade** gehört zu den exklusivsten Einkaufspassagen der Stadt mit mehr als 70 allerfeinsten Geschäften.

U-Bahn: Piccadilly Circus | tgl. 10–18, Fr. bis 22 Uhr
www.royalacademy.org.uk

CHANGING OF THE GUARD

BAEDEKER WISSEN

Tausende verfolgen die Wachablösung vor Buckingham Palace. Die Wachsoldaten werden im Wechsel von einem der fünf Regimenter der Household Division Foot Guards gestellt. Zur selben Zeit reitet die Household Cavalry zur Wachablösung an Horse Guards am Palast vorbei.

Anmarsch und Choreografie

Ⓐ Marschroute

Ⓑ Wachablösung im Vorhof von Buckingham Palace

Ⓒ Route Household Cavalry nach Horse Guards

Ⓓ

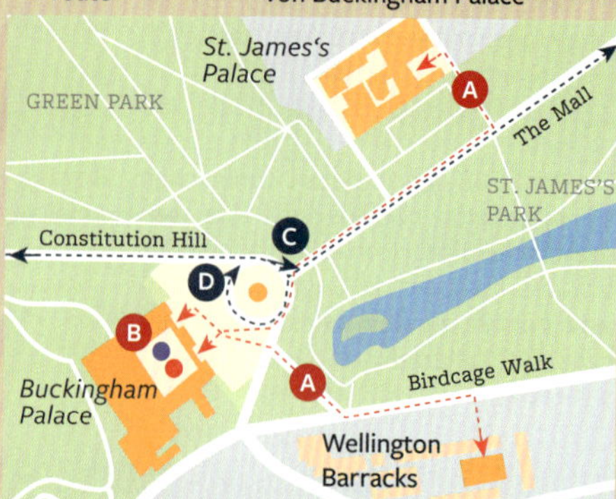

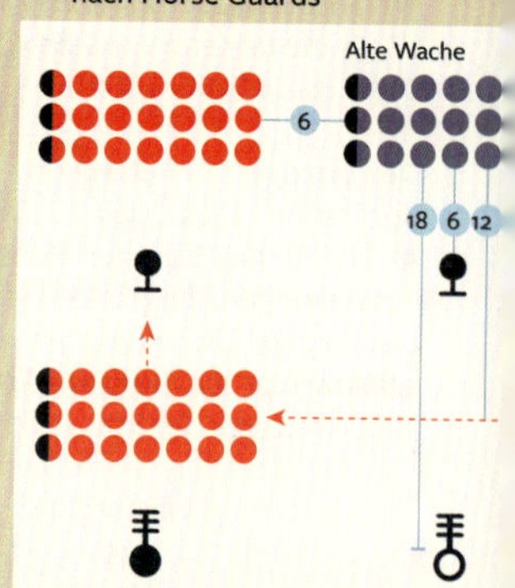

usehold Cavalry
e Guards

- Offizier des Tages
- abgelöster Offizier des Tages
- Kommandeur der Wache
- Kommandeur der Reihe
- Soldaten neue Wache
- Kommandeur der Reihe
- Soldaten alte Wache
- 6 Schritte / Abstand

Die Bärenfellmütze
... wurde nach der Schlacht von Waterloo 1815 zuerst den Grenadier Guards als Privileg verliehen. Offiziersmützen bestehen aus dem schwarz eingefärbten Fell kanadischer weiblicher Braunbären. Mannschaftmützen sind aus dem dünneren Fell von Schwarzbären. Tierschützer fordern, auf synthetische Felle umzusteigen.

Offiziere

Mannschaften

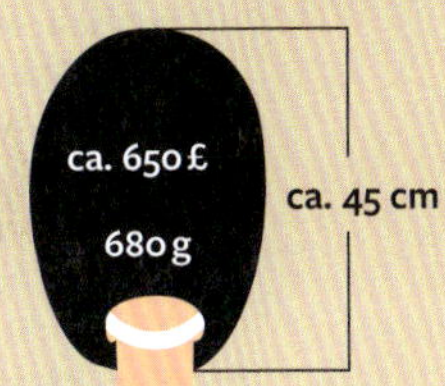

Bestand
Die Foot Guards setzen ca. 1900 Bärenfellmützen ein. Jede wird mindestens 50 Jahre lang getragen; jährlich werden 50 bis 100 neue angeschafft.

Weltweit
Auch in anderen Armeen werden Bärenfellmützen getragen:

Soho

Ein ganz normaler Sündenpfuhl

Soho, das Viertel zwischen Regent Street, Shaftesbury Avenue und Oxford Street, hatte lange den Ruf des Sündenpfuhls. Heute geht es hier auch nicht verruchter zu als andernorts, im Gegenteil: Eine lebendige Kneipen- und Cafészene gibt den Nährboden für Medienleute, Banker und ganz normale Menschen. In der quirligen **Carnaby Street**, in den 1960er-Jahren Inbegriff für »Swinging London«, findet man gute, ausgefallene und witzige kleine Läden, in **Chinatown** die kulinarische Begleitung.

U-Bahn: Oxford Circus, Tottenham Court Road

Oxford Street

Shoppingmeile

Wo einst die Verurteilten vom Newgate-Gefängnis zur Hinrichtung marschierten, drängen sich heute riesige Warenhäuser wie **Selfridges** und Marks & Spencer, Themenshops und Boutiquen mit angesagten Modelabels. Am Westende der Oxford Street steht **Marble Arch**, von John Nash als Haupttor für den Buckingham Palace entworfen. Da er für die königliche Staatskarosse zu klein geraten war, wurde er um 1890 am alten Hinrichtungsplatz Tyburn aufgestellt.

U-Bahn: Marble Arch, Bond Street, Oxford Circus, Tottenham Court Road

Handel & Hendrix

Ein ungleiches Duo

Georg Friedrich Händel, der für Georg I. die berühmte Wassermusik schrieb, lebte von 1723 bis zu seinem Tod 1759 in der Brook Street 25 in Mayfair. Sein Wohnhaus ist heute Museum mit Gemälden aus Händels Privatsammlung und zwei nachgebauten Cembali, die bei Kammermusikkonzerten erklingen. 1968 wohnte für eine kurze Zeit Jimi Hendrix nebenan. Jetzt werden die beiden in der Besucherattraktion Handel & Hendrix gemeinsam gefeiert.

U-Bahn: Bond Street, Oxford Circus | Mi.–So. 10–17 Uhr
Eintritt 14 £ | handelhendrix.org

Rund um den Hyde Park

Hyde Park und Kensington Gardens

Londons grüne Lunge

Der Hyde Park, der bekannteste und mit den westlich anschließenden Kensington Gardens größter aller königlichen Parks, hält eine breite Palette an Aktivitäten und Vergnügen bereit. Kinder erfreuen sich am **Princess Diana Memorial Fountain** und in der nordwestlichen Ecke der Kensington Gardens am Abenteuerspielplatz. Die **Serpentine Gallery** zeigt zeitgenössische Kunst. Wunderschöne Blumenrabatten schmücken die östliche Südseite des Parks. An der berühmten **Speakers' Corner** im Nordosten kann sonntags jeder seine Meinung der Öffentlichkeit kundtun.

Am Südrand der Kensington Gardens ließ Queen Victoria für ihren 1861 verstorbenen Gemahl Albert von Sachsen-Coburg-Gotha das **Albert Memorial** errichten. Gegenüber sieht man die **Royal Albert Hall**, in der jedes Jahr von Juli bis September die legendären Proms-Konzerte stattfinden.

U-Bahn: Lancaster Gate, Hyde Park Corner, Knightsbridge
Royal Albert Hall: U-Bahn: High Street Kensington, Knightsbridge
www.royalalberthall.com

Beim Nationalhelden

★ Wellington Museum

In vergangenen Zeiten war es für Hochadelige Pflicht, einen großen Stadtpalast zu unterhalten. Einer der letzten verbliebenen ist **Apsley House**, der Londoner Wohnsitz des 1. Duke of Wellington. In Prunkräumen wird eine feine Gemäldesammlung gezeigt, u. a. Werke von Van Dyck, Velázquez, Bruegel und Goya, sowie Skulpturen, Silber, Porzellan und andere kostbare Geschenke, mit denen Europas Herrscher ihre Dankbarkeit für Wellingtons Sieg über Napoleon in der Schlacht bei Waterloo ausdrückten. Auch der von einer Quadriga mit Friedensengel gekrönte **Wellington Arch** feiert seine Triumphe.

Apsley House: U-Bahn: Hyde Park Corner | Mi.–So. 11–17 Uhr, Jan. bis März nur Sa., So. | Eintritt 11,30 £ | www.english-heritage.org.uk
Wellington Arch: U-Bahn: Hyde Park Corner | April–Okt. Mi.–So. 10 bis 17, Nov.–März bis 16 Uhr | Eintritt 5,90 £
www.english-heritage.org.uk

Wie Prinzessinnen wohn(t)en

★ Kensington Palace

Willkommen im bescheidenen Heim von Prinz William und Kate! Die wechselnden Ausstellungen in den zugänglichen Räumen bieten eine anschauliche, sogar rührende Präsentation des Lebens dort wohnender glücklicher und unglücklicher Prinzessinnen in den vergangenen 300 Jahren, darunter Charlotte von Mecklenburg-Strelitz, treue Gemahlin von Georg III., und Diana. Eine Ausstellung über die **Lebensgeschichte von Queen Victoria**, die in diesem Palast geboren und am 20. Juni 1837 im Alter von 18 Jahren hier mit der Botschaft geweckt wurde, dass sie nun Königin sei, zeigt, dass auch königliche Palastbewohner ihrem Schicksal unterliegen.

U-Bahn: High Street Kensington, Queensway | März–Okt. Mi.–So. 10–18, sonst bis 16 Uhr; Vorbuchung empfohlen, Zeiten können wg. Sonderausstellungen und -führungen geändert werden (siehe Website)
Eintritt 25,40 £ | www.hrp.org.uk

Stadtviertel mit Charme

Notting Hill

Vergeblich sucht man nordwestlich vom Hyde Park an der Portobello Road in Notting Hill die blaue Tür aus der Filmromanze mit **Julia Roberts und Hugh Grant.** Sie ist längst überstrichen, den Buchladen jedoch gibt es immer noch. Und sein charmantes Flair hat der hübsche Stadtteil ebenfalls behalten, viele Fassaden in Notting Hill leuchten rosa, gelb und grün. Während Menschenmassen sich samstags am **Portobello Market** durch die Stände des Antiquitätenmarktes wühlen, lohnt ein Spaziergang durch die Seitenstraßen mit rosenumrankten Hauseingängen und kleinen Gärten.

Kensington und Knightsbridge

★ Harrods

Konsumtempel

Kensington und Knightsbridge locken mit fünf Topmuseen, der zweiten großen Einkaufsgegend Londons – und mit Harrods, dem wohl berühmtesten Kaufhaus der Welt. Der Konsumtempel an der Brompton Road hat die beste Food Hall, bei Harrods gibt es alles – und was es nicht gibt, wird selbstverständlich besorgt. 330 Abteilungen auf 90 000 m² Verkaufsfläche sprechen für sich.

U-Bahn: Knightsbridge | Mo.–Sa. 10–21, So. 11.30–18 Uhr
www.harrods.com

Ein Glücksfall von einem Museum: das Natural History Museum in Kensington

★ Victoria and Albert Museum

Vielgesichtiger Museumsriese

Textilien und Mode, Keramik und Porzellan, Silber, Möbel, asiatische und islamische Kunst, Kirchenfenster, Waffen oder die hoch gesicherte Edelsteinabteilung – jeder erdenkliche Bereich des Kunsthandwerks ist mit hochwertigen Exponaten vertreten. Die Idee zu dieser Sammlung stammt von Prinz Albert, der den Ertrag der »Great Exhibition« von 1851 für die Gründung verwendete. Das V & A Museum an der Cromwell Road ist neben dem British Museum das vielfältigste Museum Londons. Neben den vielen kunsthandwerklichen Objekten – Highlights sind u. a. der makabre mechanische **Tippoo's Tiger** oder der prachtvolle persische **Ardabil-Teppich** aus dem 16. Jh. – gibt es auch eine Gemäldesammlung. Ein Muss sind die **»Raffael-Kartons«**, 1516 für Papst Leo X. als Vorlage für die Sixtinische Kapelle angefertigt, oder die Werke von **John Constable** im Henry Cole Wing. Schließlich beheimatet das Museum auch die **Gilbert Collection** mit kostbarem Tafelsilber und italienischen Mosaiken des 16. bis 19. Jahrhunderts.
Bei einsetzender Ermüdung erholt man sich am besten im prachtvollen **Morris Room** – das erste Museumsrestaurant Englands ist fast schon selbst ein Exponat.

U-Bahn: South Kensington | tgl. 10–17.45, Fr. bis 22 Uhr
Eintritt frei | www.vam.ac.uk

★★ Natural History Museum

Alles Natur!

Wer die Natur verstehen möchte, wer mit Kindern in London ist, sollte unbedingt diesen Glücksfall von einem Museum besuchen, denn es vermittelt schwierige Materie einleuchtend, unterhaltend und mit vielen Möglichkeiten zum Selbstausprobieren. Zehn Bereiche zeigen Exponate zu Evolution, Artenvielfalt und Naturschutz auf unserem Planeten. Hauptattraktionen sind die fantastische **Dinosaurierabteilung**, die Spinnen- und Kriechtierabteilung **Creepy Crawlies** mit einem begehbaren Termitenhügel, die Mineraliensammlung mit 130 000 Gesteinsarten und das faszinierende **Darwin Centre** mit 40 interaktiven Installationen zur Arbeit des Naturforschers. Durch Glasscheiben kann man dort auch in die Labore schauen und Forschern Fragen stellen.

U-Bahn: South Kensington | tgl. 10–17.50 Uhr | Eintritt frei
www.nhm.ac.uk

★ Science Museum

Wissenschaft zum Anfassen

Das Wissenschaftsmuseum lädt in 40 Galerien zum Experimentieren und zu einer Zeitreise durch Forschung und Fortschritt. Zu den ausgestellten Objekten gehören Teleskope von Galilei, die Dampfmaschine von Boulton und Watt von 1788, die älteste erhaltene Lokomotive »Puffing Billy« von 1813, die Raumschiffe Apollo 10 und Sojus sowie die älteste bekannte Konservendose von 1823.

U-Bahn: South Kensington | tgl. 10–18 Uhr | Eintritt frei
www.sciencemuseum.org.uk

Design der Moderne

Design Museum

Die passende Kulisse für das Design Museum ist die kühne Architektur des 1962 erbauten ehemaligen Commonwealth Institute. Unter dem parabolischen Dach werden Exponate von Thonet-Stühlen bis zum Sony Walkman in den Kategorien »Designer«, »Maker« und »User« gezeigt.
U-Bahn: High Street Kensington, Kensington | Mo-Do. 10-17, Fr., So. 10-18, Sa. 10-21 Uhr | Eintritt frei | designmuseum.org

Southwark und South Bank

Ganz schön schräg

Alte City Hall, HMS Belfast

Das Gebäude mit schräger Fassade am Themse-Ufer nahe der Tower Bridge entwarf Norman Foster als Symbol für die Demokratie. 2002 bis 2022 war es das Rathaus der Stadt. Gegenüber liegt der letzte große Kreuzer der Royal Navy, die HMS Belfast, als **Museumsschiff**.
HMS Belfast: U-Bahn: London Bridge | April–Okt. tgl. 10–18, sonst bis 17 Uhr | Eintritt 24,50 £ | www.iwm.org.uk

Vertikale City

London Bridge Quarter

Die Revitalisierung im London Bridge Quarter hat die Gegend stark verändert: Wahrzeichen des boomenden Viertels ist der höchste Wolkenkratzer der EU: der 310 m hohe **The Shard**, nach Plänen von Renzo Piano errichtet und 2012 von Prinz Andrew und Scheich Abdullah Bin Saoud Al Thani von Qatar eingeweiht. Die spektakuläre »Scherbe« aus Stahl, Glasplatten und zentralem Betonschacht versteht sich als vertikale City. 44 Hochgeschwindigkeitsaufzüge verbinden die 87 Stockwerke mit Geschäften, Restaurants, Büros, Luxusapartments und dem Shangri-La Hotel At the Shard (► S. 247). An klaren Tagen reicht der Blick von den Aussichtsplattformen bis zu 70 km weit über die Stadt.
U-Bahn: London Bridge | Online-Tickets mit Zeitfenster ab 28 £
www.theviewfromtheshard.com

Ein Königreich für ein Theater

Globe Theatre

Southwark gehörte lange der Kirche und unterstand nicht der Gerichtsbarkeit der City. So blühten hier Kneipen, Bordelle und Theater. William Shakespeare führte im Hof des George Inn (► S. 246) seine ersten Stücke auf, ehe er 1599 sein Globe Theatre eröffnete, das 1613 während einer Aufführung abbrannte und 1996 originalgetreu wieder aufgebaut wurde.
Globe Theatre: U-Bahn: London Bridge | Führungen (17 £) tgl. 9.30–17 Uhr | www.shakespearesglobe.com

★ Southwark Cathedral

Shakespeares Bruder

Southwark Cathedral ist nach Westminster Abbey das bedeutendste gotische Gotteshaus Londons. Es entstand ab 1106, als Gifford, Bischof von Winchester, an der Stelle eines Klosters aus dem 9. Jh. eine normannische Kirche erbauen ließ. Schlagzeilen machte die Kirche, als 1997 der homosexuelle Anglikaner Jeffrey John hier Bischof werden sollte – worauf anglikanische Kirchen in aller Welt drohten, mit der Church of England zu brechen. John verzichtete. Das Innere birgt die **Harvard Chapel,** gebaut zu Ehren des 1607 hier getauften Uni-Gründers John Harvard, und Grabmäler des Hofdichters John Gower, des Shakespeare-Bruders Edmund und dessen Kompagnons Lawrence Fletcher sowie von Bischof Lancelot Andrews, der das Neue Testament ins Englische übersetzte. Die hölzerne Totenfigur eines Ritters aus dem 13. Jh. gehört zu den ältesten Skulpturen dieser Art. Hinter der Kathedrale treffen sich die Gourmets im **Borough Market**. In den umliegenden Straßen hat sich eine lebhafte Gastronomieszene etabliert.

U-Bahn: London Bridge | Mo.–Fr., 9–17, Sa. 9.30–15.45, So. 12.30 bis 15 Uhr | Eintritt frei | cathedral.southwark.anglican.org

★ Tate Modern

Kunst-Kraftwerk

Das Domizil der Tate Modern, »Schwester« der Tate Britain (▶ S. 261), ist ein Kraftwerk, die ehemalige **Bankside Power Station**. Sie stellt zeitgenössische Künstler vor die ultimative Herausforderung: Wie bespielt man eine 28 m hohe und 155 m lange Turbinenhalle? Es ist immer wieder ein besonderes Erlebnis, vom Themse-Ufer in die riesige Halle zu spazieren und zu überlegen, ob die neueste Installation gelungen ist. Auch sonst zeigen spannungsreiche Hängungen moderner Kunst neue Sichtweisen. Picasso, Hockney, Matisse, Ernst, prominente Zeitgenossen: Die großen Namen sind hier vertreten. Das weltweit meistbesuchte Museum für zeitgenössische Kunst vergrößerte 2016 seine Fläche durch neue Galerien und einen elfstöckigem Turm mit Dachterrasse. Die Erweiterung, wie der ursprüngliche Umbau in ein Museum, ist das Werk der Schweizer Architekten Herzog & de Meuron. Die filigrane Fußgängerbrücke **Millennium Bridge** von Norman Foster führt direkt zur St Paul's Cathedral am Nordufer.

U-Bahn: Blackfriars, Southwark | tgl. 10–18 Uhr | Eintritt frei
www.tate.org.uk

South Bank Centre

Kulturzentrum mit Ecken und Kanten

Dass brutalistische Architektur zunehmend geschätzt wird, kommt dem Kulturzentrum South Bank sicher zugute. Das South Bank Centre besteht aus dem 1963 gegründeten **National Theatre**, der **Hayward Art Gallery** für moderne Kunst und der **Royal Festival Hall**, der Poetry Library und der **Queen Elizabeth Hall** mit dem Purcell Room und The Front Room als zweite Konzertstätte am Südufer.

U-Bahn: Waterloo
Hayward Art Gallery: So., Mi.–Fr. 10–18, Sa. bis 20 Uhr
www.southbankcentre.co.uk

London Eye

Ganz London im Blick

Bei gutem Wetter liegt Ihnen ganz London zu Füßen, rund 40 km weit reicht der Blick. Seit der Eröffnung zur Jahrtausendwende haben mehr als 14 Mio. Menschen aus den 32 UFO-artigen Kapseln des 135 m hohen Riesenrads »London Eye« die Aussicht genossen. Im **SEA LIFE London Aquarium** in der **County Hall** tummeln sich 500 Spezies in 14 Becken. Das **London Dungeon** ist ein Gruselkabinett, vorgeblich zur Stadtgeschichte.

U-Bahn: Waterloo

London Eye: Mo.–Fr. 11–18, Sa., So. 10–20.30 Uhr | Eintritt online ab 25,50 £ | www.londoneye.com

SEA LIFE London Aquarium: tgl. 10–19 Uhr | Eintritt online ab 20 £, sonst bis 33 £ | www.visitsealife.com

London Dungeon: Mo.–Fr. 11–16, Sa. 10–18, So. 10–16 Uhr | Eintritt online ab 30 £ | www.thedungeons.com/london

Docklands

Museum of London Docklands

Trendviertel

Östlich der Tower Bridge schlug das kommerzielle Herz des Empire. Bis in die 1960er-Jahre waren die Docklands am Nordufer der Themse Werftgelände und Warenhaus der Welt. Mit der Einführung riesiger Containerschiffe setzte jedoch der Niedergang ein. Die Vergangenheit des Londoner Hafens wird im exzellenten Museum of London Docklands am West India Quay lebendig.

1982 begann die Sanierung. Innerhalb weniger Jahre wurden Neubauten hochgezogen wie der Bürokomplex **Canary Wharf** mit einem 344 m hohen Turm von dem Stararchitekten Cesar Pelli. Beste Ausblicke auf das neue In-Viertel bietet die computergesteuerte Hochbahn **Docklands Light Railway** (DLR) ab Bank oder Tower Hill. In den Hafenbecken des **St Katharine's Dock** liegen am Nordufer schmucke Jachten vor Anker, in den ehemaligen Lagerhäusern haben sich kleine Cafés, Galerien und Boutiquen eingerichtet – ein besonders netter Pub ist das Dickens Inn am Marble Quay.

Tgl. 10–17 Uhr | Eintritt frei | www.museumoflondon.org.uk/docklands

Shad Thames

Neuer Look in alten Lagerhäusern

Wie es in den Docklands einst aussah, zeigen auch die **hohen Lagerhäuser** zu beiden Seiten von Shad Thames am Südufer wenig östlich der Tower Bridge. Wo sich einst Tee und Gewürze stapelten, sind heute teure Wohnungen und schicke Lokale. Am Flussufer gibt es eine gastronomische Szene, über die Mündung des kleinen River Neckinger führt eine Fußgängerbrücke. In Richtung Osten kann man einen Spaziergang auf dem Fernwanderweg Thames Path machen.

★ Greenwich

Wo Britannien zur Seemacht wurde

Geschichte

Wollen Sie einmal mit einem Fuß in der östlichen, mit dem anderen in der westlichen Hemisphäre stehen? Der wohl schönste Ausflug von der Stadtmitte bietet dies und noch viel mehr, insbesondere herrliche Aussichten. Um den berühmten Blick auf Greenwich von der Themse zu haben, kommen Sie mit dem Boot an oder, wenn Sie mit der DLR anreisen, steigen Sie bereits in Island Gardens aus und gehen zu Fuß durch den **Greenwich Foot Tunnel** unter der Themse.
Entdeckungs- und Handelsfahrten begannen in Greenwich, die königliche Sternwarte war ein bedeutendes Zentrum der Wissenschaft, vor allem für die Seefahrt. Das einmalige maritim-städtische Ensemble mit Royal Naval College, Greenwich Park, Royal Observatory und Maritime Museum ist **UNESCO-Weltkulturerbe**.

Stolzer Segler

★ Cutty Sark

Am King William Walk liegt der letzte der legendären Teeklipper, die im 19. Jh. Gewürze und Tee aus dem Fernen Osten nach Europa brachten: die »Cutty Sark« von 1869, die nach einem verheerenden Brand 2012 wiederhergestellt wurde. Eine interaktive Ausstellung schildert das Leben an Bord und die Geschichte des Teehandels, Stützen heben das Schiff, sodass man seine elegante Form von unten betrachten kann.
Tgl. 10–18, Sept.–März bis 17 Uhr | Eintritt 13,50 £
www.rmg.co.uk/cuttysark

Barocker Prachtbau

Royal Naval College

»Säulen, Kolonnaden und Deckengemälde gehen nur schlecht zusammen mit gepökeltem Beef und gesäuertem Bier, vermischt mit Wasser«, so die Marine-Veteranen über die Prestigearchitektur, die sie bewohnten. Ihr Alterssitz mit der prachtvollen Royal Chapel und opulenten Sälen wie der **Painted Hall** war Ende des 17. Jh.s von Christopher Wren im Auftrag von Wilhelm III. gebaut worden. 1873 bezog das Royal Naval College für 125 Jahre die Gebäude, heute werden sie von der University of Greenwich genutzt.
Bis 1660 hatte an dieser Stelle ein königlicher Palast aus dem Jahr 1427 gestanden. Heinrich VII. hatte ihn als »Greenwich Palace« zur Residenz gemacht. **Heinrich VIII.** kam hier zur Welt – wie seine Töchter Maria I. und Elizabeth I. –, heiratete Katharina von Aragón und Anna von Cleve und unterzeichnete das Todesurteil für Anne Boleyn.

Meisterwerk des Palladianismus

Queen's House

Vollendete symmetrische Proportionen, wunderbare Marmorböden, schmiedeeiserne Ballustraden sowie geschnitzte und bemalte Decken prägen das ältestes Gebäude von Greenwich, Queen's House. 1616 begann **Inigo Jones** mit dem Bau der palladianischen Residenz, den

Jakob I. für seine Gemahlin Anna von Dänemark geplant hatte. Nach Annas Tod ruhten die Arbeiten, bis Karl I. den Palast von 1629 bis 1635 für seine Gemahlin Henrietta Maria fertigstellen ließ.

Tgl. 10–17 Uhr | Eintritt frei | www.rmg.co.uk/queens-house

Rule, Britannia!

★★ National Maritime Museum

Ein Kolonnadengang verbindet Queen's House mit dem Museum der königlichen Marine und der Handelsmarine. Auch die britische Kolonialisierung sowie Entdeckungsfahrten sind hier dokumentiert. Zu den Höhepunkten gehören die prachtvolle königliche Barkasse von Frederick Prince of Wales, Lord Nelson's Uniformrock aus der Schlacht von Trafalgar 1805, die Kinderabteilung »All Hands« und eine nachgebaute Brücke, auf der man ein Schiff elektronisch aus dem Hafen steuern kann.

Tgl. 10–17 Uhr | Eintritt frei | www.rmg.co.uk/national-maritime-museum

Ort der Erholung

Greenwich Park

Herzstück des weitläufigen, sanft ansteigenden Greenwich Parks ist das **Royal Greenwich Observatory**, das Sir Christopher Wren 1675 für König Karl I. entwarf. Vom Hügel der Sternwarte bietet sich ein wunderbarer Blick auf Queen's House und Royal Naval College vor dem Hintergrund der Docklands. Genau um 13 Uhr fällt der rote Ball auf **Flamsteed House** an seinem Mast herab und weist ankernde Schiffe an, ihre Uhren auf die Greenwich Mean Time zu stellen. Eine

Mit einem Bein in der östlichen, mit dem anderen in der westlichen Hemisphäre

Stahlschiene mitten durch das Meridian Building symbolisiert den **Nullmeridian**. Im Equatorial Building ist das größte Teleskop Großbritanniens eingebaut. Eine weitere Attraktion ist das Peter-Harrison-Planetarium.

Royal Greenwich Observatory: tgl. 10–17 Uhr, Zeitfenster online buchen | Eintritt 18 £ | www.rmg.co.uk/royal-observatory

Gebändigte Naturgewalt

Thames Flood Barrier

Bootsausflüge führen zurück nach London oder flussabwärts zur Thames Flood Barrier, der weltgrößten Sturmflutbarriere – zehn mächtige Tore fangen die hereindrückenden Wassermassen ab.

Luftiger Thrill

North Greenwich Arena

Was das London Eye für die Innenstadt ist, sollte der **Millennium Dome** für Greenwich werden: eine Attraktion der Superlative. Jahrelang war der Bau von Richard Rogers mit dem größten Zeltdach der Welt eine ungeliebte Altlast, bevor man die Konzerthalle unter dem Namen **The O2** zur Multifunktionshalle umbaute. Wer den besonderen Kick sucht, kann am Seil gesichert aufs Kuppeldach klettern. Die Seilbahn **IFS Cloud Cable Car** fährt hinüber zu den Royal Docks.

www.theo2.co.uk | tfl.gov.uk/modes/london-cable-car/

Außenbezirke

Olympisches Erbe

Queen Elizabeth Olympic Park

Mit den Olympischen und Paralympischen Spielen 2012 war London nach 1908 und 1948 als einzige Stadt weltweit zum dritten Mal Gastgeber der internationalen Sportwettbewerbe. Im Gegensatz zu anderen sportlichen Großveranstaltungen hinterließen die Londoner Spiele keine maroden, unbenutzten Stadien. Im Stadtteil Stratford entstand mit dem 5000 ha großen Olympiagelände der Queen Elizabeth Park an der Stelle einer Industriebrache. Fußball-Erstligist West Ham United spielt im Olympiastadion, auch die Stadien für Schwimm- und Radsport finden viele Nutzer.

U-Bahn: Stratford

Heiliger Rasen

Wimbledon

Erdbeeren mit Sahne und Champagner dürfen nicht fehlen, wenn das älteste und prestigeträchtigste Tennisturnier zwei Wochen im Sommer im südlichen Vorort Wimbledon ausgetragen wird. Die »All England Lawn Tennis Championships« sind das einzige Grand-Slam-Turnier, bei dem die Sportler auf Rasen um Trophäen und Preisgeld kämpfen. Das **Tennismuseum** illustriert den weißen Sport von 1555 bis heute.

U-Bahn: Wimbledon Park | tgl. 10–17.30 Uhr | Eintritt 15 £, inkl. Tour 27 £ | www.wimbledon.com

Kew Gardens

Arche Noah der Pflanzen

Wer Trubel und Hektik der Londoner Metropole einmal für einen Tag hinter sich lassen möchte, wird in den **Royal Botanic Gardens** im Südwesten Londons eine wundervolle grüne Oase der Ruhe finden. Dabei dienen die seit 2003 zum UNESCO-Weltkulturerbe zählenden Gärten nicht nur der Erholung, sondern auch der Wissenschaft. Hier wachsen und gedeihen auch etliche in der freien Natur bereits ausgestorbene und zahlreiche bedrohte Pflanzen: insgesamt sagenhafte 19 000 Arten, zudem die Samen von über 30 000 Arten!

Hauptattraktion sind die drei viktorianischen Gewächshäuser von Decimus Burton und Richard Turner: Das 150 Jahre alte **Temperate House** beheimatet verschiedene Gewächse der gemäßigten Zonen. Im **Arboretum** kann man vom 18 m hohen Baumwipfelpfad den Bäumen von Kew in die Kronen schauen. Und im **Palm House** wächst die Seychellenpalme, die die größten Samen des Pflanzenreichs ausbildet.

Im **Kew Palace** lebte Georg III., nachdem er für »geisteskrank« erklärt worden war. Königin Victoria verbrachte viel Zeit im **Queen's Cottage**.

U-Bahn: Kew Gardens | tgl. ab 10 Uhr | Eintritt ab 17 £ (online)
www.kew.org/kew-gardens

Hampton Court Palace

Spukt es?

Als **Catherine Howard** Ehebruch vorgeworfen wurde, ahnte sie, dass im Tower of London das Henkerbeil auf sie wartete. Die fünfte Ehefrau von König Heinrich VIII. wurde schreiend in ihre Gemächer gezerrt und gelegentlich – so heißt es – wird sie noch als Gespenst, als »Screaming Lady«, gesichtet und gehört.

Aber auch ganz ohne Geisterspuk darf der Hampton Court Palace, 25 km südwestlich der Innenstadt, sicherlich als der schönste und interessanteste englische Königspalast gelten. Der Erbauer dieses **Musterbeispiels der Tudor-Architektur** war Lordkanzler Thomas Wolsey, der hier ein Leben in Saus und Braus führte. Nachdem er bei Heinrich VIII. in Ungnade gefallen war, sicherte sich dieser den Palast, in dem außer Katharina von Aragón alle Frauen Heinrichs lebten. Auch seine dritte Frau Jane Seymour soll hier gelegentlich herumspuken. Besichtigt werden können nicht nur die Prunkräume, sondern auch Küche und Keller. Der weite Park umschließt den Privatgarten des Königs, den Tudor-Garten und den Elisabethanischen Garten, die Lower Orangery mit Mantegnas »Triumph des Cäsar«, einen Irrgarten und am Broad Walk den ersten überdachten Tennisplatz der Welt.

April–Okt. Mo.–So. 10–18, Nov.–März Mo.–So. 10–16.30 Uhr
Eintritt 26 £, Sa., So. 29 £ | www.hrp.org.uk | Bahn ab Waterloo nach Hampton Court Station

★★ Windsor Castle

März–Okt. tgl. 10–17.15, letzter Einlass 16, Nov.–Febr. 10–16.15, letzter Einlass 15 Uhr | Wachablösung: i.d.R. Do., Sa. 11 Uhr | Eintritt 30 £ |www.rct.uk

Sommerresidenz der königlichen Familie

Geschichte

Nicht einmal im Buckingham-Palast spürt man die Macht und den Reichtum der britischen Monarchie so stark wie in Windsor – z. B. im Bankettsaal St George's Hall. Hier sitzen besonders wichtige Staatsgäste neben dem König am Kopf eines Tisches, an dem bis zu 160 Menschen Platz finden, hier spüren sie die Präsenz der prächtigen, 1585 angefertigten Rüstung des Königsritters (»King's Champion«), der nach einer Krönung mit einem dreifachen Wurf des Fehdehandschuhs jeden herausforderte, der die Autorität des neuen Monarchen bestreiten wollte. Der Brauch wird seit 200 Jahren nicht mehr praktiziert, aber die Botschaft bleibt. Wilhelm der Eroberer ließ um 1078 die erste Festung errichten, Karl II. wandelte nach 1660 die Burg in ein bequemes Wohnschloss um.1348 gründete Eduard III. auf Windsor Castle den **Hosenbandorden** (The Most Noble Order of the Garter), den höchsten Orden des Königreiches. Anlass soll ein Fest gewesen sein, auf dem eine Hofdame unter großem Gelächter der Ritter ihr Strumpfband verlor, was Eduard zu der Bemerkung veranlasste, dass es bald eine Ehre sein werde, ein solches Band zu erhal-

In St. George's Chapel auf Schloss Windsor wurden Elizabeth II. und Prinz Philip neben anderen Angehörigen der Königsfamilie beigesetzt.

ten. Mit dem Orden unter dem Patronat des hl. Georg wollte Eduard in Anlehnung an König Artus' Tafelrunde dem Niedergang des Rittertums durch eine Gemeinschaft tapferer, die ritterlichen Tugenden bewahrenden Männer begegnen. Das seit über 900 Jahren durchgängig bewohnte Schloss ist Wochenend- und Sommerresidenz der Königlichen Familie, 35 km westlich von London. Ist der König anwesend, weht auf dem Round Tower die königliche Flagge.

Adelige Wappen, königliche Gräber

St George's Chapel

Durch das Henry VIII. Gateway von 1511 betritt man den Lower Ward und sieht die 1474 von Eduard IV. begonnene und von Heinrich VIII. vollendete St George's Chapel, ein einzigartiges Beispiel für den spätgotischen **Perpendicular Style**. Die Fassaden zieren Wappentiere und Schildhalter der Herrscherhäuser Lancaster und York. In der Kapelle sind englische Herrscher beigesetzt: **Queen Elizabeth II.**, Prinz Philip sowie Georg VI., Queen Mum und die Schwester von Queen Elizabeth, im nördlichen Seitenschiff außerdem Georg V. und Königin Maria, unter dem Chor Heinrich VIII. mit Jane Seymour sowie Karl I., im Altarraum Heinrich VI., Eduard IV. mit Gemahlin und Eduard VII. mit Königin Alexandra. Hinter und über dem prächtigen, aus Windsor-Eichen geschnitzten Gestühl (1478–1485) der Ritter vom Hosenbandorden hängen Wappen und Banner von 700 Ordensrittern.

Erinnerung an den Gemahl

Albert Memorial Chapel

Die Kapelle ist um 1500 von Heinrich VII. als seine Grabkirche erbaut worden, jedoch wurde er in Westminster Abbey begraben. Queen Victoria widmete sie 1861 ihrem verstorbenen Gemahl **Prinz Albert**.

Tödliche Kugel

State Apartments

Unter der Ausstattung der Staatsgemächer (Zugang: North Terrace) sind besonders die Gemälde von Holbein, Leonardo da Vinci, Raffael, Michelangelo, van Dyck, Rubens und Rembrandt hervorzuheben, aber auch die Kugel, die Lord Nelson vor Kap Trafalgar tötete. Die im 14. Jh. als königlicher Bankettsaal erbaute **St George's Hall** brannte 1992 aus und wurde restauriert. Ein Besuchermagnet ist das riesige **Puppenhaus** der Königin Mary von 1924.

Im Tode vereint

Schlosspark

Im Norden und Osten umschließt Windsor Castle der Home Park mit dem **Frogmore House and Mausoleum**, wo Victoria und Albert ruhen. Frogmore Cottage war bis 2020 Domizil von Harry und Meghan.

Kaderschmiede

Windsor und Eton

Das Städtchen Windsor zeigt im Coach House königliche Kutschen und in den Royal Mews in der St Albans Street Geschenke, die Königin Elizabeth II. auf Staatsbesuchen erhielt.

Über die Themsebrücke hinweg ist man schon in Eton. **Eton College**, exklusivste britische Privatschule, 1440 von Heinrich VI. für Kinder armer Eltern (!) gegründet, brachte inklusive Boris Johnson 20 Premierminister hervor. Männer wie »Beau« Brummell, George Orwell und der Ökonom John Maynard Keyes sowie Prinz William und Prinz Harry mussten den Cut und gestreifte Hosen der Schülerschaft tragen. Um zwei Höfe erstreckt sich das Hauptgebäude aus rotem Backstein. Die Grundschule (Lower School) wurde 1639 errichtet, die Oberschule (Upper School) 1692. Die Schulkapelle, 1441 im Perpendicular Style vollendet, ist eigentlich nur der Chor einer fast doppelt so groß geplanten Kirche. Sie enthält wunderbare Grisaillemalereien (1490) mit Marienszenen. Einblicke in das Schülerdasein und die Geschichte der Schule vermittelt das **Museum of Eton Life**.

Museum of Eton Life: Sa., So. 14.30–17 Uhr | www.etoncollege.com

★ MANCHESTER

Landesteil: Nordengland | **Höhe:** 35 m ü. d. M. |
Verwaltungseinheit: Greater Manchester |
Einwohnerzahl von Greater Manchester: 2,9 Mio.

Im Sommer 2017 transportierte der britische Künstler Phil Collins eine 3,5 m hohe Statue von Friedrich Engels nach Manchester. Er hatte sie in einem Dorf in der Ukraine gefunden, wo sie in zwei Teile gesägt worden war. Jetzt steht die Statue zwischen nagelneuen Bauten am Tony Wilson Place – der Platz hat seinen Namen von dem Nachtklubbesitzer und Musikmanager, der die wilde Szene im sogenannten »Madchester« um 1990 prägte. Die Aufstellung des Urkommunisten gerade dort war ein bewusster Denkanstoß in dieser vielschichtigen, spannenden Stadt.

Die Vielschichtige

Mitte des 19. Jh.s kam der Wuppertaler Unternehmersohn (1820 bis 1895) in die wichtigste Industriestadt des Britischen Empire und veröffentlichte seine Beobachtungen über die elende »Lage der arbeitenden Klasse in England« – ein Hauptwerk kommunistischer Literatur. »Manchesterkapitalismus« bezeichnet den unregulierten Wirtschaftsliberalismus und damit einhergehend die Schattenseite der Frühindustrialisierung. Aus gutem Grund war Manchester **Hochburg der englischen Arbeiterbewegung**. Heute ist die erste Industriestadt der Welt die führende Kultur- und Shoppingmetropole des englischen Nordwestens, bekannt für Fußball und Szenetreff von Pop und Rave – sie brachte Gruppen wie Simply Red, Oasis und Take That hervor.

MANCHESTER ERLEBEN

MANCHESTER VISITOR INFORMATION CENTRE

1 Piccadilly Gardens
Manchester M1 1RG
Tel. 0871 2 22 82 23
www.visitmanchester.com

Einkaufen kann man in der City in den eleganten Geschäften von St Ann's Square, King Street und Royal Exchange sowie im **Millennium Quarter** mit dem Nobelkaufhaus Harvey Nichols. Nördlich der Piccadilly Gardens gibt es in **Affleck's Palace,** einem alten Fabrikgebäude, Designerboutiquen, Trödler und Plattenläden, rund um die Oldham Street im **Northern Quarter** Mode aus Manchester, Streetwear und Secondhand-Kleidung, junges Design. Relativ preiswerte Designerware verkauft »Lowry Outlet Mall« an den **Salford Quays.**

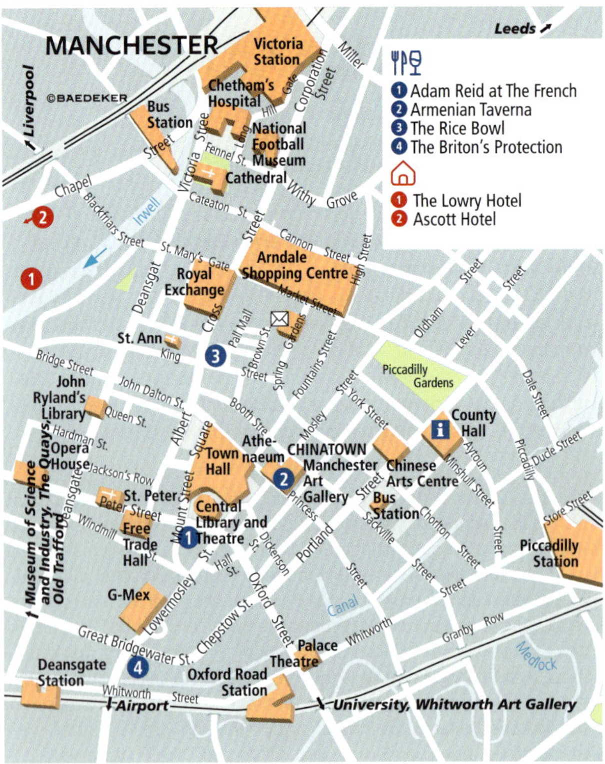

THE PRINTWORKS
Manchesters Unterhaltungskomplex im ehemaligen Gebäude der Zeitung »Daily Mirror« am Exchange Square versammelt Bars, Restaurants, ein Kino und Clubs unter einem Dach.
27 Withy Grove
printworks-manchester.com

HOME
Filmvorführungen, Video-Workshops, Theater, Ausstellungen, drei Bars und Cafés sowie ein Buchladen.
2 Tony Wilson Place
Karten: Tel. 0161 2 00 15 00
Mo.–Sa. ab 10, So. ab 11 Uhr
www.homemcr.org

❶ ADAM REID AT THE FRENCH €€€
Zu einer Ikone des Hotelgewerbes gehört ein erstklassiges Restaurant, das mehrgängige Menüs mit allen Raffinessen anbietet. Chefkoch Adam Reid legt Wert auf Zutaten aus seiner nordenglischen Heimat.
The Midland Hotel
Peter Street
Tel. 0161 2 35 47 80
the-french-manchester.co.uk

❷ ARMENIAN TAVERNA €€
Gute armenische Küche am Rathaus – Lamm, Fisch, Hähnchen, gegrillt und im Eintopf. Mo. geschl.
Princess Street 3–5
Tel. 0161 8 34 90 25
www.armeniantaverna.co.uk

❸ THE RICE BOWL €–€€
Die Qualität der Restaurants in Chinatown ist recht durchwachsen, dieses kantonesische Restaurant ist preiswert und zuverlässig – probieren Sie mittags die Dim-Sum-Gerichte.
33A Cross St., Tel. 0161 8 32 90 33
www.the-rice-bowl.com

❹ THE BRITON'S PROTECTION
Ein 1811 gegründeter Pub mit einem denkmalgeschützten Interieur der 1930er-Jahre (auch die Toiletten!) mit netter Stimmung, guten Ales und einer Riesenauswahl an Whisky.
50 Great Bridgewater Street

❶ THE LOWRY HOTEL €€–€€€
Das zentral gelegene Designer-Luxushotel lässt keine Wünsche offen.
50 Dearmans Place
Chapel Wharf, Salford
Tel. 0161 8 27 40 00
www.thelowryhotel.com

❷ ASCOTT HOTEL €€
In einer viktorianischen Villa etwas außerhalb des Stadtzentrums kann man individuell und freundlich gestaltete Zimmer buchen.
6 Half Edge Lane, Ellesmere Park
Tel. 0161 9 50 24 53
www.ascotthotelmanchester.co.uk

Castlefield

Stadtgeschichte unter freiem Himmel

Alter Mittelpunkt der Stadt und neues Freizeitgelände ist Castlefield, ein wohl einmaliges städtisches Freilic htmuseum westlich der Deansgate Station. Ein Bummel zwischen den restaurierten Anla- Freilichtmuseum

Am Rochdale Canal bekommt man noch eine Ahnung davon, wie es zu Manchesters großen Industriezeiten ausgesehen haben mag.

gen des 18. und 19. Jh.s – an alten Kanälen entlang oder zur rekonstruierten römischen Festung – vermittelt die Stadtgeschichte von den Anfängen bis heute. Am Kanalbecken treffen sich der River Medlock und der Bridgewater Canal, der angelegt wurde, um Kohle in das aufstrebende Manchester zu transportieren. Seine Fertigstellung 1759 bis 1761 gilt als Meilenstein der frühen Industrierevolution. Hinzu kamen 1804 der Rochdale Canal, später die hohen Eisenbahnviadukte, so dass in Castlefield die Epochen sichtlich übereinandergeschichtet liegen.

★ Museum of Science and Industry

Dampfmaschinen, Oldtimer und das erste britische Flugzeug
Das Entstehen der weltweit ersten Industriestadt und zahlreiche technische Entwicklungen präsentiert das Museum, das mit zwölf Galerien an der Stelle des **ältesten Bahnhofs der Welt** errichtet wurde. In der Power Hall (Ecke Lower Byrom Street) kann man mit Wasser- und Dampfkraft betriebene Maschinen aus der Boomzeit der Textilindustrie, alte Dampflokomotiven und in Manchester produzierte Oldtimer (u. a. Rolls-Royce, 1904) bewundern. Nördlich der Power Hall im Lower Byrom Street Warehouse sind Druck- und Spinnmaschinen sowie verschiedene Computermodelle von den ersten Anfängen an zu sehen. Die **Air and Space Hall** auf der östlichen Straßenseite der Lower Byrom Street zeigt Flugzeuge, die Geschich-

te schrieben, u. a. eine Replik des Dreideckers, der 1909 mit einem 9 PS starken Motor als erstes britisches Flugzeug abhob.
Liverpool Rd. | tgl. 10–17 Uhr | Eintritt frei
www.scienceandindustrymuseum.org.uk

Kurz bei den Römern vorbeischauen?
Südlich gegenüber der Air and Space Gallery liegen die Ruinen der römischen Befestigung, die heute von Grünanlagen umgeben sind. Roman Fort

Lebhafter Treffpunkt
Ein Spaziergang von Castlefield östlich am Treidelpfad des Rochdale Canal führt nach 10 Minuten zur Gastronomie- und Ausgehmeile an der Canal Street, wo sich nicht nur Manchesters schwule Szene trifft. Gay Village

The Quays

Die alte und die neue Stadt
Von den Salford und Trafford Quays fuhren Tausende Schiffe aus, um die Erträge des Empire in der Welt zu verteilen. Sie beherbergen heute neben Hotels, den Film- und Fernsehstudios der Media City UK und Sportanlagen zwei von Manchesters wichtigsten Attraktionen. Bootsfahrten geben einen Eindruck des neuen und alten Manchester. Salford und Trafford Quays
Manchester River Cruises: Ostern–Oktober ab Salford Quays und Irwell St. in der Stadtmitte | manchesterrivercruises.com

Kleine Leute ganz groß
An der Spitze der Salford Quays steht das Kulturzentrum mit zwei Theatern und Galerien. Wie eine Schiffsbrücke thront das verglaste Restaurant auf der Gebäudekonstruktion. Namensgeber war der Maler L. S. Lowry (1887–1976), ein künstlerischer Chronist der kleinen Leute in ihrer industriellen Umgebung. Im Kulturzentrum sind mehr als 400 von Lowrys Gemälden und Zeichnungen ausgestellt. The Lowry
Galerie: Di.–Fr. 11–17, Sa., So. ab 10 Uhr | Eintritt frei
thelowry.com

Realistische Darstellungen
In diesem eindrucksvollen Bau – dem ersten von Daniel Libeskind in England – wird das Thema Krieg von vielen Seiten beleuchtet. Der Name des Museums täuscht: In der Nord-Dependance des Londoner Imperial War Museum wird Besuchern u. a. eine 360°-Audio-Video-Show mit Kriegsbildern und -geräuschen geboten, die bewaffnete Konflikte keinesfalls verherrlicht, sondern sie aus der Perspektive der beteiligten Menschen zeigt. ★ Imperial War Museum North
Trafford Wharf Rd., Trafford Park | tgl. 10–17 Uhr | Eintritt frei
www.iwm.org.uk

Innenstadt

Alles neu

Town Hall

Das Selbstbewusstsein einer stolzen Stadt zeigt die imposante neugotische Town Hall von 1877 am **Albert Square**. Erst nach Abschluss der umfassenden Restaurierung (bis 2024) kann man den Ratssaal (Council Chamber) und den die Stadtgeschichte darstellenden Bilderzyklus von Fort Madox Brown besichtigen. Für einen Blick in die Bücherei und Wechselausstellungen in Foyer und Treppenhaus lohnt die angrenzende Central Library (1934) einen Besuch.

Große Namen

Manchester Art Gallery

Die Manchester Art Gallery präsentiert eine der umfassendsten Kunstsammlungen in ganz Großbritannien außerhalb von London. Ausgestellt sind flämische Maler des 17. Jh.s, Präraffaeliten und französische Impressionisten, deutsche Künstler – u. a. Max Ernst –, Werke von Rodin, Maillol, Henry Moore und viele namhafte englische Maler, darunter Stubbs, Constable und Turner.

Mosley St. | Di.–So. 10–17 Uhr | Eintritt frei | manchesterartgallery.org

Zeitgenössische chinesische Kunst

Chinatown

Eine der größten chinesischen Gemeinden Großbritanniens lebt in Manchester. In Chinatown haben sich zahlreiche Geschäfte und Restaurants angesiedelt; das Wahrzeichen ist ein reich verzierter chinesischer Torbogen. Kunsthandwerk und Ausstellungen asiatischer, auch chinesischer Kunst findet man im **esea contemporary** im Northern Quarter.

esea contemporary: Thomas St. | Di.–Sa. 10–17, So. 12–17 Uhr
Eintritt frei | www.eseacontemporary.org

5 Millionen Bücher!

Deansgate

Westlich vom Albert Square führt die lange Achse Deansgate am trendigen Neubau- und Gastronomieviertel Spinningfields vorbei zu den schicken Kaufhäusern des nördlich gelegenen Millennium Quarter und zum Cathedral Quarter. Die **John Rylands Library** an der Deansgate ist ein sehenswerter Bau, eine neugotische Fantasie von 1888 des Architekten Basil Champneys. Die Bibliothek ist mit über 5 Mio. Büchern und Manuskripten eine Schatzkammer für frühe Drucke (Wechselausstellungen). Der Weg über die Bridge Street führt zum **People's History Museum,** das sich dem Kampf um das allgemeine Wahlrecht im 19. Jh., der Arbeiterbewegung und der Geschichte populärer Proteste bis heute widmet.

John Rylands Library: 150 Deansgate | So., Mo. 12–17 Uhr,
Di.–Sa. ab 10 Uhr | www.library.manchester.ac.uk
People's History Museum: Left Bank | Mi.–Mo. 10–17 Uhr
Eintritt frei | www.phm.org.uk

Willkommen in »Cottonopolis«

Royal Exchange

Ein Abstecher rechts vom Deansgate führt zu St Ann's Square und dem Royal Exchange, der ehemaligen Baumwollbörse. Der 1872 vollendete Bau im Renaissance-Stil stammt aus der großen Zeit von »Cottonopolis«, wie die Textilstadt genannt wurde. Die Mitte der riesigen Handelshalle besetzt ein raumschiffähnliches modernes Kleintheater. Ein Blick nach oben zeigt die Baumwollpreise am Tag der Schließung der Börse im Jahr 1968.

Christus in modernem Gewand

Manchester Cathedral

Die ehemalige Stifts- und Pfarrkirche stammt im Wesentlichen aus der Zeit von 1422 bis 1506, im Jahr 1847 wurde sie zur Kathedrale erhoben. Beachtenswert ist das Chorgestühl mit reich verzierten Miserikordien. Die kleine Marienkapelle besitzt eine hölzerne Schranke von etwa 1440, das Kapitelhaus zeigt Wandgemälde des 20. Jh.s, u. a. einen modern gekleideten Christus.

tgl. 9.30–16 Uhr | Eintritt frei | www.manchestercathedral.org

Treffpunkt von Engels und Marx

Chetham's Hospital

Das Chetham's Hospital (15. Jh.) an der Nordseite der Kathedrale war Herrensitz, wurde dann Priesterkolleg und ist jetzt Schulgebäude. Die angeschlossene, 1653 gegründete Bücherei ist eine der ältesten öffentlichen Bibliotheken in England und hat einen Bestand von mehr als 100 000 Büchern – zur Hälfte wurden sie vor 1850 gedruckt. Hier trafen sich Friedrich Engels und Karl Marx, als Letzterer 1845 Manchester besuchte. Die Bücher, die ihren Recherchen für das »Kommunistische Manifest« dienten, sind noch zu sehen.

Besuch nur mit Führung, in der Regel Mo.–Fr. meist um 11, 13.30 und 15 Uhr, Buchung nur online unter: library.chethams.com/shows/chethams-library-tours

Alles über die schönste Nebensache der Welt

National Football Museum

An den Cathedral Gardens dürfen Fußballfans im National Football Museum die weltgrößte Sammlung an FIFA-Memorabilien bestaunen und können einen Blick in die UEFA-Bücherei werfen, in der Bücher, Poster und DVDs die Geschichte aller bisherigen Europameisterschaften und der UEFA erzählen.

Tgl. 10–17 Uhr | Eintritt 12 £ | www.nationalfootballmuseum.com

Südlich der Stadtmitte

Wissenschaft und Kunst

Whitworth Art Gallery, Universität

Die 1851 gegründete Universität gehört zu den besten des Landes. Drei Nobelpreisträger gingen aus ihr hervor: Ernest Rutherford (1871–1939), der mit seinem Atommodell die Grundlagen der heutigen Atomphysik schuf, James Chadwick, der 1932 die Existenz des Neutrons nachwies, und Sir John Douglas Cockcroft (1897–1967), ebenfalls ein Atomphysiker. Der Universität angeschlossen ist das **Manchester Museum** mit umfangreichen naturwissenschaftlichen Sammlungen. 800 m südlich auf der Oxford Road beherbergt die **Whitworth Art Gallery** eine vielfältige Sammlung, darunter Werke englischer Maler von Constable und Turner bis zur Gegenwart, Plastiken von Henry Moore und Barbara Hepworth sowie Kunsthandwerk der Arts-&-Crafts-Bewegung.

Manchester Museum: Oxford Rd. | Di.–So. 10–17 Uhr | Eintritt frei
www.museum.manchester.ac.uk

Whitworth Art Gallery: Whitworth Park | tgl. 10–17, Do. bis 21 Uhr
Eintritt frei | www.whitworth.manchester.ac.uk

Zwei Fußballstadien

Manchester United/ Manchester City

Ein Muss für Fußballfreunde ist das Old-Trafford-Stadion von Rekordmeister Manchester United. Die Geschichte des 1878 gegründeten Vereins, Pokale und Trophäen kann man bei einer Stadiontour mit Museumsbesuch erleben. Neuerdings läuft allerdings Manchester City dem alten Rivalen den Rang ab. Auch dort ist eine Stadiontour möglich.

Manchester United: Sir Matt Busby Way, Old Trafford | Museum und Tour ab 25 £ | www.manutd.com

Manchester City: Etihad Stadium, Alan Turing Way
www.mancity.com

Rund um Manchester

Sehenswertes in Haus und Park

Tatton Park

In dem neoklassizistischen Herrenhaus in Knutsford knapp 10 km westlich vom Flughafen Manchester ist neben italienischen und flämischen Gemälden auch die Porzellan- und Glassammlung der Familie Egerton zu sehen. Die viktorianischen Küchen und Keller illustrieren das Leben der Dienerschaft. Sehr hübsch ist auch der Park mit italienischen und japanischen Gärten, und ein Labyrinth lädt zum Umherirren ein.

April–Okt. Park tgl. 10–19, Farm Di.–So. 11–16, Haus Mi.–So. 12.30 bis 16.30, Nov.–März Park Di.–So. 10–17, Farm Sa., So. 11–16 Uhr
Eintritt Haus, Park, Farm je 8 £ | www.tattonpark.org.uk

Ausflug in eine andere Welt

Quarry Bank Mill

Die Baumwollfabrik Quarry Bank Mill ist ein industriegeschichtliches Zeugnis ersten Ranges – und zudem hübsch anzusehen, denn sie liegt im grünen Tal des River Bollin, der ab 1784 die Wasserkraft für Spinnmaschinen lieferte. In den alten Fabrikhallen erhält man

einen umfassenden, unterhaltsamen Einblick in die Produktion und die Arbeitswelt, ebenso im Apprentice House, wo bis zu 100 Kinder und Jugendliche während ihrer Lehre wohnten. Arbeiterfamilien lebten in Häuschen im benachbarten **Musterdorf Styal**.
März–Okt. tgl. 10.30–17, Nov.–Febr. Mi.–So. 10.30–16 Uhr
Eintritt 20 £ | www.nationaltrust.org.uk/quarry-bank

Landleben im 16. Jahrhundert

★ Little Moreton Hall

45 km südlich nahe Congleton liegt einer der wohl eindrucksvollsten Fachwerk-Landsitze Englands (1480–1563). Die etwas schiefe Erscheinung des mehrstöckigen Bauwerks mit der reich verzierten Fassade, dem Wassergraben und dem Garten ist so malerisch, dass Little Moreton Hall schon für unzählige Wandkalenderbilder herhalten musste. Obwohl es keine originale Innenausstattung mehr gibt, bietet der Besuch einen guten Einblick in die ländliche Kultur des 16. Jahrhunderts.
März–Okt. Mi.–So. 11–17 Uhr | Eintritt 13 £
www.nationaltrust.org.uk/little-moreton-hall

»The United Trinity« Bobby Charlton, Denis Law und George Best vor dem Old-Trafford-Stadion

NEWCASTLE-UPON-TYNE

Höhe: 27 m ü. d. M. | **Grafschaft:** Tyne and Wear |
Einwohnerzahl: 300 000, Metropolitan County 1.13 Mio.

»Carrying coals to Newcastle« heißt die englische Version des Sprichworts »Eulen nach Athen tragen« – lange Zeit bestimmte die Kohle das Leben in der wirtschaftlichen und kulturellen Hauptstadt des englischen Nordostens, deren Wahrzeichen die sieben Flussbrücken über den Tyne sind.

Herbe Schönheit

Beim Spaziergang über die doppelstöckige, 1849 vollendete High Level Bridge zeigt sich die herbe Schönheit der Stadt, die an den steilen Ufern des River Tyne liegt. Der Fussweg verläuft 50 Meter über dem Wasser, darüber rattern Züge auf der oberen Ebene. Nach Osten fällt der Blick auf die hydraulisch betriebene Swing Bridge, dann auf den hohen Stahlbogen des Tyne Bridge. Am rechten Ufer spiegeln die kurvigen Glasflächen der Konzerthalle »The Sage« die Farben des Himmels und die Bewegungen der Wolken, dahinter überspannt die moderne Millennium Bridge wie ein überdimensionales Auge den Fluss. Diese Brücken sind allesamt technische und/oder ästhetische Meisterleistungen. Zusammen machen sie deutlich, dass Newcastle eine Metropole mit ausgeprägtem Charakter ist. Ihre kernigen, humorvollen Bewohner (»Geordies«) sprechen einen auch für andere Briten gewöhnungsbedürftigen Dialekt.

Wohin in Newcastle-upon-Tyne?

Geschwungene Kunstwerke

★ Quayside, Brücken

Im sanierten Viertel am Quayside am Tyne haben sich Hotels, Läden und Restaurants in den alten Häusern angesiedelt; sonntags kann man über den bunten Trödelmarkt bummeln. Am Sandhill stehen historische Gebäude, darunter die **Guildhall** (1658) und das Bessie Surtees House, das aus zwei Kaufmannshäusern des 16./17. Jh.s besteht. Blickfang sind aber die Brücken. Die älteste ist die **High Level Bridge.** Den mächtigen Bau entwarf der Eisenbahningenieur Robert Stephenson (1803–1859), der 1825 zusammen mit seinem Vater George in der nahen Forth Street hinter dem Hauptbahnhof die erste Dampflokomotive der Welt für den Passagierverkehr baute, die »Locomotion«. Die hydraulisch betriebene **Swing Bridge** (1876) steht an der gleichen Stelle wie der einst von den Römern gebaute »Pons Aelius«. Sie ist eine Pionierarbeit des Erfinders und Industriellen William Armstrong, ihr ursprünglicher Mechanismus ist noch funktionsfähig. Eine kühne Brückenkonstruktion für Autoverkehr ist die 1928 eingeweihte **Tyne Bridge** mit dem damals weltweit größten Brückenbogen (Spannweite 162 m). Als zur Jahrtausendwende eine weitere Brücke diese illustre Reihe ergänzen sollte, war ein außerordentlicher Entwurf gefragt. Die **Gateshead Millennium Bridge** für Fußgänger und Radfahrer löste die Aufgabe elegant und originell: Der Überweg ist ein geschwungener Bogen in der horizontalen Ebene, die nach oben in die Vertikale rotiert, um Schiffe durchzulassen.

NEWCASTLE-UPON-TYNE ERLEBEN

NEWCASTLE GATESHEAD INFORMATION POINT

Central Station, Newcastle-upon-Tyne, England, NE1 5BQ
www.newcastlegateshead.com

Der **Fenwick Department Store** ist eines der größten Warenhäuser in Großbritannien. Der riesige Shopping Komplex **Metrocentre** befindet sich auf der anderen Seite des Tyne in Gateshead. Die **Biscuit Factory** bietet auf 3000 m² Kunstwerke zum Verkauf an. Der **Grainger Market** ist eine historische Markthalle mit Lebensmitteln, Textilien und Imbissständen.

HOUSE OF TIDES €€-€€€

Das derzeit beste Restaurant der Stadt in einem historischen Kaufmannshaus zaubert Sterneküche mit Zutaten aus der Nordsee und dem ländlichen Northumberland.
The Biscuit Factory, Stoddart St
Tel. 0191 2 60 54 11
www.artisannewcastle.com

PANIS €€

In italienischer Atmosphäre gibt es preiswerte Pizza, Pasta, ambitionierte italienische Gerichte – und sehr leckere Dolci. So. geschl.
High Bridge
Tel. 0191 2 32 43 66
paniscafe.co.uk

THE CUMBERLAND ARMS €

Der tolle Pub im trendigen Stadtteil Ouseburn serviert gute Ales und kleine Gerichte und veranstaltet auch Live-Musik und Kleinkunst.
James Place
Tel. 0191 2 65 61 51
www.the-cumberlandarms.co.uk

MALMAISON €€-€€€

Newcastles schickste Adresse in einem Neubau an der Millennium Bridge. Auch das Restaurant mit moderner britischer Küche ist sehr gut.
104 Quayside
Tel. 0191 3 89 86 27
www.malmaison.com

JESMOND DENE HOUSE €€

Im grünen Stadtteil Jesmond mit guter Metro-Anbindung ans Zentrum. Eine prächtige Residenz des 19. Jh.s wurde zu einem äußerst komfortablen Hotel mit Restaurant umgebaut.
Jesmond Dene Rd.
Tel. 0191 2 12 30 00
jesmonddenehouse.co.uk

Ein wenig schummrig ist es schon unter der Tyne Bridge.

Kunst im Getreidespeicher

Baltic, The Sage

Zwei kulturelle Institutionen werteten im neuen Jahrtausend das Südufer auf. Das »Baltic« in einem Getreidespeicher der einstigen »Baltic Flour Mills« ist ein immenses **Kunstzentrum.** Die »Kunstfabrik« hat keine ständige Sammlung, sondern produziert und präsentiert zeitgenössische Kunst. Beeindruckend ist auch das von Lord Norman Foster entworfene **Sage Gateshead** – Konzerthaus, Veranstaltungszentrum und Musikschule.

South Shore Rd. | Mi.–So. 10–18 Uhr | baltic.art

Am Schwarzen Tor

Castle Keep

Ein normannischer Burgfried mit dem Torhaus Black Gate an der St Nicholas Street ist der mächtige verbleibende Teil des »New Castle«. Im Inneren sind eine spätnormannische Kapelle und die King's Chamber zu sehen, eine familienfreundliche Ausstellung erzählt die Burg- und Stadtgeschichte. Der Turm bietet einen schönen Rundblick.

Tgl. 10–17 Uhr | Eintritt 9,95 £ | www.newcastlecastle.co.uk

Markant

St Nicholas Cathedral

Die relativ kleine St Nicholas Cathedral entstand im 14./15. Jahrhundert. Ihr knapp 60 m hoher Laternenturm krönt die zinnenbewehrte »Scottish Crown«, die nachts eindrucksvoll erleuchtet ist. Im Innern

sind der Taufstein mit Baldachin und ein Lesepult (beides um 1500) interessant sowie die Orgel von 1676 und die teilweise sehr originellen Statuen aus dem 15., 16. und 20. Jahrhundert.
Mo.–Fr. 8–18, Sa., So. 8–17 Uhr | newcastlecathedral.org.uk

Newcastles alte Gässchen

Chares

Östlich der Tyne-Brücke kommt man zu einem der ältesten Teile der Stadt, den Chares, mit engen Straßen und Treppen. Werfen Sie in der Broad Chare einen Blick auf das Trinity House (1721), die Zunfthalle der Seefahrer.

Historische Markthalle

Grey Street, Grainger Street

Weiter nördlich liegen die Straßenzüge des 19. Jahrhunderts. Treffpunkt im Herzen der Stadt ist die 42 m hohe Säule des **Earl Grey's Monument** am Nordende der Grey Street. Diese Ehre verdiente der zweite Earl Grey nicht mit der nach ihm benannten Teesorte, sondern durch die Erweiterung des Wahlrechts während seiner Amtszeit als Premierminister (1832). Die Grainger Street, die am Grey's Monument anfängt, ist eine schöne **Einkaufsstraße.** Richard Grainger war um 1830 leitender Architekt bei der Neugestaltung des Stadtzentrums. Die überdachte Markthalle Grainger Market ist nach ihm benannt.

Essen gehen?

Chinesisches Viertel

Westlich hat sich um die Stowell Street ein kleines chinesisches Viertel herausgebildet, das für seine Restaurants bekannt ist. Hinter der Stowell Street verläuft ein Stück der mittelalterlichen Stadtmauer, am Ende der Straße hinter einem chinesischen Torbogen ragt unvermittelt das riesige Stadion von Newcastle United FC auf.

Regionale Kunst

Laing Art Gallery

Die Laing Art Gallery östlich des Grey's Monument am Higham Place zeigt eine Gemälde- und Skulpturensammlung mit Werken alter Meister, aber vor allem britischen Ölgemälden und Aquarellen sowie Glas, Silber und Keramik aus der Region Tyneside. Sehenswert sind die Werke des englischen Malers John Martin (1789–1854).
Mo.–Sa. 10–16.30 Uhr | Eintritt frei | laingartgallery.org.uk

Vom alten Ägypten ins moderne England

Great North Museum

Das Great North Museum Hancock bietet Sammlungen von ägyptischen Mumien bis zu Nachbildungen von Dinosauriern. Hochkarätig ist die Ausstellung der römischen und angelsächsischen Gegenstände mit Ausgrabungsfunden, einem Modell vom ▶ Hadrian's Wall sowie einem rekonstruierten Mithrasaltar aus dem 3. Jh., bedeutend die Sammlung von griechischen und etruskischen Vasen, Terrakotten und Bronzegeräten. Die benachbarte **Hatton Gallery** zeigt Arbeiten europäischer Maler vom 14. bis 18. Jh., Gemälde moderner engli-

scher Künstler und das Werk »Merzbarn« von Kurt Schwitters, das der Künstler 1947/1948 in einer Steinscheune im Lake District schuf.
Great North Museum Hancock: Mo.–Fr. 10–17, Sa. bis 16, So. 11–16 Uhr | Eintritt frei | greatnorthmuseum.org.uk
Hatton Gallery: Mo.–Sa. 10–17 Uhr | Eintritt frei
hattongallery.org.uk

Made in Newcastle

Discovery Museum

Das Museum zeigt anschaulich das, worauf die Region um Newcastle besonders stolz ist: technische Pionierleistungen der letzten 200 Jahre, darunter Dampfmaschinen, hochmoderne Jet-Turbinen, die Lokomotiven von George Stephenson, den ersten turbinenbetriebenen Dampfer der Welt, die 1914 vom Stapel gelaufene »Turbinia«, Schiffsmodelle – und das Leben der einfachen Menschen, der »Geordies«, deren Arbeit diese Errungenschaften ermöglichte.
Blandford Square | Mo.–Fr. 10–16, Sa., So. ab 11 Uhr | Eintritt frei
discoverymuseum.org.uk

Ein grünes Paradies mitten in der Stadt

Jesmond Dene

Jesmond Dene ist ein reizvolles Tal im Nordosten der Stadt. »Dene« ist die lokale Bezeichnung für ein schmales, glaziales Schmelzwassertal. Hier gibt es eine der schönsten Parkanlagen in England, auch ein Naturlehrpfad ist angelegt worden.

Kulturprogramm am Wasser

Ouseburn

Das Szeneviertel am gleichnamigen Wasserlauf liegt östlich der Innenstadt. Ein angenehmer Spaziergang am Tyne zur Glasshouse Bridge über den Ouseburn und dann der Riverside Walk an dessen Ostufer führen dorthin. Östlich des Ouseburns gehen Stufen hinauf zum Pub Cumberland Arms (James Place St.); am anderen Ufer stehen sich The Cluny und The Ship Inn gegenüber.

NEW FOREST

Landesteil: Südengland | **Grafschaft:** Hampshire und Wiltshire

Nicht »Wald«, sondern »Jagdrevier« ist die alte Bedeutung des Wortes »Forest«, und tatsächlich ist der kleinste der vier südenglischen Nationalparks eher eine alte Heidelandschaft – ein Paradies zum Wandern, Radeln und Reiten ohne große Steigungen. Besonders schön ist es hier zur Blütezeit im Frühling und im Spätsommer zur Heideblüte.

Neu ist der New Forest auch nicht mehr, denn schon Wilhelm der Eroberer erklärte das 350 km² große Gebiet zum königlichen Jagdgrund. Seinem Sohn Wilhelm II., genannt Rufus (reg. 1087–1100), wurde das zum Verhängnis: Während einer Jagdpartie im Forst durchbohrte ein Pfeil seine Lunge. Chroniken der Zeit berichten, dass seine adelige Begleitung den gestorbenen König liegen ließ, so dass ein einfacher Bauer die Leiche mit seinem Wagen zur Beerdigung in Winchester transportieren musste. Mord oder Unfall? Zeitgenossen und auch moderne Historiker rätselten darüber. Verdacht fällt auf den jüngeren Bruder, der sich nach dem Tod von Rufus blitzschnell den königlichen Schatz sicherte und als Heinrich I. König wurde. Der Rufus Stone, ein Denkmal des 18. Jh.s nahe der Straße A31 beim Dorf Minstead, soll die tödliche Stelle markieren.

Grüne Wildnis

NEW FOREST ERLEBEN

NEW FOREST CENTRE
Tel. 02380 28 34 44
www.newforestheritage.org.uk

NATIONALPARK
Von Ende Juni bis Mitte September erschließen drei **Busrundtouren** im offenen Doppeldecker den Nationalpark. Der New Forest bietet 200 km markierter Radwege.
www.morebus.co.uk/about-NFT
www.thenewforest.co.uk

Ende Juli/Anfang August bietet die **New Forest & Hampshire County Show** an drei Tagen die Grand Parade der preisgekrönten Rinder und Schafe, außerdem ein Reitspringerturnier und eine Pferdeshow.
www.newforestshow.co.uk

THE PIG COUNTRY HOUSE HOTEL €€€
In diesem bezaubernden Landhaus mit 30 gemütlichen Zimmern kann man sich wie zu Hause fühlen. Köstlichkeiten vom Schwein dominieren die Karte, die je nach Angebot des Küchengartens, der eigenen Räucherei und der örtlichen Zulieferer ständig wechselt.
3 Beaulieu Road
Brockenhurst
Tel. 01590 62 23 54
www.thepighotel.com

THE MAYFLOWER €€–€€€
Stilvoll am Jachthafen bietet das Hotel sechs Zimmer mit maritimem Flair, im Restaurant Meeresfrüchte oder Fish & Chips (€€) und im Biergarten die Ales der kleinen Butcombe-Brauerei aus Bristol.
King's Saltern Rd
Lymington
Tel. 01590 67 21 60
butcombe.com/the-mayflower-inn-hampshire

THE RED LION €–€€
Voller mittelalterlicher Stimmung ist diese Kneipe, in der einst adeligen Verschwörern gegen Heinrich V. der Prozess gemacht wurde.
55 High Street, Southampton
Tel. 02380 33 35 95

Wohin im New Forest?

Das Grab von »Alice in Wonderland«

Lyndhurst

Guter Ausgangspunkt für eine Rundfahrt ist **Lyndhurst,** die Hauptstadt des New Forest. In der viktorianischen Pfarrkirche St Michael sind schöne Kapitelle mit Nachbildungen der Blätter und Früchte des New Forest zu sehen, von Edward Burne-Jones stammen das farbige Ostfenster sowie das nördliche Querschifffenster. Auch das Grab von Mrs. Reginald Hargreaves – besser bekannt als Alice Liddell, die Lewis Carroll zu Alice in Wonderland inspirierte – befindet sich hier. Die **Knightwood Oak** in einem Waldstück südwestlich von Lyndhurst ist eine Eiche mit 7,4 m Umfang, die größte im Nationalpark (A35 nach Christchurch, nach 5 km rechts in Richtung Bolderwood). Autofahrer sollten langsam fahren, da überall mit Ponys auf der Fahrbahn zu rechnen ist – im Nationalparkgebiet grasen die charmanten wilden New Forest Ponys.

Der schöne Ort

★ Beaulieu Abbey

Eine Perle ist Beaulieu am gleichnamigen Fluss, 13 km südöstlich von Lyndhurst. Beaulieu Abbey wurde 1204 als Zisterzienser-Kloster gegründet, das Palace House ist heute Sitz von Lord Montagu. Hauptattraktion ist das **National Motor Museum** mit mehr als 250 Oldtimern. Zum Anwesen gehört ein schöner Park.

Der Rhododendron blüht in Exbury Gardens.

Im Dörfchen **Buckler's Hard** knapp 5 km flussabwärts wurden im 18. Jh. aus den Eichen des New Forest Schiffe wie Lord Nelsons »Agamemnon« gebaut – für den Bau einer Fregatte mussten rund 2000 Eichen gefällt werden. Das Maritime Museum erinnert an diese Vergangenheit. 1966 startete Sir Francis Chichester hier zur ersten Einhandumseglung der Welt. Von Ostern bis Oktober werden Bootsfahrten auf dem schönen Beaulieu River angeboten. **Exbury Gardens**, ein wunderschöner, von Edmond de Rothschild († 1942) angelegter Park, liegt 6,4 km südöstlich von Beaulieu.

National Motor Museum: Juni–Sept. tgl. 10–18, Okt.–Mai bis 17 Uhr
Eintritt 24,50 £ (online) | www.beaulieu.co.uk

Buckler's Hard Maritime Museum: April–Sept. tgl. 10–17, Okt. bis März bis 16.30 Uhr | Eintritt 5,90 £ | www.bucklershard.co.uk

Exbury Gardens: Mitte März–Okt. tgl. 10–17 Uhr | Eintritt 15,30 £
www.exbury.co.uk

Ausflug auf die Insel?

Lymington

Am südlichen Rand des Nationalparks liegt das hübsche Lymington mit einem großen Jachthafen und Fährverkehr zur ▶ Isle of Wight.

Rund um New Forest

Einmal mit einem echten Dampfer fahren

Southampton

Southampton (250 000 Einw.) gehört zu den wichtigsten englischen Passagierhäfen: Hier lief die »Titanic« zu ihrer ersten und letzten Fahrt aus, hatte die »Queen Elizabeth II.« der Cunard-Reederei ihren Heimathafen. Am Zusammenfluss von Itchen und Test vermischen sich Kreuzfahrtschiffe mit Fähren und Frachtschiffen, die den Solent in Richtung ▶ Isle of Wight durchqueren. Hinter dem Naturhafen hat sich die Industrie- und Universitätsstadt Southampton auf einer Halbinsel ausgebreitet. Vom historischen Stadtkern haben die Bomben des Zweiten Weltkriegs nur Teile der mittelalterlichen Stadtmauer, ein Stadttor und einige Fachwerkhäuser übrig gelassen. **Ocean Village** heißt der Jachthafen mit neuen Luxushotels, Restaurants und Cafés, Boutiquen und Kinos. Im Hafenbecken liegt die 1955 vom Stapel gelaufene **»SS Shieldhall«** vor Anker, das größte noch fahrtüchtige Dampfschiff in England. Rundfahrten mit dem Dampfer dauern 2,5 Std. und sind ein Riesenspaß für die ganze Familie.

www.ss-shieldhall.co.uk

Ganz nah dran

SeaCity Museum

Am 10. April 1912 verließ die **»Titanic«** ihren Liegeplatz in Southampton – zum 100-jährigen Jubiläum eröffnete an der Havelock Road ein Seefahrtsmuseum, das die Geschichte der Hafenstadt seit 1450 so lebendig und anschaulich dokumentiert, als wäre man selbst dabei gewesen. Besonders der Disaster Room geht unter die Haut: Überlebende erzählen hier, wie das Schiff am 12. April den Eisberg rammte. Aus Southampton kam ein Großteil der Besatzung, fast 500 Familien waren vom Unglück der »Titanic« betroffen.

Tgl. 10–17 Uhr | Eintritt 10 £ | seacitymuseum.co.uk

Nur im Sommer zu besichtigen

Romsey

Der palladianische Landsitz **Broadlands** bei Romsey (an der A 3090 nördlich von Southampton) gehörte bis 1979 dem letzten britischen Vizekönig von Indien, Lord Mountbatten (1900–1979), der bei einem Bombenanschlag der IRA ums Leben kam – eine Ausstellung rekapituliert sein Leben. Lord Mountbatten und Mitglieder seiner Familie wurden in der **Romsey Abbey** beigesetzt. 1120 wurde die normannische Abteikirche errichtet, der westliche Teil und das Ostfenster entstanden im Early English Style des 13. Jahrhunderts.

Broadlands: Nur im Rahmen einer Führung | Ende Juni–Anfang Sept. Mo.–Fr. ab 13, letzte Führung 16 Uhr | Eintritt 15 £ www.broadlandsestates.co.uk

Ein Kleinod des National Trust

Mottisfont

Die 1201 gegründete Augustinerabtei Mottisfont, 8 km nordwestlich von Romsey, wurde nach der Säkularisierung in ein stilvolles Tudorhaus umgewandelt. 1938 gestaltete Rex Whistler den Salon mit traumhaften Grisaillemalereien im Trompe-l'œil-Stil. Die meisten Besucher lockt aber der herrliche Landschaftspark mit uralten Bäumen und der Sammlung von 350 alten Rosensorten.

Haus: Mitte Febr.–Okt. tgl. 11–16.30, Nov.–Mitte Febr. bis 16 Uhr; Garten: Mitte Febr.–Okt. tgl. 11–16.30, Nov.–Mitte Febr. bis 16 Uhr Eintritt 18 £ | www.nationaltrust.org.uk/mottisfont

NORFOLK · NORTH COAST

Landesteil: Ostengland | **Grafschaft:** Norfolk | **Einwohnerzahl:** 103 000 (Landkreis)

Nicht weit vom königlichen Landsitz Sandringham House befindet sich eine Küste, an der man unter einem weiten Himmel und teilweise in Einsamkeit wandern kann. Für die Queen war der Strand von Holkham im Winter ein Lieblingsziel, hier unternahm sie lange Spaziergänge mit ihren Corgi-Hunden.

An Norfolks Nordküste treffen Reisende auf vielfältige Natur und Kulturschätze wie Sandringham und das noch wesentlich beeindruckendere Adelsschloss Holkham Hall. So etwas gefällt auch den wohlhabenden Londonern, die gerne einmal ein Wochenende in charmanten Orten wie Wells-next-the-Sea verbringen – für ein reichhaltiges Angebot an Unterkünften, Einzelhandel und Gastronomie ist somit gesorgt. Ein guter Ausgangspunkt für eine Tour ist **King's Lynn,** einst eine führende Hafen- und Marktstadt, die zeitweilig sogar der Hanse angehörte. Wer aber lieber auf Wildvögel als auf Historisches schaut, findet an den Sümpfen, den Salzwiesen und Prielen der Nordseeküste international bedeutende Naturschutzgebiete.

Schatzküste

NORFOLKS NORDKÜSTE ERLEBEN

TOURIST INFORMATION CENTRE

Staithe St.
Wells-next-the-Sea
Tel. 01328 71 08 85
www.visitwestnorfolk.com

Norfolk Coast Path: Dank der Buslinie 36 (Coastliner), die zwischen King's Lynn und Wells-next-the-Sea verkehrt, sind bequeme Tageswanderungen und andere Ausflüge auch ohne Auto machbar. Der Küstenpfad trifft bei Hunstanton auf den Peddar's Way, der quer durch die Grafschaft Norfolk ins Hinterland hineinführt.
www.nationaltrail.co.uk

THE WHITE HORSE €€–€€€

Einige der 15 geschmackvoll eingerichteten Zimmer haben Meerblick. Auch verwöhntere Londoner auf Wochenendbesuch schätzen die feine Küche, die auf lokale Erzeugnisse zugreift: Brancaster-Austern, Salzwiesenlammfleisch, Queller (»Meeresspargel«) und natürlich Norfolk-Ente.
Main Rd., Brancaster Staithe
Tel. 01485 21 02 62
www.whitehorsebrancaster.co.uk

VICTORIA INN €€–€€€

Die Gutsherberge von Holkham Hall haben die Grafen von Leicester in ein komfortables Hotel mit 20 Zimmern verwandelt. Das Restaurant verwendet als Zutaten Produkte des Guts. Wer sich das Hotel nicht leisten will, kann eine Ferienwohnung im Holkham Lodge oder einen Wohnwagen auf dem Pinewoods-Platz mieten.
Park Rd., Holkham
Wells-next-the-Sea
Tel. 01328 71 08 85
www.holkham.co.uk (s. »Stay«)

THE BANK HOUSE €€

Das 300 Jahre alte Kaufmannshaus beherbergt ein gutes Restaurant und bietet 11 elegante Gästezimmer.
King's Staithe Square
King's Lynn
Tel. 01553 66 04 92
www.thebankhouse.co.uk

Wohin in King's Lynn und Umgebung?

Kleine Stadt mit großer Vergangenheit

Im Städtchen

Die Kleinstadt am River Ouse trug ursprünglich einmal den Namen Lynn. Den Zusatz »King« erhielt sie erst, als Heinrich VIII. ihr ein zweites Marktrecht verlieh. Bis heute gibt es zwei Marktplätze: den Tuesday Market Place für den Dienstagsmarkt und den Saturday Market Place für den Samstagsmarkt. Von der blühenden Hansezeit zeugt heute noch am South Quay das **Hanse House** (um 1475), das einzig erhaltene Gebäude der Hanse in England (derzeit keine Innenbesichtigung möglich). Marriott's Warehouse nebenan, heute eine Gaststätte, ist ein Lagerhaus aus dem 16. Jahrhundert.

www.hansehouse.co.uk | www.marriottswarehouse.co.uk

Die schiefen Türme von King's Lynn

St Margaret

Am Saturday Market in der Nähe des Flüsschens Ouse zeigt die Hauptkirche St Margaret aus dem 12. Jh., die jetzt auch Lynn Minster genannt wird, mit ihren mächtigen schiefen Westtürmen den Wohlstand der Hafenstadt im Mittelalter. Zwei Gedenkplatten aus Messing im Innern des Gotteshauses stellen eine Weinlese und ein Pfauenfest dar.

Von Schätzen und Schandtaten

Guildhall of the Holy Trinity

Das im Jahr 1421 vollendete Rathaus, Guildhall of the Holy Trinity, birgt im Untergeschoss eine **Schatzkammer** mit den kostbaren Stadtinsignien und dem Nürnberg-Pokal von 1634, den ein kaiserlicher Goldschmied für den Bürgermeister von Lynn herstellte. Ein weiterer Pokal, genannt King John's Cup, und auch ein Schwert werden (vermutlich fälschlicherweise) König Johann zugeschrieben, dessen Kronschatz im Jahr 1216 in der Nähe von Lynn versunken sein soll; eine hereinbrechende Flut hatte König Johann zum übereilten Aufbruch veranlasst. Der König starb nur wenige Tage später an der Ruhr. Diese und andere geschichtliche Episoden und Anekdoten präsentiert die Ausstellung **Stories of Lynn,** außerdem können mutige Besucher im historischen Gefängnis **Old Gaol House** das Gerichtswesen und den Justizvollzug vergangener Zeiten erleben.

Tgl. 10–16.30 Uhr | Eintritt 3,95 £ | www.storiesoflynn.co.uk

Das Leben der Fischer

True's Yard

In der St Ann's Street im Norden der Altstadt steht die spätgotische St Nicholas-Kapelle – die fast so schief ist wie die Münsterkirche St Margaret's. Einige Häuser weiter wird im True's Yard Fisherfolk Museum das harte Leben der Fischer in vergangenen Zeiten dargestellt.

3–5 North St. | Di.–Sa. 10–16 Uhr | Eintritt 3,50 £
www.truesyard.co.uk

Hübsche Häuser

King Street

In der King Street steht das 1683 im Palladio-Stil erbaute ehemalige Zollhaus mit einem Bildnis Karls II. über der Tür. Schöne Tudor- und georgianische Häuser befinden sich um die King Street. Eine der reizvollsten Ecken liegt dort, wo der alte Schiffskanal in die Ouse mündet. Vorbei an der 1406 eingeweihten **St George's Guildhall,** heute Theater und Kunstgalerie, führt die King Street zum Tuesday Market.

Stonehenges hölzerner Bruder

Lynn Museum

Das Glanzstück dieses kleinen Museums sind Originalteile von **»Seahenge«** sowie eine Rekonstruktion und eine Ausstellung. Der etwa 4000 Jahre alte Kreis aus 55 Eichenstämmen wurde 1998 am Strand von Holme-next-the-Sea durch die Gezeiten freigelegt und ausgegraben.

Market St. | Di.–Sa. 10–17, So. 12–16 Uhr | Eintritt 5,70 £
www.museums.norfolk.gov.uk

Beeindruckende Wälle

Castle Rising

Vom einst mächtigen Castle Rising 7 km nordöstlich sind ein normannischer Wehrturm und der Ringwall gut erhalten. Gegenüber steht ein 1614 von Henry Howard für Frauen eingerichtetes Altenheim, das **Trinity Hospital** mit einer kleinen Kapelle. Die alten Damen, die heute dort leben, tragen zu besonderen Anlässen die Tracht: rote Mäntel und schwarze, spitze Hüte.

Castle Rising: April–Okt. tgl. 10–18, Nov.–März Mi.–So. 10–16 Uhr
Eintritt 6 £ | www.castlerising.co.uk

Zu Besuch bei Königs

★ Sandringham House

Sandringham House 13 km nordöstlich von King's Lynn ist ein Landhaus des Königs. Man erhält hier einen wesentlich persönlicheren Eindruck des herrschaftlichen Lebens als bei einem Besuch von Buckingham Palace oder Windsor Castle, etwa in den Räumen, in denen die königliche Familie jedes Jahr die Weihnachtszeit verbringt, oder beim Anblick des kleinen Tierfriedhofs im Park. Das 1867 bis 1870 vom späteren König Eduard VII. errichtete Gebäude kann besichtigt werden, wenn die königliche Familie nicht dort ist. Der weitläufige Park ist zur Azaleen- und Rhododendren-Blüte von Mai bis Ende Juni besonders schön. George V. und George VI. sind in Sandringham gestorben. Das **Museum** zeigt Jagdtrophäen und Oldtimer der Royal Family, darunter einen Daimler Tonneau (1900) von Eduard VII. und einen allradgetriebenen Daimler von 1924 von Georg V. sowie Besonderheiten wie das Tretauto von Charles aus den 1950er-Jahren.

April–Mitte Okt. tgl. ab 10, letzter Einlass 16 Uhr | Eintritt 23 £
www.sandringhamestate.co.uk

An der Küste von Hunstanton nach Cromer

Schön zum Wandern und Vögelbeobachten

Hunstanton

Das Seebad Hunstanton lockt Urlauber mit schönen Sandstränden. Hier fängt eine Fernwanderung an, der **Norfolk Coast Path**. Nördlich davon liegen Naturschutzgebiete, die Holme Dunes National Nature Reserve mit Dünen, Sümpfen und Salzwiesen, und Titchwell Marsh, wo Zug- und Wasservögel zu Tausenden überwintern. Unter den zahlreichen Arten sind Seeschwalben, Säbelschnabler und Rohrweihen zu sehen.

Holme Dunes: tgl. 10–17, Besucherzentrum April–Okt. tgl. 10–17 Uhr
www.norfolkwildlifetrust.org.uk

Titchwell Marsh: Besucherzentrum tgl. 9.30–16.30, Nov.–Febr. bis 16 Uhr | www.rspb.org.uk

Wo Lord Nelson segeln lernte

Burnham Thorpe

Burnham Thorpe (4,5 km von der Küste) ist der Geburtsort von Lord Nelson. Das Pfarrhaus, in dem der spätere Admiral 1758 zur Welt kam, besteht nicht mehr, aber Andenken sind in der nunmehr nach ihm benannten Dorfkneipe und in der Kirche zu sehen. Seine ersten Segelerfahrungen sammelte er im Labyrinth von Flussarmen, Schlick und Inseln bei Brancaster und Burnham Overy Staithe. In **Burnham Market** gibt es georgianische Häuser, Cafés und schicke Geschäfte.

Hier wird alles geboten

Holkham Hall

Direkt an der Küstenstraße liegt die Einfahrt zum riesigen Anwesen der Grafen von Leicester. Das Schloss, im palladianischen Stil (18. Jh.) erbaut, haben Generationen der Coke-Familie mit reichlich Kostbarkeiten ausgestattet. Gemälde von Rubens und Poussin, Möbel, Silber und Keramik bewundert man in imposanten Räumen wie der Marble Hall, bevor es hinaus in den Walled Garden mit den fantastischen Blumenbeeten geht. Anschließend kann man noch eine Bootsfahrt auf dem See, eine Wanderung oder eine Fahrt mit dem Mietrad im ausgedehnten Park unternehmen. Zum Schlafen und Speisen muss man das Gut nicht verlassen: Der Graf unterhält an der Einfahrt zum Gelände das sehr empfehlenswerte Victoria Hotel.

Haus: Ostern–Okt. So., Mo., Do. ab 10.30 Uhr (online buchen)
Garten: tgl. 10–17 Uhr, Park ganzjährig tgl. | Eintritt Haus und Garten 23 £, nur Garten 9 £ | www.holkham.co.uk

Charmantes Fleckchen

Wells-next-the-Sea

Wells-next-the-Sea hat einen großen Dorfanger, kleine Gassen und viele bunte Badehütten am Sandstrand, den man nach einem Spaziergang am Deich erreicht. Ca. 10 km östlich liegt **Morston**, von wo

Boote zu den Kegelrobben- und Seehundenkolonien an der Nehrung Blakeney Point ausfahren.

Bean's Boats: Bootsfahrten ab Morston Quay | Fahrplan und Buchung: Tel. 01263 74 05 05 | www.beansboattrips.co.uk

Beste Voraussetzungen für angenehme Ferien

Cromer

Cromer, das bekannteste Seebad an diesem Küstenabschnitt, bietet einen langen Strand, Klippen, einen Golfplatz, ein breit gefächertes Unterhaltungsangebot und ein schönes Hinterland. In den Klippen tummeln sich bei Ebbe Fossiliensammler, frische Luft bietet ein Spaziergang an der viktorianischen Seebrücke.

Blütentraum

Felbrigg Hall

Felbrigg Hall 5 km südwestlich ist der ab 1620 gebaute Landsitz der Familie Wyndham. Hier sieht man nicht nur Prachträume wie die neugotische Bibliothek und die Great Hall mit aus Kirchen stammenden Glasfenstern, sondern auch die Küche und die Schlafkammern des Personals. Im Walled Garden blüht es herrlich, der 200 ha große Park mit See und Wald lädt zu Spaziergängen ein.

Felbrigg Hall: Haus März–Okt. So.–Mi. 12–16 Uhr | Eintritt 12 £
www.nationaltrust.org.uk/fellbrigg-hall

Die bunten Badehütten von Wells stehen tatsächlich »next the sea«.

★ NORTHUMBERLAND

Landesteil: Nordostengland | **Grafschaft:** Northumberland

Wenn in England eine ganze Region als Geheimtipp gelten darf, dann wäre der Nordosten des Landes zu nennen. In dem 65 km langen Küstenstrich zwischen Berwick an der schottischen Grenze und Amble genießen Sie wenig bevölkerte Strände, lange Spaziergänge in frischer Luft, gute Meeresfrüchte und Burgruinen in herrlicher Lage.

Für Genießer

Ein ganz besonderer Ort ist die Heilige Insel Lindisfarne, die man nur bei Ebbe auf einem Damm erreicht. Der irische Mönch Aidan († 651) gründete hier ein Kloster nahe der königlichen Burg in Bamburgh, denn damals bestand hier ein unabhängiges Königreich. In den anderthalb Jahrzehnten bis zu den Einfällen der Wikinger ab 793 spielte diese abgelegene Region eine bedeutende Rolle für die abendländische Zivilisation. Sie war die Keimzelle des Christentums in Northumbrien (»das Land nördlich des Flusses Humber«), das den Gelehrten Alkuin von York zum Hof Karls des Großen und Missionare zur Bekehrung der heidnischen Sachsen auf dem europäischen Festland schickte. Später war Northumberland kriegsgeplagtes Grenzland – zahlreiche Burgen und Burgruinen erinnern noch heute daran.

NORTHUMBERLAND ERLEBEN

Robinson's Smokery am Hafen von Craster verkauft vor Ort geräucherte Produkte. Kippers (geräucherte Bücklinge) muss man an dieser Küste probieren – ein beliebtes Frühstücksgericht. Meeresfrüchte serviert die benachbarte Hafenkneipe The Jolly Fisherman. Zur Abrundung zwei alkoholische Spezialitäten: Alnwick Rum und Lindisfarne Mead (Honigwein).
Smokery: Tel. 01665 57 62 30, Mo.–Sa. 9–16, So. 11–16 Uhr

Bootausflüge ab Seahouses südlich von Bamburgh zu den Papageientauchern und anderen Seevogelkolonien der unbewohnten **Farne Islands** macht u. a. Billy Sheil's Boats. Wer den gut markierten **Northumberland Coast Path** von Cresswell im Süden bis nach Berwick-upon-Tweed schafft, hat 100 km zurückgelegt und großartige Küstenlandschaft erlebt. Man kann auch nur Teilstrecken des Northumberland Coast Path wandern, Busverbindungen bringen Wanderer zum Startpunkt zurück, beispielsweise die X18 zwischen Berwick und Newcastle.
Billy Sheil's: Tel. 01665 72 03 08, www.farne-islands.com
northumberlandcoastpath.org

JOLLY FISHERMAN €€

Die alte Hafenkneipe ist für Krabbenfleisch-Sandwiches und -Suppe mit Whisky und Sahne berühmt. Auch deftige Fleisch- und Fischgerichte. Zwei Ferienwohnungen werden vermietet.
Craster, am Fischerhafen
Tel. 01665 57 64 61
www.thejollyfishermancraster.co.uk

THE SHIP INN €€

Der alte Pub mit Erinnerungen an Fischfang und Schifffahrt lockt vor allem mit Fischgerichten. Außerdem gibt es 4 Zimmer.
Marygate, Holy Island
Tel. 01289 38 93 11
www.theshipinn-holyisland.co.uk

THE SHIP INN €€

Das ganze Dorf Low Newton-by-the-Sea ist im Besitz des National Trust. Ein Spaziergang am Sandstrand und zu den Fischerhäuschen am Dorfanger macht Appetit auf Hummer oder Taschenkrebs im Ship Inn und ein Bier aus der eigenen Brauerei. Vorbuchen!
Low Newton
Tel. 01665 57 62 62
www.shipinnnewton.co.uk

THE BARN AT BEAL €

Hier sitzt man mit Blick zur Heiligen Insel, bis die Tidencam anzeigt, dass die Überfahrt frei ist. Zum Café, das regionale Produkte wie Lindisfarne-Krebsfleisch und Northumberland-Lamm verwendet, gehört ein Besucherzentrum mit Ausstellungen über die Gegend. Cafébetrieb tgl. 9–17 Uhr, Abendessen Fr. und Sa.
Am Damm nach Lindisfarne
Tel. 01289 54 00 44
www.barnatbeal.com

THE COOKIE JAR €€–€€€

Das ungewöhnliche 11-Zimmer-Hotel eröffnete 2017 in einem Kloster aus dem 19. Jahrhundert. Elegante Einrichtung, schöne Bäder, teilweise Burgblick und feine Küche im Bistro – wer sich etwas Besonderes gönnen will, bucht die riesige Chapel Suite, die ehemalige Kapelle mit Buntglasfenstern.
12 Bailiffgate, Alnwick
Tel. 01665 51 04 65
www.cookiejaralnwick.com

FAIRFIELD GUESTHOUSE €€

Das Fairfiled Guesthouse ist ein B&B der Luxusklasse. Es ist in einem viktorianischen Haus mit Garten eingerichtet und liegt ruhig am Rand der Kleinstadt.
16 Station Rd. Warkworth
Tel. 01665 71 44 55
fairfield-guesthouse.com

Wohin in Northumberland?

Aus dem Stein gehauen

Warkworth liegt malerisch in einer Schleife des Coquet. Die Burg wurde 1139 gegründet und war einst Heim der mächtigen Familie Percy, die jetzt Alnwick Castle bewohnt. Ein kurzer Spaziergang oder eine Bootsfahrt flussaufwärts führt zu einer aus dem Fels gehauenen **Einsiedelei,** der Hermitage. Warkworth

Castle: April–Okt. tgl. 10–17, Nov.–März Sa., So. bis 16 Uhr
Eintritt 8,60 £ | www.english-heritage.org.uk

BAEDEKER ÜBERRASCHENDES

6X KAMERA LÄUFT

Das kenn' ich doch – Déjà-vus aus Film und Fernsehen

1. KÖNIGLICH

Für die mehrteilige Netflix-Serie **»The Crown«** war es natürlich nicht möglich, im königlichen Schloss Windsor zu drehen. Stattdessen stand Burghley House stellvertretend für den 1000 Jahre alten Wochenendsitz der Royals. (▶ **S. 168**)

2. VERY BRITISH

Wilton House hatte zahlreiche Rollen, z. B. als Landsitz Pemberley in **»Stolz und Vorurteil«** (2007) mit Keira Knightley sowie in **»Sinn und Sinnlichkeit«** mit Emma Thompson und Kate Winslet. (▶ **S. 356**)

3. LIZENZ ZUM DREHEN

Cornwalls Küste liegt in Nordkorea, zumindest in **James Bonds** »Stirb an einem anderen Tag«, wo die Holywell Bay zum Sperrgebiet wird. Auch in der Realität in London befindet sich der **MI6**-Hauptsitz an der Vauxhall Bridge, schräg gegenüber der Tate Britain. (▶ **S. 124, und S. 261**)

4. SCHIENE UND BESENSTIEL

In den **Harry-Potter**-Filmen fahren die Schüler mit der North Yorkshire Moors Railway (▶ **S. 309**) und spielen Quidditch in Alnwick Castle (▶ **S. 307**).

5. MORD AN DER UNI ...

Wenn **Inspector Lewis** mit exzentrischen Professoren zu tun hat, dann geschieht das in den mittelalterlichen Höfen der Colleges von Oxford (▶ **S. 324**) oder mit Blick auf die runde Bibliothek Radcliffe Camera. (▶ **S. 330**)

6. ... UND IM DORF

Inspector Barnaby dagegen ist ein wenig weiter östlich in den Chiltern Hills zu Hause. (▶ **S. 108**)

Kunstschätze, Quidditch und tödliche Gewächse

Alnwick

Im Hinterland des Badeorts Alnmouth liegt die mittelalterliche Kleinstadt Alnwick hoch über dem Ufer des Aln. **Alnwick Castle,** seit 1309 Sitz der Percy-Familie, ist eine schöne mittelalterliche Festung, die zu einem prächtigen Schloss ausgebaut wurde. Zu den Kunstschätzen gehören französische Stilmöbel des 17. bis 19. Jh.s, eine Gemäldekollektion mit Werken von Tizian, Tintoretto, Canaletto, van Dyck und Turner, kostbares Porzellan, die Staatskarosse des dritten Herzogs von Northumberland und eine Bibliothek mit rund 8000 Bänden, darunter handgeschriebene Gebetsbücher und seltene Frühdrucke. Wirklich berühmt wurde das Schloss aber durch die **Harry-Potter-Filme**: Hier lernte Harry das Fliegen mit dem Zauberbesen, und es wurde Quidditch gespielt. Events und Unterhaltung im Schloss zielen deshalb auch auf ein junges Publikum.

Jane Percy (geb. 1958), Herzogin von Northumberland und Hausherrin von Alnwick Castle, hat bei der Gestaltung von **Alnwick Garden** selbst Hand angelegt. Die Gartenarchitektur stammt vom belgischen Landschaftsdesigner Jacques Wirtz. Berühmt ist die Anlage vor allem wegen ihres »Giftgartens«: Bei Führungen erzählen Gartenexperten furchterregende Geschichten über tödliche Pflanzen. Neben den Wasserspielen ist auch das Baumhaus, weltweit eines der größten, eine Augenweide. In luftiger Höhe kann man vorzüglich speisen.

Schloss: April–Okt. tgl. 10–17.30, Garten: 10–17 Uhr
Eintritt Schloss 20,50 £, Garten 17,60 £ | www.alnwickcastle.com
www.alnwickgarden.com

Schloss am Meer

Bamburgh

Bamburgh ist ein angenehmer kleiner Badeort. Der saubere Sandstrand mit Dünen bietet sich für Drachenfliegen oder einen Spaziergang nach Süden zum Hafen von Seahouses an. Das riesige **Castle** mit normannischem Wehrturm ist weitgehend Produkt einer im 19. Jh. durchgeführten, umfassenden Restaurierung, als prachtvolle Mittelalterfantasie aber deshalb nicht weniger lohnend. Der Blick auf Strand und Meer von der Mauer des Burghofs ist fantastisch.

Mitte Febr.–Okt. tgl. 10–17, Nov.–Mitte Febr. Sa., So. 11–16.30 Uhr
Eintritt 15,50 £ | www.bamburghcastle.com

Geschützt von den Gezeiten

★ Holy Island

Beal 18 km weiter nördlich ist Ausgangspunkt für Holy Island, auch **Lindisfarne** genannt. Die Insel ist teilweise Vogelschutzgebiet. Bei Ebbe erreicht man sie zu Fuß oder mit dem Auto über einen Damm. St Aidan war von Iona hierher geschickt worden, um die Einwohner Northumbriens zu missionieren. Er baute ein kleines Kloster auf der Insel. Nach dem Däneneinfall flohen die Mönche mit den Gebeinen des hl. Cuthbert, Bischof des Klosters, der hier und auf den Farne

Islands als Einsiedler gelebt hatte. 1093 wurde in Lindisfarne eine neue Benediktinerabtei gegründet, von der nur Reste erhalten sind. Das gegenüberliegende **Lindisfarne Castle** wurde Mitte des 16. Jh.s zum Schutz gegen die Schotten gebaut und 1903 von dem Architekt Edwin Lutyens zu einem kleinen, feinen Landsitz mit einem charmanten, ummauerten Garten unterhalb der Burg umgebaut.

Lindisfarne Priory: April–Okt. tgl. 10–17, Nov.–März Sa., So. 10–16 Uhr | Eintritt 9,50 £ | www.english-heritage.org.uk
Lindisfarne Castle: März–Okt. tgl. außer Fr. tagsüber je nach Gezeiten | Eintritt 9 £ | www.nationaltrust.org.uk/lindisfarne-castle

Besondere Bauwerke

Berwick-upon-Tweed

Nördlichste Stadt Englands ist seit 1482 Berwick-upon-Tweed, eine alte Grenzsiedlung, die in 300 Jahren dreizehnmal die Besitzer wechselte. Zeitweilig war Berwick Schottlands wichtigster Seehafen. Wahrzeichen der Stadt sind drei große Brücken, die den Tweed überspannen. Die 15-bogige **Berwick Bridge** bzw. Old Bridge wurde 1634 eingeweiht, die 28-bogige Eisenbahnbrücke **Royal Border Bridge** 1847 bis 1850 nach Plänen von Robert Stephenson gebaut. Größte Sehenswürdigkeit sind die 1558 »kanonensicher« entworfenen **Elizabethan Ramparts,** die Stadtbefestigung, die Berwick noch heute im Osten und Norden umschließt und seinerzeit Vorbild für ganz Europa war. Die 1560 fertiggestellten »Walls« sind mit ihren fünf Bastionen das einzige Beispiel dieser Art in England.

Bei Ebbe braucht man kein Boot hinüber nach Holy Island mit Lindisfarne Castle.

NORTH YORK MOORS NATIONAL PARK

Landesteil: Nordengland | **Grafschaft:** North Yorkshire

Wer die Moorhuhnjagd nur als kultiges Computerspiel kennt, kann mit einem Besuch der Hochmoor- und Heidelandschaft North York Moors seinen Horizont erweitern – auch im wörtlichen Sinne. Kiefern, Stechginster und zahlreiche Wildblumen sind hier zu finden, vor allem aber Heidekraut, das im Spätsommer blüht – rechtzeitig zum »Glorious Twelfth«, dem 12. August, wenn die Jagdsaison beginnt.

Unter Moorhühnern

Das Nationalparkareal der North York Moors umfasst die reizvolle Klippenküste und das teils einsame, weite Hinterland. Dort bietet das Heidekraut den Moorhühnern Schutz und Nahrung, und man kann an diesen Vögeln seine helle Freude haben, ohne auf sie zu schießen – mit lautem Gackern fliegen sie vor den Füßen überraschter Wanderer plötzlich in die Luft, wenn man ihren Verstecken nahe kommt. Auf dem **Cleveland Way**, einem 175 km langen Fuß- und Reitweg, lässt sich der Nationalpark fast umrunden. Kulturelle und historische Sehenswürdigkeiten bringen Abwechslung, außerdem ist es nicht weit zu den Häfen und Stränden in Whitby, Bridlington, Scarborough und Robin Hood's Bay (▶ Yorkshire Coast).

Wohin im North York Moors National Park?

Mit der Dampflok durch die Jahrzehnte

★ North Yorkshire Moors Railway

Unwiderstehlich und aus zahlreichen Film- und Fernsehproduktionen bekannt ist die North Yorkshire Moors Railway: Ihre historischen, meist von Dampflokomotiven gezogenen Züge durchqueren den Nationalpark durch das schöne Newtondale. Die liebevoll gepflegten Bahnhöfe repräsentieren jeweils den Stil eines anderen Jahrzehnts: Der südliche Kopfbahnhof in Pickering vertritt die 1930er-Jahre, Levisham auf halber Strecke die Zeit um 1912, der nördlichste Bahnhof Grosmont die 1950er. Die Fahrt lässt sich mit Wanderungen kombinieren (Infos vor Ort erhältlich). In Grosmont hat man Anschluss an das nationale Eisenbahnnetz mit Verbindungen z. B. durch das reizvolle Eskdale nach Whitby. Einen Zwischenstopp kann man in Goathland machen, einem der wenigen Dörfer in dem dünn besiedelten Gebiet.

Fahrplan und Buchung: www.nymr.co.uk

NORTH YORK MOORS NATIONAL PARK ERLEBEN

THE MOORS CENTRE
Danby (im Esk-Tal an der Nordseite des Nationalparks)
Tel. 01439 77 27 37

NATIONAL PARK CENTRE
Sutton Bank, YO7 2EH (an der A170 östlich von Thirsk)
Tel. 01845 59 74 26
www.northyorkmoors.org.uk

Aktivitäten vom Wandern, Reiten und Radeln bis zu Abenteuersport und Führungen zu Flora und Fauna sind auf der Website des Nationalparks gelistet. Infos zum Fernwanderweg **Cleveland Way:**
www.nationaltrail.co.uk/cleveland-way
www.northyorkmoors.org.uk

THE STAR INN €€€
In einem hübschen Dorf 3 km von Helmsley verwandelte der Koch Andrew Perm eine Herberge aus dem 14. Jh. in ein landesweit bekanntes Sterne-Restaurant – das mehrgängige Tasting Menu liefert den Beweis. Mit stilvollen Gästezimmern.
High Street, Harome
Tel. 01439 77 03 97
www.thestaratharome.co.uk

MALLYAN SPOUT HOTEL €€
Das mit Efeu bedeckte Haus mitten in der herrlichen Moors-Landschaft im Dorf Goathland bietet komfortable Zimmer und gute Küche.
Goathland
Tel. 01947 89 64 86
www.mallyanspout.co.uk

THE FEATHERS €€
In zwei historischen Bauten wurden 25 moderne Zimmer eingerichtet. Im gemütlichen Pub kann man sich mit Bier und einfachen Gerichten stärken.
Market Square, Helmsley
Tel. 01439 77 02 75
www.feathershotelhelmsley.co.uk

HORSESHOE HOTEL €€
Das Horseshoe Hotel ist ein altes Steinhaus am Ufer des River Esk. Wanderer des Coast to Coast Walk erfreuen sich an der herzhaften Küche und den bequemen Betten in den sechs Zimmern mit Bad. Von hier ist man schnell am Bahnhof mit Verbindungen nach Whitby und zur North Yorkshire Moors Dampfeisenbahn.
Egton Bridge
Tel. 01947 89 52 45
www.thehorseshoehotel.co.uk

Bei den Königen der Lüfte

Helmsley

Eine hübsche Kleinstadt und Basis für Ausflüge am südwestlichen Rand des Nationalparks ist Helmsley. Dank wohlhabenden Besuchern – teils Jagdgruppen, die Moorhühner im Visier haben – gibt es hier feine Hotels, Cafés, Pubs und Geschäfte rund um den großen Marktplatz. Das Denkmal am Platz ehrt den zweiten Grafen von Feversham, dessen Nachkommen noch am Stadtrand ihren Stammsitz

BAEDEKER ÜBERRASCHENDES

6X GUTE LAUNE

Das hebt die Stimmung.

1. DAMPFLOK

Steam Railways, darunter reizende Schmalspurbahnen, befördern Ausflügler in allen Teilen Englands, z. B. die North Yorkshire Moors Railway (▶ **S. 309**), die Keighley and Worth Valley Railway (▶ **S. 220**) und die Ravenglass and Eskdale Railway (▶ **S. 208**).

2. OLDTIMER

Auf vielen Liebhabertreffen sind rollende Antiquitäten zu bestaunen. Der Höhepunkt des Jahres: das **Oldtimerrennen von London nach Brighton**. (▶ **S. 67, 486**)

3. ALTERNATIVE KULTUR

Unbekümmertheit und Toleranz werden in **Brighton** großgeschrieben – erkennbar an den Designerläden im Viertel North Laine, einem regen Nachtleben für ein junges, buntes Publikum und vielen Kulturveranstaltungen. (▶ **S. 65**)

4. ROCKPOOLING

Der **Tidenhub** legt an felsigen Küsten einen unbekannten Kosmos mit allerlei Getier und Marineflora in Tümpeln und Wasserbecken frei. Entdecken kann man das auf eigene Faust oder mit Anleitung z. B. in Lyme Regis (▶ **S. 152**) und Robin Hood's Bay (▶ **S. 404**).

5. MÄRKTE

Auf **Farmers Markets** bieten regionale Erzeuger – Bauern, Bäcker, Käser, Imker – ihre Waren feil, meist einmal im Monat. Historische überdachte Märkte gibt es in Oxford (▶ **S. 327**) und Leeds (▶ **S. 216**), einen täglichen Freiluftmarkt in Norwich. (▶ **S. 316**)

6. APERITIF

Neben dem allzeit beliebten Sherry ist der klassische Gin Tonic wieder in Mode gekommen. Und Gin-Destillerien wie **Black Friars Distillery in Plymouth** haben zig neue Sorten kreiert. (▶ **S. 346**)

Duncombe Park bewohnen. Im Sommer ist der Garten zugänglich, fast ganzjährig der Park mit dem **National Centre for Birds of Prey,** wo Greifvögel zu bewundern sind. Eine sehenswerte Ruine ist das mächtige **Helmsley Castle,** um 1120 erbaut und 1644 im Bürgerkrieg teilweise zerstört.

Duncombe Park: Garten April–Aug. So.–Fr. 10.30–17 Uhr
Eintritt 5 £ | www.duncombepark.com
Park und National Centre for Birds of Prey: März–Okt. tgl. 10 bis 17.30 Uhr | Eintritt 12 £ | www.ncbp.co.uk
Helmsley Castle: April–Okt. tgl. 10–17, Nov.–März Fr.– So. 10 bis 16 Uhr | Eintritt 8,60 £ | www.english-heritage.org.uk

Rievaulx Abbey

Wunderbar stimmungsvoll

Ein Bild vollendeter Schönheit bieten die Ruinen der **Rievaulx Abbey,** die 1131 für Zisterzienser-Mönche gegründet wurde. Relativ gut erhalten ist das Kirchenschiff. Von den Klosterbauten, in denen einst etwa 500 Mönche lebten, sind Krankenräume und der Schlafsaal (12./13. Jh.) zu erahnen. Eine informative Audioführung bzw. ein Podcast ergänzt das Bild der Ruinen mit Einblicken in das klösterliche Leben. Oberhalb der Abtei steht ein Schlösschen von 1758, zu dem man hinaufsteigen kann, um den eindrucksvollsten Blick auf die Ruine und das Tal von **Rievaulx Terrace** zu genießen.

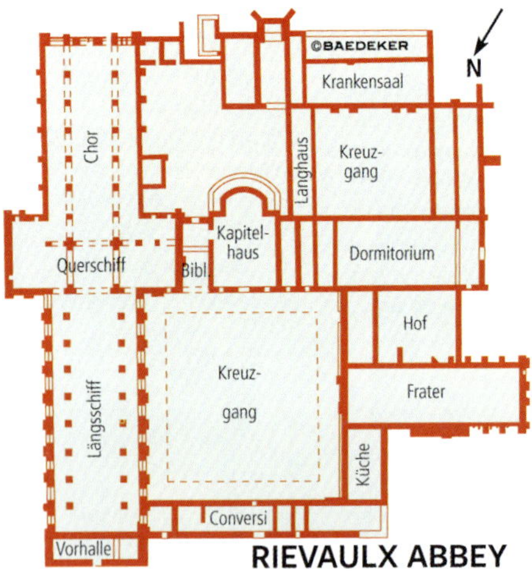

RIEVAULX ABBEY

Rievaulx Abbey: April–Okt. tgl. 10–18, Nov.–Jan. Mi.–So. 10–16, Febr., März tgl. 10–16 Uhr | Eintritt 11,30 £
www.english-heritage.org.uk
Rievaulx Terrace: z.Zt. eingeschränkt, s. Website
Eintritt 6,55 £
www.nationaltrust.org.uk

Sutton Bank

»Der schönste Blick Englands«

So nannte James Herriot alias Alf Wight (1916–1995), der vielleicht berühmteste Tierarzt der Welt, die Aussicht von der Sutton Bank am Südwestrand des Nationalparks in der Nähe von Sutton-under-Westcliff und Kilburn. Der hat ihn sicher auch zu seinen Kurzgeschichten inspiriert, die in der Fernsehserie **»Der Doktor und das liebe Vieh«** auch dem deutschen Publikum gefallen haben.

NORWICH · NORFOLK BROADS

Landesteil: Ostengland | **Höhe:** 18 m ü. d. M. | **Grafschaft:** Norfolk | **Einwohnerzahl:** 145 000

Es wäre übertrieben zu behaupten, dass im Pub »Adam and Eve« schon seit dem Sündenfall Bier gezapft wird. Schriftlich bezeugt ist aber, dass im Jahr 1249 Steinmetze der Dombauhütte ihren Durst dort löschten – nur ein Beispiel dafür, dass in Norwich, seit über 1000 Jahren die bedeutendste Stadt Ostenglands, Tradition erlebbar ist.

Tradition und Moderne

Während in vielen Städten ein Einheitsbrei aus Filialen der großen Ketten die Geschäftsstraßen beherrscht, hat Norwich ein vielfältiges, kleinteiliges Stadtbild bewahrt. In den Norwich Lanes, den Gassen um und zwischen den Parallelstraßen St Benedict's Street, Pottergate und St Giles Street, sieht man Cafés und unabhängige Läden in Häusern aus vielen Jahrhunderten. An allen Ecken stehen mittelalterliche Kirchen, wovon einige mittlerweile zweckentfremdet wurden, aber die historischen Pubs sind weiterhin gut im Geschäft. Dank der schönen normannischen Kathedrale und der Burg, aber auch durch den Status als Kunst- und UNESCO-Literaturstadt mit interessanten Museen ist Norfolks Grafschaftshauptstadt einen Besuch wert. Und vor den Toren der Stadt liegt der Nationalpark Norfolk Broads, den man bestens mit Segel-, Paddel- oder Ruderboot durchstreifen kann.

Wohin in Norwich?

Norwichs historisches Herz

Tombland

Vom Tombland, einem ursprünglich sächsischen Marktplatz, betritt man die Domfreiheit durch zwei mittelalterliche Tore, St Ethelbert's Gate aus dem 13. Jh. und das Erpingham Gate von 1420.

Vor über 900 Jahren wurde der erste Stein gelegt

★ Norwich Cathedral

Nachdem der Bischofssitz 1092 von Thetford nach Norwich verlegt worden war, begann man mit dem Bau der heutigen Kathedrale, die bis 1146 fertiggestellt war. 1362 brach der spitze Turm zusammen und wurde neu aufgebaut. Mit 93 m ist er nach dem Spitzturm in Salisbury der zweithöchste einer englischen Kathedrale. Im 15. Jh. bekamen Langschiff, Chor und Querschiffe neue Gewölbe und die Westfassade ein neues Fenster. Das **Innere** des Langschiffs mit niedrigen, massiven Pfeilern ist spätromanisch. Das Rippengewölbe zie-

NORWICH – NORFOLK BROADS ERLEBEN

Informationen finden Besucher auf der Website oder sie wenden sich vor Ort an die freiwilligen Helfer, City Hosts, erkennbar an der blauen Jacke mit dem Slogan »Here to Help«
www.visitnorwich.co.uk

BROADS: HOVETON INFORMATION CENTRE

Station Road
Hoveton, NR12 8UR
Tel. 01603 75 60 97
www.norfolkbroads.com
www.broads-authority.gov.uk

Am County Showground westlich von Norwich findet jedes Jahr Ende Juni die **Royal Norfolk Show** statt, das sommerliche Volksfest der Grafschaft.
www.royalnorfolkshow.co.uk

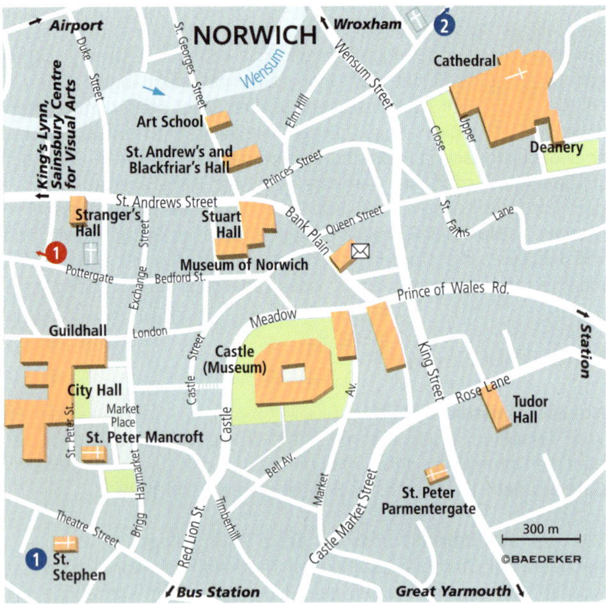

1 The Assembly House
2 The Adam and Eve

1 Beaufort Lodge

Bootsvermietung, Ausflüge auf dem Wasser, Wandern und Angeln.
www.broads.co.uk
www.broadstours.co.uk

1 THE ASSEMBLY HOUSE €€–€€€

Ein stattliches Haus aus dem Jahr 1754 ist der hinreißende Rahmen für einen Afternoon Tea mit tollen Kuchen und Sandwiches und eine eigene Erfindung, den Beforenoon Tea, eigentlich eine Art Brunch. 11 Gästezimmer.
Theatre Street, Norwich
Tel. 01603 62 64 02
www.assemblyhousenorwich.co.uk

THE NELSON HEAD €–€€

In Horsey, 37 km nordöstlich, treffen die Broads auf die Küste. Ein ausgiebiger Spaziergang am Sandstrand entlang zur Robbenkolonie oder die Besichtigung der noch funktionierenden Windmühle am See Horsey Mere macht reichlich Appetit auf Krebsfleisch aus Cromer oder die tollen Burger aus regionalem Rindfleisch. Den Durst stillt man einfach mit einer der vielen Bier- und Cidersorten.
Horsey
Tel. 01493 39 33 78
thenelsonhead.com

2 THE ADAM AND EVE €

Manche Gäste bleiben scheint's länger als andere – bei Grabungen in den 1970er-Jahren fand man eine Leiche im Keller, wohl ein Mönch, denn bei der Ersterwähnung 1249 gehörte die Herberge zu einem Kloster. Heute gibt es hier gute Ales und deftige Küche.
17 Bishopgate, Norwich
Tel. 01603 66 74 23

1 BEAUFORT LODGE €€

Dieses mehrfach ausgezeichnete Guest House mit seinem hübschen Garten liegt günstig – nur wenige Gehminuten vom Stadtzentrum entfernt.
60 Earlham Rd., Norwich
Tel. 01603 66 74 02
www.beaufortlodge.co.uk

---

ren 326 Schlusssteine; in der ganzen Kirche gibt es mehr als 800 davon. Der Chor wurde in der Perpendicular-Periode umgebaut, behielt aber seine Apsis. Das Hauptaugenmerk gilt den gotischen Altarbildern in den Chorseitenkapellen: »Anbetung der Hl. Drei Könige« (1480) und »Despenser Reredos« (1380). Hinter dem Hochaltar steht der steinerne Bischofsthron (6./8. Jh.). Monk's Door und Prior's Door führen weiter zum zweistöckigen **Kreuzgang** (14. Jh.). Hier finden sich mehr als 400 wunderschöne, bunt bemalte Schlusssteine. Im Gegensatz zu den hoch oben im Gewölbe des Hauptschiffs liegenden Schlusssteinen kann man sie ohne Nackenschmerzen von nahem betrachten. Sie zeigen Szenen aus der Passionsgeschichte, der Apokalypse, dem Leben Marias und den Legenden der Heiligen.
Tgl. 7.30–18 Uhr | Eintritt frei | www.cathedral.org.uk

Spaziergang durchs Mittelalter

Elm Hill

Über die Tombland Alley und die Wensum Street kommt man in die mittelalterliche Kopfsteinpflasterstraße Elm Hill, in der sich hübsche Geschäfte in malerischen Fachwerkhäuschen aneinanderreihen.

Seide, Senf und Schokolade

Museum of Norwich

In der Bridewell Alley führt das Museum of Norwich at the Bridewell (»Bridewell« ist eine alte Bezeichnung für ein Zuchthaus) in die Stadtgeschichte ein. Man sieht Exponate zu Industrie und Handwerk aus Norfolk, darunter eine Ausstellung über die **von Queen Victoria geschätzten Seidenschals**. War im Mittelalter die Textilherstellung Grundpfeiler des Reichtums, wurde Norwich im 20. Jh. für Schokolade und vor allem für den scharfen Senf der 1814 gegründeten Firma Colman's bekannt, der bis heute überall in Privathaushalten und der Gastronomie präsent ist.

Di.–Sa. 10–16.30 Uhr | Eintritt 7,40 £ | www.museums.norfolk.gov.uk

Spannendes, Schönes und Unterhaltsames

Norwich Castle

Norwich Castle wurde um 1160 auf einem künstlichen Erdwall erbaut. Der normannische Wehrturm war bis 1884 Gefängnis und ist seit 1894 Museum mit umfangreichen archäologischen Abteilungen, mittelalterlichen Waffenkollektionen, Glas- und Keramikarbeiten und einer Gemäldesammlung mit zahlreichen Werken der **Schule von Norwich**. Als Gründer der in Norwich beheimateten Malerschule gilt John Crome (1768–1821), der fast ausschließlich Landschaftsbilder der Umgebung malte. Einer der begabtesten Künstler der Norwich School war der Aquarellist John Sell Cotman (1782–1842). Unterhaltsam ist die riesige Sammlung von Teekannen, wunderbar der Blick auf die Stadt vom Dach der Burg. Bis 2025 sollen eine Rekonstruktion des normannischen Königspalasts und Galerien für mittelalterliche Schätze aus dem British Museum eröffnet werden.

Norwich Castle Museum and Art Gallery: Mo.–Sa. 10–16.30, So. ab 13 Uhr | Eintritt 9,90 £ | www.museums.norfolk.gov.uk

Besonderes Einkaufsvergnügen

Market Place

Der Markt ist einzigartig in Großbritannien, da er mit über 190 Verkaufsständen landesweit der größte ist, der von Montag bis Samstag Waren anbietet. Verkauft werden neben frischen Lebensmitteln u. a. auch Bekleidung, Haushaltswaren und Schmuck.

Den Marktplatz säumen u. a. die schlichte **City Hall,** ein Bau der 1930er-Jahre mit einem hohen Turm, und die **Guildhall** mit ihrer schwarz-weißen Feuersteinfassade (1407). Sie beherbergt heute Cafés und Ladenlokale. In der östlichen Ecke des Marktplatzes steht The Forum, ein Neubau mit Atrium für Events, Ausstellungen und Gastronomie, der Stadtbücherei und den Regionalstudios der BBC.

www.norwich-market.org.uk | www.theforumnorwich.co.uk

Die größte Pfarrkirche in Norwich

St Peter Mancroft wurde zwischen 1430 und 1455 gebaut. Die Kirche hat einen schönen Turm im Perpendicular-Style und ein prachtvolles Ostfenster aus dem 15. Jahrhundert. Im Innern sind das elisabethanische Kirchensilber und der gotische Taufstein (1463) sehenswert.

St Peter Mancroft

Mo.–Sa. 10–15.30 Uhr | www.stpetermancroft.org.uk

Hochkarätige Kunstsammlung aus vielen Kulturen

Im preisgekrönten Sainsbury Centre for Visual Arts der University of East Anglia westlich vom Stadtzentrum sind etruskische, afrikanische, orientalische und präkolumbische Skulpturen ausgestellt, außerdem Arbeiten u. a. von **Alberto Giacometti, Henry Moore und Francis Bacon**. Die Anderson Collection widmet sich Kunsthandwerk des Jugendstils, außerdem zeigt die Universitätssammlung Werke der russischen Konstruktivisten und des Bauhauses.

Sainsbury Centre for Visual Arts

Di.–Fr. 9–18, Sa., So. 10–17 Uhr | Eintritt frei
www.sainsburycentre.ac.uk

Blick auf die Stadt

Schön ist ein Spaziergang über den Riverside Walk am Wensum-Ufer nordöstlich der Kathedrale, wo der Cow Tower noch von der mittelalterlichen Stadtummauerung zeugt. Die **Bishop Bridge** (1395) unweit südlich ist eine der ältesten Brücken des Landes; von dort hat man einen guten Blick auf die Altstadtsilhouette.

Riverside Walk

Norfolk Broads National Park

Auf's Boot!

Den Nationalpark Norfolk Broads östlich von Norwich erkundet man am besten mit dem Motor-, Segel- oder Ruderboot, denn von der Straße sieht man relativ wenig von der Landschaft. **Motorboote,** für die kein Kapitänsschein notwendig ist, werden vermietet, außerdem verkehren **Ausflugsboote** von Norwich. Auf dem Fluss Bure mit seinen Nebenflüssen Ant, Thurne, Yare und Waveney gibt es insgesamt 320 km Wasserwege.

Norfolk Broads

Früher wurde in diesem Gebiet Torf gestochen; später haben sich in den Torfgruben flache Seen (»Broads«) gebildet, deren Ränder oft mit Reet bewachsen sind. Windmühlen wie die hölzerne Boardman's Mill bei Ludham oder die 25 m hohe Sutton Mill dienten der Entwässerung. Typisch für die Broads waren die »wherries«, Plattbodenschiffe für den Transport von Kohle, Holz und Lebensmitteln, wovon heute nur noch wenige existieren. Naturfreunde finden in den Broads zahlreiche selten gewordene Wasservögel, Schmetterlinge, Libellen und Wildblumen. Für Angler sind die fischreichen Gewässer mit Brassen, Rotaugen, Plötzen, Barschen und Hechten interessant.

Streifzüge auf und am Wasser

Hickling Broad, Wroxham Broad

Der größte und einer der schönsten Seen ist Hickling Broad. Am besten durchstreift man dieses Gebiet von Potter Heigham aus. Den Thurne flussaufwärts kommt man nach Martham Horsey und Hickling Broads, stromabwärts zum Fluss Bure. Von dort kann man sich südöstlich über Breydon Water und den Waveney-Fluss nach Lowestoft oder westlich durch einige Broads nach Wroxham orientieren.
Das Leben der Bewohner der Norfolk Broads, deren Boote und Traditionen sowie die Entstehung der Seen und Wasserwege erläutert das **Museum of the Broads** am Ufer in Stalham Staithe.

Museum of the Broads: Ostern–Okt. So., Di.–Do. 10–16 Uhr
Eintritt 7 £ | www.museumofthebroads.org.uk

Wildpflanzen und uralte Bäume

Broads Wildlife Centre

Für Naturfreunde hält das **Broads Wildlife Centre** auf Ranworth Broad viele Informationen bereit. In Ufernähe hat man vom Turm der schönen St Helen's Church aus dem 15. Jh. eine weite Aussicht. Im nahen South Walsham lohnt sich auch ein Besuch des **Fairhaven Garden,** einem Ensemble aus Wald-, Sumpf und Blumengärten, von dem aus auch 20- und 50-minütige Bootsfahrten angeboten werden.

Broads Wildlife Centre: April–Okt. tgl. 10–17 Uhr | Eintritt frei
www.norfolkwildlifetrust.org.uk
Fairhaven Garden: März–Okt. tgl. 10–17, Nov., Dez., Febr. Do.–Mo. 9–16 Uhr | Eintritt 8,50 £ | www.fairhavengarden.co.uk

»Auf's Boot!« ist die Devise in den Norfolk Broads!

★ NOTTINGHAM

Landesteil: Mittelengland | **Höhe:** 46 m ü. d. M. |
Grafschaft: Nottinghamshire | **Einwohnerzahl:** 324 000

»Außer der gotischen Kirche ... ist in Nottingham nicht viel zu sehen«, befand Fürst Pückler 1827 bei seinem Besuch in Nottingham. Heute müsste er seine Meinung revidieren, doch in einem Punkt trifft die Bemerkung zu: Authentische, handfeste Spuren von Robin Hood, den der Fürst nicht erwähnt, existieren nicht. Möglicherweise hat der König der Diebe nie existiert, aber die Geschichten um ihn haben die Hauptstadt von Nottinghamshire in aller Welt berühmt gemacht – dort lebt zumindest die Legende.

Als Universitätsstadt und Zentrum für Nachtleben und Shopping ist Nottingham Mittelpunkt der Region East Midlands. Die Stadt brachte so unterschiedliche Persönlichkeiten wie William Booth, Gründer der Heilsarmee, und den verruchten, genialen Dichter Lord Byron hervor. Byron ging in Nottingham zur Schule und wohnte unweit nördlich in der Newstead Abbey. Und natürlich ist da noch Robin Hood.

Robin Hood!

NOTTINGHAM ERLEBEN

1–4 Smithy Row, Nottingham
Nottinghamshire, England, NG1 2BY
Tel. 0844 4 77 56 78
www.visit-nottinghamshire.co.uk

HART'S €€€

Das Restaurant gehört zum Hart's Hotel. Es gibt feine britische Küche.
Standard Hill, Park Row
Tel. 0115 9 88 19 00
www.hartsnottingham.co.uk

THE CUMIN RESTAURANT €€

Authentische indische Küche in modernem Ambiente.
62–64 Maid Marian Way
Tel. 0115 9 41 99 41
www.thecumin.co.uk

WHITE RABBIT TEAHOUSE €

In dieser feinen Teestube gibt es auch köstliche Snacks für den Hunger zwischendurch.
3 Bridlesmith Walk
Tel. 0115 9 81 22 84
www.whiterabbitteahouse.com

MAMA'S INN BOUTIQUE GUEST HOUSE €–€€

Jedes der zehn exzentrischen Zimmer trägt den Namen einer Weltstadt und ist entsprechend eingerichtet – London z. B. mit roten Telefonzellen. Hier erwarten Sie freundliche Stimmung und bequeme Übernachtung.
124–126 Mansfield Road
Tel. 0115 7 79 92 62
www.mamasinn.co.uk

Wohin in Notthingham?

Das Revier des Königs der Diebe

Robin Hood

Das Abbild des Volkshelden, der den intriganten Sheriff von Nottingham besiegte, findet man hier und da im Stadtbild wieder. Das einst riesige Waldgebiet **Sherwood Forest,** wo der Geächtete die Reichen ausraubte und die Armen beschenkte, hat sich erheblich verkleinert, aber stellenweise seine romantische Atmosphäre bewahrt.
Nahe **Edwinstowe** (32 km nördlich), wo Robin seine »Maid Marian« im Beisein des Königs geheiratet haben soll, steht die 800 bis 1000 Jahre alte Eiche Major Oak mit 10 m Umfang. In Edwinstowe befindet sich im 180 ha großen Sherwood Forest National Nature Reserve ein Besucherzentrum.
Tgl. 10–17 Uhr | Eintritt frei

Englands größter Marktplatz

City Centre

Früher wurde hier der berühmte Goose Market abgehalten, bei dem es bereits seit Jahrhunderten kaum mehr um den Verkauf von Gänsen geht, vielmehr um einen Jahrmarkt mit vielen Schaustellern. Das von einer Kuppel gekrönte **Council House** am Ende des Platzes wurde 1929 errichtet.

Recht und Gesetz?

Lace Market

Im alten Viertel der Spitzenhändler, die die »Nottingham lace« herstellten, lohnt sich ein Blick in die Kirche St Mary in der Stoney Street, die mit ihrem hellen Interieur ein besonders ansehnliches Beispiel des Perpendicular Style darstellt. Mehr Besucher lockt aber das **National Justice Museum,** das eine Reise durch die Geschichte des englischen Rechtssystems bietet. Bei den Touren mit kostümierten Schauspielern fühlt man sich in die grausame Zeit und die menschenverachtende Rechtsprechung früherer Zeiten zurückversetzt.
Museum: tgl. 10–17 Uhr | Eintritt 12 £
www.nationaljusticemuseum.org.uk

1000 Jahre Geschichte

★ Castle

Die Burg liegt auf einem Felsen, von dem sich eine gute Aussicht über die Stadt bietet. Die Festung aus den Geschichten um Robin und seine »Merry Men« wurde 1651 von Parlamentstruppen zerstört und 1674 durch den Palast des Duke of Newcastle ersetzt. Dieser Bau brannte 1831 ab, wurde wieder aufgebaut und dient seit 1878 als **Museum.** Eine neue Besucherattraktion verbindet das Höhlensystem unter dem Burgberg, die Museumssammlungen mit europäischer und britischer Kunst sowie Kunsthandwerk und eine Präsentation der Stadtgeschichte mit dem angrenzenden Brewhouse Yard Museum, das sich dem All-

Wer wäre nicht gerne mal ein mutiger Robin Hood!

tagsleben vergangener Zeiten widmet. Der seit dem 12. Jh. bestehende Pub **»Ye Old Trip to Jerusalem«** direkt unterhalb der Burg gehört zu einer Handvoll Herbergen, die sich als »ältester Gasthof Englands« rühmen. In den verwinkelten Räumen – teils Höhlen im Burgberg – mag man es glauben.

Tgl. 10–17 Uhr | Eintritt 12 £, Höhlenführung 5 £
www.nottinghamcastle.org.uk | triptojerusalem.com

Spurensuche unter der Erde

Höhlen-labyrinth

Im krümeligen Sandstein, auf dem Nottingham gebaut ist, wurden zahlreiche Höhlen gegraben. Der auf das 13. Jh. zurückgehende **Pub Salutation Inn** (Maid Marian Way 73) benutzt als Fasslager Höhlen aus dem 9. Jh.; Besichtigungen führen durch ein Höhlensystem östlich der Burg mit Spuren einer Gerberei aus dem Mittelalter, Räumen und Brunnen von Wohnhäusern und Kneipen sowie Zeugnissen der Bewohner eines Slum-Viertels im 19. und 20. Jahrhundert.

Eingang neben der Galerie Nottingham Contemporary in der Straße Weekday Cross | tgl. 10–17, letzte Führung 16 Uhr | Eintritt 8,75 £
www.cityofcaves.com

Rund um Nottingham

Ausgestattet wie zu Byrons Lebzeiten

Newstead Abbey

Newstead Abbey 15 km nördlich ist das Stammhaus von **Lord Byron** (1788–1824), sein Grab befindet sich in der Pfarrkirche von Newstead. Als der Dichter den Besitz erbte, waren er und seine Mutter zu arm, um hier wohnen zu können. Trotz seiner Schulden zog er 1811 hier ein, musste die Abbey aber sechs Jahre später verkaufen. Das Gebäude, heute im Besitz der Stadt, war ursprünglich ein Augustinerkloster. Erhalten sind die Westfront der Kirche, das Refektorium, das Kapitelhaus, jetzt Kapelle, und die Kreuzgänge.

Garten: März–Okt tgl. 10–17, Nov. bis 16, Haus: Sa., So. 11–16 Uhr
Eintritt 12 £ | www.newsteadabbey.org.uk

Glaspalast

Hardwick Hall

18 km nördlich von Newstead liegt der Herrensitz, den Robert Smythson 1591 bis 1597 für Bess of Hardwick baute. Sie heiratete viermal, zuletzt den 6. Earl of Shrewsbury, und vermehrte bei jeder Ehe ihr Vermögen. »Hardwick Hall, more glass than wall« (mehr Glas als Wand), reimten die Zeitgenossen, denn das Haus hat 50 Fenster und nur schmale Mauerflächen. Innen kann man Tapisserien, Stilmöbel, kostbare Handarbeiten und Porträts bewundern. Angrenzend stehen die Reste von Hardwick Old Hall mit herrlichen Stuckarbeiten.

Haus: Mitte Febr.–Okt. tgl. 11–15.30, Park und Garten: bis 17 Uhr
Eintritt Haus u. Garten 17 £ | www.nationaltrust.org.uk/hardwick-hall

Ye Old Trip to Jerusalem: Ob das wirklich Englands ältester Pub ist?

Industrie, Handwerk, Kunst

Derby

In der Industriestadt Derby (25 km westlich) stand im 18. Jh. die erste Seidenspinnerei Englands, ab 1756 eine bekannte Porzellanmanufaktur und von 1908 bis 1946 das Werk für Rolls-Royce-Automobile. Die Kirche **All Saints,** bis auf den mittelalterlichen Turm ein Bau der 1720er-Jahre, wurde 1927 zur Kathedrale erhoben. Sie birgt das prächtige Grab von Bess of Hardwick († 1603), die Erbauerin von Hardwick Hall. Das **Derby Museum & Art Gallery** hat Abteilungen zur Stadtgeschichte und zur Porzellanmanufaktur Royal Crown Derby. Ein Höhepunkt sind die **Gemälde von »Wright of Derby«,** wie Joseph Wright (1734–1797) genannt wird. Er malte in dramatischen Hell-Dunkel-Effekten Darstellungen wissenschaftlicher Entdeckungen der Aufklärung. Das **Museum of Making** in einer 1722 errichteten Seidenfabrik präsentiert als Teil des Unesco Weltkulturerbe Derwent Valley Mills bedeutende Industriegeschichte.

Beide Museen Di.–Sa. 10–17, So. 12–16 Uhr | Eintritt frei
www.derbymuseums.org

Meisterhafte Architektur und fernöstliche Schätze

★ Kedleston Hall

Kedleston Hall 7 km nordwestlich von Derby ist seit dem 12. Jh. Sitz der Familie Curzon. Um 1760 wurde Kedleston Hall von Robert und James Adam neu erbaut. Es gilt als eines der schönsten Häuser des Architekten Robert Adam, der den klassizistischen Stil in England in der zweiten Hälfte des 18. Jh.s prägte. Glanzlicht ist die Great Hall, ein großer Marmorsaal, dessen Decke 20 rosafarbene Alabastersäulen tragen. Zum Inventar gehören u. a. Chippendale-Möbel. Das »Indische Museum« ist das Vermächtnis von Lord George Curzon, einem der profiliertesten Vizekönige von Indien (1899–1905).

Ostern/April–Okt. Di.–Mo. 11–16 Uhr, Park ganzjährig tgl. | Eintritt 15 £
www.nationaltrust.org.uk/ kedleston-hall

★★ OXFORD

Landesteil: Südengland | **Grafschaft:** Oxfordshire |
Einwohnerzahl: 162 000

Oxford ist eine der ältesten und prestigeträchtigsten Universitätsstädte Europas, die seit Jahrhunderten mit ▸Cambridge um die akademische Vorherrschaft im Land rivalisiert. Die malerischen Colleges, reizvolle Gärten, stille Plätze und ein exzellentes kulturelles Angebot machen die besondere Atmosphäre aus.

Altehrwürdige Schönheit

Die Stadt wurde 912 erstmals schriftlich erwähnt, die Anfänge der Universität liegen wohl im 12. Jh., als Oxford peu à peu zum Treffpunkt von Gelehrten wurde. Ihre Geschichte verlief nicht spannungsfrei. 1355 kam es zu blutigen Auseinandersetzungen zwischen Bürgern der Stadt und Akademikern, bei Tavernenschlachten gab es unter den Studenten sogar Tote, wofür die Stadtväter regresspflichtig waren. Während der Reformation wurden in Oxford mehrere Reformatoren aus Cambridge auf dem Scheiterhaufen verbrannt. Zur Zeit des Bürgerkriegs im 17. Jh. war Oxford ein Hort der Royalisten; die klösterlichen Ausbildungsregeln wurden erst im 19. Jh. reformiert. Heute weht ein moderner Geist durch die Colleges, deren altehrwürdige Schönheit nichts von ihrer Faszination verloren hat.

Wohin in Oxford?

Wunderschöne Bauten

Colleges

Die **38 Colleges**, die meist nur nachmittags für Besucher zugänglich sind, wurden von Beginn an um einen Hof, später mehrere Innenhöfe mit abschließbarem Tor, Kapelle, Speisesaal, Bibliothek und Zimmern für die Studenten und ihre Lehrer angelegt, so dass jedes College eine autonome Körperschaft bildet. Nicht alle stammen aus dem Mittelalter – es gab im 19. und 20. Jh. neue Gründungen –, und nicht alle alten

Geschafft!

Colleges haben ihre mittelalterlichen Bauten bewahrt, aber es bleiben mehr sehenswerte Höfe, Kapellen usw., als man besichtigen kann. Einige kosten Eintritt. Die Highlights beim folgenden Rundgang sind Christ Church, Merton, Magdalen und New College.
www.ox.ac.uk

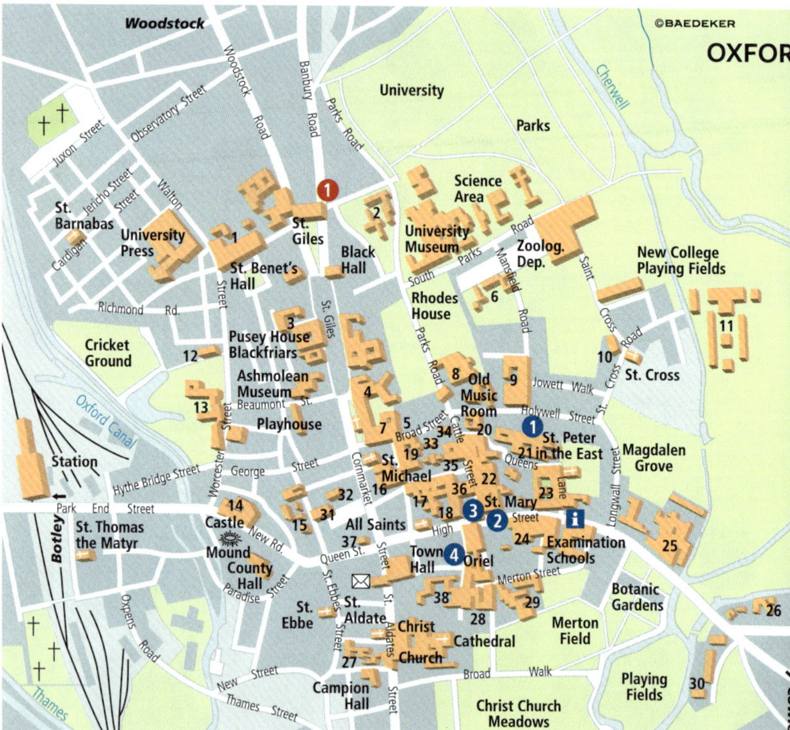

- **1** Somerville
- **2** Keble
- **3** Regents Park
- **4** St. John's
- **5** Trinity
- **6** Mansfield
- **7** Balliol
- **8** Waldham
- **9** Manchester
- **10** St. Cross
- **11** St. Catherine's
- **12** Ruskin
- **13** Worcester
- **14** Nuffield
- **15** St. Peter's
- **16** Jesus
- **17** Lincoln
- **18** Brasenose
- **19** Exeter
- **20** Hertford
- **21** New College
- **22** All Souls
- **23** Queen's
- **24** University
- **25** Magdalen
- **26** Wayneflete
- **27** Pembroke
- **28** Corpus Christi
- **29** Merton
- **30** St. Hilda's
- **31** Frewin Hall
- **32** Union Soc Rooms
- **33** Sheldonian Theatre
- **34** Clarendon Building
- **35** Bodleian Library
- **36** Radcliffe Camera
- **37** Carfax Tower
- **38** Peckwater Quad

- ❶ Turf Tavern
- ❷ Quod
- ❸ Vaults & Garden
- ❹ The Bear

- ❶ Old Parsonage

OXFORD ERLEBEN

VISITOR INFORMATION POINT

Nur Broschüren, Flyer, Busrundfahrten und Stadtbesichtigungen. Keine Auskünfte oder Unterkunftsbuchung.
Queens Lane/44–45 High Street
Tel. 01865 79 05 22
www.experienceoxfordshire.org

Der **überdachte Markt** an der High Street verkauft zunehmend Souvenirs für Touristen, ist aber immer noch ein stimmungsvoller Einkaufsort mit vielen kleinen Cafés. T-Shirts, Schals usw. mit der Aufschrift »Oxford University« werden an jeder Ecke verkauft. Authentisch und von guter Qualität sind diejenigen vom The Varsity Shop, High Street 109.

Ein Metalltor zwischen Corpus Christi und Merton College in der Merton Street führt zum **Christ Church Meadow** für einen Spaziergang an den Flüssen Themse und Cherwell sowie über eine kleine Brücke zu den Bootshäusern der Colleges. Zugang gibt es auch von der Straße St Aldates südlich vom Christ Church College. Die Flüsse eignen sich für einen Ausflug auf einem »Punt«, einem **Stakkahn.** Vermietung unterhalb der Magdalen Bridge am gleichnamigen College. Auch Ruderboote stehen bereit.
Tel. 01865 20 26 43
www.oxfordpunting.co.uk

1 TURF TAVERN €€

Thomas-Hardy-Lesern und Fans der Krimiserie »Inspector Lewis« wird die Turf Tavern bekannt vorkommen. Hardy verwendete sie als Schauplatz in seinem Roman »Jude the Obscure«. Einfache Pub-Küche, gute Ales.
4–5 Bath Place
Tel. 01865 24 32 35

2 QUOD €€

Das stimmungsvolle Restaurant in den Räumen einer früheren Bank serviert italienisch beeinflusste Küche.
92–94 High St.
Tel. 01865 20 25 05
www.quod.co.uk

3 VAULTS & GARDEN €

In einem Nebenraum der University Church führt die Kirche unter dem Steingewölbe ein beliebtes Café für Frühstück, Mittagessen und Tee.
1 Radcliffe Sq., Tel. 07814 26 48 28
www.thevaultsandgarden.com

4 THE BEAR €

Diese urige Kneipe profiliert sich mit guten Ale-Sorten – und einer riesigen Krawattensammlung an den Wänden.
6 Alfred St.
www.bearoxford.co.uk

1 OLD PARSONAGE HOTEL €€€

Sehr schöne, individuell gestaltete Zimmer in einem ehemaligen Pfarrhaus aus dem 17. Jahrhundert. Der Afternoon Tea auf der Gartenterrasse ist ein höchst elegantes Erlebnis.
1 Banbury Rd., Tel. 01865 31 02 10
www.oldparsonage-hotel.co.uk

OXFORD ROOMS €

In einigen historischen Colleges kann man während der Trimesterferien Studentenzimmer buchen.
www.oxfordrooms.co.uk

Berühmte Absolventen und Alte Meister

★★ Christ Church College

Christ Church College wurde 1525 gegründet und gehört zu den größten Colleges. **Tom Tower** mit der gewaltigen Glocke Great Tom, die jeden Abend um 21.05 Uhr mit 101 Schlägen den Zapfenstreich einläutet, wurde 1682 angebaut – anfangs waren hier 101 Studenten eingeschrieben. **Tom Quad** mit einem hübschen Brunnen ist der größte Hof in Oxford. In der Hall, dem großzügigen Speisesaal mit prachtvoller Holzdecke, hängen Porträts ehemaliger Mitglieder des Hauses, darunter der Philosoph John Locke (1632–1704), der wegen Aufruhr relegiert wurde, und William Penn (1644–1718), der Gründer von Pennsylvania in den USA, der für die verfolgten Quäker eintrat und als Dissident von der Schule verwiesen wurde. Auch das Bildnis von Lewis Carroll (1832–1898) hängt hier. Der Autor von »Alice im Wunderland« war unter dem bürgerlichem Namen Charles L. Dodgson Professor für Mathematik. Christ Church gilt als das aristokratischste der Colleges und brachte 13 Premierminister hervor.

Die im romanisch-frühgotischen Stil erbaute ehemalige Abteikirche erhielt 1546 den Rang einer **Kathedrale**. Mitte des 14. Jh.s schuf man große Maßwerkfenster, um dem lichterfüllten gotischen Raumgefühl Ausdruck zu verleihen. Der Chor wurde um 1500 mit Netzgewölben über hängenden Schlusssteinen ausgestaltet. Beachtenswert sind im südlichen Querschiff das Becket-Fenster (um 1320), die fünf Glasfenster nach Entwürfen von Edward Burne-Jones (1871–1877), drei Grablegen des 14. Jh.s in der Lady Chapel sowie das Grab des Bischofs und Philosophen George Berkeley (1681–1735), nach dem die kalifornische Stadt Berkeley benannt ist. Der Kreuzgang ist im Perpendicular Style gehalten. Die **Picture Gallery** zeigt eine Sammlung von Gemälden und Zeichnungen alter Meister aus Italien, Flandern und Frankreich, überwiegend aus dem 15. bis 17. Jahrhundert.

Die Uhrzeit wählt man bei Online-Buchung für einen geführten oder ungeführten Rundgang | Eintritt: ab 12 £; Picture Gallery ebenfalls Online-Buchung: 6 £ | www.chch.ox.ac.uk

Klein, aber sehenswert

Corpus Christi College

In der Merton Street steht das Corpus Christi College, 1517 von Richard Fox, Bischof von Winchester, gegründet. Im Innenhof befindet sich eine Sonnenuhr (1581) mit einem Pelikan, dem College-Symbol, und einem ewigen Kalender.

Bewegte Geschichte

Oriel College

Oriel College gegenüber, 1326 von Edward II. gegründet, ist die Wiege des Traktarianismus, benannt nach den »Tracts for the Times«, die John Henry Newman (1801–1890) hier schrieb. Er war einer der Führer der Oxford Movement, einer Bewegung zur Wiedereinführung römisch-katholischer Bräuche in der anglikanischen Kirche. Er konvertierte später zum Katholizismus und wurde 1879 Kardinal.

Englands älteste Bibliothek

Merton College

Merton College wurde 1264 gegründet. Die Kapelle besteht aus einem Chor von 1277 und einer großen Vorhalle von 1414. Die meisten Fenster im Chor haben noch alte Glasmalereien aus der Gründungszeit – besonders schön ist die »Jungfrau mit Kind« im Ostfenster.
Vom vorderen Hof führt eine Passage unter der Schatzkammer (1288) entlang zu **Mob Quad** (Nord- und Ostseite um 1304–1311, West- und Südseite 1373–1378). Die Bibliothek aus dem 14. Jh. ist die älteste in England, die noch benutzt wird. Berühmte Ehemalige sind der Politiker Lord Randolph Churchill (1849–1894) und der Dichter T. S. Eliot (1888–1965). J. R. R. Tolkien lehrte hier Englisch.
Mo.-Fr. 14–17, Sa. 10–17, So. 12–17 Uhr, s. Website für aktuelle Schließungen | Eintritt 5 £ | www.merton.ox.ac.uk

Berühmtes Pflaster

High Street

Der Dichter Wordsworth beschrieb die hübsche High Street in einem Sonett, und der amerikanische Schriftsteller Nathaniel Hawthorne (1804–1864) nannte sie die prächtigste Straße in England. Neben imposanten College-Gebäuden stehen bescheidene alte Häuser.

Das College im Park

Magdalen College

In der High Street steht auch das Magdalen College, das 1458 außerhalb der damaligen Stadtmauern gegründet wurde. Der Magdalen Tower wurde 1482 bis 1504 im späten Perpendicular Style erbaut. Unter dem Muniment Tower befindet sich der Eingang zur Kapelle, wo während des Semesters die Abendandacht (Evensong) gesungen wird. Der Founder's Tower beherbergt Prunkräume mit Wandteppichen aus dem frühen 16. Jahrhundert. Der Durchgang unter diesem Turm führt zum Kreuzgang. Hinter dem College liegt der Grove, ein Wildpark, durch den die sogenannten Water Walks (Wasser-Spazierwege) führen. Unter den ehemaligen Studenten und Lehrern sind Oscar Wilde und der deutsche Physiker Erwin Schrödinger.
Tgl. 10–19 Uhr, s. Website für aktuelle Schließungen | Eintritt 9,50 £
www.magd.ox.ac.uk

Botanicals für Oxfords eigenen Gin

University Botanic Gardens

Die University Botanic Gardens gegenüber dem Magdalen College wurden 1621 gegründet und gehören zu den ältesten Anlagen dieser Art in England. Pflanzen aus aller Welt sind zu sehen, sowohl medizinische als auch Zierpflanzen in wunderschönen Blumenrabatten am Ufer des River Cherwell. 1648 katalogisierte Jakob Bobart d. Ä., der deutsche Obergärtner des Botanical Garden, die 1600 Pflanzenarten, die dort wuchsen. 25 davon werden seit 2018 für die Herstellung einer neuen Gin-Sorte unter dem Markennamen **»Physic Gin«** eingesetzt. Der Gin wird nicht wie bei vielen Produzenten zugekauft und mit den geschmackgebenden »botanicals« versetzt, sondern eigens destilliert aus Gerste, die ein »Archäobotaniker« anbaut. Die Körner, von der diese alte Gerstensorte neu gezüchtet wurde, suchte er aus den Strohdächern historischer Wohnhäuser zusammen.

Tgl. 10–17 Uhr | Eintritt 6,30 £ | www.botanic-garden.ox.ac.uk

Eine königliche Spende

Queen's College

Gegenüber steht das 1341 gegründete, 1692 bis 1730 im palladianischen Stil neu erbaute Queen's College. Königin Caroline von Ansbach stiftete 1000 Pfund Sterling für das Gebäude, eine Statue erinnert an sie.

Nur gepafft ...

University College

An der Südseite der High Street liegt das University College – das College, in dem Bill Clinton 1968 zwar Drogen rauchte, aber nicht inhalierte, wie er im Wahlkampf 1992 beteuerte. 1280 wurde mit den Bauten begonnen. Die heutige Anlage ist spätgotisch geprägt, wurde teilweise aber erst im 17. Jh. ausgeführt. In einem kleinen Gebäude mit Kuppel erinnert eine Marmorstatue an Percy Bysshe Shelly. Der Dichter (1792–1822) wurde wegen seiner atheistischen Haltung vom College verwiesen.

Für graduierte Akademiker

All Souls College

Das All Souls College neben Queen's College dient der Weiterbildung von Studenten, die bereits einen akademischen Grad erworben haben. 1438 wurde es vom Erzbischof von ▶ Canterbury zur Erinnerung an die Gefallenen im Hundertjährigen Krieg gegründet. In der **Kapelle** ist die Stichbalkendecke mit Engeln bemerkenswert. Nördlich schließt sich die Codrington Library mit einer Sonnenuhr an.

Oxford aus der Vogelperspektive

Universitätskirche

Die Universitätskirche **St Mary the Virgin** hat einen für den Decorated Style typischen Turm (1280–1310). Der Chor wurde 1462 bis 1466 neu erbaut, das Schiff und die Marienkapelle entstanden 1490 bis 1503. Vom Turm hat man einen schönen Blick über die Stadt.

Tgl. 9–17 Uhr | Eintritt Turm 5 £ | www.university-church.ox.ac.uk

Ausgefallener Name

Brasenose College

Der Name des 1509 gegründeten Brasenose College geht auf einen Messing-Türklopfer mit einem Löwenkopf zurück, dessen Kopie oberhalb des Tores zu sehen ist; das Original ist in der Hall erhalten. Der Literatur-Nobelpreisträger William Golding studierte hier.

★

Eine runde Sache

Radcliffe Camera

Die Radcliffe Camera am Radcliffe Square wurde im 18. Jh. nach Entwürfen von James Gibbs errichtet. Gibbs (1682–1754) gilt als bedeutendster Vertreter des englisch-italienischen Stils. Der Rundbau trägt

In der Radcliffe Camera wird gelesen, was man aus der Bodleian Library ausleiht.

den Namen von John Radcliffe, Leibarzt von Queen Anne. Die Räume dienen als Lesesaal der Bodleian Library. Wer die Fernsehkrimis mit »Inspector Lewis« gesehen hat, wird den verkehrsfreien Radcliffe Square mit der Bibliotheksrotunde wiedererkennen.

Was in Großbritannien gedruckt wird, findet sich hier

Bodleian Library

An der Nordseite des Radcliffe Square liegt die Hauptgruppe der Universitätsgebäude. Die Bodleian Library wurde 1598 von Sir Thomas Bodley neu gegründet. Ein Teil des Gebäudekomplexes, die Duke Humphrey's Library mit dazugehörigen Beständen, geht auf eine Bibliothek zurück, die der Bruder von König Heinrich V. im 15. Jh. stiftete. Jedes in Großbritannien gedruckte Buch ist mit einem Exemplar in dieser Bibliothek vertreten. Die Bodleian Library besitzt außerdem rund 40 000 Manuskripte. Führungen starten in der Divinity School mit ihrem wunderschönen Gewölbe aus dem 15. Jh. und zeigen u. a. die Duke Humphrey's Library. Für Wechselausstellungen aus den Beständen überquert man die Broad Street zum Weston Library schräg gegenüber an der Ecke.

Führungen Mo.–Sa. 9–17, So. 11–17 Uhr | Eintritt ab 9 £ für Führungen unterschiedl. Dauer | www.bodleian.ox.ac.uk

Nach römischem Vorbild

Sheldonian Theatre

In der Broad Street steht das 1664 bis 1669 erbaute Sheldonian Theatre. Es dient zur Verleihung von akademischen Graden und für Veranstaltungen. Entworfen wurde der Bau als Erstlingswerk von Sir Christopher Wren, damals Professor der Astronomie. Gewagt war zu der Zeit die Konstruktion eines 21 m breiten Dachs ohne Zwischenstützen. Von der Kuppel hat man einen herrlichen Blick auf die Stadt.

Wechselnde Uhrzeiten, s. Website | Eintritt 4 £
www.sheldonian.ox.ac.uk/visit

Sonnenuhren, Sternhöhenmesser und Einsteins Tafel

Museum of the History of Science

Neben dem Sheldonian Theatre befindet sich das Museum of the History of Science, das eine umfangreiche Sammlung von frühen naturwissenschaftlichen und astronomischen Instrumenten besitzt.

Di.–So. 12–17 Uhr | Eintritt frei
www.mhs.ox.ac.uk

Ein Hauch Venedig

New College

Gegenüber der Bodleian Library geht es unter der »Seufzerbrücke« (Bridge of Sighs) hindurch zur New College Lane. Das festungsartig aussehende New College ist, entgegen seinem Namen, eines der ältesten; 1379 wurde es von William of Wykeham, Bischof von Winchester, gegründet. Bis 1854 wurden dort nur Studenten aus der Privatschule Winchester College zugelassen. Die Glasfenster der Kapelle stammen teils aus dem 14. Jahrhundert. Bemerkenswert sind das **El-Greco-Gemälde** des hl. Jakob, die moderne Lazarus-Statue von Epstein und die Gedenktafel für drei im Krieg gefallene deutsche Mitglieder der Schule. Auch in der Nachkriegszeit blieben deutsche Verbindungen: Der Filmregisseur Florian Henckel von Donnersmarck studierte hier. Der 1711 angelegte Park wird an zwei Seiten von der alten Stadtmauer begrenzt.

Tgl. 10.30–17, Okt.–März Di.–So. 13.30–16.30 Uhr | Eintritt 8 £
www.new.ox.ac.uk

Beinahe unberührt

Wadham College

Das Wadham College ist seit seiner Gründung 1610 kaum verändert worden. Besondere Erwähnung verdienen der schöne Speisesaal und die Glasfenster der Kapelle sowie die prächtige Parkanlage. Sir Christopher Wren (1632–1723), der berühmte Baumeister vieler Kirchen und Schlösser, studierte hier.

Von schottischen Studenten bevorzugt

Balliol College

Die Errichtung von Balliol College wurde 1263 von John de Balliol als Buße für die Gefangennahme des Bischofs von Durham gelobt und mithilfe des Vermächtnisses seiner Frau 1282 gegründet, die jetzigen Gebäude stammen aus dem 19. Jahrhundert. Zu den aus diesem College hervorgegangenen Berühmtheiten zählen Adam Smith (1723–790), Philosoph, Volkswirtschaftler und Begründer der klassischen Nationalökonomie, die Premiers Harold Macmillan, Edward Heath und Boris Johnson, König Olav von Norwegen und der Schriftsteller Graham Greene.

Düstere Geschichte

Martyr's Memorial

Das Martyr's Memorial erinnert an Nicholas Ridley, Bischof von London, Hugh Latimer, Bischof von Worcester, und Thomas Cranmer, Erzbischof von Canterbury, die wegen ihrer Reformbestrebungen verbrannt wurden. Ein Kreuz auf der Broad Street bezeichnet die Stelle, an der die Märtyrer starben.

Mit grünem Rückzugsort

St John's College

St John's College wurde 1555 von Sir Thomas White, einem reichen Händler und Oberbürgermeister von London, gegründet. Berühmte Absolventen des St John's College waren US-Außenminister Dean Rusk und der Schriftsteller Robert Graves. Ein Durchgang führt zum Canterbury Quad mit einem der schönsten Gärten in Oxford.

Eine Million Exponate!

University Museum of Natural History

Das Universitätsmuseum wurde 1855 bis 1860 gebaut und beherbergt mehrere Sammlungen, darunter geologische, mineralogische und zoologische Abteilungen. Eines der größten ethnologischen Museen der Welt ist das angeschlossene **Pitt Rivers** mit über einer Million Exponaten. Allein die neugotische Architektur und Einrichtung beider Museen ist sehenswert.

University Museum: tgl. 10–17 Uhr | Eintritt frei | www.oumnh.ox.ac.uk
Pitt Rivers Museum: Di.–So. 10–16.30, Mo. ab 12 Uhr | Eintritt frei | www.prm.ox.ac.uk

Durch Kulturen und Zeiten

Ashmolean Museum

Das im Jahr 1683 gegründete Ashmolean Museum ist das älteste Museum im Land. Das neoklassizistische Gebäude enthält eine großartige Kunst- und Altertumssammlung, u. a. klassische Skulpturen, fernöstliche Kunst, griechische und römische Keramik, wertvolle Juwelen.

Tgl. 10–17 Uhr | Eintritt frei
www.ashmolean.org

Berühmte Absolventinnen

Somerville College

Am 1879 gegründeten Somerville College an der Walton Street waren bis 1993 nur Studentinnen zugelassen. Zu den Absolventinnen gehören Indira Gandhi und Margaret Thatcher, die Chemie-Nobelpreisträgerin Dorothy Hodgkin und die Sopranistin Kiri Te Kanawa.

OXBRIDGE CONNECTION

Eine Gruppe lässig gekleideter junger Menschen schlendert Oxfords High Street entlang. Sorglos wirken sie, und man merkt, dass diese Studenten weder Bafög-Nöte noch Prüfungsängste plagen. Mit Champagnerflaschen verschwinden sie hinter einer der schweren Türen zu den Innenhöfen der ehrwürdigen Colleges. »Mighty fine place«, notierte Samuel Pepys, englischer Chronist und Absolvent der »anderen« Universität, nämlich Cambridge, in seinen Tagebüchern anerkennend über Oxford, und seither hat sich nicht viel geändert. Die Oxbridge-Connection – Tradition und Exklusivität prägen die berühmten Universitäten des Landes.

Die Geschichte Oxfords begann Ende des 11. Jh.s, als sich hier erstmals Gelehrte zusammenfanden, und entwickelte sich rasant, nachdem Heinrich II. 1167 englische Studiosi von der Universität Paris verbannt hatte. Peterhouse, das älteste College Cambridges, wurde 1284 gegründet, und seither gehören beide Elite-Unis zur englischen Identität wie das Königshaus und sind nach wie vor unverrückbarer **Fixpunkt im angelsächsischen Weltbild**. Seit jeher stehen beide Universitäten in freundlicher Konkurrenz zueinander, was alljährlich im Frühjahr bei der berühmten Ruderregatta auf der Themse zwischen Mortlake und Putney ausgelebt wird.

Altehrwürdig–modern

Beide Städte wirken nie museal. Dafür sorgt vor allem der unbeeindruckte Umgang der Studierenden mit ihrer historischen Umgebung: Verstärker lassen die mittelalterlichen Mauern des Magdalen Colleges in Oxford erzittern, und auch die jungen Leute, die auf den

Ihr Weg ist vorgezeichnet: Oxfordians im traditionellen Gown vor Hertford College.

»Punts« über den Cam staken, sind normale Studenten an einem der unabhängigen Colleges, die zusammen die Universität bilden. Jedes verfügt über eigene Dozenten, Studentenzimmer und Speisesäle. Der Große Saal in der Mensa des Oxforder Christchurch College gab für »Harry Potter« den Speisesaal des Zauber-Internats Hogwarts.

Eliteschmieden

In Oxford und Cambridge wird gepaukt wie anderswo auch, zu Zukunftsängsten besteht hier aber wenig Anlass. Auch wenn sich das Klassensystem selbst relativiert hat – es sind noch immer Eliteschmieden, und wer das straffe Pensum bewältigt, kann auf eine vielversprechende Karriere hoffen.
30 britische Premierminister und über 40 Nobelpreisträger brachten allein die **39 Colleges der University of Oxford** bislang hervor. 1978 schrieb sich Hugh Grant hier ein und entdeckte in der Theatertruppe seines Colleges sein Schauspieltalent.
Das Ehemaligenverzeichnis der **31 Colleges von Cambridge** liest sich nicht minder glamourös: Der Revolutionär Oliver Cromwell, der Philosoph Francis Bacon, der Dramatiker Christopher Marlowe und der Naturwissenschaftler Sir Isaac Newton saßen hier über den Büchern. Auch Charles III. studierte in Cambridge.

Ausschweifungen

Neben der schönen alten Architektur reizt immer noch das Flair von Exklusivität und Tradition. Im Juni streben die Studierenden in Ballkleidung den Abschlussfesten zu oder lassen in **»cap and gown«,** der traditionellen Gewandung, Champagnerkorken nach bestandenen Prüfungen ploppen. Nicht immer bleibt es dabei beim dezenten Nippen am Pappbecher. Aus privilegierten Absolventen von Privatschulen wie Eton College rekrutieren Gesellschaften wie der notorische **Bullingdon Club**, eine Vereinigung randalierender männlicher Oxfordians, ihre Mitglieder. In diesem 200 Jahre alten »Dining Club« lebten so illustre Zeitgenossen wie die späteren Premierminister David Cameron und Boris Johnson ihren jugendlichen Leichtsinn aus, getreu dem gern zitierten Zweizeiler »Like many of the upper class, he loves the sound of breaking glass«. Als ein 1987 aufgenommenes Foto der Bullingdon-Mitglieder Jahre später durch die Presse ging, war es den beiden recht peinlich. Sie trugen auf dem Bild zum jährlichen Festessen die Clubuniform, die mehrere Tausend Pfund kostet: ein dunkelblauer Cut mit Samtkragen, eine senffarbene Weste und eine hellblaue Fliege.

Nur die Besten?

Heute liegt der Anteil der Absolventen öffentlicher Schulen an beiden Unis bei ca. 70 % – die übrigen 30 % stammen von den teuren Privatschulen, die nur 7 % aller englischen Schüler besuchen. Oxford und Cambridge bemühen sich, Studenten aus ärmeren Schichten und ethnischen Minderheiten aufzunehmen. Kritiker meinen, sie begünstigen immer noch gute Elternhäuser, die Universitäten selber betonen, sie wollen die besten aufnehmen, egal woher sie kommen – nur trauen viele sich nicht, sich um einen Studienplatz in »Oxbridge« zu bewerben. Die Zeiten, als Lord Byron als Adliger von seinem Cambridger Trinity College von der Teilnahme an den Prüfungen befreit wurde, sind jedenfalls vorbei.

Edle Einfalt und stille Größe im Ashmolean, Englands ältestem Museum

Rund um Oxford

★ Blenheim Palace

UNESCO-Weltkulturerbe
Blenheim Palace – sprich »Blennim Palace« – steht 3 km nördlich von Oxford in Woodstock und ist Sitz der Familie Spencer-Churchill und der Herzöge von Marlborough. Außerdem ist er **Geburtsort von Winston Churchill**. In einem weitläufigen Landschaftsareal entstand zwischen 1701 und 1724 das prächtige Schloss mit etwa 200 Räumen für John Churchill, den ersten Herzog von Marlborough. Queen Anne unterstützte das Unternehmen finanziell, da der Herzog in Blenheim für einen Sieg über die Franzosen gesorgt hatte. Schön sind die Erinnerungszimmer an Sir Winston Churchill und die Staatsgemächer in barockem Prunk mit eleganten Möbelstücken und einer Vielzahl von Porträts, die u. a. van Dyck und Reynolds schufen. In der Schlosskapelle ist ein pompöses Grabmal für den ersten Herzog von Marlborough, seine Frau und seine Kinder zu sehen. Die Ausstellung »The Untold Story« erzählt Geschichten aus der Vergangenheit des Palasts. Angeschlossen sind ein Garten, ein englischer Landschaftspark, ein Kräutergarten, ein Schmetterlingshaus und ein Abenteuerspielplatz.
Palast: tgl. 10.30–16.45, Gärten 10–17.30, Park 9–18 Uhr
Eintritt: 35 £ (online vorbestellen), nur Garten und Park 22.50 £
www.blenheimpalace.com

★ PEAK DISTRICT

Landesteil: Mittelengland | **Grafschaft:** Derbyshire

Der Peak District wurde 1951 zum ersten Nationalpark des Landes erklärt. Die weite hügelige Landschaft eignet sich bestens zum Wandern, Radeln und für Abenteuersport – der historische Kurort Buxton, verschiedene Hotels, gehobene Restaurants und beeindruckende Herrensitze machen den Peak District aber auch zu einem schönen Ziel für Besucher, die ihre Zeit weniger sportlich verbringen möchten.

Einsame Weite

Der Peak District besteht aus zwei völlig verschiedenen Landschaften. Der Norden, der bis auf 610 m ansteigt, wird High oder **Dark Peak** genannt. Diese Anhöhen sind die südlichsten Ausläufer der Pennines. In der urwüchsigen Region findet man Wollgrasmoore, Zwergstrauchheiden und bizarre Felsformationen aus dem dunklen Sandstein, aus dem auch die Häuser im Norden gebaut sind. Der **White Peak** im Süden, benannt nach dem hellen Kalkstein, ist flacher und nur leicht gewellt. Flüsse haben sich ihren Weg durch den Kalkstein gebahnt und bilden anmutige Täler, sogenannte Dales. Einsam liegen aus dem hellen Stein erbaute Farmhäuser in der Landschaft. Charakteristisch sind die Steinhecken, die im 18. Jh. angelegt wurden, als man aus den Äckern Weideflächen machte.

Wohin im Peak District?

Geschichte, Architektur und Natur

Buxton

Ein angenehmer Ausgangspunkt für Ausflüge in den Peak District ist der Kurort Buxton. Architektonisch interessant ist The Crescent, ein 1780 bis 1788 aus lokalem Sandstein gebauter halbmondförmiger Straßenzug. Hier bietet ein Fünf-Sterne-Hotel Wellness-Anwendungen mit Quellwasser in den restaurierten **Natural Baths**, einer Therme, die 1851 an der Stelle alter römischer Bäder errichtet wurde. Die schönen **Pavilion Gardens** mit einem vom Wye gespeisten Teich laden zum Verweilen ein. Am Nordrand des Parks sind eine achteckige Kuppelhalle (1875) und das Opernhaus (1905) sehenswert. Das Opernhaus ist Mittelpunkt des alljährlich im Juli stattfindenden Buxton Festival. Im Pump Room aus dem Jahr 1894 informiert der Buxton Crescent Experience über die Entwicklung des Kurwesens. In den **Grin Low Woods** bietet sich vom Solomon's Temple ein weiter Rundblick. In 20 Gehminuten kommt man zur **Poole's Cavern** mit imposanten Tropfsteingebilden.

Natural Baths: www.ensanahotels.com/en/hotels/buxton-crescent

PEAK DISTRICT ERLEBEN

Pavilion Gardens
St. John's Rd., Buxton SK17 6XN
Tel. 0129 82 51 06
www.visitpeakdistrict.com
www.peakdistrict.gov.uk
www.derbyshiredales.gov.uk

Beim uralten **Well-Dressing** zwischen Mai und September wird in verschiedenen Orten der Dorfbrunnen mit aus Blüten und Blättern zusammengestellten Bildern und Mustern geschmückt (Termine: s. Tourist Offices vor Ort). Am ersten Wochenende im August findet die **Bakewell Show** statt, ein Jahrmarkt mit viel Unterhaltung für die ganze Familie.
www.bakewellahs.co.uk

Der 431 km lange **Pennine Way** beginnt im Tal Edale und endet an der schottischen Grenze. Der Kinder Scout, das mit 637 m höchste Plateau des Peak District, lässt sich am besten von Edale aus besteigen. Die Nationalparkbehörde hat **Radverleihstellen**, z. B. in Parsley Hay südlich von Buxton, wo zwei Fernwege aufeinandertreffen: der 20 km lange **Tissington Trail** auf der Trasse einer stillgelegten Bahnstrecke ohne Steigungen und der 28 km lange **High Peak Trail,** ebenfalls eine alte Bahnstrecke.

THE PEACOCK €€€

The Peacock im Dorf Rowsley, 6 km südlich von Bakewell, ist ein gutes Restaurant, das an der Bar auch einfachere Pub-Küche serviert. In dem Haus aus dem 17. Jh. am Ufer des River Derwent gibt es außerdem 15 luxuriöse Zimmer.
Rowsley
Tel. 01629 73 35 1
thepeacockatrowsley.com

ROSELEIGH €€

Gerard und Maggi bereiten einen herzlichen Empfang und ein ausgezeichnetes Frühstück in ihrem 4-Sterne-Gästehaus mit Blick auf Kurpark und See. 14 Zi.
19 Broad Walk
Buxton
Tel. 0129 82 49 04
roseleighhotel.co.uk

HODGKINSONS HOTEL €€

Das Haus mit acht Zimmern im viktorianischen Stil lässt alte Zeiten wieder aufleben – auch im Sinne herzlich »altmodischer« Gastfreundschaft. Das exzellente Restaurant bietet britische Gerichte mit mediterranem Einfluss.
150 South Parade
Matlock Bath
Tel. 01629 58 21 70
www.hodgkinsons-hotel.co.uk

Mit dem Boot durch die Tropfsteinhöhle

Castleton

Castleton 20 km nordöstlich liegt am Westende des Hope-Valley und ist im Sommer gut besucht. Hauptattraktion sind die **Tropfsteinhöhlen,** die man das ganze Jahr über besichtigen kann. Die eindrucksvollste ist die 800 m lange Peak Cavern. Interessant ist auch die Speedwell Mine: Bei der Besichtigung unternimmt man eine Bootsfahrt auf einem unterirdischen Kanal vorbei an fantastischen zapfen- und säulenförmigen Kalkgebilden, Sinterterrassen und Wasserfällen.

Eines der prächtigsten Herrenhäuser Englands

Chatsworth House

Chatsworth 24 km östlich von Buxton ist Sitz der Herzöge von Devonshire. Von einem früheren Gebäude am Ufer des Derwent sind noch Reste erhalten. Zwischen 1686 und 1708 entstand das jetzige Haus, im 19. Jh. kam ein Flügel dazu. Chatsworth hat eine hervorragende Sammlung von Bildern alter Meister, Skulpturen, Wandteppichen, Möbeln, Silber und Porzellan. Der Garten umfasst spektakuläre Wasserfälle, Orangerie, Rosengarten und Tropenhaus. Um die Anlage zieht sich ein Landschaftspark, den Capability Brown gestaltete. Auch ein Tiergehege gehört dazu. Nahe der Brücke erinnert der Queen Mary's Bower an Maria Stuart, die mehrmals als Gefangene hier war. Das auch »Palace of the Peak« genannte Anwesen wird aus Besucherattraktionen finanziert: Gastronomie, Gift Shop, Farm Shop, Abenteuerspielplatz und Veranstaltungen wie die Chatsworth Country Fair Ende August.

Haus, Garten und Farm: Mitte März–Dez. tgl. 10–16.30, im Sommer bis 17.30 Uhr (s. Website für saisonal wechselnde Öffnungszeiten)
Eintritt 28,50 £ | www.chatsworth.org

Wunderschöne Lage über dem Wye

Haddon Hall

Haddon Hall 24 km südöstlich von Buxton ist der Sitz des Duke of Rutland und wurde ursprünglich von den Normannen als Bollwerk errichtet; Teile der Kapelle und der nordöstliche Turm stammen noch aus spätnormannischer Zeit. Sehenswert sind das Schlafgemach des Herzogs, die mittelalterliche Banqueting Hall mit wuchtigem Holzgewölbe und die Kapelle mit Wandmalereien aus dem 15. Jh., zudem ein weißes Marmorgrab für Lord Haddon, der 1894 im Alter von nur neun Jahren starb. In der großen Halle (14. Jh.) hängen flämische Gobelins, auf denen Jagdszenen und die fünf Sinne dargestellt sind.

Ostern–Sept. tgl. 10.30–16.30, letzter Einlass 15.30 Uhr
Eintritt 24 £ | www.haddonhall.co.uk

Rundherum

Original viktorianische Keramikfabrik

Stoke-on-Trent

Stoke-on-Trent ist Mittelpunkt des Tonwarenindustriegebietes, der **Potteries.** Viele internationale Manufakturen wie Wedgwood, Royal Doulton, Spode haben hier ihre Wurzeln. Die Potteries brachten dem

OBEN: Für den Unterhalt eines Herrenhauses wie Chatsworth muss man sich etwas einfallen lassen.
UNTEN: Der Duke und die Duchess of Devonshire veranstalten deshalb auch Weihnachtsshows, bei denen den Kronleuchtern besonderes Augenmerk zuteil wird.

Empire Ruhm und Geld, bescherten der Gegend aber armselige Arbeiterviertel und beträchtliche Luftverschmutzung. In den 1980er-Jahren begann man, die aus sechs Gemeinden zusammengezogene Stadt zu verschönern. Die Porzellanherstellung macht sie für Besucher nach wie vor attraktiv. Das **Potteries Museum and Art Gallery** zeigt eine der bedeutendsten Sammlungen englischer Töpferei- und Porzellanwaren, das **Gladstone Pottery Museum** ist in einer frühviktorianischen Keramikfabrik mit originalen Werkstätten und Flaschenöfen eingerichtet. Im Ort Barlaston birgt das Museum der Firma **Wedgwood** eine Sammlung eigener Erzeugnisse seit dem 18. Jahrhundert. Bei der Fabrikbesichtigung sehen Besucher die Herstellungsprozesse und können zu bestimmten Zeiten selbst Hand anlegen.

Potteries Museum: Bethesda St., City Centre | Mi.–Sa. 10–17, So. 11–16 Uhr | Eintritt frei | www.stokemuseums.org.uk
Gladstone Pottery Museum: Uttoxeter Rd., Longton | Mi.–Sa 10–17, So. bis 16 Uhr | Eintritt 8,50 £
www.stokemuseums.org.uk
World of Wedgwood: Mi.–So. 10–17 Uhr, Museum Eintritt frei, Führung durch die Fabrik 12,50 £ | www.worldofwedgwood.com

Wohin in Sheffield?

Stahlstadt

Fünftgrößte Stadt des Landes

Englands fünftgrößte Stadt (Ballungsraum 1,35 Mio. Einw.) liegt am River Don östlich des Peak District. Sheffield wurde weltberühmt für Schneidwerkzeuge aller Art, Gewehre und Edelstahlerzeugnisse. Seit den 1980ern führte der Niedergang der Stahlindustrie zu Krisenzeiten, humorvoll dargestellt im Film »Ganz oder gar nicht« (1997) über arbeitslose Stahlarbeiter, die ihr Glück mit einer Stripteaseshow versuchen. **Joe Cocker** (▶ Interessante Menschen) stammt auch von hier.

Hier ruht der Earl

Sheffield Cathedral

Die Kathedrale in der Church Street ist die Erweiterung einer Pfarrkirche des 15. Jh.s. im spätgotischen Perpendicular Style, von der noch Chor und Turm zeugen. Im Innern befindet sich das Marmorgrabmal des 4. Earls von Shrewsbury († 1538), das ihn zwischen seinen beiden Frauen zeigt, mit kunstvoll geschnitzten Alabasterfiguren.

Mo.–Fr. 8.30–17, Sa. 9.30–16, So. 7.30–17 Uhr | Eintritt frei, Spende erwünscht | www.sheffieldcathedral.org

Ein römischer Gott und eine deutsche Glocke

Town Hall

In der Surrey Street steht die Town Hall, ein gewaltiges Werk der Neo-Renaissance von 1897, das 1910 und 1923 vergrößert wurde. Der 59 m hohe Turm zeigt die Figur des antiken Gottes der Schmiede, Vulkan, der seine geschmiedeten Pfeile hochhebt. Südlich schließen sich Peace

Gardens mit der Bochum Bell an – die Glocke war 1985 ein Geschenk der deutschen Partnerstadt. Östlich der Town Hall gedeihen 2500 Pflanzenarten in einem Gewächshaus aus hölzernen Bögen und Glas.

Malerei, Design und Kunsthandwerk

Kunstmuseen

Am Tudor Square zeigt die Central Library mit der **Graves Art Gallery** eine Gemäldesammlung alter Meister und englischer Kunst vom 18. Jh. bis heute sowie Werke französischer Maler, u. a. Cézanne und Picasso. Die **Millennium Gallery** an der Arundel Gate zeigt große Wechselausstellungen und bietet als Dauerausstellung die Metal Collection mit feinstem Kunsthandwerk aus Sheffield.

Graves Art Gallery: Di.–Sa. 11–16, Mi. 13–18 Uhr | Eintritt frei
Millennium Gallery: Mo.–Sa. 10–17, So. 11–17 Uhr | Eintritt frei
www.sheffieldmuseums.org.uk (beide Museen)

12 000 Pferdestärken

Industriemuseen

Im **Kelham Island Museum** in der Alma Street sind Stahl- und Silberwaren aus drei Jahrhunderten ausgestellt, und man kann Messerschmieden und Schleifern bei der Arbeit zusehen. Hauptattraktion: eine 12 000 PS starke Dampfmaschine, die zweimal am Tag in Aktion tritt. Mit ihr wurden Panzerplatten für britische Schlachtschiffe gewalzt. Das viktorianisch geprägte **Abbeydale Industrial Hamlet** aus dem 18. Jh. informiert über die Sensenherstellung, mit Werkstätten, Lagerhäusern und einem funktionierenden historischen Wasserrad.

Kelham Island Museum: Mo.–Sa. 10–17, So. 11–16 Uhr | Eintritt frei
www.sheffieldmuseums.org.uk
Abbeydale Industrial Hamlet: Abbeydale Rd. South | Do.–Sa. 10–17, So. 11–16 Uhr | Eintritt frei | www.sheffieldmuseums.org.uk

PLYMOUTH

Landesteil: Südwestengland | **Grafschaft:** Devon | **Einwohnerzahl:** 265 000

Eine Anhöhe mit grünem Rasen und Meerblick, genannt Plymouth Hoe, ist der Schauplatz eines der beliebtesten Mythen des Seefahrervolks. Als 1588 Philipp II. von Spanien eine riesige Armada zur Eroberung von England schickte und die Nachricht eintraf, dass sich die feindliche Flotte näherte, spielte Admiral Sir Francis Drake gerade Bowls auf dem Hoe. »Es bleibt genug Zeit, zu Ende zu spielen und dann die Spanier zu besiegen«, soll Drake gesagt haben, während er seelenruhig weitere Kugeln warf.

Tatsächlich spielte Drake in der Niederlage der Spanier eine wichtige Rolle, und die Liebe der Engländer zu ihrem Bowls-Spiel auf grünem Rasen ist hinlänglich bekannt. Doch angesichts der wahren Geschichten, die sich um die Hafenstadt ranken, hat Plymouth die Legende nicht nötig. Dort begann Englands Aufstieg zur Seemacht – und die englische Besiedlung Amerikas. »Seehunde« nennt England seine großen Seefahrer, die mit ihren Schiffen von Plymouth aus die Geschichte des Empire entscheidend prägten: **Sir Walter Raleigh**, der 1585 die Kolonie Virginia gründete, **Drake**, der zwischen 1577 und 1580 als erster Engländer die Welt umsegelte, **James Cook** (1728–1779), der seine Forschungsreisen dort startete, wo 1620 die Pilgerväter auf der **»Mayflower«** die Segel nach Amerika gesetzt hatten.

Heimat der Sea Dogs

1941 wurde die Hafenmetropole von deutschen Bombern weitgehend in Schutt und Asche gelegt. Dennoch, auch wenn man es bei Ankunft in der eher gesichtslosen Neustadt kaum ahnen kann, hält Plymouth vom Aussichtspark The Hoe herrliche Aussichten auf die Hafenbucht The Sound bereit.

Gut für einen gelungenen Abend: das Hafenviertel Barbican in Plymouth

PLYMOUTH ERLEBEN

PLYMOUTH MAYFLOWER VISITOR INFORMATION CENTRE

3–5 The Barbican, Plymouth
PL1 2LR, Tel. 01752 30 63 30
www.visitplymouth.co.uk

BREAD AND ROSES

Dieser Pub ist ein gemeinnütziges soziales Unternehmen mit Café tagsüber und Kulturprogramm, vor allem Live-Musik, abends. Als Free House, d.h. nicht brauereigebunden, kann die Kneipe eine interessante, wechselnde Auswahl an Bier- und Cidersorten ausschenken.
62 Ebrington St.
Tel. 01752 65 98 61
www.breadandrosesplymouth.co.uk

1 BARBICAN KITCHEN €€–€€€

Die Brüder Chris und James Tanner haben ihr Restaurant in Räumen der Gin-Destillerie etabliert. Auf der Karte stehen modern interpretierte Klassiker, komponiert mit Zutaten regionaler Erzeuger, u.a. viele Fischgerichte. Cocktails werden mit Plymouth-Gin gezaubert.
60 Southside Street
Tel. 01752 60 44 48
barbicankitchen.com

2 PLATTERS €–€€

Frische und preiswerte Fischgerichte in einem eher einfachen Ambiente – täglich wird der Fang am Hafen von Plymouth angelandet und hier gekonnt zubereitet. Neben dem Standardgericht Fish & Chips mit Kabeljau oder Schellfisch stehen Bouillabaisse, Rochen und Seehecht auf der Karte.
12 The Barbican
Tel. 01752 22 72 62

1 DRAKE €€

Dieser Familienbetrieb, untergebracht in einer viktorianischen Villa, bereitet Besuchern einen freundlichen Empfang und liegt nur 300 m vom Hoe Park entfernt. Ausgezeichnetes Frühstück.
1 & 2 Windsor Villas
Lockyer Street, The Hoe
Plymouth PL1 2QD
Tel. 01752 22 97 30
www.drakehotel.net

Wohin in Plymouth?

The Hoe

Hommage an die britische Seefahrt

Im Park The Hoe stehen ein Ehrenmal der Marine, das Armada-Denkmal, Edgar Boehms Statue von Sir Francis Drake und die Aussichtsplattform von **Smeaton's Tower.** Von 1759 bis 1882 stand der Leuchtturm auf dem Eddystone Riff. Die **Royal Citadel** von 1666, heute Kaserne des 29. Artillerie-Regiments, kann man mit Führung besichtigen.
Smeaton's Tower: April–Sept. Di.–So. 10–17 Uhr | Eintritt 5 £
Royal Citadel: April–Okt. Di., Do., Sa. 14.30 Uhr, nur mit Vorbuchung
Eintritt 12,50 £ | www.english-heritage.org.uk.

Die Reise der Pilgerväter in die Neue Welt

Mayflower Steps

Am 6. September 1620 legte die überfüllte »Mayflower« mit 102 Passagieren und 31 Mann Besatzung von den heutigen Mayflower Steps im Sutton Harbour ab. Ihre Geschichte erzählt das **Mayflower Museum**, das natürlich auch ein Modell des Schiffs zeigt.

Das **National Marine Aquarium** am East Pier auf der anderen Hafenseite gibt Einblicke in die Unterwasserwelt.

Mayflower Museum: April–Okt. Mo.–Sa. 9–17, So. 10–16, Nov. bis März So. geschl. | Eintritt 5 £ | www.mayflowermuseum.co.uk
National Marine Aquarium: tgl. 10–17 Uhr | Eintritt 22,50 £
www.national-aquarium.co.uk

Urige Gassen und feine Tropfen

Barbican

Im Stadtviertel Barbican ist in der New Street das originalgetreu eingerichtete **Elizabethan House** (16. Jh.) sehenswert, in der Southside Street sind die Überreste eines Dominikanerklosters (14. Jh.) erhalten. In Haus Nr. 60 informiert die **Black Friars Distillery** über die Ginherstellung, und man kann den Plymouth Dry Gin probieren.

Elizabethan House: April–Okt. Di.–So. 10-17 Uhr | Eintritt 5 £
Black Friars Distillery: 60-Min.-Führung 15 £ | plymouthdistillery.com

Das Herz der Stadt

Armada Way und Royal Parade

Um die Flaniermeilen Armada Way und Royal Parade nördlich des Hoe-Parks liegt das heutige Stadtzentrum. Dort stehen die Hauptkirche St Andrew's, das mittelalterliche Prysten House aus dem 15. Jh., der Tudorbau des Merchants' House (16. Jh.) und die Guildhall mit ihren hübschen kleinen Türmen. **The Box** am Drake Circus ist der im Jahr 2020 zum 400. Jubiläum der Fahrt der Mayflower eröffnete Zusammenschluss des Stadtmuseums mit der Stadtbücherei, dazu gehören schöne Ausstellungsräume in einer ehemaligen Kirche und ein Café. Die Ausstellungen erläutern Hafengeschichte und Entdeckungsfahrten, zeigen Galionsfiguren und eine Kunstsammlung, darunter Werke von William Turner und Malerei der Newlyn School.

The Box: Di.–So. 10–17 Uhr | Eintritt frei | www.theboxplymouth.com

Rund um Plymouth

Lädt zu Streifzügen ein

Mount Edgcumbe and Country Park

Mit der Fähre kann man nach Cremyll übersetzen, das schon in ▶ Cornwall liegt. Dort lohnt sich der über 400 Jahre alte Herrensitz der Earls of Mount Edgcumbe, in dem Inneneinrichtungen des 18. Jh.s zu sehen sind. Außerdem gibt es einen schönen Landschaftspark mit herrlicher europäischer und exotischer Vegetation.

Haus: April–Sept. Di., Mi., Do., So. 11–16.30 Uhr | Eintritt 9,50 £
Country Park: tgl. 8–20, im Winter bis 18 Uhr | Eintritt frei
www.mountedgcumbe.gov.uk, www.plymouthboattrips.co.uk

Fast wie im Mittelalter

Cotehele House

Schön ist eine Fahrt auf dem Tamar nach Cotehele etwa 15 km nordwestlich. Das fast unveränderte Cotehele House (1485–1539) aus grauem Granit birgt wertvolle Möbel, Handarbeiten und Waffen.

Haus: März–Okt. tgl. 11–16 Uhr, Garten: ganzjährig bei Tageslicht
Eintritt 14 £ | www.nationaltrust.org.uk/cotehele

Nobles Interieur von Robert Adam

Saltram House

John Parker, Hausherr von Saltram House 5 km östlich von Plymouth, beauftragte Robert Adam Mitte des 18. Jh.s, den Salon und den Speisesaal einzurichten. Mit ihren exquisiten Stuckarbeiten und Deckengemälden gehören die Räume zu den besterhaltenen Adam-Interieurs des Landes. Höhepunkte des Gartens sind eine Orangerie, eine Limonenallee und eine Kapelle. Haus und Garten waren Drehorte in der Verfilmung von Jane Austens »Sinn und Sinnlichkeit«.

Haus: Mitte Febr.-Okt. Do.-Mo. 11-16.30, Nov.-Febr. bis 15.30, Garten: März bis Okt. 10-17, Nov.-Febr. bis 16 Uhr | Eintritt 13 £
www.nationaltrust.org.uk/saltram

★ PORTSMOUTH

Landesteil: Südengland | **Grafschaft:** Hampshire |
Einwohnerzahl: 209 000

Wo, wenn nicht in Portsmouth, der maritimen Hauptstadt Großbritanniens, kann man der stolzen Seefahrtgeschichte des Landes nachspüren? Schließlich sind im Haupthafen der Royal Navy drei historische Kriegsschiffe vertäut oder ausgestellt, allen voran Lord Nelsons Flaggschiff »HMS Victory«.

Als gegen Abend des 19. Juli 1545 endlich eine Brise aufkam, konnten englische Kriegsschiffe aus dem Hafen von Portsmouth auslaufen und die französischen Galeeren angreifen. Es gelang, die versuchte Invasion zurückzuweisen, aber dabei ereilte die **»Mary Rose«** die Katastrophe. Vor den Augen des Königs bekam das Flaggschiff Schlagseite und ging unter. Losgerutschte Kanonen und der aus der Verankerung gerissene 360-Liter-Kessel der Kombüse erdrückten manche der 400 Besatzungsmitglieder, die am Deck gespannten Netze verhinderten das Entkommen vieler anderer. Nur 35 überlebten. Das Heben des Tudorschiffs vom Meeresbett 1982 war ein großes Ereignis für ein Land, das auf seine königliche Marine extrem stolz ist. Heute ist das Skelett der »Mary Rose« eines der beiden herausragenden Exponate in den Historic Dockyards, den Marinewerften – das andere ist die »HMS Victory«, das Flaggschiff von Lord Nelson. Portsmouth ist seit 500 Jahren der Haupthafen der Royal Navy und somit eine Art Nationalheiligtum der Seefahrtgeschichte. Bereits im 12. Jh. etablierte Heinrich II. hier eine königliche Werft, 1495 wurde das erste Trockendock der Welt in Betrieb genommen. Außer Highlights der Marinegeschichte hat die **Geburtsstadt von Charles Dickens** mit Southsea ein einladendes Seebad. 1887 schrieb Sir Arthur Conan Doyle als Arzt in Southsea den ersten Sherlock-Holmes-Roman »A Study in Scarlet«.

Heimathafen der Royal Navy

EIN STOLZES SCHIFF

Die »HMS Victory« ist das berühmteste englische Kriegsschiff aller Zeiten. Als Flaggschiff von Admiral Lord Nelson war sie mitten im Getümmel, als die Briten am 21. Oktober 1805 in der Schlacht von Trafalgar Napoleon und seine spanisch-französische Flotte besiegten und damit ihre Vorherrschaft zur See begründeten.

Historic Dockyard: April–Okt. tgl. 10–17.30, Nov.–März 10–17 Uhr
Einzelticket für HMS Victory 34 £
www.nmrn-portsmouth.org.uk

1 Kapitänsquartier
Thomas Masterman Hardy, befehlshabender Offizier während der Schlacht von Trafalgar, standen im Achterschiff drei Kajüten zur Verfügung – wie bei Nelson mit eigener Toilette. In der Offiziersmesse wurden die Tagesbefehle ausgegeben. Weniger komfortabel hatte es die Mannschaft – vor Trafalgar waren 821 Offiziere, Matrosen und Marinesoldaten an Bord.

2 Admiralsquartier
Vier Kabinen mit gediegener Einrichtung bewohnte Lord Nelson – ein Porträt von William Beechey aus dem Jahr 1801 zeigt Nelson als kommandierenden Vizeadmiral der Mittelmeerflotte, auf zwei weiteren Bildern sind Lady Hamilton und die gemeinsame Tochter Horatia im Alter von zwei Jahren zu sehen. Der Originaltisch, an dem Nelson mit seinen Kapitänen, Offizieren und illustren Gästen zu speisen pflegte, steht heute im Royal Naval Museum.

3 Steuerrad
Unter dem Kreuzmast auf dem Achterdeck war das Steuerrad.

4 Nelsons tödlicher Standort
Eine Plakette markiert die Stelle, an der Lord Nelson hinter den französischen Linien eine Kugel traf.

5 Kombüse
Der Schiffskoch hatte eine Speisekammer, mit Kohle und Holz befeuerte gusseiserne Herde und zwei Öfen zum Brotbacken.

Mit einem Kondensator konnte aus Salzwasser Frischwasser gewonnen werden. Die Verpflegung in der georgianischen Marine war übrigens besser als ihr Ruf: Die Tagesrationen (ca. 5000 Kalorien pro Kopf) bestanden aus frischem oder gepökeltem Fleisch, Gemüse, Schiffszwieback, Butter, Käse, Rosinen, Zwiebeln und Zucker. Die Mannschaft aß um 8, 12 und 16 Uhr, die Offiziere nahmen das Dinner zwischen 14 und 15 Uhr ein.

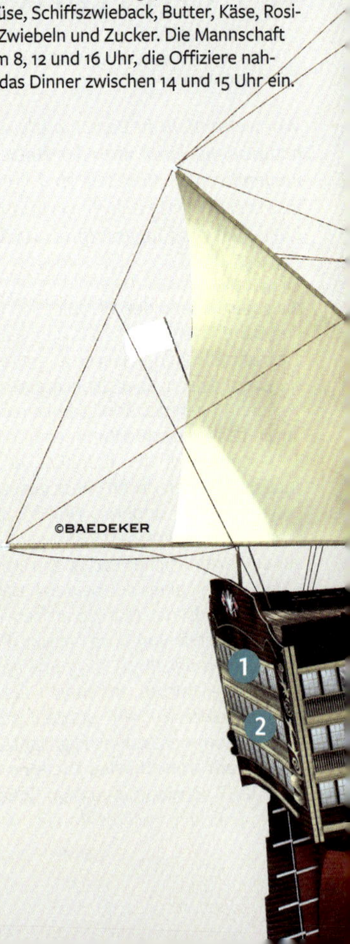

6 Pulvermagazin
Explosive Angelegenheit: Hier lagerten 784 Pulverfässer – ein Fünftel des Pulvers wurde während der Schlacht von Trafalgar verschossen.

7 Vorratskammer
Unterhalb der Wasserlinie war der Proviant verstaut, darunter bis zu 355 t Wasser.

PORTSMOUTH ERLEBEN

VISITOR INFORMATION
The Hard, Portsmouth PO1 3PA
Tel. 023 92 82 67 22
www.visitportsmouth.co.uk

THE ROCKA RESTAURANT €€
Im Rocka Restaurant werden gute Fischgerichte zu einem vernünftigen Preis angeboten. Wer keinen Fisch mag, wählt alternativ Burger, Pasta, Steak oder Salat.
42 Osborne Rd., Southsea
Tel. 023 92 34 64 17
www.therockarestaurant.co.uk

OLD CUSTOMS HOUSE €€
In einem Marine-Ausrüstungsschuppen von 1790 wurde ein Restaurant eingerichtet, und heute bekommt man hier süffiges Bier und Traditionsküche. Schön ist der Blick auf den Hafenbetrieb vom Biergarten aus.
Gunwharf Quays
Tel. 023 92 83 23 33
www.theoldcustomshouse.com

FLORENCE HOUSE HOTEL €€
Das Boutique-Hotel in einem großen alten Haus liegt nur zwei Gehminuten vom Strand im Stadtteil Southsea entfernt. Die Besitzer führen auch das Pub-Restaurant The Florence Arms, das nur 100 m entfernt in der Florence Road zu finden ist (deftige Traditionsgerichte €€).
2 Malvern Rd., Portsmouth
Tel. 023 92 00 90 09
www.themercercollection.co.uk

★ Historic Dockyard

April–Okt. tgl. 10–17.30, sonst bis 17 Uhr
Eintritt: Gesamtanlage inkl. Hafenrundfahrt (National Museum of the Royal Navy, HMS Victory, HMS Warrior, HMS M33, Action Stations, Boathouse 4, Royal Navy Submarine Museum in Gosport) 44 £, auch Einzeltickets
Mary Rose Museum: 34 £
www.historicdockyard.co.uk | www.nmrn.org.uk
www.maryrose.org

Selbst ans Steuer?

Marinestützpunkt

Im größten Stützpunkt der königlichen Marine liegt eine Flotte aus Flugzeugträgern, Zerstörern, Fregatten, Minenjägern und Hochseewachbooten vor Anker. Einblicke in den Hafen und seine Geschichte geben 45-minütige Harbour Tours. In Lagerhallen aus dem 18. Jh. erzählt das **National Museum of the Royal Navy** die Geschichte der britischen Seefahrt. Mit Computersimulationen können Besucher ein Schlachtschiff aus der Ära von Lord Nelson und einen Marinehubschrauber steuern.

Nelsons Flaggschiff

★ HMS Victory

Die »**HMS Victory**« (▶ Baedeker Wissen, S. 348/349) steht offiziell noch im Dienst der Marine und ist so das am längsten dienende Kriegsschiff der Welt. Sie ist knapp 60 m lang und hat fünf Decks und 104 Kanonen – das Feuern und Nachladen dauerte nur 90 Sekunden! 1759 wurde der Dreimaster auf der Marinewerft Chatham auf Kiel gelegt, 1765 lief er vom Stapel. Ab 1922 wurde das Schiff restauriert, heute kann man es vom Admiralsquartier bis zum Munitionsdepot besichtigen. Zwei weitere Kriegsschiffe liegen in den Docks: der viktorianische Dreimaster **»HMS Warrior«**, der als erstes Schiff der Royal Navy mit Ganzmetall-Rumpf, gepanzerten Hauptgeschossen und leistungsstarker Dampfmaschine neue Maßstäbe im Schiffbau setzte, sowie »HMS M.33« aus dem Ersten Weltkrieg.
Boathouse 4 ist eine Familienattraktion mit Aktivitäten für Kinder und Informationen über den Schiffbau. **Action Stations** bietet Abenteuerspiele und technische Informationen für Jung und Alt.

Vom Meeresgrund geborgen

Mary Rose Museum

Die »Mary Rose« wurde 1509 für **Heinrich VIII.** gebaut. Der Schiffsrumpf, der zum Erhalt jahrelang mit Polyethyleneglycol besprüht worden war, wird im separaten Mary Rose Museum präsentiert. Projektionen, Multimediashows und Gegenstände zum Anfassen erwecken den Alltag auf dem Schiff zum Leben.

Wohin in Portsmouth?

Angesagtes Ausgehviertel

Gunwharf Quays

Wo einst die Kriegsschiffe munitioniert wurden, entstand mit den Gunwharf Quays ein neues Hafenviertel mit Designer-Outlets, Bars und Restaurants, Fitnessclub, Kino, Hotel und Marina. Wahrzeichen des Viertels ist der **Spinnaker Tower** – aus 170 m Höhe bietet er einen fantastischen Rundblick über den Historic Dockyard. Auf 100 m Höhe gibt es eine Aussichtsplattform mit Glasboden, auf Deck 2 in 105 m Höhe ein Café, auf Deck 3 steht man auf 110 m draußen im Wind.

Spinnaker Tower: Mo.–Do. 10.30–18, Fr.–So. 10–18 Uhr
Eintritt 14,75 £ | www.spinnakertower.co.uk

Zahlreiche Attraktionen

Southsea

Das Seebad Southsea mit dem 5 km langen Kieselstrand ist bevorzugte Wohngegend von Portsmouth. Von der Strandpromenade sieht man bei schönem Wetter die ▶ Isle of Wight. Der Clarence Pier, das Badezentrum The Pyramids und das **Blue Reef Aquarium** an der Clarence Parade machen Southsea zum beliebten Familienausflugsziel. Das **D-Day Museum** an der Clarence Esplanade widmet sich der Landung der Alliierten in der Normandie am 6. Juni 1944. Direkt dahinter liegt das **Southsea Castle,** von dem König Heinrich VIII. 1545 den Untergang der »Mary Rose« verfolgte.

Blue Reef Aquarium: tgl. 10–17, in den Ferien bis 18 Uhr
Eintritt 14 £ | www.bluereefaquarium.co.uk

D-Day Museum: tgl. 10–17.30, Okt.–März bis 17 Uhr | Eintritt 14,35 £
theddaystory.com

Southsea Castle: Ostern/April–Okt. Di.–So. 10–17 Uhr | Eintritt frei
www.southseacastle.co.uk

Rund um Portsmouth

Royal Navy Submarine Museum

Auf Tauchstation

Im Royal Navy Submarine Museum an der Haslar Road in Gosport können Besucher vier U-Boote entdecken, darunter auch die »HMS Holland« (1901), das erste U-Boot der königlichen Marine.

Mi.–So. 10.30–16.30 Uhr, während der Schulferien tgl.
Einzelticket 34 £, Kombiticket mit Historic Dockyard 44 £
www.nmrn.org.uk/submarine-museum

Portchester Castle

Das besterhaltene römische Fort nördlich der Alpen

Portchester Castle wurde im 3. Jh. mit 6 m hohen Außenmauern im Norden von Portsmouth Harbour gebaut. Zur Anlage gehört ein normannischer Bergfried. Gut konzipierte Ausstellungen erzählen von den Menschen in der Festung, z. B. von den französischen Kriegsgefangenen, die vor mehr als 200 Jahren hier leben mussten.

April–Okt. tgl. 10–17, Nov.–März Sa., So. 10–16 Uhr
Eintritt 7,70 £ | www.english-heritage.org.uk

★★ SALISBURY

Landesteil: Südengland | **Höhe:** 46 m ü.d.M. | **Grafschaft:** Wiltshire | **Einwohnerzahl:** 42 000

Im Jahr 1220 zog eine ganze Stadt samt Kathedrale um. In der ummauerten Hügelsiedlung Old Sarum war es viel zu eng geworden. Es herrschte Wassermangel. Wenn der Wind um den Dom heulte, war von Gebet und Gesang nichts zu hören. Die Rivalität zwischen der Burgbesatzung und dem Domklerus mündete in Schlägereien. Endlich stimmten Papst und König einer Neugründung zu, der Bischofssitz wurde in die wasserreiche Talniederung des Avon verlegt und hieß fortan Salisbury.

SALISBURY ERLEBEN

TOURIST INFORMATION CENTRE
Fish Row, Salisbury SP1 1EJ
Tel. 01722 34 28 60
www.visitsalisbury.com

THE HAUNCH OF VENISON €€
Im Pub mit einer 700-jährigen Geschichte kommen deftige Fleischgerichte auf den Tisch. Der Hausgeist darf nicht fehlen – angeblich schummelte er beim Kartenspiel, seine mumifizierte Hand wird gezeigt.
1 Minster St.
Tel. 01722 41 13 13
haunchpub.co.uk

CAFÉ DIWALI €€
Die frische, gute gewürzte indische Küche ist um Klassen besser als die üblichen Currygerichte. Wer es richtig scharf mag, probiert Lammcurry nach Art der Provinz Rajasthan, für Vegetarier wird Paneer-Käse in einer leckeren Soße mit Ingwer und Koriander zubereitet. Dazu passt sehr gut ein Craft Beer.
90 Crane Street
Tel. 01722 32 97 00
cafediwali.com

THE CHAPTER HOUSE €€
Das Haus aus dem 16. Jh. in der Nähe der Kathedrale ist ein Familienbetrieb. Insgesamt 17 Zimmer werden angeboten. Die plüschig-gepflegte Einrichtung passt gut zum historischen Ambiente. Im Pub-Restaurant wird Hausmannskost, vor allem Burger und Steak, serviert (€€).
9–13 St. John's St.
Tel. 01722 34 12 77
www.thechapterhouseuk.com

Die Altstadt ist kein Gewirr von engen Gassen, sondern hat ein geordnetes Schachbrettmuster mit Häuserzeilen und Gartenhöfen – sie entstand am Reißbrett und gilt als Musterbeispiel mittelalterlicher Stadtplanung. Die Siedlung blühte als Tuchhändlerstadt um die neue Kathedrale, die von den Wiesen der großen Domfreiheit eingefasst und vom höchsten Kirchturm des Landes bekrönt ist.

Mittelalterliche Musterstadt

Wohin in Salisbury?

Perle der englischen Frühgotik

★★ Salisbury Cathedral

Ob es wohl stimmt, dass man den Platz für den Neubau der Kathedrale mit einem Pfeilschuss ermittelte? Die Bauzeit war für das 13. Jh. jedenfalls eine außerordentliche Leistung: Die Kathedrale im frühgotischen Early English Style wurde in einer Rekordzeit von 45 Jahren errichtet. 1265 wurde der Sakralbau aus silbergrauem Kalkstein geweiht, 1380 der 123 m hohe **Vierungsturm** vollendet. Nicht mehr erhalten ist der Glockenturm, der bis 1790 in der Domfreiheit stand.

Sein Uhrwerk von 1386 ist im nördlichen Seitenschiff zu sehen. Typisch ist die Längsstreckung mit der für England charakteristischen Raumfolge von Langschiff, Langchor, Retrochor, westlichem Hauptquerschiff und östlichem Chorquerschiff. Der rechteckige Retrochor und die Marienkapelle (Lady Chapel) bilden eine separate Raumzone. Auffällig ist auch der sparsame Fassadenschmuck – nur wenige Skulpturen, etwa Christus als Weltenrichter mit Rangordnungen von Patriarchen, Aposteln und Heiligen, sind zu sehen.
Der **Innenraum** beeindruckt durch seine Weite, die sich von der sonst üblichen Höhenausdehnung der Gotik abhebt. Das vierteilige, nur 25 m hohe Kreuzrippengewölbe im Langhaus unterstreicht die horizontale Wirkung.
Der hochgotische **Kreuzgang** und das achteckige **Kapitelhaus,** Versammlungsort des Domkapitels mit einer einzigen Mittelsäule als Gewölbeträger und herrlichem Wandfries mit Darstellungen des Alten Testaments, stammen aus der Mitte des 14. Jahrhunderts. Hier wird eine der vier noch existierenden Originalkopien der **Magna Charta,** der Grundlage der englischen Verfassung, aufbewahrt.
Großbritanniens größte **Domfreiheit** mit den weiten Rasenflächen ist durch drei Torwege von der übrigen Stadt abgeschieden. Innerhalb der Domfreiheit stehen schöne Bürgerhäuser im elisabethanischen und georgianischen Stil, die den kirchlichen Bediensteten, dem Dekan und den Lehrern der Domschule als Wohnhäuser dienten. Besonders bemerkenswert sind Mompesson House mit eleganter Innenausstattung und kostbarer Gläsersammlung sowie King's House mit dem **Salisbury Museum,** das Exponate aus ▶ Stonehenge und Old Sarum zeigt.

Kathedrale: Mo.–Sa. 9.30–17, So. 12–16 Uhr | Eintritt 11 £
www.salisburycathedral.org.uk
Salisbury Museum: 65 The Close | Mo.–Sa. 10–17, Juni–Sept. auch So. ab 12 Uhr | Eintritt 9 £ | www.salisburymuseum.org.uk

Ein schöner Bummel

Altstadt

Die Kathedrale ist eingebettet in die herrlich grünen Flussauen des River Avon. Von dort bietet sich ein schöner Blick auf die Kathedrale, wie ihn bereits John Constable auf einem Gemälde von 1820 festgehalten hat.
Ein Bummel durchs Zentrum führt zu der Pfarrkirche St Thomas of Canterbury (15. Jh.), zum weiträumigen Marktplatz, zur Guildhall (1788–1795) und zum Plume of Feathers Inn (15./17. Jh.) schräg gegenüber. In der Milford Street lohnt sich ein Blick auf das Red Lion Hotel mit seiner prächtigen Fassade von 1820 und hübschem Innenhof, in der Gigant Street auf Joiner's Hall, ein schönes Fachwerkgebäude aus dem 16. Jahrhundert.

Mehr als nur ein Foto wert: Salisbury Cathedral

Rund um Salisbury

Früher Siedlungsort

Old Sarum

Die Ruinen der Vorgängerstadt von Salisbury, Old Sarum, liegen 3 km nördlich vom heutigen Stadtzentrum auf einem Hügel, der schon in prähistorischer Zeit befestigt war und den später Römer und Sachsen besiedelten. Wilhelm der Eroberer ließ hier eine Burg bauen und verlegte den Bischofssitz 1075 hierher. Castle und Kathedrale sollten den normannischen Herrschaftsanspruch deutlich machen. Da man für den Aufbau von Salisbury Baumaterial aus Old Sarum verwendete, sind nur die spärlichen Reste der Burg im inneren Ringwall und die der zerstörten Kathedrale im äußeren zu sehen.

Ostern–Okt. tgl. 10–17, Nov.–Ostern bis 16 Uhr
Eintritt 5,90 £ | www.english-heritage.org.uk

Ein Doppelwürfel

Wilton

In der alten Hauptstadt des sächsischen Königreichs Wessex, 5 km westlich von Salisbury, sind die 1655 gegründete **Royal Carpet Factory** und weitere bedeutende Teppichhersteller ansässig, die seit Mitte des 17. Jh.s von der einheimischen Wolle und zugewanderten Webern aus Flandern und Frankreich profitierten. Am Ortsrand liegt **Wilton House,** Sitz der Familie Herbert, der Grafen von Pembroke. 1544 schenkte Heinrich VIII. dem General und Politiker William Herbert die einstigen Abteigebäude. Der ließ die Bauten niederreißen und einen Landsitz errichten, der 1647 abbrannte. Der neu erbaute, außen klassisch-schlichte Herrensitz entfaltet innen in sieben Staatsgemächern barocke Pracht. Vor allem der weiße »Doppelwürfel-Saal« (Double Cube Room; 20 x 10 x 10 m), dekoriert mit vergoldeten Blumen und Früchtegirlanden und einem Deckengemälde zur Perseus-Mythologie, ist ein Meisterwerk barocker Innenausstattung.

Wilton House: Mai–Aug. So.–Do. 11.30–17 Uhr | Eintritt 18,50 £
www.wiltonhouse.co.uk

Einst von 12 Kirchen überragt

Shaftesbury

Das romantische Städtchen Shaftesbury 30 km südwestlich von Salisbury ging aus einem Benediktinerinnenkloster hervor, das Alfred der Große 888 hier gegründet hatte. Als die Gebeine des 979 ermordeten und heiliggesprochenen Königs Edward der Märtyrer in der Abtei beigesetzt wurden, avancierte die Stadt zum Wallfahrtsort. Von der Abtei blieben nur Ruinen, und von den einst zwölf mittelalterlichen Kirchen ist nur St Peter mit schöner Krypta und Portal erhalten.

Die steile, mit Kopfstein gepflasterte Straße **Gold Hill** mit geduckten Häuschen des 16. bis 18. Jh.s führt zum Park Walk bzw. Love Lane; von dort bietet sich ein herrlicher Blick, der an klaren Tagen bis zum

Glastonbury Tor reicht. Oben auf dem Gold Hill befindet sich das kleine **Gold Hill Museum** mit einem zauberhaften Garten und einer Ausstellung zu Geschichte, Land und Leuten.

Gold Hill Museum: Ostern/April–Okt. tgl. 10.30–16.30 Uhr | Eintritt frei, Spenden willkommen | www.goldhillmuseum.org.uk

★ SHROPSHIRE

Landesteil: Mittelengland | **Grafschaft:** Shropshire | **Einwohnerzahl:** 324 000

Die Grafschaft Shropshire um ihre historische Hauptstadt Shrewsbury liegt an der Grenze zu Wales in einer ländlich geprägten, leicht altmodischen und daher typisch-traditionell englischen Region. Umgeben von grünen Tälern und luftigen Höhenzügen zum Wandern kann man hier wunderbar ein paar ruhige Tage verbringen. Im Süden liegt das reizende Marktstädtchen Ludlow. Ironbridge Gorge ist eine Wiege der Industrierevolution, die ihren Status als UNESCO-Welterbe reichlich verdient.

Traditionell englisch

In Ludlow ereigneten sich 1501 die umstrittensten »Flitterwochen« der englischen Geschichte – zwischen Arthur, Prinz von Wales, ältester Sohn von Heinrich VII., und **Katharina von Aragon**. Vier Monate nach der Hochzeit starb Arthur fünfzehnjährig. 1509 heiratete Katharina seinen jüngeren Bruder, der als Heinrich VIII. König wurde, aber die Ehe brachte keinen männlichen Thronfolger hervor. Heinrich glaubte, es liege ein Fluch auf der Ehe, da er gegen das alttestamentarische Verbot verstoßen hatte, die Witwe des Bruders zu heiraten. Damit begründete er seine Forderung, die Ehe zu annullieren. Katharina entgegnete, die Ehe mit Arthur sei während ihrer Zeit in Ludlow nie vollzogen worden und deshalb ungültig. Der Papst stellte sich auf ihre Seite und verweigerte die Annullierung, worauf Heinrich den Bruch mit Rom vollzog und sich selbst zum Oberhaupt der anglikanischen Kirche erklärte – der erste Schritt zur Reformation in England.

Wohin in Shrewsbury?

Urige Häuser in schmalen Gässchen

Fachwerkbauten

Alte Fachwerkhäuser und enge Straßenzüge verleihen der Stadt ihr unverwechselbares Gesicht. Die Grafschaftshauptstadt wird umschlossen von einer fast kreisförmigen Mäanderschlinge des Severn,

Englands längstem Fluss, den hier zwei imposante Brücken überspannen. Sehenswert sind die Markthalle (1596), Owen's Mansion (1592) und Ireland's Mansion (1580) und an der Butcher's Row, der ältesten Straße, Abbot's House aus dem 15. Jahrhunderts.

Gläserne Kunst

St Mary's Church

Die Kirche ist bekannt für ihre wunderschönen Glasfenster aus dem 14. und 15. Jh., u. a. das Ostfenster mit dem Stammbaum Jesse. Beachtenswert sind auch die Glasfenster mit Szenen aus dem Leben des hl. Bernhard, die um 1500 in Köln angefertigt und im 19. Jh. von der Abtei Altenberg im Bergischen Land hierher verkauft wurden.

Stadtgeschichte aus unterschiedlichen Perspektiven

The Square

Auf The Square steht ein Denkmal für Robert Clive, dessen militärische Siege in Indien die britische Macht dort im 18. Jh. entscheidend ausweiteten. Das **Shrewsbury Museum and Art Gallery** informiert

SHROPSHIRE & SHREWSBURY ERLEBEN

The Music Hall, The Square
Shrewsbury, SY1 1LH
Tel. 01743 25 88 88
www.visitshropshire.co.uk
www.shropshirehillsaonb.co.uk

Märkte in Ludlow: Mo., Fr. und Sa. sind die Markttage, im Sommer zusätzlich auch noch Mi. An jedem 2. und 4. Do. des Monats werden auf dem Farmers Market Lebensmittel aus der Region verkauft und am 1. und 3. So. im Monat gibt es einen Flohmarkt.

THE WALRUS €€€

Feine moderne britische Küche, Mi.–Sa. Abend, Reservierung für Restaurant nur online. In der Bar gibt es kleine Gerichte (€, ohne Reservierung).
2 Lower Claremont Bank
Shrewsbury
www.the-walrus.co.uk

THE GREEN CAFÉ €€

In einer ehemaligen Mühle am Ufer des River Teme treffen Zutaten von englischen Wiesen und Äckern auf die weite Welt – als Shropshire Quinoa, Kimchi-Gurke oder Käse der Gegend mit Feigenchutney.
Mill on the Green, Ludlow
Tel. 01584 87 98 72

ROWTON CASTLE €€€

Im Grünen gelegenes Schlosshotel 13 km westlich von Shrewsbury mit Park und luxuriösen Zimmern.
Halfway House
Tel. 01743 88 40 44
www.rowtoncastle.com

THE CLIFFE AT DINHAM €€

»Restaurant with rooms«, aber das Hotel (13 Zi.) ist mehr als nur Anhängsel des britischen Restaurants.
Dinham, Ludlow SY8 2JE
Tel. 01584 87 20 63
www.thecliffeatdinham.co.uk

über die Stadtgeschichte und zeigt Funde aus der nahe gelegenen römischen Stadt Viroconium (heute Wroxeter).
Di.-Sa. 10-17, So. 11-16 Uhr | Eintritt frei
www.shrewsburymuseum.org.uk

Taktisch klug platziert
Ein Blick auf den Stadtplan verdeutlicht die einst bedeutende strategische Lage des Castle – es wurde an der einzigen Stelle errichtet, an der die Stadt nicht durch den River Severn geschützt war. Ende des 18. Jh.s wurde es zum Wohnsitz umgebaut, heute beherbergt es das **Museum Soldiers of Shropshire**, das Uniformen und Waffen zeigt und die Rolle einiger Regimente in der britischen Geschichte darstellt. Castle
Mitte Febr.-Mitte Dez. tgl. außer Do., So. 10.30-16 Uhr
Eintritt 5,50 £ | www.shropshireregimentalmuseum.co.uk

Viel Grün mitten im Zentrum
Der ehemalige Steinbruch, der Material für ein Großteil der Häuser in der Stadt lieferte, ist zu dem Park »The Dingle« umgestaltet worden. Am besten verbindet man den Besuch mit einem Spaziergang am River Severn um die Altstadt herum. The Quarry

Gegründet im 11. Jahrhundert
Über die English Bridge kommt man zu der aus rotem Sandstein erbauten Abbey Church westlich der Innenstadt. Sehenswert sind das mit Wappen verzierte Westfenster aus der Regierungszeit Richards II. sowie die Grabmäler, die ältesten sind um 1300 entstanden. Abbey Church
April-Okt. tgl. 10-16, Nov.-März 10.30-15 Uhr | Eintritt frei
www.shrewsburyabbey.com

Darwins Geburtshaus
Nordöstlich der Innenstadt kommt man jenseits der Welsh Bridge zur Frankwell Street, an der schöne alte Häuser stehen. Die Straße führt zum Geburtshaus von Charles Darwin, der die renommierte, von Edward VI. begründete Shrewsbury Public School besuchte. Frankwell Street

Rund um Shrewsbury

Rundum sehenswert
Der 1797 gestaltete Attingham Park 5 km südöstlich von Shrewsbury ist ein herrlicher Landschaftspark mit einem 1785 gebauten Herrenhaus. Zur kostbaren Innenausstattung gehören Stilmöbel und Silber der Regency-Epoche sowie eine Sammlung von Gemälden italienischer und französischer Meister. Attingham Park
Haus: März-Okt. tgl. 11-16 Uhr, Park 8-18.30 Uhr | Eintritt 15 £
www.nationaltrust.org.uk/attingham-park

Urbanes Leben vor 2000 Jahren

Wroxeter In der Nähe liegt Wroxeter mit den Ausgrabungen der römischen **Festung Viroconium**, Hauptort der Civitas Cornoviorum. Man kann ein Museum und ein rekonstruiertes Wohnhaus aus dem 1. nachchristlichen Jh. besichtigen.

April–Okt. tgl. 10–17, Nov.–März Sa., So. 10–16 Uhr | Eintritt 8,10 £
www.english-heritage.org.uk

Industriedenkmäler im grünen Tal

★ Ironbridge Gorge Museum 25 km östlich von Shrewsbury liegt der Museumskomplex von Ironbridge Gorge. 1709 war Abraham Darby hier der Erste, der Koks einsetzte, um Eisenerz zu schmelzen, und Ironbridge Gorge wurde führend in der Eisenproduktion. In der Gorge (Schlucht) entstand die **erste Eisenbrücke der Welt** (1779). Nach dem Niedergang der Produktion richtete man ein ausgesprochen interessantes Industriedenkmal mit einer Reihe bemerkenswerter Museen ein. Dazu gehören ein **Brennofen** für Eisenerzschmelze von 1709, ehemalige **Lagerhäuser** der Coalbrookdale Company, das **Rosehill House** mit einem Museum zum Alltagsleben des 18. Jh.s, das **Tollhouse,** in dem über den Brückenbau berichtet wird, das **Blists Hill Open Air Museum** zum viktorianischen Zeitalter, das **Coalport China Museum,** in dem Porzellanherstellung bis 1930 gezeigt wird, und das **Jackfield Tile Museum** in Räumen, in denen zwischen 1850 und 1960 Ziegel gebrannt und glasiert wurden. Die 35 Industriedenkmäler der Ironbridge Gorge sind seit 1986 UNESCO-Weltkulturerbe. Sie werden auf vorbildliche Weise für Besucher präsentiert und befinden sich in einer bewaldeten Schlucht des River Severn, die gängigen Vorstellungen eines hässlichen Industriegebiets nicht entspricht.

Tgl. 10–17 Uhr | Eintritt Blists Hill 23,50 £, andere Museen 10,50 £, diverse Familienpässe | www.ironbridge.org.uk

Wohin in Ludlow und Umgebung?

Kulinarik unter der Burg

★ Ludlow Die schöne Lage am Theme-Fluss, die charmanten Fachwerkhäuser, das kulinarische Angebot, die Einkaufsmöglichkeiten – Ludlow ist ein guter Standpunkt, wenn Sie das ländliche südliche Shropshire erkunden wollen. Am Anfang des neuen Jahrtausends war die Kleinstadt nach London Gourmetziel Nr. 2 auf der Insel – mit drei Sterne-Restaurants. Die Starköche sind mittlerweile weitergezogen, sie hinterließen aber eine kulinarische Szene, die sich auf die Qualität der regionalen Zutaten stützt, und das zu durchaus erschwinglichen Preisen. An den geraden Hauptstraßen befinden sich interessante kleine Geschäfte für Antiquitäten, Kunsthandwerk, feine Lebensmittel und mehr, der Markt findet im Sommer mindestens viermal wöchentlich

OBEN: In Blists Hill fährt auch eine Standseilbahn.
UNTEN: Ludlow Castle bewachte die Grenze zu Wales.

statt. Handfeste historische Sehenswürdigkeiten gibt es auch. Die **Burg,** vom 15. bis zum 17. Jh. Sitz des für Wales und das Grenzland zuständigen Regierungsrats, wurde ab 1085 gebaut; ungewöhnlich ist die normannische Rundkirche. Die **St Laurence's Church** mit ihrem hohen Turm ist die größte und eine der schönsten der Grafschaft. Sehenswert sind das farbenprächtige Ostfenster und das Jesse-Fenster (14. Jh.) in der Lady Chapel. Unter den 500 denkmalgeschützten Häusern der Stadt ragt das **Feathers Hotel** mit der reich dekorierten Fachwerkfassade (1618) heraus.

Castle: April–Sept. tgl. 10–17, Winter bis 16 Uhr | Eintritt 8 £
www.ludlowcastle.com

Die Jahrhunderte sieht man ihm nicht an

Stokesay Castle

Das romantisch anmutende Stokesay Castle 11 km nordwestlich wurde im 12. Jh. für die normannische Say-Familie errichtet. Um 1280 kaufte der Wollhändler Lawrence of Ludlow das Anwesen und ließ es auf Geheiß von Edward I. befestigen. Heute ist das Manor House einer der besterhaltenen befestigten Landsitze des 13. Jahrhunderts.

April–Okt. tgl. 10–17, Nov.–Mitte Febr. Sa., So. bis 16 Uhr
Eintritt 9 £ | www.english-heritage.org.uk

Für einsame Wandertouren

Shropshire Hills

Nördlich von Ludlow findet man in den Shropshire Hills ein relativ unentdecktes Wandergebiet und Area of Outstanding Natural Beauty mit charmanten Kleinstädten. Die Hügelkette Wenlock Edge erstreckt sich nordöstlich bis zum schönen Ort Much Wenlock. Nordwestlich steigt der Long Mynd zwischen den Orten Bishop's Castle und Church Stretton auf 516 m an.

★★ STONEHENGE · AVEBURY

Landesteil: Südengland | **Grafschaft:** Wiltshire

Frühmorgens am Tag der Sommersonnenwende versammeln sich »moderne Druiden«, Priester einer Naturreligion, und ihre Anhänger am mysteriösen Steinkreis aus der Jungsteinzeit, um den Sonnenaufgang zu erleben. Sie stören sich nicht daran, dass die Anlage zwei Jahrtausende vor der Epoche der eisenzeitlichen Druiden errichtet wurde – die ungeklärten Rätsel von Stonehenge lassen viel Raum für Interpretationen.

Im entsprechenden Licht kommt Stonehenge so richtig zur Geltung.

Steinernes Rätsel

Es muss vor etwa 4500 Jahren gute Gründe gegeben haben, bis zu 5 t schwere »Blausteine« von den Preseli Hills in Wales über fast 385 km zu transportieren. Vermutlich schleppte man sie auf Rollschlitten zur nächsten Flussmündung, verschiffte sie auf Flößen entlang der Küste und weiter auf den Flüssen Avon, Frome und Wyle, wobei immer wieder Überlandstrecken zurückgelegt werden mussten. Zusammen mit den noch gewaltigeren Sarsensteinen bilden diese Blausteine den Steinkreis von **Stonehenge,** Englands berühmter Kultstätte. Die Anlage zieht jedes Jahr mehr als 1 Mio. Besucher an; um Zerstörungen zu verhindern, ist sie heute nur noch aus mehreren Metern Abstand zu besichtigen. Auch deshalb empfiehlt sich ein Besuch des 25 km nördlich gelegenen **Avebury**. Im größten der etwa 1000 Steinkreise der britischen Inseln kann man sich in relativer Ruhe frei bewegen. Die große Anlage mit Sandsteinblöcken, Erdwällen und Graben umschließt das ganze Dorf Avebury samt Manor House und weidenden Schafen. Die beiden Komplexe Stonehenge und Avebury wurden zusammen zum **UNESCO-Weltkulturerbe** erklärt.

★★ Megalithkultstätte Stonehenge

Tgl. 9.30–17 Uhr, letzter Einlass 2 Std. zuvor (Zeitfenster; Vorabbuchung empfohlen!) | Eintritt 20,90 £ | www.english-heritage.org.uk

Lange Bauzeit

Entstehungsgeschichte

Stonehenge wurde **ab etwa 3000 v. Chr.** in drei Phasen errichtet und erhielt gegen 2000 v. Chr. sein heutiges Aussehen. Aus der ersten Bauphase ab ca. 3000 v. Chr. stammt der ursprünglich 2 m hohe Ringwall um das Heiligtum. An der Innenseite des Erdwalls lag ein Ring von 56 Gruben, die wahrscheinlich als Begräbnisstätten dienten. Zwischen 2900 und 2600 v. Chr. erhielt Stonehenge Holzstrukturen innerhalb des Erdwalls, in dem die von Wales herangeschleppten **Blausteine** (Dolorit) in einem doppelten Halbkreis aufgestellt wurden. Zwischen 2500 und 2000 v. Chr. wurden 25 bis 50 t schwere **Sarsensteine** aus Sandstein aufgerichtet, hertransportiert aus einem 35 km nördlich gelegenen Steinbruch bei Marlborough.

Das Zentrum bilden 19 hufeisenförmig angeordnete Blausteine, eingefasst von einem Hufeisen aus fünf **Trilithen** (Dreisteinkonstruktionen), die aus je zwei bis zu 7 m hohen Tragsteinen mit einem Deckstein bestanden. Im Zentrum der Anlage steht der **Altarstein.** Die Hufeisen umschloss ein Kreis von 60 Blausteinen, der wiederum von

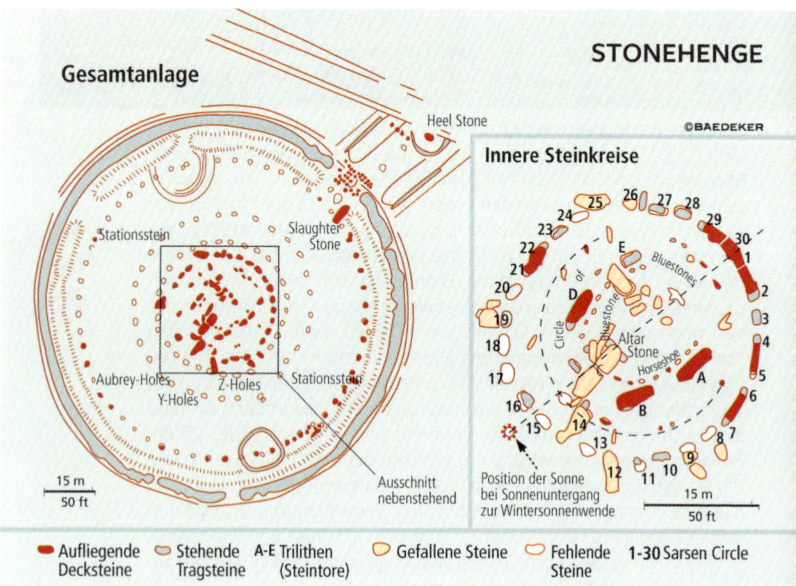

einem etwa 4,5 m hohen Kreis aus 30 Sarsensteinen umringt war, die ein umlaufendes Gebälk aus Steinplatten miteinander verband. Vom **Slaughter Stone** (Opferstein) am Haupteingang führte ein Prozessionsweg zum **Heel Stone,** der nach dem Sonnenaufgang zur Sommersonnenwende ausgerichtet war. **Stationssteine** wurden innerhalb der Wallgrenzen in Zusammenhang mit den Mondzyklen und dem Sonnenuntergang zur Wintersonnenwende aufgestellt.

Hier war Erfindergeist gefragt

Bautechnik

Die gewaltigen Sarsensteine wurden über hügeliges Land und eine Distanz von 35 km auf riesigen Schlitten und Rollen fortbewegt und von ca. 500 Männern mithilfe von **Seilen aus Rinderhaar** oder geflochtenen Lederriemen gezogen. Vor Ort wurden die Steine sorgfältig bearbeitet. Die Decksteine erhielten eine leichte Krümmung für die kreisförmige Aufstellung, außerdem wurden sie vorbereitet für eine horizontale Verkeilung und vertikale Zapfen-Zapfenloch-Verbindungen mit den Tragsteinen. Die Tragsteine wurden an vorbereitete Gruben gebracht und hochgestemmt, bis sich die Enden in die Gruben senkten. Mit Zugseilen, Hebeln und Stützwerk richtete man sie auf. Die Oberkanten erhielten eine passgenaue Abschleifung mit Steinzapfen, auf denen die Decksteine verankert werden konnten.

Exakt an der Sonne ausgerichtet

Bedeutung

Stonehenge wird meistens mit Sonnenverehrung und Totenkult in Verbindung gebracht. Steht man während der Sommersonnenwende am Altarstein im Zentrum des Steinkreises, dann sieht man die Sonne direkt über dem Heel Stone aufgehen. Das Gleiche gilt in entgegengesetzter Richtung für den Sonnenuntergang bei der Wintersonnenwende. Die Erbauer von Stonehenge richteten die Anlage also am Sonnenlauf und dementsprechend an den Jahreszeiten aus.

Ausgrabungen der letzten Jahre ließen immer wieder neue Theorien entstehen. Eine Untersuchung der Bestattungen führte zur Vermutung, dass es sich um eine Art **»Heilzentrum«** mit europaweiten Verbindungen handelte, denn sehr viele Knochen zeigen Spuren von Verletzungen oder Krankheit und manche Bestatteten kamen nicht von den britischen Inseln – etwa der »Bogenschütze«, der aus der Alpenregion stammte, und ein etwa 15-jähriger Junge aus dem Mittelmeerraum. Es steht fest, dass Stonehenge zu einer rituellen Landschaft mit großer Ausdehnung und einer langen Entstehungsgeschichte gehörte. Etwa 3 km nördlich befand sich »Woodhenge«, ein Kreis aus Holzpfählen, während im nahe gelegenen Durrington Walls im 4. Jt. v. Chr. die wohl größte Siedlung Nordeuropas bestand. Darüber hinaus fand man Reste einer Allee, die Stonehenge mit dem River Avon verband, und einen »Cursus«, ein etwa 3 km langer Erdbau.

Zur Sonnwende geschieht in Stonehenge allerlei Esoterisches.

★ Avebury: Kultlandschaft auf uraltem Areal

Mehrere Kultstätten

Avebury

Ende des 3. vorchristlichen Jahrtausends gab es in den Hügeln der North Wessex Downs eine bedeutende Kultlandschaft, zu der ein **Steinkreis,** eine 2,5 km lange **Allee aus Steinpaaren,** ein erstaunlich großer künstlicher Hügel, das Hügellager Windmill Hill und eine imposante Grabkammer zählte. Im Ort informiert das Alexander Keiller Museum über eine der größten megalithischen Kultstätten Europas.

Alexander Keiller Museum: April–Okt. tgl. 10–17, Nov.–März 10–16 Uhr | Eintritt 4,40 £ | www.english-heritage.org.uk

Deutlich größer als Stonehenge

Avebury Circle

Zwischen 2500 und 2200 v. Chr. entstand der Avebury Circle. Die 11,5 ha große Anlage umgaben ein 15 m hoher und 1,5 km langer Erdwall und ein 9 m tiefer Graben mit Durchlässen in den vier Himmelsrichtungen. Innerhalb des Grabens erhoben sich 20 bis 65 t schwere Monolithe. Dieser Kreis mit 100 Steinen und einem Durchmesser von mehr als 200 m (Stonehenge: ca. 33 m) umschloss wiederum zwei kleinere Steinkreise um das zentrale Allerheiligste. Nach 1000-jähriger Nutzung diente die Kultstätte späteren Generationen als Steinbruch. Im Mittelalter wurden die Steine als Teufelswerk angesehen. Dass nicht mehr entfernt wurden, ist einem Unfall im 14. Jh. zu verdanken, als ein Stein einen Mann unter sich begrub. Für ein christliches Begräbnis konnte er nicht geborgen werden. Von weiteren Versuchen sah man daher ab, denn der Aberglaube um die Steine war von nun an stärker denn je. Erst die Ausgrabungen der 1930er-Jahre gaben das Skelett frei.

Neolithischer Grabhügel

West Kennett Long Barrow

Als 2,5 km lange Prozessionsallee führte die Kennet Avenue südlich vom Avebury Circle zum Heiligtum auf dem Overton Hill, dessen Rundbau ab 3000 v. Chr. vermutlich für Begräbnisriten errichtet wurde. Erst später entstand auch hier ein Steinkreis, etwa gleichzeitig mit der Verbindung zum Avebury Circle. Man fand menschliche Knochen in großer Zahl, ebenso Speisereste, die als Zeugnisse von Festmahlzeiten gedeutet werden.

Parkbucht an der A4, von dort 800 m zu Fuß, ausgeschildert

Der Zweck ist unbekannt

Silbury Hill

Mit 40 m Höhe und 160 m Durchmesser ist Silbury Hill der größte von Menschen geschaffene historische Hügel Europas. Zum Bau des Schotter-Kegels verwendeten die Steinzeitmenschen Spitzhacken aus Rentiergeweih und Schaufeln aus Schulterblättern von Ochsen. Auf der Spitze des Hügels gefundene Geweihreste ließen die Vollendung der Arbeiten zwischen 2470 und 2350 v. Chr. datieren.

1,5 km südlich des Dorfes Avebury, direkt an der A4 mit Parkplatz·
Besteigung nicht gestattet

Die größte Grabkammer Englands

Kennet Avenue, Overton Hill

West Kennett Long Barrow, 1 km südlich von Silbury Hill, wurde von 3700 bis 2000 v. Chr. für Begräbnisse genutzt. Hinter dem monumentalen Eingang führt ein 100 m langer Korridor zu fünf Kammern, in denen 46 Skelette und Grabbeilagen gefunden wurden.

Bis etwa 2500 v. Chr. genutzt

Windmill Hill

2 km nordwestlich von Avebury entstand zeitgleich Windmill Hill mit drei konzentrischen Wällen und Gräben, in denen das Vieh für die Schlachtung im Herbst zusammengetrieben wurde.

Ab Avebury ca. 2,5 km in nordwestlicher Richtung auf dem markierten Fußweg

Rund um Avebury

Der Umweg lohnt sich

White Horse

Das berühmte White Horse ist die weiße Kreidezeichnung eines Pferdes auf einem Hügel bei **Uffington** an der Straße 4507 zwischen Swindon und Wantage. Die Figur ist 114 m lang, die Zeit ihrer Entstehung bis heute ungewiss. Möglicherweise handelt es sich um ein Stammeszeichen aus dem 1. oder 2. Jh. v. Chr. Das Bild des Pferdes ähnelt dem auf einigen Münzen aus der späteren Eisenzeit. Die anderen Pferdefiguren in Wiltshire stammen dagegen aus dem 18. und 19. Jahrhundert.

Gelände ganzjährig bei Tageslicht zugänglich

★ STRATFORD-UPON-AVON

Landesteil: Mittelengland | **Höhe:** 37 m ü.d.M. |
Grafschaft: Warwickshire | **Einwohnerzahl:** 30 000

Die Geburtsstadt von William Shakespeare (1564–1616) lebte früher vom Tuchhandel und heute von der Vermarktung ihres berühmten Sohnes. Überall im Zentrum mit seinem geschlossenen Stadtbild aus dem 16./17. Jh. und den schönen Grünanlagen wird man auf den Dichter hingewiesen, auf den drei Bühnen des Royal Shakespeare Theatre führen ausgezeichnete Regisseure und Schauspieler seine Werke auf.

Auf Shakespeares Spuren

Während der Sommerferien sollte man die Henley Street mit dem Geburtshaus Shakespeares nach Möglichkeit meiden. Dann geht es hier so lebhaft zu, dass man in Versuchung kommt, den Tourismus als Unglück moderner Zeiten zu verfluchen – zu Unrecht, denn die Verehrung des Dichters am Ort seiner Herkunft ist nicht neu. 1769 veranstaltete der Schauspieler David Garrick das erste Shakespeare-Festival. Bereits zehn Jahre früher hatte der damalige Besitzer von Shakespeares Ruhesitz New Place, ein vom Dichterkult genervter Pfarrer, um seiner Ruhe willen den Maulbeerbaum fällen lassen, unter dem Shakespeare angeblich seine Spätwerke verfasste. Erlauchten Bewunderern blieb die Möglichkeit, in eine Fensterscheibe des Geburtshauses ihre Namen einzugravieren – die Kritzeleien werden heute als Sehenswürdigkeit an sich gezeigt. Aber auch in der Hochsaison muss man sich nur wenige hundert Meter von den Hotspots entfernen, um Stratford als charmante Kleinstadt zu entdecken, etwa beim Spaziergang am Avonufer.

Wohin in Stratford-upon-Avon?

Shakespeare Birthplace Trust

Ein Ticket für drei Attraktionen

Der »Shakespeare Birthplace Trust« verwaltet die Attraktionen, die mit dem Leben des Barden verbunden sind: Shakespeare's Birthplace, New Place und Anne Hathaway's Cottage. Mit einem Kombiticket für alle drei kann man etwa die Hälfte der Eintrittsgelder sparen.

Shakespeare's Story Ticket 25 £ | www.shakespeare.org.uk

★ Shakespeare's Birthplace

In Shakespeares Leben eintauchen

Shakespeare's Birthplace in der Henley Street besteht aus dem Geburtshaus und den Häusern, die Shakespeares Vater später noch hinzukaufte. Zu sehen sind die **Wohnräume** einer Familie aus der

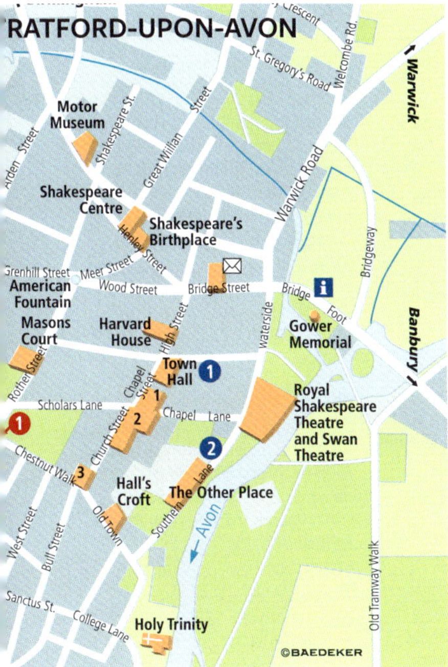

1 New Place
2 Guild Chapel
3 Shakespeare Institute

1 Lambs
3 Dirty Duck

1 Virginia Lodge

unteren Mittelschicht in der zweiten Hälfte des 16. Jh.s, jener Zeit also, in der William Shakespeare als Sohn eines Handschuhmachers aufwuchs.

Als Einführung wird eine Multimediapräsentation über den Dichter und seine Lebenswelt gezeigt, danach sehen Besucher eine Ausstellung über das Leben und Nachwirken Shakespeares. In den mit **zeitgenössischen Möbeln** eingerichteten Zimmern werden zudem Geschichten über Shakespeare erzählt.

Mitte März–Okt. tgl. 9–17, Nov.–Mitte März 10–16 Uhr | Eintritt 20 £ | www.shakespeare.org.uk

Herrliche Fassaden

Harvard House

Das Harvard House in der High Street gehörte der Mutter von John Harvard (1607–1638), dem **Gründer der Harvard-Universität** in Massachusetts/USA. Hübsche Holzschnitzereien schmücken die schwarz-weiße Fachwerkfassade von 1596. Eine prächtige Fassade aus dem 17. Jh. besitzt auch das Shakespeare Hotel in der Chapel Street.

Ein besonderer Garten

New Place

New Place hieß der im Jahr 1597 von Shakespeare gekaufte, 1759 abgerissene **Wohnsitz**, in dem der mittlerweile wohlhabende Dichter nach seiner Rückkehr aus London von 1611 bis zu seinem Tod lebte. Hier ließ der Shakespeare Trust einen wunderschönen Garten im elisabethanischen Stil anlegen, in dem jede bei Shakespeare er-

STRATFORD-UPON-AVON ERLEBEN

Bridgefoot, Stratford-upon-Avon
Warwickshire, England
CV37 6GW, Tel. 01789 26 42 93
www.shakespeares-england.co.uk
www.visitstratforduponavon.co.uk

Shakespeare's Birthday Celebration Parade im April

Stilvolle Bootspartien in 100 Jahre alten Booten bietet Avon Boating in der Swan's Nest Lane an. Auch Ruder- und Motorboote werden vermietet.
Tel. 01789 26 70 73
www.avon-boating.co.uk

1 LAMBS €€€
Schöne Räume in einem Stadthaus aus dem 16. Jh. sind die passende Umgebung für typisch englische Fleischgerichte, und so kommen hier Kalbsleber, Lammhaxe und Entenbrust auf den Tisch.
12 Sheep St., Tel. 01789 29 25 54
www.lambsrestaurant.co.uk

THE BELL €€
Die ländliche Kneipe liegt 8,5 km südlich an der A3400 und serviert kreative Vorspeisen und Fisch aus Schottland, außerdem verlockende Desserts. Im gemütlichen Pub-Bereich gibt es einfache Gerichte und Ales aus der Region. Sonntags sehr beliebt zum Mittagessen. 8 schöne Gästezimmer.
Shipston Road
Alderminster
Tel. 01789 33 56 71
www.brunningandprice.co.uk/bell

2 DIRTY DUCK €
Die Schauspieler der berühmten Royal Shakespeare Company eilen nach den Vorstellungen gern in den nahen Pub, dessen Wände mit Fotos von früheren Inszenierungen tapeziert sind.
Waterside
Tel. 01789 29 73 12
www.greeneking-pubs.co.uk

1 VIRGINIA LODGE €€
Im Landhausstil eingerichtetes hübsches viktorianisches Haus mit 7 Zimmern; familienfreundlich und recht zentral gelegen.
12 Evesham Pl
Tel. 01789 29 21 57
www.virginialodge.co.uk

wähnte Pflanze vertreten sein soll. Zu dem Gelände gehört auch das Haus von Thomas Nash, der mit Shakespeares Enkelin Elizabeth Hall verheiratet war.
April–Okt. tgl. 10–17 Uhr | Eintritt 14,50 £

Wo der junge Shakespeare die Schulbank drückte

Guild of the Holy Cross

Die Chapel Street führt weiter zur Gebäudegruppe der Guild of the Holy Cross. Dazu gehören die Kapelle dieser Zunft, die **Guild Chapel** mit mittelalterlichen Wandmalereien, die 1416 errichtete Guildhall und angrenzende Armenhäuser aus Fachwerk. Im Obergeschoss der Guildhall besuchte Shakespeare höchstwahrscheinlich die Schule, die heute noch unter dem Namen King Edward VI. School existiert. Wie Unterricht zu seiner Zeit ablief, führt die Besucherattraktion **Shakespeare's Schoolroom** vor.

Guild Chapel: tgl. 10–16 Uhr | Eintritt frei | www.guildchapel.org.uk
Shakespeare's Schoolroom: tgl. 11–17 Uhr | Eintritt 12,50 £
www.shakespearesschoolroom.org

Ansehnliches Tudor-Haus mit hübschem Garten

Hall's Croft

In Hall's Croft wohnte der Arzt Dr. John Hall mit seiner Ehefrau, Shakespeares ältester Tochter Susanna. Nach der Schließung während der Corona-Pandemie wurde das Haus als Schulungszentrum wiedereröffnet und bietet vorerst keine Besichtigung.

Hier ruht der berühmte Sohn der Stadt

Holy Trinity Church

In der Holy Trinity Church befindet sich Shakespeares Grab. Eine schlichte Steinplatte im Chor trägt Shakespeares Worte:

»
Guter Freund, unterlass um Jesu Willen,
den Staub zu durchwühlen,
der hier eingeschlossen liegt.
Gesegnet sei derjenige,
der diese Steine verschont,
verflucht, wer meine Gebeine anrührt.
«

An der Wand darüber sieht man ein Shakespeare-Bildnis von 1623. In unmittelbarer Nähe befinden sich die Gräber seiner Frau Anne Hathaway und seiner Tochter Susanna Hall.

Die Bretter, die die Welt bedeuten

Royal Shakespeare Theatre

Das Royal Shakespeare Theatre am Ufer des Avon wurde von 2007 bis 2010 umgebaut und erweitert. Vom alten, 1920 bis 1932 gebauten Haus blieb das beliebte Foyer im Art-déco-Stil. Der Saal mit 1300 Plätzen, die Wandelhallen mit Gastronomie und Shop und der Aussichtsturm entstanden bei dem Umbau. 1936 eröffnete die Royal Shakespeare Company das **Swan Theatre,** dessen Architektur elisabethanischen Vorbildern nachempfunden wurde. **The Other Place** an der Straße weiter südlich ist eine Studiobühne für kleinere Produktionen. Durch das Royal Shakespeare Theatre werden täglich Führungen mit Blick hinter die Kulissen angeboten.

Theaterkarten und Führungen: Tel. 01789 33 11 11
Führung 13,50 £ | www.rsc.org.uk

Er lebt! Jedenfalls zur Geburtstagsparade. Und doch ist er in der Holy Trinity Church begraben.

Shakespeare und sein Personal

In den Flussauen des Avon beim Theater liegen die Bancroft Gardens. Das **Gower Memorial,** ein Shakespeare-Denkmal von 1888, zeigt den Dramatiker im Lehnstuhl – umgeben von seinen literarischen Gestalten Lady Macbeth, Falstaff, Hamlet und Prince Hal.

Bancroft Gardens

Romantisch

Anne Hathaway's Cottage liegt im Ortsteil Shottery westlich vom Stadtzentrum. Das Landhaus, ein Backsteinbau mit Fachwerk, Reetdach und einem schönen Garten, ist fast noch wie damals, als Shakespeare hier erfolgreich um die Hand der bereits von ihm schwangeren Anne anhielt. Sie waren 34 Jahre miteinander verheiratet. Bis 1899 wurde es von Nachkommen der Hathaway-Familie bewohnt, inzwischen hat man es wieder im Stil des 16./17. Jh.s möbliert.

April–Okt. tgl. 10–17 Uhr | Eintritt 14,50 £

★ Anne Hathaway's Cottage

Rund um Stratford-upon-Avon

Lebendige Geschichte

Shakespeares Mutter soll Mary Arden's Farm in Wilmcote 6,5 km nordwestlich von Stratford bewohnt haben. Das hübsche Bauernhaus und die Farm vermitteln einen Eindruck davon, wie der junge William das Aufwachsen auf einem Bauernhof erlebt haben muss.

Zur Zeit nicht für Besucher geöffnet. Für mögliche Wiedereröffnung s. www.shakespeare.org.uk

Mary Arden's Farm

Alter Ort am Avon mit herrlichem Schloss

Die Grafschaftshauptstadt von Warwickshire wird seit 900 Jahren vom trutzigen **Warwick Castle** beherrscht. Die Grafen von Warwick kontrollierten von ihrer uneinnehmbaren Festung aus das Umland und mischten kräftig in der Politik mit. Nach einem Großbrand 1694 wurde die Stadt sorgfältig neu aufgebaut. Wochentags kann man über den Markt am Old Square und in der Jury Street bummeln oder in einem der vielen Antiquitätenläden stöbern.

★ Warwick

In der High Street steht das **Lord Leycester Hospital**, 1571 vom Earl of Leicester für Soldaten in einem Haus von 1383 eingerichtet. Das Prachtstück der Stiftskirche St Mary ist die **Beauchamp Chapel** an der Südseite des Chors im Perpendicular Style (1443–1464) mit dem Grabmal des Stifters, Richard de Beauchamp, Earl of Warwick.

Der frühere Burggraben von Warwick Castle ist heute Parklandschaft mit Pfauengehege und Rosengarten. Die Festungsanlagen stammen aus dem 14. Jh., die Burggebäude selbst wurden im 17. und 18. Jh. zu einem schlossartigen Landsitz umgestaltet. Aus dieser Zeit datiert die Kollektion von Möbeln, Porzellan, Skulpturen und Gemälden. Die Wachsfigurenausstellung »A Royal Weekend Party 1898« zeigt Szenen aus dem Leben des Hochadels. Das ganze Jahr über wird hier Familienunterhaltung geboten, beispielsweise Banketts im mittelalterlichen Stil und Ritterturniere.

Warwick Castle: tgl. 10–17, Nov.–Febr. bis 16 Uhr | Eintritt: verschiedene Angebote ab 24 £ | www.warwick-castle.com

Britische Automobilgeschichte

British Motor Museum

In Gaydon (26 km östlich von Stratford) präsentiert das Oldtimermuseum 300 Autos, darunter Austin-Healey, Morris Minor und Mini, Triumph-Roadster, Riley-Limousinen, die aus Miss-Marple-Krimis bekannten Wolseley-Polizeifahrzeuge und der tropfenförmige EX.181, mit dem Stirling Moss 1957 fünf Weltrekorde errang.

Tgl. 10–17 Uhr | Eintritt 14,50 £ bei Online-Buchung, sonst 16 £
www.britishmotormuseum.co.uk

Eine der beeindruckendsten Burgruinen des Landes

Kenilworth Castle

Kenilworth Castle, 24 km nördlich von Stratford, geht auf einen normannischen Bergfried von 1120 zurück; massiv erweitert wurde die Burg im 13. Jahrhundert. 1266 wurde Kenilworth für sechs Monate belagert, 1327 war die Burg Schauplatz der Absetzung von König Eduard II., während des englischen Bürgerkriegs wurde Kenilworth teilweise zerstört. Letztlich entwickelte sich die Burg durch den gleichnamigen Roman von Sir Walter Scott schon in viktorianischer Zeit zu einem beliebten Touristenziel. All dies und der Besuch der Königin Elizabeth I. 1575 werden anschaulich dargestellt, sehenswert ist auch der Garten im Stil des 16. Jahrhunderts.

April–Okt. tgl. 10–17, Okt. bis 16, Nov.–März Sa., So. bis 16 Uhr
Eintritt 12,90 £ | www.english-heritage.org.uk

★ SUFFOLK

Landesteil: Ostengland | **Grafschaft:** Suffolk |
Einwohnerzahl: 740 000

Landschaft, Dörfer und Kleinstädte, die hübscher kaum sein könnten, und eine ständigen Veränderungen ausgesetzte Küste, das ist Suffolk. Die steinige Nehrung Orford Ness und die spärlichen Reste der einst bedeutenden Hafenstadt Dunwich, wo die Wellen der Nordsee ständig an einer bröckeligen Küste nagen, hinterlassen einen bleibenden Eindruck. Im Hinterland erlebt man dann urtypisches England mit grün-weiß getünchten Cottages, krummen Fachwerkhäusern und gemütlichen Teestuben.

Die Grafschaft bietet zudem Einblicke in die frühesten Tage angelsächsischer Kultur, als heidnische Germanen, die über die Nordsee nach Ostengland kamen, dort neue Königreiche gründeten und das Christentum annahmen – wie in Sutton Hoo an einem Hang über dem Deben-Tal. Als Raedwald, König von East Anglia, um 625 starb, bestatteten ihn seine Gefolgsleute in einem 27 m langen Schiff und schütteten darüber einen Grabhügel auf. Um den Leichnam lagen kostbare Beigaben: links neben dem Kopf ein zeremonieller Helm mit Gesichtsmaske, rechts zehn ineinanderliegende silberne Schüsseln aus Byzanz, darunter zwei Silberlöffel, einer davon mit dem eingravierten Namen »Paulos«, der andere mit »Saulos« – Gerätschaft für Bankette im Jenseits, doch mit einer christlichen Botschaft. Am Körper waren verzierte Waffen, ein Stab mit einer Wolfsfigur und Trinkhörner. 37 goldene Schillinge und drei ungeprägte Münzen lagen ebenfalls im Langschiff – ein Obolus für 40 gespenstische Ruderer, die ihn ins Jenseits befördern sollten?

Urtypisches England

Die Küste von Ipswich bis Southwold

Historische Schönheiten

Ipswich

Charmant ist die größte Stadt der Region (140 000 Einw.) in den alten Gassen ihres Zentrums und im Hafengebiet mit Hotels und Gastronomie. Mittelpunkt von Ipswich ist Cornhill, der historische, von imposanten Bauwerken aus viktorianischer Zeit umgebene Marktplatz. Von dort sind es wenige Schritte zum **Ancient House** (Buttermarket 30) mit einer extravagant verzierten Stuckfassade von 1670. Im Tudor-Gebäude **Christchurch Mansion** (1548) nördlich der Stadtmitte sind Möbel, Keramik, Uhren und Gemälde des 16. bis 19. Jh.s zu sehen, darunter exzellente Werke von Constable.

Christchurch Mansion: Soane St. | Di.–Sa. 10–17, So. 11–17, Nov.–Febr. jeweils bis 16 Uhr | Eintritt frei | www.cimuseums.org.uk

Ein Schatz

Sutton Hoo

20 km nordöstlich von Ipswich liegt der Bestattungsort des Königs Raedwald, wo der berühmte Schatz von Sutton Hoo gefunden wurde. Am Ort von Ausgrabungen der 1930er-Jahre hat der National Trust im Visitor Centre das Schiffsbegräbnis rekonstruiert. Viele Originalfunde sind zu sehen, aber auch Kopien, denn die wertvollsten Stücke befinden sich im British Museum in London.

März. tgl. 10–16, April–Okt. tgl. 10–17, Nov.–Febr. Sa., So. 10–16 Uhr
Eintritt 15 £ | www.nationaltrust.org.uk/sutton-hoo

Verstörend und schön

Orford

Die Hafenstadt Orford nordöstlich von Felixstowe ist ein verträumtes Nest an der Mündung des Ore, der über 19 km parallel zur Küste

SUFFOLK ERLEBEN

IPSWICH TOURIST INFORMATION CENTRE
St Stephen's Church
St Stephen's Lane
Ipswich IP1 1DP
Tel. 01473 25 80 70
www.visitsuffolk.com

Das 1948 von dem Komponisten Benjamin Britten gegründete **Aldeburgh Festival** gehört zu den großen Ereignissen im Kalender der internationalen klassischen Musik. Jedes Jahr Mitte Juni.
brittenpearsarts.org/the-aldeburgh-festival

SCUTCHERS BISTRO €€€
Die Antiquitätengeschäfte in Long Melford ziehen ein überwiegend gut betuchtes Publikum an. Eine dazu passende, gehobene Küche wird dann auch im Bistro gegenüber dem Schloss Melford Hall angeboten. Eine entsprechend feine Weinkarte vervollständigt das Menü mit ausgewählten britischen Fleisch- und Fischgerichten.
Westgate St., Long Melford
Tel. 01787 31 02 00
www.scutchers.com

MARINERS €€
Leckerer Lachs aus Schottland und saftiges Fleisch von Suffolks Wiesen – und das alles wird ausgesprochen stilvoll an Bord eines 1899 gebauten ehemaligen belgischen Kriegsschiffs angeboten.
Neptune Quay, Ipswich
Tel. 01473 28 97 48
www.marinersipswich.co.uk

BUTLEY ORFORD OYSTERAGE €€
Die Familie Pinney betreibt eine Austernfarm und Fischräucherstube und serviert beste Meeresfrüchte ohne Schnickschnack.
Market Hill, Orford
Tel. 01394 45 02 77
www.pinneysoforford.co.uk

ALDEBURGH FISH AND CHIPS €
Die langen Schlangen vor dem Lokal sagen alles. Den heißen, fettigen Klassiker verzehrt man am Strand oder man setzt sich auf The Upper Deck in der ersten Etage des Schwesterlokals The Golden Galleon (137 High St.).
226 High St.
Aldeburgh
Tel. 01728 45 22 50
www.aldeburghfishandchips.co.uk

ANGEL INN €€€
Die historische Kutscherherberge an der B1068 einige Kilometer südöstlich von Lavenham und Sudbury bietet 6 charmante Zimmer, guten Wein, Craft Beer und Ginsorten sowie eine ausgezeichnete Küche.
Polstead St.
Stoke-by-Nayland CO6 4SA
Tel. 01206 26 32 45
www.angelinnsuffolk.co.uk

ANGEL HOTEL €€–€€€
Das Haus wird seit 1452 als Hotel genutzt, Charles Dickens' Roman »The Pickwick Papers« machte es berühmt. Schöne Unterkunft mit guter Küche im Angel Eaterie.
3 Angel Hill
Bury St Edmunds
Tel. 01284 71 40 00
www.theangel.co.uk

fließt. Das **Castle** (12. Jh.) ist von Wassergräben umgeben. Jenseits des River Alde erstreckt sich auf einer Länge von 15 km eine landschaftliche Besonderheit: die Kieselnehrung **Orford Ness,** Naturschutzgebiet mit seltenen Pflanzen und international bedeutender Brutplatz für viele Seevögel. Der Zugang ist eingeschränkt, auch weil Orford Ness bis 1933 ein militärisches Sperrgebiet war, das für Forschung mit Bomben und anderen Waffen benutzt wurde. Auf dem Gelände stehen Beobachtungstürme und Betonbauten mit Ausstellungen zum Geschehen hier während des Kalten Kriegs. Orford Ness ist ein etwas verstörender Ort von seltsam karger Schönheit.

Orford Castle: April–Okt. tgl. 10–17, Nov.–März Sa., So. 10–16 Uhr
Eintritt 8,60 £ | www.english-heritage.org.uk
www.orfordmuseum.org.uk

Orford Ness National Nature Reserve: April–Okt Sa., So., Mitte Juni bis Mitte Sept. zusätzlich Di., Do. | Zugang mit der Fähre ab Orford Quay zwischen 10 und 14 Uhr, letzte Fahrt zurück 17 Uhr | Eintritt 12 £ | www.nationaltrust.org.uk

Vermächtnis eines Komponisten

Aldeburgh

Aldeburgh war bis ins 17. Jh. ein bedeutender Seehafen. Aus dieser Zeit stammen die Moot Hall (16. Jh.) und einige malerische Häuser. Heute ist das viel besuchte Seebad mit Steinstrand durch sein Benjamin-Britten-Musikfestival im Juni weithin bekannt. Benjamin

Alles Kies am Strand von Aldeburgh

Britten, seit Henry Purcell der bedeutendste Opernkomponist Großbritanniens, lebte und komponierte zehn Jahre lang in Aldeburgh im Crag House. 1957 zog er mit seinem Lebensgefährten, dem Tenor Peter Pears, in das **Red House** außerhalb der Stadt, in dem heute eine Musikbibliothek untergebracht ist. Brittens Oper »Peter Grimes« spielt im Fischermilieu in Aldeburgh, wie es im 18. Jh. gewesen sein mag. 1948 gründete Britten gemeinsam mit Peter Pears das Musikfestival.

Red House: Ausstellung und Garten April–Okt. Do.–So. 11–17, Führung im Red House Mi. 14 und 15 Uhr (online buchen)
Eintritt 10 £ | www.brittenpears.org

Ein Ort verschwindet

Dunwich

In Dunwich nagt das Meer seit Jahrhunderten an der Küste. Das kleine Dorf zählte im Mittelalter zu den bedeutendsten Hafenstädten Englands und wird eines Tages nicht mehr existieren. Man sieht Reste eines ruinierten Klosters, die historische Kneipe The Ship Inn und ein Dorfmuseum. Dass die Glocken von acht ins Meer gestürzten Kirchen bei Sturm zu hören sind, ist wohl eine Legende, aber ein Spaziergang am Kieselstrand zu einsamer Stunde regt gehörig die Fantasie an. Direkt südlich befinden sich die unter Naturschutz stehende Heidefläche **Dunwich Heath** und das bedeutende Vogelreservat **Minsmere,** nördlich die **Suffolk Coast National Nature Reserve** mit vielfältigen Biotopen – Sumpf, Wald, Salzwiesen und Lagunen.

Dunwich Museum: April–Okt. tgl. 11.30–16.30 Uhr
Spenden erbeten | www.dunwichmuseum.org.uk
Minsmere: tgl. bis Einbruch der Dunkelheit, Visitor Centre 9–17 Uhr
Eintritt 9 £ | www.rspb.org.uk

Beliebter Ferienort für Familien

Southwold

Southwold hat eine **Seebrücke**, einen Leuchtturm, Stein- und Sandstrand und ein entsprechendes Angebot an Unterkünften. Probieren sollte man die Produkte der örtlichen Brauerei Adnams. Sehr charmant ist das südlich gelegene Dorf Walberswick mit dem Küstenpfad und einer Ruderbootfähre über den Fluss Blythe.

Ländliches Suffolk

Reiche Vergangenheit

Bury St Edmunds

Ein angenehmer Standort für Erkundungen im Umland ist die historische Kleinstadt Bury St Edmunds. Hier bestand bis zur Reformation eines der reichsten Klöster des Landes; es lieferte im Mittelalter berühmte illustrierte Handschriften, u. a. die »Bury Bible«, die heute im Corpus Christi College in ▶ Cambridge aufbewahrt wird. Die Mönche bauten zu Ehren des Märtyrers König Edmund von East Anglia,

den dänische Heiden im 9. Jh. enthaupteten, eine Abteikirche und legten die Stadt mit einem regelmäßigen Straßenmuster an. Das stattliche Abbey Gate (1353) führt zu den Klosterruinen im Stadtpark. Angrenzend steht die ehemalige Pfarrkirche St James, die 1914 unter dem Namen **St Edmundsbury Cathedral** Bischofssitz wurde und seitdem ausgebaut und verschönert wird. Ab 1970 entstand der neue Chor, erst 2005 war Richtfest für den Turm. Alle Neubauten sind im gotischen Perpendicular-Stil gehalten, in Harmonie mit dem spätmittelalterlichen Hauptschiff. Nur einige Schritte weiter steht eine »echte« gotische Kirche, die **St Mary's Church**. Die Stichbalkendecke mit Engelsfiguren ist wunderschön.
Die im 12. Jh. gebaute **Moyse's Hall** am Marktplatz gehört zu den ältesten Wohnhäusern Englands und beherbergt jetzt ein Museum zur Stadtgeschichte mit einer wertvollen Uhrensammlung.
6 km südwestlich von Bury St Edmunds ist im **Ickworth House** (1794–1829) eine gute Kunstsammlung mit Stilmöbeln und einer kostbaren Silberkollektion zu sehen. Um seine Schätze präsentieren zu können, ließ der vierte Graf von Bristol, der überall in Europa Kunst sammelte, 1795 eine zentrale Rotunde mit ausladenden Flügeln anlegen, die allerdings erst seine Nachfolger im 19. Jh. vollenden konnten. Die herrlichen Parkanlagen hat Capability Brown entworfen.

Kathedrale: Mo.–Fr. 10–17.30, Sa. 10–16, So. 12.30–15 Uhr | Spende erbeten | www.stedscathedral.co.uk
St Mary's Church: Honey Hill | Mo.–Sa. 10.30–15 Uhr
stmaryschurchbse.org
Moyse's Hall: Cornhill | Mo.–Sa. 10–17, So. 12–15 Uhr | Eintritt 7 £
www.moyseshall.org
Ickworth House: Rotunda | Haus März–Dez. tgl. 11–15, Park ganzjährig 9–17 Uhr oder bis zur Dämmerung | Eintritt 12 £
www.nationaltrust.org.uk/ickworth

Ein angelsächsisches Dorf

West Stow

11 km nordwestlich von Bury St Edmunds taucht man im **West Stow Anglo-Saxon Village** in die Welt des Märtyerkönigs Edmund und des im Schiff bestatteten König Raedwald ein. Im nachgebauten angelsächsischen Dorf zeigen Vorführungen von Handwerk, wie sich damals das Alltagsleben gestaltete, auch werden Grabungsfunde aus verschiedenen Epochen gezeigt und interaktiv erläutert.

Anglo-Saxon Village: tgl. 9–17 Uhr | Eintritt 7 £
www.weststow.org

Fachwerkparadies

★ Lavenham

Lavenham war einst für sein blaues Tuch berühmt, bis die industrielle Revolution andere Regionen begünstigte. 250 Jahre vergingen, bis sich der wirtschaftliche Niedergang als später Segen entpuppte, denn Lavenham ist das Fachwerkparadies Ostenglands schlechthin. 300 Häuser stehen unter Denkmalschutz, eines malerischer als das andere, denn sie sind schief und krumm, manche auch reich verziert und beeindruckend. Die Prachtstücke sind zwei ehemalige Zunfthäuser: Die 1530 erbaute **Guildhall of Corpus Christi** (Lavenham Guildhall) am Marktplatz ist heute ein Museum der Tuchindustrie, die Zunfthalle der Mariengilde aus dem späten 16. Jh. Teil des Swan Hotels. Die wunderschöne, 1525 vollendete Pfarrkirche wurde aus Feuerstein und Kalkstein gebaut.

Corpus Christi Guildhall: April–Okt. Mi.–So. 11–17, Nov.–März Do. bis So. 11–15.30 Uhr | Eintritt 8,50 £
www.nationaltrust.org.uk/lavenham-guildhall

Zum Verlieben hübsch

Über die Dörfer

Eine Tour von Lavenham Richtung Süden nach Long Melford führt zu einem Herrensitz der Tudor-Zeit, einer weiteren wunderschönen Kirche aus dem späten Mittelalter und edlen Antiquitätengeschäften. Weiter westlich führt die A 1092 durch das Stour-Tal, wo Dörfer wie Cavendish und Clare zu den bekannten »beauty spots« der Region zählen.

Fachwerk, wohin man schaut in Lavenham.

★★ WELLS

Lage: Südengland | **Grafschaft:** Somerset | **Einwohner:** 12 000

So recht weiß man nicht, wohin man an der imposanten Westfassade zuerst schauen soll. Fast 300 Statuen – biblische Gestalten und Könige, Bischöfe und Apostel, Engel und als Krönung all derer Christus – blicken dem Betrachter entgegen. Einst waren es sogar rund 400 Figuren.

Mit ihren knalligen Farben bildeten die Figuren die würdige Kulisse für das Spektakel, das die Kirche jährlich am Palmsonntag inszenierte: den Einzug Jesu Christi in Jerusalem. Himmlische Gesänge und Fanfaren von unsichtbaren, weil hinter steinernen Engeln versteckten Chorknaben und Trompetern erklangen wie durch ein Wunder. Heute kommt Wells, das nach den hiesigen Quellen benannt wurde, eher charmant und beschaulich als dramatisch daher, gehört aber zu den unbestrittenen Höhepunkten einer Südenglandtour. Die noch mittelalterlich geprägte Kleinstadt ist ein guter Ausgangspunkt für Wanderungen in den Mendips Hills. Nur zehn Kilometer südwestlich zieht die von Legenden umrankte Stadt Glastonbury Fans von König Artus und ein kunterbuntes Volk aus New-Age-Mystikern an.

Kleine große Stadt

Wohin in Wells?

Meisterlich, raffiniert, spektakulär

★★ Wells Cathedral

Nicht allein die Westfassade verhalf der Kathedrale von Wells zur Berühmtheit. Kaum minder spektakulär ist die raffiniert verspielte Lösung für ein statisches Problem: Die gekreuzten **Scherenbögen** in der Vierung scheinen Ausdruck der gotischen Exzentrik zu sein, wurden 1338 aber eingezogen, weil der Vierungsturm einzustürzen drohte. Fast 150 Jahre waren zu diesem Zeitpunkt seit der Grundsteinlegung der Kathedrale vergangen, die als früheste englische Bischofskirche im gotischen Stil komplett neu entstand. Das 126 m lange und 20,5 m hohe Hauptschiff verkörpert denn auch reinsten Early English Style. Um 1240 setzte man die Westfassade vor, 1290 bis 1340 folgte der Ostteil mit Vierungsturm, Retrochor, Marienkapelle und Kapitelhaus. Die beiden gedrungenen Türme der Westfassade wurden 1386 und 1421 errichtet. Wunderschön im schlichten **Inneren** sind die Knospen- und Figurenkapitelle. Die in Stein gehauenen Szenen aus mittelalterlichem Alltag sollte man sich genauer ansehen: ein Mann mit Zahnweh, ein Dornauszieher, Obstdiebe, die stehlen, erwischt und bestraft werden. Im **Chorumgang** sieht man zahlreiche Bischofsfiguren und -grä-

Beste englische Frühgotik in schönstem Licht: die Kathedrale von Wells

WELLS ERLEBEN

VISITOR INFORMATION CENTRE

Town Hall, Market Place
Wells, BA5 2RB
Tel. 01749 67 30 91
www.wellssomerset.com
www.visitsomerset.co.uk

Das Glastonbury Music Festival im Juni ist eines der größten Open-Air-Festivals in Europa.
www.glastonburyfestivals.co.uk

THE FOUNTAIN INN €€–€€€

Die traditionelle Kneipe östlich der Kathedrale mit internationaler Küche verfügt über eine Außenterrasse für den Sommer und eine bequeme, leicht exzentrisch eingerichtete Lounge in der ersten Etage für Gäste, die ihr Bier in ruhiger Umgebung trinken möchten.
1 St Thomas Street, Wells
Tel. 01749 67 23 17
www.fountaininn.co.uk

THE SHEPPEY INN €€

Die alte Kneipe in einem Dorf nördlich von Glastonbury ist für tolle Musikabende und leckere Küche weithin bekannt. Probieren Sie den Fischeintopf oder die hausgemachten Burger.
Lower Godney, Wells
Tel. 01458 83 15 94
theshеppey.co.uk

BERYL B & B €€€

Mit zwei Aufenthaltsräumen, einem 13 ha großen Park und einem Pool wirkt das Beryl eher wie ein gediegenes kleines Landhaushotel und nicht wie ein B&B. Der altmodisch-hübsche Stil der Einrichtung passt perfekt dazu. Zwischen 15 und 17 Uhr wird Afternoon Tea mit hausgemachtem Kuchen angeboten.
Hawker's Lane, Wells
Tel. 01749 67 87 38
www.berylcountryhouse.com

NUMBER 23 €–€€

Ein kleines B&B-Haus, einfach, sauber und bequem von einer sehr freundlichen Gastgeberin geführt.
23 Glastonbury Rd., Wells
Tel. 01749 67 29 06
bedandbreakfastinwells.co.uk

ber. Das große Chorschlussfenster von 1430 zeigt die Wurzel Jesse, die Abstammung Jesu. Ein einziger Bündelpfeiler trägt das palmenartige Rippengewölbe des achteckigen Kapitelhauses. Die **astronomische Uhr** von 1386/1392 im nördlichen Querschiff ist die zweitälteste in England; alle 15 Minuten jagen sich über dem Zifferblatt Ritter beim Turnier und »Quarter Jack« schlägt mit den Hacken die Glocke.
Nördlich der Kathedrale befindet sich **Vicar's Close,** Englands älteste Reihenhausanlage mit 40 Häuschen aus dem 14. Jahrhundert. Noch heute wohnen hier Kirchenangestellte und Domherren. Südlich davon steht der von einem Wall und einem Graben umzogene **Bischofspalast**, in dem der Bischof von Bath und Wells residiert. Besucher können die Ruinen der riesigen Great Hall, die Kapelle (1292), Innenräume des Palasts und die Palace Gardens mit den Quellen, den »welling springs«, besichtigen.

Wells Cathedral: tgl. 7–18 Uhr, Chor bis 16 Uhr | Eintritt frei, Spende erbeten | www.wellscathedral.org.uk
Bishop's Palace: Ostern–Okt. tgl. 9.30–17, sonst 10–16 Uhr
Eintritt 8,05 £ | bishopspalace.org.uk

Schön zum Bummeln

Altstadt

Am Marktplatz steht ein Brunnen aus dem 18. Jh., an der High Street reihen sich Häuser aus dem 15. bis 17. Jahrhundert. **St Cuthbert's** aus dem 15. Jh. ist mit ihrem 35 m hohen eckigen Westturm die größte Pfarrkirche Somersets.

Rund um Wells

Faszinierendes Höhlenreich

Wookey Hole

In den Mendip-Hügeln hat der Axe ein Höhlensystem mit **Tropfsteingrotten** und Seen gebildet: Wookey Hole. Bis zur Römerzeit bewohnt, locken heute Höhlenführungen und Spaß für Kinder: im Tal der Dinosaurier, im Hexenlabor oder bei Geisternächten in den Grotten.
April–Okt. tgl. 9.30–17.30, Nov.–März Sa., So. 10–16 Uhr | Eintritt Erw. 22,45 £, Kinder 17,95 £ | www.wookey.co.uk

Sehenswertes in der Tiefe

Cheddar Gorge

Spektakulär ist die 3 km lange und bis zu 120 m tiefe Cheddar-Schlucht (16 km nordwestlich von Wells über die B3135). Am unteren Ende der Klamm kann man die Stalaktithöhlen Gough's Cave und Cox's Cave besichtigen; im Museum wird das 9000 Jahre alte Skelett des **»Cheddar Man«** aufbewahrt. Wer bei der Herstellung von Cheddar-Käse (▶ Das ist..., S. 24 ff.) zusehen möchte, hat im Ort bei der Cheddar Gorge Cheese Company Gelegenheit dazu.
Cheddar Gorge Cheese Company: tgl. 11.30–15 Uhr | Eintritt 3,50 £
www.cheddargorgecheeseco.co.uk

Sagenumwoben

Glastonbury

Hierher soll Joseph von Arimathäa mit dem **Heiligen Gral** gekommen sein, aus dem Christus und seine Jünger beim letzten Abendmahl tranken und mit dem Joseph das Blut des Gekreuzigten auffing. Am Fuße des 160 m hohen Kegelbergs **Glastonbury Tor** mit dem Turm der St-Michael-Kirche aus dem 14. Jh. soll Joseph den Kelch vergraben haben – woraufhin die »Blood Spring« oder »Chalice Well« mit heißem, rötlich schimmerndem Wasser zu sprudeln begannen. Der Artuslegende nach ist Glastonbury auch die Insel Avalon, wohin der tödlich verwundete König nach der Schlacht von Camlann segelte. Zusammen mit seiner Gattin Guinevere soll er in Glastonbury ruhen – sein Schrein in der Abtei war im Mittelalter ein wichtiges Wallfahrtsziel. Heute ist Glastonbury eine Kultstätte für New-Age-Gruppen, die sich hier zur Mittsommernacht treffen. An der Hauptstraße reihen sich vegetarische Cafés, Anbieter von spirituellen Seminaren und Geschäfte für kraftspendende Steine oder Traumfänger aneinander. Ein Shuttlebus pendelt zwischen dem Parkplatz in der Stadtmitte und Glastonbury Tor, von dem der Blick über die ganze Tiefebene der Somerset Levels schweift.

Ist hier der Heilige Gral vergraben?

Auch als Ruine beeindruckend

Glastonbury Abbey

Die Überreste der Klosterkirche St Peter and Paul vermitteln bis heute einen guten Eindruck ihrer früheren majestätischen Größe – ihre Länge betrug im 16. Jh. stolze 177 m. Heinrich VIII. ließ 1539 den letzten Abt des Klosters auf dem Glastonbury Tor hängen und die Kirche zerstören. Ansatzweise erhalten sind die 1189 geweihte Marienkapelle mit figurengeschmückten Portalen, einer Josephskrypta und der Galiläakapelle aus dem 15. Jahrhundert. Eine Einfassung im Chor markiert, wo von 1218 bis 1539 König Artus' Schrein stand. Im Torhaus zeigt ein Museum das Modell der Klostergebäude, von denen nur die Abbot's Kitchen aus dem 14. Jh. übrig blieb.

Tgl. 10–18, Nov.–Febr. bis 16 Uhr | Eintritt 11 £
www.glastonburyabbey.com

Spuren längst vergangener Zeiten

Frühe Besiedlung

Die Hügel von Glastonbury, bei den Kelten Yniswitrin oder Avalon genannt, waren schon sehr früh besiedelt – Funde zeugen von **eisenzeitlichen Moorsiedlungen**. Damals reichte der Bristol Channel noch bis hierher, die Gegend war sumpfig und unzugänglich. Man entdeckte Boote von Siedlern und auf Hügeln errichtete Pfahlbausiedlungen (Lake-Villages), die vermutlich vom 3. Jh. v. Chr. bis zur Ankunft der Römer bestanden. Der Ort behielt seine Insellage, bis das Moor trockengelegt wurde.

★ WINCHESTER

Landesteil: Südengland | **Höhe:** 39 m ü. d. M. |
Grafschaft: Hampshire | **Einwohnerzahl:** 45 000

»Eine angenehme Stadt, bereichert durch eine wunderschöne Kathedrale, umgeben von saftigen Wiesen«, schwärmte der Romantiker Keats (1795–1821) von der ersten Hauptstadt Englands, die sich am Fluss Itchen in die sanft gewellte Hügellandschaft der South Downs bettet. Artus-Enthusiasten werden jedoch ihre ganze Aufmerksamkeit auf ein Objekt richten: die berühmte Tafel, an der er seine Ritter versammelte.

Königlich

Fällt eine Sommerreise nach England regenreich aus, dann ist die Schuld beim hl. Swithun, Bischof von Winchester († ca. 862), zu suchen. Sein Festtag, der 15. Juli, ist die englische Version von Siebenschläfer. Als er im Sterben lag, bat er der Überlieferung zufolge um eine Bestattung außerhalb der Kathedrale, damit Passanten über sein

Grab gehen und Regentropfen von der Dachtraufe darauf fallen konnten. Am Tag einer späteren Umbettung ins Innere des Doms soll es heftig geschüttet haben. Seitdem bedeutet Regen an St Swithun's Day, dass auch die folgenden 40 Tage feucht werden. Doch auch bei schlechtem Wetter lohnt sich ein Aufenthalt in Winchester, das zweifelsohne zu den geschichtsträchtigsten Orten Englands zählt – bereits zu Zeiten der Römer war es eine bedeutende Stadt. Im 10. und 11. Jh. wurde der wohlhabende Marktort **die erste Hauptstadt Englands,** und selbst als die Stadt diesen Status an London abtreten musste, blieb Winchester weiterhin eine königliche Residenz.

WINCHESTER ERLEBEN

Guildhall, The Broadway
Winchester
Hampshire, England, SO23 9GH
Tel. 01962 84 05 00
www.visitwinchester.co.uk

Regionales gibt es am 2. und am letzten So. im Monat auf einem der größten Farmers Market des Landes.

Straßentheater, Gaukler und verrückte Hüte gehören zum beliebten **Hat Fair** Anfang Juli. Abwechselnd mit den Kathedralen von Chichester und Salisbury findet das **Southern Cathedrals Festival** mit Chorkonzerten statt. Außerdem gibt es Festivals für Dichtung, Comedy und Mode.
www.hatfair.co.uk
www.festivalsinwinchester.co.uk
www.southerncathedralsfestival.org.uk

ETHE OLD CHESIL RECTORY €€€

Das französisch und südeuropäisch inspirierte Lokal am Itchen-Ufer zaubert aus Meeresfrüchten von der Südküste, Forelle aus Hampshire und Wild von englischen Mooren und Wiesen erstklassige Gerichte. Die guten Weine des bei Winchester gelegenen Hattingley-Valley-Winzerbetriebs passen dazu!
1 Chesil Street
Tel. 01962 85 15 55
www.chesilrectory.co.uk

WYKEHAM ARMS €€-€€€

Der über 250 Jahre alte georgianische Pub mit offenen Kaminen gehört jetzt der Londoner Brauerei Fullers. Das bedeutet gutes Bier, aber auch das Restaurant und die Zimmer zum Übernachten sind zu empfehlen.
75 Kingsgate Street
Tel. 01962 85 38 34
www.wykehamarmswinchester.co.uk

CATHEDRAL COTTAGE B & B €-€€

Das B & B in einem Gartenhaus liegt drei Fußminuten von der Kathedrale.
19 Colebrook St.
Tel. 01962 87 89 75
www.cathedralcottagebandb.co.uk

Wohin in Winchester?

★ Winchester Cathedral

Großartiges Bauwerk mit skurrilem Detail

Dass die Kathedrale Anfang des 20. Jh.s nicht einstürzte, war »Will the Diver« zu verdanken. Der Taucher William Walker ersetzte innerhalb von sieben Jahren bis 1911 die maroden Holzbohlen des Fundaments, die in den morastigen Boden eingesunken waren, durch Beton und Zement. Gelegt wurden die Fundamente 1079. Kurz nach der Eroberung Englands demonstrierten die Normannen ihre Macht, indem sie das Old Minster, Grablege der angelsächsischen Könige, durch den mit 164 m längsten Sakralbau dieser Zeit in ganz Europa ersetzten. Aus dieser Bauphase blieb das normannische Querhaus samt gedrungenem Vierungsturm erhalten. Aus den drei späteren Phasen stammen der frühgotischer Ostteil, das spätgotische Langhaus und der im 16. Jh. umgestaltete Chor.

Das **Langhaus** (14. Jh.) ist mit einem typischen Netzgewölbe im Perpendicular Style und verzierten Schlusssteinen gedeckt. Im nördlichen Seitenschiff befinden sich die Grabplatte der Schriftstellerin Jane Austen, die prächtige Grabkapelle des Bischofs William of Wykeham und das normannische Taufbecken aus schwarzem Tournai-Marmor mit Szenen aus dem Leben des hl. Nikolaus. Im **nördlichen Querschiff** hat man einen herrlichen Blick auf reinste frühnormannische Architektur mit Rundbögen, Würfelkapitellen, tiefen Emporen und dickem Mauerwerk. Die Figuren auf dem reich geschmückten Lettner (ca. 1475–1490) hinter dem Hochaltar fielen der Reformati-

Mit Winchester Cathedral demonstrierten die Normannen ihre Macht.

on zum Opfer. Fragmente davon sind in der **Triforium Gallery** zu sehen, die heute sichtbaren Darstellungen angelsächsischer und dänischer Könige stammen aus dem 19. Jahrhundert. Ein skurriles Detail schmücken die seitlichen Chorschranken: Wenig königlich wurden hier in **Knochenkisten** die sterblichen Überreste mehrerer angelsächsischer und dänischer Herrscher wie auch Wilhelms II. gesammelt. Bilderstürmer von Oliver Cromwells parlamentarischer Armee hatten sie durch die mittelalterlichen Glasfenster nach draußen geworfen. 1660 kehrte die Monarchie zurück, man sammelte die Gebeine ein und legte sie durcheinander in die Kisten.

Den Schrein des Heiligen Swithun im enormen **Retrochor** aus dem frühen 13. Jh. flankieren die reich ausgeschmückten Kapellen für Bischof Waynflete und Kardinal Beaufort († 1447), dem Widersacher von Jeanne d'Arc, deren Statue am Eingang zur Marienkapelle steht. In der Kathedralbibliothek wird die **Winchester-Bibel** aus dem 12. Jh. aufbewahrt, deren kunstvoll ausgemalte Initialen zu den großen Leistungen der Buchmalerei zählen.

Mo.–Sa. 9–17, So. 12.30–15 Uhr | Eintritt 12,50 £
www.winchester-cathedral.org.uk

Die älteste Privatschule Englands

Winchester College

Das 1382 von William of Wykeham gegründet Winchester College ist noch heute eine der angesehensten Schulen des Landes. Ihre Schüler drücken in 600 Jahre alten Klassenzimmern die Schulbank. In die Säulen des Kreuzgangs haben Generationen ihre Namen eingeritzt. Im **Treasury** sind Objekte aus dem alten Ägypten, Rom und Griechenland sowie aus China zu sehen.

Schulgebäude: nur mit Führung: tgl. 14.15, 15.30 Uhr | Eintritt 10 £
Treasury: tgl. 14–16 Uhr | Eintritt frei | www.winchestercollege.org

Kleiner Schönheitsfehler

Great Hall

Die 34 m lange Great Hall ist der letzte Teil einer Burg, die 1067 unter Wilhelm dem Eroberer errichtet wurde. Heute kann man in der hellen, dreischiffigen gotischen Halle, die ab 1222 unter Heinrich III. entstand, die große runde Tischplatte bewundern, an der **König Artus mit seinen Rittern die Tafelrunde abgehalten haben soll** – allerdings wurde sie erst um 1250 gefertigt, also Jahrhunderte nachdem Artus gelebt haben soll, und 1522 für Heinrich VIII. in den Tudorfarben Grün und Weiß bemalt.

Tgl. 10–17 Uhr | Eintritt 4 £ | www.hants.gov.uk/greathall

Frühe Wohltäter

St Cross Hospital

Ein 2 km langer Spaziergang führt vom Winchester College am Fluss entlang zu Englands ältestem Armenhaus. Seit 800 Jahren dient St Cross Hospital als Pflege- und Seniorenwohnheim. Das Hospital mit Kapelle wurde 1136 gegründet, 1445 erweiterte Kardinal Beau-

Die Great Hall in Winchester und die Wand mit der runden Tafel, an der Artus und seine Ritter sich sicher nicht versammelt haben

fort die Stiftung für verarmte Adelige. Ihre Kleidung unterscheidet die Orden: Die Angehörigen des Hospitals tragen schwarze Roben mit silbernem Krückenkreuz, die des Armenhauses Rot mit Kardinalshut. Noch heute werden Reisende auf Nachfrage mit dem traditionellen Wayfarer's Dole, Bier und Brot, versorgt. Einzigartig ist das sogenannte Vogelschnabelfenster im nördlichen Querschiff der Kapelle: Steinerne Vögel scheinen das Rundfenster zu halten.
April–Okt. Mo.–Sa. 9.30–17, So. ab 13, Nov.–März Mo.–Sa. 10.30–15.30 Uhr | Eintritt 7,50 £ | hospitalofstcross.co.uk

Rund um Winchester

Hier entstand Weltliteratur

Jane Austen's House

Im Jahr 1809 kam Jane Austen mit ihrer Mutter und ihrer Schwester Cassandra nach **Chawton**, 29 km nordöstlich von Winchester, wo sie »Mansfield Park«, »Emma« und »Persuasion« schrieb. 1817 zog sie nach Winchester in die College Street Nr. 8, um in der Nähe ihres Arztes zu sein – am 18. Juli 1817 verstarb sie dort im Alter von nur 42 Jahren. Sie wurde in der Winchester Cathedral beigesetzt.
Juni–Okt. tgl. 10–17, Nov.–Mai Do–So 10–17 Uhr
Eintritt 12,75 £ | www.jane-austens-house-museum.org.uk

WORCESTER

Landesteil: Mittelengland | **Höhe:** 30 m ü. d. M. |
Grafschaft: Worcestershire | **Einwohner:** 104 000

Worcester – sprich »Wuster« – kennt man in Deutschland vor allem wegen der pikanten Worcester-Sauce und möglicherweise auch wegen des Porzellans, das von 1751 bis 2009 hier hergestellt wurde. Die Grafschaftshauptstadt liegt am Severn, an dessen Ufer eine schöne Kathedrale mit zwei königlichen Gräbern steht.

Stolze Stadt

Auf königliche Verbindungen war die Stadt stolz, prangt doch der Spruch »Faithful in War and Peace« (»In Krieg und Frieden treu«) vom Stadtwappen am Rathaus. Worcester hat sich als erste Stadt im Bürgerkrieg auf die Seite Karls I. gestellt. Nach dessen Enthauptung hatte sein Sohn und Nachfolger Karl II. vor der entscheidenden letzten Schlacht im Jahr 1651 in der Stadt sein Hauptquartier. Als seine Armee in der Battle of Worcester vernichtet wurde, konnte nur ein letzter verzweifelter Angriff der Kavallerie entlang der High Street die Truppen des Parlaments so lange aufhalten, dass Karl unerkannt aus der Stadt fliehen konnte. Die vielen Pubs, die »Royal Oak« (der dritthäufigste Kneipenname in England) heißen, erinnern an diese Ereignisse, denn der König versteckte sich nach seiner Flucht aus der Stadt einen ganzen Tag lang in einem Eichenbaum.

Wohin in Worcester?

Architektonisch ihrer Zeit voraus

Worcester Cathedral

Den besten Blick auf die Kathedrale hat man vom Ufer des Severn. Der Sandsteinbau zeigt vom Norman Style bis zum späten Perpendicular Style alle Stilrichtungen. Der **Chor** mit den schlanken Pfeilern aus Purbeck-Marmor und schön ausgearbeiteten Kapitellen ist reinster Early English Style. Das Grabmal des 1216 gestorbenen Königs John Lackland trägt ein Bildnis des Königs, das als frühestes erhaltenes Bild eines englischen Monarchen gilt. Der in die Spitze des königlichen Schwertes beißende Löwe symbolisiert den Machtverlust, den der König durch die Unterzeichnung der Magna Charta hinnehmen musste. Prächtige Steinmetzarbeiten verzieren die Grabkapelle von Prince Arthur; der Sohn und Thronfolger von Heinrich VII. starb fünfzehnjährig im Jahr 1502. Die **Krypta,** getragen von 50 eleganten Pfeilern, stammt aus der Zeit zwischen 1084 und 1092, ist also noch aus normannischer Zeit erhalten. Der schöne **Kreuzgang** ist im Perpendicular Style gebaut. Das Gewölbe des **Kapitelhauses** wird von nur einem Zentralpfeiler getragen – eine architektonische Meisterleis-

WORCESTER ERLEBEN

The Guildhall, High St.
Worcester WR1 2EY
Tel. 01905 72 63 11
www.visitworcester.com

Seit 1715 findet abwechselnd in den Kathedralen von Hereford, Gloucester und Worcester das Three Choirs Festival statt: Chorkonzerte und kleinere Veranstaltungen – 2024 Worcester, 2025 Hereford, 2026 Gloucester
3choirs.org

THE CARDINAL'S HAT €

Ein gemütlicher Pub in einem Gebäude aus dem 14. Jh.; es gibt günstige Gerichte und einige Gästezimmer.
31 Friar St.
www.the-cardinals-hat.co.uk

THE BLUEBIRD TEA ROOMS €

Eine herrlich altmodische Teestube aus dem Jahr 1913 beim Denkmal für Edward Elgar. Kleine Gerichte und Nachmittagstee. Di.–Sa. 10–16 Uhr.
9 Church St., Great Malvern
Tel. 01684 56 11 66
www.bluebirdtearoomsmalvern.co.uk

THE CHASE INN €–€€

Vom Biergarten des urigen Pubs an den Westhängen der Malvern Hills hat man eine wunderbare Aussicht. Die Küche ist eher deftig als raffiniert, aber recht schmackhaft. Ale im Garten mit Blick auf die untergehende Sonne könnte nicht schöner sein.
Upper Colwall, Malvern WR13 6DJ
Tel. 01684 54 02 76
www.thechaseinnmalvern.co.uk

THE COTTAGE IN THE WOOD €€

An den Hängen der Malvern Hills kann man sehr bequem übernachten und genießt bei tollem Ausblick moderne englische Küche.
Holywell Rd., Malvern Wells
WR14 4LG, Tel. 01684 58 88 60
www.cottageinthewood.co.uk

DIGLIS HOUSE HOTEL €€

Ein sehr schön am Flussufer gelegenes Hotel. Im 19. Jh. lebte hier der Maler Benjamin Williams Leader, sein Kollege John Constable kam häufig zu Besuch.
Severn St.
Tel. 01905 35 35 18
www.diglishousehotel.co.uk

tung, die hier in Worcester erstmals erbracht wurde. Später wurde diese Bauweise häufig imitiert. Der ursprüngliche Rundbau stammt von 1150, seine zehneckige Außenform erhielt der Bau um 1400. Gegenüber der Kirche steht ein Denkmal für den spätromantischen Komponisten Edward Elgar (1857–1934, ▶ S. 394). Obwohl er im katholischen Glauben erzogen wurde, hatte Elgar zeitlebens eine enge Beziehung zur anglikanischen Kathedrale in Worcester. Das Denkmal steht einige Schritte von der Stelle entfernt, an der sein Vater ein Musikgeschäft betrieb.

Mo.–Sa. 10–17, So. 13–15, Führungen März–Nov. Mo.–Sa. 11, 14.30 Uhr, Turmbesteigung s. Website | www.worcestercathedral.co.uk

Geschichtlicher Spaziergang

The Commandery

Von der Kathedrale am Ufer des Severn kommt man südlich bis zur Mündung des Worcester and Birmingham Canal, wo Freizeitboote im Kanalbecken vor Anker liegen, und weiter an der Diglis Island mit einem Wehr vorbei zur Diglis Bridge, dann auf der anderen Flussseite durch Wiesen mit Domblick zurück (ca. 3 km). **The Commandery,** ein Gebäudekomplex aus dem 15. Jh. südöstlich der Kathedrale, war im Jahr 1651 Hauptquartier von Karl II. in der entscheidenden Schlacht gegen Cromwell. Die Ausstellungen dort beschäftigen sich mit den Bürgerkriegen dieser Zeit zwischen Krone und Parlament. Angeschlossen ist ein Café mit Gartenterrasse.

Sidbury | Di.–Sa. 10–17, So. 11–15 Uhr, Jan. geschlossen
Eintritt 8,50 £ | www.museumsworcestershire.org.uk

Feinstes Porzellan

Royal Worcester Porcelain Works

Südlich der Kathedrale stehen die ehemaligen Fabrikräume der 1751 gegründeten Porzellanmanufaktur. Das **Museum of Royal Worcester Porcelain** zeigt die schönsten einer Sammlung von über 10 000 Objekten. Der angegliederte Laden verkauft Worcester-Porzellan.

Do.–Sa. 10–17, So. 10–16 Uhr | Eintritt 7,50 £
www.museumofroyalworcester.org

Ein Schmuckstück aus Worcester-Porzellan: der Oscar Wilde Teapot von 1882

Eindrücklich

Guildhall

An der High Street steht die stattliche Guildhall aus dem 18. Jahrhundert. Statuen von Karl I. und Karl II. flankieren den Eingang, ihr Feind Oliver Cromwell hängt – an den Ohren festgenagelt – über der Tür.

Rund um Worcester

Ein Meister der musikalischen Spätromantik

Lower Broadheath

In Lower Broadheath 5 km westlich steht The Firs, das **Geburtshaus des Komponisten Edward Elgar**, von dem unter anderem die Melodie zu »Land of Hope and Glory« stammt, einer der berühmtesten Hymnen Englands.

Museum: Crown East Lane | Fr.–Mo. 11–17 Uhr | Eintritt 9,50 £
www.nationaltrust.org.uk/the-firs

Eine echte Naturschönheit

★ Malvern Hills

Die Hügelkette mit der markanten gezackten Silhouette erhebt sich aus der Severn-Ebene einige Kilometer südwestlich von Worcester. Mehrere Gipfel mit Höhen ab 300 m mit bewaldeten Hängen bilden ein attraktives Wandergebiet, der höchste mit weitem Ausblick ist der Worcester Beacon (425 m). An der Ostseite der Hügelkette liegt der Kurort **Great Malvern**. Im Mittelalter gab es hier ein Benediktinerstift; geblieben sind das Torhaus der Abtei mit dem **Malvern Museum**, das über die interessante Geologie der Region und die Stadtgeschichte informiert, sowie die ehemalige **Priory Church** (Abteikirche). Im Zweiten Weltkrieg wurde die britische Regierung zeitweilig dorthin evakuiert.

Malvern Museum: Ostern–Okt. tgl. 10.30–17 Uhr | Eintritt 2 £
malvernmuseum.co.uk
Priory Church: Mo.–Sa. 10–17 Uhr | www.greatmalvernpriory.org.uk

★★ YORK

Landesteil: Nordengland | **Höhe:** 17 m ü. d. M. | **Grafschaft:** North Yorkshire | **Einwohnerzahl:** 205 000

Die Stadt rühmt sich ihrer Sehenswürdigkeiten. Das Minster ist die größte mittelalterliche Kathedrale Englands und zweifellos eine der schönsten, und als wäre das noch nicht genug, schmückt sich York mit romantischen Straßenzügen und Fachwerkhäusern, zahlreichen Kirchen und öffentlichen Bauten.

Jahrhundertelang war York die Hauptstadt des nördlichen Englands. Wer hier Bürgermeister wird, gilt mehr als seine Amtskollegen, denn nur die Bürgermeister von London und York dürfen den Titel »Right Honourable« führen. Dem zweitältesten Sohn der Königsfamilie wird der Titel des Herzogs von York verliehen.

Nord-englands Schöne

Von Anfang an war York, 71 n. Chr. als **Eburacum** gegründet, eine bedeutende Stadt mit hochstehender Kultur. Unter den Römern war sie wichtiger römischer Militär- und Handelsstützpunkt im Norden Britanniens, unter den Sachsen die Hauptstadt des anglischen Königreichs Deira und als Erzbischofssitz ab dem Jahr 625 das geistliche Zentrum, von dem aus das Christentum im Norden Englands verbreitet wurde. Von 866 bis 954 existierte ein regionales Wikingerreich mit York (unter dem Namen »Jorvik«) als Hauptstadt. Im Mittelalter machten die Wollweber und Tuchhändler sowie der internationale Handel über den Hafen York sehr vermögend. Die Könige aus dem Haus Plantagenet förderten die Stadt nach Kräften. Richard Plantagenet, dritter Herzog von York (1411–1460), begann die **Rosenkriege** gegen das seit 1399 regierende Haus Lancaster. Sein Sohn bestieg 1461 als Eduard IV. den englischen Thron.

★★ York Minster

Englands größte mittelalterliche Kirche

Glas-malereien

Besonders eindrucksvoll ist neben den immensen Dimensionen der Kathedrale die einzigartige Fülle ihrer mittelalterlichen Glasmalereien. Um 627 wurde eine erste Kirche aus Holz für die Taufe des angelsächsischen Königs Edwin gebaut. Mit dem Bau der jetzigen gotischen Kathedrale begann man im frühen 13. Jahrhundert.

Das im hochgotischen Stil vollendete **Langhaus** ist 158 m lang. In die Westwand ist das eindrucksvolle achtbahnige Maßwerkfenster (1338) mit Herzblattformen (Heart of Yorkshire) eingelassen, das Szenen aus dem Neuen Testament, Apostel- und Bischofsfiguren zeigt. Das dreischiffige **Querschiff** wurde im 13. Jh. errichtet. In der Schlusswand des nördlichen Querschiffs fasziniert das »Five Sisters Window« (ca.1260). Im südlichen Querschiff erinnert die herrliche Fensterrose (um 1500) an die Heirat Henrys VII. mit Elizabeth von York, durch die die Rosenkriege zwischen den Häusern Lancaster und York beendet wurden. Die **Chorschranke** ist ein Meisterwerk der spätgotischen Bildhauerkunst: Zu sehen sind Statuen der 15 englischen Könige von Wilhelm I. (links) bis Heinrich VI.(rechts). Im südlichen Chorumgang befindet sich das St-William-Fenster von 1422 mit Szenen aus dem Leben des Heiligen. William Fitzherbert, Erzbischof von York, wurde vier Jahre nach seiner Wahl 1143 von Papst Eugen III. ungerechtfertigt abgesetzt, 1153 aber restituiert. Beim triumphalen Wiedereinzug in York brach die Brücke über die Ouse unter der Last der Menschen zusam-

YORK MINSTER

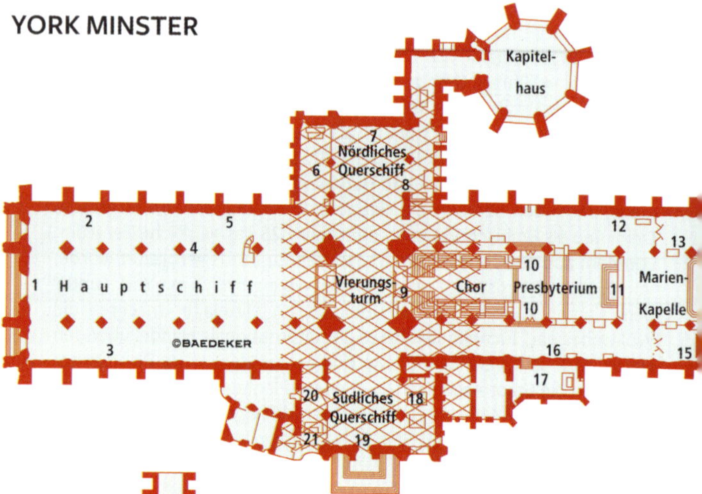

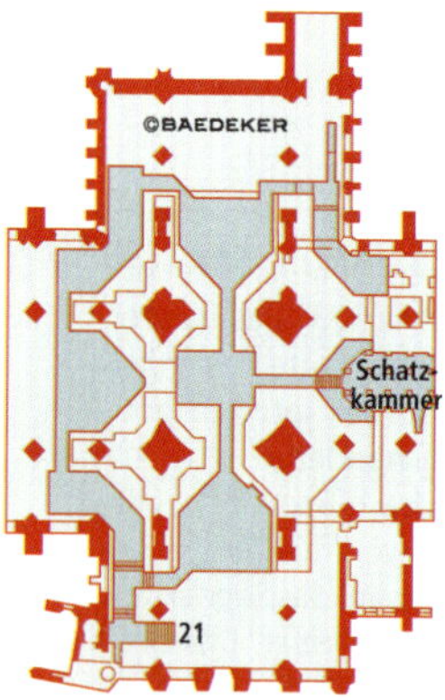

The Foundations

1 Westfenster (1338)
2 Portalskulpturen
3 Jesse-Fenster (ca. 1310)
4 Drachenkopf
5 Glockengießer-Fenster (14. Jh.)
6 St.John's Chapel
7 »Five Sisters«-Fenster (ca. 1260)
8 Astronomische Uhr
9 Lettner mit Königsstatuen
10 Zugänge zur Krypta
11 Hauptaltar
12 St.-William-Fenster (1422)
13 St.Stephen's Chapel
14 Ostfenster (1408)
15 Allerheiligenkapelle
16 St.-Cuthbert-Fenster (ca. 1
17 Zouche-Kapelle
18 Grabmal von Erzbischof Walter de Gray (1255)
19 Rosenfenster (ca. 1500)
20 St. George's Chapel
21 Eingang zu »The Foundatic

men, ohne dass jemand verletzt wurde – ein deutliches Zeichen für die Heiligkeit des Erzbischofs. Den Chor schließen die Marienkapelle und das Ostfenster (1408) mit Darstellungen des Alten Testaments ab, das wohl **das größte mittelalterliche Glasfenster der Welt** ist. Unter dem Boden der Kirche zeigt das Undercroft Museum die Entwicklung des Bauwerks, Unterbauten aus römischer und angelsächsischer Zeit und diverse Schätze, darunter ein großes Trinkhorn aus Elfenbein der Wikingerzeit. Die **Krypta** (12. Jh.) stammt aus einer normannischen Vorgängerkathedrale. Im achteckigen **Kapitelsaal** fällt die freitragende, bemalte Gewölbedecke aus Holz mit 20 m Durchmesser auf.

Interessante Bauten in der Domfreiheit sind das St William's College (15. Jh.) und das **Treasurer's House** (17. Jh.), das frühere Wohnhaus des Domschatzmeisters mit hervorragendem Interieur. An der Südseite des Münsters erinnert eine römische Säule (4. Jh.) an die Ausrufung Konstantins zum römischen Kaiser in York im Jahr 306.

Kathedrale: Sommer Mo.–Sa. 9.30–15.30 (letzter Einlass), So. 12.45 bis 15 Uhr | Eintritt Minster 16 £ inkl. Führung, mit Turmbesteigung 22 £ | www.yorkminster.org

Treasurer's House: April–Okt. Sa.–Mi. 11–15 Uhr nur mit Führung Eintritt 9,50 £ | www.nationaltrust.org.uk/treasurers-house-york

★ Altstadt

Mittelalterliche Ruinen im Grünen

In den Museum Gardens sind Überreste des St-Leonard-Hospitals (11. Jh.) und Teile der römischen Festung, in die die mittelalterliche Ummauerung eingefügt wurde, erhalten. Das **Yorkshire Museum** besitzt eine bedeutende archäologische Sammlung mit überwiegend römischen und angelsächsischen Funden, Glasmalereien seit dem Mittelalter und einem Silberschatz aus dem Jahr 900. Die **City of York Art Gallery** zeigt eine Sammlung englischer und europäischer Gemälde vom Mittelalter bis zur Neuzeit, außerdem Keramik.

Yorkshire Museum: Di.–So. 10–17, Gärten tgl. ab 7.30 Uhr | Eintritt Museum 9,50 £, Gärten frei | www.yorkshiremuseum.org.uk

City of York Art Gallery: Mi.–So. 10–17 Uhr | Eintritt zur Dauerausstellung frei | www.yorkartgallery.org.uk

Stimmungsvoller Bummel durchs Mittelalter

Fußgängerzone

Südlich der Kathedrale liegt die Fußgängerzone. Schöne, mittelalterliche Gassen sind **Stonegate** – in York heißen Straßen wie im Skandinavischen häufig »gate« (= Gasse), ein Relikt der Dänenherrschaft – und vor allem **Shambles:** schmal und dunkel. Dort boten die Metzger auf den »shambles«, den Fenstersimsen, ihre Waren an.

Nobel

Merchant Adventurers' Hall

In der Straße Piccadilly steht der vornehmste Zunftbau der Kaufleute und Handelsherren, die um 1360 erbaute Merchant Adventurers' Hall. Im Obergeschoss sieht man die eindrucksvolle Dachkonstruktion.

So.–Fr. 10–16.30, Sa. bis 13.30 Uhr | Eintritt 6,50 £
www.theyorkcompany.co.uk

Zeitreise zu den Wikingern

★ Jorvik Viking Centre

Ein Stück in Richtung River Ouse befindet sich in der Coppergate das Jorvik Viking Centre, das am Ort bedeutender Ausgrabungen über den Alltag der Wikinger im 9./10. Jh. informiert. Zu sehen sind u. a.

YORK ERLEBEN

VISIT YORK INFORMATION CENTRE
21 Parliament St., York
Tel. 01904 55 56 70
www.visityork.org

Swinegate, im Mittelalter der Schweinemarkt, ist ein Gassengewirr voller Designerboutiquen, Souvenirläden, Cafés und Bars. **Stonegate,** früher das Terrain der Steinmetze, birgt heute exklusive Geschäfte. Schön zum Flanieren sind die mittelalterlichen **Shambles,** deren Fachwerkfassaden hier und da große Fleischerhaken zieren: eine Erinnerung an die Metzger, die hier ihre Läden hatten.

❶ SKOSH €€€
Innovative Weltküche in Tapas-Größe: Probieren Sie Hen's Egg, eine überraschende Kombination aus Cheddar-Velouté mit Champignons und Sherry, oder »Jakobsmuschel-Pizza« oder rote Bete mit Erdbeeren und Kapuzinerkresse oder ... So. u. Mo. geschl.
98 Micklegate
Tel. 01904 63 48 49
www.skoshyork.co.uk

❷ BETTY'S TEA ROOMS €€
Hier genießen Sie in elegantem Ambiente den Traditional Afternoon Tea mit Sandwiches und Kuchen oder den einfacheren Cream Tea bzw. einen Fat Rascal (»Fetter Schurke« – ein süßes Brötchen mit Rosinen).
St Helen's Square
Tel. 0800 4 56 19 19
www.bettys.co.uk

❶ GRAY'S COURT €€€–€€€€
Das historische Haus am Minster glänzt mit schöner Einrichtung, Garten und exzellentem Restaurant.
Chapter House St.
Tel. 01904 61 26 13
www.grayscourtyork.com

❷ TOWER HOUSE €€
Im nördlichen Stadtteil Clifton: opulente Einrichtung der 8 Zimmer in unterschiedlichsten Stilen – »Samurai«, »Versailles Gold«, »Tang Dynasty« ...
2 Feversham Crescent
Tel. 01904 65 55 71
www.towerhouseyork.co.uk

rekonstruierte Wohnhäuser aus Yorks dänischer Vorgängerstadt Jorvik und Nachbildungen frühmittelalterlicher Werkstätten.
April–Okt. tgl. 10–17, Nov.–März bis 16 Uhr | Eintritt 10,25 £
www.jorvik-viking-centre.co.uk

Grausige Geschichte

York Castle

York Castle wurde 1068 von den Normannen aus Holz errichtet. Im 13. Jh. entstand eine Burganlage, von der heute lediglich **Clifford's Tower** erhalten ist, benannt nach Roger de Clifford, der als Führer der Lancaster-Partei 1322 hier hingerichtet wurde. In dem Turm suchten

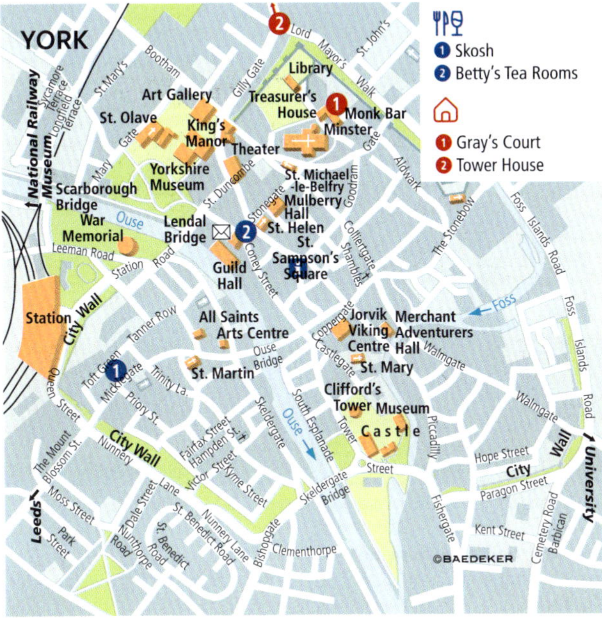

1190 während der Kreuzzugspropaganda gegen die Juden 150 Juden Zuflucht vor der Menge. In ihrer aussichtslosen Lage nahmen sie sich das Leben. Im 18. Jh. entstanden die Gefängnisbauten, die heute als Museum dienen: **York Castle Museum** gibt hervorragende Einblicke in die englische Lebenswelt mehrerer Jahrhunderte, u. a. in der Kirkgate, einem nachgebauten viktorianischen Straßenzug mit kleinen Geschäften.

Clifford's Tower: Tgl. 10–18, Nov.–März bis 16 Uhr | Eintritt 8,60 £
www.english-heritage.org.uk
York Castle Museum: Mo. 11–17, Di.–So. 10–17 Uhr | Eintritt 16 £
www.yorkcastlemuseum.org.uk

Spaziergang mit Aussicht auf die Altstadt

Stadtmauern

Großen Eindruck hinterlässt ein Spaziergang auf den Stadtmauern. Sie wurden größtenteils im 14. Jh. gebaut und folgten weitgehend den römischen Mauerlinien. Sechs Tore (»bars«) sind noch erhalten, vier davon aus dem Mittelalter. Im Haupttor Micklegate Bar erweckt die Besucherattraktion City Walls Experience die Geschichte der Stadt und ihrer Verteidigungsanlagen zum Leben.

City Walls Experience: Micklegate Bar | Mitte Febr.–Okt.
tgl. 10–16 Uhr 3,50 £ | www.yorkcitywalls.com

Spaziergang auf den Mauerrn von York. Die Kathedrale ist nicht zu übersehen.

National Railway Museum

Das weltweit größte seiner Art
Das Eisenbahnmuseum in der Leeman Road zeigt die Entwicklung der Eisenbahn, u. a. mit einem viktorianischen Postzug von 1838 und luxuriösen edwardianischen Salonwagen. Dazu kommen über 100 britische Lokomotiven wie der Flying Scotsman oder die Mallard, die 1938 einen heute noch bestehenden Geschwindigkeitsrekord für Dampfloks aufstellte.

Tgl. 10–17 Uhr | Eintritt frei | www.railwaymuseum.org.uk

Rund um York

Castle Howard

Kein Understatement
Das imposante Herrenhaus (25 km nordöstlich über die A 64) wurde nach Entwürfen von John Vanbrugh im palladianischen Stil gebaut. Besonders gelungen ist die Gartenfront. Die Howard-Familie war auf Repräsentation aus und ließ einen der prächtigsten Herrensitze Englands bauen: Die Great Hall ist 25 m hoch, die Long Gallery 50 m lang. Die eleganten Räume beherbergen großartige Gemälde, Stilmöbel und Kostüme, kostbare Vasen und Statuen. Im Park gibt es hübsche, ausgeklügelt angelegte Wasseranlagen. Ein ausgedehnter Spaziergang führt um den großen See und zu Blickfängen wie dem Tempel der Vier Winde, dem Familienmausoleum und einer Pyramide.

Haus: tgl. 10–15, Garten: tgl. 10–17, Nov., Jan.–März bis 16 Uhr
Eintritt ab 19 £ bei Online-Buchung | www.castlehoward.co.uk

YORKSHIRE COAST

Landesteil: Nordengland | **Grafschaft:** Yorkshire

Klippenwanderungen, lange Sandstrände, exzellente Fischgerichte, Schmugglergeschichten und der große Entdecker Captain James Cook – das sind die Themen an der abwechslungsreichen Küste von Yorkshire.

Auf den Spuren von James Cook

Diese Küste war die Heimat von James Cook (1728–1779). Bevor er seine Berufung als Seemann erkannte, diente er als Lehrling in einem Lebensmittelgeschäft im kleinen Fischerort Staithes. Danach zog er einige Meilen südlich in die Hafenstadt Whitby, lernte auf Handelsschiffen und später in der königlichen Marine die Techniken der Kartografie und Navigation, die er auf Reisen in Nordamerika, Australien und dem Pazifik einsetzte. Ein Museum in Whitby ehrt den großen Seefahrer, ein (motorisierter) Nachbau seines 1764 vom Stapel gelaufenen Schiffs »Endeavour« nimmt Besucher mit – nicht wie damals nach Tahiti und Neuguinea, sondern entlang der Steilküste an den romantischen Ruinen der Whitby Abbey vorbei.

YORKSHIRE COAST ERLEBEN

TOURIST INFORMATION CENTRE
Town Hall, St Nicholas Street
Scarborough, YO11 2HG
Tel. 01723 38 36 36
www.discoveryorkshirecoast.com

Bootstouren ab Whitby auf dem Nachbau von James Cooks Endeavour.
Fernwanderweg Cleveland Way über Saltburn, Whitby Scarborough.
www.endeavourwhitby.com

GOLDEN GRID FISH RESTAURANT €€
Seit mehr als 100 Jahren eine Institution. Die einfachen Fish & Chips, aber auch edlere Meeresfrüchte wie Hummer sind garantiert fangfrisch.
4 Sandside, Scarborough
Tel. 01723 36 09 22
www.goldengrid.co.uk

EAT ME CAFE €
Gute Stimmung vom Frühstück bis zum Abendessen (letzte Bestellung Mo.–Mi. 18.30, Do.–Sa. 20 Uhr) englische Café-Klassiker und eklektische Küche – Thai-Curry, Ramen-Nudeln mit Tofu oder Ente. So. geschl.
Upstairs Bar, Stephen Joseph Theatre, Scarborough
Tel. 07445 47 53 28
www.eatmecafe.com

MAGPIE CAFE €€
Kurz vor Öffnung bildet sich hier eine Schlange hungriger Kunden, denn das Magpie bietet mehr als ein üblicher

Fish-&-Chips-Shop: Scholle, Steinbutt, Rochen, Seehecht, Hummer Thermidor ... Und wenn das Café ausgebucht ist? Dann schmecken die Fish & Chips bei Quayside (7 Pier Rd.) ein Stück weiter und bei Royal Fisheries (48 Baxtergate) auch sehr gut.
14 Pier Rd., Whitby
Tel. 01947 60 20 58
www.magpiecafe.co.uk

BOTHAM'S TEAROOM €

Das herrlich altmodische Café mit eigener Bäckerei ist ein Familienbetrieb in vierter Generation. Abends ist es geschlossen, es ist aber eine charmante Adresse für Frühstück (z. B. Kippers), Lunch oder Nachmittagstee – probieren Sie die hausgemachten Kekse oder das Plum Bread.
35/39 Skinner St., Whitby
Tel. 01947 60 28 23
www.botham.co.uk

LA ROSA HOTEL €€–€€€

Ist ein Hotel exzentrisch, sagen die Briten »quirky« dazu – La Rosa ist der Inbegriff von quirky. Minimalisten sollten fernbleiben, aber wer liebevoll-extravagante Inneneinrichtung verträgt, wird das hilfsbereite Personal, die tolle Lage mit Meer- und Hafenblick und das luxuriöse Frühstück genießen.
5 East Terrace, Whitby
Tel. 01947 60 69 81
www.larosa.co.uk

THE CRESCENT HOTEL €€€

Das Hotel mit den 20 geschmackvoll eingerichteten Zimmern bietet ein gutes Preis-Leistungs-Verhältnis.
The Crescent, Scarborough
Tel. 01723 50 75 07
www.thecrescenthotel.com

Fast wie früher: Der Nachbau der »Endeavour« in Whitby Harbour

Wohin an der Küste von Yorkshire?

Seeluft schnuppern

Bridlington

Der Badeort Bridlington hat einen langen Strand, der sich nach Süden fast über die gesamte Küste erstreckt. Sehenswert in der Altstadt ist die Kirche St Mary mit dem Jesse-Fenster mit 30 Feldern an der Ostseite und den frühgotischen Fenstern im Hauptschiff. Von Bridlington geht eine wunderbare Küstenstraße nach Nordwesten bis nach Whitby. Naturfreunde machen direkt nördlich der Stadt den kleinen Umweg zum Seevogelreservat am Kap Flamborough Head, um an den 120 m hohen **Bempton Cliffs** Eissturmvögel, Papageientaucher und andere Arten zu beobachten.

Queen of the Yorkshire Coast

Scarborough

Das renommierte viktorianische Seebad Scarborough mit seinen herrlichen Sandbuchten gilt seit 1734 als führendes Seebad im Norden. Es gibt viele Grünanlagen, gemütliche Cafés und Freizeitmöglichkeiten, und auf dem Felsen, der die beiden Badebuchten trennt, steht ein **Castle** aus dem 12. Jahrhundert. Einen Blick lohnt die Kirche St Mary aus dem 12./13. Jahrhundert. Auf dem Kirchhof liegt die Dichterin Anne Brontë (1820–1849) begraben.

Warten auf die Ebbe

Robin Hood's Bay

Das Dorf Robin Hood's Bay – der Ortsname gibt Rätsel auf – ist ein altes Schmugglernest, das sich idyllisch an die Steilküste klammert und einige heimelige Lokale direkt am Wasser besitzt. Den bröckeligen Klippen sollte man beim Strandspaziergang nicht zu nahe kommen. Bei Ebbe tut sich ein großer Bereich von Steinen und Tümpeln voller Meeresgetier auf, auch Fossiliensammler werden fündig.

Zu Besuch bei Dracula

★ Whitby

Der Seehafen Whitby lockt mit feinen Sandstränden und einem geschäftigen Hafen an der Mündung des River Esk. Von der Klippe hoch über dem Strand hat man einen traumhaften Blick auf Küste und Ort. Großartig ist auch der Spaziergang an der westlichen Hafenmole zum steinernen Leuchtturm mit Aussichtsterrasse.

Hoch oben auf dem Gipfel des Kliffs thronen die etwas unheimlich wirkenden Ruinen der 657 gegründeten **Whitby Abbey.** Der markanteste Überrest ist die Kirche, die im 13. und 14. Jh. im Early English Style errichtet wurde. Die 199 Stufen der »Jakobsleiter« führen zu der normannischen St Mary's Church.

James Cook ging bei der Familie Walker als Schiffsjunge in die Lehre. Deren Wohnhaus beherbergt das **Captain Cook Memorial Museum,** das Schiffsmodelle, Dokumente und Bilder zu Cooks Entdeckungsfahrten zeigt. Das **Whitby Museum** im Pannett Park ist ein Sammelsurium voller Kuriositäten, darunter interessante und große Fossilien, die zahlreich an dieser Küste gefunden werden, und wunderschöne Schiffsmodelle, die französische Kriegsgefangene während der napoleonischen Kriege aus Knochen schnitzten.

BAEDEKER MAGISCHE MOMENTE

STEINERNES KRÄHENNEST

Wer erspäht zuerst die Segel des heimkehrenden Schiffs? Oben auf dem historischen Leuchtturm kann man die Fantasie laufen lassen, denn Whitby war Heimathafen von Captain Cook und im Roman von Bram Stoker das Ziel von Graf Draculas mit Särgen beladenem Schiff. In einer Richtung schweift der Blick über das Meer, in der anderen zu den zwischen Klippen eingezwängten Häusern der Altstadt.

1890 wohnte Bram Stoker einige Zeit im Royal Hotel, wo er an seinem **Dracula**-Roman schrieb. Der Vampir strandete mit dem Geisterschiff »Demeter« unterhalb von Whitby Abbey und sprang als riesiger schwarzer Hund an Land, um alsbald in Lucy Westenra sein erstes Opfer zu finden. Ihm folgt die Tour »In Search of Dracula« mit Dr. Crank.

Whitby Abbey: März–Aug. tgl. 10–18, Sept., Okt. tgl. 10–17, Nov. bis Febr. Mi.–So. 10–16 Uhr | Eintritt 10 £ | www.english-heritage.org.uk
Captain Cook Memorial Museum: Grape Ln. | Mitte Febr.–Ostern tgl. 10.30–15, Ostern–Okt. 9.45–17 Uhr | Eintritt 8,50 £ www.cookmuseumwhitby.co.uk
Whitby Museum: Di.–So. 10–16.30 Uhr | Eintritt 7 £ www.whitbymuseum.org.uk
Dr. Crank: Termine s. Website | Preis 5 £ | www.whitbywalks.com

Nächster Halt: Strandpromenade

Saltburn-by-the-Sea

Die Attraktion im Badeort ist der »Cliff Lift«: Die Standseilbahn wird mit Wasser betrieben. Die 1884 eröffnet Bahn überwindet von der unteren zur oberen Strandpromenade, wo sich der eigentliche Ort befindet, einen Höhenunterschied von 36 m. Ein Weg entlang gewaltigen Klippen führt ins östlich gelegene Dorf Skinningrove.

★ YORKSHIRE DALES

Landesteil: Nordengland | **Grafschaft:** North Yorkshire

Sanft murmelnde Flüsschen und idyllische grüne Wiesen – oder dramatische Felsformationen und rauschende Wasserfälle? Die Yorkshire Dales locken mit abwechslungsreichen Landschaften. Zu den Dales gehören das Wharfedale, also das Tal des Flusses Wharfe, das Upper Ribbledale, das Wensleydale, das Swaledale und die Südseite des Teesdale. Zusammen mit zahlreichen Seitentälern bilden diese Flusstäler den Nationalpark Yorkshire Dales.

Lieblich und dramatisch

»Dale« leitet sich vom skandinavischen »Thal« ab und bezeichnet, anders als das allgemein gebrauchte »Vale« für Tal, ausschließlich die moorigen und sumpfigen Täler, die von Flüssen aus dem Pennine-Gebirge gespeist werden. Jedes hat einen anderen Charakter. Das Ribblesdale mit Wasserfällen, aufragenden Felsen, Höhlen und großen Steinbrüchen ist das dramatischste. Auch das Swaledale hat wilde Schluchten mit zerklüfteten Felsen. Lieblich ist dagegen das obere Wharfedale. Das Wensleydale ist breiter, mit satten Wiesen, Wasserfällen und Heide. Manche der Höhen steigen bis über 600 m an.

YORKSHIRE DALES ERLEBEN

NATIONAL PARK CENTRES
www.yorkshiredales.org.uk

BESUCHERZENTREN
Dales Countryside Museum
Station Yard, Hawes DL8 3NT
Tel. 01969 66 62 10

Hebden Road
Grassington BD23 5LB
Tel. 01756 75 16 90

Die **Reeth Show** Ende August, die **Muker Show** Anfang September im Swaledale und die **Wensleydale Show** Ende August sind wichtige Termine für die Schafbauern der Region. Bei den Shows kommt aber die ganze Familie auf ihre Kosten. Prämiert werden Schafe, Rinder, Pferde und Geflügel in vielen Kategorien. Außerdem finden Präsentationen von Handwerkskünsten wie Gehstockschnitzen und Sportwettbewerbe statt, dazu gibt es jede Menge Verkaufs- und Imbissstände.
www.reethshow.co.uk
www.mukershow.co.uk
www.wensleydaleshow.org.uk

THE BLACK BULL €€–€€€
James Ratcliffe und seine japanisch-deutsche Frau Nina machten eine alte Herberge im etwas abgelegenen Nordwesten der Dales in der attraktiven Kleinstadt Sedbergh zu einer guten Gourmetadresse. Außerdem richteten sie sehr komfortable Gästezimmer ein.
44 Main St., Sedbergh
Tel. 01539 62 02 64
www.theblackbullsedbergh.co.uk

RUSTIQUE €€
Das Restaurant liegt recht hübsch in einer überdachten Gasse (»Wynd«), serviert wird leckere authentische französische Küche zu äußerst moderaten Preisen.
5–7 Chantry Wynd, Finkle St., Richmond
Tel. 01748 82 15 65
www.rustiquerichmond.co.uk

THE KING'S ARMS €€
Eine richtig schöne alte Kneipe, in der es Quiz Nights und anderen Veranstaltungen gibt. Die Speisekarte bietet Köstlichkeiten aus der Region, zum Beispiel Lammfleisch und die sehr beliebten Pasteten – probieren Sie den Steak & Ale Pie!
Main St., Askrigg
Wensleydale
Tel. 01969 65 01 13

THE LISTER ARMS HOTEL €€–€€€
Das Gasthaus aus dem 17. Jh. liegt in wunderschöner Landschaft etwas abseits der bekanntesten Dales und bietet gut ausgestattete Zimmer, eine gemütliche Kneipe und deftige Pub-Küche im Restaurantbereich.
Malham (bei Skipton)
Tel. 01729 83 04 44
listerarms.co.uk

THE KING'S HEAD RESTAURANT & HOTEL €€
In diesem stattlichen Haus aus dem Jahr 1717 spielte einmal Franz Liszt im Ballsaal. Die Gästezimmer sind modern, das Restaurant bietet bodenständige britische Küche.
Marketplace, Richmond
Tel. 01748 85 02 20
kingsheadrichmond.co.uk

THE PRIORY €€
Direkt neben Middlehams mittelalterlicher Burg steht dieses Haus aus dem 17. Jahrhundert, in dem man sich in vier eleganten, teils mit Antiquitäten möblierten Zimmern mit luxuriösen Bädern einmieten kann. Gäste können auch den schönen Aufenthaltsraum und den Garten benutzen und kleine Gerichte und leckere Kuchen essen.
West End, Middleham
Tel. 01969 62 32 79
priorymiddleham.co.uk

Wharfedale

Am Fluss entlang

Bolton Abbey

Das südlichste Tal der Yorkshire Dales ist das des Flüsschens Wharfe nordwestlich von ▶ Leeds. Günstiger Ausgangspunkt ist das Dorf Bolton Abbey mit der **Ruine der Bolton Priory.** Reste der Kirche sind erhalten, ein Teil des Kirchenschiffs wird sogar noch benutzt. Auf wunderschönen Spazierwegen lässt sich Bolton Estate durchstreifen. Ein Spaziergang, den man sich nicht entgehen lassen sollte, geht am Westufer des Wharfe entlang zum **Strid**, wo sich der Fluss auf weniger als 1 m Breite verengt und entsprechende Stromschnellen bildet. Von der Abtei bis zu der 1659 gebauten Barden Bridge sind es knapp 5 km. Für den Rückweg sollte man die andere Flussseite wählen.

Begrüßungskomitee in den Dales

Entspannte Wanderung

Upper Wharfedale

Eine schöne Strecke durch das Upper Wharfedale führt von Bolton Abbey am Westufer des Wharfe an der Barden Bridge und der Ruine des Barden Tower vorbei. Im Kilnsey Park kann man sich über die vielfältige Landwirtschaft der Dales informieren. Nach links zweigt eine Straße in das schmale Littondale Richtung Arncliffe ab. Ab Buckden am Fuß des etwa 700 m hohen Buckden Pike kann man weiter dem Wharfe folgen oder rechts zum Wensleydale abbiegen.

Ein kleines Juwel aus dem Mittelalter

Skipton

Das Städtchen Skipton westlich von Bolton Abbey ist der Hauptort der Region zwischen Wharfedale und Ribbledale. Das **Schloss** ist eines der besterhaltenen in ganz England.

Skipton Castle: tgl. ab 10, letzter Einlass 15.30 Uhr | Eintritt 11,20 £
www.skiptoncastle.co.uk

Alles einsteigen!

Embsay

Für Eisenbahnfreunde lohnt die Sammlung alter Lokomotiven am Bahnhof von Embsay etwas nordöstlich. Im Sommer fährt fast täglich eine dampflokbetriebene Bahn von Embsay zur Bolton Abbey Station.

www.embsayboltonabbeyrailway.org.uk

Beeindruckende Landschaften

Malham

Schön ist ein Ausflug von Skipton in nordwestlicher Richtung nach Malham. Wanderungen durch wildromantische Szenerien führen zur amphitheaterartigen Felsformation Malham Cove, zur Schlucht von Gordale Scar und zu dem versteckten Moorsee Malham Tarn.

Wensleydale

Hier kann man sein Quartier aufschlagen

Ripon

Das Wensleydale ist nicht nach einem Fluss benannt, sondern nach dem Städtchen Wensley südwestlich von Richmond (▶S. 410). Der Fluss, der durch das Tal fließt, ist der Ure. Ein guter Tourenstützpunkt – noch nicht im Wensleydale gelegen – ist Ripon am Skell, einem Nebenfluss des Ure. Sehenswert ist die **Kathedrale,** die auf eine 657 gegründete Klosterkirche zurückgeht. Querschiffe und Chor stammen aus dem 12. Jh., die angelsächsische Krypta datiert von ca. 670.

Kathedrale: tgl. 8.30–18, So. 12–17 Uhr | Eintritt frei, Spenden willkommen | www.riponcathedral.org.uk

★ Fountains Abbey

Eine der schönsten Ruinen Europas

Fountains Abbey liegt 6,5 km südwestlich von Ripon und ist UNESCO-Weltkulturerbe. Sie ist eine der großartigsten, größten und am besten erhaltenen Ruinen Großbritanniens. Der Name stammt von mehreren

Fountains Abbey wurde 1132 von Zisterziensern gegründet.

nahen Quellen. Den umfassendsten Eindruck der Abbey erhält man vom georgianischen Landschaftsgarten **Studley Royal** aus – hier hat man den besten Blick auf die Anlage, die 1132 als Zisterzienser-Abtei gegründet wurde. Schönster Teil ist die Chapel of the Nine Altars, in der erstmals in England der Spitzbogen eingesetzt wurde. Weitgehend erhalten sind die umfangreichen Wirtschaftsgebäude, die die Klosteranlage so gewaltig erscheinen lassen. Kapitelhaus, Schlaf- und Waschräume, Refektorium, Küche, Krankenhaus und Gästehäuser sind meist doppelt vorhanden: für Mönche und Laienbrüder. In **Fountains Hall** (1595–1611), außerhalb teils aus dem Material der Abtei gebaut, ist eine interessante Möbelsammlung zu sehen.

Tgl. 10–16.30, Okt.–Jan. So.–Do. 10–16, Febr., März tgl. 10–16 Uhr, Eintritt 18 £ | www.nationaltrust.org.uk/fountains-abbey

Ein hübsches Fotomotiv

Jervaulx Abbey

Eine andere eindrucksvolle Ruine – ebenfalls malerisch in einem Wiesental gelegen – ist die der Jervaulx Abbey 22 km nordwestlich von Ripon. Von der Kirche (um 1200) steht nur noch wenig, zu sehen sind die Wirtschaftsgebäude des einstigen Zisterzienser-Hauses.

www.jervaulxabbey.com

Wasserfälle, hübsche Dörfer und ein Schloss

Middleham

Erst flussaufwärts von Jervaulx trägt das Tal des Ure den Namen Wensleydale, und hier beginnt auch der reizvollste Abschnitt des Flusslaufs mit Wasserfällen und romantischen Dörfchen an den

Ufern. Eines dieser hübschen Dörfer ist Middleham. **Middleham Castle** war ein Lieblingsaufenthaltsort von Richard III., von dem heute nur noch eine mächtige Ruine mit einem der größten Bergfriede in England erhalten ist.

Castle: April–Okt. tgl. 10–17, Nov.–März Sa., So. 10–16 Uhr
Eintritt 7,70 £ | www.english-heritage.org.uk

Köstliche Tradition

Hawes

In Hawes kann man eine **Käsefabrik** besichtigen, die den berühmten Wensleydale-Käse herstellt. Von Hawes führt eine Bergstraße in vielen Windungen nach Muker im Swaledale. 3 km hinter Hawes kommt man am Hardraw-Force-Wasserfall vorbei, dann geht es weiter über den Buttertubs-Pass. Den Namen »Buttertubs« (Butterfässer) hat er von fünf 15 bis 30 m tiefen Höhlen. Dort sollen Bauern früher an heißen Tagen auf dem Weg zum Markt Rast gemacht und die Butter gekühlt haben.

Wensleydale Creamery: tgl. 10–16 Uhr | Eintritt 4,95 £
www.wensleydale.co.uk

Swaledale und Teesdale

Was für ein Theater!

Richmond

Am östlichen Ende von Swaledale liegt die romantische Kleinstadt Richmond. Keimzelle des Städtchens war die Burg, die Alan the Red, 1. Earl of Richmond, um 1070 baute. Wegen seiner günstigen Lage war das Castle von drei Seiten uneinnehmbar, die vierte schützte ein mächtiger Bergfried. Von der Spitze dieses 35 m hohen normannischen Wehrturms bietet sich ein hervorragender Blick auf die Stadt. Wenige Schritte weiter nördlich liegt der kopfsteingepflasterte Marktplatz mit hübschen alten Häusern und Läden. Eine besondere Attraktion ist das restaurierte **Georgian Theatre Royal** von 1788. Seine Geschichte illustriert das Theatermuseum mit historischen Requisiten, Modellen, Kostümen, Plakaten, Fotos etc. In der zweiten Galerie kann man das älteste, vollständig erhaltene gemalte Bühnenbild in Großbritannien bewundern.

Führungen durch Theater und Museum: Mo.–Sa. 10–16 Uhr stündl., Eintritt 7 £ | www.georgiantheatreroyal.co.uk

Ein besonderes Kreuz

Easby Abbey

Von Richmond führt ein schöner Fußweg am Ufer des Swale entlang zu den Ruinen der Easby Abbey mit Resten von Refektorium, Langhaus und Querschiffen. In der benachbarten St Agatha Church sind Fresken aus der Mitte des 13. Jh.s und eine Nachbildung des Easby Cross zu sehen, ein angelsächsisches Kreuz von 800, dessen Original sich im British Museum in London befindet.

Die wilde Seite des Nationalparks

Swaledale

Das Swaledale ist überwiegend rau und wild. Folgt man dem Swale auf seinem Lauf in westlicher Richtung, kommt man nach knapp 18 km nach Reeth, dessen Bleiminen schon die Römer ausbeuteten. Über das Leben der Bergarbeiter und Schafbauern früherer Zeiten berichtet das Swaledale Museum. Bei Reeth fährt man entweder weiter ins wunderschöne obere Swaledale oder man zweigt nach Norden ins einsame Arkengarthdale ab, durch Moor und Heide, durch winzige Orte und über steile Erhebungen.

Ein Stück Paris in Nordengland

Barnard Castle

Über das Arkengarthdale kommt man nach Barnard Castle, einem alten Städtchen, das sehr schön am Fluss Tees liegt. Oberhalb des Flusses steht ein verfallenes Castle aus dem 12. Jahrhundert. Das **Bowes Museum** im Osten der Stadt ließen John Bowes und seine Frau Josephine Coffin-Chevalier 1869 bis 1875 als Nachbildung eines Teils der Pariser Tuilerien für ihre hervorragende Kunstsammlung bauen: Wandteppiche, wertvolle Keramikarbeiten, Porzellan, Manuskripte, Möbel und Gemälde, darunter alte Meister wie Goya und El Greco.

Bowes Museum: tgl. 10–17 Uhr | Eintritt 17,50 £
www.bowesmuseum.org.uk

600 Jahre Geschichte

Raby Castle

Raby Castle 6 km nordöstlich von Barnard Castle ist ein gut erhaltenes Castle aus dem 14. Jahrhundert. Die meisten Räume sind heute im Stil des 18. und 19. Jh.s eingerichtet; die Schlosskirche ist seit 600 Jahren nahezu unverändert geblieben.

Schloss: Mai–Sept. Mi..–So., 11–16 Uhr, Park: tgl. 10–16 Uhr
Eintritt Schloss und Park je 6,50 £ | www.rabycastle.com

Unerwartet reiche Pflanzenwelt

Teesdale, Mickle Fell

Von großem landschaftlichen Reiz ist das Teesdale oberhalb von Barnard Castle. Bei Forest-in-Teesdale stürzt ein Wasserfall 22 m in die Tiefe. Der 792 m hohe Mickle Fell im Upper Teesdale ist berühmt für seine vielfältige Pflanzenwelt: alpine, kontinentale und normalerweise nur weiter südlich wachsende Flora sind hier vereint.

H

HINTER-GRUND

Direkt, erstaunlich, fundiert

Unsere Hintergrundinformationen beantworten (fast) alle Ihre Fragen zu England.

Oben die Royals auf dem Balkon von Buckingham Palace, unten die jubelnden Untertanen und über allem die Royal Air Force ►

DAS LAND UND SEINE MENSCHEN

Unser Bild von England: grüne Wiesenlandschaften, traumhafte Gärten, der Vorzeigerasen, Grundlage jeder Golf-, Polo- und Kricketanlage. England steht aber nicht nur für Natur. Steinzeitliche Kultstätten, das Erbe der industriellen Revolution, eindrucksvolle Burgen und Kathedralen und die Spuren berühmter Söhne und Töchter machen das Land zu einem spannenden, abwechslungsreichen Reiseziel.

Als die Inseln noch keine waren

Die Britischen Inseln waren noch bis etwa 6000 v. Chr. vom europäischen Kontinent aus zu Fuß zu erreichen, erst dann stieg der Meeresspiegel und setzte die Landverbindung unter Wasser. Das erklärt auch, dass Landschafts, Tier- und Pflanzenwelt im Wesentlichen denen in Mitteleuropa entsprechen. Nur ist hier alles noch ein bisschen grüner, üppiger und satter – und auch ein bisschen regnerischer.

Landschaften

Küsten

Mit den vielen Buchten und den breiten Flussmündungen hat England eine **enorme Küstenlänge:** Von der Südküste bis zum nördlichsten Punkt Englands sind es etwa 570 km, die Küstenlänge (die walisische und schottische Küste ausgenommen) ist aber nicht weniger als 4400 km lang! An keinem Punkt Englands ist man weiter als 120 km vom Meer entfernt.
In Südengland gibt es einmalig schöne **Klippenlandschaften,** die in verschiedenen Farben leuchten, im Osten dagegen flache **Marschgebiete.** Abertausende von Seevögeln brüten an den **Felsküsten.** Auch an den **Flachküsten** des Nordwestens und Ostens finden sich Vogelschutzgebiete. Am attraktivsten ist sicher die Südküste zwischen Kent und Cornwall. Im Osten prägen abenteuerlich steile Kreideklippen die Küste, am eindrucksvollsten bei Dover und Eastbourne. An anderen Stellen grenzt Marschland an die See, wie in der Romney Marsh östlich von Rye, während sich gegenüber der Isle of Wight tief eingeschnittene Flussmündungen und fjordähnliche Einbuchtungen finden. Weiter westlich bei Torquay liegt die »Englische Riviera« und jenseits von Plymouth die traumhafte Küstenregion von Cornwall.

Hügel, Flüsse, Berge

Die **Themse** – mit nur 346 km der zweitlängste Fluss Großbritanniens – entspringt in nur 113 m Höhe in den Cotswold-Hügeln, der mit 354 km längste Fluss, der Severn, in den walisischen Bergen. Andere größere Flüsse sind Tyne, Mersey, Humber und Trent. Meh-

Der Felsen Durdle Door an der Küste von Dorset. Der Name bedeutet nichts anderes als »Bohrloch«.

rere Flüsse in England tragen den Namen »Avon« – dahinter verbirgt sich eine Ableitung vom keltischen Wort für »Fluss«. Auf Cornisch heißt Fluss bis heute noch »Avon«.

Weite Teile Südenglands sind liebliches Hügelland, durchzogen von gemächlich dahinfließenden Flüssen und grünen Weiden und Wäldern: die parallel zur östlichen Südküste verlaufenden **South Downs** und **North Downs.** Nördlich von London erstrecken sich die **Chiltern Hills,** weiter westlich die **Cotswold Hills.** In Cornwall und Devon im Südwesten merkt man an der üppigen Vegetation den Einfluss des Golfstroms, im Hinterland liegen aber die von Heideland bedeckten raueren Hügelregionen **Dartmoor, Exmoor** und **Bodmin Moor.**

In Lincolnshire im Osten Englands liegen flache Marschgebiete. Das Bild der nordenglischen Landschaft prägen die sich wie ein Rückgrat bis hoch nach Schottland ziehenden **Pennines** und die im Nordwesten liegenden **Cumbrian Mountains**, wo sich Englands höchster Berg, der **Scafell Pike,** auf bescheidene 978 m erhebt. Die von zahlreichen kleineren und größeren Seen durchzogene Region Cumbria ist von grandioser landschaftlicher Schönheit, als **Lake District** wurde sie zum Nationalpark erklärt.

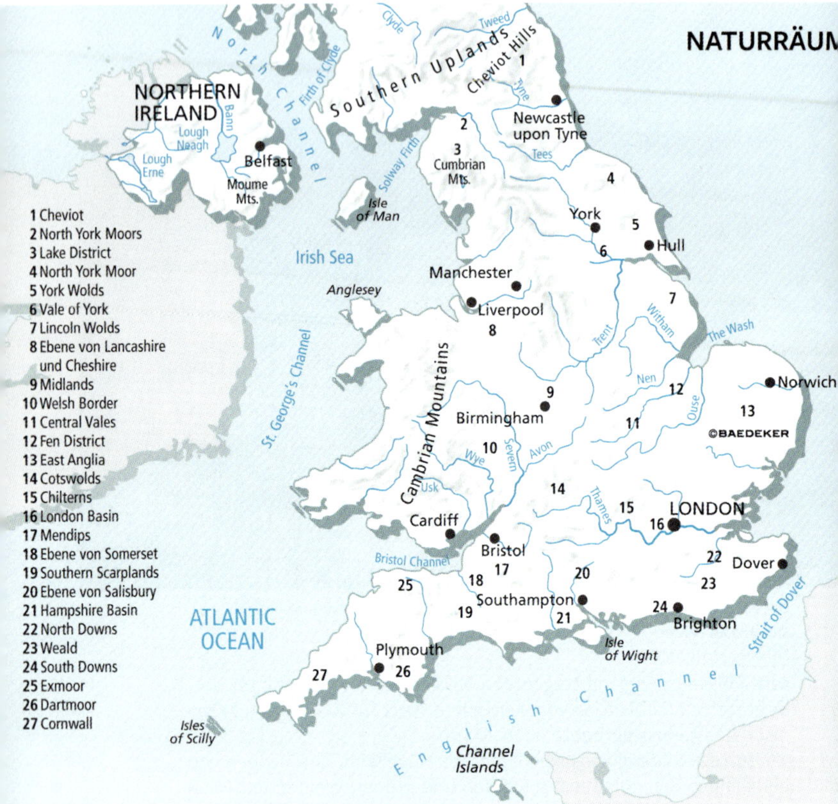

Nationalparks Es gibt zehn Nationalparks: Broads, Dartmoor, Exmoor, der Lake District, der New Forest, Northumberland, die North York Moors, der Peak District, die South Downs und die Yorkshire Dales.

Inseln Um die britische Hauptinsel liegen verstreut zahllose kleinere und größere Inseln – teilweise nur Felseneilande, teilweise große grüne Inseln mit wunderschönen Landschaften. Die **Isle of Wight** unmittelbar vor der Südküste ist eine sehr beliebte Urlauberinsel, durch die milden Winter gedeihen hier sogar Weintrauben. Der Halbinsel Cornwall sind die kleinen **Scilly-Inseln** vorgelagert – 40 Eilande, 150 Felsformationen und fünf bewohnte Inseln, die vom Golfklima verwöhnt sind und herrliche Sandstrände bieten. Mitten in der Irish Sea zwischen Irland und Nordengland liegt die **Isle of Man,** eine sattgrüne Schönheit.

Bevölkerung

Klassensystem

Viele der starren Klassenschranken sind in letzter Zeit gefallen oder abgeschwächt worden, aber Angehörige der **Upper Class** schicken ihre Kinder weiterhin auf Privatschulen wie Eton oder Renommieruniversitäten (Oxford und Cambridge; ▶ Baedeker Wissen, S. 334/335) und treffen sich bei Pferderennen wie in Ascot. Schaut man ins Parlament oder ins Kabinett, sind Angehörige dieser Schicht überproportional vertreten. »Class consciousness«, das ausgeprägte Bewusstsein, einer bestimmten Bevölkerungsschicht anzugehören oder aus ihr zu stammen, ist tief verwurzelt und erkennbar – an der Art, sich zu kleiden, an der Freizeitgestaltung und am Wohnort. In jeder Klasse gibt es weiterhin eigene Verhaltensnormen, und auch die **Sprache** ist ein Indiz für die Zugehörigkeit zu einer bestimmten Schicht. Eine bestimmte Aussprache des Englischen (Oxford English, Queen's English) gilt als Standesmerkmal höherer Schichten.

Nationalitäten

Fußballfans wissen Bescheid: Das Vereinigte Königreich ist ein Vielvölkerstaat. Bei Länderspielen kicken Fußballer aus dem United Kingdom nie für Großbritannien, sondern für England, Schottland, Nordirland oder Wales. Schotten und Waliser können höchst empfindlich reagieren, wenn man sie als Briten oder gar als Engländer betitelt. Im Gegensatz dazu reden viele Engländer, deren Nationalitätenstaat der flächenmäßig größte und bevölkerungsreichste des Vereinigten Königreiches ist, nicht von ihrer eigenen Nation, sondern von Großbritannien und möchten auch als Briten angesprochen werden.

Einwanderer aus aller Welt

Nach dem Zweiten Weltkrieg wanderten viele Menschen aus dem Commonwealth, hauptsächlich aus Indien, Pakistan und der Karibik, nach Großbritannien ein. In den letzten Jahrzehnten ist die ethnische Zusammensetzung der Bevölkerung dank Zuwanderung aus vielen Ländern, auch aus der EU, noch vielfältiger geworden. Die letzte Volkszählung registrierte zwischen 2011 und 2021 einen Zuwachs der englischen Bevölkerung um 3,5 Mio. auf 56,5 Mio. (im gesamten Vereinigten Königreich 67 Mio. Menschen, davon 8,8 Mio. allein in London). Der Zuwachs stammte hauptsächlich aus Zuwanderung – bei der Entscheidung für den Austritt aus der EU war das ein beherrschendes Thema, denn bis 2016 kam etwa die Hälfte der Zuwanderer aus EU-Ländern, vor allem aus Ost- und Südosteuropa. Polen ersetzte Indien als Ursprungsland der größten Minderheit. Entgegen den Versprechungen der »Brexit«-Befürworter hat der Austritt aus der EU die Bevölkerungszunahme nicht gebremst, da die Migration aus Afrika und Asien zugenommen hat.

Religion

Religiöser Glaube ist in Großbritannien schwach ausgeprägt: 2021 bezeichneten sich nur 46 % als Christen, 37,5 % gaben »keine Religi-

Lage:
Nordwesteuropa
Zwischen 50° und 61° nördlicher Breite
sowie 8° und 1° 45′ östlicher Breite

Fläche:
130 395 km²
Vereinigtes Königreich: 244 820 km²
Deutschland: 357 020 km²

Einwohner: **56,5 Mio.**
Vereinigtes Königreich: 67,0 Mio.
Deutschland: 84,5 Mio.

Bevölkerungsdichte:
433 Einwohner/km²
Vereinigtes Königreich:
274 Einwohner/km²
Deutschland:
236 Einwohner/km²

▶ Staat

Parlamentarische Monarchie
Staatsoberhaupt: Charles III (seit 2022)

▶ Religion

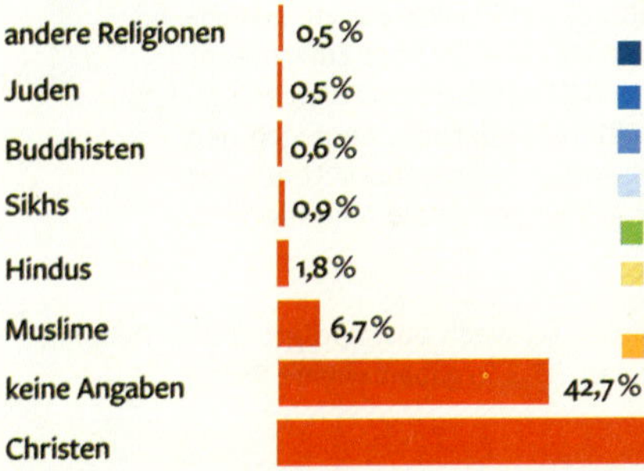

▶ Bevölkerung

Größte Städte:
London (Greater London: **8,8 Mio.**)
Birmingham (**1,14 Mio.**)
Leeds (**812 000**)
Sheffield (**557 000**)
Manchester (**552 000**)

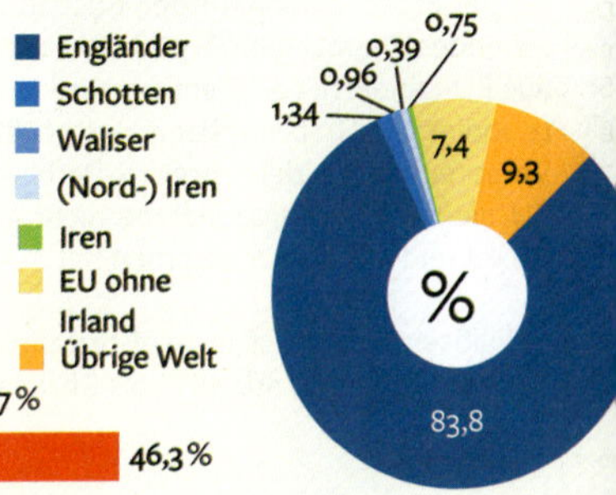

Wirtschaft

Bruttosozialprodukt (2021):
1961 Mrd. £
Vereinigtes Königreich:
2140 Mrd. £
London:
496 Mrd. £

Tourismus

40,1 Mio. Besucher (2019)

Wappen/Flagge

Die Flagge des Vereinigten Königreichs, eigentlich eine Königsflagge, ist der »Union Jack«, in dem die Kreuze der Schutzheiligen Englands (St. George), Schottlands (St. Andrew) und Irlands (St. Patrick) kombiniert sind.

Klimastation London

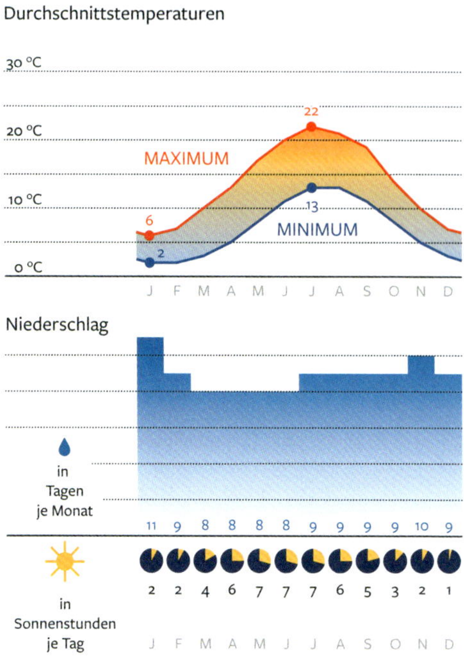

Aufbau des Union Jack

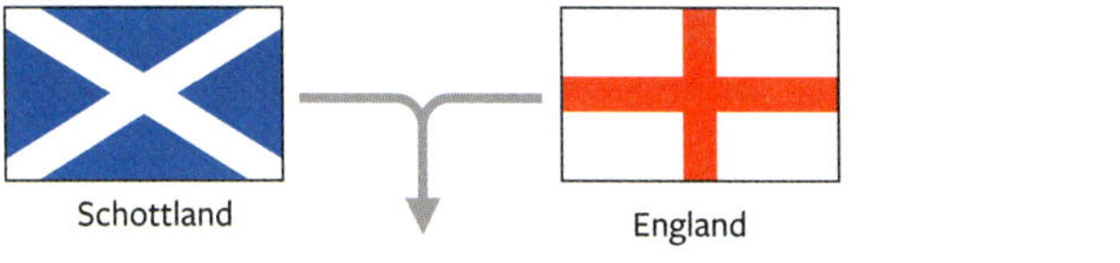

Der Union Jack wurde 1606, drei Jahre nach der Vereinigung von England und Schottland, eingeführt. Für den Begriff gibt es mehrere Erklärungen:
- Bezeichnung für die Bugflagge von Kriegsschiffen (dt. »Gösch«)
- von der Soldatenkleidung (»jack-et«)
- nach König Jakob I.

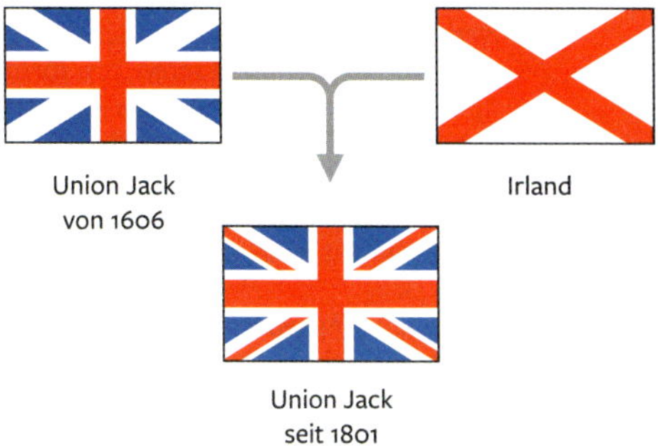

on« an. Nur etwa 650 000 besuchen regelmäßig einen Gottesdienst. Muslime bilden fast 7 % der Bevölkerung, auch weitere nicht-christliche Minderheiten wie Hindus spielen eine Rolle. Im Großraum London leben zwei Drittel der ca. 260 000 britischen Juden.

Politik

Verfassung

Großbritanniens Weg vom feudalen zum bürgerlich-liberalen Staat war mehr von Reformen als von Revolutionen gekennzeichnet. Infolgedessen bilden keine eiegens aufgesetzten Schriften, sondern viele über Jahrhunderte entstandene Dokumente und gewohnheitsrechtliche Normen die Grundlagen der britischen Verfassung, die zwar nie von einem Parlament beschlossen wurde, aber zwei unverrückbaren Prinzipien untergeordnet ist: der Rechtsstaatlichkeit (Rule of Law) und der Souveränität des Parlaments. Ihre grundlegenden Dokumente, die vor allem die »Rule of Law« festschreiben, sind allesamt aus dem Konflikt zwischen Krone und Parlament bzw. dessen Vorgängern entstanden. Zu ihnen gehört an erster Stelle die **Magna Charta** von 1215, die König Johann auf Druck der Barone hin unterschreiben musste. In ihr verpflichtete sich der Monarch zur Beachtung des überlieferten Rechts (**Common Law**), erkannte das Recht der Barone an, ihn nötigenfalls mit Gewalt dazu zu zwingen, und garantierte den Schutz des Individuums. Aus der Zeit der Stuarts stammen die **Petition of Right** von 1628, in der Karl I. einen Grundrechtekatalog billigen musste, um Finanzmittel vom Parlament genehmigt zu erhalten, der **Habeas Corpus Act** von 1679, der vor willkürlicher Verhaftung schützt, und die **Bill of Rights** von 1689, in der Wilhelm von Oranien Grundrechte wie das Recht auf freie Meinung oder das Petitionsrecht bestätigte. Die Entwicklung der konstitutionellen Monarchie zu einer echten Demokratie dauerte jedoch recht lange: Erst 1918 durften alle Männer, 1928 auch alle Frauen ihre Stimmen abgeben.

Die Krone

Der Monarch ist Staatsoberhaupt und Haupt des Commonwealth of Nations und auch noch Staatsoberhaupt von 16 der 53 unabhängigen Commonwealth-Staaten; pro forma hat er zudem den Oberbefehl über die Streitkräfte. Die Teilnahme an der Regierung ist weitgehend nur noch formal: Eröffnung, Auflösung und Schließung des Parlaments, formelle Ernennung des Premierministers und der Minister, Genehmigung verabschiedeter Gesetze. Regierungshandlungen der Krone bedürfen der ministeriellen Gegenzeichnung.

Kabinett und Premierminister

Die ca. 20 Mitglieder des Kabinetts werden vom Premierminister ernannt. Ihm gehören immer der Schatzkanzler, der Außen-, der Innen- und der Verteidigungsminister an. Die eigentliche Regierung, inklusive

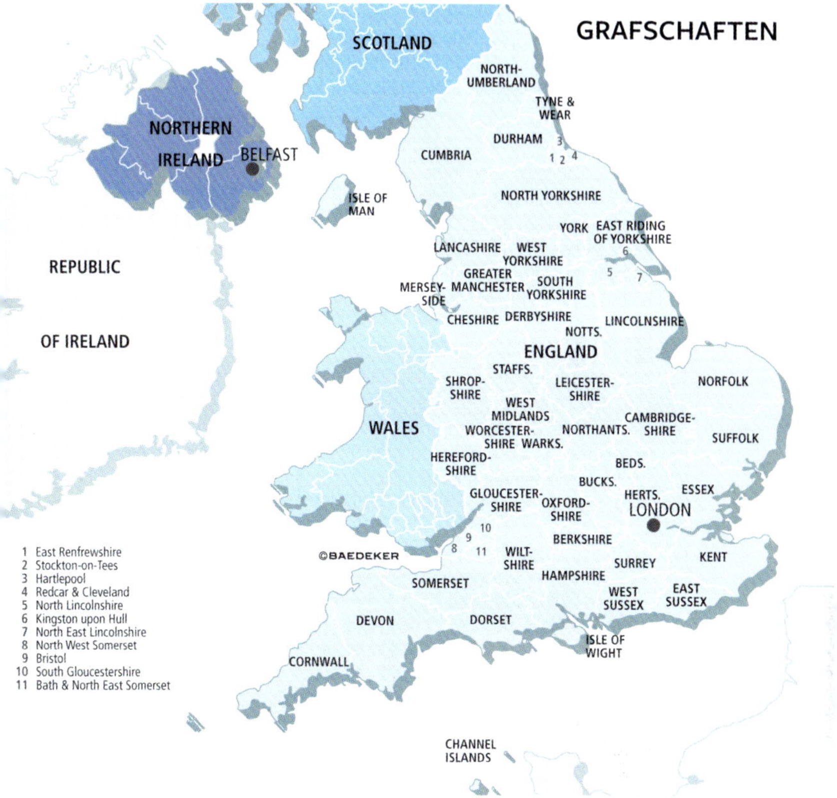

Staatsminister und Parlamentarische Staatssekretäre, umfasst 80 bis 100 Mitglieder. Der Premierminister muss Mitglied des Unterhauses sein und ist in der Regel der Führer der bei den Wahlen siegreichen Partei. Er kann jeden Minister nach Gutdünken ernennen und entlassen und auch wichtige Entscheidungen ohne sie und ohne das Unterhaus fällen: Er ist die beherrschende Figur der britischen Politik.

Parlament

Das Parlament besteht aus zwei Kammern, dem Unterhaus (**House of Commons**) und dem Oberhaus (**House of Lords**). Das jeweils auf fünf Jahre gewählte Unterhaus, welches das Zentrum der politischen Macht bildet, hat derzeit 780 Mitglieder, entsprechend der Anzahl der Wahlkreise (533 in England, 59 in Schottland, 40 in Wales, 18 in Nordirland). Es gilt das Mehrheitswahlrecht, wodurch die beiden großen Parteien eindeutig bevorzugt werden. Das Oberhaus hat ca. 700 Mitglieder, wovon 92 aus dem erblichen Adel stammen, die anderen werden auf Lebenszeit von der Regierung ernannt. Das House of Lords hat eine untergeordnete politische Rolle, besitzt aber ein einjähriges aufschiebendes Vetorecht gegen bestimmte Gesetzesentwürfe (▶ Baedeker Wissen, S. 432/433).

Länderparlamente Großbritannien wird zentralistisch regiert, allerdings wurde Schottland und Wales eine Teilautonomie mit Parlamenten zugestanden. England dagegen besitzt kein eigenes Parlament. Im Jahr 2000 wurde zum ersten Mal ein Bürgermeister für Groß-London direkt gewählt, seit 2017 gibt es auch direkt gewählte, mit bescheidenen Befugnissen ausgestattete Bürgermeister in weiteren Regionen.

Brexit Großbritannien ist u. a. Mitglied der Vereinten Nationen (UN) mit einem ständigen Sitz im Weltsicherheitsrat, der Westeuropäischen Union (WEU), des Europarates, der OECD und der NATO – und seit dem Brexit nicht mehr der Europäischen Union (EU). Als Gründe für die Entscheidung im Referendum 2016, aus der EU auszutreten, werden oft Unzufriedenheit mit der wirtschaftlichen Entwicklung und die hohe Zahl der Einwanderer zitiert, aber die Befürworter betonten neben

53% der Engländer stimmten 2016 für den Brexit. In London waren 60% dagegen.

vermeintlichen wirtschaftlich-finanziellen Vorteilen auch stets ihre verfassungsrechtlichen Prinzipien: Großbritannien als souveräner Staat dürfe sich von der EU nichts vorschreiben lassen.

Wirtschaft

London

Größtes Wirtschaftszentrum ist die Hauptstadt London, die als **Handels- und Dienstleistungszentrum** zu den bedeutendsten Standorten der Welt zählt. Hier haben fast alle größeren britischen Unternehmen ihren Sitz. Darüber hinaus gehört London zu den global führenden **Zentren für Devisen, Rohstoffe und Edelmetalle** und ist der bedeutendste Versicherungsmarkt der Erde. Bisher hielt sich die Brexit-bedingte Abwanderung von Arbeitsplätzen zu den weit kleineren Finanzzentren Amsterdam, Frankfurt und Paris in Grenzen. London ist auch das beliebteste Ziel ausländischer Touristen.

Nord-Süd-Teilung

Als die Schwerindustrie im 20. Jh. an Bedeutung verlor, wurde Großbritannien zu einem Musterbeispiel für die Unterschiede zwischen Zentrum und Peripherie, die sich in einem **Nord-Süd-Gefälle** äußern. Zwischen London und Südostengland einerseits und den peripheren Gebieten andererseits bestehen gravierende Unterschiede hinsichtlich Einkommen und Zukunftsaussichten. Im Südosten liegen die wohlhabendsten Landesteile. Das Bruttosozialprodukt pro Kopf ist in London fast doppelt so hoch wie im EU-Durchschnitt; außerhalb von London und der Region Südosten liegt der Wert in Großbritannien 10 % unter dem EU-Durchschnitt. Nur London und der Südosten zahlen mehr in die Staatskasse ein, als sie an öffentlichen Ausgaben erhalten, d. h. das ganze Land ist vom Erfolg des Südostens abhängig. Hier dominiert der Dienstleistungssektor.

Beschäftigungssituation

Die **Arbeitslosenquote** lag in Großbritannien Mitte 2023 bei 4,2 %, einem vergleichsweise niedrigen Stand. Viele Stellen sind keine Vollzeitbeschäftigungen. Hinzu kommen niedrige Löhne in Teilen des Dienstleistungssektors, z. B. Einzelhandel und Gastronomie, sowie stark eingeschränkte Arbeitnehmerrechte. Nach dem EU-Eintritt ihrer Länder 2004 kamen viele Osteuropäer nach England, allen voran Polen und Rumänen, deren Zahl in Großbritannien ein Jahr nach dem Brexit-Referendum mit 900 000 bzw. 415 000 beziffert wurde. Diese Zuwanderung, die manche Engländer in ländlichen Regionen für das niedrige Lohnniveau verantwortlich machen, spielte wohl im Brexit-Votum eine Rolle. Kurz nach dem Austritt aus der EU am 31. Januar 2020 haben die Corona-Pandemie und zwei Jahre später der mit der Energiekrise einhergehende Krieg in der Ukraine die Folgen des Brexit überlagert. Somit sind die Auswirkungen des Austritts aus der EU noch schwer zu beziffern. Fest steht, dass die Geschäfte vieler kleiner Exporteure mit der EU aufgrund der Zollgebühren zurückgegangen sind. Die 2019 mit großer Mehrheit gewählt Regierung von Boris Johnson versprach Wachstum durch die Befreiung von EU-Regelungen und Investitionen in nördlichen Regionen, aber auch die Brexit-Befürworter erkennen, dass die erhofften Vorteile bisher nicht eingetreten sind bzw. mahnen an, dass vermeintliche Chancen nicht genutzt werden.

Regionale Schwerpunkte

Zu einer führenden Industrieregion mit Arbeitsplätzen in der Elektronik- und der Computerindustrie hat sich der Südosten entwickelt. Im Südwesten ist die ehemalige Hafenstadt Bristol ein Zentrum des Dienstleistungssektors. Auch Ostengland profitiert von der Nähe zu London und zur Universität Cambridge, deren Führungsposition in den Naturwissenschaften zu Neugründungen im Hi-Tech-Bereich führte. Die relative wirtschaftliche Stärke der großen Metropolen wie Birmingham, Manchester und Leeds, die auch zu Dienstleistungszentren wurden und über gute Hochschulen verfügen, steht im Kontrast zur Situation in den umliegenden kleineren Städten.

Tourismus

Großbritanniens Tourismusindustrie erholt sich seit 2023 schnell von der Corona-Pandemie. Das beliebteste Reiseziel ist London.

GESCHICHTE

Etwa 300 v. Chr. kamen keltische Brythonen von Frankreich aus über das Meer nach Großbritannien. Damals konnten sie nicht ahnen, dass sie einmal dem ganzen Inselreich ihren Namen geben würden. Und dass aus diesem Inselreich dann zwei Jahrtausende später für 200 Jahre ein Weltreich werden würde. Die Briten von heute blicken jedenfalls auf eine sehr lange und sehr wechselvolle Geschichte zurück.

Auswirkungen der Insellage

Die Insellage ganz am Rand des europäischen Kontinents, zu der es ca. 6000 v. Chr. durch den Wiederanstieg des Meeres nach der letzten Eiszeit kam, prägt die Geschichte der Britischen Inseln auch heute noch. Auf einem durch die Natur umgrenzten Gebiet verstärkte sich die Tendenz zur Durchsetzung politischer Einheit. Andere historische Ereignisse auf den relativ isolierten Britischen Inseln – wie die Verbreitung des Christentums außerhalb des Römischen Reiches (Irland), die höchste Systematisierung des Feudalismus (England, nach 1066) oder die Einleitung und erste Phase der industriellen Revolution (um 1760) – hatten hingegen Rückwirkun-

CHRONOLOGIE

FRÜHZEIT UND ANTIKE

ab 4000 v. Chr.	Erste Siedlungen mit Landwirtschaft und Viehzucht
ab 600 v. Chr.	Beginn der keltischen Einwanderung
43–410 n. Chr.	Römische Herrschaft

MITTELALTER

ab 596	Missionierung der Angelsachsen
866	Invasion der Dänen
1066	Normannische Invasion: Wilhelm der Eroberer
1215	Die Magna Charta schränkt die Macht der Krone ein.
1337–1453	Hundertjähriger Krieg mit Frankreich

NEUZEIT

1535–1539	Heinrich VIII. installiert die Anglikanische Kirche.
1588	Vernichtung der spanischen Armada im Ärmelkanal
1640–1660	Revolution und Bürgerkrieg
1688/1689	»Glorious Revolution«: Übergang zur konstitutionellen Monarchie

AUFSTIEG ZUR WELTMACHT

1769	Erfindung der Dampfmaschine
1790	Erfindung des mechanischen Webstuhls
1756–1763	Siebenjähriger Krieg, Ausweitung der Kolonialmacht
1806–1813	Napoleonische Kontinentalsperre
1837–1901	Unter Königin Victoria wird Großbritannien politisch und wirtschaftlich die führende Macht der Welt.

DIE WINDSORS

1914–1918	Erster Weltkrieg. 1917 nennt sich das Haus Sachsen-Coburg-Gotha in »Windsor« um.
1939–1945	Zweiter Weltkrieg. Nach der Kapitulation Frankreichs steht Großbritannien bis zum Kriegseintritt der USA allein gegen Nazideutschland. Alliierte Invasion in der Normandie von den südenglischen Häfen aus
1952	Krönung Elizabeths II.
1973	Großbritannien tritt der EG bei.
1994	Eröffnung des Eurotunnels

DAS NEUE MILLENNIUM

2012	XXX. Olympic & Paralympic Games in London
2016	Referendum über den Verbleib in der EU: Die Wähler stimmen knapp für den Austritt (»Brexit«), der 2020 vollzogen wird.
2022/2023	Elizabeth II. stirbt, Charles III. besteigt den Thron.

Mit dem Hadrian's Wall schützten die Römer die Nordgrenze ihrer Provinz.

gen weit über die Landesgrenzen hinaus. Zudem wurde die bisherige Randlage innerhalb Europas nach der Entdeckung Amerikas welthistorisch bedeutend. England rückte nun ins Zentrum des neuen atlantischen Systems – eine der Voraussetzungen für den Aufstieg des Landes zur größten See- und Kolonialmacht der Neuzeit.

Frühzeit und Antike

Steinzeit

Bereits in der Altsteinzeit kamen wohl erste Einwanderer aus Westeuropa über den Kanal oder die Nordsee-Landbrücken auf die Britischen Inseln. Ab 3000 v. Chr. entwickelte sich dann auf den Kreideböden Südenglands eine jungsteinzeitliche Bauernkultur, deren Spuren u. a. in Windmill Hill bei Avebury gefunden wurden. Träger dieser Kultur waren in erster Linie eingewanderte iberische Völker. Sie entwickelten auch eine erste **Megalithkultur,** die sich durch die Errichtung von Dolmen, imposanten Grabstätten und Menhiren auszeichnete und noch heute zu bewundern sind. Zu Beginn der Bronzezeit Anfang des 2. Jt.s v. Chr. erreichten mehrere Wellen der nach glockenförmigen verzierten Tonbechern benannten Glockenbecherkultur Britannien. Um 1600 v. Chr. bildete sich nach mehreren weiteren Einwanderungswellen die **Wessexkultur** aus, die bereits nachweisbar Handel mit Zinn bis in den Mittelmeerraum hinein betrieben hat.

Keltische Brythonen

Ab dem 5. Jh. v. Chr. wanderten von Frankreich aus keltische Stämme in Britannien ein. Die Kelten – erfahrene Krieger, die die Herstellung von Gerätschaften aus Eisen kannten und Hügelfestungen errichteten – lebten in Stammesverbänden ohne eine übergreifende Herrschaft; soweit man weiß, nahm lediglich die Druidenkaste eine höhere Machtposition ein.

Römisches Britannia

Die Kelten leisteten den Römern, die 55 und 54 v. Chr. unter Julius Cäsar Britannien zu erobern versuchten, erheblichen Widerstand. Erst 43 n. Chr. konnte das südliche England erobert und als Provinz Britannia ins Römische Reich eingegliedert werden. Nachdem die Römer auch das nördliche England unter ihre Herrschaft gebracht hatten, errichteten sie ab 122 zum Schutz gegen die Stämme im Norden zwischen Newcastle und Carlisle den **Hadrianswall.** Mitte des 4. Jh.s begannen unruhige Zeiten in der römischen Provinz. Im Jahr 410 schließlich endete die römische Herrschaft auf der Insel: Die letzten Legionen Roms verließen Britannia, weil sie an anderen Grenzen des Reichs zur letzten Verteidigung benötigt wurden.

Mittelalter

Angelsachsen und Dänen

Ab 449 wanderten vom europäischen Festland germanische Stämme (Jüten, Angeln und Sachsen) ein. Die Erinnerung an die Kämpfe der romanisierten und christlichen Briten gegen die germanischen Stämme um das Jahr 500 fand ihren Niederschlag im keltischen Sagenkreis (König Artus, Parsifal), den um 1200 die höfische Ritterdichtung verarbeitete. Angeln und Sachsen sollen zu den Angelsachsen verschmolzen sein, die zahlreiche Kleinkönigtümer gründeten. Ab 596 begann die systematische Missionierung Englands im Auftrag des römischen Papstes. Die politische Zusammenfassung Englands erfolgte in einem ersten Ansatz im 9. Jh., wurde aber durch die massive Invasion der Dänen ab 866 aufgehalten. Die Dänen machten sich zunächst nur das nordöstliche England, den »Danelag«, untertan, ab 1016 jedoch herrschten sie über ganz England. Erst 1042 kam wieder ein angelsächsischer Herrscher auf den englischen Thron.

Normannen

1066 wurde England ein letztes Mal erobert. Der normannische Herzog **Wilhelm,** der später den Beinamen **»der Eroberer«** erhalten sollte, landete mit einem Heer in England, schlug die Angelsachsen unter Harold II. bei Hastings und ließ sich zum König von England (1066–1087) krönen. Wilhelm, der gleichzeitig die Normandie regierte, führte das normannische Feudalsystem mit starker Königsherrschaft ein – die straffste Form des Feudalismus in Europa – und unterdrückte die Angelsachsen. So mussten die angelsächsischen Adligen ihre Macht und Besitztümer an normannische Barone abtre-

Kurz nach der Schlacht von Hastings 1066 entstand der 74 m lange Teppich von Bayeux, der die Eroberung Englands durch die Normannen in 58 Szenen darstellt.

ten, die Bistümer wurden nur an Normannen vergeben. Die herrschende Schicht sprach Französisch und schrieb Latein, während das Angelsächsische zur Sprache der Ungebildeten wurde.

Dynastie Plantagenet

1135 erlosch das Haus Normandie in direkter Linie, und England stürzte in einen Bürgerkrieg, der erst mit der Thronbesteigung Heinrichs II. (1154–1189) aus dem Haus Anjou-Plantagenet endete. Heinrich herrschte schließlich über ein großes Reich, das von Ostirland bis zu den Pyrenäen reichte. Aber bereits Johann Ohneland (1199 bis 1216), Nachfolger von Richard I. Löwenherz (1189–1199), verlor den größten Teil der kontinentalen Gebiete an Frankreich. Daraufhin zwang der Adel den geschwächten König 1215 zum Unterschreiben der **Magna Charta Libertatum** (»große Urkunde der Freiheiten«), die den Baronen, aber auch den Städten mehr Rechte gegenüber der Krone sicherte. Aus dieser anfänglichen Beschränkung der Königsmacht entwickelte sich ab 1265 das Parlament. Anfang des 14. Jh.s entstanden die beiden heute noch existierenden Kammern: Im Oberhaus (House of Lords) waren Adel und Klerus vertreten, das Unterhaus (House of Commons) repräsentierte die Grafschaften und Städte. Besonders der Hundertjährige Krieg (1337/1339–1453) bewirkte durch den steigenden Geldbedarf eine Stärkung des Parlaments. Der Krieg entbrannte, als Edward III. (1327–1377) Anspruch auf den französischen Thron erhob. In den ersten Kriegsphasen errang England zahlreiche militärische Siege, eroberte West- und Südwestfrankreich und zwang 1420 die schwache französische Krone zur Anerkennung des englischen Thronanspruchs. In der Folgezeit verschlechterte sich die Kriegslage für England, und bis 1453 ging der gesamte Kontinentalbesitz, bis auf Calais, das erst 1558 von Frankreich erobert werden konnte, verloren. Aus der Niederlage gegen Frankreich entwickelten sich die **Rosenkriege** (1455–1485): der Bürgerkrieg zwischen der seit 1399 regierenden **Dynastie Lancaster,** deren Symbol eine rote Rose war, und dem **Haus York** (weiße Rose) um die Macht. Ab 1461 übernahm York die Herrschaft, musste sich jedoch 1485 dem letzten lebenden Lancaster beugen, der als Heinrich VII. (1485–1509) die Dynastie der Tudors begründete.

Neuzeit

Dynastie Tudor

Unter **Heinrich VIII.** (1509–1547) löste sich England vom Heiligen Stuhl in Rom. Der Papst hatte sich geweigert, die Scheidung des Königs von seiner Ehefrau Katharina von Aragón zu genehmigen; daraufhin gründete Heinrich die **Anglikanische Kirche** und erklärte sich 1535 zu deren Oberhaupt. Als im Jahr 1553 Maria Tudor, verheiratet mit Philipp II. von Spanien und Tochter Katharinas von Aragón, auf den englischen Thron kam, wurde der Katholizismus wieder als Staatsreligion eingeführt und eine blutige Protestantenverfolgung entfesselt. Doch Marias Nachfolgerin **Elizabeth I.** (1558–1603) etablierte erneut die Anglikanische Staatskirche. Weil mit Elizabeths Tod das Haus Tudor ausstarb, bestimmte sie testamentarisch Jakob VI. von Schottland als Jakob I. zu ihrem Nachfolger. Dessen Thronbesteigung bedeutete die Personalunion von England und Schottland, die der Auftakt zur späteren Union der Parlamente (1707) war.

Aufstieg zur See- und Kolonialmacht

Jakob I. war der Sohn der katholischen schottischen Königin **Maria Stuart,** die nach ihrer Entthronung nach England geflohen und auf Veranlassung Elizabeths 1587 wegen angeblichen Hochverrats hingerichtet worden war. Diese Hinrichtung löste in Spanien wütende Empörung aus – auch weil die stärkste europäische Macht des 16. Jh.s sich von England u. a. durch die Angriffe des englischen **Weltumseglers Francis Drake** auf spanische Besitzungen in Amerika zunehmend bedroht sah. Der Angriff der spanischen Flotte auf die Britischen Inseln 1588 scheiterte jedoch kläglich, die Vernichtung der Großen Armada leitete sogar den Aufstieg Englands zur Seemacht ein. Im Jahr 1600 wurde in London die Ostindiengesellschaft gegründet, die Handelsverbindungen in den südostasiatischen Raum ausdehnte, womit auch Englands Aufstieg zur Kolonialmacht begann.

Dynastie Stuart

Unter **Jakob I.** (1603–1625) nahm die Tendenz zur absoluten Monarchie zu, was unter Ausschaltung des Parlaments vor sich ging. Wäh-

rend der Herrschaft Karls I. (1625–1649) gab es sogar elf parlamentslose Jahre (1629–1640), wodurch schließlich der Konflikt zwischen Krone und Parlament, die Englische Revolution (1640 bis 1660), heraufbeschworen wurde. Nachdem die Truppen der Parlamentsanhänger, die von **Oliver Cromwell** angeführt wurden, das königliche Heer besiegt hatten, wurde Karl I. hingerichtet. Cromwell, der als Lord Protector eine Diktatur errichtete, hatte jedoch ebenfalls Schwierigkeiten, die Unterstützung des Parlaments zu erlangen. 1660 holten Adel und Parlament Karl II. (1660–1685) aus dem Exil zurück, der das Königtum wieder einführte, jetzt aber in der Form einer parlamentarischen Monarchie. Als König Jakob II. (1685–1688) versuchte, erneut den Absolutismus in England zu etablieren, setzte das Parlament den Monarchen ab und berief dessen Schwiegersohn, Wilhelm von Oranien, auf den Thron. Weil diese Revolution unblutig verlief, ging sie als **Glorious Revolution** in die Geschichte ein. Mit der **Declaration of Rights,** der Erklärung der Rechte des Parlaments, die Wilhelm III. (1688 –1702) anerkannte, entstand endgültig die **konstitutionelle Monarchie in England.**
Im Act of Settlement (1701) wurden die Stuarts zu Gunsten des Hauses Hannover von der Thronfolge ausgeschlossen. Königin Anna (1702–1714), die jüngere Tochter von Jakob II., war die letzte Regentin aus dem Haus Stuart und zugleich die erste britische Königin. Anna vollendete während ihrer Regentschaft die Angliederung Schottlands. 1707 wurden das englische und das schottische Parlament offiziell vereint; der neue Staat nahm die Bezeichnung Großbritannien an.

Aufstieg zur Weltmacht

Dynastie Hannover

Unter Georg I. (1714–1727), der seit 1698 Kurfürst von Hannover war, bestimmte die vom Parlament gewählte Regierung maßgeblich die Geschicke des Landes.

Britannia, Rule the Waves!

In der zweiten Hälfte des 18. Jh.s begann in England die **industrielle Revolution,** beschleunigt durch die Erfindung der Dampfmaschine (1769) und des mechanischen Webstuhls (1790). Gestützt auf seine **fast absolute Seeherrschaft** stieg England ab Mitte des 18. Jh.s auch zur **stärksten Wirtschafts- und Kolonialmacht der Welt** auf. Der Siebenjährige Krieg (1756–1763) brachte immensen überseeischen Gebietszuwachs: Kanada, Louisiana, Florida sowie französische Besitzungen in Westafrika und Südindien. Indien wurde schnell zur wichtigsten Kolonie im Empire (dem bald auch Australien angehörte), nachdem im amerikanischen Unabhängigkeitskrieg (1775 bis 1783) **dreizehn Kolonien** die Freiheit erlangt hatten. In der Phase nach der Französischen Revolution (1789) spielte Großbritannien insgesamt eine konservative Rolle und erwies sich als härtester Gegner Napoleons. In der Schlacht von Waterloo 1815 schlugen die vereinigten britischen, holländischen und preußischen Armeen unter Wellington und Blücher endgültig Napoleons Truppen.

Dynastie Sachsen-Coburg-Gotha

Im **viktorianischen Zeitalter** unter Queen Victoria (1837–1901) – seit Heirat Victorias mit Albert von Sachsen-Coburg-Gotha 1840 trug das englische Königshaus dessen Namen – war Großbritannien politisch und wirtschaftlich die erste Macht der Welt. Im Lauf des 19. Jh.s erlangte das Land, das seit 1801 eine Realunion mit Irland bildete, die Herrschaft auch über Hongkong, Burma, Zypern, Ägypten, Sudan, Ostafrika, Südafrika und Rhodesien. 1877 nahm Queen Victoria den Titel »Kaiserin von Indien« an. Im Burenkrieg (1899 bis 1902) in Südafrika ging Großbritannien rücksichtslos gegen die aufständischen Buren vor und löste nach deren Niederlage auch ihre Freistaaten auf.

Außenpolitik

Großbritannien war nicht auf Allianzen mit anderen Staaten angewiesen. Zum einen war das Land durch seine Insellage geschützt, zum anderen hatte es eine starke Flotte. Als jedoch das Deutsche Kaiserreich Ende des 19. Jh.s mit dem Aufbau einer großen Kriegsflotte begann, musste sich London doch Partner suchen. 1902 schloss es ein Bündnis mit Japan, 1904 mit Frankreich, 1907 mit Russland.

Innenpolitik

Innenpolitisch entwickelte Großbritannien sich zu einem modernen demokratischen Staat. Die alte Aristokratie erlaubte im Lauf des 19. Jh.s die schrittweise politische Einbindung des wirtschaftlich aufstrebenden Bürgertums. Und so wurden aus den Tories und den Whigs – Interessenverbände der Oberschicht, die während der Glorious Revolution entstanden waren – jetzt Massenparteien: **die Konservativen und die Liberalen.** Die 1906 gegründete sozialistische Labour Party sollte erst nach dem Ersten Weltkrieg eine bedeutende Rolle spielen. 1911 entmachtete eine Verfassungsreform das Oberhaus und machte das frei gewählte Unterhaus zur wichtigsten politischen Entscheidungsinstanz im Land.

Die Windsors

Zeit der Weltkriege

Im **Ersten Weltkrieg** (1914–1918) kämpfte Großbritannien auf Seiten seiner Verbündeten Frankreich und Russland gegen die Mittelmächte Deutschland und Österreich-Ungarn. Dabei engagierte sich die traditionell führende Seemacht auch mehr im Landkrieg. 1917 wurde das Königshaus mit seinem nun verhassten deutschen Namen Sachsen-Coburg-Gotha **in Windsor umbenannt** – nach Windsor Castle, der königlichen Wochenendresidenz.

BAEDEKER WISSEN

PARLAMENT MIT TRADITION

Das britische Parlament gehört zu den ältesten der Welt. Seit seinen Wurzeln in angelsächsischer Zeit hat es sich im Lauf der Jahrhunderte vom königlichen Berat stab zur demokratischen Volksvertretung entwickelt. Dieser Tradition entspringe viele Bräuche, die heute noch in den Houses of Parliament zelebriert werden.

▶ **House of Commons (Unterhaus)**
Im Unterhaus sitzen die gewählten Volksvertreter. Zwischen den Bänken der Regierungsparteien und der Opposition ist »Zwei Schwertlängen« Platz. Nicht alle Abgeordneten können sich setzen.

▶ **House of Lords (**
Das Oberhaus bes
die berufen werde
Die Kammer kann
verzögern, sie jed
Hier findet die fei
durch den Monarc

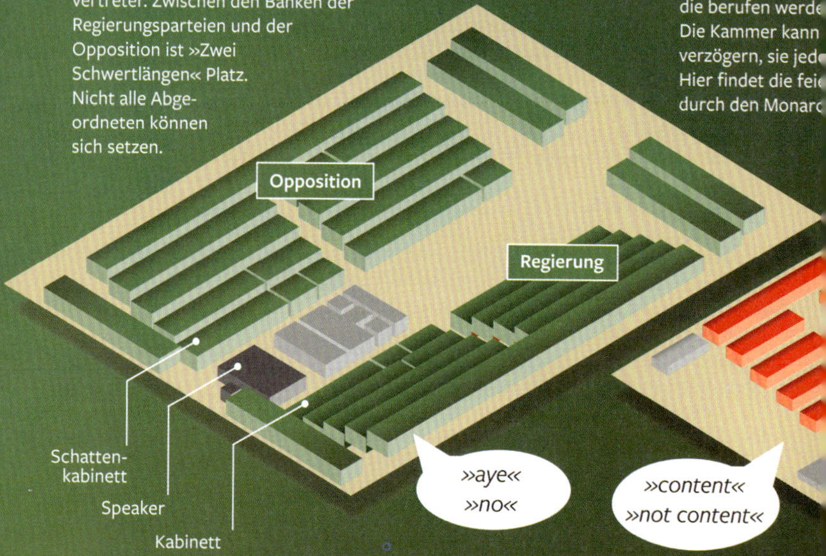

In beiden Kammern werden Zustimmung und Ablehnung unterschiedlich zum Ausdruck gebracht.

Serjeant at Arms
Er ist für Sicherheit und Ordnung im Unterhaus verantwortlich. Als einziger Bewaffneter im Haus trägt er ein Schwert. Bei der Parlamentseröffnung bringt er das Zepter (mace) in den Saal.

Black Rod
Er hat im Oberhaus ähnliche Aufgaben wie der Serjeant at Arms im Unterhaus. Er ist immer Mitglied des Hosenbandordens und holt bei der Parlamentseröffnung die Commons ab – die ihm traditionell die Tür vor der Nase zuschlagen.

Ca
W
st
au

Sp
Er
Ur
ge
re
ge
un

Das Wappen des Parlaments

▶ **Von Roben und Ritualen**

Die Kammern des britischen Parlaments blicken auf viele Jahrhunderte voller Geschichte und Tradition zurück.

ligen Mitgliedern,
gibt es nicht.
rschlagen und
erhindern.
amentseröffnung

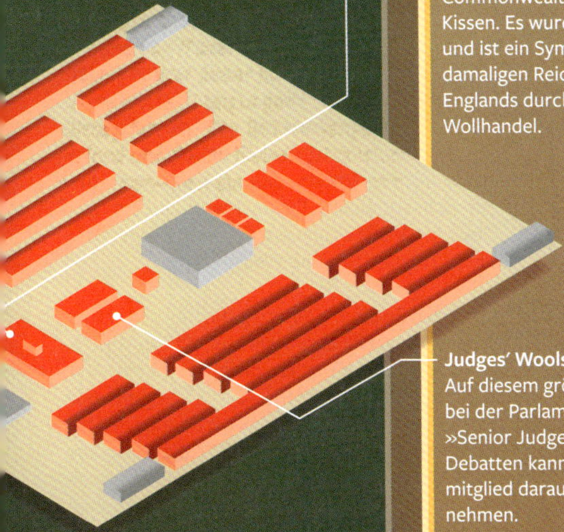

Lord Speaker

Er wird vom Oberhaus gewählt und hat v.a. repräsentative Aufgaben. Er ist kein Sitzungsleiter im Sinne des Speakers im Unterhaus.

Woolsack

Der Lord Speaker sitzt während der Debatten auf einem mit Wolle der Commonwealth-Staaten gefüllten Kissen. Es wurde im 14. Jh. eingeführt und ist ein Symbol für den damaligen Reichtum Englands durch den Wollhandel.

Judges' Woolsack

Auf diesem größeren Kissen sitzen bei der Parlamentseröffnung die »Senior Judges«, während der Debatten kann jedes Oberhausmitglied darauf Platz nehmen.

e Speaker's Eye

lamentarier sich zu Wort melden,
, damit der Speaker ein Auge
t.

den Mitgliedern des
s aus ihrer Mitte
leitet die Debatten und
rt das Unterhaus
dem Monarchen
berhaus.

Dragging the Speaker

Ein frisch gewählter Speaker wird von seinen Parlamentskollegen mit sanfter Gewalt auf seinen Amtsstuhl gezogen, denn er wehrt sich dagegen: Repräsentant des Parlaments beim Monarchen zu sein, war kein begehrter Job.

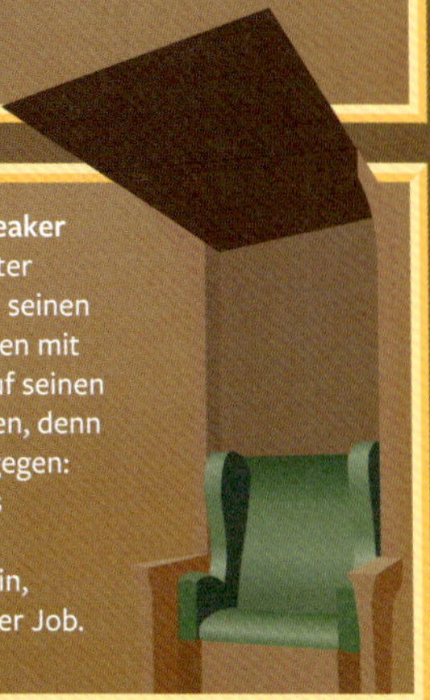

Dem **Weltkriegssieger Großbritannien** gelang es zwar, sein Weltreich äußerlich unerschüttert zu behaupten, sein Empire sogar zu vergrößern: Ein Teil der deutschen Kolonien gelangte nun in britischen Besitz, außerdem übernahm London die Verwaltung einiger Teile des Nahen Osten nach dem Zerfall des Osmanischen Reiches. Doch nun strebten viele Kolonien nach Unabhängigkeit. 1921 erhielt Irland nach jahrhundertelanger englischer Herrschaft seine Autonomie; nur sechs Grafschaften in Ulster verblieben als Nordirland bei Großbritannien. Londons Reaktion auf die weiteren Unabhängigkeitsbestrebungen war das Westminster-Statut von 1931, das die spätere Entkolonialisierung und die Umwandlung des Britischen Empire zum Commonwealth vorsah.
Gegen den deutschen Nationalsozialismus verfolgte Premierminister Neville Chamberlain (1939–1940) eine Politik der Beschwichtigung (Appeasement), die an den territorialen Forderungen Hitlerdeutschlands scheiterte. Im **Zweiten Weltkrieg** (1939–1945) stand Großbritannien unter **Winston Churchill** nach der Niederlage Frankreichs und bis zum Kriegseintritt der USA allein gegen Nazideutschland. Gemeinsam mit Frankreich, den USA und der Sowjetunion gelang es, die Achsenmächte Deutschland, Italien und Japan zu besiegen. Obwohl Großbritannien auf der Siegerseite stand, verlor das Land am Kriegsende seine Weltgeltung.

Nachkriegszeit

Die Erschütterungen durch den Zweiten Weltkrieg führten zur ersten Labour-Regierung mit parlamentarischer Mehrheit (1945–1951). Diese Regierung leitete die **Auflösung des Kolonialreichs** ein – zunächst mit der Unabhängigkeit Indiens (1947). Ab 1957 begann eine zweite große Entkolonialisierungswelle, die vor allem Länder in Afrika betraf. Einen vorläufigen Schlusspunkt setzte 1997 die Rückgabe von Hongkong, das seit 1843 britische Kolonie war, als Sonderverwaltungszone an China. London konnte zwar die meisten seiner ehemaligen Kolonien insgesamt ohne größere Befreiungskriege in die Unabhängigkeit entlassen, doch sank Großbritannien in der Nachkriegszeit zu einer industriellen Mittelmacht ab.

Gegenwart

Seit 1931 lösen Labour Party und Konservative einander in der Regierungsverantwortung ab. Von 1979 bis 1990 war **Margaret Thatcher** von der Konservativen Partei die erste britische Premierministerin. Unter ihrer Regierung wurden zahlreiche staatliche Unternehmen privatisiert, Sozialleistungen drastisch reduziert und die gewerkschaftlichen Rechte beschnitten. Wegen ihrer reservierten Haltung zum europäischen Einigungsprozess sowie ihrer harten Linie gegenüber den Gewerkschaften und im **Falkland-Krieg** – 1982 besetzten argentinische Truppen die britischen Falkland-Inseln im Atlantik, nach zehnwöchigen Kämpfen wurden die Invasoren von der britischen Armee geschlagen – erhielt sie den Beinamen »Eiserne Lady«.

Das neue Millennium

1997 erzielte die in die politische Mitte gerückte Labour Party unter **Tony Blair** den größten Wahlsieg ihrer Geschichte. 2003 schickte Blair Truppen gegen den irakischen Diktator Saddam Hussein. 2005 gewann er zum dritten Mal die Parlamentswahlen, allerdings wiederum mit Stimmverlusten, und gab 2007 das Amt des Premierministers an seinen Parteikollegen Gordon Brown ab. Bei der Unterhauswahl 2010 wurde die Konservative Partei unter **David Cameron** stärkste politische Kraft, verpasste aber die absolute Mehrheit. Cameron bildete mit den Liberaldemokraten, die erste britischen Koalitionsregierung nach dem Krieg. 2014 durften die Schotten über den Austritt aus dem Vereinigten Königreich abstimmen – nur 44,7 % waren für, 55,3 % gegen die Unabhängigkeit. Bei der Unterhauswahl 2015 errangen die Konservativen die absolute Mehrheit. Gleichzeitig stieg mit ihrer Forderung nach Austritt aus der EU der Stimmenanteil der UK Independence Party (UKIP) deutlich an.

Der Brexit-Schlamassel

Von seinem Erfolg im **schottischen Volksentscheid** ermutigt, wollte Cameron durch ein zweites Referendum der UKIP und innerparteilichen Störenfrieden den Wind aus den Segeln nehmen, doch stimmten 51,9 % der Briten gegen den Verbleib in der EU. Cameron trat

Traditionen werden bewahrt. Dazu gehören natürlich die Bärenfellmützen.

2016 zurück, jahrelange politische Turbulenzen folgten. In den schwierigen Verhandlungen über den EU-Austritt (»Brexit«) konnte Camerons Nachfolgerin **Theresa May** ihre Partei nicht einigen und trat im Juni 2019 zurück. Der Brexit-Hardliner **Boris Johnson** setzte den Austritt aus der EU durch, agierte danach und während der Corona-Pandemie aber konzeptlos und wurde 2022 nach chaotischer, von Skandalen geprägter Amtsführung von seiner eigenen Partei aus dem Amt gedrängt. Das desaströse, 49 Tage währende Intermezzo der Premierministerin **Liz Truss,** deren undurchdachte Haushaltspläne Chaos an den Finanzmärkten auslösten, überschattete im September 2022 der Tod der Queen. Der erste britische Premierminister aus einer ethnischen Minderheit, **Rishi Sunak,** stellte eine gewisse Ruhe wieder her, aber angesichts hoher Inflation, ungeregelter Immigration und einer Streikwelle der Ärzte, Krankenschwestern, Lehrer, Eisenbahner und anderer war 2023 die Stimmung im Land im Keller.

KUNSTGESCHICHTE

Von der kunstvoll-filigranen Buchmalerei des Mittelalters bis zur grellen Pop-Art des 20. Jh.s, von sinnenfrohen römischen Bädern bis zum natürlich-eleganten Landschaftsgarten, von den rätselhaften Megalithbauten der Steinzeit bis zur mythischen Land-Art der Gegenwart – der Kulturbogen ist weit gespannt.

Frühzeit

Erste Zeugnisse

Die Britischen Inseln waren bereits in der Altsteinzeit von westeuropäischen Einwanderern – Jägern und Sammlern – besiedelt worden. Geräte bei Clacton-on-Sea zeigen Feuerstein-Abschlag-Techniken. Während der Jungsteinzeit im 4. Jt. v. Chr. drang vom westeuropäischen Festland dann die Bauernkultur ein und hinterließ zahlreiche Steingeräte und Tonwaren, die bereits in Töpferzentren produziert und im Tauschhandel vertrieben wurden. In Südengland entstanden etwa ab 3000 v. Chr. ringförmige Sammellager mit Wall und Graben, die auf Anhöhen errichtet wurden (u. a. Henbury, Devon). Sie wurden wie die Anlage von Windmill Hill bei Avebury (Wiltshire) als Viehkrale interpretiert. In der Nähe finden sich häufig zwischen 30 und 100 m lange und etwa 3 m hohe »Long Barrows« (Langhügel), Kollektivgräber für eine Sippe oder Herrenschicht. Besonders eindrucksvoll ist das Megalithgrab von West Kennet (ca. 3650 v. Chr.) bei Avebury mit einer 13 m langen und 2,5 m hohen Steingalerie.

Megalithen und Steinkreise

Ab 3000 v. Chr. entwickelte sich eine erste Megalithkultur. Bei Severn (►Cotswolds) entstanden erste Großsteingräber. Neben Gräbern hatten auch **Menhire** (vereinzelt gesetzte Steinsäulen) und Steinkreise kultische Bedeutung. Ab etwa 2200 v. Chr. kamen Vertreter der Glockenbecherkultur von den heutigen Niederlanden und leiteten zur Bronzezeit über. Die jungsteinzeitliche Tradition mit imposanten Megalithbauten blieb aber bestehen. Dazu zählen die Henge-Monumente, kreisförmige kultische Großsteinanlagen, deren Bedeutung bis heute ungeklärt ist. Das eindrucksvollste Beispiel ist Stonehenge, das in mehreren Bauphasen zwischen 3000 und 2000 v. Chr. errichtet wurde. Ein weit verzweigter Fernhandel mit Rohstoffen wie Zinn und Gold führte zu Kulturkontakten bis nach Osteuropa und Mykene und prägte in Südengland die hoch entwickelte Wessexkultur.

Eisenzeit

Um 600 v. Chr. brach die Eisenzeit auf den Britischen Inseln an. Wallburgen und Waffenfunde lassen kriegerische Auseinandersetzungen vermuten. Die **Kultur der keltischen Einwanderer** vom Kontinent breitete sich in der Zeit vom 4. bis 1. Jh. v. Chr. aus. Neben frühem keltischen Kunsthandwerk mit Flechtwerkmotiven gibt es aus späterer Zeit Schwertscheiden und Bronzespiegel mit stilisierter Kreisornamentik sowie aufwendige Hals- und Armreifen aus tordiertem Gold; viele Funde sind im British Museum in London zu sehen.

Römerzeit

Zwischen 43 und 57 n. Chr. gelang den Römern die dauerhafte Besetzung Britanniens mit Ausnahme Schottlands. Dank der Zinnvorkommen florierte die römische Provinz Britannia. Im 3. Jh. gab es eine Blütezeit mit verschiedenen Kulturzentren. Auch verweisen viele Ortsnamen mit »chester«, »cester« oder »caster« auf eine römische Vergangenheit als »castrum«. Zahlreiche römische Landsitze entstanden im klimatisch günstigen Südengland, u. a. der Roman Palace mit bedeutenden Mosaiken in Fishbourne (Sussex). Beeindruckend sind auch die römischen Befestigungsanlagen, vor allem der Grenzwall, den Kaiser Hadrian 122 bis 128 zwischen Newcastle und Carlisle errichten ließ. Entlang des **Hadrian's Wall** geben Überreste mehrerer Kastelle Einblick ins römische Soldatenleben.

Frühmittelalter

Germanische Kultur

Mit den Angeln und den Sachsen verbreitete sich germanische Kultur in zwei Phasen: die Frühzeit vom 6. bis 9. Jh. und die Spätzeit nach Abklingen der Wikingerüberfälle vom frühen 10. Jh. bis zur normannischen Eroberung 1066. Angelsächsische Siedlungen erkennt man noch heute an den Endungen von Ortsnamen: »-ham« deutet auf eine flache Weidensiedlung hin, »-ton« auf eine Flusssiedlung, »-ley« auf eine Rodung und »-wick« auf ein Bauerndorf mit Tierbestand.

Architektur In der Achitektur der Angelsachsen verbanden sich **keltische und römische Bauweisen.** Von den oft reinen Holzbauten sind fast keine mehr vorhanden. Allerdings basieren die ersten steinernen Kirchen Ende des 6. Jh.s mit einfachem, rechteckigem Kirchenschiff, das in einen kurzen rechteckigen Altarraum einmündete, auf ihrer Bauweise. Aus dem 7. Jh. sind u. a. die Kirchen von Escomb (Durham) und St. Lawrence in Bradford-on-Avon (Wiltshire) erhalten, aus dem 10./11. Jh. einige Sakralbauten mit eindrucksvollen Westtürmen, z. B. Worth (Sussex) und Barton-upon-Humber (Humberside), letztere mit reicher Steindekoration.

Bildhauerei Eine Sonderform der frühmittelalterlichen Plastik sind die bis zu 5 m hohen Steinkreuze, die als Erinnerungsmale, zu Votivzwecken und an Weiheplätzen errichtet wurden. Trotz vieler regionaler Varianten lassen sich in Nordengland vor allem Hochkreuze mit Weinrankendekoration und figürlichen, meist biblischen Darstellungen in romanisch-byzantinischem Stil nachweisen; besonders eindrucksvoll sind die Kreuze von Bewcastle und Hexham. Bemerkenswerte **bauplastische Arbeiten** sieht man vereinzelt in angelsächsischen Kirchen wie die Engelsreliefs in Bradford-on-Avon. Hervorragend war auch das Gold- und Silberschmiedehandwerk. Das Schiffsgrab von Sutton Hoo (um 625; British Museum, London) barg aufwendig verarbeitete Beigaben aus Gold und Silber.

Buchmalerei Beeinflusst durch die hohe Kunst der irischen Mönche und Buchillustratoren entwickelte sich die Buchmalerei zu wahrer Blüte. Das **Book of Lindisfarne** (um 700; British Museum, London) verbindet Flechtbandornamente, angelsächsische Tier- und Spiralmotive mit naturalistischen, von Italien beeinflussten Evangelistenporträts. In Canterbury wurden im 8. Jh. u. a. der Vespasian Psalter (British Museum, London) und der Codex Aureus (Königliche Bibliothek, Stockholm) geschrieben und ausgeschmückt. Eine erneute Glanzzeit erlebte die Buchmalerei ab der zweiten Hälfte des 10. Jh.s in der Abtei Glastonbury, z. B. mit Dunstan's Classbook (um 950, Bodleian Library, Oxford), und mit der School of Illumination in Winchester.

Romanik

Kirchen Nach der normannischen Eroberung von 1066 setzte eine rege Bautätigkeit ein; zahlreiche Kathedralen und Abteikirchen wurden im **Norman Style,** der anglonormannischen Variante der Romanik, ver-

St Lawrence in Bradford-on-Avon stammt noch aus angelsächsischer Zeit.

ändert oder neu errichtet. Dank der räumlich großzügig bemessenen Domfreiheit (Cathedral Close) stehen die meisten Kathedralen frei, von Rasengrün eingefasst, und die Bauten dehnen sich anstatt in der Höhe in der Länge aus.

Im Kirchenbau jener Zeit dominierte der dreischiffige, basilikale Baukörper auf lateinischem Kreuzgrundriss. Markante Querhäuser, rechteckige Chöre und mächtige Vierungstürme entstanden, die Westfassade erhielt in der Regel einen doppeltürmigen Abschluss. Charakteristisch ist die **extreme Längsausrichtung** der Kirchenschiffe. Im südlichen Chorschiff der Kathedrale von Durham ist **Englands frühestes Kreuzrippengewölbe** (ab 1096) und damit der Übergang zur Frühgotik sichtbar. Bauliche Akzente setzen die Abteikirchen von St Albans (1077–1088), Ely (ab 1083), Gloucester (ab 1089) und Peterborough (ab 1118) sowie die Kathedralen von Canterbury (ab 1067), Winchester (ab 1079), Chichester (ab 1091), Durham (ab 1093) und Norwich (ab 1096). In den meisten Kirchen zeigen nur noch die Langhäuser anglonormannischen Stil. Norwich bietet, abgesehen vom gotischen Gewölbe, das einheitlichste Bild einer normannischen Kathedrale, Durham beeindruckt durch Größe.

Castles

Im späten 11. Jh. entstanden der White Tower in London und die Burg von Colchester, im 12. Jh. der Wehr- und Wohnturm (Tower keep) von Rochester und die Festungsbauten von Richmond, Scarborough und Dover. Normannische Bürgerhäuser aus Stein (12. Jh.) sind u. a. noch in der Altstadt von Lincoln zu sehen.

Skulptur Mit Portalskulpturen, Friesen und Kapitellen entstand im 12. Jh. wunderbare Baudekoration. Besonders eindrucksvoll sind die zwei expressiven Reliefs der Lazarusgeschichte (1120) in der Kathedrale von Chichester, das Portal des Priors an der Kathedrale von Ely (um 1135), der Steinfries mit alttestamentarischen Darstellungen und Höllenrachen an der Westfassade von Lincoln (um 1150) und das Westportal der Kathedrale von Rochester (um 1160).

Buchmalerei Die Buchmalerei entwickelte sich unter französisch-normannischem Einfluss im 12. Jh. weiter. Überragende mittelalterliche Buchmalerei ist in der **Winchester Bible** erhalten: Farbigkeit und Detailfülle der Initialen macht sie zu einem wahren Prachtexemplar. Von den romanischen Wandmalereien sind nur wenige Überreste erhalten, etwa die Darstellungen in der Krypta der Kathedrale von Canterbury sowie in der Heiliggrabkapelle (spätes 12. Jh.) der Kathedrale von Winchester. Als Besonderheit früher Historienmalerei gilt der gestickte **Teppich von Bayeux** – ausgestellt im Museum von Bayeux, Nordfrankreich –, der um 1080 angeblich von Königin Mathilde gefertigt wurde und die Einnahme Englands durch die Normannen unter Wilhelm dem Eroberer schildert (▶ Abb. S. 428).

Gotik

Drei Phasen Die Gotik wird in der britischen Kunstgeschichte in drei Phasen unterteilt, die ungefähr mit unseren Begriffen Frühgotik (Early English Style, 1180–1250), Hochgotik (Decorated Style, 1250–1350) und Spätgotik (Perpendicular Style, 1350–1530) korrespondieren.

Kathedralen Der Chorbau der Kathedrale von Canterbury bildete ab 1175 den Auftakt zur Gotik in England. **Vorbild war die französische Kathedralgotik,** doch kam es hier bei der Errichtung der Kirchenschiffe nie zu den extremen Höhen wie in Frankreich. Auch auf die dortigen polygonalen Chorabschlüsse verzichtete man in England zugunsten der anglonormannischen Raumaufteilung: breit angelegte Westfassade, gestrecktes Langhaus, ausladendes westliches Hauptquerschiff, Langchor, kürzeres östliches Chorquerschiff, Retrochor mit Lady Chapel (Marienkapelle) als gerader rechteckiger Chorabschluss.
Vierteilige Kreuzrippengewölbe wurden mit Stern-, Netz- und Fächergewölben kombiniert. Charakteristisch für die englische Gotik waren **quadratische Kreuzgänge** und das oktogonale Kapitelhaus

mit einem einzigen Mittelpfeiler. In der Kathedrale von Salisbury (1220–1266) findet der **Early English Style** seine Vollendung. Daneben sind die frühgotischen Kathedralbauten von Ripon, Chichester, Lincoln, Wells und Worcester bemerkenswert.
Der **Decorated Style** des 13./14. Jh.s zeichnet sich durch Schmuckfreudigkeit aus, reiches Maßwerk überzieht und verdeckt die Grundstrukturen. Schöne Beispiele aus dieser Zeit sind der Chor der **Westminster Abbey in London,** der Engelschor der Kathedrale von Lincoln, Langhaus und Kapitelhaus der Kathedrale von York, die Fassade und der Chorneubau der Kathedrale von Wells sowie im Chor der Kathedrale von Bristol.
Als Gegenreaktion zum Decorated Style bildet sich im 15. Jh. die strengere senkrechte Linie des **Perpendicular Style** heraus. Das senkrechte Stabwerk besonders bei der Fenstergestaltung ist namengebend für die Epoche. Ein frühes Beispiel ist der Chor der Kathedrale von Gloucester. Hauptwerke dieses Stils sind das Langhausgewölbe der Kathedrale von Winchester, die King's College Chapel in Cambridge und die Henry VII. Chapel in Westminster Abbey.

Castles, Landsitze, städtische Architektur

Stokesay Castle, Penshurst Place, Bodiam Castle und Tattershall Castle stellen eine bauliche Verbindung von Wehranlage und Herrensitz dar. In den **Städten** entstanden öffentliche Versammlungshallen wie Westminster Hall und Guildhall in London, viele weitere Bürgerhäuser in Stein und Fachwerk – beispielsweise in Chester – sowie die **Collegebauten in Oxford und Cambridge.**

Bauplastik

Die herausragenden Arbeiten findet man in den Kathedralen – beeindruckendstes Beispiel ist sicher die **Westfassade der Kathedrale von Wells** mit ihren mehr als 300 Figuren, ähnlich sehenswert sind die Gewandfiguren der Kathedrale von Salisbury. In Stein gehauene Apostel, Engel, Propheten und Richter schmücken die üppige Westfassade der Kathedrale von Exeter. Chantries, Kapellenstiftungen im Chor, in denen Messen für die Seelen Verstorbener gesungen wurden, sind von besonderer bildhauerischer Bedeutung – etwa die von Heinrich V. in Westminster Abbey.
Meisterwerke der **Holzschnitzkunst** findet man in den Chorgestühlen; in der Kathedrale von Exeter etwa gibt es skurrile Miserikordien und einen imposanten eichengeschnitzten Bischofsthron; reich gestaltet ist auch das Chorgestühl von Lincoln, Winchester und Wells.

Malerei

Die gotische Wand- und Tafelmalerei entwickelte sich in England nur langsam. Bedeutende Leistungen sind anhand der **Freskenreste** (13./14. Jh.) an den Langhauspfeilern von St Albans Cathedral auszumachen. Die Darstellung der Apokalypse (um 1400) im Kapitelhaus von Westminster Abbey in London entsprach dem internationalen gotischen Stil. Die Tafelmalerei erreichte mit dem Westminster Reta-

Über 300 Figuren bevölkern die Westfassade der Kathedrale von Wells.

bel (um 1270, Westminster Abbey) mit seinen Christus- und Aposteldarstellungen einen ersten Höhepunkt, gefolgt von einer neuen Blüte während der Herrschaft des kunstsinnigen Königs Richard II., dessen Porträt (Ende 14. Jh.) in Westminster Abbey zu den **frühesten Bildnissen** überhaupt in England zählt.

Glasmalerei

Einen hohen Standard zeigen auch die Glasmalereien. Vor allem in der **Kathedrale von York** haben sich bedeutende Zyklen mittelalterlicher Glasmalerei erhalten.

Stickerei

Hoch entwickelt war die englische Stickerei, als »opus anglicanum« wurde sie im 13./14. Jh. europaweit geschätzt. Das Clare Chasuble, das Syon-Pluviale oder das Butler-Bowden-Pluviale sind alle im Victoria and Albert Museum in London zu sehen.

Tudor- und elisabethanischer Stil

Architektur

Die Übergangszeit von der Spätgotik um 1500 bis zum Beginn des Klassizismus um 1620 brachte eine Vielfalt von Stilen hervor. Dabei vermischten sich Formen des Perpendicular Style mit Elementen der italienischen, deutschen und flämischen Renaissance. Während der Reformationszeit kam der Kirchenbau fast völlig zum Erliegen. Stattdessen sorgte der Reichtum des neugebildeten Hofadels im 16. Jh. für eine **Blüte im Schloss- und Landsitzbau.** Nach dem **Vorbild französischer Herrensitze** entstanden Dreiflügelanlagen um einen Hof oder auf E-förmigem Grundriss. Fensterreiche, klar gegliederte Fassaden, markante Torhäuser und Flachdächer mit dekorativen Schornsteinen sind charakteristisch. Hampton Court Palace, Longleat House, Montacute House, Hardwick Hall oder Hatfield House sind Beispiele schöner Landsitze. Die wohlhabenden Kaufleute engagierten sich im bürgerlichen Fachwerkbau. Eindrucksvoll ist das prächtige Tudor House in Southampton. **Fachwerkensembles** gibt es noch in zahlreichen Städten, u. a. **in Shrewsbury** und in **Stratford-upon-Avon.**

Skulptur

Vor allem durch Bildhauer aus Italien, die z. T. in Frankreich geschult waren, kam das Formenvokabular der Renaissance nach England. Hervorragende Beispiele sind die Grabskulpturen (1512–1518) Heinrichs VII. und seiner Gemahlin in Westminster Abbey von Pietro Torrigiani (1472–1528). Die Abbildfeindlichkeit während der Reformation führte aber um 1550 zum Niedergang der Bildhauerkunst.

Malerei

Die Malerei erhielt auch Impulse vom Kontinent: **Hans Holbein d. J.** (1497–1543) arbeitete am Hof Heinrichs VIII. und beeinflusste die Porträtmaler. In elisabethanischer Zeit verkümmerte das Bildnis zum Kostümstück – mit Ausnahme der wenigen exquisiten Miniaturporträts von **Nicholas Hilliard** (1574–1619) und seinem Nachfolger Isaac Oliver, der Bildnisse mit geradezu psychologischer Einfühlung schuf.

Vom Klassizismus zur Neugotik

Stile

Die auf dem Kontinent aufeinanderfolgenden Stilepochen Manierismus, Barock und Rokoko in der Architektur des 17. und 18. Jh.s gab es in England so nicht. Stattdessen wurde zwischen 1620 und etwa 1750 im **klassizistischen Stil** gebaut. Vorbild war der oberitalienische Renaissance-Baumeister Andrea Palladio (1500–1580), dessen Villen und Paläste mit den klassischen Säulen- und Pilasterordnungen man in England nachahmte. Die Spätphase des englischen Klassizismus im 18. Jh. wird nach den regierenden Herrschern als **Georgian Style** bezeichnet. Bereits um 1760 zeichnete sich ein Rückfall in Historismen ab. Der **Gothic Revival Style** führte zur Wiederbelebung der Gotik. Der **Regency Style,** so genannt nach der Regentschaft von George IV., war ein für die Zeit zwischen 1811 und 1820 typischer Stil; gute Beispiele sind in Brighton, Cheltenham und in der Umbauung des Regent's Park in London zu sehen.

Palladianischer Klassizismus 1616 beginnt mit **Inigo Jones** (1573–1652) und seinem Entwurf für die Residenz der Königin in Greenwich, Queen's House, die Epoche des palladianisch geprägten Klassizismus. Von Inigo Jones stammt auch das Banqueting House in Whitehall (London), das als eines der Meisterwerke der englischen Renaissance gilt. Ein Juwel der Schlossarchitektur ist Wilton House bei Salisbury.

Christopher Wren Nach dem Großbrand von London 1666 gab es mit dem Wiederaufbau ein großes städtebauliches Betätigungsfeld für Christopher Wren (1632–1723), Architekt von mehr als 50 Kirchen und **St Paul's Cathedral** (1675–1711) in London, einer Kombination von Zentral- und Langhausbau nach dem Vorbild der Peterskirche in Rom.

Wrens Zeitgenossen: Barock bis Neogotik Während Wren fast ausschließlich für das Königshaus arbeitete, schufen seine Zeitgenossen für private Auftraggeber eher **barocke Landsitze** wie Chatsworth House (William Talman; 1650–1719) oder **monumentale Barockresidenzen** wie Blenheim Palace und Castle Howard (John Vanbrugh; 1664–1726). **John Wood d. Ä.** (1704–1754) und sein Sohn John (1728–1781) prägten die Architektur im Kurort Bath mit den ungewöhnlichen Platzanlagen wie dem als Rondell angelegten **The Circus** oder dem **Royal Crescent,** wo erstmals separate Bürgerhäuser im Halbrund in eine palastartige Gesamtfassade einbezogen wurden. **Robert Adam** (1728–1792) widmete sich vornehmlich der Innenarchitektur und schuf opulente Raumausstattungen.

Landschaftsgärten William Chambers, der Architekt der Kew Gardens in London, Lancelot »Capability« Brown, Schöpfer zahlloser Parkanlagen, und William Kent gehören zu den Begründern des englischen Landschaftsgartens.

Kunsthandwerk Wohnen mit ansprechendem Interieur wurde zu einem zentralen Interesse der Bürgerschichten des 18. Jahrhunderts. Qualitätsmöbel von **Thomas Chippendale,** George Hepplewhite und Thomas Sheraton mit hervorragender Inlay-Technik kamen in Mode.

Was Chippendale für Möbel, war **Josiah Wedgwood** für Porzellan und Keramik. Er entwickelte eigene Pigmentierungen für seine gelbliche »Queensware« und die berühmte »Jasperware« – weiß auf blauem Grund –, die vornehmlich zur Keramikherstellung von Reliefs, Medaillons und Vasen diente. Berühmt für feines Porzellan wurden die Manufakturen von Derby und Worcester.

Malerei In der ersten Hälfte des 17. Jh.s waren **Peter Paul Rubens** und **Anthony van Dyck** in England tätig und gaben der englischen Malerei neue Impulse. Rubens bemalte zwischen 1629 und 1630 die Decke der Banqueting Hall in London. Van Dyck wurde 1632 Hofmaler und brachte die Porträtmalerei zu neuer Blüte. Andere Porträtmaler waren Wil-

»Beer Street« (l.), »Gin Lane« (r.): Londoner Sittengemälde von William Hogarth

liam Dobson, Peter Lely aus Holland und Godfrey Kneller aus Lübeck. Durch diese Maler etablierte sich die Porträtmalerei als eine spezifisch englische Kunstform; in der zweiten Hälfte des 18. Jh.s erlebte sie durch Joshua Reynolds, George Romney und den Schotten Sir Henry Raeburn eine Blüte. Einer der bekanntesten Porträtisten war **Thomas Gainsborough,** mit vorimpressionistischer Pinselführung schuf er zudem lichtdurchflutete Landschaftsbilder.

William Hogarth begann als Kupferstecher und war mit seinen satirischen, oft bissigen Darstellungen der damaligen Sitten einer der bedeutendsten Künstler des 18. Jahrhunderts. Der Dichter, Maler und Grafiker **William Blake** mit seinen fantastisch-mystischen Illustrationen eigener und fremder Dichtungen (Buch Hiob, Vergil, Dante, Chaucer; »The Songs of Innocence«) kam vom Klassizismus her.

19. Jahrhundert

Architektur

Die Architektur des 19. Jh.s kennzeichnet das Nebeneinander von Klassizismus, Gothic Revival Style und verschiedenen historisierenden Baustilen in der viktorianischen Epoche. Beispiele neogotischer Kirchenbaukunst sind Truro Cathedral in Cornwall, ab 1880 im anglofranzösischen Gotikstil des 13. Jh.s von J. L. Pearson errichtet, und All Saints (Margaret Street, London, von William Butterfield). Im italobyzantinischen Stil erbaute John Francis Bentley die monumentale katholische Kathedrale von Westminster (1903).

Der Royal Crescent in Bath ist auch heute noch eine ungewöhnliche architektonische Lösung.

Klassizistische **Profanarchitektur** entstand mit der Bank of England in London (John Soane), mit dem British Museum in London (Robert Smirke), mit dem Fitzwilliam Museum in Cambridge (George Basevi), der St George's Hall in Liverpool (Harvey Lonsdale Elmes) und mit der Town Hall in Leeds (Cuthbert Brodrick). Im Gothic Revival Style entstanden die Bauten von Charles Barry, der die **Houses of Parliament** mit dem Uhrturm **Big Ben** in London entworfen hat. Von Alfred Waterhouse stammt die ebenfalls neogotische Town Hall in Manchester. Einflüsse aus Fernost zeigt der verschwenderisch-dekorative **Royal Pavilion** in Brighton, gebaut von John Nash, der in London auch die klassizistische Regent Street schuf.
Vielerorts stehen noch die **Ingenieurbauten der industriellen Revolution:** Brücken, Schleusen, Fabriken, Glashäuser, Bahnhöfe. Herausragend war der Architekt und Ingenieur Isambard Kingdom Brunel, der mit der Bristol Old Railway Station und der Clifton Suspension Bridge bei Bristol eindrucksvolle Denkmäler gesetzt hat. Joseph Paxton baute zur Weltausstellung in London den Crystal Palace mit Glas und Gusseisen.
Bedeutender Architekt der Viktorianischen Epoche war neben Barry und Paxton insbesondere **George Gilbert Scott,** der auch klassizistische Bauten entwarf, in erster Linie aber neogotische Kirchen und Landsitze errichtete. Das Victoria and Albert Museum sowie das Natural History Museum in South Kensington (London) sind ein weiterer Höhepunkt der historischen Stilmischungen in viktorianischer Zeit.

Kunstgewerbe

Im Rahmen der Arts and Crafts Movement versuchte William Morris, eine Erneuerung des Kunsthandwerks gegen die maschinell-industrielle Fertigung durchzusetzen. Morris und Edward Burne-Jones fertigten hervorragende Glasmalereien im präraffaelitischen Stil.

Malerei

Einer der größten Landschaftsmaler des 19. Jh.s war **John Constable,** ein Meister von Gemälden, die durch unmittelbare Naturbeobachtung entstanden. **William Turner** führte die Landschaftsmalerei fast zur Abstraktion. Von Claude Lorrain beeinflusst, schuf er anfangs teils naturnahe, teils mythologisch-romantische Landschaften, bis sich das Gegenständliche völlig in Farb- und Lichtfantasien auflöste.
Zu den Gründern und wichtigsten Vertretern der **Pre-Raphaelite Brotherhood** (1848–1853), die Inspiration in den einfachen, ernsten Bildern des Spätmittelalters suchten, gehörten Dante Gabriel Rossetti, John Everett Millais, William Holman Hunt, Ford Madox Brown und Edward Burne-Jones.
Mit seinen von japanischer Druckkunst und vom französischen Rokoko inspirierten Schwarz-Weiß-Zeichnungen, die er mit der Linienführung des Jugendstils verband, war **Aubrey Beardsley** führend im Ästhetizismus. Seine dekadent-dekorativen, fantastisch-bewegten Illustrationen z. B. zur »Salomé« von Oscar Wilde wurden exemplarisch für die viktorianische Kunst des Fin de Siècle.

20. und 21. Jahrhundert

Architektur

In den ersten Jahrzehnten des 20. Jh.s wurde nach wie vor in historisierender Manier gebaut. In den 1920er- und 1930er-Jahren machten sich Einflüsse des französischen Art déco, des deutschen Expressionismus und Bauhausstils und des niederländischen Funktionalismus (De Stijl) bemerkbar. Nach dem Zweiten Weltkrieg fand der »Brutalismus« Eingang in die englische Architektur, ein von Le Corbusier geprägter Begriff für Bauten aus Sichtbeton, französisch »béton brut«. Das Economist Building in London ist ein Beispiel dafür. In der Sakralarchitektur sind vor allem die römisch-katholische Kathedrale von Liverpool und Coventry Cathedral als ungewöhnliche Schöpfungen moderner Zentral- und Langhausbauten zu nennen.
In den 1960er-Jahren trat die Gruppe **Archigram** mit futuristisch-technischen Projekten in Erscheinung. Ihre Formensprache beeinflusste später Richard Rogers bei seinem Lloyd's Building in London (1977) und **Norman Foster.** Von Norman Foster stammen die City Hall und die Überdachung des Innenhofs des British Museum in London. Andere markante Leistungen der modernen Architektur sind das Fakultätsgebäude für Geschichte in Cambridge von James Stirling, nach dessen Plänen auch von 1982 bis 1987 der Erweite-

rungsbau der Tate Gallery in London entstand, ferner das Imperial War Museum von Daniel Libeskind in Manchester. Die Bauten in den **Londoner Docklands** wurden unterschiedlich bewertet. Der Büroblock One Canada Square von Cesar Pelli oder der postmoderne Wohnsilo The Cascades von Piers Gough gelten als Sinnbild der Thatcher-Ära. Ein scharfer Kritiker moderner Architektur ist **Charles III.,** der in den 1980er-Jahren eine heftige Diskussion auslöste, als er behauptete, die deutsche Luftwaffe sei mit Londons architektonischem Erbe sorgsamer umgegangen als die heutige Architektenzunft. In den 1990er-Jahren machte er sich an einen Gegenentwurf: Als Vorort von Dorchester entstand nach einer teilweise von ihm ausgearbeiteten Konzeption die Modellstadt **Poundbury** im lokalen Stil mit traditionellen Baumaterialien. Heiß diskutiert

Vor allem auf dem Nordufer der Themse entfaltet sich Londons Skyline.
Am Südufer entstand u. a. die schiefe City Hall.

wurde der von Stararchitekt Renzo Piano entworfene pyramidenförmige Wolkenkratzer **The Shard** (2012), der mit 310 m für kurze Zeit das damals höchste Gebäude in Westeuropa war.

Skulptur

Einer der herausragenden englischen Bildhauer des 20. Jh.s war **Henry Moore**, dessen Markenzeichen abstrakt-archaische Figuren und Figurengruppen sind. Der 1898 in Castleford bei Leeds geborene Künstler griff Anregungen aus der Kunst Süd- und Mittelamerikas auf, außerdem erhielt er Impulse durch Picassos Werk. Seine Liegenden und Mutter-und-Kind-Gruppen sind oft in die Landschaft integriert und haben viel dazu beigetragen, radikale moderne Kunst in England populär zu machen. **Barbara Hepworth** fertigte geschmeidige Steinstelen und abstrakte aufgebrochene Hohlformen. **Eduardo Paolozzi** entwickelte im Rahmen der frühen englischen Pop-Art, die schließlich zur Kunstform der Sixties wurde, zunächst Collagen und dann technoide Figuren, die auf die Relation von Technik und Mensch aufmerksam machen. International bekannt wurde der 1945 in Bristol geborene **Richard Long,** Land-Art-Künstler, der mit Steinkreisen Bezüge zu mythisch-archaischen Kulturen herstellt und mit Wegmarkierungen in und Materialsammlungen aus der Natur arbeitet. **Antony Gormley** ist für seine Stahlplastiken bekannt, bei denen als Vorlage meist sein eigener Körper dient, so auch beim 20 m hohen Angel of the North nahe Gateshead.

Malerei

Die großen Neuerungen der Malerei zu Beginn des 20. Jh.s – Fauvismus, Expressionismus, Kubismus, Futurismus, Dadaismus, Surrealismus – fanden ohne britische Beteiligung statt. In England malten die Postimpressionisten. Augustus John, der u. a. Porträts von G. B. Shaw, Thomas Hardy und Dylan Thomas malte, gehörte dazu. Roger Eliot Fry, ebenfalls Postimpressionist und stark von Cézanne beeinflusst, gründete die Omega Workshops, die einen Rahmen für Design und handwerkliche Kunst bildeten und deren Mitglieder großteils aus der Bloomsbury Group kamen: Vanessa Bell, Duncan Grant und Wyndham Lewis. Der in Dublin geborene **Francis Bacon** zog 1925 nach London. Deformierte, geschundene Kreaturen und Menschen sowie albtraumhafte Visionen von existenzieller Angst machen sein Werk aus. **David Hockney,** in den 1960er-Jahren einer der Hauptvertreter der Pop-Art, widmete sich Oberflächenstrukturen und Lichteinfall; berühmt wurden seine Pool-Bilder und Fotocollagen. In den 1980er-Jahren erregten **Gilbert and George,** ein Performance-Künstlerpaar, mit großflächigen Porträtfotos Aufsehen. Die jährliche Vergabe des Turner-Preises in der Tate-Gallery führt immer wieder zu Kontroversen; wie im Fall von **Damien Hirst,** der die Kunstwelt mit Objekten wie einem in Formaldehyd konservierten Hai schockierte. Der bisher anonym gebliebene **Banksy** darf für sich in Anspruch nehmen, **Street Art** als Kunstform etabliert zu haben.

INTERESSANTE MENSCHEN

Das Phantom der Straße: Banksy

Street Artist

Ein unbekannter Graffiti sprayender Mann aus Bristol ist mittlerweile weltberühmt. Seit den 1990er-Jahren verziert er in Britannien heimlich Hauswände mit Ratten, knutschenden Polizisten, Waffen und Überwachungskameras, heute ist seine illegale Kunst selbst auf der Mauer zwischen Israel und dem Westjordanland zu sehen. Zu seinen bekanntesten Motiven gehört das Mädchen mit dem Herzluftballon. Dank Sammlern wie Brad Pitt und Jude Law erzielen Banksys Bilder, von Sotheby's zur »modernen Klassik« erklärt, Spitzenpreise. Für Banksys Coverbild auf ihrem Think-Tank-Album legte die Band Blur stolze 288 000 £ hin, ein bis dato unerreichter Preis für Street Art. Wer sich hinter Banksy verbirgt, ist **bis heute ein Geheimnis.** Selbst Banksys Film »Exit Through the Gift Shop«, der 2010 das Leben eines Sprayers präsentierte, gab keinerlei Aufschluss über den Menschen hinter den Schablonenfiguren. 2013 hinterließ Banksy einen Monat lang in New York City seine Spuren, 2015 wies er in einem Video auf die Zerstörungen im Gazastreifen hin. 2016 wollte eine Studie beweisen, dass es sich um einen ehemaligen Schüler der Bristol Cathedral School namens Robin Gunningham handelt: Eine Datenanalyse verglich Gunninghams Bewegungen mit dem Erscheinen neuer Werke von Banksy. Andere halten Banksy für eine Künstlergruppe oder für Robert del Naja, Sänger der aus Bristol stammenden Band »Massive Attack«.

»Queen of Crime«: Agatha Christie

1890–1976
Kriminalautorin

Die Kriminalliteratur verdankt der in Torquay geborenen Agatha Mary Clarissa Christie gleich zwei ihrer berühmtesten Gestalten: den verschrobenen belgischen Meisterdetektiv Hercule Poirot und die ältliche Amateurkriminalistin Miss Jane Marple. Hercule Poirot tauchte erstmals 1920 in »Das geheimnisvolle Verbrechen in Styles« auf, seine berühmtesten Fälle waren »Mord im Orientexpress« (1934) und »Tod auf dem Nil« (1937). Noch beliebter wurde **Miss Marple,** die ihren ersten Fall 1930 in »Mord im Pfarrhaus« zu lösen hatte, dem u. a. »16.50 Uhr ab Paddington« folgte. Viele Romane von

Ohne Agatha Christie keine Miss Marple und kein Hercule Poirot

LICATA
SICILY
SEPT. 9, 1943
SALERNO
ITALY

Agatha Christie wurden mit großem Erfolg verfilmt, wobei Peter Ustinov als Hercule Poirot und Margaret Rutherford als Miss Marple das Erscheinungsbild der beiden Detektive nachhaltig prägten. Agatha Christie schrieb auch fürs Theater; u. a. das Kriminalstück »Die Mausefalle«, das seit 1952 ununterbrochen im Londoner St. Martin's Theatre aufgeführt wird.

Staatsmann, Maler, Literat: Sir Winston Churchill

1874–1965
Politiker

Winston Leonard Spencer Churchill ist zweifellos die beherrschende Figur der britischen Politik in der ersten Hälfte des 20. Jahrhunderts. Ab 1900 war er Mitglied im Unterhaus, von 1911 bis 1915 trieb er als Erster Lord der Admiralität die Aufrüstung der britischen Flotte voran. 1918 bis 1921 war er Kriegsminister und zuletzt Schatzkanzler. In den 1930er-Jahren schien sein Stern schon zu sinken, doch bei Ausbruch des Zweiten Weltkriegs machte man ihn wieder zum Ersten Lord der Admiralität. 1940 wurde Churchill **Premierminister einer Allparteienregierung.** Mit US-Präsident Roosevelt schloss er 1941 die Atlantikcharta, und bei den Konferenzen der Großen Drei (USA, UdSSR, Großbritannien) gab er entscheidende Richtlinien für die Nachkriegsordnung Europas. Er hat den Zweiten Weltkrieg sicher nicht alleine gewonnen. Aber er war es, der in den finstersten Zeiten des Kriegs, als Frankreich besiegt und Großbritannien einziger Gegner Deutschlands war, in legendären Radioansprachen den Briten Hoffnung gab:

> »
> ... we shall fight in the fields and in the streets,
> we shall fight in the hills; we shall never surrender.
> «

Obwohl er sein Land siegreich durch den Krieg führte, verlor seine Regierung 1945 die Unterhauswahlen wegen der mangelhaften Wirtschafts- und Finanzpolitik. Doch noch einmal kehrte er von 1951 bis 1955 auf den Sessel des Premierministers zurück. Churchill malte und schrieb und erhielt 1953 für seine Darstellung des Zweiten Weltkriegs den Literaturnobelpreis. Sein Landhaus Chartwell in Kent, das er mit seiner Familie von 1924 bis zu seinem Tod 1965 bewohnte, ist heute zu besichtigen.

With a Little Help from My Friends: Joe Cocker

1944–2014
Sänger

Mit der Coverversion dieses Beatles-Titels gelang dem in Sheffield geborenen Joe Cocker der Durchbruch: Platz 1 der britischen

Charts Ende 1968 und 1969 die Einladung zum legendären **Woodstock**-Konzert. Ohne die Hilfe mancher Freunde aber wäre der gelernte Gasinstallateur vielleicht keine 70 Jahre alt geworden, zu groß waren seine Drogen- und Finanzprobleme in den 1970er-Jahren, die ihn ständig auf Tour zwangen und ihm keine Zeit für musikalisch Neues ließen. In den 1980ern aber landete er wieder mehrere Hits, ob Eigenproduktionen oder gecovert: »N'oubliez jamais«, »Unchain My Heart« oder »You Can Leave Your Hat On«. Zu seiner Stabilität hat zweifellos die Heirat mit der US-amerikanischen Erzieherin Pam Bake 1987 beigtragen. Das Paar wohnte eher zurückgezogen auf der Mad Dog Ranch in Colorado, von wo Cocker zu Tourneen aufbrach.
Joe Cocker war auch berühmt für seine zappelige Gestik auf der Bühne, die Anlass für unterschiedlichste Spekulationen gab. Er selbst erklärte es einmal so: Er könne ja nicht einfach vor dem Mikrofon stehen, sondern müsse irgendetwas tun wie sein Vorbild Ray Charles.

Entdecker und Kapitän: James Cook

1728–1779
Seefahrer

Der Seefahrer James Cook, der aus Marton bei Middlesborough stammte, lieferte mit seinen drei Weltumsegelungen bahnbrechende Erkenntnisse für die Erforschung des pazifischen und subantarktischen Raumes.
Auf seiner ersten großen Forschungsreise (1768–1771) beobachtete Cook auf Tahiti einen Venusdurchgang vor der Sonne, nahm eine erste vollständige Küstenkartierung der Insel vor und entdeckte bei der **Umsegelung Neuseelands** die Meerenge zwischen den Küstengebirgen der Nord- und Südinsel, die nach ihm benannt wurde. Cook erkundete die Ostküste Australiens und lieferte 1770 den endgültigen Beweis dafür, dass Australien und Neuguinea keine zusammenhängende Landmasse ist, als er den südlichen Teil der Torresstraße passierte. Auf seiner zweiten Expedition (1772–1775) segelte Cook erstmals in östlicher Richtung und gegen die Passate um den Erdball. Er entdeckte mehrere Eilande der Tuamotu-Inseln, erforschte und benannte die Neuen Hebriden, die Norfolkinsel und Neukaledonien. Von Neuseeland segelte er ostwärts nach Feuerland, umrundete Kap Horn, entdeckte Südgeorgien und die Falkland-Inseln. Zurück in England wurde er vom König zum Kapitän zur See und zum Mitglied der Royal Society erhoben. Ziel der dritten Reise war, die Nordwestpassage vom Atlantik zum Pazifischen Ozean zu finden. Dabei entdeckte er Christmas Island und die »Sandwichinseln« (Hawaii), wo er nach anfänglich friedlichem Zusammenleben mit den Inselbewohnern wegen eines Streits um ein ihm entwendetes Boot beim Kampf erstochen wurde.

Vater der Evolutionstheorie: Charles Darwin

1809–1882
Wissenschaftler

Charles Robert Darwin kam in The Mount bei Shrewsbury zur Welt. Schon während des Theologiestudiums in Cambridge begann er sich für geologische und biologische Forschung zu interessieren. 1831 erhielt er einen Platz an Bord des Forschungsschiffes »Beagle«. Die fünfjährige Reise führte ihn über die Kapverden an die Ost- und Westküste Südamerikas, über die Galapagos-Inseln und Tahiti nach Neuseeland und weiter über Mauritius und Kapstadt schließlich zurück nach England. 1842 bezog er in dem Dorf Downe in Kent seinen Landsitz. Angeregt von seiner Reise studierte er nun intensiv den Ursprung der Arten, beschrieb zahlreiche bis dahin unbekannte Vögel, Pflanzen und Insekten. Seine bedeutendste Arbeit lieferte er mit der etwa gleichzeitig mit A. R. Wallace aufgestellten Selektionstheorie über **die Entstehung der Arten**. Die von Darwin begründete Evolutionstheorie, nach der in der Regel im Laufe der Erdgeschichte durch natürliche Auslese nur die geeignetsten Lebewesen im Existenzkampf erhalten bleiben, steht bis heute im Mittelpunkt biologischer Forschung und hat vor allem in der modernen Genetik eine endgültige Grundlage erhalten.

Queen of Hearts: Diana Princess of Wales

1961–1997
Prinzessin

Für das, was sich am 6. September 1997 zwischen Kensington Palace und Westminster Abbey abspielte, reichen rationale Erklärungsversuche nicht aus. Über 1,5 Mio. Menschen säumten den letzten Weg von Diana, Princess of Wales. Diana Spencer war schon zu Lebzeiten zum Mythos ihrer selbst, zur öffentlichsten Person der 1990er-Jahre geworden. 1981 hatte sie in St. Paul's Cathedral Charles, den künftigen König Großbritanniens, geheiratet – eine Ehe, aus der ein Thronfolger und ein zweiter Sohn hervorgingen, die ansonsten aber nur Negativschlagzeilen machte: öffentlich demonstrierte Eiseskälte, Magersucht, Charles und Camilla Parker Bowles, Diana und der königliche Rittmeister. Im Dezember 1992 trennte sich das Paar, 1996 wurde die Ehe geschieden. 1992 hatte sich Diana einem Journalisten anvertraut, der **»Her True Story«** publizierte. Sie wurde von den Paparazzi gejagt – bis sie auf der Flucht vor ihnen am 30. August 1997 in Paris bei einem Autounfall ums Leben kam. Elizabeth II. ordnete unerwartet und gegen jedes Protokoll an, den Union Jack zum Zeichen der Trauer über Buckingham Palace zu hissen, am Vorabend der Trauerfeier sprach sie sogar via TV zu den Briten – Diana schaffte es, dass sogar die ansonsten gefühlskalte Königsfamilie Anflüge von Menschlichkeit zeigte. Mitgefühl, Wärme und Zuneigung wurden Diana, die sich für Aidskranke, Minenopfer und kranke Kinder eingesetzt hatte, reichlich von der Öffentlichkeit entgegengebracht; ihr Grab auf dem Landsitz Althorp 125 km nördlich von London ist zur Wallfahrtsstätte geworden.

The Queen of Hearts

Weltumsegler, Freibeuter: Sir Francis Drake

1540–1596
Seefahrer

Der berühmteste Seeheld des Elisabethanischen Zeitalters ist der englische Admiral Sir Francis Drake, der in Crowndals bei Plymouth geboren wurde. Als Freibeuter unternahm er mit mehreren ihm anvertrauten Fregatten diverse Angriffe gegen spanisch-amerikanische Handelsplätze. Mit einem Geschwader von fünf Schiffen stach er im Dezember 1577 in See, **umrundete als Erster Kap Horn** und folgte der Küste an Chile und Peru vorbei bis hinauf zum Nordende Kaliforniens, wo die Drake Bay nördlich von San Francisco heute seinen Namen trägt. Von dort segelte er nach Westen durch den Großen Ozean und erreichte über Java und das Kap der Guten Hoffnung nach fast dreijähriger Abwesenheit wieder englischen Boden. Hier wurde er 1581 von Elizabeth I. zum Ritter geschlagen. Als der offene Seekrieg gegen Spanien ausbrach, erhielt Sir Francis Drake 1585 den Oberbefehl über eine Flotte von 20 Schiffen, mit denen er zunächst auf den Kapverdischen Inseln und dann in Westindien erfolgreiche Kaperfahrten durchführte. 1587 fügte seine Flotte den Spaniern vor Cádiz erhebliche Verluste zu, 1588 trug Sir Francis Drake als Vizeadmiral maßgeblich zur entscheidenden Vernichtung der spanischen Armada im Ärmelkanal bei. Bei einer 1595 begonnenen Fahrt erlag er vor Portobelo einem schleichenden Fieber.

The Virgin Queen: Elizabeth I.

1533–1603
Englische Königin

Die Tochter von Heinrich VIII. und dessen zweiter Frau Anne Boleyn hat durch ihre lange Regentschaft eine ganze Epoche, das Elisabethanische Zeitalter, geprägt. In dieser Ära etablierte sich England als protestantische Weltmacht, der Handel florierte, und die Künste, symbolisiert durch den Namen Shakespeare, erlebten eine Blütezeit. Elizabeth wurde 1558 nach dem Tod ihrer Schwester Mary Königin. Ein Jahr später erklärte die Suprematsakte die anglikanische Kirche mit der Königin als Oberhaupt wieder zur Staatsreligion. Als die schottische Königin Maria Stuart Ansprüche auf den Thron erhob, brach der Konflikt zwischen Katholiken und Protestanten erneut auf; er hatte seinen Höhepunkt in der Exkommunizierung Elizabeths durch Papst Pius V. 1570. Für Katholiken brachen daraufhin schwierige Zeiten an. Außenpolitisch war der Konflikt mit Spanien bestimmend. England unterstützte den niederländischen Freiheitskampf und führte einen Freibeuterkrieg gegen die spanischen Silbergaleonen. Die Entscheidung fiel 1588 mit dem **Untergang der spanischen Armada** im Ärmelkanal. Danach war Spanien als Rivale auf den Weltmeeren erledigt, und der Aufstieg Englands zur Kolonialmacht begann. Zu Ehren von Elizabeth I. nannte Sir Walter Raleigh seine Erwerbungen in Nordamerika »Virginia« – die zeitlebens unverheiratete Königin wurde auch The Virgin Queen (Die jungfräuliche Königin) genannt. Auf ihrem Totenbett bestimmte sie Jakob VI. von Schottland, Sohn ihrer Rivalin Maria Stuart, zum Nachfolger.

Meister der Spannung: Alfred Hitchcock

1899–1980
Regisseur

Der zentrale Begriff im Schaffen des am 13. August 1889 in London geborenen Alfred Hitchcock war **suspense.** Damit meinte er eine im Zuschauer erzeugte Anspannung, die davon herrührt, dass die auf der Leinwand agierenden Helden, meist ganz normale Menschen, in irrationale und bedrohliche Situationen geraten, die den Zuschauer genauso ahnungslos lassen (z. B. in »Der unsichtbare Dritte« oder »Das Fenster zum Hof«) oder ihn ganz im Gegenteil mehr wissen lassen als die Schauspieler (z. B. in »Psycho«). Hitchcock, an einem Jesuitenseminar erzogen, gilt als einer der Größten seines Fachs. In seinen Filmen wirkten die bedeutendsten Hollywood-Stars mit.

Engagierte Pop-Ikone: John Lennon

1940–1980
Musiker

John Lennon war gemeinsam mit Paul McCartney der führende musikalische Kopf der Beatles. Der Sohn eines Liverpooler Schiffsstewards gründete 1955 die Schulband »Quarrymen«, zu der bald

McCartney und später George Harrison stießen. Aus dieser Band gingen nach mehreren Zwischenstationen und nachdem Ringo Starr dazugekommen war 1962 die Beatles hervor. Lennons Texte zeichneten sich durch ihre Schärfe und Doppeldeutigkeit aus. Songs wie »Strawberry Fields Forever« oder »Lucy in the Sky with Diamonds« lassen sich trotz aller Dementis ihres Schöpfers als mehr oder weniger unverhohlene Hymnen an den Drogenkonsum deuten. Seine Liverpooler Welt verarbeitete Lennon in Stücken wie »Penny Lane« oder »Happiness is a Warm Gun«. Nachdem er 1969 die Happening-Künstlerin **Yoko Ono** geheiratet hatte, entfernte er sich immer mehr von den Beatles. Nach der Auflösung der Band 1970 zog er nach New York, wo er sich zusammen mit seiner Frau der Esoterik, Drogen und dem Dasein eines Weltverbesserers hingab. Ab 1975 zog er sich aus dem Musikbusiness zurück, während Yoko Ono die Geschäfte führte; für viele eingefleischte Fans war sie sein Unglücksstern und der der Beatles überhaupt. Ein Comeback verhinderte ein psychopathischer Fan, der John Lennon am 8. Dezember 1980 vor seinem Wohnhaus am New Yorker Central Park erschoss.

Dribbelkünstler: Sir Stanley Matthews

1915–2000
Fußballspieler

Bobby Charlton mag Weltmeister geworden sein und Wayne Rooney deutlich mehr Tore für die Nationalmannschaft geschossen haben: Stanley Matthews aber war der eleganteste Spieler, den der englische Fußball je gesehen hat. Geboren in Hanley, Staffordshire, be-

Annehmen, dribbeln, schießen: Stanley Matthews vor dem Stadion in Stoke-on-Trent

gann er seine Karriere mit 17 Jahren bei Stoke City und beendete sie 1965 im Alter von 50 Jahren! Er war Englands erster »Fußballer des Jahres« (1948), **erster »Europas Fußballer des Jahres«** (1956) und der erste englische Fußballspieler überhaupt, der geadelt wurde (1965). Mit der Nationalmannschaft (54 Spiele) konnte er keine Erfolge erringen, aber wozu auch? Jeder englische Fußballfan kennt das Matthews Final von 1953: Im Cup-Finale führten die Bolton Wanderers bis zur 70. Minute mit 3 : 1 gegen Matthews und seine FC Blackpool. Dann legte »Stan« dreimal für seine Mitspieler auf, und am Schluss hieß es 4 : 3 für Blackpool ...

Admiral und Nationalheld: Lord Nelson

1758–1805
Oberbefehlshaber der britischen Flotte

Horatio Nelson erhielt bereits mit 20 Jahren das Kapitänspatent und das Kommando über eine Fregatte im Amerikanischen Unabhängigkeitskrieg. Im Kampf gegen das revolutionäre Frankreich zeichnete er sich bei der Beschießung von Toulon und in der Seeschlacht von Kap St. Vincent aus. 1798 erhielt er den Oberbefehl über die britische Flotte im Mittelmeer, schlug die Franzosen vernichtend in der Seeschlacht von Abukir und wurde zum britischen Kriegshelden. Wegen einer Befehlsverweigerung wurde er abberufen, in der Heimat aber mit Jubel empfangen. Als 1803 der Krieg erneut ausbrach, wurde Nelson wieder Oberbefehlshaber der Mittelmeerflotte. 1805 stellte er bei Trafalgar vor der andalusischen Küste eine französisch-spanische Flotte. Vor der Schlacht richtete er an seine Mannschaft die berühmt gewordenen Worte:

»
England expects every man will do his duty –
England erwartet von jedem Mann,
dass er seine Pflicht tue.
«

Die Franzosen wurden geschlagen, doch Nelson erlitt eine tödliche Verwundung. In der britischen Marine steht Horatio Nelson für die Abkehr von starren taktischen Doktrinen hin zum eigenständig handelnden Kommandeur.

Pionierin der Krankenpflege: Florence Nightingale

1820–1910
Krankenschwester

Schon als junge Frau galt die in Florenz geborene Florence Nightingale als Expertin für das öffentliche Gesundheitswesen. Nach ihrem Dienst als Lazarettleiterin im Krimkrieg koordinierte sie die medizinische Versorgung der britischen Armee und wurde Generalinspektorin für das Krankenschwesternwesen in den Militärhospitälern. 1860 rief sie die Nightingale School for Nurses in London ins Leben, die **erste Schwesternschule der Welt.** Florence Nightingale war selbst jahrzehntelang bettlägerig, obwohl keine körperliche Erkrankung festzustellen war; heute weiß man, dass sie an einer Art von CFS (Chronisches Erschöpfungssyndrom) litt.

Theatergenie: William Shakespeare

1564–1616
Dramatiker, Lyriker, Schauspieler

William Shakespeare, Sohn eines Handschuhhändlers aus Stratford-upon-Avon, kam wahrscheinlich mit einer Wandertheatertruppe nach London, wo er sich als Autor, Schauspieler, Regisseur und Dramaturg betätigte. Seit 1597 war er Mitbesitzer des **Globe-Theatre**, wo volkstümliche Stücke aufgeführt wurden, und hatte im selben Jahr mit »Falstaff« seinen ersten großen Bühnenerfolg. König Jakob I. erklärte sich 1603 zum Schutzherrn seiner Theatertruppe, die seither als **The King's Men** auftrat. Um 1610 verkaufte Shakespeare seine Anteile am Theater und zog sich in seinen Geburtsort zurück. Als Dramatiker war er schon zu Lebzeiten von überragender Bedeutung. Seine Stücke lassen sich unterteilen in die Historienstücke (u. a. »Richard III.«, »Henry V.«), die heiteren Komödien (»The Taming of the Shrew«, dt. » Der Widerspenstigen Zähmung«) und die dunklen Komödien (»Troilus und Cressida«), die späten märchenhaften Romanzen (»The Tempest«, dt. »Der Sturm«) sowie die Tragödien (Römerdramen, »Macbeth«, »Hamlet« etc.). Seine Urheberschaft wurde lange in Zweifel gezogen; erst im 18. Jh. begann eine fundierte Shakespeare-Forschung. Größte Wirkung hatte er auf das deutsche Theater, wo ihn schon zu seinen Lebzeiten die »Englischen Komödianten« spielten. Die Übersetzungen Wielands bedeuteten den Beginn der großen Shakespeare-Rezeption im 18. Jh.; die Romantiker des 19. Jh.s machten seine Stücke vollends zum festen Bestandteil des deutschen Bühnenrepertoires.

Namensgeberin einer Epoche: Queen Victoria

1819–1901
Britische Monarchin

Wie Elizabeth I. gab auch Victoria einer ganzen Epoche ihren Namen. Die einzige Tochter des Herzogs Edward von Kent wurde am 24. Mai 1819 geboren und 1837 zur Königin gekrönt. 1840 heiratete sie Albert von Sachsen-Coburg-Gotha, mit dem sie in sehr glücklicher Ehe bis zu seinem Tod im Jahr 1861 lebte. Victoria zog sich nach diesem Verlust mehr und mehr aus dem öffentlichen Leben zurück. Während ihrer Regentschaft stieg Großbritannien endgültig zur bedeutendsten politischen und wirtschaftlichen **Weltmacht** auf. Victoria starb am 22. Januar 1901 in Osborne House auf der Isle of Wight.

Victoria überlebensgroß vor Buckingham Palace

Normanne: Wilhelm der Eroberer

um 1028–1087 englischer König

Wilhelm war der Sohn des normannischen Herzogs Robert I. und dessen bürgerlicher Geliebten Arlette. Da er sich als Vetter des englischen Königs Edward der Bekenner und somit als dessen Erben betrachtete, machte er sich auch Hoffnungen auf den englischen Thron. Doch als Edward im Januar 1066 starb, wurde stattdessen Harold Godwinson neuer König. Wilhelm rüstete daraufhin eine Armee und landete Ende September 1066 an der englischen Südostküste bei Hastings. Dort traf er am 13. Oktober auf das Heer Harolds. Aus der **Schlacht bei Hastings** ging Wilhelm siegreich hervor und beendete damit die Herrschaft der Angelsachsen in England. Am Weihnachtstag 1066 wurde er in der Westminster Abbey zum König gekrönt. In den folgenden Jahren besetzte er alle wichtigen Posten mit seinen normannischen Gefolgsleuten. Ab 1073 war er mit der Sicherung der Grenzen der Normandie beschäftigt und überließ die Regierung seinem Vertrauten Lanfranc, Erzbischof von Canterbury. In dieser Zeit wurde um 1086 das »Domesday Book« (»Liber iuducarius Angliae«) angefertigt, ein Überblick über Einkünfte und Besitz der englischen Krone und eine der wichtigsten Quellen der englischen Sozial- und Wirtschaftsgeschichte des Mittelalters.

Vorkämpferin der Frauenbewegung: Virginia Woolf

1882–1941
Schriftstellerin

Virginia Woolf wurde in intellektuelle Kreise des spätviktorianischen Zeitalters hineingeboren. Mit Freunden und Geschwistern bildete sie den Kern der **»Bloomsbury Group«,** der sich auch der Schriftsteller und Verleger Leonard Woolf anschloss. 1912 heirateten beide und gründeten die Hogarth Press, nicht zuletzt aus therapeutischen Gründen, denn Virginia hatte nach familiären Rückschlägen und sexuellem Missbrauch durch ihren Halbbruder schon früh mit mentalen Problemen zu kämpfen. Sie arbeitete als Literaturkritikerin für die Times und wurde als Essayistin, Tagebuchschreiberin und Romanautorin bekannt. Ihr Essay »A Room of One's Own« gilt als eines der bedeutendsten Manifeste des 20. Jahrhunderts. In den zwanziger Jahren war sie Mittelpunkt des literarischen Lebens in London. Auf ihrem Landsitz beging Virginia Woolf Selbstmord – wohl aus Furcht vor dem Wahnsinn.

Der Erfinder des Reiseführers: Karl Baedeker

1801–1859
Verleger

Als Buchhändler kam Karl Baedeker viel herum, und überall ärgerte er sich über die »Lohnbedienten«, die die Ankömmlinge gegen Trinkgeld in den erstbesten Gasthof schleppten. Nur: Wie sollte man wissen, wo man übernachten könnte und was es anzuschauen gäbe? In seiner Buchhandlung hatte er zwar Fahrpläne, Reiseberichte und Abhandlungen über Kunstsammlungen. Aber wollte man das mit sich herumschleppen? Wie wäre es denn, wenn man all das zusammenfasste?
Gedacht, getan: Zwar hatte er sein erstes Reisebuch, die 1832 erschienene »Rheinreise«, nicht selbst geschrieben. Aber er entwickelte es von Auflage zu Auflage weiter. Mit der Einteilung in »Allgemein Wissenswertes«, »Praktisches« und »Beschreibung der Merk-(Sehens-) würdigkeiten« fand er die klassische Gliederung des Reiseführers, die bis heute Gültigkeit hat. Bald waren immer mehr Menschen unterwegs mit seinen **»Handbüchlein für Reisende, die sich selbst leicht und schnell zurechtfinden wollen«**. Die Reisenden hatten sich befreit, und sie verdanken es bis heute Karl Baedeker. England beschreibt er erstmals im 1889 erschienenen Band »Baedeker's Grossbritannien«.

> »
> Die englische Küche hat zwei große Vorzüge: vortreffliches Fleisch, und keineswegs nur halb gebratenes, ist in allen bessern Häusern zu haben, und alle Seeprodukte sind stets gut und billig. Suppen, Gemüse und Mehlspeisen bilden dagegen die Schattenseiten der englischen Küche.
> «

Baedeker's Grossbritannien, 1. Auflage 1889

E

ERLEBEN & GENIESSEN

Überraschend, stimulierend, bereichernd

Mit unseren Ideen erleben und genießen Sie England.

August in Bristol: 100 Ballons steigen zur Balloon Fiesta auf. ►

G-CIJB
SHB

BEWEGEN UND ENTSPANNEN

»No sports« hatte der britische Premier Winston Churchill einem Reporter einmal geantwortet, als er nach seinem persönlichen Rezept zum Altwerden gefragt worden war. Was nur wenige wissen: Der passionierte Zigarrenraucher, der im hohen Alter Whisky und Champagner in vollen Zügen genoss, war als Kind und junger Mann dem Sport sehr zugetan – als Fechter, Reiter und Polospieler –, und aus seiner Militärzeit in Sandhurst ist ein ganz anderes Zitat erhalten: »Jede Stunde, die man nicht im Sattel verbringt, ist verloren.«

Eine sportliche Nation

In der Heimat des Fair Play und der Wiege von Sportarten wie Fußball, Tennis, Golf, Boxen, Rugby, Cricket, Wasserball und Polo ist Sport immer auch ein geselliges und gesellschaftliches Ereignis. Die abwechslungsreiche Landschaft erschließt sich Besuchern am besten, wenn sie die Wanderstiefel schnüren, in die Pedale treten, das Paddel in die Hand nehmen oder den Golfschläger schwingen. Die 15 Nationalparks mit ihrem Netz von über **21 000 km Rad- und Wanderwegen** sind ideale Spielwiesen für alle Outdoor-Fans, egal ob man nur einen kurzen Spaziergang machen möchte oder eine mehrtägige Fahrradtour absolvieren will. **Segeln** steht in der alten Seefahrernation bis heute hoch im Kurs, die Nordküste von Cornwall und Devon ist ein Hotspot der Surfer. Eine sehr beliebte Sportart ist Schwimmen, und auch **Radfahren** wird immer populärer. Die vielen Erfolge des Team GB im Radsport bei den Olympischen Spielen hatten einen positiven Einfluss auf das Radeln als Aktivität für die breite Masse. Auch Laufen ist eine Massenbewegung.

An Land

Wandern und Bergsteigen

In den National Parks, Areas of Outstanding Natural Beauty und an den Küsten kann man herrliche Wanderungen unternehmen. Die mit dem Eichelsymbol markierten Fernwanderwege sind für erfahrene Wanderer angelegt. Als anstrengendste Route gilt der 431 km lange **Pennine Way**, der von Edale im Peak District in nördlicher Richtung durch einsame Landstriche und Hochmoore nach Kirk Yetholm an der schottischen Grenze verläuft. **Offa's Dyke Path** folgt der vom Sachsenkönig Offa im 8. Jh. angelegten Grenzbefestigung zwischen England und Wales über 285 km. Der **Tarka Trail** führt über 290 km durch die Moore von Nord-Devon, der **South Downs Way** erschließt

auf 100 mi / 160 km Teile der englischen Südostküste mit weiten Ausblicken über die Wealds. Verschiedene Veranstalter bieten geführte und organisierte Wanderungen mit Unterkunft und getrennter Gepäckbeförderung an.
Schöne **Klettergebiete** findet man im Lake District und im Peak District, wo der Schwierigkeitsgrad zwar nicht allzu hoch ist, die Wetterunbilden aber nicht unterschätzt werden dürfen!

Radfahren

England per Fahrrad zu erobern ist sicher eine der schönsten Möglichkeiten, das Land kennenzulernen. Fahrräder kann man fast überall mieten und auch günstig mit der Bahn transportieren, die normalen Straßen sind jedoch nicht immer für Radfahrer geeignet. Umfangreiche Informationen zu Radstrecken findet man auf der Website von **Sustrans** (► S. 469); dort kann man auch **Radkarten** bestellen. Wer lieber im Flachland radelt, sollte sich Ostengland vornehmen, wer Steigungen fahren will, kann den **C2C** (von Küste zu Küste) fahren. Die 262 km lange **West Midlands Route** zwischen Oxford und Derby bietet zusätzlich mit der Shakespeare-Stadt Stratford-upon-Avon ein Kulturprogramm.

Fahrräder kann man vielerorts ausleihen.

Reiten Verschiedene Veranstalter und Reiterhöfe bieten nicht nur Reitstunden an, sondern auch mehrtägige Überlandritte (Pony Trekking) und Unterricht in Spezialdisziplinen wie Querfeldein- und Springreiten.

Golf Diese Sportart ist eine britische Institution: Die Schotten erfanden sie bereits im Mittelalter, und die Engländer übernahmen sie mit Freude. Rund 2500 Plätze in Großbritannien stehen zur Verfügung. Golf ist **fast ein Breitensport,** die Gebühren sind in der Regel erschwinglich, und die meisten Plätze können nach Zahlung der Greenfee von Urlaubern benutzt werden. Eine Runde auf öffentlichen Plätzen kostet ab 30 £, auf Klubanlagen ab 40 £. Schöne Golfplätze befinden sich in allen Landesteilen. Der Freshwater Bay Golf Club auf der Isle of Wight verspricht atemberaubende Ausblicke auf den Ärmelkanal. Auf dem Royal St George Golf Club in Sandwich wurden bereits 15 Open Championships ausgetragen. Bekannt sind auch Plätze in Cornwall wie der St Mellion Golf and Country Club und der St Enodoc Golf Club. Die Küste bei Liverpool ist mit den Badeorten Southport (Royal Birkdale Club und sechs andere Plätze) sowie Lytham (Royal Lytham and St Anne‘s Club) ein Hotspot für Golfer.

Im und am Wasser

Segeln und Boot fahren Was bietet sich bei einer Insel mehr an, als die Segel zu hissen und in See zu stechen? Während die südenglische Küste ein eher ruhiges Segelrevier ist, sind die nördlichen Gewässer des Atlantiks rau, dort sollten sich nur erfahrene Skipper auf hohe See begeben. Motorboote, Kabinenkreuzer und Segeljachten kann man in verschiedenen Küstenorten mieten.

Und dann sind da noch die zahlreichen Flüsse und Kanäle, auf denen Freizeitkapitäne ihre **Narrow Boats** auf Kurs bringen können. Neben dem weit verzweigten mittelenglischen Kanalsystem ist der Nationalpark Norfolk Broads in Ostengland als Revier für **Hausbootfahrer** beliebt. Auf der Themse und ihren Nebenflüssen kann man bis in die Metropole London schippern. An vielen Orten werden Hausboote vermietet, deren relativ einfache Handhabung man auch ohne Erfahrung schnell erlernen kann – ein Bootsführerschein ist dafür nicht erforderlich. Vor allem während der Hauptsaison sollte man frühzeitig buchen (mindestens sechs Wochen im Voraus). Es werden auch Kreuzfahrten über Wasserwege im Landesinnern angeboten.

Eine Herausforderung für die Geduld aller Freizeitkapitäne: die Schleusentreppe Caen Hill am Kennet & Avon Canal

Angeln

Dank der Seen, Flüsse und Küsten besitzt England viele ausgezeichnete Angelreviere. Man unterscheidet Forellen- und Lachsfang (Game Fishing), Angeln anderer Süßwasserfische (Coarse Fishing) und Hochseeangeln (Deep Sea Angling). Die örtlichen Angelzentren vermieten die entsprechende Ausrüstung. Angler über 12 Jahre benötigen eine **NRA Rod Licence** (Angellizenz), die man online erhält sowie in Postämtern, in Geschäften für Angelbedarf und Hotels. Die Lizenz kostet für Süßwasserfische 6,60 £ / Tag bzw. 13,20 £ / 8 Tage, für Wanderfische wie Lachse und Meeresforellen 12,60 £ / Tag, 28,30 £ / Woche und 86,10 £/ Saison. Die Forellensaison beginnt Ende März und endet im späten September. Die Lachssaison startet im Januar und dauert bis Oktober. Vor der Südwestküste gibt es hervorragende Fanggründe für Deep Sea Fishing auf Hai, Rochen, Dorsch, Schellfisch, Seehecht, Seebarsch, Seekarpfen, Meeräsche und Meerbrasse. Saison dafür ist das ganze Jahr.
www.gov.uk/fishing-licences/buy-a-fishing-licence

Outdoor

Abenteuersport

Wem das alles immer noch zu langweilig erscheint, der kommt bei vielen anderen Outdoor-Aktivitäten auf seine Kosten. **Mountainbike-Strecken** gibt es in vielen Landesteilen, vielfach in den von der Forestry Commission verwalteten Waldgebieten. Unzählige **Activity Centres** bieten in den Nationalparks und an den Küsten beispielsweise Canyoning (Begehen von Schluchten), Quad Biking oder Coasteering (eine wilde Mischung aus Schwimmen, Klettern und Klippenspringen) an. Viele Aktivitäten sind nicht nur auf die Bedürfnisse von Abenteuerlustigen oder Waghalsigen ausgerichtet, Kinder und Jugendliche kommen dabei ebenso auf ihre Kosten wie Besucher, die es **etwas beschaulicher** mögen und einfach mal was Neues ausprobieren wollen – etwa Bogenschießen, Ballonfahren oder mal eine Höhle erkunden. Die Grafschaft Cornwall wiederum hat sich zu einem beliebten Ziel für Wellenreiter und Kitesurfer entwickelt.

Wellness

Spas

Und natürlich soll der körperlichen Aktivität die Entspannung folgen. Zwar verfügt Großbritannien nicht über eine so ausgeprägte, an traditionelle Kurorte gebundene Bädertradition wie Deutschland. Eher finden Besucher sogenannte Day Spas: Häuser, in denen man einen Tag oder einige Stunden verbringt und sich einmal so richtig verwöhnen lässt. Oft gehören zu den feineren Hotels ausgezeichnete Gesundheits- und Schönheitstempel.

NÜTZLICHE ADRESSEN

ALLGEMEINE AUSKÜNFTE

VISITBRITAIN
www.visitbritain.com/de
Mit weiterführenden Links
Die Internetseiten der Nationalparks (▶ Ziele von A–Z) sind eine gute Auskunftsquelle für Aktivurlauber.

BOOTSURLAUBE

CANAL & RIVER TRUST
Informationen zu den britischen Flüssen und Kanälen
www.canalrivertrust.org.uk

ABC BOAT HIRE
Tel. 0808 2 91 53 29
Tel. +44 1905 73 41 68
www.abcboathire.com

VERMIETUNG VON HAUSBOOTEN

ROSE NARROWBOATS
Tel. 01788 83 24 49
www.rose-narrowboats.co.uk

WATERWAYS HOLIDAYS
Vermietet 1800 Segel- und Kanalboote
Tel. 01252 79 64 00
www.waterwaysholidays.com

GB&I TRAVEL
Bootsurlaub und andere Themenreisen
Tel. 040 25 19 80 86 (D)
www.gbi-travel.de

GOLF
www.englishgolf-courses.co.uk
www.ukgolfguide.com

HAYES GOLFREISEN
Tel. 06192 96 19 65 (D)
www.hayes-golfreisen.de

OUTDOOR

FORESTRY COMMISSION
Informationen zu Radwegen durch die Wälder Großbritanniens, auch Mountainbike-Strecken, Laufen, Segway und »GoApe!«-Klettergärten
www.forestryengland.uk

RADFAHREN

AMPHITREK RADREISEN
Tel. 03883 6 22 67 47 (D)
www.amphitrek.de

CORNISH CYCLE TOURS
www.cornishcycletours.co.uk

SISU AKTIVREISEN
www.radreisen-england.de

SUSTRANS
Alles über Radfahren in Großbritannien
www.sustrans.org.uk

REITEN

IM DARTMOOR NATIONAL PARK
▶ S. 136

PFERD & REITER
Internationale Reiterreisen
Tel. 040 6 07 66 90 (D)
www.pferdreiter.de

WANDERN

FERNWANDERUNGEN
Die 17 Fernwege im Netz der National Trails sind in fast allen Landesteilen zu finden.
www.nationaltrail.co.uk

WIKINGER REISEN
Auch Radreisen sind im Angebot.
Tel. 02331 90 47 42 (D)
www.wikinger-reisen.de

BRITISH TRAVEL COMPANY
Auch zu Radtouren und andere Themen
Tel. 069 66 37 99 60 (D)
www.btco.de

WANDERN OHNE GEPÄCK
www.contours.co.uk
www.footprintsofsussex.co.uk
www.walkersbritain.co.uk

GEFÜHRTE WANDERUNGEN
www.hfholidays.co.uk
www.footpath-holidays.com

WASSERSPORT

ROYAL YACHTING ASSOCIATION
Infos zu Segelklubs, Segelscheinen und -kursen
Tel. 02380 60 41 00
www.rya.org.uk

FREEWINDS YACHT CHARTER
Segeljachten mit und ohne Skipper von 33 bis 46 Fuß
Penryn nahe Falmouth, Cornwall
Tel. 01326 37 38 21
www.freewinds.co.uk

WELLNESS
www.britainsfinest.co.uk/spas

ESSEN UND TRINKEN

» Die Engländer haben die Tischreden erfunden, damit man ihr Essen vergisst. «,

meinte der französische Journalist Pierre Daninos. Solche Vorurteile gegenüber der britischen Küche halten sich hartnäckig, auch wenn die Wirklichkeit längst anders aussieht.

Bodenständig, schmackhaft, selbstbewusst

Austern aus Kent und Essex, Käse aus Cheddar, Stilton und Wensleydale (▶ Das ist..., S. 24 ff.), Wild aus den North York Moors oder dem New Forest, in Whitby und Brixham gelandeter Fisch, Salzlamm aus dem Marschen von Norfolk, Rindfleisch aus Herefordshire, Kentish Cobnuts (Haselnuss-Art) und Damson-Pflaumen aus dem Lake District – England bietet köstliche Genüsse, fest verhaftet im Boden und der Geschichte der jeweiligen Region. »Real British Food« ist en vogue: **Bauernmärkte** werden heute wieder in vielen Orten abgehalten, Food Festivals feiern die regionalen Genüsse, und ihre Erzeuger und sogar Supermärkte propagieren regionale Erzeugnisse. Die neue Lust auf heimische Genüsse hat auch die Restaurantlandschaft verändert: In ländlichen Kneipen, an der Küste und in den Städten hat der Kochnachwuchs mit neuen Konzepten den Sprung in die Selbstständigkeit gewagt, alte Bootsschuppen in sympathische Bistros verwan-

Fisch satt auf dem Borough Market in London

delt, mal durchgestylt, mal shabby chic, kleine Oasen für ein Mahl am Meer, das mit mediterranem Erbe flirtet, orientalische Einflüsse aufnimmt oder ganz puristisch daherkommt.

Vegetarisch und multikulti

Yotam Ottolenghi, ein in Jerusalem geborener Israeli mit italienischem Vater und deutscher Mutter, der in London eine Ausbildung zum Patissier gemacht hat, verkörpert zwei Trends der Zeit. Er ist erstens ein gutes Beispiel für den **internationalen Mix,** den die britische Küche heute auszeichnet, und zweitens vor allem für seine vegetarischen Gerichte berühmt. In den englischen Großstädten, vor allem London, ist die Küche der ganzen Welt zu Hause, was sowohl in Restaurants als auch in der blühenden Streetfood-Szene auffällt. Mittlerweile bieten fast alle Esslokale ein anständiges fleischloses Angebot. In kaum einem anderen europäischen Land finden sich mehr vegetarische und vegane Restaurants.

Mahlzeiten

Frühstück (breakfast)

Es wird gerne gesagt, dass das Frühstück die wichtigste Mahlzeit des Tages sei. Nun – nach einem **Full English Breakfast** braucht man in der Regel erst wieder zum Nachmittagstee feste Nahrung. Das liegt an den möglichen Bestandteilen eines »Full English«: ver-

TYPISCHE GERICHTE

Fish & Chips: Winston Churchill nannte sie »the good companions«, John Lennon badete sie in Tomatenketchup, Michael Jackson liebte sie mit zerstampften Erbsen: Fish & Chips sind die Nationalspeise der englischen Küste. Als Erfinder des sättigenden Duos aus paniertem Fisch und frittierten Kartoffeln gilt der jüdische Immigrant Joseph Malin, der um 1860 in London den ersten Fish-n-Chips-Shop eröffnete und seine Fish & Chips in Zeitungspapier einrollte – seit 1980 ist das aus gesundheitlichen Gründen verboten. Heute nach Burgern, Chinaspeisen sowie Huhn und Pizza auf Rang fünf der beliebtesten Take-aways abgedrängt, erlebt das einstige Armeleuteessen seine Renaissance als Gourmet-Fast-Food, bei dem sich die »Chippies« längst nicht mehr nur mit Kabeljau, Heilbutt, Schellfisch und Scholle paaren, sondern auch mit Seezunge und feinstem Seafood.

Cornish Pasty: Seit dem 13. Jh. ist sie kulinarischer Botschafter Cornwalls. Was in die handgroße Teigtasche in D-Form kommt, haben die 50 Mitglieder der Cornish Pasty Association 2002 festgelegt: eine Füllung aus mindestens 12,5 % Rindfleischstücken, Zwiebeln, Kohl oder Steckrüben und Kartoffeln, leicht gewürzt mit Salz und Pfeffer. Doch nur, wenn der Teig auf der geschwungenen Seite umgeschlagen wurde, ist es eine echte Cornish Pasty. Jetzt noch mit Milch oder Eigelb glasiert, gebacken und dann warm gegessen – ein Genuss!

Pie: Pies bzw. Pasteten sind aus der englischen Küche nicht wegzudenken. Ein Klassiker ist der **Steak & Kidney Pie** (Abb. unten): Einst wurde unter der knusprigen Blätterteighaube alles vom Rind versteckt, was nicht gebraten oder gegrillt werden konnte: Fleischreste und Innereien. In einer dunklen Bratensoße gegart, lieferten sie als Pastete dennoch ein schmackhaftes Mahl, bei dem nichts verschwendet wurde. In der Nachkriegszeit stieg das Armeleuteessen zu einem populären Mahl der gehobenen Mittelschicht auf und eroberte selbst Feinschmeckerlokale. Dazu gehören traditionell Erbsen, Kartoffelbrei und scharfer Senf. Meist kalt gegessen wird **Pork Pie**, also eine mit Schweinefleisch gefüllte Pastete. Beliebt sind auch **Steak & Ale Pie** mit einem Ragout aus in Bier geschmortem Rindfleisch, **Game Pie** (Wild) oder **Chicken & Mushroom Pie**. Und weil der Pie so gut schmeckt, kann man ihn auch zum Nachtisch genießen: die bekannteste Variante ist **Apple Pie**, aber auch fast jede andere Obstsorte kommt schon mal in die Teigtasche.

Roastbeef & Yorkshire Pudding: Für viele Briten ist es der einzig wahre Sunday Roast: zartes Roastbeef mit jungen Karotten und Yorkshire Pudding. Wichtig bei der Zubereitung des urbritischen Sonntagsbratens ist die gleichzeitige Zubereitung im Aga – oder notfalls im modernen Ofen – und die richtige Position der Speisen: Oben gart bei niedriger Temperatur langsam das Roastbeef auf dem Rost, darunter der Yorkshire Pudding in einer hohen Fettpfanne. Eine gute Stunde lang tropft so der Bratensaft auf den Pudding und verleiht ihm sein typisches, unnachahmliches Aroma.

Pudding: Der englische Pudding hat nichts mit cremigen Süßspeisen zu tun, die aus Schälchen gelöffelt werden. Er ist vielmehr ein gedämpfter Kuchen, der durchaus auch salzig daherkommen kann: Ein **Blackpudding** ist keine Schokospeise, sondern schlichtweg nur Blutwurst. Doch kein Pudding ist so berühmt und beliebt wie der **Christmas Pudding**, der bei keinem weihnachtlichen Festmahl fehlen darf. Von den Puritanern Oliver Cromwells wurde er im 17. Jh. allerdings verboten – für sie war der Genuss des »sündig reichhaltigen« Gerichtes ein »unzüchtiger Brauch«. In den Teig kommt neben Mehl, Zucker, Fett, getrockneten Früchten, Mandeln, Eiern, Zimt, Ingwer und Nelken außerdem noch reichlich Alkohol! Das ganze Jahr über bekommt man warmen **Sticky Toffee Pudding**, eine Kalorienbombe mit Karamellgeschmack.

schiedene Fruchtsäfte, Früchte – klassischerweise eine halbe Grapefruit –, unterschiedlichste Zerealien und Müslis, Eier (gekocht, pochiert, als Spiegel- oder Rührei), Toast, Marmelade, Honig, gebratene Würstchen, Pilze und Tomaten, ebenfalls gebratener Speck und Black Pudding, eine gehaltvolle Blutwurst, Baked Beans, geräucherter Hering und Porridge. Im Alltag reicht den meisten Familien eine Schale Müsli, ein Joghurt und etwas Toast zum Frühstück, am Wochenende werden schon mal Eier, Speck und ein paar weitere Zutaten gebraten. Die letzten Gralshüter des Full English Breakfast sind Bed-&-Breakfast-Pensionen, traditionelle Hotels und kleine Frühstücksrestaurants.

Mittagessen (lunch)

Das Mittagessen wird gegen 13 Uhr eingenommen und fällt meist bescheidener aus als sein kontinentales Pendant. Bei schönem Wetter bevölkern Angestellte die Parks und Grünanlagen britischer Städte, um als Mittagessen eine der berühmtesten britischen Erfindungen auf kulinarischem Gebiet zu sich zu nehmen, ein **Sandwich.** Die belegten Brote werden von Supermärkten und Feinkostläden in einer schier unglaublichen Auswahl angeboten. Aber natürlich kann man in jedem besseren Restaurant auch einen klassischen dreigängigen Lunch zu sich nehmen.

Nachmittagstee (High Tea, Afternoon Tea)

Auf der Insel geht der Teekonsum zugunsten von Kaffee seit Jahren zurück, doch wird immer noch weitaus mehr kochendes Wasser auf lose Blätter und Teebeutel als auf gemahlene Bohnen gegossen – landesweit geschätzte 165 Millionen Tassen täglich. Der Nachmittagstee wird meist um 16 Uhr serviert und ist so britisch wie das Königshaus. **Cream Tea** bezeichnet meist eine Kanne Tee mit Scones, Marmelade und Sahne, bei **Afternoon Tea** werden neben Kuchen und Gebäck auch Gurken- oder Lachssandwiches gereicht, angerichtet auf einer Etagere. Einen **Five O'Clock Tea** wird man heutzutage kaum noch erleben, aber der Begriff **High Tea** ist noch nicht ausgestorben. Er bezeichnet einen sättigenden Afternoon Tea, der das Abendessen ersetzt und möglicherweise etwas später, z. B. um fünf Uhr nachmittags, eingenommen wird.

»
Eine Tasse Tee würde
meine Normalität wiederherstellen.
«
Douglas Adams

Abendessen (dinner, supper)

Das Abendessen (Dinner oder Supper), etwa ab 19 oder 19.30 Uhr, ist die **Hauptmahlzeit** in Hotels, guten Restaurants und gutbürgerlichen Haushalten. Restaurants mit britischer Küche nehmen nach 21.30 Uhr häufig keine Bestellung mehr entgegen – die Restaurants mit ausländischer Küche bieten sich als Alternative an. Wer früh am Abend isst, meist bis 19 Uhr, bekommt in vielen Restaurants eine preiswerte, als Early Bird Menu oder Theatre Menu bezeichnete Mahlzeit.

Bier, Cider und Sherry

Bier

Im Pub bestellen die Briten »a pint of ...« (ein Pint = 0,568 l) oder »a half pint« (0,264 l). Britische Brauer haben überwiegend die traditionelle obergärige Brauweise beibehalten. Ihre **Ales** erinnern mit ihrem spritzig-fruchtigen, leicht süßen Geschmack an ein Altbier oder Kölsch. Ohne Schaum und kaum gekühlt serviert, sind die Fassbiere gewöhnungsbedürftig. Klassische Sorten sind das gezapfte »Real Ale« oder »Bitter« und das dunkle »Mild« vom Fass sowie »Brown Ale« oder das leichte »Pale Ale« aus der Flasche. Die obergärig gebrauten **Stouts** sind kräftige, dunkle, malzstarke, aber bittere Biere mit meist sahnigem Schaum wie das berühmte Guinness. Ebenfalls tiefdunkel und würzig ist ein **Porter** – kosten Sie in der Hauptstadt das »London Porter« der Meantime Brewing Company mit 6,5 %. Die untergärigen Lager-Biere entsprechen einem deutschen Export und stammen meist von internationalen Brauereien. Beliebt ist auch ein Biermixgetränk: ein »Shandy«, ein Alsterwasser bzw. Radler aus Lager und Limo. Im Trend ist das **»Craft Beer«,** von meist kleinen Brauereien hergestellte Sorten in erstaunlicher Vielfalt. In den letzten Jahren wuchs die Zahl der britischen Brauereien auf mittlerweile mehr als 1500. Sie haben oft eine Produktpalette aus mehreren Sorten, verwenden interessante Hopfensorten mit fruchtigem Geschmack und sind in den Pubs und Geschäften ihrer jeweiligen Gegend gut vertreten.

Wein, Sherry und Cider

Kaum bekannt, aber durchaus gut ist englischer **Wein,** besonders im Hinterland der südenglischen Küste gedeihen beste Tropfen. Meistens werden Weißweine produziert, darüber hinaus wurde in Großbritannien recht erfolgreich mit der Herstellung von Schaumweinen nach der Champagnermethode begonnen. Traditioneller Aperitif ist ein **Sherry,** klassischer Digestif ein **Portwein.**

Andere alkoholische Getränke

Apfelwein (cider) und der weniger verbreitete Birnenwein (perry) werden traditionell in den westlichen Grafschaften Hereford, Somerset und Devon, aber mittlerweile auch in anderen Regionen wie dem ostenglischen Suffolk hergestellt. Die Pubs bieten neben verschiedenen Biersorten auch mindestens einen Cider an. Wer die Möglichkeit hat, sollte einen Real Cider probieren, der aus nicht-pasteurisiertem Apfelsaft hergestellt wird. In den letzten Jahren entstanden viele Gin-Brennereien mit interessanten neuen Produkten.

BAEDEKER ÜBERRASCHENDES

6x UNTERSCHÄTZT

Genau hinsehen, nicht daran vorbeigehen, einfach probieren!

1. UNTERENTDECKT

Nordostengland mit tollen Stränden, romantischen Burgen, der heiligen Insel Lindisfarne (▶ **S. 307**), der unterschätzten Großstadt Newcastle (▶ **S. 290**) und der Altstadt von Durham (▶ **S. 155**) verdient mehr Aufmerksamkeit.

2. ECHTE BERGE

Englands höchste Erhebung, **Scafell Pike**, misst nur 978 m. Lächerlich? Der Aufstieg beginnt bei 60 m über NN! Haben Sie Respekt vor den »Dreitausendern« (je 3000 Fuß) im Lake District National Park! (▶ **S. 209**)

3. FANGFRISCH

Die englische Küche kann mehr als Fish & Chips. Gerade die Qualität der **Fischgerichte** und Meeresfrüchte ist vielerorts ausgezeichnet, z. B. in Padstow in Cornwall (▶ **S. 123**) oder in Whitby und Craster (▶ **S. 404** bzw. **S. 304**) an der Nordostküste.

4. ENTSPANNT

Trotz Linksverkehr kann **Autofahren in England** Spaß machen, z. B. auf grünen, tunnelartigen Straßen unter alten Bäumen. Abenteuerlich wird's zwischen engen Steinmauern oder beim Auf und Ab mit Fernblick auf dem Dartmoor und in den Yorkshire Dales. (▶ **S. 514**)

5. BESSER ALS SEIN RUF

Nehmen Sie nicht nur den Regenschirm und die wetterfeste Jacke, sondern auch Sonnencreme und Sonnenhut mit. Wie mild das **Klima** des englischen Südwestens ist, erlebt man in den subtropischen **Gärten von Abbotsbury**. (▶ **S. 151**)

6. ENGLISCHES BIER

Lauwarm und schal? Mitnichten! Halten Sie Ausschau nach Pubs, die bei **CAMRA** mitmachen, der »Campaign for Real Ale« – beste englische Braukunst aus kleinen Brauereien.

FOOD FESTIVALS

CORNWALL

FALMOUTH OYSTER FESTIVAL
Oktober
www.falmouthoysterfestival.co.uk

NEWLYN FISH FESTIVAL
Ende August
www.cornwalls.co.uk/events/newlyn-fish-festival

DORSET

SEAFEAST
Anfang September; Meeresfrüchte in der Stadt Weymouth
www.dorsetseafood.co.uk
Weitere Events in der Region:
www.tasteofthewest.co.uk

LONDON
Mitte Juni
london.tastefestivals.com
Verschiedene Termine und Orte:
www.realfoodfestival.co.uk

SHROPSHIRE

LUDLOW FOOD FESTIVAL
Mitte September; beste regionale Zutaten aus dem grünen Westen; beim Spring Festival Mitte Mai liegt der Schwerpunkt auf Bier, dazu wird auch Kulinarisches angeboten.
www.foodfestival.co.uk

YORKSHIRE DALES
Im Juli in der schönen Stadt Skipton
www.yorkshiredalesfoodanddrinkfestival.com

Bezahlen Die Frage nach separaten Rechnungen löst Verwirrung aus und führt meist zu langen Wartezeiten. Normalerweise zahlt eine Person die Rechnung im Restaurant oder Pub. Mit Engländern unterwegs, sollte man sich schnell an die **»rounds«,** das Zahlen einer Runde, gewöhnen.

Trinkgeld In vielen Restaurants wird auf die Rechnung eine **Service Charge** von 10 bis 12 % aufgeschlagen. Man sollte dann kein weiteres Trinkgeld geben. Ist dies nicht der Fall, ist ein Trinkgeld von 10 % üblich. In Pubs gibt man kein Trinkgeld, selbst wenn man dort etwas isst.

FEIERN

In England ist allerhand los. Viele Feste und Veranstaltungen bieten einen guten Einblick in regionale Bräuche und die manchmal skurrilen Traditionen der Briten.

Very british! Institutionen sind Festivals wie das Theatertreffen von Chichester oder die Opernaufführungen von Glyndebourne, die zu den Höhepunkten im südenglischen Kulturkalender zählen und Schaufenster wie Sprungbrett internationaler Karrieren waren und sind. In den ländlichen Regionen freut sich die Bevölkerung auf die regionalen **»fairs«** und **»county shows«,** Landwirtschaftsmessen mit Volksfestrummel (▶ Das ist..., S. 20 ff.,). Da werden Schafe, Rinder, Kühe und Hühner fachmännisch begutachtet, messen sich Jung und Alt in mitunter seltsam anmutenden Wettbewerben und genießen den Jahrmarktrummel mit Achterbahn und Karussell. Die vielen **Flower Shows,** die zwischen Ostern und Oktober abgehalten werden, enden mit der Prämierung des schönsten Pflanzenzüchtung oder des gelungensten Vorgartens.

Großgeschrieben wird in England auch **Charity.** Kirchenvereine und Clubs wie Lions und Rotary veranstalten rund ums Jahr immer wieder »bazaars« oder »jumble sales«, wo Gehäkeltes und Handgetöpfertes neben selbst gemachten Marmeladen und Chutneys sowie Secondhand-Kleidung und Bücher nach Abnehmern suchen und sich die Leute zum Klönschnack treffen.

Kurioses und Karneval

Dass man Käse nicht nur verzehren, sondern auch den Berg hinunterrollen lassen kann, erfährt man während des **Cheese-Rolling Festivals**. Die Schneckenrennen bei den **World Snail Racing Championships** im August sind eher kontemplativ (snailracing.world). Im Dorf Walberswick an der Mündung des River Blyth in Suffolk werden bei den **British Open Crabbing Championships** jedes Jahr im August um die Wette Krabben gefangen.

Die kulturelle Vielfalt des Landes zeigt sich bei den zahlreichen jährlichen Musik- und Kulturfestivals. Beim Londoner **Notting Hill Carnival** Ende August beherrschen karibische Lebensart und -freude die Straßen. Das älteste karibische Fest wird in Leicester abgehalten, doch ist die mittelenglische Stadt besser für ihre indischen Feierlichkeiten bekannt, vor allem das Farb- und Lichtfest **Diwali** im Herbst.

Hochkultur

Sehr englisch geht es bei den zahlreichen **Literaturfestivals** zu, wenn berühmte Autoren aus ihren neuen Werken lesen, beispielsweise in Oxford, Cheltenham und Hay-on-Wye an der englisch-walisischen Grenze.

Koryphäen aus der Kunstwelt geben sich bei Kulturfestivals die Klinke in die Hand. Zu den führenden Veranstaltungen gehören die Festivals in Bath und Cheltenham, das Liverpool Biennial sowie zahlreiche Events in London wie die berühmten Promenaden-Konzerte, die **Proms.** Ein wenig englisches Flair darf natürlich dabei nicht fehlen, und so sollte man den Picknickkorb mitnehmen, wenn man ein Konzert während des **Glyndebourne Festivals** besucht.

Royals

Millionen sitzen entzückt vor den Fernsehschirmen, wenn die königliche Familie die Zuschauer an einem royalen Event teilhaben lässt. Königliches Ambiente und royale Atmosphäre lassen sich in einem

Bei Trooping the Colour entfaltet sich der ganze Pomp des Empires.

Urlaub auch gut vor Ort erleben. So kann man etwa dem König huldigen, wenn er sich vom Volk während **Trooping the Colour** in London feiern und zum (offiziellen) Geburtstag gratulieren lässt.

Sportliche Events

Fußball

Zuschauersport Nr. 1 ist natürlich Fußball. Die englischen Fußballer Stanley Matthews (► Interessante Menschen) und Bobby Charlton haben es sogar zum Adelstitel gebracht. Die großen Klubs der englischen Premier League sind FC Arsenal, FC Chelsea, Tottenham Hotspur, Liverpool FC, Manchester City und Manchester United. Abschluss der Saison ist das **Cup Final,** das im Mai im Londoner Wembley-Stadion ausgetragen wird. Wer ein Spiel besuchen will, sollte sich rechtzeitig und online Tickets reservieren – für die großen Vereine möglichst lang im Voraus! Wer hinter die Kulissen blicken will, kann beim Lieblingsklub eine Führung machen.

Cricket

Der Nationalsport des Commonwealth ist das noble Cricket, das entfernte Ähnlichkeit mit Baseball hat und bisweilen mehrere Tage dauern kann. Das Ganze ist zugleich auch ein **gesellschaftliches Ereignis**: Man sitzt am Spielfeldrand bei Tee und Sandwiches und macht Konversation. Besondere Höhepunkte sind die Länderspiele der Commonwealth-Nationen. Das Mekka aller Cricketfans ist der Lord's Cricket Ground in London, wo es auch ein Cricket Museum gibt.

Tennis Was der Lord's Cricket Ground für Cricketfans, ist **Wimbledon** für Tennisanhänger. Hier wird in der letzten Juni- bzw. der ersten Juli-Woche das berühmteste Tennisturnier der Welt ausgetragen. Wer Karten für den Centre Court haben will, sollte ein Jahr vorher an den All England Lawn Tennis Club schreiben – wer Glück hat, bekommt die Berechtigung zum Erwerb einer Karte zugelost. Man kann sich auch jeden Morgen so früh wie möglich in die Warteschlange einreihen und auf eine der täglich frei verkauften Karten hoffen.

Rugby Wesentlich beliebter als auf dem europäischen Kontinent – mit Ausnahme Frankreichs und Italiens – ist Rugby. In der Saison September bis Mai strömen zu den Spielen und insbesondere zu Ländermatches oft mehr Zuschauer als zum Fußball. Besonderer Beliebtheit erfreut sich der **Six Nations Cup,** bei dem England, Schottland, Wales, Irland, Frankreich und Italien die inoffizielle Europameisterschaft austragen.

Pferde- und Hunderennen Ascot, Epsom und Derby sind weltweit Synonyme für exklusive Pferderennen, bei denen sich der britische Hochadel ein Stelldichein gibt. Aber auch in anderen Städten gibt es Rennkurse. In Großbritannien beliebt, im Ausland umstritten, weil schon Pferde zu Tode gekommen sind, sind die **Steeplechases,** bei denen die Pferde in vollem Galopp zusätzlich Hindernisse überwinden müssen.
Bei Hunderennen geht es volkstümlicher zu; hier werden auch kleinere Summen gesetzt (▶ Baedeker Wissen, S. 482/483).

»At the races« auf der Rennbahn von Bath

Im Pub

Darts ist ein Kneipenspiel. Dabei wirft man nicht nur einfach Pfeile auf eine Scheibe, sondern muss, je nach Spielweise, bestimmte Sektoren der Scheibe treffen. Auch **Snooker** dem Pool-Billard verwandt, jedoch komplizierter, wird in Kneipen gespielt. Beide Sportarten sind mittlerweile aber zu TV-Events geworden, wenn hochbezahlte Profis gegeneinander antreten.

VERANSTALTUNGSKALENDER

GESETZLICHE FEIERTAGE

1. Januar:
New Year's Day
Karfreitag:
Good Friday
Ostermontag:
Easter Monday
Erster Montag im Mai:
May Day Bank Holiday
Letzter Montag im Mai:
Spring Bank Holiday
Letzter Montag im August:
Summer Bank Holiday
25. Dezember:
Christmas
26. Dezember:
Boxing Day

Da sich die Termine von Festen und Festivals verschieben können, sollte man sicherheitshalber bei den örtlichen Tourismusinformationen nachfragen. Vor der Reise lohnt ein Blick in den Veranstaltungskalender von **VisitBritain**:
www.visitbritain.com/en/Events

EVENTS IM JANUAR

LONDON NEW YEAR'S DAY PARADE

Zug von mehr als 10 000 Akrobaten, Clowns, Blaskapellen und weiteren Künstlern aus aller Welt auf ihrem Weg vom Green Park zum Parliament Square am 1. Januar ab 11.45 Uhr.
www.lnydp.com

CHINESISCHES NEUJAHRSFEST

Besonders bunt in Londons Chinatown und in Soho (Ende Januar)

FEBRUAR

YORK VIKING FESTIVAL

Kampfspiele, Führungen, Events rund um das Wikingerreich Jorvik vor 1000 Jahren
www.jorvikvikingfestival.co.uk

MÄRZ

CRUFTS DOG SHOW

Rassehundeausstellung in Birminghams National Exhibition Centre (The NEC)
www.crufts.org.uk

HEAD OF THE RIVER RACE

400 Rudermannschaften liefern sich ein Rennen auf der Themse zwischen Mortlake und Putney.
www.horr.co.uk

OXFORD AND CAMBRIDGE BOAT RACE

Bei der wohl weltweit berühmtesten Regatta liefern sich die Ruderachter der beiden ehrwürdigen Universitäten Oxford und Cambridge ein Rennen auf der Themse in West-London. Seit 1829 werden die Rennen alljährlich an einem Tag Ende März, Anfang April ausgetragen.
www.theboatraces.org

SCHNELLE HUNDE, SCHNELLE PFERDE

Ihre sprichwörtliche Wettleidenschaft leben viele Briten auf der Rennbahn aus: Sie setzen auf Pferde oder Windhunde. Der Besuch eines Galopp- oder Windhundrennens bietet einen guten Einblick in britisches Wochenendvergnügen. Berührungsängste sind fehl am Platze: Auch bei so vermeintlich exklusiven Veranstaltungen wie Ascot setzen viele Normalmenschen ein paar Pfund. Beim Hunderennen geht es sowieso um kleinere Summen.

▶ **Hunderennen**
Die Hunde starten aus Boxen und laufen einem künstlichen Köder hinterher, der ihren Hetztrieb anregt. Dabei gilt es unterschiedliche Renndistanzen zu bewältigen: Kurzstrecken für kleinere Windhundrassen wie den Whippet, längere für die Greyhounds.

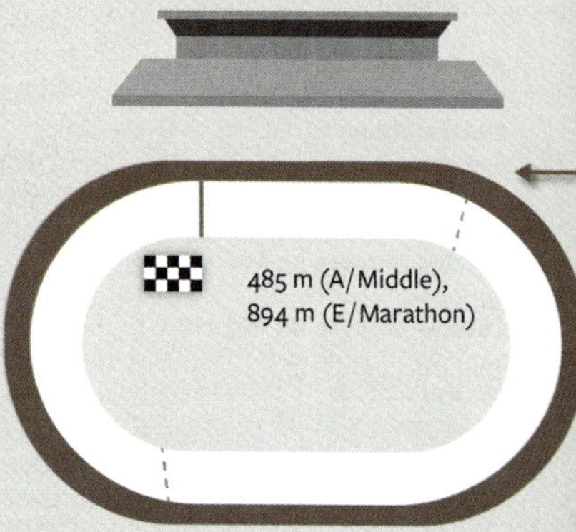

Coventry Stadium, Brandon
----- Startpunkte
Rennstrecke

▶ **Bewegungsablauf im Renntempo**

Greyhound
60 km/h

Gewicht
27–40 kg

▶ **Wettgrundlagen**

Startnummern
Tiere mit höheren Startnummern starten von den Außenbahnen und müssen eine weitere Strecke zurücklegen.

1 2 3 4 5 6

Die Quote

Ruf und Ansehen	+	Form	+	Buchmacher	=	QUOTE
Basierend auf den Rennergebnissen des Jockeys und des Tieres		Physische Kondition und emotionale Verfassung		Bewertung der Rennbahn-Buchmacher vor Ort		Geringste Quote = Tier mit größten Siegchancen

erühmte Rennorte

llein in England gibt es 59 Pferderennbahnen. Eines er populärsten Galopprennen ist das King George VI nd Queen Elizabeth Diamond Stakes Ascot in Ascot, erkshire. Hunderennen sind nicht ganz so verbreitet: n ganz Großbritannien gibt es 25 professionelle underennbahnen.

Die wichtigsten Galopp-Pferderennen

Die bekanntesten Hunderennen

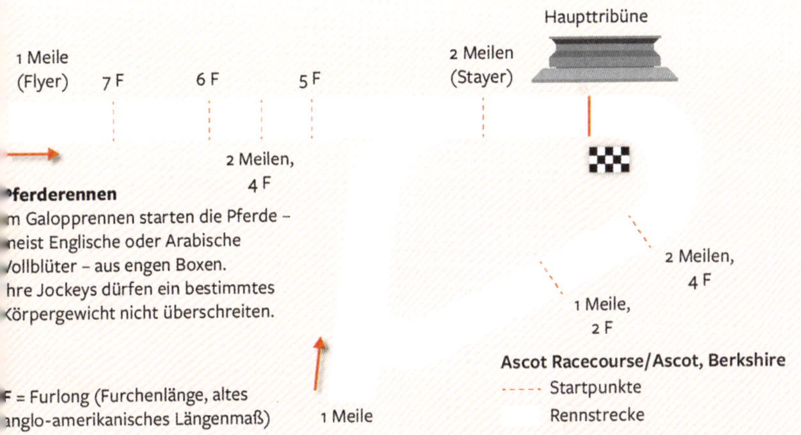

ferderennen

m Galopprennen starten die Pferde – neist Englische oder Arabische ollblüter – aus engen Boxen. hre Jockeys dürfen ein bestimmtes örpergewicht nicht überschreiten.

F = Furlong (Furchenlänge, altes nglo-amerikanisches Längenmaß)

Ascot Racecourse/Ascot, Berkshire

Startpunkte

Rennstrecke

Standardwetten

Win: 1

Das Tier muss der Sieger des Rennens werden.

Place: 1 oder 2

Das Tier muss Erster oder Zweiter werden.

Show: 1 2 oder 3

Das Tier muss Erster, Zweiter oder Dritter werden.

Der Gewinn ist abhängig von Quote, Einsatz und Anzahl der Starter.

APRIL

LONDON MARATHON
Einer der weltweit größten Marathonläufe; Anfang April, evtl. auch Mai
www.tcslondonmarathon.com

HARROGATE SPRING FLOWER SHOW
Frühlingsfest der Blumen in Yorkshire
www.flowershow.org.uk

MAI

ROYAL WINDSOR HORSE SHOW
Pferdeschau, London, 2. Maiwoche
www.rwhs.co.uk

CHELSEA FLOWER SHOW
Die Ende Mai in London stattfindende Gartenausstellung lockt nicht nur mit Abertausenden Pflanzen und neuen Züchtungen, besondere Beachtung finden auch die Show- und Kunstgärten. Das nötige Gartenwerkzeug wird natürlich auch angeboten, und man kann heimische und exotische Gewächse für den eigenen Garten erwerben.
www.rhs.org.uk/shows-events

BRIGHTON FESTIVAL UND BRIGHTON FRINGE
Brighton ist Austragungsort des größten Kunstfestivals in England. Neben Konzerten mit klassischer und moderner Musik werden Theaterstücke, Tanzveranstaltungen und Lesungen für ein internationales Publikum angeboten. Parallel zu diesem Festival findet das Fringe-Festival statt, bei dem Kabarett, Comedy, Konzerte und Ausstellungen von noch meist unbekannten Künstlern auf dem Programm stehen.
www.brightonfestival.org
www.brightonfringe.org

BATH FESTIVAL
Vielfältiges Kulturfestival in Bath
bathfestivals.org.uk

GLYNDEBOURNE FESTIVAL
In schicker Abendgarderobe und mit Picknickkorb macht man es sich auf dem Gelände nahe Lewes in East Sussex gemütlich und hört am Abend klassische Musik und Opern.
www.glyndebourne.com

JUNI

CHEESE-ROLLING FESTIVAL
Seit mehr als 200 Jahren findet am Cooper's Hill bei Brockworth in Gloucestershire das inzwischen international beliebte Käserennen statt. Unter lautem Beifall stürzen waghalsige Männer und Frauen einem Käserad hinterher, das in rasendem Tempo den Berg hinunterrollt. Genaueres über den Ursprung dieses Events ist nicht bekannt, man vermutet als Grund alte Fruchtbarkeitsriten oder auch die Hoffnung auf eine erfolgreiche Ernte.

ALDEBURGH MUSIC FESTIVAL
Klassische Musik in der Heimat von Benjamin Britten
brittenpearsarts.org

EPSOM
Eines der bekanntesten britischen Pferderennen
www.thejockeyclub.co.uk/epsom

BEATING THE RETREAT
Farbenprächtiger Zapfenstreich der Household Cavalry auf der Horse Guards Parade, London
www.trooping-the-colour.co.uk/retreat

TROOPING THE COLOUR
Dicht gesäumt ist die Prachtstraße, die vom Buckingham Palace zur Horse Guards Parade führt, wenn sich Charles III. anlässlich seines offiziellen Geburtstags vom Volk feiern lässt. Der tatsächliche Geburtstag von Charles ist der 14. November, da man aber um diese Zeit eher mit schlechtem Wetter

rechnet, wurde die Geburtstagsparade wie für Elizabeth II. auf den zweiten Junisamstag verlegt (▶ Abb. S. 479).
www.trooping-the-colour.co.uk

ROYAL ASCOT RACE MEETING
Alles, was Rang und Namen hat, erscheint bei diesem Pferderennen Mitte Juni. Neben dem Wetten um das schnellste Pferd hat sich ein Wettbewerb um die eindrucksvollste Kopfbedeckung bei den Damen entwickelt.
www.ascot.com

TOURIST TROPHY
Motorradrennen auf der Isle of Man in Douglas (▶Abb. S. 188)
www.iomtt.com

GLASTONBURY FESTIVAL
www.glastonburyfestivals.co.uk

ALL ENGLAND LAWN TENNIS CHAMPIONSHIPS
Das berühmteste Tennisturnier der Welt findet Ende Juni, Anfang Juli in Wimbledon statt.
www.wimbledon.com

JULI

SWAN UPPING
Schiffsprozession auf der Themse, bei der die Schwäne gezählt und die Jungtiere markiert werden.

COWES WEEK
Berühmte Segelregatta und dazu ein Jachtfestival nach Vorbild der Kieler Woche
www.cowesweek.co.uk

HENRY WOOD PROMENADE CONCERTS
»Proms«: Konzertreihe von Jazz bis Symphonie in der Londoner Royal Albert Hall Mitte Juli bis Mitte September
www.bbc.co.uk/proms

AUGUST

SOUTHPORT FLOWER SHOW
Gartenschau mit Jahrmarkt an der Küste nördlich von Liverpool
www.southportflowershow.co.uk

Nur in Rio ist mehr los als auf dem Notting Hill Carnival in London.

NOTTING HILL CARNIVAL

Karneval der aus Westindien stammenden Londoner – nach Rio de Janeiro die größte Veranstaltung dieser Art auf der Welt. Bank-Holiday-Wochenende.
nhcarnival.org

GRASMERE LAKELAND SPORTS

Traditionen des Lake District: Bergrennen, Schäferhundwettbewerb
www.grasmeresports.com

BEATLES WEEK

Pop-Musik in Liverpool
www.internationalbeatleweek.com

SEPTEMBER

GREAT RIVER RACE

Themseregatta für traditionelle Boote über 34 km von den Docklands bis zum Ham House in Westlondon
greatriverrace.org.uk

LAST NIGHT OF THE PROMS

An einem Samstag Mitte September: Wer erwartet, dass es beim Abschluss der Henry Wood Promenade Concerts in der Royal Albert Hall eher gesittet zugeht, der irrt sich. Es werden Fähnchen geschwenkt, man sieht Menschen mit Pappnasen und der Dirigent macht ein paar Späße. Die zweite Hälfte des Konzerts wird bei den »Proms in the Park« im Hyde Park live übertragen. Man sollte textfest sein, um bei »Rule Britannia« und »God Save the King« mitsingen zu können.
www.bbc.co.uk/proms

BLACKPOOL ILLUMINATIONS

1 Mio. bunte Glühbirnen erstrahlen, der Strom für die riesige kostenlose Lightshow stammt ausschließlich aus erneuerbaren Energiequellen. Sept. bis Anfang Nov.
www.visitblackpool.com/things-to-do/blackpool-illuminations

OKTOBER

GOOSE FAIR

Kirmes in Nottingham
www.visit-nottinghamshire.co.uk

CHELTENHAM FESTIVAL OF LITERATURE

Renommierte Autoren kommen jedes Jahr in den Kurort.
www.cheltenhamfestivals.com

NOVEMBER

LONDON TO BRIGHTON VETERAN CAR RUN

Am ersten Sonntag im November machen sich Oldtimer-Freunde auf zu der 60 km langen Strecke vom Hyde Park ins Seebad Brighton. Am Samstag kann man sich schon bei der Motorshow einstimmen, wenn Fahrzeuge auf der Regent Street ausgestellt werden, die 125 Jahre Automobilgeschichte repräsentieren.
www.veterancarrun.com

GUY FAWKES DAY

Jedes Jahr seit 1605 wird am 5. November der »Gun Powder Plot« mit Feuerwerk in London und Veranstaltungen in ganz England gefeiert. Man gedenkt des Mannes, der Schießpulver in den Kellern unter dem Londoner Parlament versteckte, um das Gebäude in die Luft zu jagen, was jedoch fehlschlug. Dafür knallen in der »Bonfire Night« die Raketen und Knallfrösche umso lauter.

LORD MAYOR'S SHOW

Der neue Lord Mayor fährt in seiner Staatskarosse von der Guildhall zu den Law Courts, um vom Lord Chief Justice vereidigt zu werden, London, 2. Samstag.
lordmayorsshow.london

DEZEMBER

In vielen Städten finden Weihnachtsmärkte statt.

SHOPPEN

Shop till you drop! – »Einkaufen bis zum Umfallen«, das sollte in England kein Problem darstellen, schließlich ist London neben Paris das aufregendste und schönste Shoppingparadies Europas. Alle größeren Städte haben ihre Szeneviertel mit interessanten kleinen Läden, im Norden des Landes preiswerter als in London und im Süden. Überall findet man Märkte wie die beliebten Farmers Markets, auf denen Erzeuger ihre Lebensmittel anbieten.

Kultläden in London

Wenn es um Shoppen geht, ist **London** natürlich unangefochtener Spitzenreiter. In Oxford Street und Regent Street locken riesige Konsumtempel wie das Kaufhaus Selfridges oder das wunderbar britische Liberty. Savile Row und Jermyn Street sind erste Adressen für Maßanzüge und handgefertigte Hemden und Schuhe. Hier lassen sich seit mehr als 100 Jahren Reiche und Berühmte aus aller Welt edle Stoffe auf den Leib schneidern. Das Kaufhaus Harrods im Stadtteil Knightsbridge ist Luxuskaufhaus und Touristenattraktion in einem, besonders die im Jugendstil ausgestatteten »Food Halls« in der Lebensmittelabteilung im Erdgeschoss sind ein Augenschmaus (Tipp: für ein Picknick im nahen Hyde Park einkaufen!). Und dann gibt es noch die über 80 **Straßenmärkte,** wie der Antiquitätenmarkt in der Portobello Road oder die Sonntagsmärkte im East End.

Industriechic

In den ehemalis reichen **Industriestädten** verbindet sich oft die Pracht viktorianischer Architektur mit ganz wunderbaren Einkaufsmöglichkeiten. So etwa in **Leeds,** dem ehemaligen Zentrum der britischen Textilindustrie, wo die Arkaden des Victorian Quarter, die Corn Exchange und der Kirkgate Market, Großbritanniens größte Markthalle, zum Shopping einladen. Auch der Stadtteil Grainger Town in **Newcastle** mit seinen um 1830 errichteten klassizistischen Bauten ist ein Einkaufsparadies. Ganz futurisisch gibt sich Selfridges in **Birmingham** im »Zyklopenauge«.

Trendiges und Traditionelles

Junges, schräges Design findet man nicht nur im Londoner East End, sondern auch im Northern Quarter von **Manchester**, in den North Laines von **Brighton** und in **Bristol**. Trendige Boutiquen, alteingesessene Fachgeschäfte und hier und da ein »quirky shop«, vollgestopft bis unter die Ladendecke mit Urigem und Originellem, genauso liebenswert verschroben wie die Inhaber, machen einen Einkaufsbummel in Südengland zum Erlebnis.
Und nicht zuletzt auch die **Museumsshops** mit ihrer oft hervorragenden Auswahl an Kunsthandwerk, Spielzeug, Textilien und Büchern, allen voran das British Museum, die National Gallery und das V & A Museum in London.

Für Zuhause einen guten englischen Tee – und dazu vielleicht die passende Souvenir-Kanne?

Gigantische **Einkaufszentren** gibt es natürlich auch. Zu den größten ihrer Art gehören das MetroCentre im nordenglischen Ballungsgebiet um Newcastle, das Trafford Centre bei Manchester und die Westfield Stratford City nahe dem neuen Olympiapark in der Hauptstadt.

Shopping Malls

Factory-Outlet Centres, in denen jeweils mehrere Hersteller ihre Markenartikel preiswert anbieten, sind beliebte Ausflugsziele für einen Shopping-Tag. Zu den bekannteren gehören Cheshire Oaks bei Chester (www.mcarthurglen.com), das Clarke's Village in der Grafschaft Somerset (clarksvillage.co.uk) und das Bicester Village bei Oxford (www.thebicestercollection.com).

Wer auf der Suche nach etwas Besonderem ist, sollte sich auf einem der zahlreichen **Arts & Craft Markets** umsehen, die es überall im Land gibt. Auf diesen Märkten werden Produkte lokaler Künstler und Handwerker von oft herausragender Qualität angeboten. Die Devon Guild of Craftsmen beispielsweise unterhält in einer ehemaligen Mühle im Städtchen Bovey Tracey Verkaufsräume (makesouthwest.org.uk).

Kunsthandwerk

Teetrinker können unter unzähligen feinen Sorten wählen. Dazu passen natürlich englisches Teegebäck wie etwa Scones, Süßigkeiten und die köstlichen Marmeladen (»jam«). Berühmt ist auch der englische Gin. **Schnäppchenjäger** finden mit etwas Glück qualitätvolle gebrauchte Kleidungsstücke und alle erdenklichen Haushaltsgegenstände in den allgegenwärtigen **Charity Shops**. Keramiken erhält man gerade in der mittelenglischen als The Potteries bezeichneten Region um Stoke-on-Trent besonders günstig. Liebhaber von **Antiquitäten** (Möbel, Silber u. a.) haben reichlich Auswahl, und keinesfalls vergessen sollte man das große Angebot an Spazierstöcken und Regenschirmen.

Souvenirs und Mitbringsel

Berühmt sind britische Textilien: Das Burberry-Karo gibt es inzwischen sogar für Kinder. Smart, maßgeschneidert und modern ist die Herrenmode von Paul Smith und Joseph, die schönsten Herrenhemden hat Thomas Pink. Vivienne Westwood und Stella McCartney begeistern mit ausgefallenen Schnitten und Mut zum Design. Paisley-Tücher, Kaschmir- und Shetland-Pullover sind auch besonders gefragt. Outdoor-Kleidung steht vor allem in den ländlichen Gebieten und Nationalparks im Angebot, oft zu sehr günstigen Preisen. In Regionen mit Schafzucht, z. B. die Cotswolds oder Swaledale in Yorkshire, findet man hochwertige und stilvolle Wollprodukte.

Textilien und Leder

www.burberry.com, www.paulsmith.co.uk
www.joseph-fashion.com, www.thomaspink.com
www.viviennewestwood.com
www.stellamccartney.com

Mehrwertsteuer Auf die meisten Waren und Dienstleistungen – auch in Hotels und Restaurants – wird eine Mehrwertsteuer (Value Added Tax = VAT) in Höhe von 20 % berechnet. EU-Bürger können sich zur Zeit die VAT bei der Ausreise nicht erstatten lassen – eine umstrittene Regierungsentscheidung, die möglicherweise in Zukunft revidiert wird.

Öffnungszeiten Nach der Abschaffung des Ladenschlussgesetzes können Ladenbesitzer ihre Geschäfte nun rund um die Uhr geöffnet lassen. Viele Geschäfte in den großen Einkaufsstraßen haben seitdem auch an Sonn- und Feiertagen von 12 bis 18 Uhr geöffnet. Do. oder Fr. locken viele Läden mit Late-Night-Shopping bis 20 Uhr oder noch später. Manch großer Supermarkt öffnet rund um die Uhr. Kleinere Shops und »convenience stores«, die ihre Nachbarschaft mit Zeitungen, Chips, Konserven, Milch und mehr versorgen, haben oft jeden Tag geöffnet und schließen oft erst nachts. Dies gilt auch für die Off-Licence-Läden, die Alkohol verkaufen dürfen und sich in ihren Öffnungszeiten an den örtlichen Pubs orientieren.

ÜBERNACHTEN

Luxushotel oder Landhaus? Burgromantik oder stylisches Stadtdomizil? Kuscheliges B & B oder Camping in den Bergen? Für jeden Geldbeutel und Geschmack gibt es eine passende Unterkunft.

Hotels Die Preise liegen oft über deutschen Vergleichspreisen, zur Hauptsaison und zu Messezeiten klettern sie, vor allem in London, in astronomische Höhen. Ähnlich wie auf dem Kontinent ist die Hotellerie im Umbruch: Ausgebaut werden Luxus-, Budget- und Wellnessangebote und moderne Medien. In der Küche setzt man verstärkt auf regionale Produkte.

Preise, Geld sparen Die Preise vieler Häuser schwanken mit der Nachfrage. Auf dem Land sind die Preise am Wochenende, in Großstädten unter der Woche oft höher. Immer öfter kostet das Frühstück extra. Ausgezeichnet sind britische Hotels mit einem bis fünf Sternen, Bed & Breakfasts und Pensionen erhalten einen bis fünf Diamanten. Wer sparen will, sollte vorab online buchen. In vielen Hotels, Lodges und Jugendherbergen gibt es Zimmer für Familien, sogenannte »Family Rooms« mit drei bis fünf Betten, für die ein Zimmerpreis und nicht pro Person berechnet wird – der Preis liegt deutlich unter dem für zwei Doppelzimmer. Wer einfach losfahren will, kann sich in den Tourist Information Centres (TIC) vor Ort über freie Zimmer informieren. Diese Dienstleistung wird allerdings zunehmend

Solide Unterkunft seit 1420: das Mermaid Inn in Rye an der Südküste

zugunsten der Online-Auskunft eingeschränkt. Zur Hauptreisezeit im Juli und August sollte man vorab reservieren!

Hotelketten

In **Budget Hotels** und **Hotelketten** wie Premier Inn oder Holiday Inn Express ist man für ein bis zwei Nächte auf der Durchreise gut aufgehoben. Die Zimmer sind zweckmäßig ausgestattet, bieten einen guten Standard ohne Individualität oder Luxus. Die Premier Inns genießen im Land einen exzellenten Ruf. Etwas billiger ist die Kette Travelodge, die einen festen Preis für ein Zimmer verlangt, egal ob man alleine oder zu zweit darin wohnt. Es gibt auch Ketten mit gehobenem Niveau, teils in umgebauten historischen Gebäuden mit individuellem Charakter und guter Gastronomie, beispielsweise Malmaison Hotels und Hotel du Vin. Den Trend zu schicken Apartmenthotels in großen Städten bedient der Anbieter »roomzzz«.

Bed & Breakfast

Diese Unterkünfte sind für Urlauber, die sich nur ein oder zwei Nächte an einem Ort aufhalten, sehr praktisch. Man wohnt bei einer **Familie,** schläft meist in einem gemütlich eingerichteten Zimmer und bekommt am Morgen ein **Frühstück** serviert. Die Unterkunft kann in einem ganz normalen Privathaus, einem Farmhaus, einem Landgasthof oder einem luxuriösen Landsitz sein. Schilder mit der Aufschrift »Vacancy« (frei) oder »No Vacancy« (voll) ste-

NÜTZLICHE ADRESSEN

DEUTSCHE ANBIETER

B & B, FERIENHÄUSER
www.britain.de
Tel. 06104 78 96 80

BRITAIN & IRELAND TOURS
Tel. 030 6 87 53 39 (D)
www.britain-ireland-tours.de

BED & BREAKFAST
B & B ONLINE
www.bedandbreakfastnationwide.com

HOTELKETTEN
Preiswert:
www.premierinn.com
www.travelodge.co.uk
Stilvoll:
www.malmaison.co.uk
www.hotelduvin.com
Apartmenthotels:
www.roomzzz.com

FERIENWOHNUNGEN – ENGLISCHE ANBIETER

LANDESWEIT
www.ruralretreats.co.uk
www.sykescottages.co.uk
www.cottages.com

CORNWALL
www.cornishcottageholidays.co.uk

DEVON
www.stayindevon.co.uk

LAKE DISTRICT
www.lakelandhideaways.co.uk
www.lakelovers.co.uk

COTSWOLDS-GEBIET
www.manorcottages.co.uk

NORFOLK / SUFFOLK
www.norfolkcottages.co.uk
www.bestofsuffolk.co.uk
www.suffolk-secrets.co.uk

NORDOSTEN
www.coastalretreats.co.uk

FOREST HOLIDAYS
www.forestholidays.co.uk

LUXUSHOTELS

PRIDE OF BRITAIN HOTELS
pobhotels.com

FERIEN AUF DEM BAUERNHOF

FARM STAY UK LTD.
www.farmstay.co.uk

UNGEWÖHNLICHE UNTERKÜNFTE
www.nationaltrust.org.uk/holidays
www.landmarktrust.org.uk
www.quirkyaccom.com

JUGENDHERBERGEN
www.yha.org.uk
independenthostels.co.uk

STUDENTENWOHNHEIME
www.universityrooms.com

CAMPING UND CARAVANING
www.campingandcaravanningclub.co.uk
www.caravanclub.co.uk

WOHNUNGSTAUSCH
www.haustauschferien.com/de
www.homeexchange.com

hen gut sichtbar an der Straße, und man kann sich das Zimmer ansehen. Vorab buchen (in der Hauptsaison ratsam) kann man über verschiedene Agenturen.

Adliges Flair

Eine Nacht in einer trutzigen Burg, einem prunkvollen Schloss oder einem stattlichen Manor House ist ein Erlebnis, das man nicht vergisst. Unzählige Adelssitze verwöhnen heute auch bürgerliche Gäste mit exquisitem Service, erlesener Küche, gut bestücktem Weinkeller und luxuriösen Zimmern. Deren aufwendige Einrichtung vereint Antiquitäten und Erbstücke adliger Familien mit höchstem Komfort. Im Salon prasselt das Kaminfeuer, eine Bibliothek lädt zu Mußestunden, die Parkanlagen zu ausgedehnten Spaziergängen ein. Dank der stets familiären und zuvorkommenden Atmosphäre darf man sich ein bisschen wie ein britischer Adliger fühlen.

Außergewöhnliche Unterkünfte

Die Denkmalschutzorganisation **National Trust** und der **Landmark Trust** bieten Unterkünfte wie Schlösser, Mühlen, Leuchttürme und ehemalige Kirchen an. Eine traumhafte Nacht versprechen viele Unterkünfte, aber sein Haupt in den Wolken zu betten ist eher nicht alltäglich. Das **House in the Clouds** im Suffolk lässt diesen Traum wahr werden – nicht ganz billig, aber dafür sehr komfortabel für Gruppen! Der ehemalige Wasserspeicher ist heute ein dreistöckiges Haus mit fünf Schlafzimmern, Speisezimmer und prächtigem Dachzimmer.
Als **Eisenbahnfreunde** wissen die Engländer auch ausgediente Eisenbahnwaggons zu nutzen. Nahe Whitby wurde ein Speisewagen an einer stillgelegten Bahnstrecke zur Ferienwohnung mit Ausblick umgebaut.

Inns

Eher rustikal, dafür urgemütlich geht es in den Inns zu. Die jahrhundertealten **Gasthäuser** versprühen den Charme vergangener Zeiten, haben meist wenige Zimmer, sind bequem und preislich durchaus im Rahmen. Gäste erwartet oft eine hervorragende Küche mit regionalen Spezialitäten und Bieren aus umliegenden Kleinbrauereien.

Self-Catering

Self-Catering Homes (Selbstversorgerunterkünfte) sind meist billiger als Hotels, außerdem spart man das teure Essen im Restaurant. Das Spektrum reicht von einfachen, ursprünglichen Cottages auf dem Land oder an der Küste bis zu noblen Apartments in der Stadt.

Günstige Alternativen

Es gibt über 300 **Youth Hostels**, die inzwischen auch einen gewissen Komfort bieten. In den Sommermonaten räumen Studenten ihre Zimmer und Urlauber können die Räume in den **Studentenwohnheimen** von teilweise altehrwürdigen Universitäten beziehen.
Campingplätze, auf denen Zelte, Wohnwagen und Wohnmobile erlaubt sind, sind gut ausgestattet. Wer nicht den eigenen Wohnwagen auf die Insel kutschieren will, kann sich in einen Wohnwagen bzw. ein feststehendes Holiday Home einmieten.

P
PRAKTISCHE INFOS

Wichtig, hilfreich präzise

Unsere Praktischen Infos helfen in allen Situationen in England weiter.

Hier werden Fahrkarten noch persönlich verkauft. ►

TICKETS

KURZ & BÜNDIG

ELEKTRIZITÄT

Die Netzspannung beträgt 240 V Wechselstrom bei 50 Hz. In manchen Hotels gibt es Euro-Stecker. Dennoch ist es ratsam, einen Adapter mitzunehmen. Fast alle britischen Dreipol-Steckdosen haben einen Extra-Schalter zum Einschalten!

GELD

WÄHRUNG

Landeswährung ist das Britische Pfund (Pound Sterling, £) zu je 100 Pence (p, Einzahl Penny). Es gibt Banknoten zu 5, 10, 20 und 50 £ sowie Münzen zu 1, 2, 5, 10, 20 und 50 p sowie 1 und 2 £. Aktuelle Wechselkurse u. a. bei:
wechselkurse-euro.de

BANKEN & GELDAUTOMATEN

Banken sind von Mo.–Fr. 9.30 bis 15.30, in Hauptgeschäftsstraßen auch bis 17.30 Uhr und auf Flughäfen rund um die Uhr geöffnet. An Geldautomaten (cash machine, ATM) kann man mit Bank- oder Kreditkarten jederzeit Bargeld abheben.

SPERRNOTRUF

Unter folgender Nummer kann man u. a. Bank- und Kreditkarten und Handys sperren lassen.
Tel. 116 116 (aus dem Ausland mit Vorwahl +49)
www.sperr-notruf.de

NOTRUFE

POLIZEI, FEUERWEHR, AMBULANZ

Tel. 999

PANNENHILFE DES AA

Tel. 03330 046 046

PANNENHILFE DES RAC

Tel. 0330 1 59 87 43

ADAC AUSLANDSNOTRUF DEUTSCHLAND

Tel. +49 89 22 22 22

ACE-NOTRUFZENTRALE STUTTGART

Tel. +49 711 530 34 35 36

VORWAHLEN

Nach Großbritannien:
Tel. +44
Aus Großbritannien:
nach Deutschland: Tel. +49
nach Österreich: Tel. +43
in die Schweiz: Tel. +41

WAS KOSTET WIE VIEL?

Einfaches Doppelzimmer: ab 80 £
Einfache Mahlzeit: ab 10 £
Mahlzeit im Pub: ab 15 £
1 Pint Bitter: ab 4 £
1 Tasse Kaffee: ab 3 £
1 Liter Superbenzin: ca. 1,70 £

ZEIT

GREENWICH MEAN TIME

(GMT = MEZ –1 Stunde)

SOMMERZEIT

Ende März – Ende Oktober
(GMT + 1 Stunde)

Die Stunden vor Mittag (lat. ante meridiem) werden mit a. m. bezeichnet (6 a. m. = 6 Uhr), die Stunden nach Mittag (lat. post meridiem) mit p. m. (6 p. m. = 18 Uhr).

ANREISE · REISEPLANUNG

Anreisemöglichkeiten

Mit der Bahn

Bahnreisende können an der Kanalküste auf **Fähren** umsteigen, die in Hoek van Holland nach Harwich und im französischen Calais nach Dover ablegen. Die Anschlusszüge von Dover nach London kommen in der Victoria Station an, die von Harwich in der Liverpool Street Station.
Eine schnelle Bahnreise bietet der **Eurostar,** der in 35 Min. den Kanal im **Eurotunnel** zwischen Calais und Folkestone unterquert. Der Start ist in Brüssel bzw. Paris (jeweils über Lille), in London kommt man in der St Pancras International Station an. Ab Köln besteht eine Verbindung mit dem Hochgeschwindigkeitszug **Thalys** nach Brüssel, wo man in den Eurostar umsteigt (Fahrtzeit Köln – London: je nach Umsteigezeit 4 Std. 40 Min. oder länger). Von Londons Bahnhöfen sind einige für Touristen als Abfahrtsbahnhof ins übrige England wichtig.

Mit dem Bus

Flixbus hat Verbindungen aus vielen Städten in Deutschland zur Victoria Coach Station, teilweise direkt, teilweise mit Umsteigen in den Niederlanden oder am Flughafen Köln-Bonn. Die Fahrt von Köln nach London dauert ca. 12 Stunden, von Berlin nach London mindestens 23 Stunden mit Umsteigen. **Megabus** bedient neben vielen Fernstrecken innerhalb Großbritanniens auch die Route Brüssel-London.

Mit dem Auto

Wer mit dem eigenen Auto nach England fahren will, muss **Fähren** oder den **Eurotunnel** benutzen. Durch den Eurotunnel fahren alle 15 Min. Autozüge. Man bleibt im Auto sitzen bzw. kann sich nur im Transportwaggon bewegen. Die Verladeterminals erreicht man in Frankreich über Abfahrt 42 von der A 16, in Großbritannien über Abfahrt 11a von der M 20. Im Juli und August muss man die **Fähren** zwischen dem Kontinent und Südengland frühzeitig reservieren! Die kürzeste Überfahrt mit der Fähre ist von Calais nach Dover.

Autoverkehr in und um London

Wer kann, sollte **in London aufs Autofahren verzichten.** Es ist voll, Parkplätze sind rar und teuer. Für Fahrten in der Innenstadt muss man von Montag bis Freitag zwischen 7 und 18 Uhr, am Wochenende und an Feiertagen zwischen 12 und 18 Uhr eine **Gebühr** (»Congestion Charge«) von 15 £ pro Tag zahlen (tfl.gov.uk/modes/driving/congestion-charge). Ausländische Fahrzeuge müssen sich vorab für die

London Ultra Low Emission Zone registrieren lassen oder sie werden automatisch mit Bußgeld belegt. Halter von Fahrzeugen, deren Schadstoffausstoß die vorgegebenen Grenzen übersteigt, müssen eine Gebühr von täglich 12,50 £ bezahlen. Auskunft und Link zur Registrierung: tfl.gov.uk/modes/driving/ultra-low-emission-zone.
Wer von den Kanalhäfen östlich um London herum nach Norden durch Tunnel oder Brücke in Dartford fährt, muss eine **Maut** bezahlen, die Dart Charge – am besten online im Voraus, spätestens am folgenden Tag (www.gov.uk/pay-dartford-crossing-charge).

Mit dem Flugzeug Wichtige Zielflughäfen in England sind neben den Londoner Flughäfen (Gatwick, Heathrow, Luton, Stansted) Birmingham und Manchester. Auch Leeds-Bradford, East Midlands (bei Nottingham), Newcastle–upon–Tyne und Southend im Südosten haben regelmäßige Verbindungen.

Ein- und Ausreisebestimmungen

Reisedokumente Seit dem 1. Oktober 2021 benötigen Deutsche, Schweizer und Österreicher für die Einreise nach Großbritannien einen Reisepass, der für die gesamte Dauer des Aufenthalts gültig sein muss. Kinder benötigen unabhängig vom Alter ein eigenes Reisedokument. Grenzkontrollen werden durchgeführt. Für eine Urlaubsreise oder einen Kurztrip ist für Bürger der EU und der Schweiz kein Visum notwendig. Wer in Großbritannien länger als sechs Monate bleiben möchte, muss ein Visum beantragen (www.auswaertiges-amt.de, www.gov.uk/world/organisations/british-embassy-berlin.de; deutschsprachige Hinweise der britischen Botschaft in Berlin). Geplant ist ab 2025 eine »Electronic Travel Authorisation (ETA)«, d.h. eine vor Antritt der Reise zu beschaffende elektronische Reisegenehmigung. Auskunft und Links dazu: www.visitbritain.com/de/reiseplanung/visa-und-reisepaesse

Haustiere Mitnahme unter diesen Bedingungen: eingepflanzter Mikrochip zur Identifikation, Tollwuttest und -impfung in einem autorisierten Labor mindestens 21 Tage vor Einreise, Zecken- und Bandwurmimpfung ein bis zwei Tage vor der Einreise (www.gov.uk/take-pet-abroad).

Zoll Großbritannien gehört nicht mehr zur Zollunion der EU. Folgende Mengen an Tabakwaren und Alkoholika für den persönlichen Bedarf dürfen zollfrei eingeführt werden: 800 Zigaretten, 100 Zigarillos, 50 Zigarren und 250 g Tabak sowie 42 Liter Bier, 18 Liter Wein (Sekt und andere Schaumweine fallen nicht hierunter) und entweder 4 Liter Spirituosen mit mehr als 22% Alkoholgehalt oder 9 Liter Schaumwein bzw. weinhaltige Getränke wie Sherry und Portwein mit bis zu 22% Alkohol. Andere Güter im Wert von 390 £ dürfen importiert werden.

NÜTZLICHE INFORMATIONEN

FLUGHÄFEN

LONDON HEATHROW
Heathrow hat 5 Terminals, zu finden auf der Website unter »Airport Guide« und dann »Which Terminal?«.
Lage: 24 km westlich der City
www.heathrowairport.com

LONDON STANSTED
Lage: 55 km nordöstlich
www.stanstedairport.com

LONDON GATWICK
Lage: 40 km südlich
www.gatwickairport.com

LONDON LUTON
Lage: 51 km westlich
www.london-luton.co.uk

BIRMINGHAM
Lage: 14 km östlich
birminghamairport.co.uk

LEEDS/BRADFORD AIRPORT
Lage: 23 km nördlich
www.leedsbradfordairport.co.uk

LIVERPOOL
Lage: 9 km südöstlich
www.liverpoolairport.com

MANCHESTER
Lage: 16 km südlich
www.manchesterairport.co.uk

LONDONER FERNBAHNHÖFE (AUSWAHL)

CHARING CROSS
Strand
Nach Süd-London und Kent

EUSTON
Euston Road
Nach Nordwestengland

KING'S CROSS
Strand
Nach Nord- und Nordostengland

LIVERPOOL STREET
Liverpool Street
Nach Ostengland und Endstation des Stansted Express, außerdem Anschluss zu den Kanalfähren ab Harwich

PADDINGTON
Praed Street
Nach Westengland, Endstation des Heathrow Express

ST PANCRAS INTERNATIONAL
Endstation der Eurostar-Züge (siehe unten)
stpancras.com

VICTORIA
Victoria Street
Nach Kent, Surrey, Sussex, Endstation des Gatwick Express

WATERLOO
York Road
Nach Süd- und Südwestengland

BAHNAUSKUNFT

NATIONAL RAIL
Tel. 03457 48 49 50 (GB)
www.nationalrail.co.uk

EUROSTAR UND THALYS
www.eurostar.com
Tel. 030 70 07 00 00
Thalys gehört zum Eurostar-Unternehmen, für beide gilt derselbe Kontakt.

EUROTUNNEL
Tel. *03443 35 35 35 (GB)
Tel. *01805 00 02 48 (D)
www.eurotunnel.com

BUS

FLIXBUS
www.flixbus.de

MEGABUS
Ab Brüssel nach GB
www.megabus.com

FÄHRGESELLSCHAFTEN

BRITTANY FERRIES
www.brittany-ferries.co.uk

CONDOR FERRIES
Tel. 0033 34 56 09 10 24
www.condorferries.fr/de

DFDS SEAWAYS
Tel. 0403 89 03 71 (D)
www.dfds.de

ISLES OF SCILLY STEAMSHIP
Tel. 0173 63 34 220
www.islesofscilly-travel.co.uk

RED FUNNEL
Tel. 02380 24 85 10
www.redfunnel.co.uk

STENA LINE
Tel. 0431 90 99 (D)
www.stenaline.de

P&O FERRIES
Tel. 01304 44 88 88 (D)
www.poferries.de

WIGHTLINK
Tel. 033 39 99 73 33
www.wightlink.co.uk

FÄHREN NACH SÜDENGLAND

CALAIS – DOVER
P & O Ferries
tgl., 90 Min.

DFDS Seaways
tgl., 90 Min.

DÜNKIRCHEN – DOVER
DFDS Seaways, tgl., 2 Std.

LE HAVRE – PORTSMOUTH
Brittany Ferries
tgl. März–Okt.
Schnellfähre 3 ¾ Std.
»MS Etretat« 10 Std.

CAEN – PORTSMOUTH
Brittany Ferries, tgl.

KREUZFAHRTFÄHRE
5 ¾ Std. (tagsüber)
8 Std. (nachts)

CHERBOURG – PORTSMOUTH
Brittany Ferries
tgl., 3 Std.

DIEPPE – NEWHAVEN
DFDS Seaways
tgl., 4 Std.

CHERBOURG – POOLE
Brittany Ferries
tgl., 4¼ Std.

ROSCOFF – PLYMOUTH
Brittany Ferries
tgl., tagsüber 6 Std.,
nachts 8 Std.

NACH OSTENGLAND

HOEK VAN HOLLAND – HARWICH
Stena Line
tgl., 6,5 Std.

NACH NORDENGLAND

ROTTERDAM – HULL
P&O Ferries
tgl. über Nacht

IJMUIDEN/ AMSTERDAM – NEWCASTLE
DFDS Seaways
tgl. über Nacht

AUSKUNFT

NÜTZLICHE ADRESSEN

VISIT BRITAIN
Die Internetseite der britischen Tourismusbehörde
www.visitbritain.com/de

VISIT ENGLAND
Reiseplanung, Unterkünfte, aktuelle Infos und barrierefreies England
www.visitengland.com

REGIONALE TOURISTENINFORMATION
Kürzungen im öffentlichen Haushalt haben dazu geführt, dass mancherorts, sogar in größeren Städten wie Norwich und Bristol, Auskunft nur noch online angeboten wird und Tourist Information Centres mit Publikumsverkehr geschlossen wurden. Für Mittelengland gibt es keine regionale Internetseite, s. Auskünfte unter »Ziele von A bis Z« und für das Cotswolds-Gebiet: www.cotswolds.com
www.visitsoutheastengland.com
www.visitsouthwest.co.uk
www.visiteastofengland.com
www.visitlakedistrict.com
www.visitnortheastengland.com
www.yorkshire.com

TOURISTENINFORMATION IN LONDON

PICCADILLY CIRCUS UNDERGROUND STATION
www.visitlondon.com/de

NATIONAL TRUST
Der gemeinnützige Verein bewahrt mehr als 300 historische Besucherattraktionen und kümmert sich um den Erhalt der Landschaft. Je nachdem, wie viele Sehenswürdigkeiten man besuchen will, kann sich u.U. eine Jahresmitgliedschaft lohnen (z. B. Familienpass für ein Jahr 146 £, Eintritt für eine Familie zur Fountains Abbey 45 £).
www.nationaltrust.org.uk

ENGLISH HERITAGE
English Heritage pflegt über 400 historische Stätten, von Stonehenge über Burgen und Abteiruinen bis zu Atombunkern aus dem Kalten Krieg. 16-Tage-Familienpass 100 £, Eintritt für eine Familie zu Stonehenge 62 £.
www.english-heritage.org.uk

WEBSITES

WWW.VISITBRITAINSHOP.COM
Pässe für Bahnreisen, für den öffentlichen Verkehr in London und für Sehenswürdigkeiten

WWW.LONDONTOWN.COM
Nach eigener Aussage die »number one internet site for London« – da ist was dran.

WWW.TOURISMFORALL.ORG.UK
Reiseauskunft für Menschen mit Behinderung. Auf den Websites einzelner Besucherattraktionen sucht man unter dem Stichwort »Accessibility«. Vorschläge zur Reiseplanung unter:
www.visitengland.com/access-all

WWW.TRAVELINE.INFO
Verbindungen landesweit mit allen Verkehrsmitteln werden hier erfasst – man muss Startpunkt, Ziel und Zeit der Abfahrt bzw. Ankunft eingeben. Alternativen und Links zu Fahrplänen der Anbieter werden angegeben.

BRITISCHE BOTSCHAFTEN

DEUTSCHLAND
Wilhelmstr. 70–71
D-10117 Berlin
Tel. 030 20 45 70 (D)
www.gov.uk/world/organisations/british-embassy-berlin.de

ÖSTERREICH
Jauresgasse 12, A-1030 Wien
Tel. 01 71 61 30 (A)
www.gov.uk/contact-consulate-vienna

SCHWEIZ
Thunstr. 50
CH-3005 Bern 15
Tel. 031 3 59 77 00 (CH)
www.gov.uk/government/world/organisations/british-embassy-berne

BOTSCHAFTEN IN GROSSBRITANNIEN

DEUTSCHLAND
23 Belgrave Square
London SW1X 8PZ
Tel. 020 78 24 13 00
www.london.diplo.de

ÖSTERREICH
18 Belgrave Mews West
London SW1X 8HU
Tel. 020 73 44 32 50
www.bmeia.gv.at/oeb-london

SCHWEIZ
16–18 Montagu Place
London W1H 2BQ
Tel. 020 76 16 60 00
www.eda.admin.ch/london

ETIKETTE

Engländer sind keine Kontinental-Europäer!

»Nebel im Kanal – Kontinent abgeschnitten« – die legendäre Schlagzeile kombiniert treffend die geografische Lage Großbritanniens und das **individualistische Selbstverständnis** der Briten hinsichtlich ihrer europäischen Nachbarn. Winston Churchill setzte sogar noch einen drauf:

> » Der Kanal ist keine Wasserstraße, sondern eine Weltanschauung. «
>
> *Winston Churchill*

konstatierte er. Und all das scheint an Aktualität nichts verloren zu haben. Denn trotz Eurotunnel ist alles so geblieben – das Votum für den EU-Austritt (und auch der Umgang der Regierungen damit) hat es wieder einmal bestätigt. Die Mehrheit der Briten entschied sich für den Austritt aus der Europäischen Union.

Smalltalk

Freundlich sind sie, die Briten, und, entgegen landläufiger Meinung, auch recht unkonventionell. Bringen Sie etwas Zeit, Geduld und Humor beim Schlangestehen an Bushaltestellen, Fahrkartenschaltern und Geschäften mit (oder üben Sie sich darin), und schnell kann ein freundlicher Smalltalk übers Wetter, das Warten und andere Widrigkeiten entstehen. Nach einem »How are you«, auf das kein wirklicher Tatsachenbericht erwartet wird, spricht man sich beim ersten Kennenlernen meist auch gleich mit **Vornamen** an. Eifriges Händeschütteln und ausschweifende Gebärdensprache gehen den eher auf physische Distanz bedachten Briten dann aber zu weit.

Understatement

Titel und Dienstbezeichnungen spielen eine eher untergeordnete Rolle, wird doch in allen Lebenslagen das Understatement großgeschrieben: Selbst herausragende Talente, wie beispielsweise das Beherrschen von Fremdsprachen, werden nur zögernd und dann in aller Bescheidenheit zur Schau gestellt.

Britische Höflichkeit

Eine fundamentale Höflichkeit bestimmt den alltäglichen Umgangston, und schon die kleinsten Briten haben mit beschämender Schlagfertigkeit ein »Please« und »Thank you« in ihren Sprachgebrauch eingebaut. Es ist wirklich ratsam, immer ein »Sorry« oder »Excuse me« auf den Lippen zu tragen.
Was manche Landesbesucher als übertriebene Höflichkeit definieren würden, ist für die Einheimischen gerade gut genug, und wer erst einmal in die »not very friendly«-Kiste gesteckt wurde, kommt da so schnell nicht wieder heraus. Wundern Sie sich bitte auch nicht, wenn die Person, der Sie auf den Fuß treten, sich zuerst bei Ihnen entschuldigt und sich dann auch noch bedankt, nachdem Sie Ihren Fauxpas korrigiert haben!

Britischer Humor

Besonders stolz sind die Briten aber auf ihren Humor. Sie sind sich vollkommen sicher, dass ihnen keine andere Nation darin den Rang ablaufen könnte. Gute und schlechte Situationen werden ironisch oder mit einem schlichten Witz gewürzt, der kollektiv belacht und verstanden wird.

GESUNDHEIT

Apotheken

Apotheken (»chemist«, »pharmacy«) sind sehr oft Abteilungen einer Drogerie, beispielsweise der landesweit vertretenen Kette Boots. Wer Medikamente auf Rezept (»prescription«) kauft, muss eine Gebühr bezahlen.

Ärztliche Hilfe

Staatsbürger aus EU-Ländern und Schweizer Staatsangehörige erhalten auch nach dem britischen Austritt aus der EU kostenlos Notfallbehandlungen beim Staatlichen Gesundheitsdienst (National Health Service). EU-Bürger sollten die europäische Krankenversicherungskarte dabeihaben.

LESETIPPS

Landeskundliches

Bill Bryson: Reif für die Insel – England für Anfänger und Fortgeschrittene. Goldmann, München. Wenn ein Yankee versucht, die Tommies zu verstehen, ist Lesespaß garantiert: Eine hintersinnige, hinreißend komische Liebeserklärung an die Insel zwischen Ärmelkanal und Atlantik.

Hans-Dieter Gelfert: Typisch englisch: Wie die Briten wurden, was sie sind. C.H. Beck, München. Humor, Höflichkeit und das Ideal des Gentleman, Fair Play, Common sense, Kompromissbereitschaft und Naturnähe werden aus der englischen Geschichte erklärt.

James Rebanks: Mein Leben als Schäfer. C. Bertelsmann, Gütersloh. Die Verehrung des Lake District und dessen Nutzung als Erholungsgebiet verursachen auch Spannungen. Das Buch des Schafzüchters James Rebanks erzählt von der tiefen Verbundenheit alteingesessener Bauernfamilien zu ihren Herden und zum Land, das sie im vertrauten Zustand halten.

John Sykes: Wie ticken die Engländer? dtv, Frankfurt. Der Baedeker-Autor hat die Eigenschaften und Traditionen des Brexit-Volks unter die Lupe genommen. Zweisprachig Deutsch/Englisch

Geschichte

Karina Urbach: Queen Victoria – Eine Biografie. C.H. Beck, München. Empfehlenswerte Lektüre über die Königin, die mit 18 Jahren den Thron bestieg und 63 Jahre lang regierte.

Tagebücher, Reiseberichte

Heinrich Heine: Englische Fragmente. Reclam, Ditzingen. Vierter Teil der 1828 erstmals erschienenen Reisebilder. Heinrich Heine hielt sich 1827 vier Monate in England auf.

Samuel Pepys: Tagebuch aus dem London des 17. Jahrhunderts. Reclam Taschenbuch. Samuel Pepys' Aufzeichnungen sind nicht nur ein kulturhistorisches Zeitzeugnis allererster Güte, sondern auch ein großer Lesespaß.

Romane und Erzählungen

Sir Arthur Conan Doyle: Der Hund der Baskervilles. Insel, Berlin Sherlock Holmes muss sich mit den mysteriösen Vorkommnissen im düsteren Dartmoor auseinandersetzen. Natürlich wird er dabei von Dr. Watson unterstützt.

Julian Fellowes: Snobs. C. Bertelsmann, Gütersloh. Julian Fellowes, der als Peer im Oberhaus sitzt und als Drehbuchautor von »Downton Abbey« gefeiert wird, hat mit seinem Debütroman eine wundervoll unterhaltsame wie entlarvende Sittenkomödie der englischen Oberschicht verfasst. Die Upperclass wird mit so viel Witz und Präzision beschrieben, dass es ein großes Lesevergnügen ist.

Ken Follett: Die Säulen der Erde. Bastei Lübbe, Köln. Im mittelalterlichen Südengland träumt der Steinmetz Tom Builder davon, eine Kathedrale zu bauen, und realisiert den Traum gegen alle Widerstände. **ders.**: Die Tore der Welt. Bastei Lübbe, Köln. Die Fortsetzung spielt 200 Jahre später während des Hundertjährigen Kriegs.

Ian McEwan: Saturday. Diogenes, Zürich. Ein Tag in London im Jahr 2003 – der Tag einer großen Demo gegen den Krieg in Irak, auch der Tag, an dem das Leben des Neurochirurgen Henry Perowne und seiner begabten Familie durch Londoner Kriminelle durcheinandergewirbelt wird.

Sonstiges

Hilary Mantel: Wölfe. DuMont 2010. Der erste Band einer Trilogie über die bewegte Regierungszeit von König Heinrich VIII. Falken bzw. Spiegel und Licht heißen die ebenso fesselnden Fortsetzungen.

MASSE · GEWICHTE

Metrisches System mit Ausnahmen

In Großbritannien gilt das metrische System für Maße und Gewichte. Beibehalten wurden das Pint (1,57 l) für Bier und Milch, die Meile (1,61 km) als Entfernungsmaß und die eigenen Konfektionsgrößen.

ENGLISCHE MASSE
1 inch = 2,54 cm
1 foot = 30,48 cm
1 yard = 91,44 cm
1 mile (mi) = 1,61 km
1 pint (pt) = 0,568 l
1 pound = 453,59 g

KONFEKTIONSGRÖSSEN

D:	36	38	40	42	44
GB:	8	10	12	14	16

SCHUHGRÖSSEN

D:	38	39	40	42	43	44
GB:	5	6	7	8	9	10

PREISE · VERGÜNSTIGUNGEN

Teures Reiseland

Großbritannien ist als Reiseland ziemlich teuer und war von der hohen Inflation der letzten Jahre zeitweilig noch stärker betroffen als europäische Nachbarländer, denn die Begrenzung der Migranten aus der EU hat den Mangel an Arbeitskräften in der Landwirtschaft, der Hotellerie und der Gastwirtschaft verschlimmert.
www.smartsave.com/uk

Reisen im Land

Mit **BritRailpässen** kann man in einem bestimmten Zeitraum unbegrenzt im ganzen Land Bahn fahren. BritRail bietet verschiedene Spezialtickets, u. a. den Britrail-England-Pass und den Britrail Pass. Die Pässe gelten in allen fahrplanmäßigen Zügen und müssen vor Reiseantritt gekauft werden. Beide sind in der Variante »Consecutive« an 3, 4, 8, 15, 22 oder 30 aufeinanderfolgenden Tagen für das englische bzw. das gesamte britische Eisenbahnnetz gültig. Preisbeispiel (für 15 Tage): Erw. 385 € für England. In der Variante »Flexible« gelten sie an 2, 3, 4, 8 oder 15 frei wählbaren Tagen innerhalb von 30 Tagen.
Die Busgesellschaft National Express verkauft an alle über 60-Jährigen die **Senior Coach Card** – nach einer einmaligen Zahlung von 15 £ kosten dann ein Jahr lang alle Busfahrten ein Drittel weniger.
Spartipp für Senioren: An den verkehrsarmen Wochentagen Dienstag, Mittwoch und Donnerstag bietet National Express die Hin- und Rückfahrt zu allen Zielen in Großbritannien (Flughäfen ausgenommen) für 15 £ an.

Eintrittsgelder

Viele Museen kosten keinen Eintritt, z. B. die meisten führenden Museen in London sowie in anderen großen Städten wie Birmingham, Liverpool, Manchester und Newcastle.
Kinder, Jugendliche und Studenten bezahlen typischerweise 50 % bis 70 % des Erwachsenenpreises, außerdem gibt es meistens Familientickets. Bei vielen Besucherattraktionen spart man durch Onlinekauf vorab. Ob sich spezielle Pässe wie der **London Pass** und der York Pass lohnen, sollte man genau prüfen. Der London Pass rechnet sich nur, wenn man die hochpreisigen Sehenswürdigkeiten schnell nacheinander besucht. Der **English Heritage Overseas Pass** bietet Eintritt für Burgen, Schlösser, Stonehenge, Hadrian's Wall und mehr – auch hier sollte man vorab prüfen. Manche Pässe kann man online beim VisitBritain-Shop kaufen (▶ Auskunft).

Stadtbesichtigungen

Stadtbesichtigungen in kleinen organisierten **Stadtrundgängen** sind oft gut und günstiger als touristische Stadtrundfahrten. Manche Linienbusse haben auch interessante Streckenführungen, so dass man auf eigene Faust diverse Sehenswürdigkeiten abfahren kann. Die Touristenbüros vor Ort geben genaue Informationen.

REISEZEIT

Wann ist Saison?

Während London das ganze Jahr über Saison hat, wird das übrige England vor allem von Mai bis September besucht. Im Frühjahr und Herbst drängen sich nicht so viele Touristen, der Verkehr ist entspannter, die Menschen haben mehr Zeit und die Preise sind günstiger. Im Winterhalbjahr ist das Angebot an kulturellen Veranstaltungen – Theater, Ballett und Konzerte – besonders groß.
Die **beste Reisezeit** sind Frühjahr und Frühsommer. Dann sind die Chancen auf schönes Wetter am größten und die Regenwahrscheinlichkeit am geringsten. Mai und Juni bringen oft strahlenden Sonnenschein und ab dem letzten Maidrittel nahezu überall angenehme Temperaturen. Dies ist auch die beste Zeit für einen **London-Aufenthalt.** Auch der Herbst mit dem Altweibersommer hat seine schönen Tage. Auf Regenschirmwetter sollte man sich eher im Westen des Landes als im Osten, auf niedrigere Temperaturen eher im Norden als im Süden einstellen. Mai und Juni sind aber auch hier bekannt für längere Schönwetterperioden. Badefreunde kommen im Juli und August in den **südlichen Seebädern** auf ihre Kosten. Anfang August ist das Wasser mit durchschnittlich 18 °C am wärmsten.

SPRACHE

SPRACHFÜHRER ENGLISCH

AUF EINEN BLICK

Vielleicht.	**Perhaps./Maybe.**
Bitte.	**Please.**
Danke./Vielen Dank!	**Thank you./Thank you very much.**
Gern geschehen.	**You're welcome.**
Entschuldigung!	**I'm sorry!**
Wie bitte?	**Pardon?**
Ich verstehe Sie/dich nicht.	**I don't understand you**
Ich spreche nur wenig (English)...	**I only speak little (English)...**

Können Sie mir bitte helfen?	**Can you help me, please?**
Ich möchte ...	**I'd like ...**
Das gefällt mir (nicht).	**I (don't) like this.**
Haben Sie ...?	**Do you have ...?**
Wie viel kostet es?	**How much is it?**
Wie viel Uhr ist es?	**What time is it?**

KENNENLERNEN

Guten Morgen!	**Good morning!**
Guten Tag!	**Good afternoon!**
Guten Abend!	**Good evening!**
Hallo! Grüß dich!	**Hello!/Hi!**
Mein Name ist ...	**My name's ...**
Wie ist Ihr/Dein Name?	**What's your name?**
Wie geht es Ihnen/dir?	**How are you?**
Danke. Und Ihnen/dir?	**Fine, thanks. And you?**
Auf Wiedersehen!	**Goodbye!/Bye-bye!**
Tschüs!	**See you!/Bye!**

AUSKUNFT UNTERWEGS

links/rechts	**left/right**
geradeaus	**straight on**
nah/weit	**near/far**
Bitte, wo ist ...?	**Excuse me, where's ..., please?**
... die Bushaltestelle	**... the bus stop**
... der Hafen	**... the harbour**
... der Flughafen	**... the airport**
Wie weit ist das?	**How far is it?**
Ich möchte ... mieten.	**I'd like to hire ...**
... ein Auto	**... a car**
... ein Fahrrad	**... a bike/bicycle**

EINKAUFEN

Wo finde ich ... eine/ein ..?	**Where can I find a ...?**
Apotheke	**chemist/pharmacy**
Bäckerei	**bakery**
Kaufhaus	**department store**
Lebensmittelgeschäft	**grocery store**
Markt	**market**
Was kostet ...?	**How much is ...?**

ÜBERNACHTUNG

Können Sie mir ... empfehlen?	**Could you recommend ... ?**
... ein Hotel/Motel	**... a hotel/motel**
... eine Pension.	**... a guest-house**
Ich habe ein Zimmer reserviert.	**I have reserved a room.**
Haben Sie noch ...?	**Do you have ...?**

... ein Einzelzimmer	**... a single room**
... ein Doppelzimmer	**... a double room**
... mit Dusche/Bad	**... with a shower/bath**
... für eine Nacht	**... for one night**
... für eine Woche	**... for a week**
Was kostet das Zimmer	**How much is the room**
... mit Frühstück?	**... with breakfast?**
... mit Halbpension?	**... with half board?**

ARZT

Ich brauche einen Arzt/Zahnarzt.	**I need a doctor/dentist.**
Ich habe hier Schmerzen.	**I've got pain here.**

BANK/POST/KOMMUNIKATION

Wo ist hier bitte eine Bank?	**Where's the nearest bank, please?**
Ich möchte ... Euro (Franken) wechseln.	**I'd like to change ... Euro (Swiss Francs).**
Was kostet ...	**How much is ...**
... ein Brief ...	**... a letter ...**
... eine Postkarte ...	**... a postcard ...**
... nach Deutschland?	**to Germany?**
... nach Österreich?	**to Austria?**
... in die Schweiz?	**to Switzerland?**
Handy, Mobiltelefon	**mobile phone**
Wo ist das nächste Internetcafé?	**Where is the next internet café?**
Ich brauche eine Prepaid-Karte für mein Handy.	**I need a prepaid card for my mobile phone.**
Ich brauche eine Speicherkarte für meine Kamera.	**I need a memory card for my camera.**

SPEISEKARTE

Breakfast	**Frühstück**
coffee (with cream/milk)	**Kaffee (mit Sahne/Milch)**
hot chocolate	**heiße Schokolade**
tea (with milk/lemon)	**Tee (mit Milch/Zitrone)**
scrambled eggs	**Rühreier**
poached eggs	**pochierte Eier**
bacon and eggs	**Eier mit Speck**
fried eggs	**Spiegeleier**
hard-boiled/soft-boiled eggs	**harte/weiche Eier**
(cheese/mushroom) omelette	**(Käse-/Champignon-) Omelett**
bread/rolls	**Brot/Brötchen/Toast**
brown/white toast	**Körnertoast/Weißbrottoast**
butter	**Butter**
honey	**Honig**
jam/marmalade	**Marmelade/Orangenmarmelade**
yoghurt	**Joghurt**
fruit	**Obst**

Starters and Soups	**Vorspeisen und Suppen**
clear soup/consommé	**(Fleisch-) Brühe**
cream of chicken soup	**Hühnercremesuppe**
cream of tomato soup	**Tomatensuppe**
mixed/green salad	**gemischter/grüner Salat**
onion rings	**frittierte Zwiebelringe**
seafood salad	**Meeresfrüchtesalat**
shrimp/prawn cocktail	**Garnelen-/Krabbencocktail**
smoked salmon	**Räucherlachs**
vegetable soup	**Gemüsesuppe**
Fish and Seafood	**Fisch und Meeresfrüchte**
cod	**Kabeljau**
crab	**Krebs**
eel	**Aal**
haddock	**Schellfisch**
herring	**Hering**
lobster	**Hummer**
mussels	**Muscheln**
oysters	**Austern**
plaice	**Scholle**
salmon	**Lachs**
scallops	**Jakobsmuscheln**
sole	**Seezunge**
squid	**Tintenfisch**
trout	**Forelle**
tuna	**Thunfisch**
Meat and Poultry	**Fleisch und Geflügel**
barbequed spare ribs	**gegrillte Schweinerippchen**
beef	**Rindfleisch**
chicken	**Hähnchen**
chop/cutlet	**Kotelett**
fillet	**Filetsteak**
duck(ling)	**(junge) Ente**
gammon	**Schinkensteak**
gravy	**Fleischsoße**
ham	**gekochter Schinken**
kidneys	**Nieren**
lamb (with mint sauce)	**Lamm (mit einer sauren Minzsoße)**
liver (and onions)	**Leber (mit Zwiebeln)**
minced meat	**Hackfleisch**
mutton	**Hammelfleisch**
pork	**Schweinefleisch**
rabbit	**Kaninchen**
sausages	**Würstchen**
sirloin steak	**Lendenstück vom Rind**
turkey	**Truthahn**
veal	**Kalbfleisch**
venison	**Reh oder Hirsch**
Dessert and Cheese	**Nachspeisen und Käse**
apple pie	**gedeckter Apfelkuchen**
cheddar	**kräftiger Käse**

cottage cheese	**Hüttenkäse**
cream	**Sahne**
custard	**Vanillesoße**
fruit salad	**Obstsalat**
goat's cheese	**Ziegenkäse**
ice-cream	**Eis**
pastries	**Gebäck**
Vegetables and Salad	**Gemüse und Salat**
baked beans	**gebackene Bohnen in Tomatensoße**
baked potatoes	**gebackene Kartoffeln mit Schale**
cabbage	**Kohl**
carrots	**Karotten**
cauliflower	**Blumenkohl**
chips	**Pommes frites**
cucumber	**Gurke**
fritters/hash browns	**Bratkartoffeln**
garlic	**Knoblauch**
leek	**Lauch**
lettuce	**Kopfsalat**
mashed potatoes	**Kartoffelpüree**
mushrooms	**Pilze**
onions	**Zwiebeln**
peas	**Erbsen**
peppers	**Paprika**
spinach	**Spinat**
sweetcorn	**Mais**
tomatoes	**Tomaten**
Fruit	**Obst**
apricots	**Aprikosen**
blackberries	**Brombeeren**
cherries	**Kirschen**
grapes	**Weintrauben**
lemon	**Zitrone**
oranges	**Orangen**
peaches	**Pfirsiche**
pears	**Birnen**
pineapple	**Ananas**
plums	**Pflaumen**
raspberries	**Himbeeren**
strawberries	**Erdbeeren**
Beverages	**Getränke**
beer on tap	**Bier vom Fass**
cider	**Apfelwein**
red/white wine	**Rot-/Weißwein**
dry/sweet	**trocken/lieblich**
sparkling wine	**Sekt**
soft drinks	**alkoholfreie Getränke**
fruit juice	**Fruchtsaft**
lemonade	**gesüßter Zitronensaft**
milk	**Milch**
mineral water	**Mineralwasser**

TELEKOMMUNIKATION · POST

WLAN Fast alle Hotels, sehr viele Cafés, Pubs und Restaurants und auch viele Busse und Züge bieten kostenloses Surfen. Manchmal erheben Hotels eine Gebühr für eine schnelle Verbindung. In London ist der Zugang für Kunden führender Anbieter (z. B. Vodafone, Orange, O2, Virgin Media) in über 150 U-Bahnhöfen kostenlos. Andere können sehr preiswert einen Tages- oder Wochenpass erstehen unter my.virginmedia.com/wifi/index.html;

Telefon Mobiltelefone (»mobile phone«, »cell phone«) wählen sich automatisch in das entsprechende britische Partnernetz ein. Die Begrenzung der Roaming-Gebühren innerhalb der EU wird von vielen Anbietern auch nach dem Brexit beibehalten. An abgelegenen Orten hat man teilweise nur schlechten bzw. gar keinen Netzempfang. Die meisten (immer seltener werdenden) öffentlichen Fernsprecher von British Telecom (BT) funktionieren sowohl mit Münzen (10, 20, 50 Pence, 1 £) als auch mit Kreditkarten.

Post Postämter sind meist von Mo.–Fr. 9–17 Uhr und Sa. bis 12.30 Uhr geöffnet. Viele Filialen wurden geschlossen bzw. in Geschäfte, oft in Filialen der Papierwaren- und Buchhandelskette W.H. Smith, integriert. Postkarten und Briefe bis 20 g nach Kontinentaleuropa müssen mit 1,25 £ frankiert werden. **Briefmarken** (»stamps«) erhält man in Postämtern und in vielen Kiosken und Souvenirläden.

VERKEHR

Auto

Linksverkehr (▶ Baedeker Wissen, S. 514/515) Auf den Britischen Inseln herrscht Linksverkehr, überholt wird rechts. Trotz des Linksverkehrs hat nicht automatisch der von links kommende Verkehr **Vorfahrt.** »Vorfahrt gewähren« wird durch die Schilder »Stop« oder »Give Way« angezeigt. An Straßenmündungen mit doppelter Linie muss man anhalten; an doppelte unterbrochene Linien muss man langsam heranfahren. Im Kreisverkehr (»roundabouts«) haben Fahrzeuge im Kreis Vorfahrt.

Tempolimits

Als **Höchstgeschwindigkeit** gilt auf Autobahnen und Straßen mit zwei Fahrspuren in jeder Richtung 70 mph (112 km/h), mit Anhänger 60 mph (96 km/h); auf anderen Straßen 60 mph (96 km/h), mit Anhänger 50 mph (80 km/h); in geschlossenen Ortschaften 30 mph (48 km/h). Fahrzeuge mit Anhänger dürfen auf dreispurigen Autobahnen nicht die äußere Überholspur benutzen – wegen des Linksverkehrs ist das die Spur innen!

Sicherheit, Alkohol

Es besteht Anschnallpflicht, auch auf den Rücksitzen. Für Motorrad- und Mopedfahrer besteht Helmpflicht. Promillegrenze ist 0,8.

Parken

Im Zentrum der meisten Städte ist Parken nur an Parkuhren möglich. **Gelbe Doppellinien** bedeuten Parkverbot. Auf einer einfachen gelben Linie darf zu bestimmten Zeiten nicht geparkt werden. Manche Parkplätze, vor allem im ländlichen Raum, werden von **privaten Firmen** betrieben. Das Entgelt muss im Voraus entrichtet werden. Die Parkscheinautomaten nehmen in der Regel nur Münzen an. Manche der Betreiberfirmen setzen bei Überziehung Radkrallen ein und verlangen saftige Strafen (teils über 100 £).

Tanken

Es gibt bleifreies Benzin (Unleaded, 95 Oktan), bleifreies Super (Super Unleaded, 98 Oktan), Diesel, Premium Diesel und Autogas (LPG).

Versicherung

Es ist lediglich eine Haftpflichtversicherung für Personenschäden vorgeschrieben. Es ist daher angeraten, für die Dauer der Reise für sein eigenes Fahrzeug eine Kaskoversicherung abzuschließen.

Mietwagen

Mieter müssen seit mindestens 12 Monaten den Führerscheins besitzen und mindestens 21, bei manchen Vermietern 23 Jahre alt sein.

Taxi

In Großstädten kann man ein freies Taxi – mit erleuchtetem Schild »taxi« oder »for hire« auf dem Wagendach – heranwinken. Taxifahrer erwarten ein Trinkgeld von 10 bis 15 % des Fahrpreises. **Lizensierte Taxen** haben eine Wagennummer! Fahrpreise und Zuschläge sind im Taxi aufgeführt und nach Entfernung und Strecke gestaffelt. **Minicabs** können direkt bestellt werden. Sie sind günstiger als Black Cabs. Der Vermittlungsdienst Uber hat sich in vielen Städten etabliert.

Bus

Busnetz

England besitzt ein dichtes Netz von überregionalen Fernbuslinien, das von **National Express** betrieben wird. Besonders preiswert fährt man mit dem **Megabus,** der Strecken in ganz Großbritannien bedient. Daneben gibt es einen gut funktionierenden Regionalbusverkehr (kommunale und private Gesellschaften).

LINKS VOR RECHTS

BAEDEKER WISSEN

Mit dem Auto nach England? Es ist gar nicht so schlimm, wie man befürchtet. Denn die Engländer tun einiges, um Rechtsfahrer vom Kontinent sicher über ihre Straßen zu bringen. Wenn man mögliche heikle Situationen vorher durchspielt, fühlt man sich bald nicht mehr als Geisterfahrer.

▶ **Klebe-Erinnerung**
In Großbritannien kann man diesen Sticker erwerben, der an den Linksverkehr erinnert.

▶ **Woher kommt es? Linksverkehr ist nicht unlogisch!**

Rechtshänder steigen von links aufs Pferd, daher macht es Sinn, auf der linken Straßenseite zu bleiben.

Rechtshänder führen Fuhrwerke von links. Um sich vor Gegenverkehr zu schützen, gehen sie am linken Straßenrand.

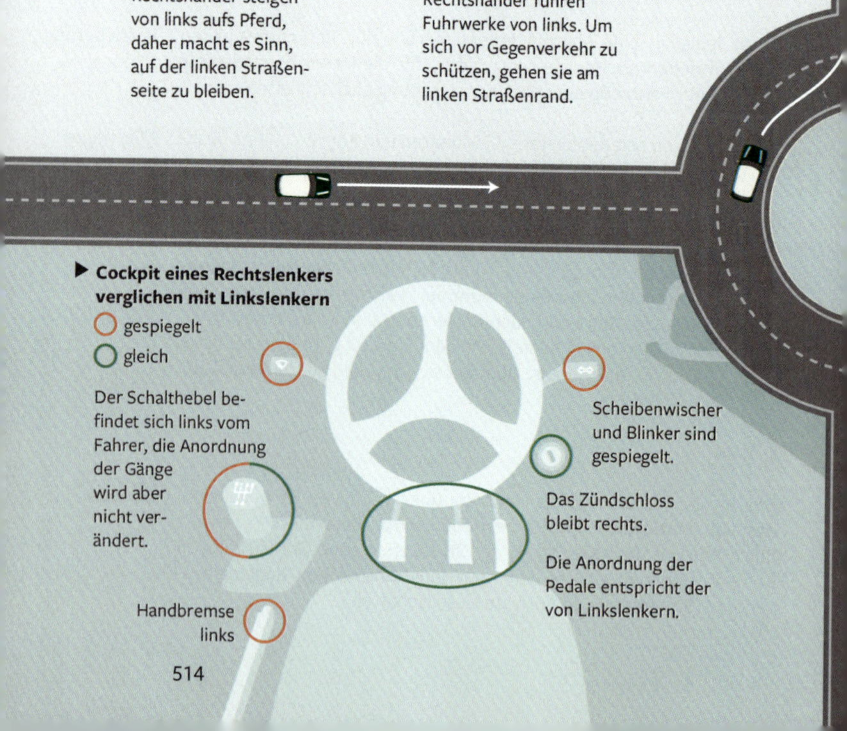

▶ **Cockpit eines Rechtslenkers verglichen mit Linkslenkern**

○ gespiegelt

○ gleich

Der Schalthebel befindet sich links vom Fahrer, die Anordnung der Gänge wird aber nicht verändert.

Handbremse links

Scheibenwischer und Blinker sind gespiegelt.

Das Zündschloss bleibt rechts.

Die Anordnung der Pedale entspricht der von Linkslenkern.

▶ Markierung an Fußgängerüberwegen in Städten

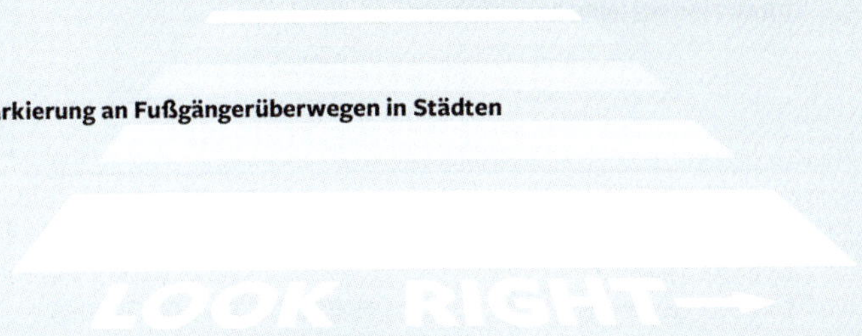

▶ Orientierung im Linksverkehr

An den Linksverkehr muss man sich erst einmal gewöhnen. Hier einige heikle Situationen, die Anfänger besonders beachten sollten.

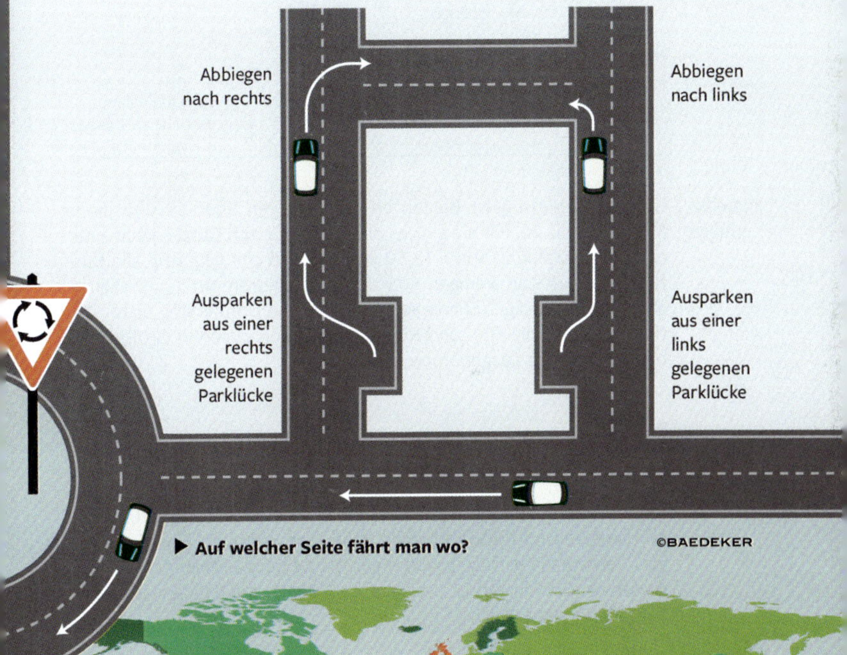

▶ Auf welcher Seite fährt man wo?

©BAEDEKER

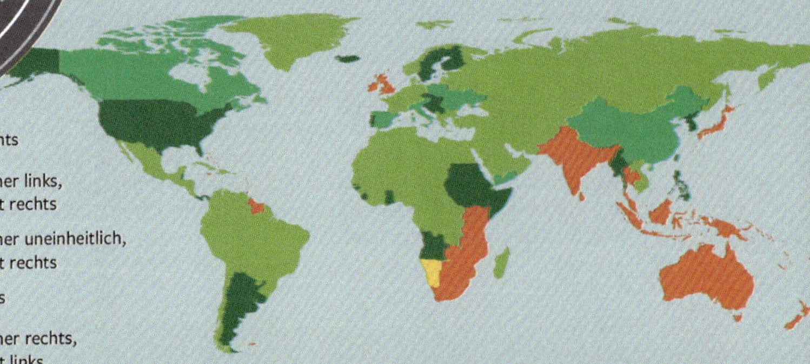

NÜTZLICHE ONLINE-ADRESSEN

FAHRPLÄNE UND VERBINDUNGEN
Suche für ganz England
www.traveline.info

BUS

NATIONAL EXPRESS
NATIONAL EXPRESS HOUSE
www.nationalexpress.com

MEGABUS
www.megabus.com

BAHN

NATIONAL RAIL ENQUIRIES
Tel. 0345 7 48 49 50
www.nationalrail.co.uk

TRANSPORT FOR LONDON
Alles über öffentlichen Verkehr und Autofahren in der Hauptstadt, inkl. Fahrpläne
www.tfl.gov.uk

BAHNPÄSSE
Britrail-Pässe für Züge in England
www.britrail.com/britrail-passes

Ermäßigungen Besonders günstig ist Busfahren für Senioren über 60 und junge Menschen bis 26. Für sie gibt es die **Senior Coach Card** – nach einer einmaligen Zahlung von £ 12,50 kosten dann ein Jahr lang alle Busfahrten ein Drittel weniger. Spartipp für Senioren: An den verkehrsarmen Wochentagen Dienstag, Mittwoch und Donnerstag bietet National Express die Hin- und Rückfahrt zu allen Zielen in Großbritannien (Flughäfen ausgenommen) für £ 15 an.

Bahn

Bahnnetz Es gibt ein weit verzweigtes Bahnnetz. Auf manchen Hauptstrecken fahren **Hochgeschwindigkeitszüge** mit mehr als 200 km/h. Einzelfahrscheine und Rückfahrkarten kann man schon zu Hause kaufen, was den Vorteil hat, dass man die Fahrt beliebig unterbrechen kann. Bei den in Großbritannien verkauften Tickets sind dagegen Tage und Fahrzeiten festgelegt.

Preise Das Preissystem der privatisierten englischen Bahngesellschaften ist extrem unübersichtlich. Wie bei Fluggesellschaften sind die Preise nachfrageabhängig, d. h. man zahlt teilweise sehr viel mehr, wenn man zu Stoßzeiten oder kurzentschlossen fährt. Onlinekauf zum Zeigen auf Mobiltelefon oder zum Abholen an Automaten in den Bahnhöfen ist die günstigste Alternative. Preisermäßigungen und Pässe ▶ S. 506

REGISTER

A

Abbey **52**, **196**
Abbotsbury **151**
Adam, Robert **444**
Afternoon Tea **474**
A la Ronde **162**
Aldeburgh **377**
Alnwick **307**
Alum Bay **194**
Ambleside **208**
Angeln **468**
Angelsachsen **427**
Anne Hathaway's Cottage **373**
Anreise **497**
Apotheken **503**
Arkengarthdale **411**
Arlington Court **142**
Artus **125**, **128**
Arundel Castle **107**
Ärztliche Hilfe **504**
Athelhampton Hall **155**
Attingham Park **359**
Auskunft **501**
Ausreisebestimmungen **498**
Austen, Jane **53**, **390**
Avebury **362**, **366**
Avebury Circle **366**

B

Bacon, Francis **449**
Baedeker, Karl **461**
Baggy Point **142**
Bahnverkehr **516**
Ballasalla **187**
Bamburgh **307**
Banken **496**
Banksy **450**
Barbican **346**
Barnard Castle **411**
Barnstaple **141**
Barock **444**
Bath **48**, **368**
Battle **73**
Beachy Head **72**
Beamish Open-Air Museum **158**
Beatles **230**, **234**
Beaulieu Abbey **296**
Becket, Thomas **88**, **89**
Bed & Breakfast **491**
Belas Knap **133**
Bell, Vanessa **70**
Bembridge **193**
Bempton Cliffs **403**
Bergsteigen **464**
Berwick-upon-Tweed **308**
Beverley **186**
Bevölkerung **417**
Bibury **131**
Bier **475**
Bigbury Bay **143**
Bignor **107**
Bill of Rights **421**
Birdoswald **178**
Birmingham **56**
Bishop's Castle **362**
Blackpool **214**
Blackpudding **473**
Blaise Hamlet **80**
Blakeney Point **303**
Blake, William **445**
Blenheim Palace **336**
Blickling Hall **41**
Boardman's Mill **317**
Bodiam Castle **204**
Bodmin **124**
Bodmin Moor **415**, **125**
Bolt Head **146**
Bolton Abbey **407**
Bolt Tail **146**
Bolventor **119**
Bonnie Prince Charlie **212**
Book of Lindisfarne **438**
Boot **208**
Booth, William **319**
Borrowdale **210**
Boscastle **125**
Bosham **107**
Bournemouth **148**
Bourton-on-the-Water **131**
Bovey Tracey **489**
Bradford **220**
Bradford-on-Avon **54**
Brading **193**
Braunton Burrows **142**
Brexit **422**, **435**, **512**
Bridlington **403**
Brighton **65**
Bristol **74**
British Open Crabbing Championships **478**
Britten, Benjamin **377**
Brixham **145**
Broadlands **298**
Broadstairs **94**
Broads Wildlife Centre **318**
Broadway **133**
Brocolitia **177**
Brontë, Anne **403**
Brown, Lancelot Capability **14**
Brownsea Island **149**
Brunel, Isambard Kingdom **79**
Bryher **196**
Brythonen **427**

Buckden **408**
Buckingham **110**
Buckler's Hard **297**
Burgh Island **143**
Burghley House **168**
Burnham Market **302**
Burnham Thorpe **302**
Bury St. Edmunds **378**, **379**, **380**
Busverkehr **497**, **513**
Buttermere **210**
Buxton **337**

C

C2C **465**
Calf of Man **189**
Cambridge **81**
Camel Trail **124**
Cameron, David **435**
Campingplätze **493**
Canterbury **88**
Carisbrooke Castle **194**
Carlisle **211**
Carrawburgh **177**
Carter, Jack **118**
Castle Combe **55**, **134**
Castle Drogo **135**
Castle Head **210**
Castle Howard **400**
Castlerigg Stone Circle **210**
Castle Rising **301**
Castleton **338**
Castletown **189**
Cavendish **380**
Cerne Abbas Giant **154**
Chagford **135**
Charles III. **10 f.**, **87**, **152**, **241**, **301**, **448**
Charleston Farmhouse **70**
Chartwell House **204**
Chastleton House **132**
Chatham **97**, **98**
Chatsworth House **339**
Chawton **390**
Cheddar Gorge **26**, **384**
Chedworth Roman Villa **131**
Cheese-Rolling Festivals **478**
Cheltenham **169**, **171**
Chequers Court **110**
Chesil Beach **147**, **152**
Chester **98**
Chesterholm **178**
Chesters **176**
Chichester **103**
Chichester Harbour **107**
Chicken & Mushroom Pie **473**
Chiltern Hills **108**
Chippendale, Thomas **444**
Chippenham **134**
Chipping Campden **132**
Chipping Norton **37**
Chollerford **176**
Christie, Agatha **143**, **450**
Christmas Pudding **473**
Churchill, Winston **204**, **260**, **336**, **434**, **452**, **502**
Church of England **417**
Church Stretton **362**
Chysauster **122**
Cirencester **129**
Clapper Bridge **138**
Clare **380**
Cleveland Way **309**, **310**
Clifton **79**
Clifton Suspension Bridge **80**
Clovelly **140**
Cocker, Joe **452**
Colchester **112**
Congleton **289**
Coniston **208**
Constable, John **447**
Cook, James **343**, **401**, **404**, **453**
Coombe Hill **109**
Corbridge **176**
Cornish Pasty **472**
Cornwall **113**, **306**
Cornwall Coast Path **123**
Corsham Court **55**
Cotehele House **346**
Cotswolds **128**, **415**
Cotswolds Woollen Weavers **129**
Coventry **63**
Cowes **190**
Cowes Week **190**
Cremyll **346**
Cricket **479**
Crick, Francis **82**
Cromer **303**
Cromwell, Oliver **88**, **430**
Crosby **238**
Croyde Bay **142**
Crummock Water **210**
Culver Cliff **193**
Cumbrian Mountains **415**

D

Dänen **427**
Dartmoor **134**, **415**
Dartmoor-Ponys **135**
Dartmouth **146**
Darts **481**
Dart-Tal **146**
Darwin, Charles **454**
Declaration of Rights **430**
Decorated Style **441**

Defoe, Daniel **78**
Derbyhaven **187**
Derwent Water **210**
Devon **140**
Diana **454**
Dickens, Charles **97**, **347**
Dimbola Lodge **193**
Diwali **478**
Domesday Book **169**
Dorchester **152**
Dorset **146**
Douglas **187**
Dover **199**
Dracula **405**
Drake, Francis **139**, **160**, **343**, **455**
Drake's Trail **139**
Dudley Black Country Living Museum **62**
du Maurier, Daphne **119**, **125**
Dungeon Ghyll **208**
Dunkery Beacon **142**
Dunster **142**
Dunwich **378**
Dunwich Heath **378**
Durdle Door **147**, **150**
Durham **155**
Duxford Imperial War Museum **88**
Dyrham Park **80**

E

Early English Style **441**
Easby Abbey **410**
Eastbourne **72**
Eastnor Castle **182**
East Sussex **65**
Edwinstowe **321**
Einreisebestimmungen **498**
Elektrizität **496**
Elgar, Edward **392**, **394**
Elizabeth I. **429**
Elizabeth II. **10 f.**, **241**, **261**, **280**
Elizabeth Stuart **194**
Elizabethan Style **442**
Ely **163**, **165**
Embsay **408**
Essen und Trinken **470**
Etikette **502**
Eton **280**
Eurostar **497**
Eurotunnel **202, 497**
Exbury Gardens **297**
Exeter **158**
Exmoor **142**, **415**
Exmouth **162**

F

Fairford **129**
Fairhaven Garden **318**
Falmouth **121**
Feiern **477**
Feiertage **481**
Felbrigg Hal **303**
Fenland **163**
Filkins **129**
Fishbourne Roman Palace **105**
Fish & Chips **472**
Flughäfen **499**
Folkestone **200**
Food festivals **477**
Forest-in-Teesdale **411**
Forest of Bowland **213**, **215**
Fossil Forest **150**
Fountains Abbey **408**
Fowey **117**
Fox-Talbot, William Henry **54**
Freshwater Bay **193**
Fußball **479**

G

Gainsborough, Thomas **445**
Game Pie **473**
Gaydon **374**
Geld **496**
Geldautomaten **496**
Georgian Style **443**
Geschichte **424**
Gesundheit **503**
Gewichte **505**
Gilbert and George **449**
Glastonbury **385**
Glendurgan Garden **121**
Glenridding **209**
Glorious Revolution **430**
Gloucester **170**
Glyndebourne Festival **478**
Godrevy Point **123**
Golf **466**
Goodwood House **107**
Gordale Scar **408**
Gormley, Antony **449**
Gosport **352**
Gothic Revival Style **443**
Gotik **440**
Grange-in-Borrowdale **210**
Grasmere **209**
Great Dixter **15**
Great Malvern **394**
Greenwich Mean Time **496**
Gribbin Head **117**
Grimspound **135**
Guildford **172**
Guild of the Holy Cross **370**

H

Habeas Corpus Act **421**
Haddon Hall **339**
Hadrian's Wall **174**
Hall's Croft **371**
Händel, Georg Friedrich **268**
Hannover (Dynastie) **430**
Hardknott Pass **208**
Hardwick Hall **322**
Hardy, Thomas **152**
Hardy Trail **152**
Harewood House **220**
Harrogate **220**
Hastings **72**
Hausboote **466**
Haustiere **498**
Hawes **410**
Hawking, Stephen **85**
Hawkshead **207**
Haworth **221**
Heinrich VII. **399**
Heinrich VIII. **429**, **278**
Helmsley **310**
Helvellyn **209**
Henbury **80**
Hendrix, Jimi **268**
Hepworth, Barbara **449**
Hereford **179**
Herriot, James **312**
Hever Castle **201**
Hexham **178**
Heysham **215**
Hickling Broad **318**
Hidcote Manor Garden **133**
Higher Bockhampton **153**
High Tea **474**
High Weald Country Tour **200**
Hilliard, Nicholas **443**
Hill, Octavia **166**
Hirst, Damien **449**
Hockney, David **449**
Hogarth, William **445**
Holakham Hall **302**
Holbein d.J., Hans **443**
Holburne Museum **54**
Hollerford **176**
Holme Dunes **302**
Holme Fen **166**
Holme Post **166**
Holy Island **307**
Holy Trinity **184**
Honister Pass **210**
Hotels **490**, **491**
House in the Clouds **493**
Hugh Town **196**
Hull **183**
Hunderennen **480**
Hunstanton **302**
Huntingdon **88**
Hythe **200**

I

Ightham Mote **201**
Ilfracombe **142**
Inspector Barnaby **108**
Inspector Lewis **332**
Ironbridge Gorge **19**, **360**
Isle of Man **187**, **416**
Isle of Portland **151**
Isle of Purbeck **149**
Isle of Wight **190**, **416**
Isles of Scilly **195**, **416**

J

Jakob I. **429**
Jane Austen Centre **53**
Jervaulx Abbey **409**
Jesmond Dene **294**
Johnson, Boris **436**
Johnson, Samuel **63**
Jones, Inigo **444**
Jorvik Viking Centre **398**
Jurassic Coast **146**, **153**

K

Karl I. **194**
Katharina von Aragón **168**
Keats, John **193**
Kedleston Hall **323**
Keighley **220**
Keighley and Worth Valley Railway **220**
Kelmscott Manor **129**
Kendal **210**
Kenilworth Castle **374**
Kennack Sands **121**
Kent **196**
Keswick **210**, **211**
Kilburn **312**
Kilnsey Park **408**
King Arthurs Castle **125**
Kingsbridge **146**
King's Lynn **300**
Kingston Lacy **149**
Kingston-upon-Hull **183**
Kingswear **145**
Kirk Michael **189**
Kirkstall Abbey **222**
Knole **201**
Kokoschka, Oskar **117**
Kunstgeschichte **436**
Kunsthandwerk **489**
Küsten **414**
Kynance Cove **121**, **122**

L

Lacock **54**
Lake District **205**, **415**
Lake Poets **205**
Lamorna **122**
Lancaster **212**
Lancaster (Dynastie) **429**
Landschaften **414**
Landschaftsparks **12**
Land's End **123**
Langdale Pikes **208**
Langness **187**
Lanhydrock House **124**
Lanyon Quoit **122**
Lavenham **379**
Laxey **190**
Ledbury **182**
Leeds **216**
Leeds Castle **96**
Leicester **222**
Lesetipps **504**
Lewes **70**
Lichfield **63**
Lincoln **225**
Lindisfarne **307**
Linksverkehr **512**
Literaturfestivals **478**
Little Langdale **208**
Little Moreton Hall **289**
Littondale **408**
Liverpool **230**
Lizard-Halbinsel **121**, **122**
Lizard Point **121**
Lodore Falls **210**
London 238
– 10 Downing Street **259**
– Albert Memorial **269**
– Apsley House **269**
– Bank of England **250**
– Bankside Power Station **273**
– Banqueting House **259**
– Big Ben **260**
– Borough Market **273**
– British Museum **257**
– Buckingham Palace **263**
– Burlington Arcade **265**
– Canary Wharf **274**
– Carnaby Street **268**
– Cenotaph **259**
– Cheesegrater **251**
– Chinatown **268**
– Churchill War Rooms **260**
– City Hall **272**
– County Hall **274**
– Courtauld Gallery **255**
– Covent Garden **256**
– Cutty Sark **275**
– Design Museum **272**
– Docklands **274**
– Flamsteed House **276**
– Fleet Street **249**
– Fortnum & Mason **265**
– Globe Theatre **272**
– Greenwich **275**
– Hampton Court Palace **278**
– Handel & Hendrix **268**
– Harrods **270**
– Hayward Art Gallery **273**
– HMS Belfast **272**
– Horse Guards **259**
– Houses of Parliament **260**
– Hyde Park **268**
– Jewel House **255**
– Kensington **270**
– Kensington Gardens **268**
– Kensington Palace **269**
– Kew Gardens **278**
– Kew Palace **278**
– Knightsbridge **270**
– Kronjuwelen **255**
– Leadenhall Market **251**
– Liberty's **265**
– Lloyd's Building **251**
– London Bridge Quarter **272**
– London Dungeon **274**
– London Eye **274**
– London Transport Museum **256**
– Mansion House **250**
– Marble Arch **268**
– Millennium Bridge **273**
– Millennium Dome **277**
– Monument **250**
– Museum of London **249**
– Museum of London Docklands **274**
– National Gallery **257**
– National Maritime Museum **276**
– National Portrait Gallery **257**
– National Theatre **273**
– Natural History Museum **271**
– Nelson Column **256**
– North Greenwich Arena **277**

– Notting Hill **269**
– Nullmeridian **277**
– Oxford Street **268**
– Piccadilly Circus **265**
– Portobello Market **270**
– Princess Diana Memorial Fountain **268**
– Queen Elizabeth Hall **273**
– Queen Elizabeth Olympic Park **277**
– Queen's House **275**
– Royal Academy of Arts **265**
– Royal Albert Hall **269**
– Royal Botanic Gardens **278**
– Royal Exchange **250**
– Royal Festival Hall **273**
– Royal Greenwich Observatory **276**
– Royal Naval College **275**
– Royal Opera House **256**
– St Bartholomew-the-Great **249**
– St George's Chapel **280**
– St James's **263**
– St James's Palace **263**
– St James's Park **265**
– St Katharine's Dock **274**
– St Marngaret's Church **261**
– St Martin-in-the-Fields **256**
– St Paul's Cathedral **248**
– St Paul's Church **256**
– Science Museum **271**
– SEA LIFE London Aquarium **274**
– Selfridges **268**
– Serpentine Gallery **268**
– Shad Thames **274**
– Smithfield Market **249**
– Soho **268**
– Somerset House **255**
– South Bank **272**
– South Bank Centre **273**
– Southwark **272**
– Southwark Cathedral **272**
– Speakers' Corner **268**
– Tate Britain **261**
– Tate Modern **273**
– Temple Bar Memorial **248**
– Thames Flood Barrier **277**
– The Gherkin **251**
– The O2 **277**
– The Ritz **265**
– The Strand **255**
– The Temple **249**
– The Walkie Talkie **251**
– Tower **251**
– Tower Bridge **251**
– Trafalgar Square **256**
– Victoria and Albert Museum **271**
– Wellington Arch **269**
– Wellington Museum **269**
– West End **265**
– Westminster Abbey **261**
– Whitehall **259**
– Wimbledon **277**
Longleat House **55**
Long Man of Wilmington **71**
Long Melford **380**
Long Mynd **362**
Long, Richard **449**
Looe **116**
Lord Byron **319**, **322**
Lord Tennyson, Alfred **193**
Lost Gardens of Heligan **120**
Loughrigg Fell **208**
Loughrigg Terrace **208**
Lower Broadheath **394**
Lowestoft **318**
Ludham **317**
Ludlow **360**
Lulworth Cove **147**, **150**
Lunch **474**
Lundy Island **141**
Lusty Glaze **124**
Lydford **138**
Lyme Regis **152**, **154**
Lymington **297**
Lyndhurst **296**
Lynmouth **142**
Lynton **142**

M

Magna Charta **420**, **428**
Maiden Castle **154**
Malham **408**
Malham Cove **408**
Malham Tarn **408**
Malvern Hills **394**
Manchester **281**
Mappa Mundi **179**
Marazion **121**

Margate **94**
Maria Stuart **168**
Martham Horsey **318**
Mary Ardens Farm **373**
Maße **505**
Matthews, Stanley **457**
May, Theresa **436**
Megalithkulturen **426**, **436**
Mehrwertsteuer **489**
Men-an-Tol **122**
Merrivale **135**
Mevagissey **120**
Mickle Fell **411**
Middleham **409**
Middleton **155**
Mietwagen **513**
Milton Abbas **155**
Minsmere **378**
Monk's House **71**
Montacute House **155**
Moore, Henry **449**
Morecambe **215**
Morecambe Bay **207**, **214**
Moretonhampstead **135**
Morston **302**
Morwenstow **128**
Mottisfont **298**
Mount Edgcumbe **346**
Mount's Bay **121**
Much Wenlock **362**
Muker **410**
Mullion **121**
Muncaster Castle **209**

N

Narrow boats **466**
Nationalitäten **417**
Nationalparks **416**
Neogotik **444**
Newark-on-Trent **229**
Newcastle-upon-Tyne **290**
New Forest **294**
Newport **194**
Newquay **124**
Newstead Abbey **322**, **323**
Nightingale, Florence **458**
Norfolk Broads **313**, **317**
Norfolk Coast Path **299**
Norfolk North Coast **298**
Normannen **427**
Norman Style **438**
North Downs **415**, **173**
Northleach **131**
Northumberland **304**
North York Moors National Park **309**
North Yorkshire Moors Railway **309**
Norwich **313**
Notrufe **496**
Nottingham **319**
Notting Hill Carnival **478**

O

Offa's Dyke Path **464**
Öffnungszeiten **490**
Old Harry Rocks **149**
Old Man of Coniston **208**
Old Sarum **356**
Orford **375**, **378**
Orford Ness **377**
Orrest Head **207**
Osborne House **192**
Ouseburn **294**
Outdoor **468**
Overton Hill **367**
Oxford **324**

P

Padstow **123**
Paignton **145**
Painswick **134**
Palladianischer Klassizismus **444**
Paolozzi, Eduardo **449**
Parlament **421**
Peak District **337**
Peel **189**
Pennines **415**
Pennine Way **464**
Penzance **122**
Perpendicular Style **441**
Peterborough **167**
Petition of Right **421**
Pferderennen **480**
Plantagenet (Dynastie) **428**
Plymouth **342**
Point of Ayre **189**
Polesden Lacey **174**
Polperro **117**, **118**
Poole **148**
Pope, Alexander **14**
Pork Pie **473**
Portchester Castle **352**
Port Erin **189**
Porthleven Sands **121**
Portland Bill **151**
Port Lympne **200**
Portsmouth **347**
Port Soderick **187**
Port St. Mary **189**
Port Sunlight **237**
Post **512**
Potter, Beatrix **206**
Potter Heigham **318**
Powderham Castle **162**
Preise **496**, **506**

Premierminister **421**
Princes Risborough **109**
Princetown **139**
Prussia Cove **118**
Pudding **473**

Q

Quarry Bank Mill **18**, **288**

R

Raby Castle **411**
Rad fahren **465**
Raleigh, Walter **343**
Ramsgate **94**
Ranworth Broad **318**
Ravenglass and Eskdale Railway **208**
Reisedokumente **498**
Reiseplanung **497**
Reisezeit **507**
Reiten **466**
Religion **417**
Richard III. **222**, **399**
Richborough **96**
Richmond **410**
Rievaulx Abbey **312**
Ripon **408**
Roastbeef **473**
Robin Hood **321**
Robin Hoods Bay **404**
Rochester **97**
Rollright Stones **132**
Romanik **438**
Römer **427**
Romney Marsh **200**
Rosenkriege **429**
Rosthwaite **210**
Royal Tunbridge Wells **201**
Rugby **480**
Rydal **209**
Rydal Water **209**
Ryde **192**
Rye **73**

S

Sachsen-Coburg-Gotha **431**
Sackville-West, Victoria **201**
St Agnes **196**
St Albans **108**, **110**
St Austell **117**
St Dennis **117**
St Ives **123**
St John's **189**
St Mary's **196**
St Michaels Mount **121**
St Patrick **189**
Salcombe **146**
Salisbury **352**
Saltburn-by-the-Sea **405**
Saltram House **346**
Samphire Hoe **200**
Sandown **193**
Sandringham House **301**
Sandwich **96**
Saunton Sands **142**
Scafell Pike **205**, **209**, **416**, **476**,
Scale Force **210**
Scarborough **403**
Scorhill Circle **135**
Scotney Castle **204**
Scott, George Gilbert **446**
Segeln **466**
Seven Sisters **72**
Sezincote **132**
Shaftesbury **356**
Shakespeare, William **272**, **368**, **459**
Shanklin **193**
Sheffield **341**
Shell Grotto **95**
Sherwood Forest **321**
Shoppen **487**
Shrewsbury **357**
Shropshire **357**
Shropshire Hills **362**
Sidmouth **162**
Silbury Hill **367**
Skinningrove **405**
Skipton **408**
Snaefell **190**
Snooker **481**
Solent **190**, **297**
Southampton **297**
South Downs **70**, **415**,
South Downs Way **465**
Southport **238**
Southsea **351**
Southwest Coast Path **147**
Southwold **378**
Souvenirs **489**
Speke Hall **237**
Sperrnotruf **496**
Sprache **507**
Stalham Staithe **318**
Stamford **168**
Start Bay **146**
Steak & Ale Pie **473**
Steak & Kidney Pie **473**
Stevenson, Robert Louis **78**
Sticky Toffee Pudding **473**
Stinsford **153**
Stoke-on-Trent **339**
Stokesay Castle **362**
Stonehenge **362**
Stourhead House and Garden **56**
Stowe Gardens **110**
Stow-on-the- Wold **131**
Stratford-upon-Avon **368**
Stuart (Dynastie) **429**

Studentenwohnheime **493**
Suffolk **374**
Suffolk Coast National Nature Reserve **378**
Sunak, Rishi **436**
Sutton Bank **312**
Sutton Hoo **375**
Sutton Mill **317**
Sutton-under-Westcliff **312**
Swaledale **411**
Swanage **149**

T

Tarka Trail **140**, **142**, **464**
Tatton Park **288**
Tavistock **139**
Taxi **517**
Teesdale **410**, **411**
Telefon **512**
Tennis **480**
Tetbury **134**
Tewkesbury **172**
Thalys **497**
The Eden Project **120**
The Fleet **152**
The Hoe **344**
The Lizard **121**
The Merry Maidens **122**
The Needles **194**
The Piper **122**
Themse **414**
Thermae Bath Spa **52**
Tintagel Castle **125**
Titchwell Marsh **302**
Torquay **143**
Tourismus **424**
Tourist Trophy **188**
Trengwainton Garden **123**
Trinkgeld **477**
Trooping the Colour **479**
Tudor (Dynastie) **429**
Tudor Style **442**
Turner, William **94**, **107**, **447**
Tynwald Hall **189**

U

Uffington **367**
Ullswater **209**

V

Valley of Rocks **142**
Ventnor **193**
Veranstaltungskalender **481**
Vercovicium **177**
Verfassung **420**
Vergünstigungen **506**
Verkehr **512**
Verulamium **111**
Victoria (Königin) **431**
Vorwahlen **496**

W

Waddesdon Manor **109**
Wadebridge **124**
Währung **496**
Wakefield **222**
Walberswick **378**
Wandern **464**
Wansfell Pike **208**
Warkworth **305**
Warkworth Castle **305**
Warwick **373**
Warwick Castle **373**
Wasdale Head **209**
Wastwater **209**
Watersmeet **142**
Weald of Kent **200**
Wedgwood, Josiah **444**
Wellness **468**
Wells **381**
Wells-next-the-Sea **302**
Welney Wildfowl und Wetlands Centre **40**
Wenlock Edge **362**
Wensleydale **408**
Wessexkultur **426**
West Kennett Long Barrow **367**
West Midlands Route **465**
Westonbirt Arboretum **134**
West Stow **379**
West Wittering **107**
West Wycombe **110**
Weymouth **150**
Wharfedale **407**
Whipsnade **111**
Whitby **404**
Whitecliff Bay **193**
White Cliffs **196**, **199**
White Horse **367**
Whitewell **215**
Whitstable **96**
Widecombe in-the-Moor **138**
Wight, Alf **312**
Wilhelm der Eroberer **73**, **427**, **460**
Wilmcote **373**
Wilton **306**, **356**
Wimbledon **480**
Winchcombe **133**
Winchester **386**
Winchester Bible **440**
Windermere **205**
Windsor **280**
Windsor Castle **278**
Windmill Hill **367**

Wirtschaft **423**
Wisbech **166**, **167**
WLAN **512**
Wohnungstausch **492**
Wood d.Ä., John **444**
Woody Bay **142**
Wookey Hole **384**
Woolacombe **142**
Woolf, Virginia **71**, **461**
Worcester **391**
Worcester Beacon **394**
Wordsworth, William **207, 209**
World Snail Racing Championships **478**
Wren, Christopher **444**
Wright, Joseph **323**
Wroxeter **360**
Wroxham Broad **318**
Wrynose Pass **208**

Y

Yarmouth **194**
York **394**
Yorkshire Coast **401**
Yorkshire Dales **405**
Yorkshire Pudding **473**
Yorkshire Wolds **400**
Youth Hostels **493**

Z

Zeit **496**
Zollbestimmungen **498**

VERZEICHNIS DER KARTEN UND GRAFIKEN

Baedeker-Sterneziele U 3/U 4
Tourenübersicht 31
Tour 1 32
Tour 2 36
Tour 3 39
Tour 4 43
Bath (Cityplan) 49
Birmingham (Cityplan) 58
Coventry Cathedral 64
Brighton (Cityplan) 66
Bristol (Cityplan) 75
Cambridge (Cityplan) 83
Canterbury Cathedral 89
Canterbury Cathedral (3D) 90/91
Chester (Cityplan) 100
St Albans (Cityplan) 111
Auf den Spuren von König Artus (Infografik) 126/127
Durham Cathedral 157
Peterborough Cathedral 167
Hadrian's Wall 176
Fort Vindolanda 177
Hexham Priory 179
Hull (Cityplan) 185
Eurotunnel (Infografik) 202/203
Leeds (Cityplan) 217
Lincoln (Cityplan) 226
Liverpool (Cityplan) 232/233
London (Cityplan) 242/243
Tower Bridge (3D) 252/253
Tower 254
Westminster Abbey 262
Changing of the Guard (Infografik) 266/267
Manchester (Cityplan) 282
Rielvaux Abbey 312
Norwich (Cityplan) 314
Oxford (Cityplan) 326
Plymouth (Cityplan) 345
Ein stolzes Schiff (3D) 348/349
Stonehenge 364
Stratford-upon-Avon (Cityplan) 369
York Minster 396
York (Cityplan) 399
Naturräume 416
England auf einen Blick (Infografik) 418/419
Grafschaften 421
Parlament mit Tradition (Infografik) 432/433
Schnelle Hunde, schnelle Pferde (Infografik) 482/483
Links vor Rechts (Infografik) 514/515
Übersichtskarte U 5/6

BILDNACHWEIS

adobe/fotolia/Joe Gough 473
Baedeker-Archiv 428, 445
Ursula Branscheid 161 u.
Dumont Bildarchiv/
Franz Marc Frei 3 u., 5, 14/15, 26 o., 29, 73, 121, 128, 137, 143, 161 o., 199, 415, 442, 446, 463, 465, 467, 476, 480, 495; Georg Knoll 2, 239, 245, 250, 258, 260, 264, 270, 276, 279, 343, 354, 382/383, 385, 388, 390, 413, 422, 435, 448, 471, 479, 485, U 7; Holger Leue 52, 96,106 o., 472 o.; David Lyons 228, 320, 340 o.; Martin Sasse 460, 488 u.
Getty Images/
Brandon Bell 8/9; Ben Pipe Photography 138/139; Matt Cardy 20/21; Guy Edwardes 44/45; Manfred Gottschalk 24/25; Tim Graham 455; istock /Arndale 71; istock/Bernd Brueggemann 407; istock/James Dale 215; istock/Bradley Hebdon 400; istock/helovi 81; istock/Chris Hepburn 79; istock/hutchyb 186; istock/LanceB 106 u.; istock/Donald Morgan 296; iStock/oversnap 412
Huber Images/
Matteo Carassale 18/19; Christian Müringer 154; Maurizio Rellini 115; Gianluca Santoni 86
laif/
Adam Burton/robertharding 131; Cass/Camera Press 402/403; eyevine 372 o.; Robert Haidinger 12/13; Hartmut Krinitz 366; Ian Murray/Loop Images 77; Peter Rigaud 325
Look Photos/Fritz Dressler 16/17
mauritius images/
Paul Brown/Alamy/Alamy Stock Photos 11 o.; Dbphots/Alamy/Alamy Stock Photos 192; Mark Follon/Alamy/Alamy Stock Photos 472 u.; Alamy/Carolyn Jenkins 23; Roberto Herrett/Alamy/Alamy Stock Photos 488 o.; Historic Images/Alamy 393; Lenscap/Alamy/Alamy Stock Photos 11 u.; Terry Mathews/Alamy 119; robertharding/Michael Nolan 120; Steve Vidler 26 u.
picture-alliance/
dpa 451; empics/PA Wire/Ben Birchall 22; empics/Dominic Lipinski 7
shutterstock/
AC Manley 109; Simon Annable 323; ATGImages 457; Richard Bowden 361 u.; Michael Conrad 47; coxy58 221; Claudio Divizia 163; Nigel Eve 211; David Fowler 491, Dariusz Gora 380; Miklos Greczi 372 u.; Simon Guettier 308; Helen Hotson 377; Clare Louise Jackson 303; Nigel Jarvis 102; JazzyGeoff 188; Chris Jenner 204, 361 o.; Mark David Jones 150/151; Daniel_Kay 207; kenny1 234 u.; Roberto La Rosa 145; Mihai-Bogdan Lazar 60; LongLoveKing 334; Madrugada Verde 292; Marina J 219; Milosz Maslanka 311; Moomusician 234 o.; david muscroft 318; Dmitry Naumov 439; Joyce Nelson 345 u.; nrqemi 306; orxy 409; Pajor Pawel 363; Patchamol Jensatienwong 336; PJ_Photography 171, 426; Platslee 92; S-F 3 o., 331; Kevin Standage 182; The Tourist Diary 289; trabantos 284; Julian Worker 62

Titelbild: Getty Images/Tristan Fewings

IMPRESSUM

Ausstattung:
141 Abbildungen, 49 Karten und grafische Darstellungen, eine große Reisekarte

Text:
John Sykes, mit Beiträgen von Stefanie Bisping, Achim Bourmer, Rainer Eisenschmid, Dr. Madeleine Reincke, Reinhard Strüber

Bearbeitung:
Baedeker-Redaktion
(Dr. Eva Missler)

Kartografie:
Christoph Gallus, Hohberg;
Franz Huber, München;
Klaus-Peter Lawall, Unterensingen;
KOMPASS-Karten GmbH, A-6020 Innsbruck; MAIRDUMONT, D-73751 Ostfildern (Reisekarte)

3D-Illustrationen:
jangled nerves, Stuttgart

Infografiken:
Golden Section Graphics GmbH, Berlin

Gestalterisches Konzept:
RUPA GbR, München

2., aktualisierte Auflage 2024

Printed in China

Trotz aller Sorgfalt von Redaktion und Autoren zeigt die Erfahrung, dass Fehler und Änderungen nach Drucklegung nicht ausgeschlossen werden können. Dafür kann der Verlag leider keine Haftung übernehmen. Jede Karte wird stets nach neuesten Unterlagen und unter Berücksichtigung der aktuellen politischen De-facto-Administrationen (oder Zugehörigkeiten) überarbeitet. Dies kann dazu führen, dass die Angaben von der völkerrechtlichen Lage abweichen. Irrtümer können trotzdem nie ganz ausgeschlossen werden. Kritik, Berichtigungen und Verbesserungsvorschläge sind jederzeit willkommen. Schreiben Sie uns, mailen Sie oder rufen Sie an:

Baedeker-Redaktion
Postfach 3151, D-73751 Ostfildern
Tel. 0711 4502-262, www.baedeker.com
baedeker@mairdumont.com

FSC www.fsc.org
MIX
Papier aus verantwortungsvollen Quellen
FSC® C124385

Dunfanaghy
Ballyhillin
Malin
Gooth Dobhair
Letterkenny
An Charraigh
Donegal
Coleraine
Campbeltown
Brodick
Arran
Glasgow
Kilmarnock
M8
M74
Peebles
Ayr
Cumnock
Scot
Moffat
Merrick
843
Derry/Londonderry
A26
A5
N5
Ballymena
Newtown-
abbey
North
Lough Erne
Omagh
Lough Neagh
M2
Sligo/
Sligeach
Northern
Ireland
Ballina
Enniskillen
N2
M1
Armagh
Belfast
Boyle
N4
Monaghan
Muineachán
N1
A1
Claremorris
Cavan
Newcastle
Newry
IRELAND
Roscommon
Longford
Dundalk/
Dún Dealgan
Kells
N1
Lough Ree
Royal Canal
Athlone
Kinnegad
Cill Chainnigh
Drogheda/
Droichead Átha
N6
N6
Loughrea
N4
Grand Canal
Shannon
EIRE
M50
Dublin /
Baile Átha Cliath
M7
Portlaoise
N7
Dún Laoghaire
N7
Roscrea
Naas
N8
Glendalough
Wicklow Head
Kilkenny
Carlow
Barrow
Rock of
Cashel
Arklow
N8
Jerpoint
Abbey
N11
Clonmel
Cluain Meala
Enniscorthy
Dungavan
N25
Wexford/
Loch Garman
Waterford/
Port Láirge
N25
Rosslare
Harbour
Stranrear
Newton
Stewart
Dumfries
M74
Withorn
Castle
Douglas
Channel
Carlisle
Workington
Isle of
Man
Ramsey
Port Erin
Douglas
Scafell
Pike
978
Lake
District
N. P.
Muncaster
Castle
Kendal
Irish
Sea
Barrow-
in-Furness
Lancaster
Blackpool
M55
Preston
M65
Anglesey
Holyhead
A5
Bangor
Liverpool
M53
Wigan
1085
Snowdon
Colwyn
Bay
A55
M56
Chester
Aberdaron
Snowdonia
N. P.
Corwen
A5
M6
Crewe
Dolgellau
Chirk
Wales
Shropshire
Shrewsbury
Telford
St. George's Channel
Aberystwyth
M54
Wolver-
hampton
Llangurig
Pembrokeshire
Coast N. P.
A487
St. David's
Fish-
guard
Ludlow
Birmingham
Pembrokeshire
Coast
National Park
Carmarthen
A40
Builth
Wells
Wye
Worcest
Pembroke Dock
Brecon Beacons
N. P.
Hereford
M5
M4
Merthyr
Tydfil
Swansea
Ross
A40
Cheltenha
Rhondda
Glou-
cester
Cotswolds
Newport
ATLANTIC
OCEAN
Cardiff
Bristol
Channel
Swindon
Bristol
M4
Barnstaple
Exmoor
National Park
Bridge-
water
Avebury
Bath
Taunton
Wells
Stonehenge
King Arthur's
Castle
Devon
Okehampton
M5
A303
A303
Bodmin
A30
Dartmoor
National Park
Exeter
A35
Yeovil
Salisbury
Dorset
New
Forest
N. P.
St. Ives
A30
Cornwall
A38
Exmouth
Dor-
chester
A31
Penzance
Land's End
Plymouth
Torquay
Jurassic Coast
Poole
Bourne-
mouth
Kynance
Cove
Lizard
Salcombe
Isle of
Wight
Isles of Scilly
English Channel · La M